Wilhelm Brambach

Friedrich Ritschl und die Philologie in Bonn

Wilhelm Brambach

Friedrich Ritschl und die Philologie in Bonn

ISBN/EAN: 9783743651739

Hergestellt in Europa, USA, Kanada, Australien, Japan

Cover: Foto ©Thomas Meinert / pixelio.de

Weitere Bücher finden Sie auf **www.hansebooks.com**

Friedrich Ritschl

und

die Philologie in Bonn

von

Wilhelm Brambach

Leipzig

Druck und Verlag von B. G. Teubner

1865

Kreon   οἱ τηλικοίδε καὶ διδαξόμεσθα δὴ
φρονεῖν ὑπ' ἀνδρὸς τηλικοῦδε τὴν φύσιν;
Haemon μηδὲν τὸ μὴ δίκαιον· εἰ δ' ἐγὼ νέος,
οὐ τὸν χρόνον χρὴ μᾶλλον ἢ τἄργα σκοπεῖν.
Sophokles.

Vor zwei Jahren erliess eine Reihe der angesehensten
Philologen folgenden Aufruf:

„Zu Ostern 1864 werden es fünfundzwanzig Jahre, dass
„Friedrich Ritschl seinen Lehrstuhl in Bonn betrat.
„Schaaren begeisterter Zuhörer, die sich von Generation zu
„Generation gemehrt haben und noch mehren, bekennen sich
„freudig zu seiner nachhaltig heilsamen 'Schule' und unter
„ihnen bedarf es wortreicher Verständigung nicht über das,
„was sie derselben für ihr wissenschaftliches und amtliches
„Leben zu danken haben.

„Schon vor neun Jahren bei dem 25jährigen Doctorjubi-
„läum Ritschls hat dieses Dankgefühl seinen Ausdruck gefun-
„den. Um Wiederholung einer solchen Huldigung, die über-
„dies in erster Linie dem bedeutenden Gelehrten galt, kann
„es sich bei dem bevorstehenden festlichen Anlass nicht
„handeln.

„Dagegen, glauben wir, würde der Bedeutung des Tages
„und dem Sinne unseres theuren Lehrers am besten ent-
„sprochen durch Zusammenstellung eines philologischen Fest-
„buches, welches in würdiger, obschon anspruchsloser Weise
„wissenschaftliche Gaben solcher, die ehemals dem Ritschl-
„schen Seminar in Bonn angehört und seitdem durch
„selbständige Arbeiten sich an irgend einem Gebiet
„der Alterthumsforschung betheiligt haben, zu einem
„möglichst vollständigen und ausdrucksvollen Ge-

1*

„sammtbilde der Bonner Philologenschule zu ver-
„einigen hätte. Gelingt eine solche Sämmlung von Probe-
„stücken, die verschiedenartig nach Wahl des Stoffs und
„individueller Behandlungsweise gleichsam auf den gemeinsamen
„Grundton derselben Methode gestimmt sind, so wird für den
„Werth dieser letztern damit ein Zeugniss abgelegt, das dem
„Meister tiefere Befriedigung gewähren muss, als andere glän-
„zendere Zeichen der Erkenntlichkeit." . . . *)
Man sah an dem Kreise der Theilnehmer, wie viele und
bedeutende Philologen an Universität und Schule sich wohl
bewusst waren, dass Ritschl der höchste Segen zu Theil geworden, der einem akademischen Lehrer zu Theil werden
kann, dass er das Haupt einer Schule sei, die es vermöge
„ein ausdrucksvolles Gesammtbild" ihres Wesens und Strebens
darzulegen. Unerklärlich ist es, dass, nachdem Männer, wie
J. Bernays, Brunn, Bücheler, Herbst, Keil, A. Kiessling,
Reifferscheid, Ribbeck, Schleicher, L. Schmidt, Usener, Vahlen mit Zustimmung vieler ebenso bewährter Philologen diese
Ansicht ausgesprochen, auch ein Philologe **) es für sich
allein unternommen hat, da es praktisch nicht angehen will,
theoretisch das Gegentheil zu beweisen, dass es nämlich im
eigentlichen Sinne des Wortes eine Bonner Philologenschule
gar nicht gebe. Ein vernünftiger Mann, der sich mit einer
Ansicht bewährten Meistern gegenüber sieht, bescheidet sich
so lange mit seiner Unkenntniss der Sache, bis er schlagende
Beweismittel für sich zu finden vermochte. Das war freilich
einem „rheinischen Schulmanne" nicht eingefallen, und es
lohnt sich desshalb nicht, seinem Gedankengang in all seinen

---

*) Abgedruckt in den Jahrb. f. class. Phil. 1864. p. 801.
**) oder vielmehr ein „rheinischer Schulmann" über „das philolo-
gische Studium in Bonn". Köln, J. G. Schmitz 1865. 27 S. 8. Da der
Verfasser seinen Verleger in Stand setzte, sein Machwerk im Literarischen Centralblatt Nr. 28 vom 8. Juli d. J. als „die Bonner Philologenschule" anzukündigen, so ist ihm über die Nichtexistenz einer solchen
wohl erst inter scribendum ein Licht aufgegangen.

Krümmungen zu folgen, wenn wir versuchen, das Wesen der
Bonner, oder was dasselbe ist, der Ritschlschen Schule darzustellen. Dabei haben wir es für zweckmässiger gehalten,
von den zu bekannten wissenschaftlichen Erfolgen dieser
Schule in einer besonderen Zusammenstellung zu handeln
(Anlage I); hier wollten wir darthun, welche Anforderungen
überhaupt an das philologische Studium zu stellen sind und
in wie weit sie Ritschl erfüllt. Zu diesem Zwecke war es
nothwendig, den Studiengang zu beschreiben, welchen ein
Student vom ersten Semester ab durchgehen soll, um dann
zu zeigen, in wie fern Ritschl die Bonner Studenten zu diesem Studiengang anleitet. Nothwendig war es auch, die
Ansicht zurückzuweisen, die der „rheinische Schulmann"
über Jahns Thätigkeit neben Ritschl ausgesprochen hat.

Schule entsteht überhaupt, wenn der Lehrer die ihm
anvertraute Jugend so anregt, dass der Erfolg ihrer Studien
zu seiner Lehre sich verhält, wie Wirkung zur Ursache.
Pflanzt sich ein solcher Einfluss des Lehrers von „Generation zu Generation" fort, treten die Leistungen der Schüler
im Verein mit den seinigen als organischer Bau auf, das
heisst, fügt sich das Arbeiten und Schaffen beider so ineinander, dass es in seiner Gesammtheit das Ganze oder einen
Theil einer Wissenschaft zu vertreten vermag, so kann man
mit Recht sagen, es habe sich eine wissenschaftliche Schule
gebildet. Gleichgiltig ist es, ob der Lehrer einen ihm allein
eigenen Weg wandelt, oder ob sein Weg von vielen gekannt
ist. So ist Richard Bentley nicht das Glück zu Theil geworden, einen zahlreichen Schülerkreis die neue Bahn zu
führen, auf die er das ganze moderne Studium der Philologie
gelenkt hat: andere haben seine Lehren in ihrem Schüler-
kreise zur Geltung gebracht und sich als Schulhäupter wohl-
verdienten Ruhm erworben. Gleichgiltig ist es ferner, ob in
einer Schule dieser oder jener Zweig der Wissenschaft besonders cultivirt wird: wohl der Schule, die es unternimmt,
das Ganze ihrer Wissenschaft zu umfassen. Freilich ist es

Niemanden vergönnt, alle Fächer einer weitverzweigten Wissenschaft mit gleicher Tüchtigkeit zu beherrschen; um so bewunderungswürdiger steht der Lehrer da, der seine Schüler so zu beurtheilen vermag, dass er jeden auf dasjenige Fach hinlenkt, in welchem sein innewohnendes Talent zur Geltung kommt.

Ein solches Verständniss der menschlichen Natur vereinigt mit einer umfassenden Kenntniss der Alterthumswissenschaft besitzt Ritschl. Wir haben schon früher eingestanden, dass es unsere Kräfte übersteigt, Ritschls Einfluss gebührend zu schildern. Wenn wir nun schon zum zweiten Male öffentlich für ihn ·auftreten, so geschieht es' nicht aus Anmassung, sondern weil die Beurtheilung Ritschls auf ein Gebiet gelenkt ist, in welchem gerade ein jüngerer Philologe ein entscheidendes Wort mitzusprechen vermag, namentlich ein solcher, der in den letzten Jahren Vorlesungen an der Bonner Universität gehört hat. Es handelt sich darum, in wie weit einem zur Universität kommenden Philologen durch Ritschl die Anleitung zu Theil wird, die ihn befähigt, sowohl in Wissenschaft als Schule einmal eine achtungswerthe Stelle einzunehmen.

Der Widerspruch, der darin zu liegen scheint, dass als der Hauptzweck philologischer Erziehung an einer Universität die Heranbildung eines selbständigen Urtheils in den jungen Studenten verfolgt wird, dass aber diese so rein wissenschaftlich erzogenen Philologen grösstentheils nur berufen sind, die für die allgemein menschliche Bildung gewonnenen Resultate der Alterthumswissenschaft an Schulen vorzutragen, ist mannigfach erörtert worden. Nicht einmal hat man gerade gegen Ritschls Disciplin erinnert, dass sie mehr geeignet sei Männer für die Wissenschaft als für die Schule zu ziehen. Beides hat jetzt ein rheinischer Schulmann*) abstreiten wollen, der auf seine akademischen und

---

*) Da er seinen Namen nicht genannt hat, bemerken wir nur, was zur Beurtheilung seines pädagogischen Specimen nicht ohne Wichtigkeit

pädagogischen Erfahrungen gestützt, jüngst Urtheile ausgesprochen hat, wie man sie höchstens von Dilettanten zu hören gewohnt ist. Indem wir hoffen, dass bei wenigen Schulmännern im Rheinlande die in Bonn genossene Vorbereitung
für ihren Beruf so oberflächliche Ansichten über Wissenschaft und Schule zurückgelassen hat, wie bei unserem
Schulmanne, beginnen wir das darzulegen, was in den letzten Jahren hier für philologische Erziehung von Ritschl und
Jahn geleistet worden ist. Wenn wir daran anknüpfend auch
die Erfolge von Schulmännern aus der Ritschlschen Schule
erwähnen, so stützen wir uns auf das Urtheil bewährter
Gymnasialdirectoren. Freilich wäre es Sache des anonymen
Schulmannes gewesen, sich unter seinen Collegen umzusehen
und sich diese Arbeit nicht von einem jungen Manne vor-
thun zu lassen, der dazu nicht einmal Gelegenheit hat, mit
vielen renommirten Gymnasiallehrern in persönliche Verbindung zu treten.

Unsere Gymnasien sollen den jungen Mann so weit vorbereiten, dass er sich einem bestimmten Fachstudium mit
Erfolg widmen kann. Zumal wird derjenige, welcher Neigung zum Studium der Philologie hat, in seiner Gymnasial-
bildung schon die Grundlage haben, auf der er nur fort-
bauen kann, um sich mit Sicherheit die philologischen Disciplinen anzueignen. In der Kenntniss der klassischen Sprachen ist er soweit vorgeschritten, dass er Grammatik, Metrik, wie sie zum Verständniss der nicht allzuschwierigen
Schriftsteller erforderlich sind, beherrscht. Auch sind ihm
bis jetzt nach dem praktischen Bedürfniss der Lectüre die
Anschauungen der Alten über Religion und Leben mitge-
theilt; bei den Vorträgen über alte Geschichte hat er das
Staatsleben derselben kennen gelernt. Nun soll er das, was

---

ist, dass er wohl zu den „gewissen univorselleren Naturen (18)" gehört,
die „neben der Philologie noch andere Gebiete des Wissens" z. B. Jurisprudenz und Musik mit gleichem Erfolg angebaut haben.

er vereinzelt bei der Lectüre gehört, in seinem Zusammenhange mit der grossen Alterthumswissenschaft auffassen und vervollständigen lernen. Grammatik, die ihm nur Mittel zum Verständniss war, wird nun zur selbständigen Disciplin; die Versmaasse lernt er in ihrem Zusammenhang mit prosodischen, rhythmischen, musikalischen Gesetzen kennen, die vereinzelten Biographien alter Schriftsteller fügen sich zur wohlgegliederten Litteraturgeschichte, Staats- und Privatleben der Alten tritt lebendig vor seine Augen durch Betrachtung der alten Gesetze, Monumente, Mythen, zu denen hinwiederum die ununterbrochene Lectüre die reichste Erklärung bieten. Dass er sich mit all diesen Zweigen der Alterthumswissenschaft vertraut machen muss, sagt sich ein wohlgezogener Abiturient schon in den ersten Monaten seiner akademischen Studien von selbst. Aber rathlos wird er dastehn, wenn es nun gilt, alles das zu lernen; und er muss sich doch sagen, dass wenn er einst einen Schüler auch nur bis zu dem Ziele führen will, an welchem er steht, dass er nämlich einsieht, wie vielseitig wir das Leben der Alten zu erforschen vermögen, er selbst in jedem genannten Fache theils durchaus bewandert sein muss, theils kein Fremdling sein darf. Nun ist ihm aber kein Cyklus bestimmter Zwangscollegien vorgeschrieben, und nicht jedem wird gleich im ersten Semester durch encyklopädische Vorträge eine Richtschnur angegeben. Nur das sieht wohl ein jeder ein, dass erst gründliche Kenntniss der Grammatik und dann Beherrschen der wichtigsten Theile in der Metrik, Litteratur, den Alterthümern zur sichern Handhabung von Erklärung und Kritik vorhanden sein muss, wenn er mit Nutzen studiren will. Demnach können auch bei nur dreijährigem Studium zwei Semester der Grammatik und den wichtigsten metrischen Erscheinungen, zwei der Litteraturgeschichte und zwei den Alterthümern und der Kunstgeschichte ganz in dieser Reihenfolge mit gleicher Vertheilung auf das griechische und römische Alterthum gewidmet werden.

Den Mittelpunkt aller philologischen Studien bildet das genaueste Verständniss und die allseitige Erklärung der Klassiker. Wie kann ein junger Student die Schriftsteller allseitig erklären, ohne alle Disciplinen zu beherrschen? Wenn der Gymnasiast sich für die Lectüre vorbereitete, so suchte er mit Hülfe von Grammatik und Lexikon, welches ihm neben der Worterklärung auch die nöthigsten Sacherklärungen bietet, zum Verständniss zu kommen. Gelang es ihm nicht, so blieb seine letzte Instanz der Lehrer, dessen Urtheil er in den Schulstunden einholen konnte. Der Student macht es ebenso, nur dass er sich die Autorität des Lehrers ersetzt durch die eines Commentators. Kann er sich bei dem Urtheil desselben an einer Stelle nicht begnügen, so ist das ein Zeichen, dass er sich in seinen Fachstudien fühlt und selbständig zu denken anfängt. Zum selbständigen Denken ist er genugsam vorbereitet durch die wohl an allen deutschen Gymnasien, anders als z. B. in Dänemark, eingeführte Einrichtung der häuslichen Vorbereitung zur Lectüre. Genügt also einem jungen Philologen die Ansicht eines Commentators nicht, so macht er folgenden Weg. Er unterrichtet sich über die Ueberlieferung (lernt die Codices eines Autors und ihr Verhältniss kennen), erklärt die Ueberlieferung, d. h. combinirt den Sinn der überlieferten Worte mit den Gesetzen des logischen Denkens, der Grammatik, (Metrik) und den Resultaten der historisch-antiquarischen Forschung (er übt Exegese). Gelingt ihm die Combination nicht, so wird er alle Wege untersuchen müssen, auf welchen bisherige Erklärer sie haben herstellen wollen (er bemächtigt sich der neueren Litteratur zu einem Schriftsteller). Nun unterscheidet er die richtigen Wege von den falschen (er vereinigt mit der Exegese die Kritik); und wenn schliesslich alle Wege sich als falsch erweisen, so sagt er, die Ueberlieferung müsse getrübt sein und sucht sie durch Absonderung dessen, was sie trübt, mit Metrik und den sogenannten Realien — wozu doch die Gram-

matik auch gehört — in Einklang zu setzen (er übt Textkritik). Das alles sind Arbeiten, zu denen der Schüler
auf dem Gymnasium vorbereitet wird, die der Student
schon im ersten Semester unternehmen kann und die der
Gelehrte nicht nur, sondern auch der Schulmann, wenn er
gewissenhaft ist, tausende Male unternehmen muss. Nun ist
aber dieser beschriebene Process doch der niedrigste, einfachste und leichteste aller philologischen Thätigkeit; er
fügt eigentlich den Gymnasialarbeiten nur sich von
selbst ergebende Consequenzen hinzu. Thatsache ist,
dass der Student schon nach zweijährigem Studium, wenn
er nicht geradezu unbegabt ist, sich über diese einfachste
Art der Kritik zu höheren Stufen erheben will, das heisst,
dass er die durch Exegese und Kritik der Texte gewonnenen Resultate wieder zur Kritik der Grammatik, Litteratur
und Alterthümer verwendet. Als naheliegendes Beispiel
haben wir die Bonner Dissertationen der Jahre 1841—1863
zusammengestellt, da sie ja gerade das Arbeiten von Studenten im dritten und vierten Studienjahre repräsentiren
(Anlage II). Wann soll also der Student anfangen, sich
der sicheren Handhabung von Kritik und Exegese zu be-
mächtigen? Gewöhnlich sagt man, dass sich zur sicheren
Ausübung dieser Kunst — denn Kritik und Exegese greifen
so ineinander, dass sie als Eine Kunst zu betrachten sind
— die Verwendung des mannigfachsten Materials gehöre,
welches einem jüngeren Studenten noch nicht zu Gebote
steht. Das ist gewiss eben so richtig, als wenn man sagt,
dass zu einem Hausbaue eine Menge Steine gehöre,
und dass der kein Haus bauen könne, der sie nicht habe.
Aber wer wendet denn alle Steine zugleich an, oder welcher
Bauherr wäre auch nur so thöricht, sich den ganzen Bau-
platz durch sofortiges Zusammenfahren alles Materials zu
versperren? Gerade, wie er erst besondere Steine für das
Fundament, dann andere für den Hochbau herbeischafft
und nur von vornherein sich die Quelle sichert, woher er

alle nimmt: so hat der Lehrer einen Philologen so anzulei-
ten, dass dieser weiss, was zum Fundament gehört, was
zum Ausbau seines Wissens, und ihm nur die Quelle zu
sichern, woher das Material zu schöpfen ist. Das Fundament
in der Philologie ist die Selbständigkeit des Urtheils. Sie
dient zugleich, in dem zum Ausbau erforderlichen Material
das Taugliche zu finden, das Untaugliche auszuscheiden. Zur
Heranbildung des selbständigen Urtheils in den Studirenden
haben die berühmtesten Lehrer seit einem Jahrhundert kritische Arbeiten gewählt, und zwar kritische Arbeiten der
einfachsten Art, Textkritiken. Ihnen sollen anfangs die
Realien als die Quelle des kritischen Materials, aus denen
auch ein Anfänger für Einzelheiten schöpfen kann, dienen;
später sollen die Realien zuerst übersichtlich angeeignet,
dann selbst kritisch behandelt werden. Dass dies der einzig
richtige Weg sein könne, wird man einsehen, wenn man bedenkt, dass zu jeder Realuntersuchung wenigstens eine sichere Erklärung und Kritik der Texte gehört.

Wir haben nur immer von philologischer Erziehung ge-
sprochen, ohne die Philologen, welche zur Schule gehen,
von den späteren Vertretern der Wissenschaft zu unterscheiden. Auch jetzt sind wir zu einem solchen Unterschiede
nicht geneigt, da es jedem Sachkundigen einleuchten wird,
dass die Erziehung eines Schulmannes nicht mit geringeren
Mitteln durchgeführt werden kann, als die eines Gelehrten.

Es ist nach unseren bescheidenen Kräften dargelegt
worden, wie ein junger Student sich die Kenntnisse und
Selbständigkeit verschaffen könne, um Philologe zu werden.
Nun wollen wir untersuchen, ob ihm in Bonn durch Ritschl
und Jahn derselbe Weg gezeigt werde, den wir aus der
Thätigkeit der berühmtesten Lehrer als den richtigen ab-
strahirt haben. Der Verfasser wäre vollkommen in seinem
Recht, wenn er sich für diese Untersuchung allein auf die
von ihm gemachten Erfahrungen in den hiesigen Vorlesungen stützen wollte. Aber es ist ihm das Glück zu Theil

geworden, in seiner Studienzeit mit einer Reihe älterer Philologen bekannt zu werden, die ihn an Erfahrungen und Kenntnissen weit übertrafen, mit denen er in lebendigem Austausch der Ideen oft über den Werth der hiesigen Vorlesungen sich besprochen hat. Auch hatte er schon vor längerer Zeit den Plan gefasst, die gewonnenen Resultate der Oeffentlichkeit zu übergeben, weil sie für die Entscheidung einer die ganze heutige Philologenwelt interessirenden Frage denselben Werth haben, wie vor Gericht die Zeugenaussagen zur Entscheidung eines Processes. Veranlasst zu diesem Plane waren wir durch das Urtheil des Herrn Prof. Heimsoeth über die kritische Richtung in „ganzen Schulen"; zur augenblicklichen Publication veranlassen uns die Gedanken eines „rheinischen Schulmannes" über das philologische Studium in Bonn. Man wird es für methodisch halten, wenn wir uns lieber gegen das präcis und charakteristisch ausgesprochene Urtheil Heimsoeths wenden, vor dessen eminenter Gelehrsamkeit und Scharfsinn wir die grösste Verehrung hegen, als gegen die innerlich sich widersprechende, barocke Reproduction desselben durch den rheinischen Schulmann. Dessen Ansichten halten wir nur insoweit der Widerlegung werth, als sie sich speciell auf Ritschls Schüler und die letzten Vorgänge an hiesiger Universität beziehen.

Vor vier Jahren sagte Heimsoeth (Wiederherstellung der Dramen des Aeschylus S. 436): „Wenn aber trotzdem, dass „es noch ganze Schulen gibt, welche einzig und allein der „Kritik ergeben zu sein sich rühmen, die mit der Kritik am „directesten zusammenhängenden Kenntnisse nichts weniger „als fortgeschritten sich erweisen, so kann dies nur in einer „unrichtigen Methode der Studien liegen, welche in diesen „Schulen Platz gegriffen hat. In der That tritt man, indem „man von vornherein nichts als Kritik übt und üben „lehrt, der Aneignung des zur Kritik unumgänglich Noth„wendigen, und damit einer wirklichen Kritik selbst hem„mend in den Weg. Es ist natürlich: wer in der Wiege

„Kritiker sein will und soll, wo kann er Zeit und Musse fin-
„den, um sich diejenigen Kenntnisse zu erwerben, welche
„zur Ausübung dieser Kunst wirklich befähigen?" Was versteht Heimsoeth unter dem 'zur Kritik unumgänglich Nothwendigen'? Er antwortet selbst (S. 435): „Die Sprachkenntnisse in ihrem ganzen Umfange sind der
eigentliche wunde Fleck der heutigen Kritik." Und
wie erwirbt man sich die Sprachkenntnisse? Die ausgebreitetste Kenntniss der griechischen Sprache zum Beispiel
hatte in neuerer Zeit Lobeck. Wenn wir es aber aus seinen Schriften nicht wüssten, so könnten uns die auf der
Königsberger Bibliothek vorhandenen Collectaneen dieses Gelehrten Aufschluss darüber geben, dass Lobecks Sprachkenntniss auf die ausgebreitetste Lectüre und in allen Einzelheiten
wieder auf Kritik der Stellen gegründet war. Um die Kritik aus dem Spiele zu lassen, so gehört sich auch zur sogenannten cursorischen Lectüre wenigstens ein so fertiges Hand-
haben der Exegese, dass ihre Anwendung im einzelnen Falle
unbewusst geschieht. Rechnen wir also auf junge Leute,
die für Sprachstudium die nothwendige Lectüre beginnen,
so sollten wir glauben, müsste Heimsoeth vorher oder wenigstens gleichzeitig eine tüchtige Schulung in der Exegese ver-
langen. Aber nein; auch zur Exegese gehören dieselben
Sprachkenntnisse, die zur Kritik gehören, wie Heimsoeth
richtig sagt S. 432: „worauf beruht all der Anstoss, die
„Zweifel fast bei jeder dritten Zeile der alten Dichter
„und die tausendfältigen Differenzen der Erklärung, deren
„Zahl sich immer mehrt, ohne Aussicht sie einmal geschlichtet
„zu sehen — dieser beschämende Zustand unserer Exegese,
„woran sich die Philologie nun einmal gewöhnt zu haben
„scheint, statt alles Andere liegen zu lassen, um hier Ab-
„hülfe zu schaffen? Nicht auf einer eigenthümlichen Dunkel-
„heit der alten Sprachen selbst, noch darauf, dass ihre Schrift-
„steller, ihre Dichter in Räthseln geredet hätten und in Loxias-
„sprüchen. Unsere unzureichenden Sprachkennt-

14

„nisse sind es, welche so im Dunkeln tappen"....
Also sind nach Heimsoeths Ansicht ganz in Uebereinstimmung mit dem früher Gesagten auch zur Uebung der Exegese dieselben Vorkenntnisse*) erforderlich wie für die Kritik; ja, wir sollen durch diese Vorkenntnisse mit Hülfe der
Exegese "den Ausgang zu dem Lichte zu finden hoffen,
in welchem die Kritik mit klarer Unterscheidung ihren Ausspruch thun soll" (433). Wer also fordert, dass zur Kritik
die Studirenden aus Kenntnissmangel nicht gleich angeleitet
werden sollen, muss fordern, dass sie auch nicht zur Exegese
angeleitet werden; wer die Anleitung zur Exegese gleich
zulässt, wird auch die zur Kritik zulassen müssen. Oder
sollen die Studirenden bis zum siebenten Semester — wenn
sie mit nicht ganz gewöhnlichem Fleiss wirklich unseren obigen dreijährigen Cyklus einhalten — ohne kunstgerechte
Uebung in Kritik und Exegese bleiben?**)
    Wir hoffen, dass ein Gelehrter, wie Heimsoeth, es einem
jungen Manne nicht verdenkt, wenn er auch ihm gegenüber
bei einer Ansicht verharrt, für die ihm die praktische Anleitung
Schopens, das Urtheil Jahns und Ritschls zur Seite stehen.
Nicht hoffen wir, dass sich ein rheinischer Schulmann die
Gelegenheit entgehen lassen wird, den Widerspruch aufzu-
decken, der darin liegt, dass der Verfasser sowohl jetzt als
früher von Heimsoeths Verdiensten***) spricht, aber dennoch
in einem Punkte von ihm abweicht. Hat er ja doch mit

*) Auch den Alterthümern und der Kunst wird Rechnung getragen
a. a. O. S. 430.
**) Heimsoeths Ansichten sind etwas heftig, aber durch ein sehr
entsprechendes Bild zurückgewiesen worden von O. Ribbeck, Jahrb.
f. class. Phil. 1862, 85, p. 384.
***) So könnten wir unserem rheinischen Schulmann von Heimsoeth
die genaue Definirung seiner Ansichten über die zweifache Entstehung
von Fehlern, etwa Krit. Stud. I, 17, empfohlen, um daran zu lernen,
statt hohler Phrasen mit bestimmten Worten zu sagen, was man denkt.
Oder denkt der Anonymus auch nicht?

grosser Schärfe nachgewiesen, dass der Verfasser dcsshalb
mit seinem Lehrer Ritschl nicht übereinstimmt, weil Ritschl
Heimsoeths erwähnte Ansicht einer wissenschaftlichen Kritik
unterworfen hat, wie sie immer ein Gelehrter von einem anderen erfährt. Wir wollen aber hoffen, dass unser rheinischer Schulmann nicht in den Vorlesungen Ritschls gewesen
ist, in welchen diese Kritik mit grösster Achtung vor Heimsoeths Gelehrsamkeit und „poetischer Begabung" ausgesprochen
wurde, sonst würden wir ihn bewusster Bosheit beschuldigen
und überführen, wenn er Ritschls Recension eines gedruck-
ten Buches mit Jahns Urtheil über Heimsoeths Vorlesungen
auch nur in die entfernteste Parallele stellen wollte. Jedenfalls hat er seinen schriftlich wie mündlich vielfach gepre-
digten Grundsatz diesmal anzuwenden vergessen, ob denn
einem „als aufrichtig und ehrenhaft bekannten" Manne, wie
Ritschl doch ist, die Gewissenlosigkeit zuzutrauen wäre,
über Vorlesungen zu urtheilen, die er nicht aus eigener
Erfahrung kennen konnte.

Heimsoeth wirft also, mit unverkennbarer Beziehung
auf die Bonner, „ganzen Schulen" die kritische Richtung als
durch zu grosse Betonung schädlich vor, in einer Zeit, da
Ritschl seit 22 Jahren, Jahn seit einem halben Jahre Seminardirector war. Niemand hat bis jetzt gegen Welcker den
Tadel ausgesprochen, dass er die Bonner Philologen zur
Kritik verführt: der Vorwurf konnte nur Ritschl treffen.
Ritschl benutzte die ihm bei seinen Vorlesungen über Aeschylus gebotene Gelegenheit (8. Mai 1862), Heimsoeths Angriff gründlich zu widerlegen. Jahn trat dem wesentlichen
Inhalte der Widerlegung factisch bei, als er bei einer Se-
minareröffnung*) mittheilte, der grösste Theil der eingegan-
genen Abhandlungen sei kritischen Inhalts und er halte

---

*) Wir müssen diese gelegentliche Aeusserung Jahns nach dem
Gedächtniss citiren.

solche für die dem Zwecke der Seminarübungen entsprechendsten.

Wenn nun auch unser rheinischer Schulmann sagt, dass nur Ritschl durch Beförderung der kritischen Richtung das Unheil der Bonner Studien verschulde, dass er vermöge seines grossen]pädagogischen Einflusses sehr leicht Richtung und Thätigkeit der ihm sich vorzugsweise hingebenden Schüler bestimme, die Ueberlegenheit seines Geistes ihr Urtheil gefangen nehme (24), so reimt sich das nicht zu der Selbständigkeit, die auch nach der Ansicht eines Schulmannes durch kritische Uebungen erworben wird (21). Doch enthalten wir uns einstweilen einer Polemik gegen unklare Reproduction fremder Gedanken, die den Gegenbeweis zu leicht macht; sehen wir vielmehr zu, ob es richtig ist, dass das durch Ritschl gestiftete Unheil neuerdings so viel wie möglich durch Jahn gutgemacht werde. Wir ziehen vor, unser Urtheil nicht theoretisch, wie ein Schulmann, zu bilden, sondern aus den Privatvorlesungen eines dreijährigen Cyklus (1861—64) die Beweisgründe zu entnehmen.

Jahn erklärte im Winter 1861/2 die Elektra des Sophokles. In der Einleitung erzählte er das Leben des Dichters mit Besprechung der Quellen und Hülfsmittel. Ferner wurde die Tradition des Textes dargelegt, wobei sowohl die einzelnen Notizen über die voralexandrinischen Schicksale desselben, als die alexandrinischen und byzantinischen Bearbeitungen eine ausführliche Darstellung fanden. Schliesslich wurden die Codices und ihr Verhältniss zu dem Laurentianus A besprochen, woran sich eine Aufzählung der Ausgaben schloss. In der speciellen Einleitung zur Elektra erklärte Jahn nach einer Beschreibung des alten Theaters die Decorationen aus den einzelnen Andeutungen in unserem Drama; die Kostüme beschrieb er nach alten Kunstwerken. Die Interpretation enthielt grammatische und sachliche Erklärungen mit Rücksicht auf kritische und hermeneutische Schwierigkeiten in angemessener Form; besondere Erwähnung verdie-

nen eirlzelne einfliessende archäologische Notizen, die Charakteristik der Sophokleischen Prologe und ein Excurs über
die Parodos. Vermisst wurde die eingehende Besprechung
der Metra in den Chorgesängen. Jahns Aufzählung der
Verse unterschied sich nicht wesentlich von den Dindorf-
schen Schablonen.

In derselben Zeit erklärte Ritschl den Miles des Plautus, einleitend mit der Entwicklung des römischen Dramas.
Seinen Ausgangspunkt nahm er von der Erzählung des Livius (VII 2), indem er eine detaillirte Erklärung derselben
vorlegte, die jedem Zuhörer als vollendetes Muster soge-
nannter Sacherklärung gegenwärtig sein wird. Es folgte
eine Darlegung der Weise und des Werthes in der lateinischen Uebertragung griechischer Originale. Ferner wurde
die Geschichte und das Verhältniss der einzelnen dramatischen Gattungen zu einander erörtert und zugleich in lebendigem Zusammenhang die Lebensschicksale einzelner Dichter,
besonders des Plautus, erzählt. Die Geschichte der römischen Feste, des Theaters und seiner Einrichtungen wurden
mit grosser Anschaulichkeit dargelegt. Besondere Erwähnung verdienen die Stunden, in welchen die Entwicklung
des alten Lateins und sein Einzwängen in griechische Vers-
formen geschildert wurde. Für Plautus speciell fanden noch
seine griechischen Muster, die historisch-antiquarischen Kri-
terien in der Zeitbestimmung seiner Dramen tieferes Eingehen. Nachdem schliesslich Ritschl dargestellt, welche
Schicksale der Text vor und durch Varro, Probus, Callio-
pius, die neueren Herausgeber, erfahren hat, charakterisirte
er für die specielle Einleitung zum Miles dessen vermuth-
liches Original, Composition, Personen. Die Interpretation
umfasste in vorwiegendem Maasse, wie von Heimsoeth ge-
fordert wird, sprachliche und metrische Erscheinungen. Die
darauf basirte Textkritik beschränkte sich anfangs nicht auf
besondere Schwierigkeiten, sondern lieferte das anschau-
lichste Bild, wie ein Philologe sich in Exegese und Kritik

im Zusammenhang mit Sprach- und Sachkenntniss bei der
Lectüre von Vers zu Vers üben soll. Naturgemäss wurden
nach und nach nur noch die grösseren Schwierigkeiten be-
rücksichtigt, für die Behandlung der Einzelheiten die anfangs gelehrte Methode vorausgesetzt.

Wesentlich derselbe Weg wurde in den übrigen exege-
tischen Vorlesungen sowohl von Jahn (Horaz mit der Geschichte der Römischen Lyrik Sommer 1864)*) als von
Ritschl (Aeschylus Septem Sommer 1862 und Aristophanes
Sommer 1864) eingeschlagen.

Jahn verhält sich bei den mehr sachlichen Einleitungen
vorwiegend als Referent der von alten und neueren Gelehrten beigebrachten Materien und Schlüsse; Ritschl erscheint
fortwährend als mitthätiger Richter. In der Interpretation
ist Jahn der ruhige Beschauer des ihm vorliegenden Kunstwerkes, der auf die Schönheiten aufmerksam macht und die
Unbilden der Zeit zu entfernen sucht, Ritschl der mit dem
Künstler congenial schaffende Geist, der jederzeit mit Bewusstsein sich sagt, welches die Wege und Intentionen des Künst-
lers sind. Demnach finden die Zuhörer bei Ritschl das in-
nerste lebendige Erfassen des Kunstwerkes, bei Jahn die
kalte Kunstkritik.

Wenden wir uns zu den Disciplinen, so trug Jahn im
Sommer 1862 Geschichte der Philologie, von Winter 1862
bis Sommer 1864 griechische Litteratur, Ritschl im Winter
und Sommer 1862/3 lateinische Grammatik, Winter 1863/4
Encyklopädie vor.

Während unserer Studienzeit haben keine Vorlesungen
so vielfache Besprechung in Bezug auf ihre Zweckmässigkeit
gefunden, als Jahns Geschichte der Philologie und griechi-

---

*) Von den im Kataloge ungekündigten Plato-Vorlesungen Jahns
1863|64 hätte der Schulmann, da sie für das zweitfolgende Semester
wieder angekündigt sind, sogar theoretisch schliessen können, dass sie
„muthmasslich ausgefallen" seien.

schen Litteratur. Um so vertrauensvoller legen wir unser
Urtheil dem philologischen Publicum vor. Die Geschichte
der Philologie begann am 5. Mai 1862. Die Einleitung enthielt bei fortwährender Zusammenstellung des gelehrten Ap-
parates eine kurze Darstellung der Alterthumskenntniss im
Mittelalter, der Entstehung und Geschichte der Universitäten,
der Ueberlieferung alter Schriftsteller, d. h. Verbreitung der
Handschriften, der Sammlung von Inschriften und Monu-
menten. Daran schloss sich eine Geschichte der philologischen
Buchdruckereien in Deutschland, Italien, Frankreich, den
Niederlanden. Am 3. Juni begann Jahn mit der Renaissance,
ohne die Geschichte der Philologie im Alterthum berück-
sichtigt zu haben*). Nach den einzelnen Erscheinungen des
14. Jahrhunderts wurden die Lebensschicksale, Schriften,
Richtung der Italiener und eingewanderten Griechen bis zum
16. Jahrhundert erzählt. Ihnen folgten mit Rücksicht auf
die Reaction gegen den Scholasticismus die Humanisten und
Philologen Deutschlands bis zum 17. Jahrhundert, worauf
dann die Ciceronianer in Italien mit ihren Streitigkeiten
auch bis zum 17. Jahrhundert nachgeholt wurden. Am
29. Juli war Jahn bei der französischen Schule angelangt,
und nun galt es, in höchstens 14 Tagen durch Vermehrung
der ohnehin schon gesteigerten Stundenzahl einen Ueberblick
über die französische Philologen- und Juristenschule (16—
17. Jahrh.), die Holländer (16—19. Jahrh.), die Deutschen (17—
19. Jahrh.) zu geben und auch doch wenigstens Bentleys
und F. A. Wolfs Einfluss näher zu beleuchten. Im Ganzen
führte Jahn seinen für die älteren italienischen Philologen
richtig aufgestellten Grundsatz, dass „mehr als die Leistungen
die Persönlichkeiten interessiren", durch; und so kam es, dass
er, wie der Verfasser mit seinen Freunden sich einigte, keine

*) Freunde des Verfassers beklagten dieses sehr. Sie fanden die
nothwendige Ergänzung später in Ritschls Encyklopädie.
2*

Geschichte der Philologie, sondern eine Geschichte der Philologen vom 15—17. Jahrhundert mit kurzer Uebersicht der Philologen im 18. und 19. Jahrhundert gelesen hatte. Dabei war mit wunderbarer Belesenheit das kritische Material für viele Fragen gesammelt, die theils der Culturgeschichte überhaupt, theils für die Entwicklung der Philologie speciell von Wichtigkeit sind. Da der Student sich in keinem Zweige so receptiv verhält, wie in der Geschichte der Philologie, so war es nicht nur nicht anregend, sondern nutzlos, ihn zur Kritik einzelner Fragen befähigen zu wollen, und ihm die leitenden Gesichtspunkte durch übersichtlich gegliederte Vorlesungen, die alle Perioden gleichmässig umfassten, vorzuenthalten. Das für culturhistorische Untersuchungen Verwendbare gewann für diejenigen Leben und Licht, welche Springers vortreffliche Culturgeschichte des 16—17. Jahrhunderts (Sommer 1863) besuchten; das speciell die Philologie Betreffende wurde nutzbar und für Alterthum sowohl wie neueste Zeit wesentlich ergänzt durch Ritschls Encyklopädie.

Jahns griechische Litteraturgeschichte wurde begonnen am 27. October 1862 und umfasste, nach einer Einleitung über Begriff, Quellen und Hülfsmittel, Sprache überhaupt und die Dialekte, endlich über die Schrift, die Geschichte des Epos und der Hymnen, bis zum 13. Februar 1863, dann die Anfänge der Lyrik nebst einem Excurs über die sieben Weisen bis zum Schluss des Semesters. Am 27. April setzte Jahn die Geschichte der Lyrik fort. Ausser einem Excurs über die griechische Musik und Instrumente, die Orchestrik kamen die νόμοι, dorischen und lesbischen Dichter zur Sprache. Von 25. Juni ab wurden die ältesten Jonischen Prosaiker, die Jonischen Philosophen, die Pythagoreer und Orphiker, die Eleaten und die Anfänge der Geschichtschreibung dargestellt. Da verschiedene Zuhörer, unter ihnen der Verfasser, nach den nun schon ein Jahr umfassenden Vorlesungen über ältere Perioden sich lebhaft sehnten, auch

über die Zeit unterrichtet zu werden, in welcher der griechische Geist sich am reichsten und glänzendsten entfaltete,
so wandten sie sich an Herrn Jahn mit der Bitte, seine
Vorlesungen auch im Winter 1863/64 fortzusetzen. Er begann am 2. November 1863 damit, in sieben Stunden eine
Uebersicht der attischen Schriftsteller bis zum Untergang
der griechischen Freiheit zu geben und dann vom 11. November ab die einzelnen zu besprechen. Bis zum 20. November wurde die Wiederbelebung des Epos, bis zum
11. Januar 1864 die Lyrik besprochen, wobei ein weitläufiges
Eingehen auf die thebanischen Dichter besondere Erwähnung
verdient. Vom Drama endlich kam bis zum Schluss des
Semesters die Geschichte der Tragödie und von den Tragikern auch Euripides noch zur Sprache.

Jahn will durch solche Behandlungsweise seine Zuhörer
ausgesprochenermassen zur methodischen, das heisst doch
wohl nach Sammlung alles Materials kritischen Betrachtung der Litteratur anleiten. Er hält zu diesem Zweck das
Mittel für geeignet, seinen Zuhörern die Vorarbeiten vorzu-
legen, die jeder unternehmen muss, wenn er eine kritische
Geschichte der griechischen Litteratur schreibt. Auch Fr. A.
Wolf, über dessen pädagogische Bedeutung vielleicht einem
rheinischen Schulmann kein Bedenken aufsteigt, leitete zur
kritischen Bearbeitung der Litteratur an. Aber er sah ein,
dass litterarhistorische Vorlesungen nur den Zweck haben
könnten, die leitenden Gesichtspunkte für alle Perioden begründet aufzustellen, um die Schüler zu befähigen, in den
einzelnen Perioden einmal selbst thätig sein zu können. Er,
der über Homer so viel zu sagen hatte, begnügte sich nur
nach dem angegebenen Gesichtspunkte über ihn zu sprechen
und Poesie wie Prosa bis auf die Alexandrinische und By-
zantinische Gelehrtenschule hinab gleichmässig zu behandeln.

Lässt nun aber schon Jahn die kritische Richtung, wenn
auch als Referent fremder Kritik, in schädlicher Weise in
realen Vorlesungen vorwiegen, wird dann nicht Ritschl bei

seiner grossen Productivität, gegenüber Jahns Mangel daran, nicht in noch schlimmero Irrthümer verfallen? Er ist ja doch derjenige, welcher hier in Bonn die jungen Leute zur Kritik verführt. Er ist aber auch derjenige, welcher weiss, wann und wie die jungen Leute zur Kritik zu verlocken sind, wenn sie nicht mit. ungeordnetem Notizenkleinkram im Kopfe und urtheilslos ihn verlassen sollen.

Ritschl theilt seine grammatischen Vorlesungen mit bestimmter Uebersichtlichkeit in zwei Cursus ein, 1) die Einleitung 2) ausgewählte Theile der Grammatik. Der erste Cursus von gewöhnlich einem Semester umfasst nach einer Einleitung über Sprache im allgemeinen sechs Kapitel über die sechs Fundgruben der Grammatik, nämlich: Litteratur, Metrik, Handschriften, Inschriften, Nationalgrammatiker, Sprachvergleichung, denen ein siebentes über die Hülfsmittel sich anschliesst. Im Wintersemester 1862/63 hatte Ritschl mit sehr praktischer Beschränkung auf das nothwendige Material, aber steter Hinweisung auf die Art, wie es im einzelnen Falle vollständig gesammelt werden kann und muss, die sechs Kapitel schon am 26. Februar gleichmässig besprochen. Er konnte noch die einzelnen Theile der Grammatik in übersichtlicher Gliederung zusammenstellen und bis zum 12. März die Buchstabenlehre absolviren. Von Mitte Mai bis zum Schlusse des Sommersemesters nahm Ritschl sich zum Vorwurf die Lautlehre und Flexionslehre und hat sie mit richtigster Beschränkung des kritischen Materials vollständig dargestellt.

Eine ebenso pädagogisch fruchtbare Umfassung der Encyklopädie hat Ritschl sich im Winter 1863/64 vorgesetzt und durchgeführt. Er begann am 2. November mit der Einleitung. Sie enthielt die Abgrenzung des vorzutragenden Stoffes, die Litteratur. Dann legte er, um den Begriff der Philologie sicher bilden zu können, die Entwicklung derselben im Alterthum und der Neuzeit kurz, aber scharf und ohne Uebergehen eines wichtigen Punktes dar. Besonders hervorzuheben ist die klare Darstellung der griechischen und lateinischen Sprachstudien der Alten. Die in unserem Jahrhundert sich gegen die Hermannsche Schule richtenden Streitigkeiten boten im Anschluss an die aus den früheren Richtungen sich ergebenden Resultate zu einer leichtfasslichen und bestimmten Begriffs- und Inhaltsbestimmung der Philologie den ungezwungensten Uebergang. Vom 7. Januar bis zum Schlusse fand der systematische Theil, speciell Hermeneutik und Kritik eingehende Besprechung.

Neben den Vorlesungen sind die Seminarübungen von unberechenbarer Wichtigkeit. Die Methode ist natürlich bei Jahn und Ritschl nicht principiell verschieden. Ritschl geht mit Genialität auf die Gedanken seiner Schüler ein, lenkt sie mit seltener Energie zur Erforschung der Wahrheit und fördert so neben dem rein wissenschaftlichen Ziel auch wesentlich die sittliche Durchbildung. Daneben sind die von ihm ertheilten stilistischen Unterweisungen nicht hoch genug anzuschlagen. Jahn zeigt dagegen einen sehr fühlbaren Mangel an Energie und eine zu grosse Vernachlässigung des Stils. Wer den archäologischen Uebungen Jahns einige Zeit beigewohnt hat, wird zugeben, dass Jahn hier eine Grösse ist. Aber seine Grösse besteht selbst in diesem, seinem Hauptfach, in der erschöpfenden Kenntniss des Details und geschickten Combination desselben; eine selbständige Bahn, neue Gedanken bringt er nicht in die Archäologie, während Ritschl in seinem Nebenfach, der Epigraphik, wie sie nach Marini durch Borghesi und Mommsen gepflegt worden, zwar keine neue Bahn eingeschlagen hat, aber derjenige ist, der auch nach Mommsens Urtheil sie in den Kreis der lebendigen Philologie eingeführt hat und durch seine epigraphischen Uebungen immerfort lebendig macht.*)

---

*) Inwiefern er in seinem Hauptfach, der lateinischen Grammatik, allerdings wohl neue Bahnen, wie sie seit Scaliger, Bentley und der modernen sprachvergleichenden Linguistik überhaupt noch zu finden waren, gefunden hat, wird weiterhin zur Sprache kommen.

Vergleichen wir nun zum Schluss den hauptsächlichsten
Inhalt der beschriebenen Privatvorlesungen Ritschls und
Jahns mit dem was wir oben als zur philologischen Erziehung
nothwendig aufgestellt haben, so ergibt sich, dass ausser
Kritik und Exegese folgende Disciplinen ausführlich oder in
Excursen behandelt waren:

	Ritschl	Jahn
A. Grammatik		
a. griechische	Studien der Alten *(Encykl.)*	
b. lateinische	Grammatik im oben angeführten Umfang. Das archaische Latein *(Plaut.)*	
B. Metrik	Die Dochmien ausführlich zu Aesch. Sept. 78 Dind. Versbau der alten l. Dramatiker *(Gramm. Plaut.)*	griechische Musik *(Litt.)*
C. Litteratur		
a. griechische	Leben des Aeschylus. Leben des Aristoph. Alexandriner und Byzantiner übersichtlich. *(Encykl.)*	Leben des Soph. Litteratur im oben angeführten Umfang
b. lateinische	Drama *(Plaut.)* Grammatiker *(Gramm.)*	Lyrik *(Hor.)*

	Ritschl	Jahn
D. Antiquarisch-historische Untersuchungen		
a. Athen	Feste u. theatralische Aufführungen (Arist.)	Feste u. theatralische Aufführungen (Soph. Litt.)
b. Rom	Feste und Theater (Pl.)	
Geschichte der Philologie	Uebersichtliche Darstellung (Encykl.)	Geschichte der Philologie im angegebenen Umfang

Wir glauben, dass man es uns nicht verdenken wird, wenn wir behaupten, dass Ritschls beschränkter Vorlesungskreis Jahn nicht habe veranlassen dürfen, seinen Cyklus so auszudehnen, dass er vielleicht nur allen zwei Generationen so vielseitige Anregung zu Theil werden lasse, wie sie Ritschl einer jeden gleichmässig zukommen lässt.

Wenn so ein Zuhörer Jahns spricht, so wird man das undankbar nennen. Er thut es, weil er zu einem Urtheil über Jahn und Ritschl provocirt ist. Es hat ein „rheinischer Schulmann" nur zu deutlich zu verstehen gegeben, Ritschl habe die kritische Richtung so befördert, dass sie zu einem Verderb der Philologen geworden; ein Glück sei es, dass Jahn sie moderire. Auch sogar dieser Schulmann sieht ein, dass Ritschl den hiesigen Studien den Typus aufgedrückt*),

*) Freilich hat sein Scharfsinn, von dem wir auch weiterhin zeigen, dass er unerforschliche Wege wandele, dargethan, dass unsere ebendahin gehende Meinung „genau beschen" von uns selbst widerlegt werde, wenn wir auch Heimsoeths, Jahns, Ritters, Schopens Verdienste anerkannten! Man würde auf ihn einen gelegentlichen Ausspruch Cobets anwenden: Germani doctiores sunt quam saniores, wenn nicht auch seine doctrina durch Anlage I—II in Zweifel gestellt würde.

aber er hat ihn nicht verstanden. Er hat gesehen, dass das Resultat einer oft zweistündigen Disputation eine Conjectur war und hat daraus geschlossen, Ritschl lehre seine Schüler Conjecturen machen. Er hat die Frucht gesehen, aber ihr Entstehen nicht erforschen können. Wie wird denn eine solche Conjectur gemacht? Ist dabei keine Exegese vertreten? Verlangt nicht Ritschl auf das entschiedenste das vorherige Sammeln des sachlichen Materials? Aber zu welchem Zwecke sagen wir einem „älteren Philologen", was er als jüngerer hätte lernen sollen? Sagen wollen wir ihm nur das, wonach er uns fragt, was das Charakteristische der Bonner Philologenschule und welches ihre Früchte seien. Das Charakteristische am Haupt ist die Genialität, mit der es die Talente seiner Schüler erkennt und erweckt; das Charakteristische an den Gliedern ist die Selbständigkeit, mit der sie sich auf den einzelnen Gebieten bewegen; und das Charakteristische der ganzen Schule ist, dass sie die Gesammtheit ihrer Wissenschaft vertritt. Das wäre ja schon Charakteristik genug. Aber wie, wenn wir unserem Schulmanne nun sagen, dass er sich im Studium der Alterthumswissenschaft gar nicht umgesehen hat — von kritischen Studien nicht zu reden, für die ihm offenbar Sinn und Verständniss fehlen — wenn er behauptet, durch Ritschl seien keine neuen Gedanken in einzelne Zweige der Philologie gekommen? Um von wichtigen Entdeckungen in realen und formalen Disciplinen*) abzusehen, wer hatte denn vor Bearbeitung des Plautus und Erschliessung der Inschriften für die Grammatik eine Ahnung von der Art und Weise, wie Lectüre und Monumentenkunde ineinander greifen müssen, damit die lateinische Sprachentwicklung begriffen werde?

---

*) Oder steht für unseren Anonymus von dem symmetrischen Bau der Dialogpartien, von der Benutzung der Chronik des Hieronymus für einen nicht kleinen Theil der lateinischen Litteratur noch gar nichts fest?

Wie nun, wenn wir unserem Schulmanne auch sagen, dass er nicht einmal sich umgesehen, ob für den einen Schriftsteller, in dem er gearbeitet zu haben scheint, auf Ritschls Anregung etwas geschehen sei? Eine Tradition bezeichnet unter den Bonner Preisaufgaben als die von Ritschl gestellten die über die zwölf Tafeln, die rheinischen Inschriften, die Prologe des Terenz und Plautus, die grammatischen Bestrebungen des Claudius, Catos Origines, Ennius, Lucrez, des Terenz griechische Originale. Und wenn diese lateinisch sind, weil der mit Ritschl abwechselnde Welcker meist griechische wählt, so hätte dennoch unser Anonymus, der vor sieben Jahren in Bonn eine Dissertation und später ein Programm über Hesiod schrieb, vielleicht erfahren können, dass Ritschl auch Marckscheffels Preisaufgabe über die Hesiodische Dichterschule angeregt hat.

Nun hat aber bis jetzt zuerst dieser „rheinische Schulmann" es mit grauer Theorie beweisen wollen, dass Ritschl's „Disciplin für sich allein weder im Stande ist, tüchtige Alterthumsforscher, noch tüchtige Schulmänner zu bilden". Niemand wird uns den Kampf gegen Windmühlen zutrauen, diesem Ritter von der traurigen Gestalt, nach dem, was wir schon vielen zum Ueberfluss in der ersten Anlage gesagt, auch theoretisch beweisen zu wollen, unter Ritschls Schülern könnten Alterthumsforscher sein. Wenn es wahr ist, dass einmal auch ein Philologe mit Aufwand von Gelehrsamkeit bewiesen hat, im Alterthum hätten die Kinder gerade so geschrieen, wie heutzutage, wenn sie geschlagen worden, so wäre unser namenloser Schulmann der rechte, da es praktisch nicht mehr gehen will, gegen diesen Satz den theoretischen Gegenbeweis anzutreten. In unserem Falle ist ihm aber die liebliche Alternative gestellt, entweder zu glauben, die Philologen Deutschlands seien seit anderthalb Decennien toll geworden und hätten sich alles Urtheils über Ritschl begeben, oder ein Gegentheil anzunehmen, das er sich selbst vielleicht noch zu sagen vermag. Derselbe Herr sagt, es

fehlten ihm „die Daten und vielleicht auch der Beruf", um
über die Frage eine entscheidende Lösung zu finden, in wie
fern Ritschls Schüler gute Schulmänner seien*). So hätte
er besser gethan zu schweigen. Die Daten soll er von uns
hören; und da auch wir keinen Beruf zum Urtheil haben,
so lassen wir solche reden, die ihn haben.

Unter den Männern, die Ritschl das schöne Denkmal
der Pietät gewidmet haben (Anlage I) und sich ausdrücklich zu Ritschls Schule bekennen, finden wir die angesehensten Schulmänner: den Provinzial-Schulrath Tzschirner, Gym-
nasial-Directoren wie Eckstein, Enger, Ilberg, Nitzsch, Reis-
acker — auch Bogen, Bachmann, Goebel, Herbst, Keck, Probst
und Wendt sagten später, sie seien Ritschls Schüler. Nennen
wir ferner Oberlehrer, die nicht nur einem rheinischen
Schulmanne bekannt sein dürften, so stellen sich als Ritschelianer doch auch ein Conrads, Eckertz, Klein, Lange, Savelsberg, Schmitz, Stahl dar. Auch Schulmänner, die vielen
bekannt sein werden, aber unserm Anonymus bekannt sein
müssen, waren oder sind Binsfeld, Bücheler, Vahlen;**) doch
ist er vielleicht über solche erhaben. Ob er nun auch noch
über Männer erhaben ist, die ausser der Bonner Schule
stehen, aber dennoch die Schüler Ritschls für tüchtige Gym-
nasiallehrer halten? Wir können ihm den Mann nennen, der
an der Spitze des preussischen Schulwesens steht und so
urtheilt. Ferner wird doch Niemand glauben, dass Männer

*) Im vorigen Jahre scheinen ihm darüber noch keine Zweifel auf-
gestiegen zu sein, da er gutem Vernehmen nach der Deputation eines
rheinischen Gymnasiums angehörte, die Ritschl ihren Dank für die eigne
philologische Erziehung und die Heranbildung tüchtiger Gymnasial-
lehrer überhaupt aussprach.

**) Um ausserdem einige der angesehensten Lehrer aus Ritschls
Schule zu nennen, die doch am ehesten ein Schulmann hätte kennen
müssen, so sind es z. B.: Frey, Hanow, Heimreich, Keller, A. Koch,
Langen, Nake, Peter, Prien, G. Richter, Riese, Schneider, Schottmüller, Steinhart, Thilo, Velsen, Völker, Volkmann, Wiel u. a. m.

wie u. A. Blume, Bouterwek, Kiessling (Berlin), Sommerbrodt, von Ritschls persönlichem Einfluss bestochen seien, den sie zum Theil nie gesehen, wenn sie bei Vacanzen an ihren Schulen sich an Ritschl mit der Bitte wenden, 'ihnen einen seiner Schüler zu senden. Und wenn wir endlich fragen, ob es denn auch Beispiele gibt, dass ein in Bonn von Ritschls Disciplin sich lossagender Student Gefahr läuft urtheilslos zu werden, so müssen wir gestehen, dass ein richtiger Tact gerade unserem Schulmanne den Muth eingeflösst hat, seinen Namen abzulegen. Wir bedauern, ihm sagen zu müssen, dass er es gewesen ist, der in der Untersecunda eines rheinischen Gymnasiums zum Lehrer seiner Muttersprache bestellt, den in dem Lesebuch von Pütz und Remacly, 2. Aufl. S. 448 in Goethes Ballade vom vertriebenen und zurückkehrenden Grafen Str. 6 V. 7 befindlichen, sinnentstellenden Druckfehler gegen die berichtigende Bemerkung eines Schülers als richtige Lesart zu vertheidigen sich unterfangen hat. Im Druckfehlerverzeichniss ist er übersehen, und erst häusliches Nachschlagen hat einen „rheinischen Schulmann", der über einen Ritschl zu Gerichte sitzt, von seinem Irrthume überzeugen können! Man schaudert, wenn man bedenkt, dass die consequente Durchführung der Grundsätze dieses selben Schulmannes einst ähnliche Lehrer den rheinischen Gymnasien zusenden möchte.

Nach solchen Vorgängen wird man es dem -Verfasser nicht als Hochmuth anrechnen, wenn er dem Anonymus sagt, er habe sich gegen sein „Ende der Bonner Philologenschule" aufgelehnt, ohne es zu verstehen. Zunächst hatten wir geglaubt, dass ein Philologe doch wissen müsste, was es mit der Bonner Schule auf sich hat; und wir glauben allerdings, dass es wenige so verdrehte Köpfe gibt, die es nicht wissen. Es lag auch eine Anmassung in dieser kleinen Flugschrift; aber sie lag nicht darin, wo unser Anonymus sie lächerlicher Weise suchte, sie lag vielmehr darin, dass der Verfasser es wagen konnte, sich den „Bonner Philologen" wenn auch als

der letzte und geringste überhaupt anzuschliessen. Auch
hätte den Namenlosen der Schluss dieser Flugschrift darüber
aufklären können, ob wir denn glaubten, dass das, „was wir
Bonner Philologenschule nennen" so bald zu Grunde gehen
könne. Nein Ritschls Einfluss ist tiefer gegründet und wird
auch kommenden Geschlechtern noch Segen bringen. Wir
haben den vielen Theilnehmenden nur sagen wollen, wie
Ritschl zu dem harten Entschluss gekommen ist, all die
zarten Erinnerungen auf einmal abzuschneiden, mit denen
viele Männer über Deutschlands Grenzen hinaus an die bei
ihm in Bonn verlebte Studienzeit zurückdenken. Auch jetzt
halten wir es für geeignet, die Veranlassung dazu noch
einmal darzulegen (Anlage III), obgleich wir schon wissen,
dass wir auch einem Blinden die Farben zu erklären unternehmen. Wir haben uns überzeugt, dass es ein Glück für
Ritschl ist, aus einem Kreise bald scheiden zu können, der
ihm nicht erst seit sechs Monaten den Frieden raubt. Wohl
der Hochschule, der seine ungetrübte Wirksamkeit nun zu
Theil wird!

Anlagen.

I.
Vertreter der Bonner Philologenschule.
1854.

A · D·
V · ID · IVL·
A · CIꟾƆƆƆƆLIIII
VOT · XXV

FRIDERICO · RITSCHELIO
GRAECARVM · ET · ROMANARVM · LITERARVM
INVESTIGATORI · FELICISSIMO
VINDICI · FORTISSIMO
DOCTORI · PER · QVINQVE · LVSTRA · PROBATISSIMO
VIRO · CONSILIVM · ARTIS · CVM · INGENI · VELOCITATE · SOCIANTI
ADVLESCENTIVM · STVDIOSORVM · LVMINI · AC · PRAESIDIO
OB · MVLTA · ET · EGREGIA · EIVS
IN · SINGVLOS · VNIVERSOSQVE · MERITA
AVDITORES · PIENTISSIMI
LVBENTES

in parte aversa

I. BERNAYS	A. GVTSCHMID	O. NITZSCH
G. BLEEK	W. HARLESS	F. PAVLY
I. BRANDIS	T. HVG	C. PRIEN
H. BRVNN	G. IHNE	I. REISACKER
G. BVNSEN	H. ILBERG	O. RIBBECK
G. CONRADS	H. KEIL	A. SCHLEICHER
G. CVRTIVS	I. KLEIN	L. SCHMIDT
F. EBBEN	A. KOCH	O. SEEMANN
G. ECKERTZ	I KRAVSS	H. STEIN
A. ECKSTEIN	A. LANGE	G. THILO
R. ENGER	H. LANGENSIEPEN	P. TZSCHIRNER
I. FOLTZ	A. LOWINSKY	I. VAHLEN
I. FREI	E. MEHLER	A. VPPENKAMP
G. GESENIVS	E. NASSE	M. WILMS
P. GRAVTOFF	I. NICKES	I. ZAHN

(Jahrb. f. Phil. 70, 1854 p. 112.)

1864

SYMBOLA

PHILOLOGORVM BONNENSIVM

IN HONOREM

FRIDERICI RITSCHELII

COLLECTA

LIPSIAE IN AEDIBVS B. G. TEVBNERI

Symbola dederunt, quorum pars dimidia hactenus edita est, philologi hice:

G. Becker (Sueton)

I. Bernays (Arist. Clem.)

H. Brvnn (Philostr.)

F. Bücheler (Seneca)

G. Cvrtivs (lat.O-Coniugation)

D. Detlefsen (Plinius m.)

I. Frey (Militäraufstand Liv. VII 38)

A. Gvtschmid (maked. Ana-graphe)

F. Hanow (Dionys.)

Ch. Heimreich (quaest. Propert.)

W. Helbig (Polyphem u. Ga-lateia)

W. Herbst (Biographie b. d. Griechen)

E. Hübner (de nom. gentil. quaest. gr.)

W. Ihne (Servian. Verf.)

H. Ilberg (Ciceronianum non Ennianum)

W. Junghans (Hanse im 13—14 Jahrh.)

H. Keck (Aesch. Choeph. 22—73)

H. Keil (de Val. Probo)

O. Keller (Scholiast. Horat.)

A. Kiessling (Dionysi cod. Urbin.)

A. Klette (emend. Terent.)

A. Koch (coniectanea in poet. lat.)

I. Kvícala (Eur. Iph. T.)

P. Langen (quaest. Boeot.)

B. Nake (Caecil. Rufus)

I. Overbeck (Zeus des Phidias)

H. Peter (Sallust b. Plutarch)

A. Reifferscheid (Tacitus)

O. Ribbeck (Iuvenal)

G. Richter (Seneca Oed.)

A. Riese (Varro Sat.)

I. Savelsberg (ἔδωκα, ἔϑηκα, ἧκα)

A. Schleicher (Nibel. N. 70)

L. Schmidt (Soph. Trilogie)

W. Schmitz (Tironiana)

R. Schneider (Apoll. Dysc.)

A. Schöne (Text d. Röm. Eleg.)

A. Schottmüller (quaest. No-nianae)

M. Stahl (Thucyd.)   K. Völker (conlectae crit. et.
W. Steinhart (Luciani cod.   exeg.)
    Montepess.)   D. Volkmann (Suid biogr.)
G. Thilo (emend. Silianae)   K. Wachsmuth (Suidae font.)
H. Usener (historiae ludicrae   A. Wagener (inscr. Graec.)
    Athen. spicil.)   W. Wiel (Hexam. in der Orph.
I. Vahlen(Tragoed.b.Aristot.)   Argon.)
A. Velsen (Aristoph.)

So lieb es all diesen Gelehrten und Schulmännern sein
wird, sich in so glänzender Reihe vereinigt zu sehen, so
entrüstet würden sie sein, wenn wir nun untersuchen wollten,
was sie denn gedacht, als sie der (S. 1) mitgetheilten Auf-
forderung beitraten. Nun sollen wir das noch gar untersuchen für den anonymen rheinischen Schulmann, dessen bo-
denlose Urtheilslosigkeit darzuthun mehrfach Gelegenheit
geboten war, und von dessen ausgebreiteter Unwissenheit
wir uns schon früher überzeugt haben und auch fernerhin
Beispiele anführen werden. Dieser Herr fragt, „mit welchem
Rechte G. Curtius in seinen grammatischen Leistungen als
specifischer Schüler Ritschls bezeichnet wird," ohne zu fragen, wesshalb Curtius sein erstes Buch über Tempora und
Modi seinen Lehrern Lassen und Ritschl gewidmet. Er fragt
nach Leistungen in der Litteratur, ohne zu wissen, was unsere Kenntniss griechischer Lyriker, des Empedokles, Hera-
klit, Aristoteles, des lateinischen und griechischen Dramas,
des Varro, Cato, Sueton den 'Bonner Studien' zu verdanken
hat. Nicht einmal weiss dieser Schulmann, was denn Brandis,
Gutschmid, Hübner, Ihne in den Alterthümern leisten. Nun
sollte man glauben, habe er sich in der noch übrig bleibenden
Kunstgeschichte umgesehen. Aber nein, da sagt ihm ja Bruno
in der Dissertation, welche die Geschichte der griechischen
Künstler ankündigte, dass auch er ein Ritschelianer sei, und
zwar mit Worten, die vielleicht noch dem Schulmanne nicht

ganz unverständlich sein mögen.*) Und wenn uns nun in
der Wissenschaft kein Punkt bleibt, in welchem der rheinische Schulmann seine Unwissenheit nicht sowohl theoretisch
als praktisch aufs deutlichste documentirt, so sagen wir zuletzt, dass er auch das nicht kenne, was Schüler Ritschls
speciell für den Schulunterricht gethan, dass er auch die für
die Schule erklärten Schriften des Herodot, Cicero, Tacitus
nicht kenne, oder dass er Leistungen eines Stein, Frey, Koch,
Völker als unter seinem Niveau liegend betrachte, während
wir jetzt gezeigt haben, dass sie darüber liegen. Endlich
sind wir überzeugt, von diesem Schulmanne gründlich miss-
verstanden zu werden, wenn wir sagen, dass sich auch
W. Bleek, G. Gesenius, Schleicher, Nickes, Reinkens, Junghans, Nasse, Bunsen der Bonner Philologenschule angeschlossen
haben; denn er gehört offenbar nicht zu den „Juristen," denen
„eine zeitweilige Betheiligung am Ritschlschen Seminar recht
erspriesslich" gewesen; oder ist die Version eines Gerüchtes
allein richtig, dass ihn eine juristische Facultät nur aus
Furcht verdunkelt zu werden habe zurückweisen wollen?

II.
Die Bonner Doctordissertationen 1841—1863.

Wenn wir behauptet haben, dass der Student schon im
3. und 4. Jahr sich von der Textkritik zu höheren Fragen
erheben wolle, so liefern uns die Bonner Dissertationen einen
schlagenden Beweis. Sie sind hier nach den Disciplinen,
innerhalb derselben nach Jahren geordnet:

---

*) Specimen ubi erat edendum studiorum meorum, placuit eligere
materiam, in qua pertractanda non minor esset philologiae pars quam
archaeologiae quae dicitur. Quamquam enim in antiquae artis historia
elaborare propositum sit mihi, non tamen potui non assentiri *Fr.
Ritschelio,* praeceptori dilectissimo, qui sine philologiae lumine caecu-
tire archaeologiam suo iure contendit.

	Kritik und Exegese.	Litteraturgeschichte.	Grammatik Metrik Rhetorik.	Hist.-antiqu. Studien Archaeol.
1841	.	.	.	Bach de instit. Graecor scholastica.
1842	.	Eckertz de Duride	.	Thisques Phocaica.
1843	H. Keil obs. crit. in Pro-port.	Ihne quaest. Terent. Schauffelberger deCtesiae Indicis.	.	Brunn artific. Gr. temp.
1844	.	Foltz quaest. Herodian. I. Klein font. top. Cic.	Frohne obs. in Apollon. Dysc. syntax.	Clemens Homeri clip. Achill.
1845	Hammerstein quaestion. Hor. crit.	Schwanbeck de Megasth.	.	.
1846	.	Mehler Mnaseae frgm. Schleicher melet.Varr. I L.Schmidt quaest Epich.	.	.
1847	.	Reisacker quaest. Lucr.	.	Claussen qu. Herodae. Nitzsch de Lysandro. Petry quaestores R.
1848	.	Frieten de Agatharch. I. Bernays Heracliten.	.	Overbeck de indagandi argum. carm. ep. cycl. ratione deque eorum vi .. in monumentis conspicua. Stiefelhagen de orac. Delph.

	Kritik und Exegese.	Litteraturgeschichte.	Grammatik Metrik Rhetorik.	Hist.-antiqu. Studien Archaeol.
1849	BOGEN de locis Juven. explic.	WAGENER Catonis frg. POETH de Fonestella	MICHELIS de enuncia-tionis natura	EBBEN Platon. id.
1850	KRAUSS quaest. Terent. crit.	O. GERHARD de Aristar-cho Aristoph. interpr. KELLER de lingua et exo-diis Atellanarum	.	.
1851	PAULY quaest. Horat. crit. HILGERS in Dion. Chrys. or. Alex. obs. A. KOCH exerc. crit. in priscos poët. R.	NICKES de Aristot. polit. M. SCHMIDT de Demosth. et Aesch.or.de fals.leg.	LANGE quaest. metr.	E. NASSE publica cura annonae apud.-Rom.
1852	VAHLEN quaest. Enn. crit.	TH. HUG Enn.ann.VII—VIIII ILBERG Enn. ann. I G. SCHMITZ de act. fab. Plaut. STEIN de Empedoclis ser.	THEOBALD de annomina-tionis et allitterationis apud Ciceronem usu.	G. BUSSEN de Azania Africae littore. I. BRANDIS Assyriorum tempora emendata.
1853	BINSFELD quaest. Ovid. crit. CONRADS in Anthol. l.IV exerc. crit. et ex. W. WIEL obs. in Orph. Argon.	GRAUTOFF Turpil. rel. HARLESS de Fabiis et Anfid. THILO de Varrone Plutar-chi quaest. R. auctore.	W. SCHMITZ quaest.ortho-epicae l. BARTELS Aristoxeni elem. rhythm. fragm. em. et expl.	.

1854	A. RICHTER de Donat. comm. Terent. (= emend. Terent.) I. SCHMITZ Dionys. em. SCHNELLE ex. in Dionys. STEINHARDT emend. Lucan. GOEBEL obs. Lucret. crit. et exeg.	. . .	E. HÜBNER quaest. onomat. l.	. . .
1855	A. HUG obs. crit. in Cass. Dion. KLETTE exerc. Terent.	STAMMER de Lino	. . .	NAMUR de lacrymatoriis.
1856	I. KÜPPERS cur. crit. in Thuc. STAHL animadv. in Eur. Phoen.	CONRAD de Pherecyd. Syr.	F. BÜCHELER de Claudio gramm.	. . .
1857	VELSEN sched. criticae	G. BECKER de Isid. l. de nat. r. SCHWISTER quaest. aetiol. in Cic. Brut.	LANGEN de grammnt. l. praeceptis, quae ad accentum spectant.	. . .
1858	I. WIEL observ. in locos Aesch.	FREY de Aeschyl. schol. Med. HANOW de Theophr. char. A. KIESSLING de Dionys. auct. lat. MOREL de Xen. rep. Ath.	. . .	H. DEITERS de Hesiodea scuti Herculis descriptione.

	Kritik und Exegese.	Litteraturgeschichte.	Grammatik Metrik Rhetorik.	Hist.-antiqu. Studien Archaeol.
1858	. . .	SCHOTTMÜLLER de Plinii Sec. libr. gramm. SCHULZE quaest. Hermesianacae. USENER analect.Theophr. REIFFERSCHEID quaest. Suet.	. . .	. . .
1859	. . .	.	. . .	. . .
1860	R. SCHNEIDER quaest. Xenophont.	H.PETER hist.crit. script. II. A. TILLMANNS qua ratione Livius Polyb.ii.hist.usus sit. WACHSMUTH de Cratete Mallota.	. .	KRÜGER theologumena Pausaniae. LAMBECK de Mercurii statua vulgo Iasonis habita.
1861	MEYER Aesch. Prom.vinctus quo in loco agi videatur. WEILE obs. crit. in Petronium	C. BLASS de Platone math. O. BERNHARDT quaest. Stobens. VOLKMANN de Suid. biogr. HELBIG quaest. senen. HOLLANDER de Hecataeo Miles. I. KLEIN quaest. Nigidianae.	.	.

1861	. . . . .	Nake hist. crit. Cic. epist. Klapp de vit. Plutarchi	Hirzel de Eurip. in componendis diverbiis arte.	O. Benndorf de Anthol. Graec. epigramm. quae ad artes spectant.
1862	Boehme quaest. Catull. Foss de loco in quo Prometheus apud Aesch. vinctus sit.	G. Richter de Senec. trag. Riese de commentario Vergil. qui Probi dicitur.		
1863	Giers observ. Livianae. W. Fischer de locis Propert. Heimreich quaest. Propert. Mohr obs. Sophocl. Perthes quaest. Liv.	F. Blass de Dionysii Hal. scr. rhetor. Dziatzko de prol. Plaut. et Terent. Hasenmüller Strabonis vit. Korn de publico Aesch. Soph. Eur. fab. exemplari. Schrader de notatione critica a veteribus gram. in poetis scaenicis adhibita Vogt de Claudiani carm. in Stilicon. fide histor.	Marquard de Aristoxeni Tarentini elementis harmonicis	Buesgen de gymnasii Vitruviani palaestra.

Diesen Dissertationen schliessen sich zwei an, welche die Geschichte der Philologie betreffen: Lawicki de fraude Pauli Merulae Ennianorum annalium editoris (1862) und Penon versiones Homeri Anglicae inter se comparatae (1861).

Mit derselben gründlichen Albernheit, mit der unser
Schulmann sich über Kritik zu sprechen unterfängt, behauptet er auch, dass man den Einfluss der Kritik Ritschls schon
leibhaftig sehe, wenn man „nur einmal die Titel der meisten
in den letzten 20 Jahren erschienenen Dissertationen" durchgehe, „um sich zu überzeugen, ein wie grosses Uebergewicht
in denselben die quaestiones criticae über Autoren und Gebiete, die Ritschls Studienkreis bilden, einnehmen" (25).
Sollte jemand wirklich so verdreht sein, mit diesem Schulmanne aus solchen Titeln etwas schliessen zu wollen, so
würde er deren unter hundert und achtzehn Dissertationen
wohl kaum ein halbes Dutzend finden. Sehen wir aber auf
den Inhalt dieser Erstlingsarbeiten, so erweist sich Ritschls
Kritik bei den besseren als durchaus bestimmend in der
Methode, nicht im Stoff. Nur aus den Dissertationen
liesse sich leicht zeigen, wie Ritschl seine Schüler auf alle
Zweige der Alterthumswissenschaft hinlenkt, und wie seine
Schule alle Zweige selbständig bebaut*). Unser Schulmann
könnte sich vielleicht auch aus Dissertationen, die nach 1855
erschienen sind, den Einfluss Jahns vergegenwärtigen auf
solche, die Ritschls Disciplin nicht verstanden. Bei denen
nämlich, welche die Beherrschung des Details sich noch nicht
so angeeignet haben, wie Jahn, wird das Zusammensuchen
des Notizenkrams wirklich krankhaft, so dass z. B. ein H.
Deiters über Hesiods Schild (1858) 61 Octavseiten schrieb
und dazu 125 Anmerkungen anbrachte. Und wenn wir nun
noch gar behaupten, dass es nicht gefährlich für die philologische Erziehung sein würde, wenn wirklich die Mehrzahl
der Dissertationen Kritik der Texte aus Ritschls Studienkreis enthielten, wenn nur solche Abhandlungen wie Klettes,
Kochs, Krauss, Vahlens, . — um bei dem archaischen La-

*) O. Jahn „will nicht untersuchen, ob das auf anderen Universi-
täten cursirende Wort Recht hat, in Bonn lerne man kein Griechisch"
(Briefe gedr. bei Breitkopf und Härtel S. 4.). Diese Aeusserung ist
mindestens sehr unvorsichtig, da unter den Dissertationen sich folgendes
Verhältniss herausstellt. A. Autoren: gr. 41. l. 45. B. Gram. Metr.: gr. 4.
l. 6. C. Antiquitäten: gr. 15. l. 4. Also verhalten sich die Abhandlungen über das griechische Alterthum zu denen über das römische
wie 63 zu 55.

tein stehen zu bleiben — geschrieben würden; so werden wir
bei vielen anderen Zustimmung, bei diesem Schulmann ein
ignorantes Kopfschütteln zu erfahren haben. Aber ihm wollen wir auch nicht die Ehre anthun, mit dem methodischen
Studium tüchtiger Ritschelianer seinen jämmerlichen Dilet-
tantismus zu vergleichen.

III.

Sauppes Berufung nach Bonn.

Wenn der genannte anonyme Schulmann, von dessen
Fleiss im Sammeln des Materials, Schärfe im Urtheil wir so
vielerlei zu erzählen gehabt, auch einige unpassende Worte
über Jahns loyales Verfahren, als er Ritschl bei der Berufung Sauppes nicht einmal einer Mittheilung würdigte, ge-
sprochen hat, so wird man Jahn bedauern, nur einen solchen
Vertheidiger gefunden zu haben. Wir wenden uns erst zur
Sache und dann zum Anonymus.

Wenn die Lücken in den philologischen Disciplinen so her-
vortretend waren, die Berufung eines neuen Ordinarius unumgänglich, und die Berufung Sauppes nur im Interesse der Wissenschaft motivirt, so war Ritschl gewiss der letzte, sich solchen
Anschauungen zu verschliessen. Das lebendige Interesse, welches gerade er seiner Zeit an Jahns Hierherberufung genommen hat, die Freudigkeit, mit der er Jahn als den neben
und mit ihm Wirkenden hier begrüsst, beweist am besten,
dass ihm das Interesse für die Blüthe der Wissenschaft
näher liegt, als der Wunsch der Alleinherrschaft und als die
Vorstellung, dass überhaupt ein Mensch zur vollständigen
mannigfaltigen Entwicklung eines Studirenden genüge. Aber
dieses damals Jahn gegenüber beobachtete Verfahren hat
diesen nicht vermocht, Ritschl auch nur die leiseste Andeu-
tung über seine Pläne zu machen und die Entschuldigung
einer blossen Rücksichtslosigkeit fällt wohl jahrelang dauernden Verhandlungen gegenüber gründlich fort. Dass er im
Mai 1863 eine Berufung Sauppes nach Bonn im Hinblick
auf die Zustimmung der Facultät und Ritschls beantragte,
beweist nur, dass sie damals auf keinem anderen Wege

durchzusetzen war. Denn als ihm 1864 die vertrauliche
Anfrage aus Wien wurde, die durchaus nicht den Charakter
der Eile trug, verschwindet diese eventuelle Zustimmung
entschieden von der Bühne und unbekümmert um Facultät
und Ritschl benutzt Jahn diese Anfrage, um die Berufung
Sauppes zur Bedingung seines Hierbleibens zu machen.
Jetzt wird aber der Rücktritt vom Seminar, den Jahn
früher grossmüthig in Aussicht gestellt, nicht mehr erwähnt,
sondern die Gewinnung Sauppes auf der lockeren Grundlage
einer möglichen Berufung nach Wien um jeden Preis gefor-
dert. Es darf aber wohl als unerhört in den Annalen aka-
demischer Verhältnisse bezeichnet werden, dass ohne Rücksprache mit dem älteren Seminardirector der jüngere einen
dritten anzustellen versucht. Man will Jahn dadurch ent-
schuldigen, dass man vorgibt, die Spannung zwischen ihm
und Ritschl sei derart gewesen, dass eine solche Rücksprache
nicht möglich gewesen. Dagegen lässt sich die gründliche
Widerlegung vorbringen, dass beide Herren bei Prüfungen
und Seminar-Angelegenheiten, wie es gebildeten Gegnern ziemt,
in durchaus freundlicher, auf die Sachen und Personen eingehender Weise verkehrt haben. Ebenso ist die Insinuation
in Bezug auf die Prüfungscommission sehr wenig loyal. Wäre
aus den durch Ritschls Krankheit veranlassten Vertretungen
bei Probelectionen ein wesentlicher Uebelstand erfolgt, so
hätte die Staatsbehörde ja ihre Maassregeln treffen können. Sie hat offenbar gefunden, dass Ritschl sein Amt mit
Treue, Umsicht und Erfolg verwaltete, und keine Aende-
rung, wie Herr Jahn sie in Aussicht stellte, bis jetzt für
zweckmässig gehalten. Wenn endlich ununterbrochen auf
die höchst edlen und uneigennützigen Motive Jahns hinge-
wiesen wird, so vermögen wir Jahns Wunsch, die Anzahl
seiner Collegien zu verringern, um sich litterarischer Thätigkeit hinzugeben — auch solcher, die durchaus nicht zu
seinem Amt gehört — nicht hervorragend edel und uneigen-
nützig zu finden, könnten denselben aber immerhin als
berechtigt gelten lassen, wenn er ihn aufrichtig unter Mitwirkung des doch so unmittelbar mitbetroffenen Collegen
durchgeführt hätte. Aber gewiss ist es nicht die Art beson- .

ders edler Naturen, gerade einen Gegner in seinem Vertrauen auf collegialische Loyalität zu täuschen.

Mit diesem Verhalten Jahns sind in Verbindung getreten mannigfache Vorgänge, die für die Hauptsache unwesentlich sind. Herr Dr. Merz hatte Jahn seine moralische Missbilligung ausgesprochen, aber alsdann aus eigenem Antriebe*) einen Sühneversuch beantragt und sich zur förmlichsten Zurücknahme des gebrauchten injuriösen Ausdrucks bereit erklärt; Jahn, dem dies nicht unbekannt war, wartete weder den Erfolg jenes Sühneversuchs ab, noch betrat er den statutenmässigen Weg einer Beschwerde bei der Facultät, sondern reichte sogleich direct beim Ministerium eine Anklage ein: ein Verfahren, dessen Beurtheilung wir den politischen Freunden des Prof. Jahn überlassen wollen. Dr. Loening hatte die Existenz des Rufes, den Jahn nach Wien erhalten zu haben vorgab, angezweifelt, von den durch einen Aufruf der Burschenschaft Alemannia**) veranlassten Fackelzug abgerathen, Jahns Verfahren unehrenhaft genannt und sollte durch die Einleitung eines Disciplinarverfahrens an seiner Promotion gehindert werden.***) Endlich hatte

*) Der Anonymus leugnet dies, ohne einen Beweis beizubringen. Merz hatte durch ein Schreiben an den Dekan officiell die Initiative ergriffen; voraus gingen nur private Besprechungen mit einigen Freunden, ob und wie es gerathen sei, die Injurie gegen Jahn zurückzunehmen.

**) Der Alemannia schlossen sich nur so viele Philologen an, dass der ganze Zug lange nicht hundert Theilnehmer zählte, obgleich die Zahl der hiesigen Philologen allein weit über hundert beträgt. Die eingeladenen übrigen Verbindungen lehnten die Betheiligung ab. Diese Nachricht ist nur für den Anonymus, dem wir zu bedenken überlassen, wie er sich selbst für das Zustandekommen dieses Fackelzuges interessirt hat.

***) Der Anonymus meint, dass Loening allein wegen der Injurie, die in dem Worte unehrenhaft gelegen, zur Verantwortung gezogen sei. Wir glauben gern, dass vielleicht in dem Verhör des Richters dies vorzugsweise betont wurde; der Senat hielt jedenfalls diesen Ausdruck für nicht so gravirend, da er den animus iniuriandi darin vermisste. Immerhin hat Dr. Loening jetzt die Genugthuung, seinen damaligen Zweifel an der Existenz eines wirklichen Rufes durch die eigene Veröffentlichung des Prof. Jahn vollständig begründet und damit zugleich den berühmten Fackelzug in die richtige Beleuchtung gestellt zu sehen. Uebrigens bietet dieses Verfahren gegen Loening ein trauriges Seitenstück zu einem anderen. Nicht nur diesmal, sondern auch der Curator unerhörterweise ein Actenstück veröffentlicht, in welchem die Facultät mit ihrem Dekane Ritschl getadelt wurde, nur ein Sühneverfahren gegen Merz eingeleitet zu haben. Nach diesem letzten Schritte hielt Ritschl, schon durch Jahns und seiner Genossen feindseliges Vorgehen tief verletzt, es unter seiner Würde länger an einer Universität zu bleiben, an der er trotz 26jähriger Verdienste solche Behandlung erlitten. Da der Anonymus andeutet, dass eine actenmässige Darstellung dieser Vorgänge Ritschls Unrecht bald darzustellen berufen sei, so bemerken wir, dass Folgendes zu beweisen wäre, wenn Ritschls Unrecht documentirt werden sollte. Erstens: die Berufung Sauppes durch Jahn hinter dem Rücken seines älteren Collegen Ritschl ist materiell und formell gerechtfertigt. Zweitens: Jahn hatte einen förmlichen Ruf nach Wien, als er den so unerhörten Schritt that. Werden diese Punkte, mit Uebergehung der lächerlichen Versicherung, dass die Wiener Anfrage an Jahn wirklich im Ernste geschrieben und kein Fastnachtsscherz gewesen, nicht scharf ins Auge gefasst, so laufen die historisch-diplomatischen Beweisführer nächstens Gefahr, von Ritschl ebenso zur Unterscheidung des Wesentlichen vom Unwesentlichen angeleitet zu werden, wie kürzlich in öffentlichen Blättern Jahn sich von ihm in Betreff des „Wiener Rufes" belehren lassen musste, in einer Weise, die sogar den fernstehenden Bürgern hiesiger Stadt die Augen öffnete. Unserem Anonymus aber rathen wir, sich nicht weiter in Gebiete zu wagen, in denen seine Sachunkenntniss und Urtheilslosigkeit ihn nur ferneren Zurechtweisungen unsererseits aussetzen würde. Nur würden wir ihn dabei so lange mit derselben Verachtung wie diesmal behandeln, bis er die Feigheit abgelegt, als bekannter Anonymus sich der Welt vorzustellen.

schon vor vier Jahren hatten Studenten, die Prototype der Freiheitsliebe, sich dazu hergegeben, einen Commilitonen zu denunciren! Früher war es noch dazu mit Verletzung des Gastrechts geschehen, da eingeladene Studenten hinterbrachten, sie hätten in der Teutonenkneipe vernommen, wie sich ein Student unterstanden, zu zweifeln, dass Jahn einen Ruf nach München erhalten!

ABRISZ DER QUELLENKUNDE

DER

GRIECHISCHEN GESCHICHTE

BIS AUF POLYBIOS

VON

ARNOLD SCHAEFER

ZWEITE AUFLAGE

LEIPZIG

DRUCK UND VERLAG VON B. G. TEUBNER

1873

·

VORWORT

Diese blätter sind dazu bestimmt vorlesungen über quellenkunde der griechischen geschichte zur unterlage zu dienen und den zuhörern die wichtigsten nachweisungen und zeugnisse an die hand zu geben. dieser zweck bedingte möglichste beschränkung in der auswahl des stoffes: nur an wenigen stellen habe ich geglaubt über das in den vorlesungen zu behandelnde material hinausgehen zu dürfen um zu ferneren studien anregung zu geben. —

Die neue auflage ist sorgfältig durchgesehen und gemäsz den von mehreren seiten mir freundlich ertheilten rathschlägen verbessert. Insbesondere habe ich die herstellung der aus Dionysios von Halikarnass ausgezogenen abschnitte, wesentlich auf grund von handschriften, meinem collegen Usener zu danken.

Bonn den 15 Mai 1867 und 7 Januar 1873.

A. S.

§ 1. Allgemeine bücherkunde.

Gerardi Ioa. Vossii de historicis Graecis ll. III. (1623) auctiores et emendatiores ed. Ant. Westermann. Lips. 1838.

Friedr. Creuzer, die historische kunst der Griechen in ihrer entstehung und fortbildung (1803). 2e. aufl. Leipzig und Darmstadt 1845. Historicorum Gr. antiquissimorum fragmenta. Heidelberg 1806.

Fragmenta historicorum Graecorum collegit, disposuit, notis et prolegomenis illustravit Carolus Müllerus. IV Voll. Parisiis, editore Ambros. Firm. Didot 1841—1851. Vol. V. 1870.

Ctesiae Cnidii et chronographorum Castoris, Eratosthenis, etc. fragmenta — illustrata a C. Müllero, im anhange zu Herodotus rec. Guil. Dindorf. Paris. Didot 1858.

§ 2. Hilfswissenschaften.

a) Geographie und topographie.

Die reisen von W. Martin Leake seit 1800 († 1860); trigonometrische aufnahme des Peloponnes durch die französische wissenschaftliche expedition 1829—31; englische küstenaufnahmen; reisen von Nic. Ulrichs († 1843); Ludw. Ross († 1859); Phil. Le Bas et W. H. Waddington, voyage archéologique en Grèce et en Asie Mineure. Paris 1847 ss. (II. partie: inscriptions.)

Heinr. Kiepert, atlas von Hellas u. d. hellenischen colonien unter mitwirkung des professors Carl Ritter bearbeitet. Berlin 1841—1846; neue bearb. 1867—72.

Ernst Curtius, Peloponnesos. 2 bde. Gotha 1851 f. Attische studien. Güttingen 1862—65. Sieben karten z. topographie von Athen. Gotha 1868.

Conrad Bursian, geographie von Griechenland. 2 bde. Leipzig 1862—72.

b) Chronologie.

Joseph Justus Scaliger: de emendatione temporum (1583). Ed. III. Colon. Allobr. 1629. fol. Thesaurus temporum. Lugd. B. 1606. Ed. 2ª. Amstelod. 1658. fol. vgl. Jac. Bernays, J. J. Scaliger. 1855. s. 90—101.

§ 2. Eusebi chronicorum canonum quae supersunt ed. Alfred Schöne. Berol.
1866. Alfr. v. Gutschmid, de temporum notis quibus Eusebius utitur.
Kiel 1868.
Ludw. Ideler, handbuch der mathematischen und technischen chronologie.
2 bde. Berlin 1825 f.
Aug. Böckh, zur geschichte der mondcyklen der Hellenen. Leipzig 1855.
epigraphisch-chronologische studien. Leipzig 1856.
Henry Fynes Clinton, fasti Hellenici. The civil and military chronology
of Greece from the earliest accounts to the LVth olympiad. Oxford
1834. from the LVth to the CXXIVth olympiad. (1824. 1827. ex altera
anglici exemplaris editione conversi a C. G. Krügero. Lips. 1830).
3d ed. 1841. from the CXXIVth ol. to the death of Augustus. (1830.)
2d ed. 1851. 4.
E. W. Fischer, griechische zeittafeln. 1. lief. (—560). Altona 1840. 4.

c) Inschriftenkunde.

J. Franz, elementa epigraphices graecae. Berol. 1840.
Ad. Kirchhoff, studien zur geschichte des griechischen alphabets. ab-
handl. der Berliner akademie a. d. j. 1863. 2. aufl. 1870.
Corpus inscriptionum graecarum. Auctoritate et impensis academiae litte-
rarum regiae Borussicae ed. Aug. Boeckhius. Vol. I. II. Berol.
1825—43 fol. Vol. III. Ex materia collecta ab A. Boeckhio ed.
Io. Franzius. 1853. Vol. IV fasc. I. II. III. Ex materia coll. ab
A. Boeckhio ed. Io. Franzius Ern. Curtius Ad. Kirchhoff. 1856 sq.
Vol. I 1. tituli antiquissima scripturae forma insigniores. 2. inscriptiones Atticae. 3. Megaricae. 4. Peloponnesiacae 5. Boeoticae. 6 Pho-
cicae, Locricae, Thessalicae. — Vol. II 7. inscriptiones Acarnaniae,
Epiri, Illyrici. 8. Corcyrae et vicinarum insularum. 9. tituli aliquot
locorum in Graecia incertorum. 10. inscriptiones Macedoniae et Thra-
ciae. 11. Sarmatiae cum Chersoneso Taurica et Bospora Cimmerio.
12. insularum Aegaei maris cum Rhodo, Creta, Cypro. 13. Cariae.
14. Lydiae. 15. Mysiae. 16. Bithyniae. — Vol. III 17. inscriptiones
Phrygiae. 18. Galatiae. 19. Paphlagoniae. 20. Ponticae. 21. Cappa-
dociae. 22. Lyciae. 23. Pamphyliae. 24. Pisidiae et Isauriae. 25. Cili-
ciae. 26. Syriae. 27. Mesopotamiae et Assyriae. 28. Mediae et Per-
sidis. 29. Aegypti. 30. Aethiopiae supra Aegyptum. 31. Cyrenaicae.
32. Siciliae cum Melita, Lipara, Sardinia. 33. Italiae. 34. Galliarum.
35. Hispaniae. 36. Britanniae. 37. Germaniae. 38. Pannoniae, Daciae,
Illyrici. — Vol. IV 39. inscriptiones incertorum locorum. 40. inscriptiones Christianae.
Ergänzungen bilden: urkunden über das seewesen des attischen staates,
hergestellt und erläutert von A. Böckh. Mit 18 tafeln, enthaltend
die von hrn. Ludw. Ross gefertigten abschriften. Berlin 1840.
Die staatshaushaltung der Athener von A. Böckh. 2e ausg. zweiter hand.
21 beilagen. mit 7 tafeln, enthaltend die grundtexte von inschriften.
Berlin 1851. Ulrich Köhler, urkunden und untersuchungen zur geschichte des delisch-attischen bundes. Berlin 1870 (abhandl. der
akademie 1869).

Ἀρχαιολογικὴ Ἐφημερίς. Athen. 1837 ss. § 2.
Rangabé, A. R., antiquités helléniques ou répertoire d'inscriptions et
d'autres antiquités découvertes depuis l'affranchissement de la Grèce.
II tomes. Athèn. 1842. 55. 4.
Le Bas, Phil., et W. H. Waddington, voyage archéologique en Grèce
et en Asie Mineure. Paris 1847 f.
Die abhandlungen von Karl Keil, Lud. Stephani, Ad. Kirchhoff, Ulrich
Köhler, von Foucart und Wescher, von Kumanudes u. a.

d) Masze. gewichte. münzen.

August Böckh, metrologische untersuchungen über gewichte, münzfüsze
und masze des altertums in ihrem zusammenhange. Berlin 1838.
Theod. Mommsen, geschichte des römischen münzwesens. Berlin 1860.
Fr. Hultsch, griechische und römische metrologie. Berlin 1862.
J. Brandis, das münz-, masz- und gewichtswesen in Vorderasien bis auf
Alexander den groszen. Berlin 1866 (vgl. Gutschmid, hist. Zeitschr.
XVI 386. Hultsch Jahrb. 1867 513).
Jos. Hilar. v. Eckhel doctrina numorum veterum. VIII voll. Vindob.
1792—98. addit. 1826. 4.
' T. E. Mionnet description de médailles antiques Grecques et Romaines
6 voll. Paris 1806—13. Supplément. 9 voll. 1819—37.
W. M. Leake numismata Hellenica: a catalogue of Greek coins. Lon-
don 1854. Supplement 1859. 4.
M. Pinder die antiken münzen des königlichen museums. Berlin 1861.
E. Beulé les mounnies d' Athènes. Paris 1858.
L. Müller numismatique d' Alexandre le Grand. Copenhagne 1855.

I. Die ältere zeit bis zur geschichtschreibung Herodots.

§ 3. Das älteste zeugnis über ursprung und wesen des
volkes ist seine sprache, nächst dieser mythos und sage.
fernere zeugnisse geben die schrift, masze, gewichte, münzfüsze.

§ 4. Die vergleichende sprachwissenschaft, begründet von Franz Bopp seit 1816 (vergleichende grammatik des
sauskrit, zend, griechischen, lateinischen, litthauischen, altslawischen,
gothischen und deutschen. 4 abt. Berlin 1833—42. 2. aufl. 1857—61).
die arbeiten von Christian Lassen (über die lykischen inschriften
und die alten sprachen Kleinasiens. zeitschrift der deutschen morgen-
länd. gesellschaft X 329. 1856), Aug. Fr. Pott (etymologische forschungen. (2 bde. Lemgo 1833. 36. 2e aufl. 1859. 61), Georg Curtius,
(grundzüge der griechischen etymologie (1858. 62). 3. aufl. Leipzig 1869.)

1*

§ 4. Die geschichte der griechischen sprache, insbesondere die verzweigung der dialekte, legt für die ganze geschichte des griechischen volks zeugnis ab.

§ 5. Mythologie.

[Fr. Creuzer, symbolik und mythologie der alten völker, besonders der Griechen. (1810). 3e aufl. (Leipzig und Darmst. 4 bde.) 1837—42.]
Frz. Karl Movers, die Phönizier. bd. I. II. 1841—1866.
Griechische mythologie von Ed. Gerhard. 2 tle. Berlin 1854 f. L. Prel-
ler. 2 bde. Berlin (1854) 1860 f. griechische götterlehre von F. G.
Welcker. 3 bde. Güttingen 1857—63.

§ 6. Denkmäler.

Die geschichte der griechischen kunst, vorzüglich der baukunst, ist eine fortwährende illustration der geschichte des griechischen volks, in dem verhältnis wie die kunstschöpfungen zu den grösten thaten seiner geistigen und materiellen kraft gehören.

Zu den ältesten denkmälern griechischer cultur gehören die stadtmauern von Tiryns (τειχιόεσσα Il. II 559), von Mykenae, das löwenthor und das schatzhaus zu Mykenae,· die katabothren des Kopaïssees.

Seit ol. 59. 544 wurden zu Olympia bildsäulen der sieger aufgestellt; bald nach ol. 68 (508) zu Athen auf dem markte bildsäulen des Harmodios und Aristogeiton.

§ 7. Die poetische litteratur der Griechen.

G. Bernhardy, grundriss der griechischen litteratur. t. 1 u. 2 (1836—45)
3e aufl. Halle 1861—72.
K. Otfr. Müller, gesch. d. griech. litteratur. 2 bde. Breslau 1841.
Will. Mure, crit. history of the language and literature of ancient Greece
(1850). Vol. I—V. 2. ed. London 1854—60.
Theod. Bergk, griechische litteraturgeschichte. Bd. 1. Berlin 1872.

a. Die epische poesie.

F. Aug. Wolf, prolegomena ad Homerum. Hal. 1795.
F. G. Welcker, der epische cyklus oder die Homerischen dichter. 2 bde.
(1835. 49) 2e aufl. Bonn 1865.
F. Ritschl, die samlung der Homerischen gedichte durch Peisistratus
(1838). Opusc. I 31.
K. Lachmann, betrachtungen über Homers Ilias. Berlin 1847.
Ad. Kirchhoff, die Odyssee und ihre entstehung. Berlin 1850.
G. W. Nitzsch, beiträge z. gesch. d. ep. poesie d. Griechen. Leipzig
1862 u. a.

Das heroische epos: Homer und die Homeriden.   § 7.
Theogonien. Didaktische poesie: Hesiodos.
Das kunstepos: gelesene poesie; epopöen. die sogenannten kykliker. — bearbeitung landschaftlicher mythen und
genealogien in versen.'

b. Die lyrik.

Th. Bergk, poetae lyrici graeci tertiis curis rec. Lips. (1843) 1866 f.
Die lyrik als die kunst der gegenwart und des momen-
tes gibt zeugnis von den gleichzeitigen zuständen und begebenheiten.

Kallinos von Ephesos (vor 700). Archilochos von
Paros. Mimnermos von Kolophon.

Der chorgesang bei den Doriern, namentlich bei den
Spartanern: Alkman von Sardes. Thaletas von Kreta.
Terpandros von Lesbos. Tyrtaeos (von Aphidna) blüht
zur zeit des zweiten messenischen kriegs (ol. 33, 4—
38, 1. 645—628).

Pflege der Dionysosfeste durch die tyrannen. Arion's
dithyramben (in der zeit des tyrannen Periandros von Korinth seit 625).

Die hymnen des mythensammelnden und mythenbilden-
den Stesichoros von Himera (632—553). Tab. Iliaca
(CIG. III nr. 6125. Ad. Michaelis ann. del instit. XXX
p. 100 f.): Ἰλίου πέρσις κατὰ Στησίχορον. — Αἰνήας σὺν
τοῖς ἰδίοις ἀπαίρων εἰς τὴν Ἑσπερίαν.

Die subjective lyrik bei den Aeoliern. Sappho und
Alkaeos von Mytilene. die στασιωτικά von Alkaeos (um 590).

Die politische poesie zu Athen. Solon's dichtungen (ol.
46, 3. 594). — spruchdichtung des Theognis von Megara
(um ol. 59. 544). — die hoflitteratur der Peisistratiden.

Simonides von Iulis auf Keos (ὁ Κεῖος geb. 556 † 468)
erfuhr die gunst der Peisistratiden und des thessalischen
adels; feierte in seinen epigrammon, elegien und lobgesängen
die thaten der Hellenen im Perserkriege und beschloss sein
leben am hofe Hieron's von Syrakus.

Pindaros von Theben (geb. 522 † 442) als meister
der poesie hochgehalten in der ganzen hellenischen welt, von
fürsten sowol wie von freien staaten.

§ 7. Pindari opera quae supersunt. textum — rec., annot. cr., scholia in-
tegra, interpr. lat., comment. perpet. et indices adj. A. Boeckhius.
Tom. II (ptes IV). Lips. 1811—21. 4.

Vgl. Tycho Mommsen, Pindaros. zur geschichte des dichters und der
parteikämpfe seiner zeit. Kiel 1843. Leop. Schmidt, Pindars leben
und dichtung. Bonn 1862.

Timokreon von Ialysos, als Perserfreund verbannt,
feindete Simonides und Themistokles an. A. Boeckh de Timo-
creonte Rhodio. Berol. 1833 (kl. schriften IV).

c. Das drama.

Anfänge der tragödien unter Peisistratos. Thespis von
Ikaria um 536. satyrdramen von Pratinas. nach dem
einsturze der bretergerüste ol. 70, 1. 500 ward das Diony-
sische theater zu Athen erbaut.

Phrynichos: *Μιλήτου ἅλωσις. Φοίνισσαι* ol. 75, 4.
476: choregie des Themistokles.

Aeschylos (geb. 525 † 456 bei Gela). *Πέρσαι* ol. 76,
4. 472. die thebanische trilogie ol. 78, 1. 467. die Orestie
ol. 80, 2. 458.

Sophokles (geb. 496 † 406,5) gewann den ersten preis
mit dem Triptolemos ol. 77, 4. 468. Antigone ol. 84,
3. 441.

Entwickelung der komödie in Sicilien. Epicharmos
ol. 73, 3. 486. weitere ausbildung derselben zu Athen.

§ 8. Die ältesten jahrbücher und urkunden.

Ordnung der heiligen zeiten und des kalenders durch
die priester. aufzeichnung der sieger zu Olympia seit 776.

Euseb. chron. I p. 39 Scal. (Cramer anecd. Paris. II
p. 141) *ἱστοροῦσι δὲ οἱ περὶ Ἀριστόδημον τὸν Ἠλεῖον ὡς
ἀπὸ εἰκοστῆς καὶ ἑβδόμης ὀλυμπιάδος ἤρξαντο οἱ ἀθληταὶ
ἀναγράφεσθαι, ὅσοι δηλαδὴ νικηφόροι· πρὸ τοῦ γὰρ οὐδεὶς
ἀνεγράφη, ἀμελησάντων τῶν προτέρων. τῇ δὲ εἰκοστῇ ὀγδόῃ
τὸ στάδιον νικῶν Κόροιβος Ἠλεῖος ἀνεγράφη πρῶτος, καὶ ἡ
ὀλυμπιὰς αὕτη πρώτη ἐτάχθη, ἀφ' ἧς Ἕλληνες ἀριθμοῦσι
τοὺς χρόνους. τὰ δὲ αὐτὰ τῷ Ἀριστοδήμῳ καὶ Πολύβιος
ἱστορεῖ.*

Ὀλυμπιονικῶν ἀναγραφή herausgegeben von dem sophisten Hippias von Elis (um 400) Plut. Num. 1; von Era-

tosthenes (um 220) Müller fragm. chronolog. p. 203 s.; von § 8.
Phlegon von Tralles (bis ol. 229 = 137 n. Chr.) Müller III
602. Meineke zu Steph. B. p. 204; von S. Julius Africanus
(bis ol. 249 = 217 n. Ch.).

S. Julii Africani Ὀλυμπιάδων ἀναγραφή rec. J. Rutgers. Lugd. B. 1862.
(Scaligers Reconstruction: ἱστοριῶν συναγωγή. ὀλυμπιάδων ἀναγραφή.
Thos. temp. 1658 p. 313—399. S. Ewald Scheibel, Jos. Scaligeri
Ὀλυμπιάδων Ἀναγραφή. Berol. 1852. 4.)

Marmorfragment eines verzeichnisses preisgekrönter Athe-
ner (vor ol. 129. 264): Sauppe Gött. N. 1867 s. 146. —
Die Karneen zu Sparta (ol. 26. 676). verzeichnis der
Καρνεονῖκαι von Hellanikos. Athen. XIV 635ᵉ.

Erneuerung der Pythien ol 48, 3. 586, der Isthmien ol.
49, 3. 582, der Nemeen ol. 51, 4. 573, der Panathenäen ol.
53, 3. 566. Πυθιονῖκαι von Aristoteles (fr. 572).

Verzeichnisse der (lebenslänglichen) priester.

Die priesterinnen der Hera von Argos (Hellanikos
Ἱέρειαι αἱ ἐν Ἄργει).

Copie eines älteren verzeichnisses der priester des Isthmischen Poseidons
zu Halikarnass CIG. II nr. 2655. —

Verzeichnisse der könige und höchsten beamten (auszüge davon in Eusebios chronica).

J. Brandis de temporum graecorum antiquissimorum rationibus. Bonn
1857. 4. vgl. Gutschmid, jhb. 1861 S. 21 ff.
Alfr. v. Gutschmid, die makedonische anagraphe. Symb. philol. Bon-
nens. 1864—67. I 102 ff.

Für die ältere zeit genealogien und berechnung nach
menschenaltern; chronologie seit dem 8. jh. v. Chr.

Zehnjährige archonten zu Athen ol. 7, 1. 752; einjäh-
rige ol. 24, 2. 683. eponyme ephoren zu Sparta um ol. 14.
724. Plutarch. Lyk. 7 ἔτεσί που μάλιστα τριάκοντα καὶ
ἑκατὸν μετὰ Λυκοῦργον πρώτων τῶν περὶ Ἔλατον ἐφόρων
κατασταθέντων ἐπὶ Θεοπόμπου βασιλεύοντος. Euseb. ol. 5,
4. 757 ἐν Λακεδαίμονι πρῶτος ἔφορος κατεστάθη. Plut.
Ages. 19 Λακωνικαὶ ἀναγραφαί d. h. stammtafeln.

Ergänzung und redaction von geschlechtsregistern im
zeitalter der Peisistratiden.

Priesterliche aufzeichnungen zur tempelgeschichte; zum
heiligen rechte (der diskos des Iphitos mit der Ὀλυμπιακὴ
ἐκεχειρία. Aristot. fr. 490). sammlungen von orakelsprüchen
zu Delphi Eurip. Plisth. fr. 629 Nauck. εἰσὶν γάρ, εἰσὶ διφ--

8   I. DIE ÄLTERE ZEIT BIS HERODOT.

§ 8. ϑέραι μελαγγραφεῖς | πολλῶν γέμουσαι Λοξίου γηρυμάτων.
vgl. Plut. Lysandr. 26 ὡς ἐν γράμμασιν ἀπορρήτοις ὑπὸ τῶν
ἱερέων φυλάττοιντο παμπάλαιοι δή τινες χρησμοί — τὰς δέλτους
ἐν αἷς ἦσαν οἱ χρησμοί. zu Sparta in vcrwahrung der könige
und der Πύϑιοι Herod. VI 57; vgl. Plutarch. gKolotes 17
p. 1116ʳ Λακεδαιμόνιοι τὸν περὶ Λυκούργου χρησμὸν ἐν
ταῖς παλαιοτάταις ἀναγραφαῖς ἔχοντες; andcre sprüche „auf
der haut des Epimenides" im amthause der cphoren. Diogen.
spr. VIII 28 (I p. 309 Leutsch). Suid. u. Ἐπιμενίδης.
Schriftliche gesetze zucrst in den colonicn. Zaleukos
in Lokri ol. 29, 3. 662. Strab. VI p. 259 οἱ Λοκροὶ οἱ Ἐπι-
ζεφύριοι — πρῶτοι δὲ νόμοις ἐγγράπτοις χρήσασϑαι πεπιστευμένοι εἰσίν. zu Athen Drakon's ϑεσμοί ol. 39, 4. 621 (in-
schriftliche copie seines gesetzes über mord, angeordnet ol. 92,
4. 409. hgg. v. U. Köhler Hermes II 27: [τ]ὸ[ν] Δράκοντος
νόμον τὸμ περὶ τοῦ φ[όν]ου ἀν[α]γρα[ψ]ά[ν]τ[ων οἱ ἀ]ν[α-
γρ]αφεῖς τῶν νόμων παραλαβόντες παρὰ [τ]οῦ [κατὰ πρυτα-
νείαν γραμμ]ατέως τῆς βουλῆς ἐ(ν) στήλῃ λιθίνῃ. vgl. Ad.
Philippi jhb. 1872, 577. Th. Bergk Philol. XXXII 669).
Solons gesetze (ἄξονες od. κύρβεις) ol. 46, 3. 594.

Carl Curtius, de actorum publ. cura apud Graecos. I. Gott. 1865. das
Metroon in Athen als staatsarchiv. Berlin 1868.

§ 9.   Anfänge der geschichtschreibung.

In Ionien schrieb zucrst Pherekydes von Syros in prosa
(um ol. 59. 544). dort entstand auch die geschichtschreibung.

Litterarhistorische nachrichten über die schriftsteller,
zum teil aus Alexandrinischer pinakographie, bei Suidas und
den scholiasten. ΒΙΟΓΡΑΦΟΙ. Vitarum scriptores graeci minores
ed. Ant. Westermann. Brunsv. 1845 lib. V p. 187—229. vgl. Died.
Volkmann, de Suidae biographicis. Bonn 1861. dess. quaestiones alterae.
Symb. phil. Bonn. p. 715. C. Wachsmuth, de fontibus ex quibus Suidas
in scriptorum gr. vitis hauserit observationcs. eb. p. 135. Alfr. Schöne,
untersuchungen über d. leb. d. Sappho eb. 731.

Allgemeine zeugnisse:

Strab. I p. 18 πρώτιστα γὰρ ἡ ποιητικὴ κατασκευὴ παρ-
ῆλϑεν εἰς τὸ μέσον καὶ εὐδοκίμησεν· εἶτα ἐκείνην μιμούμε-
νοι, λύσαντες τὸ μέτρον τἆλλα δὲ φυλάξαντες τὰ ποιητικά,
συνέγραψαν οἱ περὶ Κάδμον καὶ Φερεκύδη καὶ Ἑκαταῖον.

Dionys. H. π. τ. Θουκυδ. χαρακτ. 5 p. 818 s. ἀρχαῖοι μὲν § 9.
οὖν συγγραφεῖς πολλοὶ καὶ κατὰ πολλοὺς τόπους ἐγένοντο
πρὸ τοῦ Πελοποννησιακοῦ πολέμου· ἐν οἷς ἐστὶν Εὐγέων τε ὁ
Σάμιος καὶ Δηίοχος ὁ Προκοννήσιος καὶ Εὔδημος ὁ Πάριος καὶ
Δημοκλῆς ὁ Πυγελεὺς καὶ Ἑκαταῖος ὁ Μιλήσιος, ὅ τε Ἀργεῖος
Ἀκουσίλαος καὶ ὁ Λαμψακηνὸς Χάρων καὶ ὁ Χαλκηδόνιος
Μελησαγόρας· ὀλίγῳ δὲ πρεσβύτεροι τῶν Πελοποννησιακῶν καὶ μέχρι τῆς Θουκυδίδου παρεκτείναντες ἡλικίας Ἑλλάνικός τε ὁ Λέσβιος καὶ Δαμάστης ὁ Σιγεὺς καὶ Ξενομήδης
ὁ Χῖος καὶ Ξάνθος ὁ Λυδὸς καὶ ἄλλοι συχνοί. οὗτοι προαιρέσει τε ὁμοίᾳ ἐχρήσαντο περὶ τὴν ἐκλογὴν τῶν ὑποθέσεων καὶ δυνάμεις οὐ πολύ τι διαφερούσας ἔσχον ἀλλήλων,
οἱ μὲν τὰς Ἑλληνικὰς ἀναγράφοντες ἱστορίας οἱ δὲ τὰς βαρ-
βαρικάς, καὶ αὐτὰς δὲ ταύτας οὐ συνάπτοντες ἀλλήλαις ἀλλὰ
κατ᾿ ἔθνη τε καὶ κατὰ πόλεις διαιροῦντες καὶ χωρὶς ἀλλήλων
ἐκφέροντες, ἕνα καὶ τὸν αὐτὸν φυλάττοντες σκοπόν, ὅσαι
διεσώζοντο παρὰ τοῖς ἐπιχωρίοις μνῆμαι καὶ εἴτ᾿ ἐν ἱεραῖς εἴτ᾿ ἐν
βεβήλοις ἀποκείμεναι γραφαί, ταύτας εἰς τὴν κοινὴν ἁπάντων
γνῶσιν ἐξενεγκεῖν οἵας παρέλαβον, μήτε προστιθέντες αὐταῖς τι
μήτ᾿ ἀφαιροῦντες, ἐν αἷς καὶ μῦθοί τινες ἐνῆσαν ἀπὸ τοῦ πολλοῦ
πεπιστευμένοι χρόνου καὶ θεατρικαί τινες περιπέτειαι πολὺ
τὸ ἠλίθιον ἔχειν τοῖς νῦν δοκοῦσαι· λέξιν τε ὡς ἐπὶ τὸ πολὺ
τὴν αὐτὴν ἅπαντες ἐπιτηδεύσαντες, ὅσοι τοὺς αὐτοὺς προείλοντο τῶν διαλέκτων χαρακτῆρας, τὴν σαφῆ καὶ κοινὴν καὶ
καθαρὰν καὶ σύντομον καὶ τοῖς πράγμασι προσφυῆ καὶ μηδεμίαν σκευωρίαν ἐπιφαίνουσαν τεχνικήν. ἐπιτρέχει μέντοι τις
ὥρα τοῖς ἔργοις αὐτῶν καὶ χάρις τοῖς μὲν πλείων τοῖς δὲ
ἐλάττων, δι᾿ ἣν ἔτι μένουσιν αὐτῶν αἱ γραφαί.

Vgl. cap. 6 p. 822. 7 p. 823 — πολλὴν ἔχων συγγνώ-
μην εἰ καὶ τῶν μυθικῶν ἥψαντο πλασμάτων ἐθνικάς τε καὶ
τοπικὰς ἐκφέροντες ἱστορίας. ἐν ἅπασι γὰρ ἀνθρώποις καὶ
κοινῇ κατὰ τόπους καὶ κατὰ πόλεις ἰδίᾳ μνῆμαί τινες ἐσώ-
ζοντο καὶ τῶν τοιούτων ἀκουσμάτων, ὥσπερ ἔφην· ἃς δια-
δεχόμενοι παῖδες παρὰ πατέρων ἐπιμελὲς ἐποιοῦντο παρα-
διδόναι τοῖς ἐκγόνοις κτέ.

Cap. 23 p. 863 s. οἱ μὲν οὖν ἀρχαῖοι πάνυ (συγγραφεῖς) καὶ ἀπ᾿ αὐτῶν μόνον γινωσκόμενοι τῶν ὀνομάτων
ποίαν τινὰ λέξιν ἐπετήδευσαν οὐκ ἔχω συμβαλεῖν —. οὔτε
γὰρ διασώζονται τῶν πλειόνων αἱ γραφαὶ μέχρι τῶν καθ᾿
ἡμᾶς χρόνων οὔθ᾿ αἱ διασωζόμεναι παρὰ πᾶσιν ὡς ἐκείνων

§ 9. οὖσαι τῶν ἀνδρῶν πιστεύονται· ἐν αἷς εἰσὶν αἵ τε Κάδμου τοῦ Μιλησίου καὶ Ἀριστέου τοῦ Προκοννησίου καὶ τῶν παραπλησίων τούτοις. οἱ δὲ πρὸ τοῦ Πελοποννησιακοῦ γενόμενοι πολέμου καὶ μέχρι τῆς Θουκυδίδου παρεκτείναντες ἡλικίας ὁμοίας ἔσχον ἅπαντες ὡς ἐπὶ τὸ πολὺ τὰς προαιρέσεις, οἵ τε τὴν Ἰάδα προελόμενοι διάλεκτον, τὴν ἐν τοῖς τότε χρόνοις μάλιστ᾽ ἀνθοῦσαν, καὶ οἱ τὴν ἀρχαίαν Ἀτθίδα, μικράς τινας ἔχουσαν διαφορὰς παρὰ τὴν Ἰάδα. Joseph. wider Apion I 2 p. 175, 17 Bk. später anfang der schriftstellerei bei den Hellenen: οἱ — τὰς ἱστορίας ἐπιχειρήσαντες συγγράφειν παρ᾽ αὐτοῖς, λέγω δὲ τοὺς περὶ Κάδμον τε τὸν Μιλήσιον καὶ τὸν Ἀργεῖον Ἀκουσίλαον, καὶ μετὰ τοῦτον εἴ τινες ἄλλοι λέγονται γενέσθαι, βραχὺ τῆς Περσῶν ἐπὶ τὴν Ἑλλάδα στρατείας τῷ χρόνῳ προύλαβον· ἀλλὰ μὴν καὶ τοὺς περὶ τῶν οὐρανίων τε καὶ θείων πρώτους παρ᾽ Ἕλλησι φιλοσοφήσαντας, οἷον Φερεκύδην τε τὸν Σύριον καὶ Πυθαγόραν καὶ Θάλητα, πάντες συμφώνως ὁμολογοῦσιν Αἰγυπτίων καὶ Χαλδαίων γενομένους μαθητὰς ὀλίγα συγγράψαι. καὶ ταῦτα τοῖς Ἕλλησιν εἶναι δοκεῖ πάντων ἀρχαιότατα, καὶ μόλις αὐτὰ πιστεύουσιν ὑπ᾽ ἐκείνων γεγράφθαι. Plin. N. H. VII 205 *prosam orationem condere Pherecydes Syrius instituit Cyri regis aetate, historiam Cadmus Milesius* (V 112 *Miletus Ioniae caput — nec fraudanda cive Cadmo, qui primus prosam orationem condere instituit*).

Der geschichtschreiber Kadmos (Müller FGH. II 2) ist eine mythische person. Suidas: Κάδμος Πανδίονος Μιλήσιος ἱστορικός, ὃς πρῶτος κατά τινας συγγραφὴν ἔγραψε καταλογάδην, μικρῷ νεώτερος Ὀρφέως. συνέταξε δὲ κτίσιν Μιλήτου καὶ τῆς ὅλης Ἰωνίας ἐν βιβλίοις δ᾽. vgl. u. Φερεκύδης Σύριος — πρῶτον δὲ συγγραφὴν ἐξενεγκεῖν (Φερεκύδη) πεζῷ λόγῳ τινὲς ἱστοροῦσιν, ἑτέρων τοῦτο εἰς Κάδμον τὸν Μιλήσιον φερόντων.

Inhalt der ältesten geschichtsbücher :

a) Mythen und sagen. κτίσεις. γένη. γενεαλογίαι. b) annalen. Diod. I 26 Wessel. .. ἀφ᾽ ἧς αἰτίας καὶ παρ᾽ ἐνίοις τῶν Ἑλλήνων τοὺς ἐνιαυτοὺς ὥρους καλεῖσθαι καὶ τὰς κατ᾽ ἔτος ἀναγραφὰς ὡρογραφίας προσαγορεύεσθαι. Censor. de die nat. 19, 6 *sunt qui tradunt — annum horon dici et graecos annales horus et eorum scriptores horographos*. c) länderbe-

schreibung, mit fremden sagen und geschichten. Milet cen- § 9.
trum des weltverkehrs im 6. jh. v. Ch.
Über Skylax von Karyanda s. § 24.

§ 10. Hekataeos von Milet.

Fr. ed. R. H. Klausen. Berol. 1831. Müller FHG. I ıx. 1.

Suidas: Ἑκαταῖος Ἡγησάνδρου Μιλήσιος γέγονε κατὰ
τοὺς Δαρείου χρόνους —, ὅτε καὶ Διονύσιος ἦν ὁ Μιλήσιος,
ἐπὶ τῆς ξε΄ ὀλυμπιάδος (520), ἱστοριογράφος. — πρῶτος δὲ
ἱστορίαν πεζῶς ἐξήνεγκε, συγγραφὴν δὲ Φερεκύδης. τὰ γὰρ
Ἀκουσιλάου νοθεύεται. vgl. u. Ἑλλάνικος u. s. 16.

Hekataeos war weitgereist und tritt zur zeit des Io-
nischen aufstandes als staatsmann hervor (Herod. V 36. 135
sq. Diod. X fr. 25, 2 Df.).

Er schrieb: 1) Γῆς περίοδος 2 bb. (I. Εὐρώπη.
II. Ἀσία) Strab. I p. 7 (ὅτι Ὅμηρος τῆς γεωγραφίας ἦρξεν)
— πρώτους μεθ᾽ Ὅμηρον δύο φησὶν Ἐρατοσθένης, Ἀναξί-
μανδρόν τε Θαλοῦ γεγονότα γνώριμον καὶ πολίτην (l. ἀκου-
στήν) καὶ Ἑκαταῖον τὸν Μιλήσιον· τὸν μὲν οὖν ἐκδοῦναι
πρῶτον γεωγραφικὸν πίνακα, τὸν δὲ Ἑκαταῖον καταλιπεῖν
γράμμα, πιστούμενον ἐκείνου εἶναι ἐκ τῆς ἄλλης αὐτοῦ γραφῆς. Agathem. γεωγρ. ὑποτύπ. I 1 (Müller geogr. gr. m.
II p. 471).

F. Aug. Ukert, über die geogr. des Hekataeus u. Damastes. Weim. 1814.
dess. geogr. d. Griechen u. Römer I. 1816.

Zweifel an der echtheit der beschreibung von Aegypten:
Arrian. V 6, 5 Αἴγυπτόν τε Ἡρόδοτός τε καὶ Ἑκαταῖος οἱ
λογοποιοί, ἢ εἰ δή του ἄλλου ἢ Ἑκαταίου ἐστὶ τὰ ἀμφὶ τῇ
γῇ τῇ Αἰγυπτίᾳ ποιήματα, δῶρον — τοῦ ποταμοῦ ἀμφότεροι
ὡσαύτως ὀνομάζουσιν. vgl. A. v. Gutschmid philol. X. 525. Herm.
Hollander de Hecataei descr. terrae qu. er. Bonn. 1861.

2) Γενεαλογίαι. fragmente aus 4 bb. der anfang
lautete nach Demetr. π. ἑρμην. § 12 (IX p. 9 W.) Ἑκαταῖος
Μιλήσιος ὧδε μυθεῖται. τὰ δὲ γράφω ὥς μοι δοκεῖ ἀληθέα
εἶναι. οἱ γὰρ Ἑλλήνων λόγοι πολλοί τε καὶ γελοῖοι, ὡς ἐμοὶ
φαίνονται, εἰσίν. Über seine redeweise und darstellung
s. [Longin.] π. ὕψ. 27, 2. Hermog. π. ἰδ. II 12, 6 (III 399 W.)
Ἑκαταῖος δὲ ὁ Μιλήσιος, παρ᾽ οὗ δὴ μάλιστα ὠφέληται ὁ
Ἡρόδοτος, καθαρὸς μέν ἐστι καὶ σαφής, ἐν δέ τισι καὶ ἡδὺς
οὐ μετρίως, τῇ διαλέκτῳ δὲ ἀκράτῳ Ἰάδι καὶ οὐ μεμιγμένῃ

§ 10. χρησάμενος οὐδὲ κατὰ τὸν Ἡρόδοτον ποικίλῃ ἧττόν ἐστι
ἕνεκά γε τῆς λέξεως ποιητικός. καὶ ἡ ἐπιμέλεια δὲ αὐτῷ
οὐ τοσαύτη, οὐδ' ὅμοιος ὁ κόσμος ὁ περὶ αὐτήν. διὸ καὶ ταῖς
ἡδοναῖς ἐλαττοῦται πολλῷ τοῦ Ἡροδότου, ἀλλὰ πάνυ πολλῷ, καίτοι γε μύθους τὰ πάντα σχεδὸν καὶ τοιαύτην (l. ποι-
ητικήν) τινὰ ἱστορίαν συγγραψάμενος.
    Über Hekataeos vgl. Herod. VI 137. II 143. IV 36.
II 20. 21.

§ 11. Der Lyder Xanthos. Dionysios von Milet.

Müller FHG I xx 36. II 5. IV 653.

Solin. 40, 6 ingenia Asiatica inclita per gentes fuere. —
historiae conditores Xanthus Hecataeus Herodotus.

Suidas: Ξάνθος Κανδαύλου Λυδὸς ἐκ Σάρδεων, ἱστορικός, γεγονὼς ἐπὶ τῆς ἁλώσεως Σάρδεων· Λυδιακὰ βιβλία δ'.

Strab. XIII p. 628 Ξάνθος δὲ ὁ παλαιὸς συγγραφεὺς
Λυδὸς μὲν λέγεται, εἰ δὲ ἐκ Σάρδεων οὐκ ἴσμεν.

Strab. I p. 49 (Ἐρατοσθένης) τὴν Στράτωνος ἐπαινεῖ
δόξαν τοῦ φυσικοῦ, καὶ ἔτι Ξάνθου τοῦ Λυδοῦ· τοῦ μὲν
Ξάνθου λέγοντος ἐπ' Ἀρταξέρξου γενέσθαι μέγαν αὐχμὸν ὥστ'
ἐκλιπεῖν ποταμοὺς καὶ λίμνας καὶ φρέατα· αὐτόν τε εἰδέναι
πολλαχῇ πρόσω ἀπὸ τῆς θαλάττης λίθον τε κογχυλιώδη καὶ
τὰ κτενώδεα καὶ χηραμύδων τυπώματα καὶ λιμνοθάλατταν
ἐν Ἀρμενίοις καὶ Ματιηνοῖς καὶ ἐν Φρυγίᾳ τῇ κάτω, ὧν
ἕνεκα πείθεσθαι τὰ πεδία ποτὲ θάλατταν γενέσθαι.

Dionys. H. π. τ. Θουκυδ. χαρ. 5 ὀλίγῳ δὲ πρεσβύτεροι
τῶν Πελοποννησιακῶν — Ἑλλάνικός τε — καὶ Ξάνθος ὁ
Λυδός (s. o. s. 9).

Dionys. archaeol. I 28 bemerkt gegen Herodot (I 94):
Ξάνθος δὲ ὁ Λυδός, ἱστορίας παλαιᾶς εἰ καί τις ἄλλος
ἔμπειρος ὤν, τῆς δὲ πατρίου καὶ βεβαιωτὴς ἂν οὐδενὸς ὑπο-
δεέστερος νομισθείς, οὔτε Τυῤῥηνὸν ὠνόμακεν οὐδαμοῦ τῆς
γραφῆς δυνάστην Λυδῶν οὔτε ἀποικίαν Μῄόνων εἰς Ἰταλίαν
κατασχοῦσαν ἐπίσταται, Τυῤῥηνίας τε μνήμην ὡς Λυδῶν
ἀποικήσεως ταπεινοτέρων ἄλλων μεμνημένος οὐδεμίαν πε-
ποίηται· Ἄτυος δὲ παῖδας γενέσθαι λέγει Λυδὸν καὶ Τόρη-
βον, τούτους δὲ μερισαμένους τὴν πατρῴαν ἀρχὴν ἐν Ἀσίᾳ
καταμεῖναι ἀμφοτέρους, καὶ τοῖς ἔθνεσιν ὧν ἦρξαν ἐπ' ἐκείνων φησὶ τεθῆναι τὰς ὀνομασίας, λέγων ὧδε· 'ἀπὸ Λυδοῦ
μὲν γίνονται Λυδοί, ἀπὸ Τορήβου δὲ Τόρηβοι. τούτων ἡ

γλῶσσα ὀλίγον παραφέρει, καὶ νῦν ἔτι συλοῦσιν ἀλλήλους § 11.
(ξυνοῦσιν ἀλλήλοις Meineke) ῥήματα οὐκ ὀλίγα, ὥσπερ Ἴω-
νες καὶ Δωριεῖς'.
Die lydische Geschichte des Xanthos ward von Menip-
pos ausgezogen (Diog. L. VI 101 (Μένιππος) α', ὁ γράψας
τὰ περὶ Λυδῶν καὶ Ξάνθον ἐπιτεμόμενος) und von Nikolaos
von Damaskos als quelle (bis auf Kroisos) benutzt.

Über Dionysios Suidas: Διονύσιος Μιλήσιος ἱστορικός.
τὰ μετὰ Δαρεῖον ἐν βιβλίοις ε', περιήγησιν οἰκουμένης, Περσικὰ Ἰάδι διαλέκτῳ, Τρωικῶν βιβλία γ', μυθικά, κύκλον
ἱστορικὸν ἐν βιβλίοις ζ' (ς' Eudokia). vgl. Suid. u. Ἑκαταῖος (§ 10).
Nur die persische geschichte wird mit sicherheit auf Dionysios von Milet zurückgeführt. Als deren titel vermutet
Müller IV 653 τὰ μέχρι Δαρείου Περσικά.

Eine Fälschung der Lydiaka von Xanthos ward vermuthet von Wel-
cker (1830) kl. schriften I 431. d. epische cyklus I⁸ 70, auf grund von
Athen. XII p. 515ᵈᵉ ὡς ἱστορεῖ Ξάνθος ὁ Λυδὸς ἢ ὁ τὰς εἰς αὐτὸν
ἀναφερομένας ἱστορίας συγγεγραφώς. Διονύσιος ὁ Σκυτοβραχίων, ὡς
Ἀρτέμων φησὶν ὁ Κασανδρεὺς ἐν τῷ περὶ ἀναγωγῆς βιβλίων, ἀγνοῶν
ὅτι Ἔφορος ὁ συγγραφεὺς μνημονεύει αὐτοῦ ὡς παλαιοτέρου ὄντος καὶ
Ἡροδότῳ τὰς ἀφορμὰς δεδωκότος.
Dionysios von Mytilene ὁ Σκυτοβραχίων (um 100 v. Ch. vgl. Karl
E. Hachtmann de Dionysio Mytilenaeo s. Scytobrachione. Bonn 1865)
verfasste auszer mythendarstellungen ein mythologisches handbuch (κύκλος
ἱστορικός), welches Diodor III. IV. zu grunde legte. seine schriften sind
in den scholien zu Apollonios Rh. Argon. III 200 u. a. st. und bei Suidas irrtümlich Dionysios von Milet beigelegt.
Die περιήγησις οἰκουμένης (Müller geogr. gr. m. II 103) schrieb
Dionysios Periegeta nicht vor 100 n. Ch.

§ 12. Charon von Lampsakos.
Müller FHG I xvi. 32.

Strab. XIII p. 589 ἐκ Λαμψάκου — Χάρων — ὁ συγγραφεὺς (μνήμης ἄξιος). Paus. X 38, 11 Χάρων—ὁ Πύθεω
— Λαμψακηνός.
Suidas: Χάρων Λαμψακηνός, υἱὸς Πυθοκλέους, γενόμενος κατὰ τὸν πρῶτον Δαρεῖον οθ' (ξθ' Creuzer, οβ' Gutschmid) ὀλυμπιάδι, μᾶλλον δὲ ἣν ἐπὶ τῶν Περσικῶν, κατὰ
τὴν οε' ὀλυμπιάδα· ἱστορικός. ἔγραψεν Αἰθιοπικά, Περσικὰ ἐν
βιβλίοις β', Ἑλληνικὰ ἐν βιβλίοις δ', περὶ Λαμψάκου β', Λιβυκά,
ὥρους Λαμψακηνῶν ἐν βιβλίοις δ', πρυτάνεις ἢ ἄρχοντας

§ 12. τοὺς τῶν Λακεδαιμονίων *) (ἐστὶ δὲ χρονικά), κτίσεις πόλεων ἐν βιβλίοις β', Κρητικὰ ἐν βιβλίοις γ' (λέγει δὲ καὶ τοὺς ὑπὸ Μίνωος τεθέντας νόμους), περίπλουν τῶν ἐκτὸς τῶν Ἡρακλείων στηλῶν.

Mit sicherheit werden Charon zugeschrieben: a) Περσικά 2 bb., bis auf seine zeit, verfaszt unter Artaxerxes (464—425), früher als Herodots geschichte. Dionys. schr. an Cn. Pompejus 3 p. 769. Tertullian. de anima 46. fr. 3 handelt von Mardonios' meerfahrt 492; fr. 5 von Themistokles' flucht zu den Persern.

b) ὧροι Λαμψακηνῶν oder einfach ὧροι in 4 bb. auf eben dieses hauptwerk Charons geht der titel Ἑλληνικὰ ἐν βιβλίοις δ' und andere anführungen.

Über andere horographen s. Dionys. o. s. 9 und dazu Müller FHG II 16 — 22. R. Stiehle Philol. VIII 395.

§ 13. Hippys von Rhegion.

Müller FHG II 12.

Suidas: Ἵππυς Ῥηγῖνος, ἱστορικός, γεγονὼς ἐπὶ τῶν Περσικῶν, καὶ πρῶτος ἔγραψε τὰς Σικελικὰς πράξεις (ἅς ὕστερον Μύης ἐπετέμετο), κτίσιν Ἰταλίας, Σικελικῶν βιβλία ε', χρονικὰ ἐν βιβλίοις ε', Ἀργολικῶν βιβλία γ'.

Die Σικελικά (= χρονικά, ein abschnitt davon κτίσις Ἰταλίας) citiert Zenob. III 42 über die gründung von Sybaris u. d. t. Ἵππυς ἐν τῷ περὶ χρόνων.

§ 14. Akusilaos.

Müller FHG I xxxvi. 100.

Suidas: Ἀκουσίλαος Κάβα (Diog. L. I 41 Κάβα ἢ Σκάβρα) υἱός, Ἀργεῖος ἀπὸ Κερκάδος πόλεως οὔσης Αὐλίδος πλησίον, ἱστορικὸς πρεσβύτατος. ἔγραψε δὲ γενεαλογίας ἐκ δέλτων χαλκῶν, ἅς λόγος εὑρεῖν τὸν πατέρα αὐτοῦ ὀρύξαντά τινα τόπον τῆς οἰκίας αὐτοῦ (vgl. Suidas u. Ἑκαταῖος § 10).

Akusilaos von dem böotischen Argos, der ebene süd-

---

*) ὧρους — Λακεδαιμονίων] ὧρους Λακεδαιμονίων ἐν βιβλίοις δ'. πρυτάνεις (ἢ ἄρχοντας) τοὺς τῶν Λαμψακηνῶν Gutschmid philol. X 523ᵐ. ὧρους Λαμψακηνῶν ἐν βιβλίοις δ'. πρυτάνεις ἢ ἄ. τ. τ. Λαμψακηνῶν. ὧρους Λακεδαιμονίων 1. Brandis de temp. gr. ant. ration. p. 4ⁿ. ich lese ὧρους Λαμψακηνῶν ἐν β. δ', πρυτάνεις ἢ ἄρχοντας τοὺς τῶν Λαμψακηνῶν, vgl. Philol. xxvi 194.

lich von Aulis, priester der Artemis *Κελχαία*? vgl. Unger § 14.
Theb. paradoxa I 302. Hercher Suppl. d. Jhb. I 278°.
Von den *Γενεαλογίαι* (*μιθικαί*, von göttern und heroen) werden b. 1—3 citiert. einen commentar dazu schrieb
Sabinos in Hadrians zeit. Suid. *Σαβῖνος*.
Akusilaos nahm vielfach bezug auf Hesiod: Joseph. w.
Apion I 3 p. 176 *ὅσα μὲν Ἑλλάνικος Ἀκουσιλάῳ περὶ τῶν
γενεαλογιῶν διαπεφώνηκεν, ὅσα δὲ διορθοῖται τὸν Ἡσίοδον
Ἀκουσίλαος*. vgl. Clem. Al. strom. VI 2 p. 752 P.

§ 15. Pherekydes von Leros.

Müller FHG I xxxiv. 70. ·

Suidas: *Φερεκύδης Ἀθηναῖος (πρεσβύτερος τοῦ Συρίου,
ὃν λόγος τὰ Ὀρφέως συναγαγεῖν) ἔγραψεν Αὐτοχθόνας (ἔστι
δὲ περὶ τῆς Ἀττικῆς ἀρχαιολογίας) ἐν βιβλίοις ι'. παραινέσεις
δι' ἐπῶν. Πορφύριος δὲ τοῦ προτέρου* [sc. *τοῦ Συρίου*]
*οὐδένα δέχεται πρεσβύτερον, ἀλλ' ἐκεῖνον μόνον ἡγεῖται
ἀρχηγὸν συγγραφῆς.*

*Φερεκύδης Λέριος, ἱστορικός, γεγονὼς πρὸ ὀλίγου τῆς
οε' ὀλυμπιάδος. περὶ Λέρου, περὶ Ἰφιγενείας, περὶ τῶν Διο
νύσου ἑορτῶν, καὶ ἄλλα.*

Diog. L. I 119 *Ἐρατοσθένης — ἕνα μόνον (φησὶ γεγονέναι Φερεκύδη Σύριον), καὶ ἕτερον Ἀθηναῖον γενεαλόγον.*
Strab. X p. 487 *Σῦρος — ἐξ ἧς Φερεκύδης ὁ Βάβιος ἦν·
νεώτερος δ' ἐστὶν ὁ Ἀθηναῖος ἐκείνου.*
Euseb. ol. 81, 3 (454): *Φερεκύδης ὁ δεύτερος, ἱστοριογράφος, ἐγνωρίζετο.*
Dionys. Arch. I 13 p. 35 *φέρε δὴ καὶ τὸ γένος οἷον ἦν
τὸ τῶν Οἰνωτρῶν ἀποδείξωμεν, ἕτερον ἄνδρα τῶν ἀρχαίων
συγγραφέων παρασχόμενοι μάρτυρα, Φερεκύδην τὸν Ἀθηναῖον, γενεαλόγων οὐδενὸς δεύτερον κτέ.*

Pherekydes von Leros. öfters verwechselt mit dem älteren Ph. von Syros, schrieb zu Athen. sein hauptwerk:
ἱστορίαι in 10 bb. (*θεογονία, αὐτοχθόνες, γενεαλογία*).

§ 16. Hellanikos von Mytilene.

Fr. coll. F. Guil. Sturz. Lips. (1787) 1826. Müller FHG I xxiii. 45. IV
629. L. Preller de vita et scriptis Hellanici. Dorpat. 1840 4. in Pr.'s
ausgew. aufsätzen. Berlin 1864. s. 23.

Suidas: *Ἑλλάνικος Μυτιληναῖος, ἱστορικός, υἱὸς Ἀνδρο-*

§ 16. μένους, οἱ δὲ Ἀριστομένους, οἱ δὲ Σκάμωνος οὐ ὁμώνυμον
ἔσχεν υἱόν. διέτριψε δὲ Ἑλλάνικος σὺν Ἡροδότῳ παρὰ Ἀμύντᾳ
τῷ Μακεδόνων βασιλεῖ κατὰ τοὺς χρόνους Εὐριπίδου καὶ
Σοφοκλέους,
    καὶ Ἑκαταίῳ τῷ Μιλησίῳ ἐπέβαλε γεγονότι κατὰ τὰ
Περσικὰ καὶ μικρῷ πρός,
    ἐξέτεινε δὲ καὶ μέχρι τῶν Περδίκκου χρόνων, καὶ ἐτε-
λεύτησεν ἐν Περπερηνῇ τῇ καταντικρὺ Λέσβου. συνεγρά-
ψατο δὲ πλεῖστα πεζῶς τε καὶ ποιητικῶς.
    Steph. B. Παρπάρων, χωρίον ἐν Ἀσίᾳ Αἰολικόν, ἔνθα
ἱστοροῦσι Θουκυδίδην (imo Ἑλλάνικον Meineke) ἀποθανεῖν,
ὡς Ἀπολλόδωρος ἐν χρονικῶν δευτέρῳ. τινὲς δὲ Περπερη-
νὴν τοῦτο καλοῦσιν.
    Gell. XV 23 *Hellanicus Herodotus Thucydides, historiae
scriptores, in isdem fere temporibus laude ingenti floruerunt et
non nimis longe distantibus fuerunt aetatibus. nam Hellanicus
initio belli Peloponnesiaci fuisse quinque et sexaginta annos natus
videtur, Herodotus tres et quinquaginta, Thucydides quadraginta.
scriptum est hoc in libro undecimo Pamphilae* (zur zeit Neros).
    [Lukian.] Makrob. 22 Ἑλλάνικος ὁ Λέσβιος π΄ καὶ ε΄
(ἔτη ἔζησεν).
    Leb. d. Eurip. (Western. βιογρ. p. 134, 17) γεννηθῆ-
ναι δὲ τῇ αὐτῇ ἡμέρᾳ (wie Euripides) καὶ Ἑλλάνικον, ἐν ᾗ
ἐνίκων τὴν περὶ Σαλαμῖνα ναυμαχίαν οἱ Ἕλληνες.
    Euseb. ol. 70, 1 (500) Ἑλλάνικος ἱστορικὸς ἐγνωρίζετο.
    Hellanikos schrieb Περσικά früher als Herodot: (Dionys.
schreiben an Cn. Pompejus 3 p. 769 τῶν πρὸ αὐτοῦ συγγραφέων γενομένων Ἑλλανίκου τε καὶ Χάρωνος τὴν αὐτὴν ὑπόθεσιν προεκδεδωκότων), die Ἀτθίς früher als Thukydides. er
bearbeitete localgeschichten, aber nicht blosz von éiner land-
schaft, stellte gleichzeitigkeiten her und ergänzte die geschlechterfolge.
    Dionys. π. τ. Θουκυδ. χαρ. 6 p. 821 Θουκυδίδης οὔτ᾽
ἐφ᾽ ἑνὸς ἐβουλήθη τόπου καθιδρῦσαι τὴν ἱστορίαν, ὡς οἱ
περὶ τὸν Ἑλλάνικον ἐποίησαν —. 9 p. 826 οὔτε γὰρ τοῖς
τόποις ἐν οἷς αἱ πράξεις ἐπετελέσθησαν ἀκολουθῶν ἐμέρισε
τὰς διηγήσεις, ὡς Ἡρόδοτός τε καὶ Ἑλλάνικος καὶ ἄλλοι τινες τῶν πρὸ αὐτοῦ συγγραφέων ἐποίησαν, οὔτε τοῖς χρόνοις,
ὡς οἱ τὴν τοπικὴν ἐκδόντες ἱστορίαν προείλοντο.

Schriften von Hellanikos: § 16.

1) genealogische.

Φορωνίς 2 bb. *Δευκαλιωνεία* 2 bb. *Ἀτλαντιάς*
2 bb. *Τρωικά* 2 bb.

2) chorographische und chronologische.

Αἰολικά (*Λεσβιακά*) 2 bb. *Περσικά* 2 bb. *Καρνεονῖκαι. Ἱέρειαι* (αἱ ἐν Ἄργει, Ἥρας) 3 bb. *Ἀτθίς* 5 bb.

Zweifelhaft: *νόμιμα βαρβαρικά*, zu denen *Αἰγυπτιακά*
gehörten. vgl. Gutschmid philol. X 538.

Über die *Ἱέρειαι* vgl. Dionys. H. archaeol. I 22 p. 57
(fr. 53) τὸ μὲν δὴ Σικελικὸν γένος οὕτως ἐξέλιπεν Ἰταλίαν,
ὡς μὲν Ἑλλάνικος ὁ Λέσβιός φησι, τρίτῃ γενεᾷ πρότερον
τῶν Τρωικῶν, Ἀλκυόνης ἱερωμένης ἐν Ἄργει κατὰ τὸ ἑκτὸν
καὶ εἰκοστὸν ἔτος. c. 72 p. 181 ὁ δὲ τὰς ἱερείας τὰς ἐν
Ἄργει καὶ τὰ καθ' ἑκάστην πραχθέντα συναγαγὼν Αἰνείαν
φησὶν ἐκ Μολοττῶν εἰς Ἰταλίαν ἐλθόντα μετ' Ὀδυσσέως οἰ-
κιστὴν γενέσθαι τῆς πόλεως, ὀνομάσαι δ' αὐτὴν ἀπὸ μιᾶς
τῶν Ἰλιάδων Ῥώμης κτέ.

Über die *Ἀτθίς* s. I. Brandis de tempor. gr. antiqu.
rat. p. 7 — 20. die alte überlieferung (vgl. Iliad. II 547.
Herodot. I 173. VIII 44) kennt vor Theseus vier könige:

I. Kekrops.

II. Erechtheus (= Erichthonios).
  |
III. Pandion.
  |
IV. Aegeus.

Hellanikos stellte die geschlechterfolge und die königs-
reihe folgendermaszen her:

§ 16. I. Kekrops   397 j. vor den Neliden (= 1606 v. Ch.)
                |
        _____|_____
        | •
    II. Kranaos   Agraulos
        | |
        |_____ |
                       | |
    III. Amphiktyon Deukalions S Atthis Alkippe Urteil des Areopags über Ares wegen
        |_____| der tödtung des Hallrrhothios.
        |
    IV. Erichthonios
        |
    V. Pandion
        |
    VI. Erechtheus
        |_____
        | | |
        | | Prokris Urteil über Kophalos.
    VII. Kekrops II   Motion
        | |
    VIII. Pandion II   Eupalamos
        | |
    IX. Aegeus   Daedalos   Urteil über Daedalos.
        |
    X. Theseus
        |_____
        | |
    XI. Menostheus | In Menestheus' 23n j. (=1209 v. Ch.)
                                            wird Troja zerstört.
    XII. Demophon   Urteil über Orestes.
        |
    XIII. Oxyntes
        |
        |_____
        | |
    XIV. Apheidas   XV. Thymaetes   In Thymaetes' 9n j. (= 1149 v. Ch.)
    XVI. Melanthos der Nelide   wanderung der Dorier.
        |
    XVII. Kodros

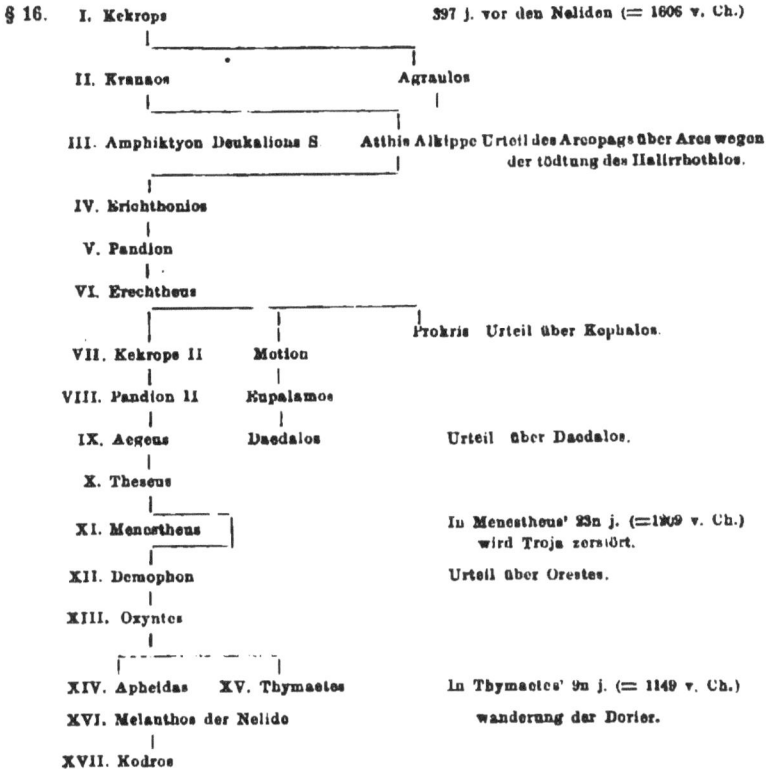

Seit 1149 v. Ch. stehen die Neliden als könige und als
lebenslängliche archonten 397 jahre an der spitze Athens.
die gleiche zahl von jahren wird den eilf köni3en Kekrops
bis Menestheus zugeschrieben (also Kekrops = 1606 v. Ch.).
dieses attische system der chronologie blieb in geltung bis
auf Eratosthenes.

   Ferner setzte Hellanikos Ogygos in Attika = Phoro-
neus in Argos 189 jahre vor Kekrops (= 1795 v. Ch.) und
reihte die erforderlichen königsnamen (Μούννχος. Περίφας.
Κόλαινος. Πορφυρίων. Ἀκταῖος) zwischen Ogygos und Kekrops ein.

   Hell. fr. 62 (= Philoch. fr. 8 — τὸν γὰρ μετὰ Ὤγυγον
Ἀκταῖον ἢ τὰ πλασσόμενα τῶν ὀνομάτων οὐδὲ γενέσθαι φησὶ
Φιλόχορος). 71.

   Zur beurteilung: Thuk. I 97 (von den begebenheiten

zwischen dem persischen und peloponnesischen kriege) *τού-* § 16.
των δ' ὅσπερ καὶ ἥψατο ἐν τῇ Ἀττικῇ ξυγγραφῇ Ἑλλάνικος
βραχέως τε καὶ τοῖς χρόνοις οὐκ ἀκριβῶς ἐπεμνήσθη. Joseph.
w. Apion I 3 p. 176 *Ἔφορος — Ἑλλάνικον ἐν τοῖς πλείστοις*
ψευδόμενον ἐπιδείκνυσιν. vgl. Strab. VIII p. 366. IX p. 426.
X p. 451 *Ἑλλάνικος δ' οὐδὲ τὴν περὶ ταύτας (Ὤλενον καὶ*
Πυλήνην πόλεις Αἰτωλικὰς) ἱστορίαν οἶδεν, ἀλλ' ὡς ἔτι καὶ
αὐτῶν οὐσῶν ἐν τῇ ἀρχαίᾳ καταστάσει μέμνηται, τὰς δ' ὕστε-
ρον καὶ τῆς τῶν Ἡρακλειδῶν καθόδου κτισθείσας Μακυνίαν
καὶ Μολύκρειαν ἐν ταῖς ἀρχαίαις καταλέγει, πλείστην εὐχέ-
ρειαν ἐπιδεικνύμενος ἐν πάσῃ σχεδόν τι τῇ γραφῇ.

Um dieselbe zeit wie die attische königsliste wurde auch
die spartanische von Eurysthenes und Prokles herab zeit-
gemäsz redigiert.

II. Von Herodots geschichtschreibung bis zur begründung der makedonischen macht durch Philipp II.

1. Geschichtschreiber.

§ 17. Herodotos von Halikarnass.

F. C. Dahlmann Herodot. aus seinem buche sein leben (forschungen
auf dem gebiete der geschichte II 1). Altona 1823. K. Wilh. Ludw.
Heyse de Herodoti vita et itineribus. Berol. 1826. Ad. Schöll
philol. VIIII 193. X 25. 410. Ad. Kirchhoff üb. die abfassungszeit
des Herodotischen geschichtswerkes. abh. d. Berliner ak. v. 1868
p. 1. nachträgl. bemerkungen. 1871 p. 47. — ausgaben von Wesseling Amstelod. 1763 fol. Io. Schweighäuser. VI tomi. Argentor.
1816. Fr. Creuzer und J. C. F. Bähr 4 voll. (1830 — 35) ed. II. Lips.
1856 — 61. H. Stein 5 bde. 2e. aufl. Berl. (1856 — 62) 1864 ff.

Cic. de legg. I 1, 5 *apud Herodotum patrem historiae.*

Dionys. H. *π. τ. Θουκ. χ.* 5 p. 820 *ὁ δ' Ἀλικαρνασσεὺς*
Ἡρόδοτος, γενόμενος ὀλίγῳ πρότερον τῶν Περσικῶν, παρεκ-
τείνας δὲ μέχρι τῶν Πελοποννησιακῶν, τήν τε πραγματικὴν
προαίρεσιν ἐπὶ τὸ μεῖζον ἐξήνεγκε καὶ λαμπρότερον, οὔτε
πόλεως μιᾶς οὔτ' ἔθνους ἑνὸς ἱστορίαν προελόμενος ἀναγρά-
ψαι, πολλὰς δὲ καὶ διαφόρους πράξεις ἔκ τε τῆς Εὐρώπης

§ 17. ἔκ τε τῆς Ἀσίας ἐς μιᾶς περιγραφὴν πραγματείας ἀγαγεῖν. ἀρξάμενος γοῦν ἀπὸ τῆς τῶν Λυδῶν δυναστείας μέχρι τοῦ Περσικοῦ πολέμου κατεβίβασε τὴν ἱστορίαν, πάσας τὰς ἐν τοῖς τεσσαράκοντα καὶ διακοσίοις ἔτεσι (ep. ad Cn. Pompeium 3, 15 p. 774 ἔτεσιν ὁμοῦ διακοσίοις καὶ εἴκοσι) γενομένας πράξεις ἐπιφανεῖς Ἑλλήνων τε καὶ βαρβάρων μιᾷ συντάξει περιλαβών. καὶ τῇ λέξει προσεπέδωκε τὰς παραλειφθείσας ὑπὸ τῶν πρὸ αὐτοῦ συγγραφέων ἀρετάς. s. o. s. 9.

Suidas: Ἡρόδοτος Λύξου καὶ Δρυοῦς, Ἁλικαρνασσεὺς τῶν ἐπιφανῶν, καὶ ἀδελφὸν ἐσχηκὼς Θεόδωρον. μετέστη δ᾽ ἐν Σάμῳ διὰ Λύγδαμιν τὸν ἀπὸ Ἀρτεμισίας τρίτον τύραννον γενόμενον Ἁλικαρνασσοῦ· Πισίνδηλις γὰρ ἦν υἱὸς Ἀρτεμισίας, τοῦ δὲ Πισινδήλιδος Λύγδαμις. ἐν οὖν τῇ Σάμῳ καὶ τὴν Ἰάδα ἠσκήθη διάλεκτον, καὶ ἔγραψεν ἱστορίαν ἐν βιβλίοις θ΄, ἀρξάμενος ἀπὸ Κύρου τοῦ Πέρσου καὶ Κανδαύλου τοῦ Λυδῶν βασιλέως. ἐλθὼν δὲ εἰς Ἁλικαρνασσὸν καὶ τὸν τύραννον ἐξελάσας, ἐπειδὴ ὕστερον εἶδεν ἑαυτὸν φθονούμενον ὑπὸ τῶν πολιτῶν, εἰς τὸ Θούριον ἀποικιζόμενον ὑπὸ Ἀθηναίων ἐθελοντὴς ἦλθε, κἀκεῖ τελευτήσας ἐπὶ τῆς ἀγορᾶς τέθαπται. τινὲς δὲ ἐν Πέλλῃ αὐτὸν τελευτῆσαί φασιν. ἐπιγράφονται δὲ οἱ λόγοι αὐτοῦ Μοῦσαι.

Suidas: Πανύασις Πολυάρχου Ἁλικαρνασσεύς, τερατοσκόπος καὶ ποιητὴς ἐπῶν, ὃς σβεσθεῖσαν τὴν ποιητικὴν ἐπανήγαγεν. Δοῦρις δὲ Διοκλέους τε παῖδα ἀνέγραψε καὶ Σάμιον, ὁμοίως δὲ καὶ Ἡρόδοτον Θούριον. ἱστόρηται δὲ Πανύασις Ἡροδότου τοῦ ἱστορικοῦ ἐξάδελφος· γέγονε γὰρ Πανύασις Πολυάρχου, ὁ δὲ Ἡρόδοτος Λύξου τοῦ Πολυάρχου ἀδελφοῦ. τινὲς δὲ οὐ Λύξην, ἀλλὰ Ῥοιὼ (l. ἀλλὰ Δρυὼ) τὴν μητέρα Ἡροδότου Παννάσιδος ἀδελφὴν ἱστόρησαν. ὁ δὲ Πανύασις γέγονε κατὰ τὴν οη΄ ὀλυμπιάδα (468 v. Ch.), κατὰ δέ τινας πολλῷ πρεσβύτερος· καὶ γὰρ ἦν ἐπὶ τῶν Περσικῶν. ἀνῃρέθη δὲ ὑπὸ Λυγδάμιδος τοῦ τρίτου τυραννήσαντος Ἁλικαρνασσοῦ. ἐν δὲ ποιηταῖς τάττεται μεθ᾽ Ὅμηρον, κατὰ δέ τινας καὶ μεθ᾽ Ἡσίοδον καὶ Ἀντίμαχον. ἔγραψε δὲ καὶ Ἡρακλειάδα ἐν βιβλίοις ιδ΄ εἰς ἔπη Ͱθ, Ἰωνικὰ ἐν πενταμέτρῳ (ἔστι δὲ τὰ περὶ Κόδρον καὶ Νηλέα καὶ τὰς Ἰωνικὰς ἀποικίας) εἰς ἔπη ζ.

Suid. u. Ἑλλάνικος und Pamphile bei Gellius XV 23 s. § 16.

Urkunde eines vertrags zwischen Lygdamis und der

HERODOT.
HERODOT. 21

bürgerschaft von Halikarnass über die wiedereinsetzung der § 17. verbannten, in ionischer mundart, c* ol. 81. 456. s. C. F. Newton a history of discoveries at Halicarnassus, Cnidus, and Branchidae. London 1862 s. vol I t. LXXXV. vol. II p. 671. Sauppe Götting. Nachr. 1863 s. 303. Kirchhoff gesch. d. gr. alphab. s. 4. Attische colonie zu Thurii ol. 84, 1. 444/3. Dionys. Lys. 1 p. 453. vit. X orat. p. 835ᵈ.

Strab. XIIII p. 656 ἄνδρες δὲ γεγόνασιν ἐξ αὐτῆς (Ἁλικαρνασσοῦ) Ἡρόδοτός τε ὁ συγγραφεύς, ὃν ὕστερον Θούριον ἐκάλεσαν διὰ τὸ κοινωνῆσαι τῆς εἰς Θουρίους ἀποικίας —. Plin. NH. XII 18 tanta ebori auctoritas erat urbis nostrae cccx. anno; tunc enim auctor ille (Herodotus) historiam eam condidit Thuriis in Italia. vgl. Aristot. rhet. III 9 p. 1409ᵃ Ἡροδότου Θουρίου ἥδ' ἱστορίης ἀπόδεξις. Steph. Byz. u. Θούριοι (p. 315, 18 M.; Tzetz. in Cramer. An. Ox. III p. 350) λέγεται — καὶ Θούριον, ὡς ἐν τῷ Ἡροδότου ἐπιγράμματι

Ἡρόδοτον Λύξεω κρύπτει κόνις ἥδε θανόντα
Ἰάδος ἀρχαίης ἱστορίης πρύτανιν,
Δωρίδος ἐκ πάτρης βλαστόντ' ἄπο· τῶν γὰρ ἄτλητον
(ἀστῶν γὰρ ἄτλητον sive malis ἄπλητον Meineke)
μῶμον ὑπεκπροφυγὼν Θούριον ἔσχε πάτρην.

Herodot schrieb an seiner geschichte noch um das ende des j. 428 v. Ch. Er war nach dem kriege des Inaros gegen die Perser (also nach 454) in Aegypten III 12. sah die Propyläen (vollendet 431) V 77. und erlebte die ersten jahre des peloponnesischen kriegs. vgl. VI 98 ἐπὶ γὰρ Δαρείου τοῦ Ὑστάσπεος καὶ Ξέρξεω τοῦ Δαρείου καὶ Ἀρταξέρξεω τοῦ Ξέρξεω, τριῶν τούτων ἐπεξῆς γενεέων, ἐγένετο πλέω κακὰ τῇ Ἑλλάδι ἢ ἐπὶ εἴκοσι ἄλλας γενεὰς τὰς πρὸ Δαρείου γενομένας, τὰ μὲν ἀπὸ τῶν Περσέων αὐτῇ γινόμενα, τὰ δὲ ἀπ' αὐτῶν τῶν κορυφαίων περὶ τῆς ἀρχῆς πολεμεόντων. Artaxerxes † 425/4. Andere vorgreifende beziehungen s. Schöll Philol. VIIII 196. Kirchhoff s. 24.

Vorlesungen Herodots:

Eine vorlesung zu Olympia beschreibt Lukians dichtung Ἡρόδοτος ἢ Ἀετίων; vgl. das sprichwort εἰς τὴν Ἡροδότου σκιάν. Corp. paroemiogr. Gr. ed. Leutsch et Schneidewin. Gott. 1839. I. app. cent. 2, 35. Suid. u. Θουκυδίδης.

§ 17.   Zu Korinth: [Dion Chrysost.] Korinth. p. 456 M. *ἧκε*
δὲ καὶ Ἡρόδοτος ὁ λογοποιὸς ὡς ὑμᾶς λόγους φέρων Ἑλλη-
νικοὺς ἄλλους τε καὶ Κορινθίους οὐδέπω ψευδεῖς, ἀνθ' ὧν
ἠξίου παρὰ τῆς πόλεως μισθὸν ἄρνυσθαι. διαμαρτῶν δὲ
καὶ τούτου, οὐ γὰρ ἠξίουν οἱ ὑμέτεροι πρόγονοι δόξαν ἀγο-
ράξειν, μετεσκεύασεν ἐκεῖνα ἃ πάντες ἐπιστάμεθα, τὰ περὶ
τὴν Σαλαμῖνα καὶ τὸν Ἀδείμαντον. vgl. Marcellin. l. d.
Thuk. α § 27 *Ἡρόδοτος — ὑπεροφθεὶς ὑπὸ Κορινθίων ἀπο-*
δρᾶναί φησιν αὐτοὺς τὴν ἐν Σαλαμῖνι ναυμαχίαν, und über
Theben Plutarch. de Herod. mal. 31 p. 864ᵈ. (Müller FHG
IV 338, 4) *Ἀριστοφάνους δὲ τοῦ Βοιωτοῦ γράψαντος ὅτι*
χρήματα μὲν αἰτήσας οὐκ ἔλαβε παρὰ Θηβαίων κτέ.

Zu Athen: Euseb. ol. 83, 4 (445): *Ἡρόδοτος ἱστορικὸς*
ἐτιμήθη παρὰ τῆς Ἀθηναίων βουλῆς ἐπαναγνοὺς αὐτοῖς τὰς
βίβλους. Scaliger animadvers. p. 104. Plut. a. a. O. c. 26
p. 862ᵃᵇ *τὴν διαβολὴν ἣν ἔχει ·κολακεῦσαι τοὺς Ἀθηναίους*
ἀργύριον πολὺ λαβὼν παρ' αὐτῶν. εἰ γὰρ ἀνέγνω ταῦτ'
Ἀθηναίοις κτέ. — ὅτι μέντοι δέκα τάλαντα δωρεὰν ἔλαβεν
ἐξ Ἀθηνῶν Ἀνύτου τὸ ψήφισμα γράψαντος ἀνὴρ Ἀθηναῖος
οὐ τῶν παρημελημένων ἐν ἱστορίᾳ Δίυλλος εἴρηκεν (§ 40).
Im hause des Oloros: Phot. bibl. 60 p. 19ᵇ Bk. *λέγεται δὲ*
ἀναγινωσκομένης αὐτῷ τῆς ἱστορίας κομιδῇ νέον ὄντα παρὰ
τῷ πατρὶ Θουκυδίδην ἀκοῦσαι καὶ δακρῦσαι· τὸν δὲ Ἡρό-
δοτον ἀποφήνασθαι ὡς εἴη ὁ παῖς, ὦ Ὅλορε, ὁ σὸς ὀργῶ-
σαν ἔχων τὴν φύσιν πρὸς μαθήματα.. Marcellin. l. d. Thuk.
γ § 54. Suid. u. *ὀργᾶν* u. *Θουκυδίδης.*

Herodots prooemion: *Ἡροδότου Ἁλικαρνησσέος ἱστορίης*
ἀπόδεξις ἥδε, ὡς μήτε τὰ γενόμενα ἐξ ἀνθρώπων τῷ χρόνῳ
ἐξίτηλα γένηται, μήτε ἔργα μεγάλα τε καὶ θωυμαστά, τὰ μὲν
Ἕλλησι τὰ δὲ βαρβάροισι ἀποδεχθέντα, ἀκλεέα γένηται, τά
τε ἄλλα καὶ δι' ἣν αἰτίην ἐπολέμησαν ἀλλήλοισι. Darüber fa-
bello Ptolemaeos Chennos (Phot. bibl. 190 p. 148ᵇ) *ὡς Πλησίρροος ὁ*
Θεσσαλὸς ὁ ὑμνογράφος, ἐρώμενος γεγονὼς Ἡροδότου καὶ κληρονόμος
τῶν αὐτοῦ, οὗτος ποιήσειε τὸ προοίμιον τῆς πρώτης ἱστορίας Ἡροδό-
του Ἁλικαρνασσέως· τὴν γὰρ κατὰ φύσιν εἶναι τῶν Ἡροδότου ἱστοριῶν
ἀρχὴν "Περσέων οἱ λόγιοι Φοίνικας αἰτίους γενέσθαι φασὶ τῆς δια-
φορῆς". s. R. Hercher über die glaubwürdigkeit der neuen geschichte
des Ptolemaeus Chennus. Leipzig 1856 (suppl. d. jhb. f. phil. I). O.
Nitzsch de prooemio Herodoteo. Gryphisv. 1860. 4 Kirchhoff s. 2.

Schlusz des werkes mit der einnahme von Sestos im

HERODOT. 23

frühjahr ol. 75, 2. 478. IX 121 καὶ κατὰ τὸ ἔτος τοῦτο οὐ- § 17.
δὲν ἔτι πλέον τούτων ἐγίνετο.
Einteilung (Lukian. Herod.] bei der vorlesung zu
Olympia κηλῶν τοὺς παρόντας ἄχρι τοῦ καὶ Μούσας κληθῆ-
ναι τὰς βίβλους αὐτοῦ, ἐννέα καὶ αὐτὰς οὔσας. de conscrib.
hist. c. 42): Herod. V 36 von den schätzen des Branchidentem-
pels ὡς δεδήλωταί μοι ἐν τῷ πρώτῳ τῶν λόγων = I 92.
VII 93 οὗτοι δὲ (Κᾶρες) οἵτινες πρότερον ἐκαλέοντο,
ἐν τοῖσι πρώτοισι τῶν λόγων εἴρηται = I 171.
I 75 τοῦτον δὴ ὧν τὸν Ἀστυάγεα Κῦρος — καταστρε-
ψάμενος ἔσχε δι' αἰτίην, τὴν ἐγὼ ἐν τοῖσι ὀπίσω λόγοισι σημανέω = 1 107 sqq.
II 161 ἀπὸ προφάσιος τὴν ἐγὼ μεζόνως μὲν ἐν τοῖσι
Λιβυκοῖσι λόγοισι ἀπηγήσομαι = IV 159.
Auf spätere abschnitte verweist Herodot auch I 106 καὶ
τήν τε Νῖνον εἷλον (Μῆδοι)· ὡς δὲ εἷλον, ἐν ἑτέροισι λόγοισι δηλώσω. c. 184 τῆς δὲ Βαβυλῶνος ταύτης πολλοὶ μέν
κου καὶ ἄλλοι ἐγένοντο βασιλέες, τῶν ἐν τοῖσι Ἀσσυρίοισι
λόγοισι μνήμην ποιήσομαι (vgl. hist. zeitschr. XXIII 426).
VII 213 Ephialtes ward später getödtet δι' ἄλλην αἰτίην,
τὴν ἐγὼ ἐν τοῖσι ὄπισθε λόγοισι σημανέω.
Herodot wird der parteilichkeit beschuldigt in Plutarchs
schrift περὶ τῆς Ἡροδότου κακοηθείας (Moral. p. 854—874).
vgl. Gust. Lahmeyer de libelli Plutarchei, qui de malignitate
Herodoti inscribitur, et auctoritate et auctore. Gotting. 1848. 4.
Herodots darstellungsweise: Athen. III p. 78ᶜ ὁ δὲ θαυ-
μασιώτατος καὶ μελίγηρυς Ἡρόδοτος. Cic. orat. 12, 39 quo
magis sunt Herodotus Thucydidesque mirabiles —. alter enim
sine ullis salebris quasi sedatus amnis fluit, alter incitatior fertur
et de bellicis rebus canit etiam quodam modo bellicum: primisque
ab his, ut ait Theophrastus, historia commota est, ut auderet
uberius quam superiores et ornatius dicere. Quintil. X 1, 73
historiam multi scripsere praeclare, sed nemo dubitat longe duos
ceteris praeferendos, quorum diversa virtus laudem paene est
parem consecuta. densus et brevis et semper instans sibi Thucydides, dulcis et candidus et fusus Herodotus: ille concitatis
hic remissis affectibus melior, ille contionibus hic sermonibus,
ille vi hic voluptate. Dionys. schr. an Cn. Pompej. 3
p. 776 sq.— Θουκυδίδης μὲν γὰρ τὰ πάθη δηλῶσαι κρείττων,
Ἡρόδοτος δὲ τά γ' ἤδη παραστῆσαι δεινότερος — — ἵνα δὲ

§ 18. συνελὼν εἴπω, καλαὶ μὲν αἱ ποιήσεις ἀμφότεραι· οὐ γὰρ ἂν
αἰσχυνθείην ποιήσεις αὐτὰς λέγων· διαφέρουσι δὲ κατὰ τοῦτο μάλιστ' ἀλλήλων, ὅτι τὸ μὲν Ἡροδότου κάλλος ἱλαρόν ἐστι,
φοβερὸν δὲ τὸ Θουκυδίδου. vgl. o. s. 19 f.

§ 18. Antiochos von Syrakus.

Müller FHG I xlv. 181. Ed. Wölfflin, Antiochos v. Syrakus·(u. Coelius
Antipater). Winterthur 1872.

Diod. XII 71. ol. 89, 1. 424. τῶν δὲ συγγραφέων Ἀντίοχος ὁ Συρακόσιος τὴν τῶν Σικελικῶν ἱστορίαν εἰς τοῦτον τὸν ἐνιαυτὸν κατέστρεψεν, ἀρξάμενος ἀπὸ Κωκάλου τοῦ
Σικανῶν βασιλέως, ἐν βίβλοις ἐννέα.

Paus. X 11, 3 Ἀντίοχος ὁ Ξενοφάνους Συρακούσιος ἐν
τῇ Σικελιώτιδι συγγραφῇ.

Strab. VI p. 254 Ἀντίοχος ἐν τῷ περὶ τῆς Ἰταλίας συγ-
γράμματι.

Dionys. archaeol. I 12 p. 34 Ἀντίοχος δὲ ὁ Συρακούσιος, συγγραφεὺς πάνυ ἀρχαῖος, ἐν Ἰταλίας οἰκισμῷ τοὺς
παλαιοτάτους οἰκήτορας διεξιών, ὡς ἕκαστοί τι μέρος αὐτῆς
κατεῖχον, Οἰνώτρους λέγει πρώτους τῶν μνημονευομένων
ἐν αὐτῇ κατοικῆσαι, εἰπὼν ὧδε· ʽἈντίοχος Ξενοφάνεος τάδε
συνέγραψε περὶ Ἰταλίης ἐκ τῶν ἀρχαίων λόγων τὰ πιστό-
τατα καὶ σαφέστατα· τὴν γῆν ταύτην, ἥτις νῦν Ἰταλία καλεῖται, τὸ παλαιὸν εἶχον Οἴνωτροι.ʼ ἔπειτα διεξελθὼν ὃν
τρόπον ἐπολιτεύοντο, καὶ ὡς βασιλεὺς ἐν αὐτοῖς Ἰταλὸς ἀνὰ
χρόνον ἐγένετο, ἀφ' οὗ μετωνομάσθησαν Ἰταλοί, τούτου δὲ
τὴν ἀρχὴν Μόργης διεδέξατο, ἀφ' οὗ Μόργητες ἐκλήθησαν,
καὶ ὡς Σικελὸς ἐπιξενωθεὶς Μόργητι ἰδίαν πράττων ἀρχὴν
διέστησε τὸ ἔθνος, ἐπιφέρει ταυτί· ʽοὕτω δὲ Σικελοὶ καὶ
Μόργητες ἐγένοντο καὶ Ἰταλίητες, ἐόντες Οἴνωτροι.ʼ c. 73
p. 185 s.—ταῦτα δὲ οὐ τῶν ἐπιτυχόντων τις οὐδὲ νέων συγγραφεὺς ἱστόρηται, ἀλλ' Ἀντίοχος ὁ Συρακούσιος—. φησὶ δὲ
Μόργητος ἐν Ἰταλίᾳ βασιλεύοντος (ἦν δὲ τότε Ἰταλία ἡ ἀπὸ
Τάραντος ἄχρι Ποσειδωνίας παράλιος) ἐλθεῖν ὡς αὐτὸν ἄνδρα
φυγάδα ἐκ Ῥώμης. λέγει δὲ ὧδε· ʽἐπεὶ δὲ Ἰταλὸς κατεγήρα
Μόργης ἐβασίλευσεν. ἐπὶ τούτου δὲ ἀνὴρ ἀφίκετο ἐκ Ῥώμης
φυγάς· Σικελὸς ὄνομα αὐτῷ'. vgl. Aristot. pol. VII 9, 2
(p. 1329) φασὶ γὰρ οἱ λόγιοι τῶν ἐκεῖ κατοικούντων Ἰταλόν
τινα γενέσθαι βασιλέα τῆς Οἰνωτρίας, ἀφ' οὗ τό τε ὄνομα με-
ταβαλόντας Ἰταλοὺς ἀντ' Οἰνωτρῶν καλεῖσθαι κτέ. Auch Thukydides scheint aus Antiochos geschöpft zu haben.

· THUKYDIDES. 25

§ 19. Thukydides von Athen.

K. W. Krüger untersuchungen über das leben des Thukydides (1832).
epikritischer nachtrag (1839) in Krügers krit. Analecten I 1863.
W. Roscher Klio. I. leben, werke und zeitalter des Thukydides.
Gött. 1842. Franz Wolfg. Ullrich beitrüge etc. Hamburg 1846. 50.
51. 52. 62. Jul. Steup quaestiones Thucydideae. Bonn. 1868.
Ausgaben (mit den scholien) von Car. Andr. Duker. Amstel. 1731 fol.
I. Bekker IV Voll. Oxon. 1821 (III Voll. Berol. 1821). Ernst Fr.
Poppo. IV Ptes in 11 voll. Lips. 1821 sqq. mit erklär. anmerk. (ohne
scholien) von Krüger (1846) n. aufl. Berlin 1858 ff. Classen 1862 ff.
Dionysios von Halikarnass *ἐπιστολὴ πρὸς Γναῖον Πομπήιον. περὶ τοῦ
Θουκυδίδου χαρακτῆρος καὶ τῶν λοιπῶν τοῦ συγγραφέως ἰδιωμά-
των. ἐπιστολὴ πρὸς Ἀμμαῖον δευτέρα περὶ τῶν Θουκυδίδου ἰδιω-
μάτων.* V 750 — 808 R. Dionysii historiographica ed. Car. Guil.
Krüger. Subjectae sunt ej. comment. crit. et historicae de Thucydidis historiarum parte postrema. Hal. S. 1823.
Μαρκελλίνου περὶ τοῦ Θουκυδίδου βίου καὶ τῆς ἰδίας αὐτοῦ (Westermann βιογρ. p. 186) aus wenigstens drei verschiedenen aufsätzen
zusammengesetzt, vgl. Fz. Ritter n. rh. mus. III 321. 1845.—Anon.
biogr. (Westermann p. 200).

Suidas: Θουκυδίδης Ὀλόρου Ἀθηναῖος, παῖδα δὲ ἔσχε
Τιμόθεον. ἦν δὲ ἀπὸ μὲν πατρὸς Μιλτιάδου τοῦ στρατηγοῦ
τὸ γένος ἕλκων, ἀπὸ δὲ μητρὸς Ὀλόρου τοῦ Θρακῶν βασι-
λέως· μαθητὴς Ἀντιφῶντος. ἤκμαζε κατὰ τὴν πζ´ ὀλυμπιάδα,
ἔγραψε δὲ τὸν πόλεμον τῶν Πελοποννησίων καὶ Ἀθηναίων. —

Plutarch. Kimon 4 Κίμων ὁ Μιλτιάδου μητρὸς ἦν Ἡγη-
σιπύλης, γένος Θρᾴττης, θυγατρὸς Ὀλόρου τοῦ βασιλέως—.
διὸ καὶ Θουκυδίδης ὁ ἱστορικὸς τοῖς περὶ Κίμωνα κατὰ γένος προσήκων Ὀλόρου τε πατρὸς ἦν εἰς τὸν πρόγονον ἀνα-
φέροντος τὴν ὁμωνυμίαν καὶ τὰ χρυσεῖα περὶ τὴν Θρᾴκην
ἐκέκτητο. καὶ τελευτῆσαι μὲν ἐν τῇ Σκαπτῇ ὕλῃ (τοῦτο δ'
ἔστι τῆς Θρᾴκης χωρίον) λέγεται φονευθεὶς ἐκεῖ, μνῆμα δ'
αὐτοῦ τῶν λειψάνων εἰς τὴν Ἀττικὴν κομισθέντων ἐν τοῖς
Κιμωνείοις δείκνυται παρὰ τὸν Ἐλπινίκης τῆς Κίμωνος ἀδελ-
φῆς τάφον. ἀλλὰ Θουκυδίδης μὲν Ἁλιμούσιος γέγονε τῶν
δήμων, οἱ δὲ περὶ τὸν Μιλτιάδην Λακιάδαι.

Über die verwandtschaft mit Miltiades und Oloros vgl.
Marcellin. α § 2. 10—19. anon. § 1. über sein geburtsjahr
Marc. § 34 παύσασθαι δὲ τὸν βίον ὑπὲρ τὰ πεντήκοντα ἔτη,
μὴ πληρώσαντα τῆς συγγραφῆς τὴν προθεσμίαν. Pamphilo
s. o. § 16.

§ 19.   Thuk. I 1 Θουκυδίδης Ἀθηναῖος ξυνέγραψε τὸν πόλεμον τῶν Πελοποννησίων καὶ Ἀθηναίων ὡς ἐπολέμησαν πρὸς
ἀλλήλους, ἀρξάμενος ἐυθὺς καθισταμένου καὶ ἐλπίσας μέγαν
τε ἔσεσθαι καὶ ἀξιολογώτατον τῶν προγεγενημένων. V 24,
2 ταῦτα δὲ τὰ δέκα ἔτη ὁ πρῶτος πόλεμος ξυνεχῶς γενόμενος γέγραπται. 26 von den begebenheiten nach dem frieden
des Nikias: γέγραφε δὲ καὶ ταῦτα ὁ αὐτὸς Θουκυδίδης
Ἀθηναῖος ἑξῆς, ὡς ἕκαστα ἐγένετο, κατὰ θέρη καὶ χειμῶνας,
μέχρι οὗ τήν τε ἀρχὴν κατέπαυσαν τῶν Ἀθηναίων Λακεδαιμόνιοι καὶ οἱ ξύμμαχοι καὶ τὰ μακρὰ τείχη καὶ τὸν Πειραιᾶ
κατέλαβον. ἔτη δὲ ἐς τοῦτο τὰ ξύμπαντα ἐγένετο τῷ πολέμῳ ἑπτὰ καὶ εἴκοσιν. — ξὺν τῷ πρώτῳ πολέμῳ τῷ δεκα-
ετεῖ καὶ τῇ μετ' αὐτὸν ὑπόπτῳ ἀνακωχῇ καὶ τῷ ὕστερον ἐξ
αὐτῆς πολέμῳ εὑρήσει τις τοσαῦτα ἔτη —. ἐπεβίων δὲ διὰ
παντὸς αὐτοῦ, αἰσθανόμενός τε τῇ ἡλικίᾳ καὶ προσέχων τὴν
γνώμην, ὅπως ἀκριβές τι εἴσομαι· καὶ ξυνέβη μοι φεύγειν
τὴν ἐμαυτοῦ ἔτη εἴκοσι μετὰ τὴν ἐς Ἀμφίπολιν στρατηγίαν
καὶ γενομένῳ παρ' ἀμφοτέροις τοῖς πράγμασι, καὶ οὐχ ἧσσον
τοῖς Πελοποννησίων διὰ τὴν φυγήν, καθ' ἡσυχίαν τι αὐτῶν
μᾶλλον αἰσθέσθαι. andere beziehungen auf das ende des
kriegs I 13, 4. 18, 1. II 65, 7—12.

II 48, 2 von der pest zu Athen: ἐγὼ δὲ οἷόν τε ἐγίγνετο
λέξω καὶ ἀφ' ὧν ἄν τις σκοπῶν, εἴ ποτε καὶ αὖθις ἐπιπέ-
σοι, μάλιστ' ἄν ἔχοι τι προειδὼς μὴ ἀγνοεῖν, ταῦτα δηλώσω,
αὐτός τε νοσήσας καὶ αὐτὸς ἰδὼν ἄλλους πάσχοντας.

IV 104, 2 — 107, 1 über die capitulation von Amphi-
polis: οἱ δ' ἐναντίοι τοῖς προδιδοῦσι (τὴν πόλιν)— πέμπουσι
μετὰ Εὐκλέους τοῦ στρατηγοῦ — ἐπὶ τὸν ἕτερον στρατηγὸν
τῶν ἐπὶ Θρᾴκης, Θουκυδίδην τὸν Ὀλόρου, ὃς τάδε ξυνέγρα-
ψεν, ὄντα περὶ Θάσον —, κελεύοντες σφίσι βοηθεῖν. καὶ ὁ
μὲν ἀκούσας κατὰ τάχος ἑπτὰ ναυσὶν αἳ ἔτυχον παροῦσαι
ἔπλει καὶ ἐβούλετο φθάσαι μάλιστα μὲν οὖν τὴν Ἀμφίπολιν
πρίν τι ἐνδοῦναι, εἰ δὲ μή, τὴν Ἠιόνα προκαταλαβών. ἐν
τούτῳ δὲ ὁ Βρασίδας δεδιὼς καὶ τὴν ἀπὸ τῆς Θάσου τῶν
νεῶν βοήθειαν καὶ πυνθανόμενος τὸν Θουκυδίδην κτῆσίν τε
ἔχειν τῶν χρυσείων μετάλλων ἐργασίας ἐν τῇ περὶ ταῦτα
Θρᾴκῃ καὶ ἀπ' αὐτοῦ δύνασθαι ἐν τοῖς πρώτοις τῶν ἠπειρωτῶν ἠπείγετο προκατασχεῖν, εἰ δύναιτο, τὴν πόλιν — καὶ τὴν
ξύμβασιν μετρίαν ἐποιεῖτο κτέ. — καὶ οἱ μὲν τὴν πόλιν τοιούτῳ τρόπῳ παρέδοσαν, ὁ δὲ Θουκυδίδης καὶ αἱ νῆες ταύτῃ

τῇ ἡμέρᾳ ὀψὲ κατέπλεον ἐς τὴν Ἠιόνα. καὶ τὴν μὲν Ἀμφί- § 19.
πολιν Βρασίδας ἄρτι εἶχεν, τὴν δὲ Ἠιόνα παρὰ νύκτα ἐγένετο λαβεῖν· εἰ γὰρ μὴ ἐβοήθησαν αἱ νῆες διὰ τάχους, ἅμα
ἕῳ ἂν εἴχετο. μετὰ δὲ τοῦτο ὁ μὲν τὰ ἐν τῇ Ἠιόνι καθί-
στατο, ὅπως καὶ τὸ αὐτίκα, ἦν ἐπίῃ ὁ Βρασίδας, καὶ τὸ
ἔπειτα .ἀσφαλῶς ἕξει κτέ. Marcell. α § 23 τὸ πρῶτον ἀτύχημα εἰς ἁμάρτημα μετα-
λαβόντες φυγαδεύουσιν αὐτόν. β § 46 ἰστέον δ᾽ ὅτι στρα-
τηγήσας ἐν Ἀμφιπόλει ὁ Θ. καὶ δόξας ἐκεῖ βραδέως ἀφικέσθαι καὶ προλαβόντος αὐτὸν τοῦ Βρασίδου ἐφυγαδεύθη
ὑπ᾽ Ἀθηναίων διαβάλλοντος αὐτὸν τοῦ Κλέωνος. γ § 55 ἐπὶ
προδοσίᾳ φεύγοντα. anon. § 3 αἰτίαν ἔσχε προδοσίας ἐκ
βραδυτῆτός τε καὶ ὀλιγωρίας.

Thukydides sprechen schuldig Grote hist. of Gr. VI
565. Oncken Athen u. Hellas II 319: dagegen E. Curtius
gr. gesch. II³ 445. 750. Herm. Hiecke, der hochverrath des
geschichtschr. Th. Berlin 1869. Classen anh. zu Th. IV 106.

Thukydides hielt sich als verbannter in Thrakien auf.
Plut. v. d. verbannung 14 p. 605ᶜ. Θ. Ἀθ. συνέγραψε τὸν
πόλεμον τῶν Π. κ. Ἀ. ἐν Θρᾴκῃ περὶ τὴν Σκαπτὴν ὕλην.
Dion. π. τ. Θουκ. χ. 41 p. 918 m. Krügers anm. Marcell. α
§ 25 διατρίβων ἐν Σκαπτῇ ὕλῃ ὑπὸ πλατάνῳ ἔγραφεν. μὴ
γὰρ δὴ πειθώμεθα Τιμαίῳ λέγοντι ὅτι φυγὼν ᾤκησεν ἐν
Ἰταλίᾳ. β § 46. 47.

Cic. de orat. II 13, 56 .Thucydides — hos libros tum scrip-
sisse dicitur, cum a republica remotus atque — in exilium pul-
sus esset.

Paus. I 23, 9 Οἰνοβίῳ δὲ ἔργον ἐστὶν ἐς Θουκυδίδην
τὸν Ὀλόρου χρηστόν· ψήφισμα γὰρ ἐνίκησεν Οἰνόβιος κατελθεῖν ἐς Ἀθήνας Θουκυδίδην, καί οἱ δολοφονηθέντι, ὡς κατ-
ῄει, μνῆμά ἐστιν οὐ πόρρω πυλῶν Μελιτίδων.

Plin. NH. VII 111 Thucydiden imperatorem Athenienses
in exilium egere, rerum conditorem revocavere, eloquentiam mi-
rati, cuius virtutem damnaverant.

Marcellin. α § 31 — 33 οἱ μὲν οὖν αὐτὸν ἐκεῖ λέγουσιν
ἀποθανεῖν ἔνθα καὶ διέτριβε φυγὰς ὤν, καὶ φέρουσι μαρτύ-
ριον τοῦ μὴ κεῖσθαι τὸ σῶμα ἐπὶ τῆς Ἀττικῆς· ἰκρίον γὰρ
ἐπὶ τοῦ τάφου κεῖσθαι, τοῦ κενοταφίου δὲ τοῦτο γνώρισμα
εἶναι ἐπιχώριον καὶ νόμιμον Ἀττικὸν τῶν ἐπὶ τοιαύτῃ δυσ-
τυχίᾳ τετελευτηκότων καὶ μὴ ἐν Ἀθήναις ταφέντων. Δίδυμος

§ 19. δ' ἐν Ἀθήναις ἀπὸ τῆς φυγῆς ἐλθόντα βιαίῳ θανάτῳ τοῦτο
δέ φησι Ζώπυρον ἱστορεῖν. τοὺς γὰρ Ἀθηναίους κάθοδον
δεδωκέναι τοῖς φυγάσι πλὴν τῶν Πεισιστρατιδῶν μετὰ τὴν
ἧτταν [τὴν ἐν Σικελίᾳ]· ἥκοντα οὖν αὐτὸν ἀποθανεῖν βίᾳ
καὶ τεθῆναι ἐν τοῖς Κιμωνίοις μνήμασιν. καὶ καταγινώσκειν
εὐήθειαν ἔφη τῶν νομιζόντων αὐτὸν ἐκτὸς μὲν τετελευτη-
κέναι, ἐπὶ γῆς δὲ τῆς Ἀττικῆς τεθάφθαι. ἢ γὰρ οὐκ ἂν
ἐτέθη ἐν τοῖς πατρῴοις μνήμασιν, ἢ κλέβδην τεθεὶς οὐκ ἂν
ἔτυχεν οὔτε στήλης οὔτ' ἐπιγράμματος, ἢ τῷ τάφῳ προσκει-
μένη μηνύει τοῦ συγγραφέως τοὔνομα. ἀλλὰ δῆλον ὅτι κά-
θοδος ἐδόθη τοῖς φεύγουσιν, ὡς καὶ Φιλόχορος λέγει καὶ
Δημήτριος ἐν τοῖς ἄρχουσιν. ἐγὼ δὲ Ζώπυρον ληρεῖν νο-
μίζω λέγοντα τοῦτον ἐν Θρᾴκῃ (Ἀττικῇ Poppo) τετελευτη-
κέναι, κἂν ἀληθεύειν νομίζῃ Κράτιππος αὐτόν. τὸ δ' ἐν
Ἰταλίᾳ Τίμαιον αὐτὸν καὶ ἄλλους λέγειν κεῖσθαι μὴ καὶ σφόδρα καταγέλαστον ᾖ. β § 45 ἀπέθανε δὲ μετὰ τὸν πόλεμον
τ. Πελ. ἐν τῇ Θρᾴκῃ συγγράφων τὰ πράγματα τοῦ κά
ἐνιαυτοῦ. γ § 55 ἐτελεύτησε δὲ ἐν τῇ Θρᾴκῃ· καὶ οἱ μὲν
λέγουσιν ὅτι ἐκεῖ ἐτάφη, ἄλλοι δὲ λέγουσιν ὅτι ἐν ταῖς Ἀθήναις ἠνέχθη αὐτοῦ τὰ ὀστᾶ κρύφα παρὰ τῶν συγγενῶν καὶ
οὕτως ἐτάφη· οὐ γὰρ ἐξῆν φανερῶς θάπτειν ἐν Ἀθήναις τὸν
ἐπὶ προδοσίᾳ φεύγοντα. ἔστι δὲ αὐτοῦ τάφος πλησίον τῶν
(Μελιτίδων § 17. anon. § 10) πυλῶν, ἐν χωρίῳ τῆς Ἀττικῆς ὃ
Κοίλη καλεῖται, καθά φησιν Ἄντυλλος, ἀξιόπιστος ἀνὴρ μαρ-
τυρῆσαι καὶ ἱστορίαν γνῶναι καὶ διδάξαι δεινός. καὶ στήλη
δέ, φησίν, ἔστηκεν ἐν τῇ Κοίλῃ "Θουκυδίδης Ὀλόρου Ἁλιμούσιος" ἔχουσα ἐπίγραμμα.

Thukydides † vor dem ausbruche des Ätna ol. 98, 1.
396 (Diod. XIV 59. Oros. II 18. vgl. m. Thuk. III 116).

Seine rhetorischen studien: L. d. X redner p. 832ᵉ Καικίλιος δὲ ἐν τῷ περὶ αὐτοῦ (Ἀντιφῶντος) συντάγματι Θουκυδίδου τοῦ συγγραφέως μαθητὴν (καθηγητὴν Wyttenbach)
τεκμαίρεται γεγονέναι, ἐξ ὧν ἐπαινεῖται παρ' αὐτῷ (VIII
68) ὁ Ἀντιφῶν. Marcell. α § 22 ἤκουσε δὲ διδασκάλων
Ἀναξαγόρου μὲν ἐν φιλοσόφοις, ὅθεν, φησὶν ὁ Ἄντυλλος,
καὶ ἄθεος ἠρέμα ἐνομίσθη τῆς ἐκεῖθεν θεωρίας ἐμφορη-
θείς, Ἀντιφῶντος δὲ ῥήτορος, δεινοῦ τὴν ῥητορικὴν ἀνδρός,
οὗ καὶ μέμνηται κτέ. § 36 ἐξήλωσε δὲ ἐπ' ὀλίγον, ὥς
φησιν Ἄντυλλος, καὶ τὰς Γοργίου τοῦ Λεοντίνου παρι-
σώσεις καὶ τὰς ἀντιθέσεις τῶν ὀνομάτων, εὐδοκιμούσας κατ'

ἐκεῖνο καιροῦ παρὰ τοῖς Ἕλλησι, καὶ μέντοι καὶ Προδίκου § 19.
τοῦ Κείου τὴν ἐπὶ τοῖς ὀνόμασιν ἀκριβολογίαν. Über Gorgias auch Marc. β § 51. Philostr. vit. sophist. I 9 p. 492.
epist. 13 p. 919 (73 p. 364 Kays.).

Verhältnis des Thukydides zu seinen vorgängern:
I 21, 1 schätzung der älteren begebenheiten οὔτε ὡς
ποιηταὶ ὑμνήκασι περὶ αὐτῶν ἐπὶ τὸ μεῖζον κοσμοῦντες μᾶλλον πιστεύων, οὔτε ὡς λογογράφοι ξυνέθεσαν ἐπὶ τὸ προσ-
αγωγότερον τῇ ἀκροάσει ἢ ἀληθέστερον, ὄντα ἀνεξέλεγκτα
καὶ τὰ πολλὰ ὑπὸ χρόνου αὐτῶν ἀπίστως ἐπὶ τὸ μυθῶδες
ἐκνενικηκότα. Sein urteil über Hellanikos' Atthis s. o. § 16;
abweichende chronologie I 12, 3 Βοιωτοί τε γὰρ οἱ νῦν ἑξη-
κοστῷ ἔτει μετὰ Ἰλίου ἅλωσιν — τὴν νῦν μὲν Βοιωτίαν,
πρότερον δὲ Καδμηίδα γῆν καλουμένην ᾤκισαν —, Δωριῆς
τε ὀγδοηκοστῷ ἔτει ξὺν Ἡρακλείδαις Πελοπόννησον ἔσχον.
Die episoden des Thukydides ergänzen oder berichtigen
Herodot. Thukyd. I 89–96 knüpft an mit der einnahme
von Sestos und schildert den ursprung der attischen hege-
monie; c. 97—118 behandelt die geschichte der herrschaft
Athens (πεντηκονταετία oder πεντηκονταετηρίς Schol. zu I 18,
6. 42, 2. 75, 2. 97, 1. 2.); c. 128—138 das ende des
Themistokles und Pausanias.

Mit Thuk. I 20 vgl. Herod. VI 57. IX 53; mit VI 54 sq.
Herod. V 55 sq. 62 sq.; mit I 126 sq. Herod. V 71.

Treue darstellung der thatsachen; die motive in den
reden: Thuk. I 22 καὶ ὅσα μὲν λόγῳ εἶπον ἕκαστοι ἢ μέλλον-
τες πολεμήσειν ἢ ἐν αὐτῷ ἤδη ὄντες, χαλεπὸν τὴν ἀκρίβειαν
αὐτὴν τῶν λεχθέντων διαμνημονεῦσαι ἦν ἐμοί τε ὧν αὐτὸς
ἤκουσα καὶ τοῖς ἄλλοθέν ποθεν ἐμοὶ ἀπαγγέλλουσιν· ὡς δ'
ἂν ἐδόκουν ἐμοὶ ἕκαστοι περὶ τῶν ἀεὶ παρόντων τὰ δέοντα
μάλιστ' εἰπεῖν, ἐχομένῳ ὡς ἐγγύτατα τῆς ξυμπάσης γνώμης
τῶν ἀληθῶς λεχθέντων, οὕτως εἴρηται. τὰ δ' ἔργα τῶν
πραχθέντων ἐν τῷ πολέμῳ οὐκ ἐκ τοῦ παρατυχόντος πυνθανόμενος ἠξίωσα γράφειν οὐδ' ὡς ἐμοὶ ἐδόκει, ἀλλ' οἷς τε
αὐτὸς παρῆν, καὶ παρὰ τῶν ἄλλων ὅσον δυνατὸν ἀκριβείᾳ
περὶ ἑκάστου ἐπεξελθών. ἐπιπόνως δὲ εὑρίσκετο, διότι οἱ
παρόντες τοῖς ἔργοις ἑκάστοις οὐ ταὐτὰ περὶ τῶν αὐτῶν ἔλεγον, ἀλλ' ὡς ἑκατέρων τις εὐνοίας ἢ μνήμης ἔχοι. καὶ ἐς
μὲν ἀκρόασιν ἴσως τὸ μὴ μυθῶδες αὐτῶν ἀτερπέστερον φα-
νεῖται· ὅσοι δὲ βουλήσονται τῶν τε γενομένων τὸ σαφὲς

§ 19. σκοπεῖν καὶ τῶν μελλόντων ποτὲ αὖθις κατὰ τὸ ἀνθρώπειον τοιούτων καὶ παραπλησίων ἔσεσθαι, ὠφέλιμα κρίνειν αὐτὰ ἀρκούντως ἕξει. κτῆμά τε ἐς ἀεὶ μᾶλλον ἢ ἀγώνισμα ἐς τὸ παραχρῆμα ἀκούειν ξύγκειται. Schilderung der katastrophe in Sicilien. Plut. Nik. 1 ἐπὶ ταῖς διηγήσεσιν αἷς Θ., αὐτὸς αὐτοῦ περὶ ταῦτα παθη- τικώτατος ἐνεργέστατος ποικιλώτατος γενόμενος, ἀμιμήτως ἐξενήνοχεν. Dionys. π. τ. Θουκυδ. χαρ. 8. p. 824 μαρτυρεῖται δὲ τῷ ἀνδρὶ τάχα μὲν ὑπὸ πάντων φιλοσόφων τε καὶ ῥητόρων, εἰ δὲ μή, τῶν γε πλείστων, ὅτι καὶ τῆς ἀληθείας, ἧς ἱέρειαν εἶ- ναι τὴν ἱστορίαν βουλόμεθα, πλείστην ἐποιήσατο πρόνοιαν οὔτε προστιθεὶς τοῖς πράγμασιν οὐδὲν ὃ μὴ δίκαιον οὔτ' ἀφαιρῶν οὐδὲ ἐνεξουσιάζων τῇ γραφῇ, ἀνέγκλητον δὲ καὶ καθαρὰν τὴν προαίρεσιν ἀπὸ παντὸς φθόνου καὶ πάσης κο- λακείας φυλάττων, μάλιστα δ' ἐν ταῖς περὶ τῶν ἀγαθῶν ἀνδρῶν γνώμαις. Einteilung des werkes in acht bücher: Marcell. γ § 57 ἰστέον δὲ ὅτι τὴν πραγματείαν αὐτοῦ οἱ μὲν κατέτεμον εἰς τρεῖς καὶ δέκα ἱστορίας (vgl. schol. zu Thuk. II 79. IV 1. 78. 114), ἄλλοι δὲ ἄλλως· ὅμως δὲ ἡ πλείστη καὶ κοινὴ κε- κράτηκε, τὸ μέχρι τῶν ὀκτὼ διῃρῆσθαι τὴν πραγματείαν, ὡς καὶ ἐπέκρινεν ὁ Ἀσκληπιάδης. Ende des werkes im 21n jahre des kriegs herbst 411 (ol. 92, 2). Diod. XIII 42 (vgl. XII 37) τῶν δὲ συγγρα- φέων Θουκυδίδης μὲν τὴν ἱστορίαν κατέστρεψε, περιλαβὼν χρόνον ἐτῶν εἴκοσι καὶ δυοῖν ἐν βίβλοις ὀκτὼ (τίνες δὲ διαι- ροῦσιν εἰς ἐννέα), Ξενοφῶν δὲ καὶ Θεόπομπος ἀφ' ὧν ἀπέ- λιπε Θουκυδίδης τὴν ἀρχὴν πεποίηνται. Marcell. β § 45 ἀπέθανε δὲ μετὰ τὸν πόλεμον τὸν Πελοποννησιακὸν ἐν τῇ Θρᾴκῃ, συγγράφων τὰ πράγματα τοῦ εἰκοστοῦ καὶ πρώτου ἐνιαυτοῦ· κ' γὰρ ζ' κατέσχεν ὁ πόλεμος. τὰ δὲ τῶν ἄλλων ϛ' ἐτῶν πράγματα ἀναπληροῖ ὅ τε Θεόπομπος καὶ ὁ Ξενο- φῶν, οἷς συνάπτει τὴν Ἑλληνικὴν ἱστορίαν. Marcell. β 43 sq. λέγουσι δέ τινες νοθεύεσθαι τὴν ὀγδόην ἱστορίαν· οὐ γὰρ εἶναι Θουκυδίδου. ἀλλ' οἱ μέν φασι τῆς θυγατρὸς αὐτοῦ εἶναι, οἱ δὲ Ξενοφῶντος. πρὸς οὓς λέγομεν ὅτι τῆς μὲν θυγατρὸς ὡς οὐκ ἔστι δῆλον· οὐ γὰρ γυναικείας ἦν φύσεως τοιαύτην ἀρετήν τε καὶ τέχνην μιμήσασθαι —. ὅτι δὲ οὐδὲ Ξενο- φῶντός ἐστιν, ὁ χαρακτὴρ μονονουχὶ βοᾷ· πολὺ γὰρ τὸ μέ-

σον ἰσχνοῦ χαρακτῆρος καὶ ὑψηλοῖ· οὐ μὴν οὐδὲ Θεοπόμ- §19.
που, καθά τινες ἠξίωσαν. τίσι δέ, καὶ μᾶλλον τοῖς χαριεστέ-
ροις, Θουκυδίδου μὲν εἶναι δοκεῖ, ἄλλως δ᾽ ἀκαλλώπιστος,
δι᾽ ἐκτύπων γεγραμμένη καὶ πολλῶν πλήρης ἐν κεφαλαίῳ
πραγμάτων καλλωπισθῆναι καὶ λαβεῖν ἔκτασιν δυναμένων.
ἔνθεν καὶ λέγομεν ὅτι ἀσθενέστερον πέφρασται . . . Diog.
L. II 57 Xenophon: λέγεται δ᾽ ὅτι καὶ τὰ Θουκυδίδου βιβλία
λανθάνοντα ὑφελέσθαι δυνάμενος αὐτὸς εἰς δόξαν ἤγαγεν.
Kratippos verfaszte im 3n jh. v. Ch. ein werk zur ergänzung des Thukydides und tadelte dessen reden: Dionys.
a. e. o. c. 16 p. 847 ὧν προνοούμενος (Θ.) ἔοικεν ἀτελῆ τὴν
ἱστορίαν καταλιπεῖν, ὡς καὶ Κράτιππος ὁ συνακμάσας † αὐτῷ
καὶ τὰ παραλειφθέντα ὑπ᾽ αὐτοῦ συναγαγὼν γέγραφεν, οὐ
μόνον ταῖς πράξεσιν αὐτὰς (τὰς ῥητορείας), ἀλλὰ καὶ τοῖς
ἀκούουσιν ὀχληρὰς εἶναι. τοῦτό γέ τοι συνέντα αὐτὸν ἐν
τοῖς τελευταίοις τῆς ἱστορίας φησὶ μηδεμίαν τάξαι ῥητορείαν,
πολλῶν μὲν κατὰ τὴν Ἰωνίαν γενομένων, πολλῶν δ᾽ ἐν
Ἀθήναις, ὅσα διὰ λόγων καὶ δημηγοριῶν ἐπράχθη. Kratippos war nach Marcellin. α § 33 jünger als der rhetor Zopyros
von Klazomenae (um 270); seine geschichte wird vit. X or.
p. 834ᵈ beim Hermokopidenprocess, Plut. de glor. Ath. 1
p. 345ᵈᵉ von begebenheiten nach dem peloponnesischen kriege
angeführt. Müller FHG II 75.

§ 20. Ktesias von Knidos.

Fragm. diss. et not. illustrata a Car. Müllero, anh. v. Herod. ed. Guil.
Dindorf. Paris, Didot 1858.

Suidas: Κτησίας Κτησιάρχου ἢ Κτησιόχου (Κτησιόχου
Lukian. ἀλ. ἱστ. I 3. Io. Tzetz. chil. 1 82) Κνίδιος, ἰατρός,
ὃς ἰάτρευσεν ἐν Πέρσαις Ἀρταξέρξην τὸν Μνήμονα κληθέντα
καὶ συνέγραψε Περσικὰ ἐν βιβλίοις κ᾽ καὶ γ᾽.

Galen. vol. XVIII 1 p. 731 Kühn — Κτησίας ὁ Κνίδιος
συγγενὴς αὐτοῦ (Ἱπποκράτους)· καὶ γὰρ αὐτὸς ἦν Ἀσκληπιάδης τὸ γένος.

Strabo XIV p. 656 Knidos: ἐντεῦθεν δὲ καὶ Κτησίας ὁ
ἰατρεύσας μὲν Ἀρταξέρξην, συγγράψας δὲ τὰ Ἀσσυρικὰ καὶ
τὰ Περσικά. XI p. 508 ῥᾷον δ᾽ ἄν τις Ἡσιόδῳ καὶ Ὁμήρῳ
πιστεύσειεν ἡρωολογοῦσι καὶ τοῖς τραγικοῖς ποιηταῖς ἢ Κτη-
σίᾳ τε καὶ Ἡροδότῳ καὶ Ἑλλανίκῳ καὶ ἄλλοις τοιούτοις.

Photios bibl. 72 p. 35 ἀνεγνώσθη βιβλίον Κτησίου τοῦ

§ 20. *Κνιδίου τὰ Περσικά, ἐν βιβλίοις κγ'. ἀλλ' ἐν μὲν τοῖς πρώτοις ς' τά τε Ἀσσύρια διαλαμβάνει καὶ ὅσα πρὸ τῶν Περσικῶν, ἀπὸ μέντοι τοῦ ζ' τὰ Περσικὰ διεξέρχεται. καὶ ἐν μὲν τῷ ζ' καὶ η' ⟨καὶ θ'⟩ καὶ ι' καὶ ια' καὶ ιβ' καὶ ιγ' διέξεισι τὰ περὶ Κύρου καὶ Καμβύσου καὶ. τοῦ μάγου Δαρείου τε καὶ τοῦ Ξέρξου, σχεδὸν ἐν ἅπασιν ἀντικείμενα Ἡροδότῳ ἱστορῶν, ἀλλὰ καὶ ψεύστην αὐτὸν ἀπελέγχων ἐν πολλοῖς καὶ λογοποιὸν ἀποκαλῶν· καὶ γὰρ νεώτερος μέν ἐστιν αὐτοῦ. φησὶ δὲ αὐτὸν τῶν πλειόνων ἃ ἱστορεῖ αὐτόπτην γενόμενον ἢ παρ' αὐτῶν Περσῶν, ἔνθα τὸ ὁρᾶν μὴ ἐνεχώρει, αὐτήκοον κάταστάντα, οὕτω τὴν ἱστορίαν συγγράψαι. οὐχ Ἡροδότῳ δὲ μόνῳ τἀναντία ἱστορεῖ, ἀλλὰ καὶ πρὸς Ξενοφῶντα τὸν Γρύλλου ἐπ' ἐνίων διαφωνεῖ. ἤκμασε δὲ ἐν τοῖς χρόνοις Κύρου τοῦ ἐκ Δαρείου καὶ Παρυσάτιδος, ὃς ἀδελφὸς Ἀρταξέρξου, εἰς ὃν ἡ Περσικὴ βασιλεία κατῆλθεν, ἐτύγχανεν.* Photios gibt einen auszug aus den Persika (VII—XXIII) und fügt hinzu (p. 45ᵃ) *ἔστι δὲ οὗτος ὁ συγγραφεὺς σαφής τε καὶ ἀφελὴς λίαν, διὸ καὶ ἡδονῇ αὐτῷ σύγκρατός ἐστιν ὁ λόγος. κέχρηται δὲ τῇ Ἰωνικῇ διαλέκτῳ, εἰ καὶ μὴ δι' ὅλου καθάπερ Ἡρόδοτος, ἀλλὰ κατ' ἐνίας τινὰς λέξεις. — ἀνεγνώσθη δὲ αὐτοῦ καὶ τὰ Ἰνδικά, ἐν ἑνὶ βιβλίῳ, ἐν οἷς μᾶλλον ἰωνίζει κτέ.*

Diodor. II 32 *Κτησίας δὲ ὁ Κνίδιος τοῖς μὲν χρόνοις ὑπῆρξε κατὰ τὴν Κύρου στρατείαν ἐπὶ Ἀρταξέρξην τὸν ἀδελφόν, γενόμενος δὲ αἰχμάλωτος, καὶ διὰ τὴν ἰατρικὴν ἐπιστήμην ἀναληφθεὶς ὑπὸ τοῦ βασιλέως, ἑπτακαίδεκα ἔτη διετέλεσε τιμώμενος ὑπ' αὐτοῦ. οὗτος οὖν φησὶν ἐκ τῶν βασιλικῶν διφθερῶν, ἐν αἷς οἱ Πέρσαι τὰς παλαιὰς πράξεις κατά τινα νόμον εἶχον συντεταγμένας, πολυπραγμονῆσαι τὰ καθ' ἕκαστον καὶ συνταξάμενος τὴν ἱστορίαν εἰς τοὺς Ἕλληνας ἐξενεγκεῖν.* XIV 46. ol. 95, 3. 398 *Κτησίας δ' ὁ συγγραφεὺς τὴν τῶν Περσικῶν ἱστορίαν εἰς τοῦτον τὸν ἐνιαυτὸν κατέστροφεν, ἀρξάμενος ἀπὸ Νίνου καὶ Σεμιράμεως.*

Über die assyrische und medische chronologie des Ktesias s. I. Brandis rer. Assyr. temp. emendata Bonn 1853 p. 12. de tempor. gr. antiqu. ration. 1857 p. 24. Gutschmid jahrb. f. cl. phil. 1860 p. 444. Ktesias setzte den untergang des assyrischen reichs 108 jahre vor der ersten olympiade (= 884/3 v. Ch., die zeit Lykurgs nach spartanischer

berechnung); 300 jahre früher in die zeit des trojanischen § 20. kriegs (=1184/3) den 22n könig Teutamos.
Über den letzten abschnitt von Ktesias' geschichte s. Xen. Anab. I 8, 26 s. (*Κῦρος βασιλέα) παίει κατὰ τὸ στέρνον καὶ τιτρώσκει διὰ τοῦ θώρακος, ὥς φησι Κτησίας ὁ ἰατρὸς καὶ ἰᾶσθαι αὐτὸς τὸ τραῦμά φησιν.* — *ὁπόσοι μὲν τῶν ἀμφὶ βασιλέα ἀπέθνησκον Κτησίας λέγει· παρ' ἐκείνῳ γὰρ ἦν.* Plutarch. Artax. 1 *ὁ δ' Ἀρτοξέρξης Ἀρσίκας πρότερον ἐκαλεῖτο· καίτοι Δείνων φησίν, Ὀάρσης. ἀλλὰ τὸν Κτησίαν, εἰ καὶ τἆλλα μύθων ἀπιθάνων καὶ παραφόρων ἐμβέβληκεν εἰς τὰ βιβλία παντοδαπὴν πυλαίαν, οὐκ εἰκός ἐστιν ἀγνοεῖν τοὔνομα τοῦ βασιλέως, παρ' ᾧ διέτριβε θεραπεύων αὐτὸν καὶ γυναῖκα καὶ μητέρα καὶ παῖδας.* c. 6 Parysatis stellte der Stateira nach dem leben: *ἐπεὶ δὲ Δείνων μὲν ἐν τῷ πολέμῳ συντελεσθῆναι τὴν ἐπιβουλὴν εἴρηκε, Κτησίας δὲ ὕστερον, ὃν οὔτε ἀγνοεῖν τὸν χρόνον εἰκός ἐστι παρόντα ταῖς πράξεσιν οὔτε ἑκὼν αἰτίαν εἶχεν ἐκ τοῦ χρόνου μεταστῆσαι τὸ ἔργον ὡς ἐπράχθη διηγούμενος, οἷα πάσχει πολλάκις ὁ λόγος αὐτοῦ πρὸς τὸ μυθῶδες καὶ δραματικὸν ἐκτρεπόμενος τῆς ἀληθείας, τοῦτο μὲν ἦν ἐκεῖνος ἀπέδωκε χώραν ἕξει.* c. 13 über verschiedene zahlangaben bei der schlacht von Kunaxa: *ταῦτα μὲν οὖν ἔχει διαμφισβήτησιν· ἐκεῖνο δὲ τοῦ Κτησίου λαμπρὸν ἤδη ψεῦσμα, τὸ πεμφθῆναι φάναι πρὸς τοὺς Ἕλληνας αὐτὸν μετὰ Φαλίνου τοῦ Ζακυνθίου καί τινων ἄλλων. ὁ γὰρ Ξενοφῶν ἠπίστατο συνδιατρίβοντα βασιλεῖ Κτησίαν· μέμνηται γὰρ αὐτοῦ, καὶ τοῖς βιβλίοις τούτοις ἐντετυχηκὼς δῆλός ἐστιν· οὐκ ἂν οὖν ἐλθόντα καὶ λόγων τοσούτων ἑρμηνέα γενόμενον παρῆκεν ἀνώνυμον, Φαλῖνον δὲ τὸν Ζακύνθιον ὠνόμαζεν. ἀλλὰ δαιμονίως ὁ Κτησίας ὡς ἔοικε φιλότιμος ὢν καὶ οὐχ ἧττον φιλολάκων καὶ φιλοκλέαρχος ἀεί τινας ἐν τῇ διηγήσει χώρας ἑαυτῷ δίδωσιν, ἐν αἷς γενόμενος πολλὰ καὶ καλὰ μεμνήσεται Κλεάρχου καὶ τῆς Λακεδαίμονος.*

§ 21. Damastes von Sige.

Müller FHG II 64, IV 654.

Suidas: *Δαμάστης Σιγεύς, ἀπὸ Σίγης τῆς Τρωάδος* (Böckh staatshaush. II 727) *Διωξίππου υἱός, γεγονὼς πρὸ τῶν Πελοποννησιακῶν, σύγχρονος Ἡροδότῳ, τῶν πλουσιω-*

§ 21. τάτων, ἱστορικός· γέγραφε περὶ τῶν ἐν Ἑλλάδι γενομένων (Ἡροδότῳ, ἱστορικός· γ. π. τ. ἐ.'Ε. γ. πλουσιωτάτων Α. Nauck), περὶ γονέων καὶ προγόνων τῶν εἰς Ἴλιον στρατευσαμένων βιβλία β΄, ἐθνῶν κατάλογον καὶ πόλεων, περὶ ποιητῶν καὶ σοφιστῶν, καὶ ἄλλα συχνά. γέγονε δὲ Ἑλλανίκου μαθητής. vgl. Πῶλος Ἀκραγαντῖνος ῥήτωρ, μᾶλλον δὲ σοφιστὴς τῶν πάλαι, διδάσκαλος Λικυμνίου, ἔγραψε γενεαλογίαν τῶν ἐπὶ Ἴλιον στρατευσάντων Ἑλλήνων καὶ βαρβάρων, καὶ πῶς ἕκαστος ἀπήλλαξε. τινὲς δὲ αὐτὸ Δαμάστου ἐπιγράφουσι. νεῶν κατάλογον. περὶ λέξεως. Dionys. π. τ. Θουκ. χ. 5 p. 818 s. o. § 9.

Übereinstimmung von Damastes mit Hellanikos: Dionys. arch. I 72 p. 181. Val. M. VIII 13 ext. 6. Plin. NH. VII 154.

Damastes als geograph: Rufus Festus Avienus or. mar. 42 quin et Damastes nobili natus Sige.

Strab. I p. 47 οὐδὲ τοῦτ᾽ εὖ Ἐρατοσθένης, ὅτι ἀνδρῶν οὐκ ἀξίων μνήμης ἐπὶ πλέον μέμνηται, τὰ μὲν ἐλέγχων τὰ δὲ πιστεύων καὶ μάρτυσι χρώμενος αὐτοῖς, οἷον Δαμάστῃ καὶ τοιούτοις ἄλλοις. καὶ γὰρ εἴ τι λέγουσιν ἀληθές, οὐ μάρτυσί γε ἐκείνοις χρηστέον περὶ αὐτοῦ, οὐδὲ πιστευτέον διὰ τοῦτο· ἀλλ᾽ ἐπὶ τῶν ἀξιολόγων ἀνδρῶν μόνον τῷ τοιούτῳ τρόπῳ χρηστέον, οἳ πολλὰ μὲν εἰρήκασιν εὖ, πολλὰ δὲ καὶ παραλελοίπασιν ἢ οὐχ ἱκανῶς ἐξεῖπον, οὐδὲν δ᾽ ἐψευσμένως. ὁ δὲ Δαμάστῃ χρώμενος μάρτυρι οὐδὲν διαφέρει τοῦ καλοῦντος μάρτυρα τὸν Βεργαῖον Εὐήμερον καὶ τοὺς ἄλλους, οὓς αὐτὸς εἴρηκε διαβάλλων τὴν φλυαρίαν. καὶ τούτου δ᾽ ἕνα τῶν λήρων αὐτὸς λέγει, τὸν μὲν Ἀράβιον κόλπον λίμνην ὑπολαμβάνοντος εἶναι κτέ. vgl. XIV p. 683 s.

§ 22.   Xenophon von Athen.

K. W. Krüger de Xenophontis vita (1822) i. d. hist.-philol. studien II 262—286. Ferd. Ranke de X. vita et scriptis. Berol. 1851. 4. C. G. Cobet nov. lect. 1858 p. 534. Krüger krit. analecten II 42. ausg. der werke v. J. Gottlob Schneider. VI voll., zuerst 1790—1815. v. L. Dindorf. Oxon. 1853—1866.

Suidas: Ξενοφῶν Γρύλλου Ἀθηναῖος, φιλόσοφος Σωκρατικός, ὃς πρῶτος ἔγραψε βίους φιλοσόφων καὶ ἀπομνημονεύματα. παῖδας ἔσχεν ἀπὸ Φιλησίας Γρύλλον καὶ Διόδωρον, οἳ καὶ Διόσκουροι ἐκαλοῦντο· αὐτὸς δὲ Ἀττικὴ μέλιττα ἐπωνομάζετο. γέγονε δὲ συμφοιτητὴς Πλάτωνος, καὶ ἤκμαζε κατὰ

τὴν Q́ ὀλυμπιάδα (400). ἔγραψε βιβλία πλείονα τῶν μ΄, § 2.
ὧν καὶ ταῦτα· Κύρου παιδείας βιβλία η΄, Κύρου ἀναβά-
σεως βιβλία ζ΄, Ἑλληνικῶν βιβλία ζ΄, συμπόσιον, καὶ ἄλλα
πολλά. Diogenes Laert. II c. 6 § 48 Ξενοφῶν Γρύλλου μὲν ἦν
υἱός, Ἀθηναῖος, τῶν δήμων Ἐρχιεύς· αἰδήμων δὲ καὶ εὐει-
δέστατος εἰς ὑπερβολήν. — ἀκροατὴς Σωκράτους ἦν καὶ
πρῶτος ὑποσημειωσάμενος τὰ λεγόμενα εἰς ἀνθρώπους ἤγαγεν, ἀπομνημονεύματα ἐπιγράψας. ἀλλὰ καὶ ἱστορίαν φιλοσόφων πρῶτος ἔγραψεν. § 55 sq. ἤκμαζε δὲ κατὰ τὸ δ΄ ἔτος
τῆς δ΄ καὶ Q́ ὀλυμπιάδος καὶ ἀναβέβηκε σὺν Κύρῳ, ἐπὶ ἄρχοντος Ξεναινέτου (401), ἑνὶ πρότερον ἔτει τῆς Σωκράτους
τελευτῆς. κατέστρεψε δέ, καθά φησι Στησικλείδης ὁ Ἀθηναῖος ἐν τῇ τῶν ἀρχόντων καὶ Ὀλυμπιονικῶν ἀναγραφῇ,
ἔτει πρώτῳ τῆς ε΄ καὶ ρ́ ὀλυμπιάδος, ἐπὶ ἄρχοντος Καλλι-
μήδους (360/359), ἐφ᾽ οὗ καὶ Φίλιππος ὁ Ἀμύντου Μακεδόνων ἦρξε. · τέθνηκε δὲ ἐν Κορίνθῳ, ὥς φησι Δημήτριος
ὁ Μάγνης, ἤδη δηλαδὴ γηραιὸς ἱκανῶς.

Xenophon im attischen heere bei Delion ol. 89, 1. 424?
Strab. IX p. 403 εἶτα Δήλιον τὸ ἱερὸν τοῦ Ἀπόλλωνος ἐκ
Δήλου ἀφιδρυμένον — ὅπου μάχῃ λειφθέντες Ἀθηναῖοι προ-
τροπάδην ἔφυγον· ἐν δὲ τῇ φυγῇ πεσόντα ἀφ᾽ ἵππου Ξενοφῶντα ἰδὼν κείμενον τὸν Γρύλλου Σωκράτης ὁ φιλόσοφος
στρατεύων πεζός, τοῦ ἵππου γεγονότος ἐκποδών, ἀνέλαβε
τοῖς ὤμοις αὐτὸν καὶ ἔσωσεν ἐπὶ πολλοὺς σταδίους ἕως ἐπαύ-
σατο ἡ φυγή. Diog. L. II 22 (Σωκράτης) Ξενοφῶντα ἀφ᾽
ἵππου πεσόντα ἐν τῇ κατὰ Δήλιον μάχῃ διέσωσεν ὑπολαβών.
Nach Plat. Sympos. 36 p. 220 sq. gab der berittene Alkibiades dem unter den hopliten dienenden Sokrates auf der
flucht das geleit (ἔτυχον γὰρ παραγενόμενος ἵππον ἔχων,
οὗτος δὲ ὅπλα). vgl. Plut. Alkib. 7.

Zeitpunct und ursache von Xenophons verbannung aus
Athen: Anab. VII 7, 57. 8, 2. V 3, 6. Dion. Chrys. VIII
p. 130 M. Ξενοφῶν δὲ ἔφευγε διὰ τὴν μετὰ Κύρου στρατείαν. Diog. L. II 51 während X. in Asien bei Agesilaos
war ἐπὶ Λακωνισμῷ φυγὴν ὑπ᾽ Ἀθηναίων κατεγνώσθη.
Wegen seiner teilnahme an der schlacht bei Koroneia (Plut.
Ages. 18)? Niebuhr kl. hist. schriften I 467. Grote hist.
of Gr. IX 240.

Über Xenophons wohnsitz ἐν Σκιλλοῦντι ὑπὸ τῶν Λα-
3*

§ 22. κεδαιμονίων οἰκισθέντι παρὰ τὴν Ὀλυμπίαν Anab. V 3, 7
—13. Paus. V 6, 5 sq. Λακεδαιμόνιοι δὲ ὕστερον Σκιλλοῦντα
ἀποτεμόμενοι τῆς Ἠλείας Ξενοφῶντι ἔδοσαν τῷ Γρύλλου,
φυγάδι ἤδη γεγονότι ἐξ Ἀθηνῶν. ἐδιώχθη δὲ ὁ Ξενοφῶν
ὑπὸ Ἀθηναίων ὡς ἐπὶ βασιλέα τῶν Περσῶν σφίσιν εὔνουν
ὄντα στρατείας μετασχὼν Κύρῳ πολεμιωτάτῳ τοῦ δήμου·
καθήμενος γὰρ ἐν Σάρδεσιν ὁ Κῦρος Λυσάνδρῳ τῷ Ἀριστο-
κρίτου καὶ Λακεδαιμονίοις χρήματα ἀνήλισκεν ἐς τὰς ναῦς.
ἀντὶ τούτων μὲν Ξενοφῶντι ἐγένετο φυγή —. οἱ δὲ Ἠλείων
ἐξηγηταὶ κομίσασθαί τε αὖθις Σκιλλοῦντα Ἠλείους ἔλεγον,
καὶ Ξενοφῶντα, ὅτι ἔλαβε παρὰ Λακεδαιμονίων τὴν γῆν, κρι-
θῆναι μὲν ἐν τῇ Ὀλυμπικῇ βουλῇ, τυχόντα δὲ παρὰ Ἠλείων
συγγνώμης ἀδεῶς ἐν Σκιλλοῦντι οἰκῆσαι. καὶ δὴ καὶ ὀλίγον ἀπωτέρω τοῦ ἱεροῦ μνῆμά τε ἐδείκνυτο καὶ τῆς Πεν-
τέλησίν ἐστι λιθοτομίας εἰκὼν ἐπὶ τῷ τάφῳ· εἶναι δὲ αὐτὸ
Ξενοφῶντος λέγουσιν οἱ προσοικοῦντες. Diog. L. II 52 sq.
ἐντεῦθεν ἐάσας τὸν Ἀγησίλααν ἦλθεν εἰς Σκιλλοῦντα χωρίον τῆς Ἠλείας, ὀλίγον τῆς πόλεως ἀπέχον. εἵπετο δὲ
αὐτῷ καὶ γύναιον ὄνομα Φιλησία, καθά φησι Δημήτριος ὁ
Μάγνης, καὶ δύο υἱεῖς, Γρύλλος καὶ Διόδωρος, ὥς φησι Δείναρχος ἐν τῷ πρὸς Ξενοφῶντα ἀποστασίου (Sauppe OA II
338ª) . . — τοὐντεῦθεν διετέλει κυνηγετῶν καὶ τοὺς φίλους
ἑστιῶν καὶ τὰς ἱστορίας συγγράφων. φησὶ δ' ὁ Δείναρχος
ὅτι καὶ οἰκίαν καὶ ἀγρὸν αὐτῷ ἔδοσαν Λακεδαιμόνιοι. —
Ἠλείους τε (φασὶ) στρατευσαμένους εἰς τὸν Σκιλλοῦντα καὶ
βραδυνόντων Λακεδαιμονίων ἐξελεῖν τὸ χωρίον. ὅτε καὶ
τοὺς υἱέας αὐτοῦ εἰς Λέπρεον ὑπεξελθεῖν μετ' ὀλίγων οἰκε-
τῶν καὶ αὐτὸν Ξενοφῶντα εἰς τὴν Ἦλιν πρότερον, εἶτα καὶ
εἰς Λέπρεον πρὸς τοὺς παῖδας, κἀκεῖθεν σὺν αὐτοῖς εἰς Κό-
ρινθον διασωθῆναι καὶ αὐτόθι κατοικῆσαι. ἐν τούτῳ δὲ
ψηφισαμένων Ἀθηναίων βοηθεῖν Λακεδαιμονίοις ἔπεμψε τοὺς
παῖδας εἰς τὰς Ἀθήνας στρατευσομένους ὑπὲρ τῶν Λακεδαιμονίων (Schaefer Demosth. u. s. zeit III² 10—17). § 56 sq.
συνέγραψε δὲ βιβλία πρὸς τὰ μ', ἄλλων ἄλλως διαιρούντων·
τήν τε Ἀνάβασιν ἧς κατὰ βιβλίον μὲν ἐποίησε προοίμιον,
ὅλης δὲ οὔ· καὶ Κύρου παιδείαν καὶ Ἑλληνικὰ καὶ ἀπομνη-
μονεύματα· συμπόσιόν τε καὶ οἰκονομικὸν καὶ περὶ ἱπικῆς
καὶ κυνηγετικὸν καὶ ἱππαρχικόν, ἀπολογίαν τε Σωκράτους
καὶ περὶ πόρων καὶ Ἱέρωνα ἢ τυραννικόν, Ἀγησίλαόν τε
καὶ Ἀθηναίων καὶ Λακεδαιμονίων πολιτείαν, ἣν φησιν οὐκ

είναι Ξενοφῶντος ὁ Μάγνης Δημήτριος. λέγεται δ' ὅτι καὶ § 22.
τὰ Θουκυδίδου βιβλία λανθάνοντα ὑφελέσθαι δυνάμενος
αὐτὸς εἰς δόξαν ἤγαγεν. ἐκαλεῖτο δὲ καί 'Αττικὴ μοῦσα
γλυκύτητι τῆς ἑρμηνείας (Cic. Orat. 19, 62 Xenophontis voce
Musas quasi loculas ferunt) —. § 58 sq. εἰ καί σε, Ξενοφῶν,
Κραναοῦ Κέκροπός τε πολῖται || φεύγειν κατέγνων τοῦ φίλου
χάριν Κύρου, | ἀλλὰ Κόρινθος ἔδεκτο φιλόξενος, ᾗ σὺ φιλη-
δῶν || οὕτως ἀρέσκῃ, κεῖθι καὶ μένειν ἔγνως. εὗρον δὲ
ἀλλαχόθι ἀκμάσαι αὐτὸν περὶ τὴν θ' καὶ π' [?] ὀλυμπιάδα
(424) σὺν τοῖς ἄλλοις Σωκρατικοῖς. καὶ Ἴστρος φησὶν
αὐτὸν φυγεῖν κατὰ ψήφισμα Εὐβούλου καὶ κατελθεῖν κατὰ
ψήφισμα τοῦ αὐτοῦ.

[Lukian.] Makrob. 21 Ξενοφῶν δὲ ὁ Γρύλλου ὑπὲρ τὰ
ἐννενήκοντα ἐβίωσεν ἔτη.

Euseb. Hier. ol. 95, 1 (400) Xenofon filius Grylli et Cte-.
sias clari habentur. ol. 95, 2 Socrates uenenum bibit (vielmehr
95, 1). ol. 95, 4 Socratici clari habentur. ol. 101, 3 (374)
Plato et Xenofon nec non et alii Socratici clari habentur. vgl.
Diod. XV 76 (ol. 103, 3. 366).

Historische schriften Xenophons:

Κύρου ἀνάβασις in sieben büchern. K. W. Krüger de
authentia et integritate Anabaseos Xenophonteae. Berol. 1824. Desselben ausgabe. Hal. 1826. u. ö. Karl Koch der zug der zehntausend
nach Xenophon, geographisch erläutert. Leipz. 1850.

Xen. Hell. III 1, 2 ὡς μὲν οὖν Κῦρος στράτευμά τε
συνέλεξε καὶ τοῦτ' ἔχων ἀνέβη ἐπὶ τὸν ἀδελφόν, καὶ ὡς ἡ
μάχη ἐγένετο, καὶ ὡς ἀπέθανε, καὶ ὡς ἐκ τούτου ἀπεσώθη-
σαν οἱ Ἕλληνες ἐπὶ θάλατταν, Θεμιστογένει τῷ Συρακοσίῳ
γέγραπται u. dazu die ausleger. Müller FHG II 74 (vgl.
A. Schaefer philol. XIII 190).

Ἑλληνικά. Niebuhr kl. hist. schr. I 465; gegen N. Ferd. Delbrück,
Xenophon. Bonn 1829; Krüger studien I 244. G. R. Sievers commentat.
hist. de X. Hellenicis. I. Borol. 1833. Car. Peter comm. crit. de X. Hellenicis. Hal. 1837. Emil Müller de X. hist. graecae parte priore (quae
continet I. I et I. II capp. 1—3, s. 10) diss. chronolog. Lips. 1856.
B. Büchsenschütz Philol. XIV 508. 1859. W. Nitsche üb. d. abfassung
von X.'s Hellenika. Berlin 1871.

Die einteilung in sieben bücher rührt nicht von Xenophon her. Über eine andere einteilung s. jbb. 1870 s. 527.
Die abschnitte von I bis II 3, 10 bilden eine fortsetzung des Thukydides (von ol. 92, 2. herbst 411 bis zum

§ 22. endo des kriegs ol. 94, 1. herbst 404). Der nächste abschnitt, die geschichte der dreissig und die herstellung der
demokratie 404/3 schliesst (*Ἀθηναῖοι*) ἔτι καὶ νῦν ὁμοῦ τε
πολιτεύονται καὶ τοῖς ὅρκοις ἐμμένει ὁ δῆμος (B. II z. E.)
Daran reiht sich in mehreren absätzen die fernere geschichte
bis zur schlacht bei Mantineia ol. 104, 2. 362. Vorgreifende
episode über die ermordung Alexanders von Pherae c▲ 359
VI 4, 35—37: τοιοῦτος δ' ὧν καὶ αὐτὸς αὖ ἀποθνήσκει —
τῶν δὲ ταῦτα πραξάντων ἄχρι οὐ ὅδε ὁ λόγος ἐγράφετο
Τισίφονος πρεσβύτατος ὢν τῶν ἀδελφῶν τὴν ἀρχὴν εἶχεν.
Diod. XIII 42 ol. 92, 2 Ξενοφῶν δὲ καὶ Θεόπομπος ἀφ'
ὧν ἀπέλιπε Θουκυδίδης τὴν ἀρχὴν πεποίηνται, καὶ Ξενοφῶν
μὲν περιέλαβε χρόνον ἐτῶν μ' καὶ η' . . XV 89 ol. 104, 2
τῶν δὲ συγγραφέων Ξ. μὲν ὁ Ἀθηναῖος τὴν τῶν Ἑλληνικῶν
σύνταξιν εἰς τοῦτον τὸν ἐνιαυτὸν κατέστροφεν ἐπὶ τὴν Ἐπα-
μεινώνδου τελευτήν.

Über Xenophons geschichtschreibung urteilt Dionys.
schr. an Cn. Pomp. 4 p. 777 s. Ξενοφῶν δὲ καὶ Φίλιστος
οἱ τούτοις (Ἡροδότῳ καὶ Θουκυδίδῃ) ἐπακμάσαντες οὔτε φύ-
σεις ὁμοίας εἶχον οὔτε προαιρέσεις. Ξενοφῶν μὲν γὰρ Ἡροδότου ζηλωτὴς ἐγένετο κατ' ἀμφοτέρους τοὺς χαρακτῆρας,
τόν τε πραγματικὸν καὶ τὸν λεκτικόν. πρῶτον μὲν γὰρ τὰς
ὑποθέσεις τῶν ἱστοριῶν ἐξελέξατο καλὰς καὶ μεγαλοπρεπεῖς
καὶ ἀνδρὶ φιλοσόφῳ προσηκούσας, τήν τε Κύρου παιδείαν,
εἰκόνα βασιλέως ἀγαθοῦ καὶ εὐδαίμονος, καὶ τὴν ἀνάβασιν
τοῦ νεωτέρου Κύρου, ᾧ καὶ αὐτὸς συνανέβη, μέγιστον ἐγκώμιον ἔχουσαν τῶν συστρατευσαμένων Ἑλλήνων, καὶ τρί-
την ἔτι τὴν Ἑλληνικὴν ἱστορίαν [καὶ] ἣν κατέλιπεν ἀτελῆ
Θουκυδίδης, ἐν ᾗ καταλύονταί τε οἱ τριάκοντα καὶ τὰ τείχη
τῶν Ἀθηναίων, ἃ Λακεδαιμόνιοι καθεῖλον, αὖθις ἀνίσταται.
οὐ μόνον δὲ τῶν ὑποθέσεων χάριν ἄξιος ἐπαινεῖσθαι [ζηλωτὴς
Ἡροδότου γενόμενος], ἀλλὰ καὶ τῆς οἰκονομίας. ταῖς τε γὰρ
ἀρχαῖς αὐτῶν ταῖς πρεπωδεστάταις κέχρηται καὶ τελευτὰς
ἑκάστῃ τὰς ἐπιτηδειοτάτας ἀποδέδωκε, μεμέρικέ τε καλῶς καὶ
τέταχε καὶ πεποίκιλκε τὴν γραφήν. ἦθός τ' ἐπιδείκνυται
θεοσεβὲς καὶ δίκαιον καὶ καρτερικὸν καὶ εὐπετές, ἁπάσαις τε
συλλήβδην κεκοσμημένον ἀρεταῖς. καὶ ὁ μὲν πραγματικὸς
τύπος αὐτῷ τοιοῦτος. ὁ δὲ λεκτικὸς πῇ μὲν ὅμοιος Ἡροδότου, πῇ δ' ἐνδεέστερος. καθαρὸς μὲν γὰρ τοῖς ὀνόμασιν
ἱκανῶς καὶ σαφὴς ⟨καὶ ἐναργής⟩, καθάπερ ἐκεῖνος· ἐκλέγει

δ' ὀνόματα συνήθη τε καὶ προσφυῆ τοῖς πράγμασι καὶ συντί- § 22.
θησιν αὐτὰ ἡδέως πάνυ καὶ κεχαρισμένως, οὐχ ἧττον Ἡροδότου. ὕψος δὲ καὶ κάλλος καὶ μεγαλοπρέπειαν καὶ τὸ λε-
γόμενον ἰδίως πλάσμα ἱστορικὸν Ἡρόδοτος ἔχει · οὐ γὰρ μόνον
οὐκ ἴσχυσε τοῦτο παρ' αὐτοῦ λαβεῖν, ἀλλὰ κἂν ποτε διεγείραι
βουληθῇ τὴν φράσιν, ὀλίγον ἐμπνεύσας, ὥσπερ ἀπόγειος αὔρα
ταχέως σβέννυται. * μακρότερος γὰρ γίνεται τοῦ δέοντος ἐν
πολλοῖς, καὶ τοῦ πρέποντος οὐχ ὡς Ἡρόδοτος ἐφάπτεται τοῖς
προσώποις εὐτυχῶς, ἀλλ' ἐν πολλοῖς ὀλιγωρός ἐστιν, ἄν τις
ὀρθῶς σκοπῇ. vgl. vet. scr. cens. 3, 2 p. 426. Cic. de orat.
II 14, 58 *denique etiam a philosophia profectus princeps Xenophon Socraticus ille, post ab Aristotele Callisthenes comes Alexandri scripsit historiam, et hic quidem rhetorico paene more; ille
autem superior leniore quodam sono est usus et qui illum impe-
tum oratoris non habeat, vehemens fortasse minus, sed aliquanto
tamen est, ut mihi quidem videtur, dulcior.*

[Ἀγησίλαος, zuerst von Valckenaer für untergeschoben
erklärt: die echtheit der lobschrift vertheidigte Car. Gust.
Heiland in s. ausg. Lips. 1841; vgl. Gust. Sauppe Xenoph.
opera. Lips. 1866. V 155. s. dagegen Ed. Cauer quaest. de
font. ad Ages. historiam pertinent. I. Vratisl. 1847. Ferd.
Ranke de vit. X. p. 19. Herm. Hagen, de Xenophonteo qui
fertur Agesilao. Bern. 1865.]

Λακεδαιμονίων πολιτεία (em. et ill. Fr. Haase. Berol. 1833):
von Demetrios aus Magnesia Xenophon abgesprochen.
Über die Ἀθηναίων πολιτεία s. § 25.

Περὶ πόρων, verfaszt ol. 106, 1. 355. J. G. Schneider
VI p. 137 s. 151. Böckh sth. I 777. Schaefer Dem. u. s. z.
I 171. Cobet NL 755. Xenophon abgesprochen von W.
Oncken (Isokrates u. Athen 1862 s. 96—100) und Herm. Hagen
(Eos II 149 ff.), der die abfassung in ol. 108, 2. 346 setzt.

Hubert Beckhaus, Xenophon der jüngere und Isokrates. Posen 1872 und
Zeitschr. f. Gymnasialw. 1872 s. 225 schreibt den Agesilaos, die
Λακεδαιμονίων πολιτεία, περὶ πόρων u. s. dem enkel Xenophons
gl. n. zu.

§ 23. Philistos von Syrakus.

Müller FHG I xlv. 185. IV 624; vgl. 477.

Suidas vermengt mit dem Syrakusier Philistos Philiskos
von Milet, schüler von Isokrates, und den jüngern Philistos
von Naukratis:

§ 23.   Φιλίσχος ἢ Φίλιστος Συρακούσιος, ἱστορικός. ἦν δὲ συγγενὴς Διονυσίου τοῦ τυράννου Σικελίας καὶ ἐν τῇ πρὸς
Καρχηδονίους ναυμαχίᾳ ἐτελεύτησε. μαθητὴς δὲ ἦν Εὐήνου
τοῦ ἐλεγειοποιοῦ. ἔγραψε Σικελικά (ἔστι δὲ τὰ πρὸς Ἕλληνας αὐτοῖς πραχθέντα διαφόρως) καὶ γενεαλογίαν, περὶ Φοι-
νίκης, καὶ ἄλλα τινὰ περὶ τῆς νήσου Σικελίας.
        Φίλιστος Ναυκρατίτης ἢ Συρακούσιος, Ἀρχωνίδου υἱός
(Φ. ὁ Ἀρχομενίδου Paus. V 23, 6). μαθητὴς δὲ ἦν Εὐήνου τοῦ ἐλεγειοποιοῦ. ὃς πρῶτος κατὰ τὴν ῥητορικὴν τέχνην
ἱστορίαν ἔγραψε. συνέταξε δὲ τέχνην ῥητορικήν, Αἰγυπτιακὰ ἐν
βιβλίοις ιβ', Σικελικὰ ἐν βιβλίοις ια', πρὸς τὸν τρικάρανον λόγον, περὶ Ναυκράτεως, περὶ Διονυσίου τοῦ τυράννου βιβλία ς',
περὶ τῆς Αἰγυπτίων θεολογίας βιβλία γ', δημηγορίας, καὶ ἄλλα τινά.
περὶ Λιβύης καὶ Συρίας.
        Diod. XIII 103. ol. 93, 3. 406. τῶν δὲ συγγραφέων Φί-
λιστος τὴν πρώτην σύνταξιν τῶν Σικελικῶν εἰς τοῦτον τὸν
ἐνιαυτὸν κατέστροφεν, εἰς τὴν Ἀκράγαντος ἅλωσιν, ἐν βίβλοις
ἑπτὰ διελθὼν χρόνον ἐτῶν πλείω τῶν ὀκτακοσίων· τῆς δὲ
δευτέρας συντάξεως τὴν μὲν ἀρχὴν ἀπὸ τῆς προτέρας τελευτῆς πεποίηται, γέγραφε δὲ βίβλους τέσσαρας. XI 89. ol.
104, 2. 363/2. Φίλιστος δὲ τὰ περὶ Διονύσιον τὸν νεώτερον
ὧδε κατέστροφε, διελθὼν ἔτη πέντε ἐν βίβλοις δυσίν.
        Dionys. schr. an Cn. Pompeius 5 p. 779 — 782 (vgl. o.
§ 22 s. 38) Φίλιστος δὲ Θουκυδίδῃ μᾶλλον ἂν δόξειεν ἐοικέναι
καὶ κατ' ἐκεῖνον κοσμεῖσθαι τὸν χαρακτῆρα. **οὔτε γὰρ ὑπό-
θεσιν εἴληφε πολυωφελῆ καὶ κοινήν, [ὥσπερ οὐδὲ Θουκυδίδης,|
ἀλλ' ἰδίαν καὶ ταύτην τοπικήν· διῄρηκε δ' αὐτὴν εἰς γραφὰς
δύο, 'περὶ Σικελίας' μὲν τὴν προτέραν ἐπιγράφων, 'περὶ Διονυσίου' δὲ τὴν ὑστέραν. ἔστι δὲ μία· καὶ τοῦτο γνοίης ἂν
ἀπὸ τοῦ τέλους τῆς Σικελικῆς. τάξιν δ' οὐ τὴν κρατίστην
ἀποδέδωκε τοῖς δηλουμένοις, ἀλλὰ δυσπαρακολούθητον, χεῖ-
ρον τῆς Θουκυδίδου. καὶ πράγματ' ἔξωθεν οὐ βούλεται παρα-
λαμβάνειν, ὥσπερ οὐδὲ Θουκυδίδης, ἀλλ' ἔστιν ὁμοειδής·
ἦθος δὲ κολακικὸν καὶ φιλοτύραννον ἐμφαίνει καὶ ταπεινὸν
καὶ μικρολόγον. τῆς δὲ λέξεως ᾗ Θουκυδίδης κέχρηται τὸ
μὲν σημειῶδες καὶ περίεργον πέφευγε, τὸ δὲ στρογγύλον καὶ
πυκνὸν καὶ ἐνθυμηματικὸν ἀπομέμακται. τῆς μέντοι καλλι-
λογίας τῆς ἐκείνου καὶ τοῦ πλούτου τῶν ἐνθυμημάτων παρὰ
πολὺ ὑστερεῖ· οὐ μόνον δὲ τούτοις, ἀλλὰ καὶ κατὰ τοὺς σχη-
ματισμούς. ἡ μὲν γὰρ πλήρης σχημάτων, ἡ δὲ Φιλίστου φρά-

σις ὁμοειδὴς πᾶσα δεινῶς καὶ ἀσχημάτιστός ἐστι, καὶ πολλὰς § 23. εὕροι τις ἂν περιόδους ὁμοίως ἐφεξῆς ὑπ' αὐτοῦ σχηματιζομένας, οἷον ἐν ἀρχῇ τῆς δευτέρας τῶν περὶ Σικελίας· "Συρακούσιοι δὲ παραλαβόντες Μεγαρεῖς καὶ Ἐνναίους –Καμαριναῖοι δὲ Σικελοὺς καὶ τοὺς ἄλλους συμμάχους, πλὴν Γελῴων, ἀθροίσαντες — Γελῷοι δὲ Συρακουσίους οὐκ ἔφασαν πολεμήσειν — Συρακούσιοι δὲ πυνθανόμενοι Καμαριναίους τὸν Ἕρμινὸν διαβάντας". ταῦτα δ' ἀηδῆ πάνυ ὄντ' ἐμοὶ φαίνεται. μικρός τε περὶ πᾶσαν ἰδέαν ἐστὶ καὶ εὐτελής. ἐάν τε πολιορκίας διηγῆται ἐάν τ' οἰκισμούς, ἐάν τ' ἐπαίνους ἐάν τε ψόγους διαπορεύηται· ἀλλ' οὐδὲ τοῖς μεγέθεσι τῶν ἀνδρῶν συνεξισῶν τοὺς λόγους, ἀλλὰ ψοφώδεις τοὺς δημηγοροῦντας καὶ λειπομένους τῆς δυνάμεως καὶ τῆς προαιρέσεως ὁμοίως ἅπαντας ποιεῖ. εὐστομίαν δέ τινα φυσικὴν εἰσφέρεται κατὰ τὴν ἑρμηνείαν, καὶ σύνεσιν ἐπιτευκτικὴν τοῦ μετρίου, πρὸς δὲ (πρός τε?) τοὺς ἀληθινοὺς ἀγῶνας ἐπιτηδειότερος Θουκυδίδου. vgl. vet. scr. cens. III 2 p. 426 ss.

Über die ältesten einwohner der insel, die Sikaner, sagte Philistos dasselbe was Thukyd. VI 2, 2 (und so Ephoros b. Strab. VI 270). Fr. 3 b. Diod. V 6 Φίλιστος μὲν γάρ φησιν ἐξ Ἰβηρίας αὐτοὺς (τοὺς Σικανοὺς) ἀποικισθέντας κατοικῆσαι τὴν νῆσον, ἀπό τινος Σικανοῦ ποταμοῦ κατ' Ἰβηρίαν ὄντος τετευχότας ταύτης τῆς προσηγορίας, Τίμαιος δὲ τὴν ἄγνοιαν τούτου τοῦ συγγραφέως ἐλέγξας ἀκριβῶς ἀποφαίνεται τούτους αὐτόχθονας εἶναι. Von der einwanderung der Sikeler aus Italien fr. 2 bei Dion. arch. I 22 p. 58 ὡς δὲ Φίλιστος ὁ Συρακούσιος ἔγραψε, χρόνος μὲν τῆς διαβάσεως ἦν ἔτος ὀγδοηκοστὸν πρὸ τοῦ Τρωικοῦ πολέμου.

Euseb. a. Abr. 803 (32 j. vor der einnahme Trojas) Καρχηδόνα φησὶ Φίλιστος κτισθῆναι ὑπὸ Ἀζώρου καὶ Καρχηδόνος τῶν Τυρίων κατὰ τοῦτον τὸν χρόνον. vgl. Movers Phönizier II 2, 133.

Theon. progymn. 1 p. 154 W. ὁ Φίλιστος τὸν Ἀττικὸν ὅλον πόλεμον ἐν τοῖς Σικελικοῖς ἐκ τῶν Θουκυδίδου μετενήνοχεν.

Plutarch. Nikias 19 κἀκείνου (τοῦ Γυλίππου) τὸ πᾶν ἔργον γεγονέναι φησὶν οὐ Θουκυδίδης μόνον ἀλλὰ καὶ Φίλιστος, ἀνὴρ Συρακούσιος καὶ τῶν πραγμάτων ὁρατὴς γενόμενος. vgl. c. 28.

3 23.   Diod. XIII 91. ol. 93, 3. 406. τῶν δ' ἀρχόντων ζημι-
ούντων τὸν Διονύσιον κατὰ τοὺς νόμους ὡς θορυβοῦντα
Φίλιστος ὁ τὰς ἱστορίας ὕστερον συγγράψας, οὐσίαν ἔχων
μεγάλην, ἐξέτισε τὰ πρόστιμα, καὶ τῷ Διονυσίῳ παρεκε-
λεύετο λέγειν ὅσα προῄρητο· καὶ προσέτι εἰπόντος ὅτι καθ'
ὅλην τὴν ἡμέραν, ἂν ζημιοῦν ἐθέλωσιν, ἐκτίσει τἀργύριον
ὑπὲρ αὐτοῦ, τὸ λοιπὸν θαρρήσας ⟨Διονύσιος⟩ ἀνέσειε τὰ
πλήθη, καὶ τὴν ἐκκλησίαν συνταράττων διέβαλλε τοὺς στρα-
τηγούς, ὅτι χρήμασι πεισθέντες ἐγκατέλιπον τὴν τῶν Ἀκρα-
γαντίνων σωτηρίαν. Um ol. 98, 3. 386 ward Philistos nebst seinem schwie-
gervater Leptines, dem bruder des tyrannen, verbannt. Philistos begab sich nach Thurii (Diod. XV 7) und von dort
nach Hatria im Paduslande. In der verbannung schrieb er
einen groszen teil seiner geschichte. Plutarch. v.‏ d. verbannung 14 p. 605ᶜ Φίλιστος (συνέγραψεν) ἐν Ἠπείρῳ.
Timol. 15 ὥστε μοι — τὰς Φιλίστου φωνάς, ἃς ἀφίησι περὶ
τῶν Λεπτίνου θυγατέρων ὀλοφυρόμενος, ὡς ἐκ μεγάλων ἀγαθῶν τῶν τῆς τυραννίδος εἰς ταπεινὴν ἀφιγμένων δίαιταν,
φαίνεσθαι θρήνους γυναικὸς ἀλαβάστρους καὶ πορφύρας καὶ
χρυσία ποθούσης. Paus. I 13, 9 εἰ δὲ καὶ Φίλιστος αἰτίαν
δικαίαν εἴληφεν ἐπελπίζων τὴν ἐς Συρακούσας κάθοδον
ἀποκρύψασθαι τῶν Διονυσίου τὰ ἀνοσιώτατα, ἦ που πολλή
γε Ἱερωνύμῳ συγγνώμη τὰ ἐς ἡδονὴν Ἀντιγόνου γράφειν.
Theon progymn. 2 p. 163 πολλὰ δὲ καὶ ἐκπέφρασται
παρὰ τοῖς παλαιοῖς, ὥσπερ — καὶ παρὰ Φιλίστῳ ἐν μὲν τῇ
η' τὰ.περὶ τὴν παρασκευὴν τὴν ἐπὶ Καρχηδονίους Διονυσίου
τοῦ τυράννου καὶ τῶν ὅπλων καὶ τῶν νεῶν καὶ τῶν ὀργά-
νων τὴν ποίησιν (Diod. XIV 41 — 44. ol. 95, 2. 399), ἐν δὲ
τῇ ια' τὰ περὶ τὴν ἐκφορὰν αὐτοῦ καὶ τῆς πυρᾶς τὴν ποι-
κιλίαν. Plut. Pelop. 34 ἐκείνων δὲ τῶν ταφῶν οὐ δοκοῦσιν
ἕτεραι λαμπρότεραι γενέσθαι τοῖς τὸ λαμπρὸν οὐκ ἐν ἐλέ-
φαντι καὶ χρυσῷ καὶ πορφύραις εἶναι νομίζουσιν, ὥσπερ
Φίλιστος ὑμνῶν καὶ θαυμάζων τὴν Διονυσίου ταφήν, οἶον
τραγῳδίας μεγάλης τῆς τυραννίδος ἐξόδιον θεατρικὸν γενο-
μένην.
    Dionysios II rief Philistos zurück. Plutarch. Dion 11
οἱ δὲ τῷ Δίωνι πολεμοῦντες φοβούμενοι τὴν τοῦ Διονυσίου
μεταβολὴν ἔπεισαν αὐτὸν ἀπὸ τῆς φυγῆς μεταπέμπεσθαι Φίλιστον, ἄνδρα καὶ πεπαιδευμένον περὶ λόγους καὶ τυραννι-

κῶν ἠθῶν ἐμπειρότατον, ὡς ἀντίταγμα πρὸς Πλάτωνα καὶ § 23. φιλοσοφίαν ἐκεῖνον ἕξοντες. ὁ γὰρ δὴ Φίλιστος ἐξ ἀρχῆς τε τῇ τυραννίδι καθισταμένῃ προθυμότατον ἑαυτὸν παρέσχεν καὶ τὴν ἄκραν διεφύλαξε φρουραρχῶν ἐπὶ πολὺν χρόνον—. ἐπεὶ δὲ Λεπτίνης — γενομένων αὐτῷ δυεῖν θυγατέρων τὴν ἑτέραν ἔδωκε Φιλίστῳ μηδὲ φράσας πρὸς Διονύσιον, ὀργισθεὶς ἐκεῖνος — τὸν — Φίλιστον ἐξήλασε Σικελίας φυγόντα παρὰ ξένους τινὰς εἰς τὸν Ἀδρίαν, ὅπου καὶ δοκεῖ τὰ πλεῖστα συνθεῖναι τῆς ἱστορίας σχολάζων. οὐ γὰρ ἐπανῆλθε τοῦ πρεσβυτέρου ζῶντος, ἀλλὰ μετὰ τὴν ἐκείνου τελευτήν, ὥσπερ εἴρηται, κατήγαγεν αὐτὸν ὁ πρὸς Δίωνα τῶν ἄλλων φθόνος, ὡς αὐτοῖς τε μᾶλλον ἐπιτήδειον ὄντα καὶ τῇ τυραννίδι βεβαιότερον.

Corn. Nep. Dion 3, 2 eodemque tempore (mit Platons berufung) Philistum historicum Syracusas reduxit, hominem amicum non magis tyranno quam tyrannis. sed de hoc in eo libro plura sunt exposita qui de historicis Graecis compositus est.

Philistos fand ol. 105, 4. 357/6 in einem seegefecht mit Dions anhängern den tod. Diod. 16, 16 (ol. 106, 1) erzählt nach Ephoros: οἱ μὲν Συρακόσιοι πανταχόθεν κυκλώσαντες τὰς ναῦς ἐφιλοτιμοῦντο ζωγρίᾳ λαβεῖν τὸν στρατηγόν, ὁ δὲ Φίλιστος εὐλαβηθεὶς τὴν ἐκ τῆς αἰχμαλωσίας αἰκίαν ἑαυτὸν ἀπέσφαξε, πλείστας μὲν καὶ μεγίστας χρείας παρεσχημένος τοῖς τυράννοις, πιστότατος δὲ τῶν φίλων τοῖς δυνάσταις γεγονώς. οἱ δὲ Συρακόσιοι νικήσαντες τῇ ναυμαχίᾳ τὸ μὲν σῶμα τοῦ Φιλίστου διαμερίσαντες καὶ δι' ὅλης τῆς πόλεως ἑλκύσαντες ἄταφον ἐξέρριψαν. Διονύσιος δὲ τὸν μὲν πρακτικώτατον τῶν φίλων ἀποβαλὼν — ἐξέπεμψε πρεσβευτὰς πρὸς τὸν Δίωνα. Plut. Dion 35 s. Ἔφορος μὲν οὖν φησίν, ὡς ἁλισκομένης τῆς νεὼς (Φίλιστος) ἑαυτὸν ἀνέλοι, Τιμωνίδης δὲ πραττομέναις ἐξ ἀρχῆς ταῖς πράξεσι ταύταις μετὰ Δίωνος παραγενόμενος καὶ γράφων πρὸς Σπεύσιππον τὸν φιλόσοφον ἱστορεῖ ζῶντα ληφθῆναι τῆς τριήρους εἰς τὴν γῆν ἐκπεσούσης τὸν Φίλιστον —. ἔτι δὲ μᾶλλον ἐφυβρίζων ὁ Τίμαιος κτέ. — ἀλλὰ Τίμαιος οὐκ ἄδικον λαβὼν πρόφασιν τὴν ὑπὲρ τῆς τυραννίδος τοῦ Φιλίστου σπουδὴν καὶ πίστιν ἐμπίπλαται τῶν κατ' αὐτοῦ βλασφημιῶν. — οὐ μὴν οὐδ' Ἔφορος ὑγιαίνει τὸν Φίλιστον ἐγκωμιάζων, ὃς καίπερ ὢν δεινότατος ἀδίκοις πράγμασι καὶ πονηροῖς ἤθεσιν εὐσχήμονας αἰτίας

§ 23. περιβαλεῖν καὶ λόγους ἔχοντας κόσμον ἐξευρεῖν, αὐτὸς αὐτὸν
οὐ δύναται πάντα μηχανώμενος ἐξελέσθαι τῆς γραφῆς, ὡς
οὐ φιλοτυραννότατος ἀνθρώπων γένοιτο καὶ μάλιστα πάντων ἀεὶ ζηλώσας καὶ θαυμάσας τρυφὴν καὶ δύναμιν καὶ
πλούτους καὶ γάμους τοὺς τῶν τυράννων. ἀλλὰ γὰρ Φιλίστου ὁ μήτε τὰς πράξεις ἐπαινῶν μήτε τὰς τύχας ὀνειδίζων
ἐμμελέστατος.

ይ.; Cic. de divin. I 20, 39 *ut scriptum apud Philistum est, et
doctum hominem et diligentem et aequalem temporum illorum.*
de orat. II 13, 57 *hunc (Thucydidem) consecutus est Syracusius
Philistus qui, cum Dionysii tyranni familiarissimus esset, otium
suum consumpsit in historia scribenda maximeque Thucydidem
est, sicut mihi videtur, imitatus.* Brut. 17, 66 *amatores huic
(Catoni) desunt, sicuti multis iam ante saeclis et Philisto Syra-
cusio et ipso Thucydidi. nam ut horum concisis sententiis, interdum etiam non satis apertis cum brevitate tum nimio acumine,
officit Theopompus elatione atque altitudine orationis suae sqq.*
ad Qu. fratr. II 11 (13), 4 *Siculus ille (Philistus) capitalis
creber acutus brevis, paene pusillus Thucydides; sed utros eius
habueris libros (duo enim sunt corpora) an utrosque nescio. me
magis de Dionysio delectat. ipse est enim veterator magnus et
perfamiliaris Philisto.*

Quint. X 1, 74 *Philistus quoque meretur qui turbae quamvis bonorum post eos (Thucydidem Herodotum Theopompum)
auctorum eximatur. imitator Thucydidis et ut multo infirmior ita
aliquatenus lucidior.*

Die fortsetzung der geschichte des Philistos von Athanis § 43.

§ 24. Der angebliche Skylax von Karyanda.

C. Müller geogr. gr. min. I xxxiii. 1 — 96. Niebuhr üb. d. alter des
küstenbeschreibers Skylax (1810) kl. hist. schriften I 105. Letronne
fragmens des poëmes géogr. de Scymnus. Paris 1840 p. 165.

Skylax von Karyanda bereiste im auftrage des königs
Darius Hystaspis die Indusgegenden und gab seinen reise-
bericht heraus. vgl. Gutschmid Rh. mus. IX 141. den namen
dieses berühmten geographen trägt ein περίπλους τῆς οἰκουμένης, welcher ol. 105 (360 - 356) verfaszt, lückenhaft und
interpoliert auf uns gekommen ist.

2. Hilfszeugnisse aus der gleichzeitigen litteratur. § 25.

§ 25. Dichter und philosophen.

Sophokles † 406,5. Euripides geboren 480, † am
hofe des königs Archelaos von Makedonien 406, brachte seit
ol. 81, 1. 455 tragödien auf die bühne. ol. 87, 1. 431 gewann
er mit der Medea den dritten preis.

Die komödie ward durch Kratinos († um 423), Eupolis und Aristophanes zur höchsten blüte und politischen bedeutung ausgebildet. Horat. Sat. I 4, 1 *Eupolis
atque Cratinus Aristophanesque poetae ‖ atque alii quorum co-
moedia prisca virorum est, ‖ siquis erat dignus describi, quod
malus ac fur, ‖ quod moechus foret aut sicarius aut alioqui ‖
famosus, multa cum libertate notabant.* ein verbot τοῦ μὴ κω-
μῳδεῖν ἐξ ὀνόματος ward ol. 85, 1. 440 erlassen, ol. 85, 4.
437 wieder aufgehoben, ol. 91, 1. 416 auf Alkibiades' betrieb
erneuert.

Fragmenta comicorum Graecorum collegit et disposuit Aug. Meineke.
voll. V. Berol. 1839 — 57. W. Vischer üb. d. benutzung der alten
komödie als geschichtl. quelle. Basel 1840. 4.

Aristophanes, geboren 452 † c⁴ 388, brachte seine
ersten stücke (seit 427) durch seine chormeister Kallistratos
und Philonides zur aufführung. erhalten sind: Ἀχαρνῆς ol.
88, 3. 425, Ἱππῆς ol. 88, 4. 424, Νεφέλαι ol. 89, 1. 423,
Σφῆκες ol. 89, 2. 422, Εἰρήνη ol. 89, 3. 421, Ὄρνιθες ol.
91, 2. 414, Λυσιστράτη u. Θεσμοφοριάζουσαι ol. 92, 1. 411,
Βάτραχοι ol. 93, 3. 405, Ἐκκλησιάζουσαι ol. 96, 4. 392,
Πλοῦτος ol. 97, 4. 388. überreste aus den commentaren der
Alexandriner enthalten die scholien.

Mit dem wegfall des chors und der parabase änderte
sich das wesen der komödie. die neue komödie hatte, mit
der älteren verglichen, für das staatsleben geringe bedeutung.
Ion von Chios. Müller FHG II 44. Ern. Köpke de Ionis Chii
poetae vita. Berol. 1836. de hypomnematis graecis II. Brandenb.
1863. 4. p. 2— 9. Ad. Kirchhoff Hermes V 58.

Ion verfaszte lyrische gedichte und tragödien und in
prosa (c⁴ 440) Ἐπιδημίαι, erinnerungen von seinem aufent-
halt in Athen, Sparta u. a., welche Plutarch im leben des
Kimon und Perikles benutzt hat. Ion † vor 421.

Die griechische litteratur ward bedingt durch die entwickelung der sophistik, deren hauptvertreter Protagoras

§ 2°. von Abdera, Gorgias von Leontini, Prodikos von Keos
längere oder kürzere zeit zu Athen lehrten.

Gorgias (geb. ol. 71, 1 † 98, 1, 496—388) kam ol. 88,
2. 427 als gesandter seiner vaterstadt nach Athen. in seinen prunkreden, z. b. dem Ὀλυμπικός, ermahnte er die Griechen zum nationalkriege gegen die barbaren. Philostratos
leb. d. sophisten I 9 p. 493.

Stesimbrotos von Thasos (Müller FHG II 52) lebte in der Pe-
rikleischen zeit zu Athen und gab sich mit allegorischer mythendeutung
ab. eine ihm beigelegte schrift περὶ Θεμιστοκλέους καὶ Θουκυδίδου καὶ
Περικλέους Athen. XIII p. 580°, aus der Plutarch anekdoten nacherzählt,
hat Conr. Bursian centralbl. 1860 s. 620 für untergeschoben erklärt. vgl.
Fr. Rühl, die quellen Plutarchs im leben des Kimon. Leipzig 1867 s.
37 — 48.

_____

ΑΘΗΝΑΙΩΝ ΠΟΛΙΤΕΙΑ unter Xenophons schriften.
W. Roscher Thukydides s. 248—252, 526—539. Aug. Platen, de auctore
libri Xenophontei qui est de rep. Ath. Bresl. 1843. Böckh sth. I 433ⁿ.
Wolfg. Helbig rh. mus. XVI 511. W. Herbst der abfall Mytilenes
von Athen. Köln 1861. s. 18. W. Roths leb..u. erstlingsschriften.
Gött. 1862. s. 1—64. W. Vischer n. schw. mus. 1862. s. 145. G. A.
Sauppe X. opera. Lips. 1866 V p. 176.

Die schrift ist ein sendschreiben eines Atheners von der
oligarchischen partei an einen Lakedämonier, während des
peloponnesischen kriegs, spätestens zu anfang von ol. 91, 4.
sommer 413 abgefaszt. als verfasser vermuteten W. Wachsmuth (hell. altertumsk. II, 1, 441. 1829) Platen Böckh Kritias
(vgl. die fragmente von dessen elegien Bergk poet. lyr. Gr.
p. 602, von tragödien Nauck tragic. Gr. fr. p. 597—601;
von πολιτεῖαι in prosa Müller FHG II 68); Helbig vermu-
tete Alkibiades.

_____

Platons theorie des staates: Πολιτεία 16 bb. Νόμοι
12 bb.
Die Platon beigelegten briefe sind unecht s. Herm. Th.
Karsten de Platonis quae feruntur epistolis. Ultraj. 1864. II. Sauppe
Gött. gel. anz. 1866 s. 881.
Über die brieflitteratur überhaupt s. Rich. Bentley's
dissertation upon the epistles of Phalaris, Themistocles, Socrates, and the
fables of Aesop. London 1697. dissertation upon the epistles of Phalaris
with an answer to the objections of the Hon. Charl. Boyle. 1699 (Bentley's works ed. by Alex. Dyce. London 1836. I. II. latein. v. Lennep.

Groning. 1777. deutsch v. Wold. Ribbeck. Leipz. 1857) Ant. Westermann § 26.
de epistol. scriptoribus Graecis comm. partes VIII. Lips. 1851 — 55. 4.

§ 26. Redner.

Dionysios von Halikarnass περὶ τῶν ἀρχαίων ῥητόρων ὑπομνηματισμοί
(Λυσίας. Ἰσοκράτης. Ἰσαῖος) V p. 445 — 629 R. Βίοι τῶν δέκα
ῥητόρων unter Plutarchs schriften (Moralia p. 832 — 852): von Photios überarbeitet bibl. cod. 259 — 268. vgl. A. Schaefer commentatio
de vitis decem oratorum. Dresd. 1843. zeitschr. f. d. altertumswiss.
1848 s. 244 — 267. biographien bei den scholiasten gesammelt in
Westermanns Βιογρ. l. VI.

Fragmenta oratorum Atticorum collegit, disposuit, adnotavit Herm.
Sauppius: Oratores Attici. Turici 1850. 4. II 127 — 355. Fr. Blass,
die attische beredsamkeit von Gorgias bis zu Lysias. Leipz. 1868.

Anaxim. rhet. c. 1 (I 174 Sp.) δύο γένη τῶν πολιτικῶν
εἰσὶ λόγων, τὸ μὲν δημηγορικὸν τὸ δὲ δικανικόν. Aristoteles (Rhet. I 3 p. 1358ʰ, 7) unterscheidet τρία γένη τῶν λόγων τῶν ῥητορικῶν, συμβουλευτικὸν δικανικὸν ἐπιδεικτικόν.
Vgl. L. Spengel συναγωγὴ τεχνῶν s. 183 ff.

Antiphon, mitglied der 400, hingerichtet ol. 92, 2. 411
(von ihm erhalten λόγοι· φονικοί).

Andokides, in den Hermokopidenprocess verwickelt.
reden περὶ τῆς ἑαυτοῦ καθόδου ol. 92, 3. 410. περὶ τῶν
μυστηρίων ol. 95, 1. 400. περὶ τῆς πρὸς Λακεδαιμονίους εἰρήνης ol. 97, 2. 391. untergeschoben die rede κατὰ Ἀλκι-
βιάδους.

Lysias, sohn des Syrakusiers Kephalos, zu Athen geboren, hielt ol. 94, 2. 403 die (12e) rede κατὰ Ἐρατοσθένους
τοῦ γενομένου τῶν τριάκοντα und verfaszte seitdem process-
reden für andere (als λογογράφος). für die zeitgeschichte
sind lehrreich u. a. 34. fragment der rede περὶ τοῦ μὴ καταλῦσαι τὴν πάτριον πολιτείαν Ἀθήνησι (403). 25. δήμου
καταλύσεως ἀπολογία (aus derselben zeit). 13. κατὰ Ἀγο-
ράτου (nach 400). 30. κατὰ Νικομάχου (399). 26. περὶ
τῆς Εὐάνδρου δοκιμασίας (399). 16. ἐν βουλῇ Μαντιθέῳ
δοκιμαζομένῳ ἀπολογία (cᵃ 393). 28. κατὰ Ἐργοκλέους ἐπίλογος und 29. κατὰ Φιλοκλέους ἐπίλογος (389). 19. ὑπὲρ
τῶν Ἀριστοφάνους χρημάτων πρὸς τὸ δημόσιον (387). 33.
fragment des Ὀλυμπιακός (ol. 98, 1. 388). die grabrede
für die im korinthischen kriege gefallenen (2. ἐπιτάφιος τοῖς
Κορινθίων βοηθοῖς) ist wahrscheinlich untergeschoben.

§ 26. Isokrates, geboren 436 † 338, bildete sich nach Gorgias und wirkte als lehrer der redekunst und als schriftsteller durch λόγοι ἐπιδεικτικοί und συμβουλευτικοί. dem
kyprischen fürsten Nikokles gewidmet: 2. πρὸς Νικοκλέα.
3. Νικοκλῆς ἢ Κύπριοι. 9. Εὐαγόρας.
4. Πανηγυρικός 380. 14. Πλαταϊκός 373. 6. Ἀρχίδα-
μος 365. 7. Ἀρεοπαγιτικός cª 355. 8. περὶ εἰρήνης ἢ συμ-
μαχικός 355. 15. περὶ ἀντιδόσεως 353.
5. Φίλιππος 346. 12. Παναθηναϊκός 339.
Briefe von Isokrates (echt 1—9).

§ 27. Schriftsteller über das kriegswesen.

Aeneas der taktiker (um 350).

Köchly und Rüstow griech. kriegsschriftsteller t. I. Leipzig 1853. Aeneae
comment. poliorceticus, Rud. Hercher recens. et adnotavit, Berol. 1870.

Suidas: Αἰνείας. οὗτος ἔγραψε περὶ πυρσῶν, ὥς φησι
Πολύβιος (X 44 Αἰνείας — ὁ τὰ περὶ τῶν στρατηγικῶν συντεταγμένος), καὶ περὶ στρατηγημάτων ὑπόμνημα. erhalten
ist davon das ὑπόμνημα περὶ τοῦ πῶς δεῖ πολιορκουμένους
ἀντέχειν.

III. Die zeiten der makedonischen herschaft.

1. Geschichtschreiber.

§ 28. Ephoros von Kyme.

Müller FHG I LVII. 234. fragmenta coll. Meier Marx. Carlsr. 1815. Ad.
Stelkens de Eph. C. fide atque auctoritate. Monast. 1857. Io. Ad.
Klügmann. Gott. 1860. Ch. Matthiessen, jhb. f. phil. suppl. III 877.
Niebuhr vorles. üb. AG. II 409 f.

Suidas: Ἔφορος Κυμαῖος, υἱὸς Δημοφίλου (οἱ δὲ Ἀντιόχου) Ἰσοκράτους ἀκουστὴς τοῦ ῥήτορος, ἱστορικός· ἔσχε
δὲ υἱὸν Δημόφιλον τὸν ἱστορικόν. ἦν δὲ ἐπὶ τῆς Ϟγʹ ὀλυμπιάδος (dieselbe zeitbestimmung u. Θεόπομπος s. u. s. 54),
ὡς καὶ πρὸ τῆς Φιλίππου βασιλείας εἶναι τοῦ Μακεδόνος.
ἔγραψεν ἀπὸ τῆς Ἰλίου πορθήσεως καὶ τῶν Τρωικῶν μέχρι
τῶν αὑτοῦ χρόνων βιβλία λʹ, περὶ ἀγαθῶν καὶ κακῶν βιβλία κδʹ, παραδόξων τῶν ἑκασταχοῦ βιβλία ιεʹ, εὑρημάτων
ὧν ἕκαστος εὗρε βιβλία βʹ, καὶ λοιπά.
Strab. XIII p. 622 ἀνὴρ δ' ἄξιος μνήμης ἐκ τῆσδε τῆς

πόλεως (Κύμης) ἀναντιλέκτως μέν ἐστιν Ἔφορος, τῶν Ἰσο- § 28.
κράτους γνωρίμων τοῦ ῥήτορος, ὁ τὴν ἱστορίαν συγγράψας
καὶ τὰ περὶ τῶν εὑρημάτων. Cic. de orat.

II 13, 57 *postea vero quasi ex clarissima
rhetoris officina duo praestantes ingenio, Theopompus et Epho-
rus, ab Isocrate magistro impulsi se ad historiam contulerunt;
causas omnino numquam attigerunt.* Vit. X or. Isocrat. p.
837ᶜ ἐμαθήτευσε δὲ αὐτῷ καὶ
Θεόπομπος ὁ Χῖος καὶ Ἔφορος ὁ Κυμαῖος καὶ Ἀσκληπιάδης
— καὶ Θεοδέκτης ὁ Φασηλίτης ... p. 839ᵃ τοῦ δὲ Κυμαίου
Ἐφόρου ἀπράκτου τῆς σχολῆς ἐξελθόντος καὶ πάλιν ὑπὸ τοῦ
πατρὸς Δημοφίλου πεμφθέντος ἐπὶ δευτέρῳ μισθῷ παίζων
Δίφορον αὐτὸν ἐκάλει. ἐσπούδασε μέντοι ἱκανῶς περὶ τὸν
ἄνδρα καὶ τὴν ὑπόθεσιν τῆς χρείας αὐτὸς ὑπεθήκατο.

Suidas u. Ἔφορος b: Ἔφορος Κυμαῖος καὶ Θεόπομπος
Δαμασιστράτου Χῖος, ἄμφω Ἰσοκράτους μαθηταί, ἀπ᾽ ἐναν-
τίων τό τε ἦθος καὶ τοὺς λόγους ὁρμώμενοι. ὁ μὲν γὰρ
Ἔφορος ἦν τὸ ἦθος ἁπλοῦς, τὴν δὲ ἑρμηνείαν τῆς ἱστορίας
ὕπτιος καὶ νωθρὸς καὶ μηδεμίαν ἔχων ἐπίτασιν· ὁ δὲ Θεόπομπος τὸ ἦθος πικρὸς καὶ κακοήθης, τῇ δὲ φράσει πολὺς
καὶ συνεχὴς καὶ φορᾶς μεστός· φιλαλήθης ἐν οἷς ἔγραψεν.
ὁ γοῦν Ἰσοκράτης τὸν μὲν ἔφη χαλινοῦ δεῖσθαι, τὸν δὲ Ἔφορον κέντρου. vgl. Zosim. vit. Isocr. p. 257 W. Cic. ad Attic.
VI 1, 12 *alter, uti dixit Isocrates in Ephoro et Theopompo,
frenis eget alter calcaribus.* Brut. 56, 204 *Isocratem in acer-
rumo ingenio Theopompi et lenissumo Ephori dixisse traditum
est, alteri se calcaria adhibere alteri frenos.* de orat. III 9, 36
*dicebat Isocrates — se calcaribus in Ephoro, contra autem in
Theopompo frenis uti solere. alterum enim exultantem verborum
audacia reprimebat, alterum cunctantem et quasi verecundantem
incitabat.* vgl. § 29.

Nach Plutarch π. στωικῶν ἐναντιωμ. 20 p. 1043ᵈ lehnte
Ephoros es ab, Alexander auf seinem zuge zu begleiten.

Ephoros schrieb: 1. Εὑρήματα 2 bücher. Christoph Bruss-
kern, de rer. inventar. scriptoribus Graecis. Bonn. 1864. Paul Eichholtz,
de scriptoribus περὶ εὑρημάτων Hal. 1867.
Gegen Ephoros schrieb Straton von Lampsakos, schüler u. (287) nachfolger
von Theophrastos, εὑρημάτων ἔλεγχοι β΄. Plin. ind. auct. VII *Stra-
tone qui contra Ephori εὑρήματα scripsit.* Polyb. XII 25ᶜ.

2. Ἰστορίαι 30 bücher, von der wanderung der Herakliden bis zur belagerung von Perinthos ol. 110, 1. 340.

50   III. DIE ZEITEN DER MAKEDONISCHEN HERSCHAFT.

§ 28.   Polyb. V 33 Ἔφορον τὸν πρῶτον καὶ μόνον ἐπιβεβλη-
μένον τὰ καθόλου γράφειν.

Strab. VIII p. 332 οἱ δ᾽ ἐν τῇ κοινῇ τῆς ἱστορίας γραφῇ
χωρὶς ἀποδείξαντες τὴν τῶν ἠπείρων τοπογραφίαν, καθάπερ
Ἔφορός τε ἐποίησε καὶ Πολύβιος.

X p. 465 ὁ ἐσπουδασμένως οὕτως ἐπαινέσας αὐτὸν
(Ἔφορον) Πολύβιος καὶ φήσας περὶ τῶν Ἑλληνικῶν καλῶς
μὲν Εὔδοξον, κάλλιστα δ᾽ Ἔφορον ἐξηγεῖσθαι περὶ κτί-
σεων συγγενειῶν μεταναστάσεων ἀρχηγετῶν ... vgl. Polyb. IX 1.

Diod. IV 1 Ἔφορος μὲν γὰρ ὁ Κυμαῖος, Ἰσοκράτους ὤν
μαθητής, ὑποστησάμενος γράφειν τὰς κοινὰς πράξεις, τὰς
μὲν παλαιὰς μυθολογίας ὑπερέβη, τὰ δ᾽ ἀπὸ τῆς Ἡρακλειδῶν καθόδου πραχθέντα συνταξάμενος ταύτην ἀρχὴν ἐποιήσατο τῆς ἱστορίας. ὁμοίως δὲ τούτῳ Καλλισθένης καὶ Θεόπομπος, κατὰ τὴν αὐτὴν ἡλικίαν γεγονότες, ἀπέστησαν τῶν
παλαιῶν μύθων.

V 1 Ἔφορος δὲ τὰς κοινὰς πράξεις ἀναγράφων οὐ μόνον κατὰ τὴν λέξιν ἀλλὰ καὶ κατὰ τὴν οἰκονομίαν ἐπιτέ-
τευχε· τῶν γὰρ βίβλων ἑκάστην πεποίηκε περιέχειν κατὰ
γένος τὰς πράξεις.

XVI 76 ol. 109, 4. 341 τῶν δὲ συγγραφέων Ἔφορος
μὲν ὁ Κυμαῖος τὴν ἱστορίαν ἐνθάδε κατέστροφεν εἰς τὴν
Περίνθου πολιορκίαν, περιείληφε δὲ τῇ γραφῇ πράξεις τάς
τε τῶν Ἑλλήνων καὶ βαρβάρων, ἀρξάμενος ἀπὸ τῆς τῶν
Ἡρακλειδῶν καθόδου. χρόνον δὲ περιέλαβε σχεδὸν ἐτῶν
ἑπτακοσίων καὶ πεντήκοντα, καὶ βίβλους γέγραφε τριάκοντα,
προοίμιον ἑκάστῃ προθείς.

Clemens Al. strom. I 21 p. 403 P. ἀπὸ τούτου (der
rückkehr des Herakliden) ἐπὶ Εὐαίνετον ἄρχοντα ἐφ᾽ οὗ
φασὶν Ἀλέξανδρον εἰς τὴν Ἀσίαν διαβῆναι, ὡς μὲν Φανίας,
ἔτη ἑπτακόσια δεκαπέντε· ὡς δὲ Ἔφορος, ἑπτακόσια τριάκοντα πέντε.

Phanias rechnete nicht 715, sondern entsprechend der
attischen chronologie 815 jahre; über Ephoros vgl. I. Brandis de temp. gr. antiqu. rat. p. 25.

Ephor. fr. 2 (bei Harpocration u. ἀρχαίως) περὶ μὲν
γὰρ τῶν καθ᾽ ἡμᾶς γεγενημένων τοὺς ἀκριβέστατα λέγοντας
πιστοτάτους ἡγούμεθα, περὶ δὲ τῶν παλαιῶν τοὺς οὕτω δι-

έξιόντας ἀπιθανωτάτους εἶναι νομίζομεν, ὑπολαμβάνοντες § 28.
οὔτε τὰς πράξεις ἁπάσας οὔτε τῶν λόγων τοὺς πλείστους
εἰκὸς εἶναι μνημονεύεσθαι διὰ τοσούτων ⟨ἐτῶν Cobet⟩.
Polyb. XII 27 ὁ μὲν γὰρ Ἔφορος φησιν, εἰ δυνατὸν ἦν
αὐτοὺς (τοὺς συγγραφέας) παρεῖναι πᾶσι τοῖς πράγμασι,
ταύτην ἂν διαφέρειν πολὺ τῶν ἐμπειριῶν. c. 28 ὁ γὰρ Ἔφορος, παρ' ὅλην τὴν πραγματείαν θαυμάσιος ὢν καὶ κατὰ τὴν
φράσιν καὶ κατὰ τὸν χειρισμὸν καὶ κατὰ τὴν ἐπίνοιαν τῶν
λημμάτων, δεινότατός ἐστιν ἐν ταῖς παρεκβάσεσι καὶ ταῖς
ἀφ' αὑτοῦ γνωμολογίαις, καὶ συλλήβδην ὅταν που τὸν ἐπι-
μετροῦντα λόγον διατιθῆται, κατὰ δέ τινα συντυχίαν εὐχα-
ριστότατα καὶ πιθανώτατα περὶ τῆς συγκρίσεως εἴρηκε τῆς
τῶν ἱστοριογράφων καὶ λογογράφων.
Über seinen gegensatz zu Hellanikos s. § 16 s. 19.
Joseph. w. Apion I 12 p. 183 s. οἱ δοκοῦντες ἀκριβέ-
στατοι συγγραφεῖς, ὧν ἐστιν Ἔφορος.
Polyb. VI 45 (über die gesetze der Kreter) οἱ λογιώτατοι τῶν ἀρχαίων συγγραφέων, Ἔφορος Ξενοφῶν Καλλισθένης Πλάτων.
Strab. IX p. 422 s. (fr. 70) Ἔφορος δ' ᾧ τὸ πλεῖστον
προσχρώμεθα διὰ τὴν περὶ ταῦτα ἐπιμέλειαν, καθάπερ καὶ
Πολύβιος μαρτυρῶν τυγχάνει, ἀνὴρ ἀξιόλογος, δοκεῖ μοι
τἀναντία ποιεῖν ἔσθ' ὅτε τῇ προαιρέσει καὶ ταῖς ἐξ ἀρχῆς
ὑποσχέσεσιν. ἐπιτιμήσας γοῦν τοῖς φιλομυθοῦσιν ἐν τῇ τῆς
ἱστορίας γραφῇ καὶ τὴν ἀλήθειαν ἐπαινέσας προστίθησι τῷ
περὶ τοῦ μαντείου τούτου (τοῦ ἐν Δελφοῖς) λόγῳ σεμνήν
τινα ὑπόσχεσιν, ὡς πανταχοῦ μὲν ἄριστον νομίζει τἀληθές,
μάλιστα δὲ κατὰ τὴν ὑπόθεσιν ταύτην. ἄτοπον γὰρ εἰ περὶ
μέν τῶν ἄλλων τὸν τοιοῦτον ἀεὶ τρόπον διώκομεν, φησί,
περὶ δὲ τοῦ μαντείου λέγοντες ὃ πάντων ἐστὶν ἀψευδέστα-
τον τοῖς οὕτως ἀπίστοις καὶ ψεύδεσι χρησόμεθα λόγοις.
ταῦτα δ' εἰπὼν ἐπιφέρει παραχρῆμα, ὅτι ὑπολαμβάνουσι
κατασκευάσαι τὸ μαντεῖον Ἀπόλλωνα μετὰ Θέμιδος ὠφελῆ-
σαι βουλόμενον τὸ γένος ἡμῶν. εἶτα τὴν ὠφέλειαν εἰπὼν
ὅτι εἰς ἡμερότητα προὐκαλεῖτο καὶ ἐσωφρόνιζε, τοῖς μὲν χρη-
στηριάζων καὶ τὰ μὲν προστάττων τὰ δ' ἀπαγορεύων, τοὺς
δ' οὐδ' ὅλως προσιέμενος, ταῦτα διοικεῖν νομίζουσι, φησίν,
αὐτὸν οἱ μὲν αὐτὸν τὸν θεὸν σωματοειδῆ γινόμενον, οἱ δ'
ἀνθρώποις ἔννοιαν παραδιδόντα τῆς ἑαυτοῦ βουλήσεως. —
ἐξ Ἀθηνῶν δ' ὁρμηθέντα ἐπὶ Δελφοὺς ταύτην ἰέναι τὴν

4*

§ 28. ὁδόν, ᾗ νῦν Ἀθηναῖοι τὴν Πυθαΐδα πέμπουσι γενόμενον δὲ
κατὰ Πανοπέας Τιτυὸν καταλῦσαι ἔχοντα τὸν τόπον, βίαιον
ἄνδρα καὶ παράνομον· τοὺς δὲ Παρνασίους συμμίξαντας αὐτῷ καὶ ἄλλον μηνῦσαι χαλεπὸν ἄνδρα Πύθωνα τοὔνομα,
ἐπίκλησιν δὲ Δράκοντα, κατατοξεύοντος δ᾽ ἐπικελεύειν ἵε
παιάν. — τί δ᾽ ἂν εἴη μυθωδέστερον ἢ Ἀπόλλων τοξεύων
καὶ κολάζων Τιτυοὺς καὶ Πύθωνας καὶ ὁδεύων ἐξ Ἀθηνῶν
εἰς Δελφοὺς καὶ γῆν πᾶσαν ἐπιών; εἰ δὲ ταῦτα μὴ ὑπελάμ-
βανε μύθους εἶναι, τί ἐχρῆν τὴν μυθευομένην Θέμιν γυναῖκα καλεῖν, τὸν δὲ μυθευόμενον δράκοντα ἄνθρωπον; πλὴν
εἰ συγχεῖν ἐβούλετο τόν τε τῆς ἱστορίας καὶ τὸν τοῦ μύθου
τύπον. παραπλήσια τούτοις καὶ τὰ περὶ τῶν Αἰτωλῶν εἰ-
ρημένα κτέ. vgl. X p. 463 s.

Theon. progymn. 6 p. 220 s. καὶ μέντοι καὶ Ἔφορος ἐν
τῇ δ᾽ χρῆται τούτῳ τῷ τρόπῳ, ὅτι ἄρα Τιτυὸς μὲν ἦν Πα-
νοπέως δυνάστης, ἀνὴρ παράνομος καὶ βίαιος, Πύθων δὲ
θηριώδης τὴν φύσιν, Δράκων ἐπικαλούμενος, οἱ δὲ περὶ
τὴν πάλαι μὲν Φλέγραν νῦν δὲ Παλλήνην ὀνομαζομένην
κατοικοῦντες ἦσαν ἄνθρωποι ὠμοὶ καὶ ἱερόσυλοι καὶ ἀνθρω-
ποφάγοι, οἱ καλούμενοι Γίγαντες, οὓς Ἡρακλῆς λέγεται χει-
ρώσασθαι τὴν Τροίαν ἑλών, καὶ διὰ τὸ κρατῆσαι τοὺς περὶ
τὸν Ἡρακλέα ὀλίγους ὄντας τῶν Γιγάντων πολλῶν ὄντων
καὶ ἀσεβῶν θεῶν ἔργον ἅπασιν ἐδόκει γεγονέναι τὸ περὶ τὴν
μάχην, καὶ ὅσα ἄλλα ἐπιλύεται περὶ τοῦ Λυκούργου καὶ
Μίνωος καὶ Ῥαδαμάνθυος καὶ Διὸς καὶ Κουρήτων καὶ τῶν
ἄλλων τῶν ἐν τῇ Κρήτῃ μυθολογουμένων. vgl. Strab. X
p. 476.

Strab. VIII p. 334 (fr. 56) Ἔφορος μὲν οὖν ἀρχὴν εἶναι
τῆς Ἑλλάδος τὴν Ἀκαρνανίαν φησὶν ἀπὸ τῶν ἑσπερίων μερῶν·
ταύτην γὰρ συνάπτειν πρώτην τοῖς Ἠπειρωτικοῖς ἔθνεσιν.
ἀλλ᾽ ὥσπερ οὗτος τῇ παραλίᾳ μέτρῳ χρώμενος ἐντεῦθεν
ποιεῖται τὴν ἀρχήν, ἡγεμονικόν τι τὴν θάλατταν κρίνων πρὸς
τὰς τοπογραφίας . . . VII p. 302 s. (fr. 76) Ἔφορος δ᾽ ἐν τῇ
τετάρτῃ μὲν τῆς ἱστορίας Εὐρώπῃ δ᾽ ἐπιγραφομένῃ βίβλῳ,
περιοδεύσας μέχρι Σκυθῶν . . .

Diod. I 9 (fr. 6) περὶ πρώτων δὲ τῶν βαρβάρων διέξιμεν, οὐκ ἀρχαιοτέρους αὐτοὺς ἡγούμενοι τῶν Ἑλλήνων, καθάπερ Ἔφορος εἴρηκεν, ἀλλὰ κτέ.

Ephoros führte in seiner darstellung alte zeugnisse an,
denkmäler, dichter u. a.

Das um 90 v. Ch. verfaszte gedicht, welches fälschlich § 28. Skymnos von Chios beigelegt wird, ist ein auszug aus den geographischen abschnitten (Müller geogr. gr. m. I p. 196 — 237). vs. 470 ἑξῆς διέξιμεν δὲ πάλι τὴν Ἑλλάδα, ‖ ἐπὶ κεφαλαίων τοὺς τε περὶ αὐτὴν τόπους ‖ ἐθνικῶς ἅπαντας κατ' Ἔφορον δηλώσομεν. überhaupt diente die geschichte des Ephoros den späteren als handbuch und ward namentlich von Strabon und Diodor ausgeschrieben, auch von Trogus Plutarch Pausanias. vgl. R. Klüber, üb. d. quellen des D. im IX. b. Würzburg 1868. Ch. Aug. Volquardsen üb. die qu. der gr. u. sicil. geschichten bei Diodor, b. XI — XVI. Kiel. 1868. Willi. Collmann de Diodori S. fontibus. Lips. 1869. Hil. Wolffgarten de Ephori et Dinonis historiis a Trogo Pompejo expressis. Bonn 1868.

Diodor nennt u. a. XII 41 Ephoros als seinen gewährsmann für c. 38 —40: αἰτίαι μὲν οὖν τοῦ Πελοποννησιακοῦ πολέμου τοιαῦταί τινες ὑπῆρξαν, ὡς Ἔφορος ἀνέγραψε. Ephoros erzählte im 10. buche (fr. 107) die belagerung von Paros durch Miltiades 489; im 20. buche (fr. 138) den διοικισμός von Mantineia (385); im 25. (fr. 146ᵃ) die schlacht bei Mantineia (362).

Plutarch. π. ἀδολεσχ. 22 p. 514ᶜ τῶν παρ' ἡμῖν τις κατὰ τύχην ἀνεγνωκὼς δύο τῶν Ἐφόρου βιβλίων ἢ τρία πάντας ἀνθρώπους κατέτριβε καὶ πᾶν ἀνάστατον ἐποίει συμπόσιον, ἀεὶ τὴν ἐν Λεύκτροις μάχην καὶ τὰ συνεχῆ διηγούμενος· ὅθεν Ἐπαμεινώνδας παρωνύμιον ἔσχεν. vgl. fr. 67 (b. Strab. IX p. 400 s.). Wyttenbach zu Plut. apophth. p. 192ᶜ.

Polyb. XII 25ᶠ Ἔφορος .. ἐν τοῖς πολεμικοῖς τῶν μὲν κατὰ θάλατταν ἔργων ἐπὶ ποσὸν ὑπόνοιαν ἐσχηκέναι μοι δοκεῖ, τῶν δὲ κατὰ γῆν ἀγώνων ἄπειρος εἶναι τελέως. τοιγαροῦν ὅταν μὲν εἰς τὰς περὶ Κύπρον ναυμαχίας καὶ τὰς περὶ Κνίδον ἀτενίσῃ τις, αἷς ἐχρήσαντο οἱ βασιλέως στρατηγοὶ πρὸς Εὐαγόραν τὸν Σαλαμίνιον καὶ πάλιν πρὸς Λακεδαιμονίους, θαυμάζειν ... τὸν συγγραφέα κατὰ τὴν δύναμιν καὶ κατὰ τὴν ἐμπειρίαν καὶ πολὺ τῶν χρησίμων ἀπενέγκασθαι πρὸς τὰς ὁμοίας περιστάσεις· ὅταν δὲ τὴν περὶ Λεῦκτρα μάχην ἐξηγῆται Θηβαίων τε καὶ Λακεδαιμονίων ἢ τὴν ἐν Μαντινείᾳ πάλιν τῶν αὐτῶν τούτων, ἐν ᾗ καὶ μετήλλαξε τὸν βίον Ἐπαμεινώνδας, ἐν τούτοις ἐὰν ἐπὶ τὰ κατὰ

§ 28. μέρος ἐπιστήσας τις θεωρῇ τὰς ἐκτάξεις καὶ μετατάξεις τὰς
κατ' αὐτοὺς τοὺς κινδύνους, γελοῖος φαίνεται καὶ ἀόρατος
τῶν τοιούτων ὦν. ὁ μὲν οὖν ἐν τοῖς Λεύκτροις κίνδυνος
ἁπλοῦς γεγονὼς καὶ καθ' ἕν τι μέρος τῆς δυνάμεως οὐ λίαν
ἐκφανῆ ποιεῖ τὴν τοῦ συγγραφέως ἀπειρίαν· ὁ δὲ περὶ Μαν-
τίνειαν τὴν μὲν ἔμφασιν ἔχει ποικίλην καὶ στρατηγικήν, ἔστι
δ' ἀνυπόστατος καὶ τελέως ἀδιανόητος τῷ συγγραφεῖ. τοῦτο
δ' ἔσται δῆλον, ἐάν τις τοὺς τόπους ὑποθέμενος ἀληθινῶς
ἐπιμετρῇ τὰς κινήσεις τὰς ὑπ' αὐτοῦ δηλουμένας. τὸ δ' αὐτὸ
συμβαίνει καὶ Θεοπόμπῳ καὶ μάλιστα Τιμαίῳ.

Das dreiszigste buch (über den phokischen krieg) verfaszte Demophilos, des Ephoros sohn (Müller FHG I lxi. 1. II 86⁴).
Diod. XVI 14. ol. 105, 4. 357. τῶν δὲ συγγραφέων Δημόφιλος μὲν ὁ Ἐφόρου τοῦ ἱστοριογράφου υἱὸς τὸν παραλειφθέντα πόλεμον ὑπὸ τοῦ πατρός, ὀνομασθέντα δὲ ἱερόν,
συντεταγμένος, ἐντεῦθεν ἦρκται ἀπὸ τῆς καταλήψεως τοῦ ἐν
Δελφοῖς ἱεροῦ καὶ τῆς συλήσεως τοῦ μαντείου ὑπὸ Φιλομήλου τοῦ Φωκέως. ἐγένετο δ' ὁ πόλεμος οὗτος ἔτη ἕνδεκα,
ἕως τῆς φθορᾶς τῶν διανειμαμένων τὰ ἱερὰ χρήματα.

Athen. VI p. 232ᵈ Ἔφορος δὲ ἢ Δημόφιλος ὁ υἱὸς αὐτοῦ ἐν τῇ τριακοστῇ τῶν ἱστοριῶν περὶ τοῦ ἐν Δελφοῖς
ἱεροῦ λέγων φησίν (fr. 155).

Fortsetzungen der geschichte des Ephoros § 40.

§ 29. Theopompos von Chios.

Müller FHG I lxv. 258. Aug. Jul. Edm. Pflugk de Theopompi Chii
vita et scriptis. Berol. 1827. fragmenta coll. R. H. Eyssonius Wi-
chers. Lugd. B. 1829. Al. Riese jhh. 1870, 673.

Suidas: Θεόπομπος Χῖος, ῥήτωρ, υἱὸς Δαμασιστράτου,
γεγονὼς τοῖς χρόνοις κατὰ τὴν ἀναρχίαν Ἀθηναίων, ἐπὶ τῆς
Ϙγ' ὀλυμπιάδος, ὅτε καὶ Ἔφορος· Ἰσοκράτους ἀκουστὴς ἅμα
Ἐφόρῳ. ἔγραψεν ἐπιτομὴν τῶν Ἡροδότου ἱστοριῶν ἐν βιβλίοις β', Φιλιππικὰ ἐν βιβλίοις οβ', Ἑλληνικὰς ἱστορίας·
ἕπονται δὲ ταῖς Θουκυδίδου καὶ (καθάπερ αἴ?) Ξενοφῶντος, καὶ εἰσὶν ἐν βιβλίοις ια', ἔχουσαι τὰ ἀπὸ τοῦ Πελοποννησιακοῦ πολέμου καὶ λοιπά. ἔγραψε καὶ ἕτερα πλεῖστα.
Suid. u. Ἔφορος b. (o. s. 49) φυγὰς δὲ γενόμενος ὁ
Θεόπομπος ἱκέτης ἐγένετο τῆς Ἐφεσίας Ἀρτέμιδος. ἐπέ-
στελλέ τε πολλὰ κατὰ Χίων Ἀλεξάνδρῳ. καὶ μέντοι καὶ

αὐτὸν Ἀλέξανδρον ἐγκωμιάσας πολλὰ λέγεται καὶ ψόγον αὐ- § 29.
τοῦ γεγραφέναι, ὃς οὐ φέρεται.

Phot. bibl. cod. 176 p. 120 s. Bk. ἀνεγνώσθησαν Θεοπόμπου λόγοι ἱστορικοί. ν΄ δὲ καὶ γ΄ εἰσὶν οἱ σωζόμενοι αὐτοῦ τῶν ἱστορικῶν λόγοι. διαπεπτωκέναι δὲ καὶ τῶν παλαιῶν τινὲς ἔφησαν τήν τε ἕκτην καὶ ἑβδόμην, καὶ δὴ καὶ
τὴν ἐνάτην καὶ εἰκοστὴν καὶ τὴν τριακοστήν. ἀλλὰ ταύτας
μὲν οὐδ᾽ ἡμεῖς εἴδομεν, Μηνοφάνης δέ τις τὰ περὶ Θεόπομπον διεξιών (ἀρχαῖος δὲ καὶ οὐκ εὐκαταφρόνητος ὁ ἀνήρ)
καὶ τὴν δωδεκάτην συνδιαπεπτωκέναι λέγει· καίτοι αὐτὴν
ἡμεῖς ταῖς ἄλλαις συνανέγνωμεν. — —

Ἔστι δὲ Θεόπομπος Χῖος μὲν τὸ γένος, υἱὸς Δαμοστρά-
του (Δαμασιστράτου Suid. Paus. III 10, 3), φυγεῖν δὲ λέγεται τῆς πατρίδος ἅμα τῷ πατρί, ἐπὶ λακωνισμῷ τοῦ πατρὸς ἁλόντος, ἀνασωθῆναι δὲ τῇ πατρίδι τελευτήσαντος
αὐτῷ τοῦ πατρός, τὴν δὲ κάθοδον Ἀλεξάνδρου τοῦ Μακεδόνων βασιλέως δι᾽ ἐπιστολῶν τῶν πρὸς τοὺς Χίους κατα-
πραξαμένου· ἐτῶν δὲ εἶναι τότε τὸν Θεόπομπον ε΄ καὶ μ΄.
μετὰ δὲ τὸν Ἀλεξάνδρου θάνατον πανταχόθεν ἐκπεσόντα
εἰς Αἴγυπτον ἀφικέσθαι, Πτολεμαῖον δὲ τὸν ταύτης βασιλέα
οὐ προσίεσθαι τὸν ἄνδρα, ἀλλὰ καὶ ὡς πολυπράγμονα ἀνελεῖν ἐθελῆσαι, εἰ μή τινες τῶν φίλων παραιτησάμενοι διε-
σώσαντο.

Συνακμάσαι δὲ λέγει αὐτὸς ἑαυτὸν Ἰσοκράτει τε τῷ
Ἀθηναίῳ (Ἀμύκλα oder Ἀπολλωνιάτῃ vgl. u. s. 58 f.) καὶ
Θεοδέκτῃ τῷ Φασηλίτῃ καὶ Ναυκράτει τῷ Ἐρυθραίῳ, καὶ
τούτους ἄμ᾽ αὐτῷ τὰ πρωτεῖα τῆς ἐν λόγοις παιδείας ἔχειν
ἐν τοῖς Ἕλλησιν· ἀλλ᾽ Ἰσοκράτην μὲν δι᾽ ἀπορίαν βίου καὶ
Θεοδέκτην μισθοῦ λόγους γράφειν καὶ σοφιστεύειν, ἐκπαι-
δεύοντας τοὺς νέους κἀκεῖθεν καρπουμένους τὰς ὠφελείας,
αὐτὸν δὲ καὶ Ναυκράτην αὐταρκῶς ἔχοντας ἐν τούτοις ἀεὶ
τὴν διατριβὴν ἐν τῷ φιλοσοφεῖν καὶ φιλομαθεῖν ποιεῖσθαι.
καὶ ὡς οὐκ ἂν εἴη αὐτῷ παράλογον ἀντιποιουμένῳ τῶν πρω-
τείων, οὐχ ἐλαττόνων μὲν ἢ δισμυρίων ἐπῶν τοὺς ἐπιδεικτικοὺς τῶν λόγων συγγραψαμένῳ, πλείους δ᾽ ἢ ιε΄ μυριά-
δας, ἐν οἷς τάς τε τῶν Ἑλλήνων καὶ βαρβάρων πράξεις
μέχρι νῦν ἀπαγγελλομένας ἐστι λαβεῖν· ἔτι δὲ καὶ διότι οὐδείς ἐστι τόπος κοινὸς τῶν Ἑλλήνων οὐδὲ πόλις ἀξιόχρεως,
εἰς οὓς αὐτὸς οὐκ ἐπιδημῶν καὶ τὰς τῶν λόγων ἐπιδείξεις
ποιούμενος οὐχὶ μέγα κλέος καὶ ὑπόμνημα τῆς ἐν λόγοις

§ 29. ἑαυτοῦ κατέλιπεν ἀρετῆς. ταῦτα αὐτὸς περὶ αὑτοῦ λέγων τοὺς ἐν τοῖς ἔμπροσθεν χρόνοις ἔχοντας ἐν λόγοις τὸ πρωτεύειν πολὺ καταδεεστέρους ἀποφαίνεται τῶν καθ᾽ ἑαυτὸν οὐδὲ τῆς δευτέρας τάξεως ἀξιουμένων, καὶ τοῦτο δῆλον εἶναί φησι καὶ ἐξ αὐτῶν τῶν παρ᾽ ἑκατέροις ἐκπεπονημένων καὶ καταλελειμμένων λόγων· πολλὴν γὰρ τὴν τοιαύτην παίδευσιν ἐπίδοσιν λαβεῖν κατὰ τὴν αὐτοῦ ἡλικίαν.
— — Φασὶ δὲ αὐτόν τε καὶ Ἔφορον Ἰσοκράτους γενέσθαι μαθητάς — καὶ τὰς ἱστορικὰς δ᾽ ὑποθέσεις τὸν διδάσκαλον αὐτοῖς προβαλεῖν, τὰς μὲν ἄνω τῶν χρόνων Ἐφόρῳ, Θεοπόμπῳ δὲ τὰς μετὰ Θουκυδίδην Ἑλληνικάς, πρὸς τὴν ἑκατέρου φύσιν καὶ τὸ ἔργον ἁρμοσάμενον. —
Πλείσταις μὲν οὖν παρεκβάσεσι παντοδαπῆς ἱστορίας τοὺς ἱστορικοὺς αὐτοῦ λόγους Θεόπομπος παρατείνει. διὸ καὶ Φίλιππος ὁ πρὸς Ῥωμαίους πολεμήσας, ἐξελὼν ταύτας καὶ τὰς Φιλίππου συνταξάμενος πράξεις, αἳ σκοπός εἰσι Θεοπόμπῳ, εἰς ιϛʹ βίβλους μόνας, μηδὲν παρ᾽ ἑαυτοῦ προσθεὶς ἢ ἀφελὼν πλὴν — τῶν παρεκτροπῶν, τὰς πάσας ἀπήρτισεν. —
Dionys. H. schr. an Cn. Pompeius 6 p. 782—787 Θεόπομπος δ᾽ ὁ Χῖος, ἐπιφανέστατος πάντων τῶν Ἰσοκράτους μαθητῶν γενόμενος καὶ πολλοὺς μὲν πανηγυρικοὺς πολλοὺς δὲ συμβουλευτικοὺς συνταξάμενος λόγους ἐπιστολάς τε τὰς Χιακὰς ἐπιγραφυμένας καὶ ὑποθήκας ἄλλας, λόγου δ᾽ ἀξίαν ἱστορίαν πεπραγματευμένος ἄξιός ἐστιν ἐπαινεῖσθαι, πρῶτον μὲν τῆς ὑποθέσεως τῶν ἱστοριῶν· καλαὶ γὰρ ἀμφότεραι, ἡ μὲν τὰ λοιπὰ τοῦ Πελοποννησιακοῦ πολέμου περιέχουσα ἡ δὲ τὰ Φιλίππῳ πεπραγμένα· ἔπειτα τῆς οἰκονομίας· ἀμφότεραι γάρ εἰσιν εὐπαρακολούθητοι καὶ σαφεῖς· μάλιστα δὲ τῆς ἐπιμελείας τε καὶ φιλοπονίας τῆς κατὰ τὴν συγγραφήν. δῆλος γάρ ἐστιν, εἰ καὶ μηδὲν ἔγραψε, πλείστην μὲν παρασκευὴν εἰς ταῦτα παρεσκευασμένος, μεγίστας δὲ δαπάνας εἰς τὴν συναγωγὴν αὐτῶν τετελεκώς, καὶ πρὸς τούτοις πολλῶν μὲν αὐτόπτης γεγενημένος, πολλοῖς δ᾽ εἰς ὁμιλίαν ἐληλυθὼς ἀνδράσι τοῖς τότε πρωτεύουσι δημαγωγοῖς τε καὶ στρατηγοῖς καὶ φιλοσόφοις διὰ τὴν συγγραφήν· οὐ γὰρ ὥσπερ τινὲς πάρεργον τοῦ βίου τὴν ἀναγραφὴν τῆς ἱστορίας ἐποιήσατο, ἔργον δὲ τὸ πάντων ἀναγκαιότατον. γνοίη δ᾽ ἄν τις αὐτοῦ τὸν πόνον ἐνθυμηθεὶς τὸ πολύμορφον τῆς γραφῆς. καὶ γὰρ ἐθνῶν εἴρηκεν οἰκισμοὺς καὶ πόλεων κτί-

σεις ἐπελήλυθε, βασιλέων τε βίους καὶ τόπων ἰδιώματα δε- § 29.
δήλωκε, καὶ εἴ τι θαυμαστὸν ἢ παράδοξον ἑκάστη γῇ καὶ
θάλασσα φέρει συμπεριείληφε τῇ πραγματείᾳ. καὶ μηδεὶς
ὑπολάβῃ ψυχαγωγίαν ταῦτ᾽ εἶναι μόνον, οὐ γὰρ οὕτως ἔχει,
ἀλλὰ πᾶσαν ὡς ἔπος εἰπεῖν ὠφέλειαν παρέχει. ἵνα δὲ πάντ᾽
ἀφῶ τἄλλα, τίς οὐχ ὁμολογήσει τοῖς ἀσκοῦσι τὴν φιλόσοφον
ῥητορικὴν ἀναγκαῖον εἶναι πολλὰ μὲν ἔθη καὶ βαρβάρων
καὶ Ἑλλήνων ἐκμαθεῖν, πολλοὺς δὲ νόμους [ἀκοῦσαι] καὶ
πολιτειῶν σχήματα καὶ βίους ἀνδρῶν καὶ πράξεις καὶ τέλη
(ἤθη Herwerden) καὶ τύχας. τούτων τοίνυν ἅπασαν ἀφθο-
νίαν δέδωκεν, οὐκ ἀπεσπασμένην τῶν πραγμάτων ἀλλὰ συμ-
παροῦσαν. πάντα δὴ ταῦτα ζηλωτὰ τοῦ συγγραφέως καὶ
ἔτι πρὸς τούτοις ὅσα φιλοσοφεῖ παρ᾽ ὅλην τὴν ἱστορίαν, περὶ
δικαιοσύνης καὶ εὐσεβείας καὶ τῶν ἄλλων ἀρετῶν πολλοὺς
καὶ καλοὺς διεξερχόμενος λόγους. τελευταῖόν ἐστι τῶν ἔργων αὐτοῦ καὶ χαρακτηριστικώτατον, ὅπερ οὐδενὶ τῶν ἄλλων συγγραφέων οὕτως ἀκριβῶς ἐξείργασται καὶ δυνατῶς
οὔτε τῶν πρεσβυτέρων οὔτε τῶν νεωτέρων· τί δὲ τοῦτ᾽ ἔστι;
τὸ καθ᾽ ἑκάστην πρᾶξιν μὴ μόνον τὰ φανερὰ τοῖς πολλοῖς
ὁρᾶν καὶ λέγειν, ἀλλ᾽ ἐξετάζειν καὶ τὰς ἀφανεῖς αἰτίας τῶν
πράξεων καὶ τῶν πραξάντων τὰς διανοίας καὶ τὰ πάθη τῆς
ψυχῆς, ἃ μὴ ῥᾴδια τοῖς πολλοῖς εἰδέναι, καὶ πάντ᾽ ἐκκαλύ-
πτειν τὰ μυστήρια τῆς τε δοκούσης ἀρετῆς καὶ τῆς ἀγνοου-
μένης κακίας. καί μοι δοκεῖ οὐδ᾽ ὁ μυθευόμενος ἐν ᾅδου τῶν
ψυχῶν ἀπολυθεισῶν τοῦ σώματος ἐξετασμὸς ἐπὶ τῶν ἐκεῖ
δικαστῶν οὕτως ἀκριβὴς εἶναι ὡς ὁ διὰ τῆς Θεοπόμπου γραφῆς γιγνόμενος. διὸ καὶ βάσκανος ἔδοξεν εἶναι προσλαμβά-
νων τοῖς ἀναγκαίοις ὀνειδισμοῖς καὶ ἄττα τῶν ἐνδόξων προσώπων οὐκ ἀναγκαῖα κατηγορήματα, ὅμοιόν τι ποιῶν τοῖς
ἰατροῖς, οἳ τέμνουσι καὶ καίουσι τὰ διεφθαρμένα τοῦ σώματος
ἕως βάθους τὰ καυτήρια καὶ τὰς τομὰς φέροντες οὐδὲ τῶν
ὑγιαινόντων καὶ κατὰ φύσιν ἐχόντων στοχαζόμενοι.

Τοιοῦτος μὲν δή τις ὁ πραγματικὸς Θεοπόμπου χαρακ-
τήρ· ὁ δὲ λεκτικὸς Ἰσοκράτει μάλιστα ἔοικε. καθαρά τε
γὰρ ἡ λέξις καὶ κοινὴ καὶ σαφὴς ὑψηλή τε καὶ μεγαλοπρεπὴς
καὶ τὸ πομπικὸν ἔχουσα πολύ, συγκειμένη τε κατὰ τὴν μέ-
σην ἁρμονίαν, ἡδέως καὶ μαλακῶς ῥέουσα. διαλλάττει δὲ
τῆς Ἰσοκρατείου κατὰ τὴν πικρότητα καὶ τὸν τόνον ἐπ᾽ ἐνίων,
ὅταν ἐπιτρέψῃ τοῖς πάθεσι, μάλιστα δ᾽ ὅταν ὀνειδίσῃ ἢ πό-
λεσιν ἢ στρατηγοῖς πονηρὰ βουλεύματα καὶ πράξεις ἀδίκους.

§ 29. πολὺς γὰρ ⟨ῥεῖ⟩ ἐν τούτοις καὶ τῆς Δημοσθένους δεινότητος
οὐδὲ κατὰ μικρὸν διαφέρει, ὡς ἐξ ἄλλων πολλῶν ἄν τις ἴδοι
κἀκ τῶν Χιακῶν ἐπιστολῶν ἅς τῷ ⟨ἐναγωνίῳ⟩ πνεύματι ἐπι-
τρέψας γέγραφεν. εἰ δ᾽ ὑπερεῖδεν [ἐν τούτοις], ἐφ᾽ οἷς
μάλιστ᾽ ἐσπούδακε, τῆς τε συμπλοκῆς τῶν φωνηέντων γραμμάτων καὶ τῆς κυκλικῆς εὐρυθμίας τῶν περιόδων καὶ τῆς
ὁμοειδείας τῶν σχηματισμῶν, πολὺ ἀμείνων ἂν ἦν αὐτὸς
ἑαυτοῦ κατὰ τὴν φράσιν. ἔστι δ᾽ ἃ καὶ κατὰ τὸν πραγματικὸν τύπον ἁμαρτάνει καὶ μάλιστα κατὰ τὰς παρεκβολάς·
οὔτε γὰρ ἀναγκαῖαί τινες αὐτῶν οὔτ᾽ ἐν καιρῷ γενόμεναι
πολὺ τὸ παιδιῶδες ἐμφαίνουσιν. ἐν αἷς ἐστὶ καὶ τὰ περὶ
Σειληνοῦ τοῦ φανέντος ἐν Μακεδονίᾳ καὶ τὰ περὶ τοῦ
δράκοντος τοῦ διαναυμαχήσαντος πρὸς τὴν τριήρη (πρὸς
τῇ τριήρει de vet. script. censura 3 p. 429) καὶ ἄλλα οὐκ
ὀλίγα ὅμοια τούτοις.

Theopomp war 45 jahre alt, als er auf fürbitten Alexanders des groszen (ol. 111. 336—2) nach seiner vaterstadt
Chios zurückberufen wurde: folglich ist er nicht früher als
ol. 100. 380 geboren. um diese zeit bestand ein bündnis
zwischen Chios und Athen: sobald dieses ol. 100, 3. 377 zu
einem trutzbündnisse der griechischen seestaaten gegen Sparta
erweitert wurde (Schaefer Dem. u. s. z. I 23), werden die
führer der demokratie die vertreibung der lakonischen partei
bewirkt haben.

Quint. X 1, 74 *Theopompus his (Thucydidi et Herodoto)
proximus ut in historia praedictis minor ita oratori magis simi-
lis, ut qui antequam est ad hoc opus sollicitatus diu fuerit
orator.*

Theopompos verfaszte eine lobrede auf Maussolos von
Karien († ol. 107, 2. 351) und gewann den von dessen wittwe
Artemisia ausgesetzten preis. Gell. X 18, 6 *ad eas laudes
decertandas venisse dicuntur viri nobiles ingenio atque lingua
praestabili. Theopompus Theodectes Naucrates; sunt etiam qui
Isocratem ipsum cum his certavisse memoriae mandaverint. sed
eo certamine vicisse Theopompum iudicatum est: is fuit Isocratis
discipulus. extat nunc quoque Theodecti tragoedia quae inscribitur Mausolus.* Vit. X or. 838ᵇ. Porphyr. b. Euseb. praep.
ev. X 3, 5 p. 464ᶜ (ὁ Θεόπομπος) ὑπερφρονεῖ τὸν Ἰσοκράτην καὶ νενικῆσθαι ὑφ᾽ ἑαυτοῦ λέγει κατὰ τὸν ἐπὶ Μαυ-
σώλῳ ἀγῶνα τὸν διδάσκαλον. nicht der Athener Isokrates,

sondern Isokrates von Apollonia bewarb sich um den preis § 29.
nach Suidas u. Θεοδέκτης — Φασηλίτης· — οὗτος καὶ ὁ Ἐρυθραῖος Ναυκράτης καὶ Ἰσοκράτης ὁ ῥήτωρ ὁ Ἀπολλωνιώτης
καὶ Θεόπομπος ἐπὶ τῆς ρί ὀλυμπιάδος εἶπον ἐπιτάφιον ἐπὶ
Μαυσώλω —, καὶ ἐνίκησε μάλιστα εὐδοκιμήσας ἐν ᾗ εἶπε
τραγῳδίᾳ· ἄλλοι δέ φασι Θεόπομπον ἔχειν τὰ πρωτεῖα.
vgl. Suid. u. Ἰσοκράτης Ἀμύκλα. Sauppe z. f. d. AW.
1835 s. 411.

Über die verhältnisse von Chios in der zeit Alexanders
s. Demosth. u. s. z. III² 45, 3. 157. 162 — 4. 168—170 und
die von Kirchhoff Ber. d. Berl. Ak. 1863 s. 265 ff. herausgegebene inschrift. ol. 112, 1. 332 ward Chios von den
oligarchen und der anderthalb jahre früher eingelegten persischen besatzung befreit und von makedonischen truppen
besetzt.

Zu Chios stand Theokritos im gegensatze zu den anhängern der makedonischen partei und persönlich zu Theopomp. vgl. a. a. o. III² 322. Müller FHG II 86. Strab. XIV
p. 645 ἄνδρες δὲ Χῖοι γεγόνασιν ἐλλόγιμοι Ἴων τε ὁ τραγι-
κὸς καὶ Θεόπομπος ὁ συγγραφεὺς καὶ Θεόκριτος ὁ σοφιστής·
οὗτοι δὲ καὶ ἀντεπολιτεύσαντο ἀλλήλοις. Theopomp trug
Alexander nach dessen rückkehr aus Indien brieflich seine
beschwerden vor. fr. 276—278 ἡ πρὸς Ἀλέξανδρον ἐπιστολή,
αἱ περὶ τῆς Χίου oder αἱ Χιακαὶ ἐπιστολαί; vgl. Dionys.
a. a. O. (p. 782. 786). nach Alexanders tode muste Theopomp
flüchten und fand schlieszlich aufnahme bei Ptolemaeos von
Ägypten, wenn Photios sich genau ausdrückt (Πτολ. τὸν
ταύτης βασιλέα), nicht vor ol. 118, 2. 306.

Theopomps historische schriften:

Ἑλληνικά 12 bb.

Diod. XIII 42. ol. 92, 2. 411 — Ξενοφῶν δὲ καὶ Θεόπομπος ἀφ' ὧν ἀπέλιπε Θουκυδίδης τὴν ἀρχὴν πεποίηνται,
Θεόπομπος δὲ τὰς Ἑλληνικὰς πράξεις διελθὼν ἐπ' ἔτη ἑπτακαίδεκα καταλήγει τὴν ἱστορίαν εἰς τὴν περὶ Κνίδον ναυμαχίαν ἐν βίβλοις δυοκαίδεκα. XIV 84. ol. 96, 2. 395/4. Θεόπομπος δ' ὁ Χῖος τὴν τῶν Ἑλληνικῶν σύνταξιν κατέστροφεν εἰς τοῦτον τὸν ἐνιαυτὸν καὶ εἰς τὴν περὶ Κνίδον ναυμαχίαν (ol. 96, 3. 394), γράψας βίβλους δώδεκα. ὁ δὲ συγγραφεὺς οὗτος ἦρκται μὲν ἀπὸ τῆς περὶ Κυνὸς σῆμα ναυ-

60   III. DIE ZEITEN DER MAKEDONISCHEN HERSCHAFT.

§ 29. *μαχίας, εἰς ἣν Θουκυδίδης κατέληξε τὴν πραγματείαν, ἔγραψε δὲ χρόνον ἐτῶν δεκαεπτά.* vgl. o. s. 30 f.

Die Hellenika sind benutzt von Plutarch im leben des Lysander und des Agesilaos.

Φιλιππικά 58 bb. (mit den Hellenika 70 bb.).

Diod. XVI 3. ol. 105, 1. 360,59 *τῶν δὲ συγγραφέων Θεόπομπος ὁ Χῖος τὴν ἀρχὴν τῶν περὶ Φίλιππον ἱστοριῶν ἐντεῦθεν ποιησάμενος γέγραφε βίβλους ὀκτὼ πρὸς ταῖς πεντήκοντα, ἐξ ὧν πέντε διαφωνοῦσιν.* vgl. Photios o. s. 55.

Polyb. VIII 11 *μάλιστα δ' ἄν τις ἐπιτιμήσειε περὶ τοῦτο τὸ μέρος Θεοπόμπῳ· ὃς γ' ἐν ἀρχῇ τῆς περὶ Φιλίππου συντάξεως διὰ τοῦτο μάλιστα παρορμηθῆναι φήσας πρὸς τὴν ἐπιβολὴν τῆς πραγματείας διὰ τὸ μηδέποτε τὴν Εὐρώπην ἐνηνοχέναι τοιοῦτον ἄνδρα τὸ παράπαν οἷον τὸν Ἀμύντου Φίλιππον, μετὰ ταῦτα παρὰ πόδας ἔν τε τῷ προοιμίῳ καὶ παρ' ὅλην δὲ τὴν ἱστορίαν ἀκρατέστατον μὲν αὐτὸν ἀποδείκνυσι πρὸς γυναῖκας, ὥστε καὶ τὸν ἴδιον οἶκον ἐσφαλκέναι τὸ καθ' αὑτὸν διὰ τὴν πρὸς τοῦτο τὸ μέρος ὁρμὴν καὶ παράστασιν, ἀδικώτατον δὲ καὶ κακοπραγμονέστατον περὶ τὰς τῶν φίλων καὶ συμμάχων κατασκευάς, πλείστας δὲ πόλεις ἐξηνδραποδισμένον καὶ πεπραξικοπηκότα μετὰ δόλου καὶ βίας, ἐκπαθῆ δὲ γεγονότα καὶ πρὸς τὰς ἀκρατοποσίας, ὥστε καὶ μεθ' ἡμέραν πλεονάκις μεθύοντα καταφανῆ γενέσθαι τοῖς φίλοις. εἰ δέ τις ἀναγνῶναι βουληθείη τὴν ἀρχὴν τῆς ἐνάτης καὶ τετταρακοστῆς αὐτῷ βίβλου, παντάπασιν ἂν θαυμάσαι τὴν ἀτοπίαν τοῦ συγγραφέως κτέ.* c. 13 — *τὴν δὲ Θεοπόμπου (πικρίαν) μηδ' ὑπὸ λόγον πίπτειν. προθέμενος γὰρ ὡς περὶ βασιλέως εὐφυεστάτου πρὸς ἀρετὴν γεγονότος οὐκ ἔστι τῶν αἰσχρῶν καὶ δεινῶν ὃ παραλέλοιπε. λοιπὸν ἢ περὶ τὴν ἀρχὴν καὶ προέκθεσιν τῆς πραγματείας ἀνάγκη ψεύστην καὶ κόλακα φαίνεσθαι τὸν ἱστοριογράφον ἢ περὶ τὰς κατὰ μέρος ἀποφάσεις ἀνόητον καὶ μειρακιώδη τελέως, εἰ διὰ τῆς ἀλόγου καὶ ἐπικλήτου λοιδορίας ὑπέλαβε πιστότερος μὲν αὐτὸς φανήσεσθαι, παραδοχῆς δὲ μᾶλλον ἀξιωθήσεσθαι τὰς ἐγκωμιαστικὰς ἀποφάσεις αὐτοῦ περὶ Φιλίππου.*

Καὶ μὴν οὐδὲ περὶ τὰς ὁλοσχερεῖς διαλήψεις οὐδεὶς ἂν εὐδοκήσειε τῷ προειρημένῳ συγγραφεῖ, ὅς γε ἐπιβαλόμενος γράφειν τὰς Ἑλληνικὰς πράξεις ἀφ' ὧν Θουκυδίδης ἀπέλιπε, καὶ συνεγγίσας τοῖς Λευκτρικοῖς καιροῖς καὶ τοῖς ἐπιφανε-

στάτοις τῶν Ἑλληνικῶν ἔργων, τὴν μὲν Ἑλλάδα μεταξὺ καὶ § 29.
τὰς ταύτης ἐπιβολὰς ἀπέρριψε, μεταλαβὼν δὲ τὴν ὑπόθεσιν
τὰς Φιλίππου πράξεις προύθετο γράφειν. καίτοι γε πολλῷ
σεμνότερον ἦν καὶ δικαιότερον τῇ περὶ τῆς Ἑλλάδος ὑποθέ-
σει τὰ πεπραγμένα Φιλίππῳ συμπεριλαβεῖν ἥπερ ἐν τῇ Φι-
λίππου τὰ τῆς Ἑλλάδος κτέ. Dionys. arch. I 1 οὔτ᾽ ἐν τοῖς ἰδίοις μέλλων πλεονάζειν
ἐπαίνοις — οὔτε διαβολὰς καθ᾽ ἑτέρων ἐγνωκὼς ποιεῖσθαι
συγγραφέων, ὥσπερ Ἀναξιμένης καὶ Θεόπομπος ἐν τοῖς προο-
οιμίοις τῶν ἱστοριῶν ἐποίησαν. Strab. I p. 43 Θεόπομπος — φήσας ὅτι καὶ μύθους ἐν
ταῖς ἱστορίαις ἐρεῖ, κρεῖττον ἢ ὡς Ἡρόδοτος καὶ Κτησίας καὶ
Ἑλλάνικος καὶ οἱ τὰ Ἰνδικὰ συγγράψαντες. Cic. de legg. I 1, 5 et apud Herodotum patrem historiae
et apud Theopompum sunt innumerabiles fabulae. Aelian. var. hist. III 18 (fr. 76) περιηγεῖταί τινα Θεόπομπος (ἐν τῇ η´ τῶν Φιλιππικῶν Theon progymn. 2 p. 159)
συνουσίαν Μίδου τοῦ Φρυγὸς καὶ Σειληνοῦ. — καὶ ταῦτα
εἴ τῳ πιστὸς ὁ Χῖος λέγων, πεπιστεύσθω· ἐμοὶ δὲ δεινὸς
εἶναι δοκεῖ μυθολόγος καὶ ἐν τούτοις καὶ ἐν ἄλλοις δέ. Theon. progymn. 4 p. 185 παραιτητέον δὲ καὶ τὸ παρεκ-
βάσεις ἐπεμβάλλεσθαι μεταξὺ διηγήσεως μακράς. οὐ γὰρ
ἁπλῶς χρὴ πάσαν παραιτεῖσθαι, καθάπερ ὁ Φίλιστος· ἀνα-
παύει γὰρ τὴν διάνοιαν τῶν ἀκροατῶν· ἀλλὰ τὴν τηλικαύτην τὸ μῆκος ἥτις ἀπαλλοτριοῖ τὴν διάνοιαν τῶν ἀκροωμέ-
νων ὥστε δεῖσθαι πάλιν ὑπομνήσεως τῶν προειρημένων, ὡς
Θεόπομπος ἐν ταῖς Φιλιππικαῖς. δύο γάρ που καὶ τρεῖς καὶ
πλείους ἱστορίας ὅλας κατὰ παρέκβασιν εὑρίσκομεν, ἐν
αἷς οὐχ ὅπως Φιλίππου, ἀλλ᾽ οὐδὲ Μακεδόνος τινὸς ὄνομά
ἐστιν. Polyb. XXXIX 1ᵇ διὸ καὶ τῶν ἀρχαίων συγγραφέων
οἱ λογιώτατοι δοκοῦσί μοι προσαναπεπαῦσθαι τῷ τρόπῳ
τούτῳ, τινὲς μὲν οὖν μυθικαῖς καὶ διηγηματικαῖς κεχρημένοι
παρεκβάσεσι, τινὲς δὲ καὶ πραγματικαῖς, ὥστε μὴ μόνον ἐν
αὐτοῖς τοῖς κατὰ τὴν Ἑλλάδα τόποις ποιεῖσθαι τὰς μεταβά-
σεις ἀλλὰ καὶ τῶν ἐκτὸς περιλαμβάνειν. λέγω δὲ οἷον ἐπει-
δὰν τὰ κατὰ τὴν Θετταλίαν ἐξηγούμενοι καὶ τὰς Ἀλεξάνδρου
τοῦ Φεραίου πράξεις μεταξὺ τὰς κατὰ Πελοπόννησον τῶν
Λακεδαιμονίων ἐπιβολὰς διηγῶνται καὶ πάλιν τὰς [ἀπ᾽] Ἀθηναίων, ἔτι δὲ τὰς κατὰ Μακεδονίαν ἢ τὴν Ἰλλυρίδα, κἄπειτα

§ 29. διατρίψαντες λέγωσι τὴν Ἰφικράτους εἰς Αἴγυπτον στρατείαν καὶ τὰ Κλεάρχῳ πραχθέντα παρανομήματα κατὰ τὸν Πόντον. ἐξ ὧν κεχρημένους μὲν ἅπαντάς εὕροι τις ἂν τῷ τοιούτῳ χειρισμῷ, κεχρημένους γε μὴν ἀτάκτως .... ἐκεῖνοι μὲν γὰρ μνησθέντες, πῶς Βάρδυλις ὁ τῶν Ἰλλυριῶν βασιλεύς καὶ Κερσοβλέπτης ὁ τῶν Θρακῶν κατεκτήσαντο τὰς δυναστείας, οὐκέτι προστιθέασι τὸ συνεχὲς οὐδ᾿ ἀνατρέχουσιν ἐπὶ τἀκόλουθον ἐκ διαστήματος, ἀλλὰ καθάπερ ἐν ποιήματι χρησάμενοι πάλιν ἐπανάγουσιν ἐπὶ τὰς ἐξ ἀρχῆς ὑποθέσεις. Plutarch. reip. ger. praec. 6 p. 803ᵇ ἐπὶ δὲ τῶν Ἐφόρου καὶ Θεοπόμπου καὶ Ἀναξιμένους ῥητορειῶν καὶ περιόδων, ἅς περαίνουσιν ἐξοπλίσαντες τὰ στρατεύματα καὶ παρατάξαντες, ἔστιν εἰπεῖν ᾿οὐδεὶς σιδήρου ταῦτα μωραίνει πέλας᾿. Abschnitte des 8n buchs werden u. d. t. Θεόπομπος ἐν τοῖς θαυμασίοις (fr. 70. 79), Θ. ἐν ταῖς ἱστορίαις, ἐπιτρέχων τὰ κατὰ τόπους θαυμάσια (fr. 69) angeführt, des 10n buchs u. d. t. ἐν τῷ περὶ δημαγωγῶν fr. 102. fr. 95 bei Athen. IV p. 166ᵈ Θ. δ᾿ ἐν τῇ ι᾿ τῶν Φιλιππικῶν, ἀφ᾿ ἧς τινὲς τὸ τελευταῖον μέρος χωρίσαντες ἐν ᾧ ἐστι τὰ (ἐπέγραψαν?) περὶ τῶν Ἀθήνησι δημαγωγῶν. Einen späteren abschnitt citiert Athen. XII p. 532ᵈ. XIII p. 604ᶠ Θ. ἐν τῷ περὶ τῶν συληθέντων ἐκ Δελφῶν χρημάτων (fr. 182 s.). Theon progymn. 8 p. 229 citiert Θ. ἐν τῷ Φιλίππου ἐγκωμίῳ. 2 p. 164 ἔχομεν δὲ — καὶ Θεοπόμπου τὸ Φιλίππου ἐγκώμιον καὶ Ἀλεξάνδρου.

Diod. XVI 71 (ol. 109, 2. 343) τῶν δὲ συγγραφέων Θεόπομπος ὁ Χῖος ἐν τῇ τῶν Φιλιππικῶν ἱστορίᾳ κατέταξε τρεῖς βίβλους περιεχούσας Σικελικὰς πράξεις· ἀρξάμενος δὲ ἀπὸ τῆς Διονυσίου τοῦ πρεσβυτέρου τυραννίδος διῆλθε χρόνον ἐτῶν πεντήκοντα (?), καὶ κατέστρεψεν εἰς τὴν ἔκπτωσιν Διονυσίου τοῦ νεωτέρου. εἰσὶ δὲ αἱ βίβλοι τρεῖς, ἀπὸ τῆς πρώτης καὶ τεσσαρακοστῆς ἄχρι τῆς τρίτης καὶ τεσσαρακοστῆς (vielmehr XXXIX—XLI).

Plin. NH III 57 *Theopompus, ante quem nemo mentionem habuit (Romanorum), urbem dumtaxat a Gallis captam dixit, Clitarchus ab eo proximus legationem tantum ad Alexandrum missam.*

Aus fr. 334 u. 108 (Pollux V 42. Plut. Dem. 26) ergibt sich, dass Theopomp die Philippika nach 324 herausgab.

Athen. III p. 85ᵃ (fr. 200) τούτοις εἴ τις ἀπιστεῖ, μαθέτω

καὶ παρὰ Θεοπόμπου τοῦ Χίου, ἀνδρὸς φιλαλήθους καὶ πολλὰ § 29.
χρήματα καταναλώσαντος εἰς τὴν περὶ τῆς ἱστορίας ἐξέτασιν
ἀκριβῆ. Plut. Lysandr. 30 Θεόπομπος, ᾧ μᾶλλον ἐπαινοῦντι πιστεύσειεν ἄν τις ἢ ψέγοντι· ψέγει γὰρ ἥδιον ἢ ἐπαινεῖ.
Lukian. πῶς δεῖ ἱστορ. συγγρ. 59 — τὴν αὐτὴν Θεοπόμπῳ
αἰτίαν ἕξεις φιλαπεχθημόνως κατηγοροῦντι τῶν πλείστων,
καὶ διατριβὴν ποιουμένῳ τὸ πρᾶγμα, ὡς κατηγορεῖν μᾶλλον
ἢ ἱστορεῖν τὰ πεπραγμένα. Nepos Alcib. 11 *Theopompus — et Timaeus — duo male-
dicentissimi.*
        Fr. 297 bei Athen. VI 254ᵇ (ἡ Ἀθηναίων πόλις) ἦν ὁ μὲν
Πύθιος ἑστίαν τῆς Ἑλλάδος ἀνεκήρυξε, πρυτανεῖον δὲ τῆς
Ἑλλάδος ὁ δυσμενέστατος Θεόπομπος, ὁ φήσας ἐν ἄλλοις
πλήρεις εἶναι τὰς Ἀθήνας διονυσοκολάκων καὶ ναυτῶν καὶ
λωποδυτῶν, ἔτι δὲ ψευδομαρτύρων καὶ συκοφαντῶν καὶ
ψευδοκλητήρων.
        Theopomps Philippika wurden ausgeschrieben von Plu-
tarch, Trogus Pompejus (der sein eigenes werk *historiae Philippicae* benannte) und als eine encyklopädie des wissenswer-
then von schriftstellern aller art ausgebeutet.

§ 30. Deinon von Kolophon.

Müller FHG II 88.

Περσικά, ein weitläufiges werk in mehreren abteilungen
(fr. 8 Δείνων ἐν τῷ πρώτῳ τῆς τρίτης συντάξεως). Deinon
schrieb um die zeit der züge Alexanders die geschichte der
groszreiche Asiens und die wunder Indiens. Sein werk gieng
von der gründung des assyrischen reiches (fr. 1 über Se-
miramis) bis zur eroberung Ägyptens durch Artaxerxes III
Ochos (fr. 30) herab, also bis ol. 110, 1. 340/39.
        Corn. Nep. Conon 5 *Dinon historicus, cui nos plurimum
de Persicis rebus credimus, effugisse (Cononem) scripsit; illud
addubitat utrum Tiribazo sciente an imprudente sit factum.*
        Cic. de divin. I 23, 46 *quid ego, quae magi Cyro illi
principi interpretati sunt ex Dinonis Persicis proferam ss.*
        Plin. NH X 136 *nec sirenes impetraverint fidem, adfirmet
licet Dinon, Clitarchi celebrati auctoris pater, in India esse mul-
cerique earum cantu quos gravatos somno lacerent.* vgl. Kleitarch.
fr. 18 (b. Aelian. hist. anim. XVII 22).

§ 30. Plinius führt unter seinen gewährsmännern auf: l. VIII.
X. XIV. XV. XVII. XVIII. *Dinone Colophonio*. XII. XIII.
Dinone. vgl. O. Schneider ind. zu Silligs ausgabe u. Dion.
Deinons persische geschichte war eine quelle für Trogus
Pompejus (Hil. Wolffgarten s. o. s. 53) Plutarch (namentlich im
leben des Artaxerxes), Athenaeos, Aelian.

Scriptores historiarum Alexandri M. aetate suppares ill. Rob. Geier.
    Lips. 1844.
Scriptores rerum Alexandri M. fragmenta collegit Car. Müller. Paris.
    Didot. 1846 (anhang zu Arrian. ed. Dübner).
St. Croix examen critique des historiens d'Alexandre le Grand. Paris
    1804. 4. Alfr. Schöne, de rer. Al. M. scriptorum inprimis Arriani
    et Plutarchi fontibus. Lips. 1870 u. dazu jahrb. 1870. 433.

Strab. XI p. 508 — οὐδὲ τοῖς περὶ Ἀλεξάνδρου συγγράψασι ῥᾳ-
διον πιστεύειν τοῖς πολλοῖς· καὶ γὰρ οὗτοι ῥᾳδιουργοῦσι διά τε τὴν
δόξαν τὴν Ἀλεξάνδρου καὶ διὰ τὸ τὴν στρατείαν πρὸς τὰς ἐσχατιὰς γεγονέναι τῆς Ἀσίας πόρρω ἀφ' ἡμῶν· τὸ δὲ πόρρω δυσέλεγκτον.

§ 31. Kallisthenes von Olynth.

Müller scr. r. Al. M. p. 1. Ant. Westermann de Callisthene comm. p. I.
II 1—3. Lips. 1838—42. 4.

Suidas: Καλλισθένης Δημοτίμου (οἱ δὲ Καλλισθένους)
Ὀλύνθιος, μαθητὴς Ἀριστοτέλους καὶ ἀνεψιαδοῦς, ὃν ἔδωκεν
ἔπεσθαι Ἀλεξάνδρῳ τῷ Μακεδόνι. ὁ δὲ ἐν γαλεάγρᾳ σι-
δηρᾷ βαλὼν ἀνεῖλε ἅμα Νεόφρονι τῷ τραγικῷ, διότι συνε-
βούλευε μὴ ἐπιζητεῖν ὑπὸ Ἀθηναίων καλεῖσθαι δεσπότης. τινὲς δὲ αὐτὸν ὡς ἐπιβουλεύοντα Ἀλεξάνδρῳ ἀνῃρῆσθαί φασιν ἅμα Νεόφρονι. —
Plut. Alex. 55 ἐτέθραπτο Καλλισθένης παρ' αὐτῷ (Ἀριστοτέλει) διὰ τὴν συγγένειαν, ἐξ Ἡροῦς γεγονὼς ἀνεψιᾶς
Ἀριστοτέλους. 53 τοὺς δ' ἄλλους σοφιστὰς καὶ κόλακας ὁ
Καλλισθένης ἐλύπει σπουδαζόμενος μὲν ὑπὸ τῶν νέων διὰ
τὸν λόγον, οὐχ ἧττον δὲ τοῖς πρεσβυτέροις ἀρέσκων διὰ τὸν
βίον εὔτακτον ὄντα καὶ σεμνὸν καὶ αὐτάρκη καὶ βεβαιοῦντα
τὴν λεγομένην τῆς ἀποδημίας πρόφασιν, ὅτι τοὺς πολίτας
καταγαγεῖν καὶ κατοικίσαι πάλιν τὴν πατρίδα φιλοτιμούμε-
νος ἀνέβη πρὸς Ἀλέξανδρον· φθονούμενος δὲ διὰ τὴν δόξαν, ἔστιν ἃ καὶ καθ' αὐτοῦ τοῖς διαβάλλουσι παρεῖχεν τάς τε
κλήσεις τὰ πολλὰ διωθούμενος, ἐν δὲ τῷ συνεῖναι βαρύ-

KALLISTHENES. 65

τητι καὶ σιωπῇ δοκῶν οὐκ ἐπαινεῖν οὐδὲ ἀρέσκεσθαι τοῖς § 31. γινομένοις. de stoic. repugn. 20 p. 1043ᵈ Καλλισθένει τινὲς ἐγκαλοῦσιν ὅτι πρὸς Ἀλέξανδρον ἔπλευσεν ἐλπίζων ἀναστήσειν Ὄλυνθον, ὡς Στάγειρα Ἀριστοτέλης. Iustin. XII 6, 17 *multum profuere Callisthenis philosophi preces, condiscipulatu apud Aristotelem familiaris illi (Alexandro) et tunc ab ipso rege ad prodenda memoriae acta eius accitus.*

Diog. L. V 4 ἐπειδὴ δὲ ἐδόκει (Ἀριστοτέλης) ἐπιεικῶς αὐτῷ συγγεγενῆσθαι Ἀλεξάνδρῳ, ἀπῇρεν εἰς Ἀθήνας, συστήσας αὐτῷ τὸν συγγενῆ Καλλισθένη τὸν Ὀλύνθιον.

Historische schriften: Ἑλληνικά 10 bb.; geschichte des phokischen kriegs; Alexanders kriegszug in Asien.

Diod. XIV 117. ol. 98, 2. 387 Καλλισθένης δ᾿ ὁ ἱστοριογράφος τὴν τῶν Ἑλληνικῶν σύνταξιν ἀπὸ τῆς κατὰ τοῦτον τὸν ἐνιαυτὸν γενομένης εἰρήνης τοῖς Ἕλλησι πρὸς Ἀρταξέρξην τὸν τῶν Περσῶν βασιλέα [τὴν ἱστορίαν] ἦρκται γράφειν· διελθὼν δὲ τριακονταετῆ χρόνον ἔγραψε μὲν βίβλους δέκα, τὴν δὲ τελευταίαν κατέπαυσε τῆς συντάξεως εἰς τὴν ὑπὸ τοῦ Φιλομήλου τοῦ Φωκέως κατάληψιν τοῦ ἐν Δελφοῖς ἱεροῦ. XVI 14. ol. 105, 4. 357 — Καλλισθένης δὲ τὴν τῶν Ἑλληνικῶν πραγμάτων ἱστορίαν γέγραφεν ἐν βίβλοις δέκα καὶ κατέστροφεν εἰς τὴν κατάληψιν τοῦ ἱεροῦ καὶ παρανομίαν Φιλομήλου τοῦ Φωκέως.

Cic. ad fam. V 12, 2 *uti multi Graeci fecerunt, Callisthenes Troicum (Phocicum Westermann) bellum, Timaeus Pyrrhi, Polybius Numantinum, qui omnes a perpetuis suis historiis ea quae dixi bella separaverunt.*

Athen. XIII 560ᵇʳ (fr. 18) καὶ ὁ Κρισαῖκὸς δὲ πόλεμος ὀνομαζόμενος, ὥς φησι Καλλισθένης ἐν τῷ περὶ τοῦ ἱεροῦ πολέμου, — δεκαετὴς ἦν.

Fr. 25 (Eustath. in Il. XIII 29) Καλλισθένης τὸ Παμφύλιον πέλαγος Ἀλεξάνδρου παριόντος .... ἐξυπαναστῆναι λέγει αἰσθόμενον οἷον τῆς ἐκείνου πορείας καὶ οὐδ᾿ αὐτὸ ἀγνοῆσαν τὸν ἄνακτα, ἵνα ἐν τῷ ὑποκυρτοῦσθαί πως δοκῇ προσκυνεῖν. vgl. Plut. Alex. 17 ἡ δὲ τῆς Παμφυλίας παραδρομὴ πολλοῖς γέγονε τῶν ἱστορικῶν ὑπόθεσις γραφικὴ πρὸς ἔκπληξιν καὶ ὄγκον, ὡς θείᾳ τινὶ τύχῃ παραχωρήσασαν Ἀλεξάνδρῳ τὴν θάλασσαν.

§ 31.   Timaeos schalt Kallisthenes wegen der verherlichung Alexanders (Polyb. XII 12ª δικαίως δ' αὐτὸν ὑπ' Ἀλεξάν-δρου τετευχέναι τιμωρίας, διεφθαρκότα τὴν ἐκείνου ψυχὴν καθ' ὅσον οἰός τ' ἦν). Polybios nimmt ihn in schutz (c. 23: ἀποθεοῦν — ἄνδρα τοιοῦτον ὃν πάντες μεγαλοφυέστερον ἢ κατ' ἄνθρωπον γεγονέναι τῇ ψυχῇ συγχωροῦσιν).

Die ἀλογήματα in Kallisthenes' beschreibung der schlacht bei Issos kritisiert Polyb XII 17—22.

Athen. π. μηχανημ. p. 7, 1 Wescher (fr. 19) ὁ μὲν γὰρ ἱστοριογράφος Καλλισθένης φησὶ δεῖν τὸν γράφειν τι πειρώ-μενον μὴ ἀστοχεῖν τοῦ προσώπου, ἀλλ' οἰκείως αὐτῷ τε καὶ τοῖς πράγμασι τοὺς λόγους θεῖναι.

Über Kallisthenes' gefangenschaft und tod s. Müller a. a. o. p. 3 – 6.   Arrian. IV 14, 3 Καλλισθένην δὲ Ἀριστό-βουλος μὲν λέγει δεδεμένον ἐν πέδαις ξυμπεριάγεσθαι τῇ στρατιᾷ, ἔπειτα νόσῳ τελευτῆσαι, Πτολεμαῖος δὲ ὁ Λάγου στρεβλωθέντα καὶ κρεμασθέντα ἀποθανεῖν. — πολλὰ δὲ καὶ ἄλλα ὑπὲρ τούτων αὐτῶν ἄλλοι ἄλλως ἀφηγήσαντο.

Die citate aus angeblichen schriften von Kallisthenes in den pseudo-plutarchischen schriften περὶ ποταμῶν und περὶ παραλλήλων Ἑλληνικῶν καὶ Ῥωμαϊκῶν sind fälschungen. s. R. Hercher Plut. lib. de fluviis. Lips. 1851. praef.

Den namen des Kallisthenes trägt das in Alexandria entstandene fabelbuch über die thaten Alexanders: Καλλισθένης ἱστοριογράφος, ὁ τὰ περὶ τῶν Ἑλλήνων συγγραψάμενος. οὗτος ἱστορεῖ Ἀλεξάνδρου πράξεις. Pseudo-Callisthenes primum ed. Car. Müller. Accedit itinerarium Ale-xandri. Paris. Didot. 1846; anhang zu Arrian. ed. Dübner. Ps.-C. nach der Leidener hdschr. hgg. v. H. Meusel. Jhb. Suppl. V. 1871. Jul. Zacher, Pseudocallisthenes, forschungen zur kritik und geschichte der ältesten aufzeichnung der Alexandersage. Halle 1867.

§ 32.   Anaximenes von Lampsakos.

Müller scr. r. Al. M. p. 34. (Anaximenis ars rhetorica rec. L. Spengel. Lips. 1847.   Herm. Usener quaestiones Anaximeneae. Gott. 1856.)

Suidas: Ἀναξιμένης Ἀριστοκλέους Λαμψακηνός, ῥήτωρ, μαθητὴς Διογένους τοῦ Κυνὸς καὶ Ζωίλου τοῦ Ἀμφιπολί-του γραμματικοῦ τοῦ κακίζοντος Ὅμηρον, διδάσκαλος δὲ Ἀλεξάνδρου τοῦ Μακεδόνος. εἴπετο δὲ αὐτῷ ἐν τοῖς πο-λέμοις.

Euseb. ol. 112, 4. 329 Ἀναξιμένης καὶ Ἐπίκουρος ἐγνω-ρίζετο.   Diod. XV 76 erwähnt ol. 103, 3. 366 unter den

damals lebenden ἄνδρες κατὰ παιδείαν ἄξιοι μνήμης Anaxi- § 32.
menes neben Aristoteles und Platon.

Dion. H. Isaeos 19 p. 626 R. Ἀναξιμένην δὲ τὸν
Λαμψακηνόν, ἐν ἁπάσαις μὲν ταῖς ἰδέαις τῶν λόγων τετρά-
γωνόν τινα εἶναι βουλόμενον· καὶ γὰρ ἱστορίας γέγραφε καὶ
περὶ τοῦ ποιητοῦ συντάξεις καταλέλοιπε καὶ τέχνας ἐξενήνοχεν, ἧπται δὲ καὶ συμβουλευτικῶν καὶ δικανικῶν ἀγώ-
νων· οὐ μέντοι τέλειόν γε ἐν οὐδεμιᾷ τούτων τῶν ἰδεῶν,
ἀλλ' ἀσθενῆ καὶ ἀπίθανον ὄντα ἐν ἁπάσαις θεωρῶν.

Paus. VI 18, 2 zu Olympia: ἐνταῦθα καὶ Ἀναξιμένους
οἶδα εἰκόνα ἀνευρών, ὃς τὰ ἐν Ἕλλησιν ἀρχαῖα καὶ ὅσα Φίλιππος ὁ Ἀμύντου καὶ ὕστερον Ἀλέξανδρος εἰργάσαντο
συνέγραψεν ὁμοίως ἅπαντα· ἡ δέ οἱ τιμὴ γέγονεν ἐν Ὀλυμπίᾳ παρὰ τῶν Λαμψακηνῶν τοῦ δήμου κτέ. § 3 — Ἀλέξαν-
δρῳ τε αὐτῷ καὶ ἔτι Φιλίππῳ πρότερον γεγονότα ἐν γνώσει.
über seinen zwist mit Theopomp § 5. Müller FHG I LXXIV.

Historische schriften: Ἑλληνικά 12 bb., Φιλιππικά
(cit. b. I—VIII), τὰ περὶ Ἀλέξανδρον (cit. b. I. II).

Diod. XV 89. ol. 104, 3. 363,2 Ἀναξιμένης δ' ὁ Λαμψακηνὸς τὴν πρώτην τῶν Ἑλληνικῶν ἀνέγραψεν ἀρξάμενος
ἀπὸ θεογονίας καὶ ἀπὸ τοῦ πρώτου γένους τῶν ἀνθρώπων,
κατέστροφε δ' εἰς τὴν ἐν Μαντινείᾳ μάχην καὶ τὴν Ἐπαμει-
νώνδου τελευτήν, περιέλαβε δὲ πάσας σχεδὸν τάς τε τῶν
Ἑλλήνων καὶ βαρβάρων πράξεις ἐν βίβλοις δώδεκα.

Athen. VI p. 231ᶜ Ἀ. δ' ὁ Λαμψακηνὸς ἐν ταῖς πρώ-
ταις ἐπιγραφομέναις ἱστορίαις τὸν Ἐριφύλης ὅρμον διαβόη-
τον γενέσθαι (φησὶ) διὰ τὸ σπάνιον εἶναι τότε χρυσίον παρὰ
τοῖς Ἕλλησιν κτέ.

Fr. 17ᵇ. Harpokr. u. Ἀλκίμαχος . . . Μακεδών . . .
Ἀναξιμένης δὲ ἐν τῇ β' τῶν περὶ Ἀλέξανδρον ἀνέγραψεν
αὐτοῦ δημηγορίαν, πρὸς ἣν ἀντειπεῖν φησὶ Δημοσθένην.

Βασιλέων μεταλλαγαί von A. citieren Athen. XII p. 531ᵈ
und Steph. B. u. Πασαργάδαι.

§ 33. Kleitarchos.

Müller scr. r. Al. M. p. 74. Car. Raun de Clitarcho Diodori Curtii
Iustini auctore. Bonn 1868. R. Petersdorff, Diodorus, Curtius, Ar-
rianus quibus ex fontibus expeditiones ab Al. in Asia usque ad
Darii mortem factas hauserint. Gedani 1870.

Kleitarch war Deinons sohn (§ 30), schüler Stilpons von

§ 33. **Megara** (lebte noch ol. 118, 2. 307), jünger als Theopomp Plin. NH III 57 (о. a. 62), und schrieb περὶ Ἀλεξάνδρου ἱστορίαι (citate bis zum 12n b.).

Diod. II 7 (fr. 4) (die ringmauer von Babylon) — ὡς δὲ Κλείταρχος καὶ τῶν ὕστερον μετ᾽ Ἀλεξάνδρου διαβάντων εἰς τὴν Ἀσίαν τινὲς ἀνέγραψαν, ρξ΄ καὶ ε΄ σταδίων. Athen. XIII p. 576ᵈᵉ (fr. 5) ὁ δὲ μέγας Ἀλέξανδρος οὐ Θαΐδα εἶχε μεθ᾽ ἑαυτοῦ τὴν Ἀττικὴν ἑταίραν; περὶ ἧς φησὶ Κλείταρχος ὡς αἰτίας γενομένης τοῦ ἐμπρησθῆναι τὰ ἐν Περσεπόλει βασίλεια. αὕτη δὲ ἡ Θαῒς καὶ μετὰ τὸν Ἀλεξάνδρου θάνατον καὶ Πτολεμαίῳ ἐγαμήθη κτέ. Plut. Alex. 46 ἐνταῦθα δὲ πρὸς αὐτὸν (Ἀλέξανδρον) ἀφικέσθαι τὴν Ἀμαζόνα οἱ πολλοὶ λέγουσιν, ὧν καὶ Κλείταρχός ἐστι καὶ Πολύκλειτος καὶ Ὀνησίκριτος καὶ Ἀντιγένης καὶ Ἴστρος· Ἀριστόβουλος δὲ καὶ Χάρης ὁ εἰσαγγελεὺς καὶ Πτολεμαῖος καὶ Ἀντικλείδης καὶ Φίλων ὁ Θηβαῖος καὶ Φίλιππος ὁ Θεαγγελεύς, πρὸς δὲ τούτοις Ἑκαταῖος ὁ Ἐρετριεὺς καὶ Φίλιππος ὁ Χαλκιδεὺς καὶ Δοῦρις ὁ Σάμιος πλάσμα φασὶ γεγονέναι τοῦτο. Strab. XI p. 505 (fr. 9) ὅπου δὲ νῦν εἰσίν (αἱ Ἀμαζόνες), ὀλίγοι τε καὶ ἀναποδείκτως καὶ ἀπίστως ἀποφαίνονται· καθάπερ καὶ περὶ Θαληστρίας, ἣν Ἀλεξάνδρῳ συμμῖξαί φασιν ἐν τῇ Ὑρκανίᾳ καὶ συγγενέσθαι τεκνοποιίας χάριν, δυναστεύουσαν τῶν Ἀμαζόνων. οὐ γὰρ ὁμολογεῖται τοῦτο· ἀλλὰ τῶν συγγραφέων τοσούτων ὄντων οἱ μάλιστα τῆς ἀληθείας φροντίσαντες οὐκ εἰρήκασιν, οὐδ᾽ οἱ πιστευόμενοι μάλιστα οὐδενὸς μέμνηνται τοιούτου, οὐδ᾽ οἱ εἰπόντες τὰ αὐτὰ εἰρήκασι. Κλείταρχος δέ φησι τὴν Θαληστρίαν ἀπὸ Κασπίων πυλῶν καὶ Θερμώδοντος ὁρμηθεῖσαν ἐλθεῖν πρὸς Ἀλέξανδρον. εἰσὶ δ᾽ ἀπὸ Κασπίας εἰς Θερμώδοντα στάδιοι πλείους ἑξακισχιλίων. Curt. IX 5, 21 (fr. 11) *Ptolemaeum, qui postea regnavit, huic pugnae (ad oppidum Oxydracarum) affuisse auctor est Cliarchus et Timagenes. sed ipse, scilicet gloriae suae non refragatus, afuisse se missum in expeditionem memoriae tradidit. tanta componentium vetusta rerum monumenta vel securitas vel, par huic vitium, credulitas fuit.* Arr. anab. VI 11, 8 τὸ δὲ δὴ μέγιστον πλημμέλημα τῶν ξυγγραψάντων τὰ ἀμφὶ Ἀλέξανδρον ἐκεῖνο τίθεμαι ἔγωγε. Πτολεμαῖον γὰρ τὸν Λάγου ἔστιν οἳ ἀνέγραψαν ξυναναβῆναί τε Ἀλεξάνδρῳ κατὰ τὴν κλίμακα ὁμοῦ Πευκέστᾳ καὶ ὑπερασπίσαι κειμένου, καὶ ἐπὶ

τῷδε Σωτῆρα ἐπικληθῆναι τὸν Πτολεμαῖον· καίτοι αὐτός § 33.
Πτολεμαῖος ἀναγέγραφεν οὐδὲ παραγενέσθαι τούτῳ τῷ ἔργῳ,
ἀλλὰ στρατιᾶς γὰρ αὐτὸς ἡγούμενος ἄλλας μάχεσθαι μάχας
καὶ πρὸς ἄλλους βαρβάρους. Quint. X 1, 74 *Clitarchi probatur ingenium, fides infa-
matur*. Cic. Brut. 11, 42 s. *ut enim tu nunc de Coriolano, sic
Clitarchus, sic Stratocles de Themistocle finxit. nam quem Thucydides — tantum mortuum scripsit et in Attica clam humatum,
addidit, fuisse suspicionem veneno sibi conscivisse mortem: hunc
isti aiunt cum taurum immolavisset excepisse sanguinem patera
et eo poto mortuum concidisse. hanc enim mortem rhetorice et
tragice ornare potuerunt, illa mors volgaris nullam praebebat
materiem ad ornatum.* de legg. I 2, 7 *Sisenna — in historia
puerile quiddam consectatur, ut unum Clitarchum neque praeterea
quemquam de Graecis legisse videatur, eum tamen velle dumtaxat
imitari: quem si adsequi posset, aliquantum ab optimo tamen
abesset.*

[Longin.] π. ὕψους 3, 2 γελᾶται — καί τινα τῶν Καλλισθένους ὄντα οὐχ ὑψηλά, ἀλλὰ μετέωρα, καὶ ἔτι μᾶλλον
τὰ Κλειτάρχου· φλοιώδης γὰρ ἀνὴρ καὶ φυσῶν κατὰ τὸν
Σοφοκλέα μικροῖς μὲν αὐλίσκοισι, φορβειᾶς δ' ἄτερ.

Auf Kleitarch beruht im wesentlichen die erzählung der
geschichte Alexanders bei Diodor Justin Q. Curtius Rufus;
auch Plutarch hat ihn vielfach benutzt.

§ 34. Marsyas von Pella.

Müller scr. r. Al. p. 41. Ritschl de Marsyis rerum scriptoribus (1836)
opusc. ph. I. 449.

Suidas: Μαρσύας Περιάνδρου Πελλαῖος, ἱστορικός. οὗτος δὲ ἦν πρότερον γραμματοδιδάσκαλος, καὶ ἀδελφὸς Ἀντιγόνου τοῦ μετὰ ταῦτα βασιλεύσαντος, σύντροφος δὲ Ἀλεξάνδρου τοῦ βασιλέως. ἔγραψε Μακεδονικὰ ἐν βιβλίοις ι',
ἤρξατο δὲ ἀπὸ ⟨Καράνου?⟩ τοῦ πρώτου βασιλεύσαντος Μακεδόνων, καὶ ⟨προῆλθε R.⟩ μέχρι τῆς Ἀλεξάνδρου τοῦ Φιλίππου ἐπὶ τὴν Συρίαν ἐφόδου ⟨τῆς R.⟩ μετὰ τὴν Ἀλεξαν-
δρείας κτίσιν· (Ἀττικὰ ἐν βιβλίοις ιβ') καὶ αὐτοῦ Ἀλεξάνδρου ἀγωγήν. — Μαρσύας Κριτοφήμου Φιλιππεύς, ἱστορικός,
ὁ νεώτερος. ἔγραψεν ἀρχαιολογίαν ἐν βιβλίοις ιβ', μυθικὰ
ἐν βιβλίοις ζ', καὶ ἕτερά τινα περὶ τῆς ἰδίας πατρίδος.

§ 34.   Ol. 118, 2. 306 befehligte *Μαρσύας ὁ τὰς Μακεδονικὰς πράξεις συνταξάμενος* unter Demetrios in der seeschlacht bei Cypern. Diod. XX 50.

§ 35. Onesikritos von Astypalaea.

Müller scr. r. Al. M. p. 47.

Diog. L. VI 84 *Ὀνησίκριτος. τοῦτον οἱ μὲν Αἰγινήτην, Δημήτριος δὲ ὁ Μάγνης Ἀστυπαλαιέα φησί. καὶ οὗτος τῶν ἐλλογίμων Διογένους μαθητῶν.* Aelian. hist. anim. XVI 39 (fr. 7) *Ὁ. ὁ Ἀστυπαλαιεὺς λέγει ἐν Ἰνδοῖς κτέ.* Plut. Alex. 65 *ὁ δ' Ὀνησίκριτος ἦν φιλόσοφος τῶν Διογένει τῷ Κυνικῷ συνεσχολακότων.*

Onesikritos war in Alexanders gefolge und erhielt in Indien den posten des obersteuermanns des königlichen schiffes: Arrian. Ind. 18, 9 *τῆς δὲ αὐτοῦ Ἀλεξάνδρου νεὸς κυβερνήτης ἦν Ὀνησίκριτος Ἀστυπαλαιεύς.* Anab. VI 2, 3 *τοῦ μὲν δὴ ναυτικοῦ παντὸς Νέαρχος αὐτῷ ἐξηγεῖτο, τῆς δὲ αὐτοῦ νεὼς κυβερνήτης Ὀνησίκριτος, ὃς ἐν τῇ ξυγγραφῇ ἥντινα ὑπὲρ Ἀλεξάνδρου ξυνέγραψε καὶ τοῦτο ἐψεύσατο, ναύαρχον ἑαυτὸν εἶναι γράψας κυβερνήτην ὄντα.* Plut. Alex. 66 *ἡγεμόνα μὲν Νέαρχον καταστήσας, ἀρχικυβερνήτην δ' Ὀνησίκριτον.* de fort. Alex. I 10 p. 331°. Strab. XV p. 698 (fr. 7) — *ὡς εἴρηκεν Ὀνησίκριτος, ὃν οὐκ Ἀλεξάνδρου μᾶλλον ἢ τῶν παραδόξων ἀρχικυβερνήτην προσείποι τις ἄν. πάντες μὲν γὰρ οἱ περὶ Ἀλέξανδρον τὸ θαυμαστὸν ἀντὶ τἀληθοῦς ἀπεδέχοντο μᾶλλον, ὑπερβάλλεσθαι δὲ δοκεῖ τοὺς τοιούτους ἐκεῖνος τῇ τερατολογίᾳ· λέγει δ' οὖν τινὰ καὶ πιθανὰ καὶ μνήμης ἄξια ὥστε καὶ ἀπιστοῦντα μὴ παρελθεῖν αὐτά.*

Gellius IX 4, 3 nennt Onesikritos unter den verfassern von *libri Graeci miraculorum fabularumque pleni, res inauditae, incredulae.*

Plut. Alex. 46 *λέγεται δὲ πολλοῖς χρόνοις Ὀνησίκριτος ὕστερον ἤδη βασιλεύοντι Λυσιμάχῳ* (306—281) *τῶν βιβλίων τὸ τέταρτον ἀναγινώσκειν, ἐν ᾧ γέγραπται περὶ τῆς Ἀμαζόνος· τὸν οὖν Λυσίμαχον ἀτρέμα μειδιάσαντα 'καὶ ποῦ' φάναι 'τότε ἤμην ἐγώ;'* Strab. II p. 70 *ἅπαντες μὲν τοίνυν οἱ περὶ τῆς Ἰνδικῆς γράψαντες ὡς ἐπὶ τὸ πολὺ ψευδολόγοι γεγόνασι, καθ' ὑπερ-*

βολὴν δὲ Δηίμαχος, τὰ δὲ δεύτερα λέγει Μεγασθένης. Ὀνη- § 36.
σίκριτος δὲ καὶ Νέαρχος καὶ ἄλλοι τοιοῦτοι παραψελλίζοντες
ἤδη. XV p. 689 ἐκ δὲ τούτων πάρεστιν ὑμῖν ὅσον διαφέ-
ρουσιν αἱ τῶν ἄλλων ἀποφάσεις, Κτησίου μὲν οὐκ ἐλάττω
τῆς ἄλλης Ἀσίας τὴν Ἰνδικὴν λέγοντος, Ὀνησικρίτου δὲ τρίτον μέρος τῆς οἰκουμένης, Νεάρχου δὲ μηνῶν ὁδὸν τεττά-
ρων τὴν διὰ τοῦ πεδίου, Μεγασθένους δὲ καὶ Δημάχου με-
τριασάντων μᾶλλον.

§ 36. Berichte von befehlshabern Alexanders und seiner nachfolger.

Nearchos von Kreta. Müller scr. r. Al. M. p. 58.

Nearchos ward mit andern freunden Alexanders 337,6
von König Philipp verbannt. Alexander zeichnete ihn auf
seinen kriegszügen aus und ernannte ihn zum admiral der
indischen flotte. nach Alexanders tode hielt sich Nearchos
zu Antigonos. zuletzt erwähnt ihn Diod. XIX 69. ol. 116,
3. 314 Νέαρχον τὸν Κρῆτα.

Arrian. Ind. 18, 4 ἐκ δὲ Ἀμφιπόλεως ἦγον οἵδε · Νέαρχος
Ἀνδροτίμου, ὃς τὰ ἀμφὶ τῷ παράπλῳ ἀνέγραψε. § 10 ναύ-
αρχος δὲ αὐτοῖσιν ἐπεστάθη Νέαρχος Ἀνδροτίμου · τὸ γένος
μὲν Κρὴς ὁ Νέαρχος, ᾤκεε δὲ ἐν Ἀμφιπόλει τῇ ἐπὶ Στρυ-
μόνι. Steph. B. Δητή, πόλις Μακεδονίας · — τὸ ἐθνικὸν
Δηταῖος · ⟨ἔστι καὶ Λατὼ πόλις Κρήτης. τὸ ἐθνικὸν Λατῷος.
Meineke⟩ οὕτως γὰρ ἱστορεῖται Νέαρχος Δηταῖος (Λατῷος
Meineke), τῶν Ἀλεξάνδρῳ τῷ μεγάλῳ συστρατευσαμένων ὁ
διασημότατος.

Den bericht von seiner seeexpedition (παράπλους)
scheint Nearchos später als Onesikritos herausgegeben zu
haben. manches teilt Strabo b. XV. XVI daraus mit, einen
auszug gibt Arrian. Indik. c. 20 ss.

Androsthenes von Thasos. Müller scr. r. Al. M. p. 72.

Androsthenes war auf der indischen flotte Alexanders
und unternahm eine fahrt an die küsten Arabiens. Arrian.
Ind. 18, 4 ἐκ δὲ Ἀμφιπόλεως ἦγον οἵδε · .... καὶ Ἀνδροσθένης Καλλιστράτου. Anab. VII 20, 7 Ἀνδροσθένης δὲ
ξὺν ἄλλῃ τριακοντόρῳ σταλεὶς καὶ τῆς χερρονήσου τι τῶν
Ἀράβων παρέπλευσεν.

Athen. III p. 93ᵇ Ἀνδροσθένης δ' ἐν τῷ τῆς Ἰνδικῆς

§ 36. *παράπλῳ γράφει οὕτως* (fr. 1). Strab. XVI p. 766 (fr. 2) *καθάπερ καὶ Ἀνδροσθένη λέγειν φησὶ (Ἐρατοσθένης) τὸν Θά- σιον, τὸν καὶ Νεάρχῳ συμπλεύσαντα . . .* Patrokles. Müller FHG II 442.

Patrokles ward 312 von Seleukos mit dem commando zu Babylon betraut, war später statthalter der länder am kaspischen meere und behauptete sich im höchsten ansehen (Plutarch. Demetr. 47 *Π. ἀνὴρ συνετὸς εἶναι δοκῶν καὶ Σελεύκῳ φίλος πιστός . .*). Nach dem tode des Seleukos 280 sandte Antiochos I ihn mit einem heere nach Vorderasien: dort fiel er im Kampfe mit den Bithynern.

Patrokles beschrieb das kaspische meer. Strab. II p. 68 s. *Πατροκλῆς ὁ μάλιστα πιστεύεσθαι δίκαιος διά τε τὸ ἀξίωμα καὶ διὰ τὸ μὴ ἰδιώτης εἶναι τῶν γεωγραφικῶν. — καὶ αὐτὴ δὲ ἡ τοῦ Πατροκλέους πίστις ἐκ πολλῶν μαρ- τυριῶν σύγκειται, τῶν βασιλέων τῶν πεπιστευκότων αὐτῷ τηλικαύτην ἀρχήν, τῶν ἐπακολουθησάντων αὐτῷ, τῶν ἀντι- δοξούντων· . . . οὐδὲ τοῦτο δὲ ἀπίθανον τοῦ Πατροκλέους ὅτι φησὶ τοὺς Ἀλεξάνδρῳ συστρατεύσαντας ἐπιδρομάδην ἱστο- ρῆσαι ἕκαστα, αὐτὸν δὲ Ἀλέξανδρον ἀκριβῶσαι, ἀναγραψάν- των τὴν ὅλην χώραν τῶν ἐμπειροτάτων αὐτῷ· τὴν δ' ἀνα- γραφὴν αὐτῷ δοθῆναί φησιν ὕστερον ὑπὸ Ξενοκλέους τοῦ γαζοφύλακος.*

Strab. XI p. 509 *φησὶ δὲ καὶ εὔπλουν εἶναι (τὸν Ὦξον Ἀριστόβουλος), καὶ οὗτος καὶ Ἐρατοσθένης παρὰ Πατροκλέους λαβών, καὶ πολλὰ τῶν Ἰνδικῶν φορτίων κατάγειν εἰς τὴν Ὑρκανίαν θάλατταν, ἐντεῦθεν δ' εἰς τὴν Ἀλβανίαν περ- αιοῦσθαι καὶ διὰ τοῦ Κύρου καὶ τῶν ἑξῆς τόπων εἰς τὸν Εὔξεινον καταφέρεσθαι.* vgl. Arrian. VII 16, 3. 4.

Plin. VI 17 § 58 *(India) patefacta est non modo Ale- xandri magni armis regumque qui successere, circumvectis etiam in Hyrcanium mare et Cuspium Seleuco et Antiocho praefecto- que classis eorum Patrocle, verum et aliis auctoribus Graecis qui cum regibus Indicis morati, sicut Megasthenes et Dionysius a Philadelpho missus, ... prodidere.*

Über Megasthenes und seine Indika (aus der zeit von Seleukos Nikator um 300) s. E. A. Schwanbeck Megasthe- nis Indica. Bonn 1846. Müller FHG II 397; über seinen jüngeren zeitgenossen Daimachos von Plataeae II 440.

§ 37. Ephemeriden.

Chares von Mytilene war kammerherr Alexanders (*εἰσαγγελεύς* Plut. Al. 46) und schrieb als solcher *περὶ Ἀλεξάνδρου ἱστορίαι* in wenigstens 10 bb. Müller scr. r. Al. M. p. 114.

Βασίλειοι ἐφημερίδες — *ἃς ἀνέγραψαν Εὐμένης ὁ Καρδιανὸς καὶ Διόδοτος ὁ Ἐρυθραῖος* (Athen. X p. 434[b]). Müller scr. r. Al. M. 121. A. Schöne a. a. O. S. 33. E. Plew jhb. 1871, 533. Eumenes war Alexanders *ἀρχιγραμματεύς*. Plut. Eumen. 1.

Die führung von hof- und reichsjournalen durch bestimmte beamte (vgl. Herod. VIII 90 die *γραμματισταί* bei der salaminischen schlacht) war bei den groszkönigen von Asien hergebracht: *γράμματα μνημόσυνα τῶν ἡμερῶν, βίβλος ὑπομνηματισμοῦ, τὰ τῶν βασιλέων ὑπομνήματα, τὰ τῶν προγόνων βιβλία.* s. Barn. Brissonius de reg. Persar. princip. ed. Francof. 1595 p. 139. 142 s. dieselbe sitte wurde auf die makedonischen fürstenhöfe übertragen. auf die in den *ὑπομνήματα βασιλικά* enthaltenen offiziellen berichte aus Pyrrhos' feldlager beruft sich Hieronymos von Kardia fr. 8 bei Plut. Pyrrh. 21. vgl. Müller FHG II 461; über *ὑπομνήματα* des Antigonos Gonatas s. Polyaen. VI 6, 2.

§ 38. Ptolemaeos König von Aegypten.

Müller scr. r. Al. M. p. 87.

Ptolemaeos I nahm 306 den königlichen titel an und † 283.

Arrian. anab. prooem. *Πτολεμαῖος ὁ Λάγου καὶ Ἀριστόβουλος ὁ Ἀριστοβούλου ὅσα μὲν ταὐτὰ ἄμφω περὶ Ἀλεξάνδρου τοῦ Φιλίππου ξυνέγραψαν, ταῦτα ἐγὼ ὡς πάντη ἀληθῆ ἀναγράφω, ὅσα δὲ οὐ ταὐτά, τούτων τὰ πιστότερα ἐμοὶ φαινόμενα καὶ ἅμα ἀξιαφηγητότερα ἐπιλεξάμενος. ἄλλοι μὲν δὴ ἄλλα ὑπὲρ Ἀλεξάνδρου ἀνέγραψαν, οὐδ᾽ ἔστιν ὑπὲρ ὅτου πλείονες ἢ ἀξυμφωνότεροι ἐς ἀλλήλους· ἀλλ᾽ ἐμοὶ Πτολεμαῖός τε καὶ Ἀριστόβουλος πιστότεροι ἔδοξαν ἐς τὴν ἀφήγησιν, ὁ μὲν ὅτι ξυνεστράτευσε βασιλεῖ Ἀλεξάνδρῳ, Ἀριστόβουλος· Πτολεμαῖος δὲ πρὸς τῷ ξυστρατεῦσαι ὅτι καὶ αὐτῷ βασιλεῖ*

§ 38. ὄντι αἰσχρότερον ἢ τῷ ἄλλῳ ψεύσασθαι ἦν· ἄμφω δέ, ὅτι τε-
τελευτηκότος ἤδη Ἀλεξάνδρου ξυγγράφουσιν αὐτοῖς ἥ τε
ἀνάγκη καὶ ὁ μισθὸς τοῦ ἄλλως τι ἢ ὡς ξυνηνέχθη ξυγ-
γράψαι ἀπῆν. ἔστι δὲ ἃ καὶ πρὸς ἄλλων ξυγγεγραμμένα,
ὅτι καὶ αὐτὰ ἀξιαφήγητά τέ μοι ἔδοξε καὶ οὐ πάντη ἄπιστα,
ὡς λεγόμενα μόνον ὑπὲρ Ἀλεξάνδρου ἀνέγραψα. vgl. VI
28, 2.

VII 26, 3 . . Ἀλέξανδρον . . . ἀποθανεῖν . . . . οὐ
πόρρω δὲ τούτων οὔτε Ἀριστοβούλῳ οὔτε Πτολεμαίῳ ἀνα-
γέγραπται.

Ein wunder erzählte Ptolemaeos bei Alexanders zuge
zum Ammonion: Arr. III 3, 5 (fr. 7) Πτολεμαῖος μὲν δὴ ὁ
Λάγου λέγει δράκοντας δύο ἰέναι πρὸ τοῦ στρατεύματος φω-
νὴν ἰέντας, καὶ τούτοις Ἀλέξανδρον κελεῦσαι ἕπεσθαι τοὺς
ἡγεμόνας πιστεύσαντας τῷ θείῳ· τοὺς δὲ ἡγήσασθαι τὴν ὁδὸν
τήν τε ἐς τὸ μαντεῖον καὶ ὀπίσω αὖθις· Ἀριστόβουλος δὲ
κτέ. vgl. dazu Diod. XX 100. ol. 119, 1. 303 (οἱ Ρό-
διοι) θεωροὺς ἀπέστειλαν εἰς Λιβύην τοὺς ἐπερωτήσοντας
τὸ παρ' Ἄμμωνι μαντεῖον εἰ συμβουλεύει Ῥοδίοις Πτολεμαῖον ὡς θεὸν τιμῆσαι. συγκατατιθεμένου δὲ τοῦ χρηστη-
ρίου κτέ. Paus. I 8, 6 τὸν — τοῦ Λάγου Σωτῆρα (καλοῦσι)
παραδόντων Ῥοδίων τὸ ὄνομα. vgl. o. s. 68 f.

Aristobulos von Kasandreia.

Müller scr. r. Al. M. p. 94.

[Lukian.] Makrob. 22 Ἀριστόβουλος δ' ὁ Κασανδρεὺς
ὑπὲρ τὰ ϛ' ἔτη λέγεται βεβιωκέναι, τὴν ἱστορίαν δὲ δ' καὶ
π' ἔτος γεγονὼς ἤρξατο συγγράφειν, ὡς αὐτὸς ἐν ἀρχῇ τῆς
πραγματείας λέγει. Plutarch. Dem. 23. Athen. II p. 43ᵈ.
VI p. 251ᵃ Ἀ. ὁ Κασανδρεύς. Kasandreia ward ol. 116, 1.
316 von Kasandros an der stelle der von Philipp II zerstör-
ten stadt Potidaea erbaut. Aristobulos schrieb Alexanders
geschichte nach der schlacht bei Ipsos. Arrian. VII 18, 5.

§ 39. Hieronymos von Kardia.

Müller FHG II 450. C. A. F. Brückner de vita et scriptis H. Cardiani.
z. f. d. aw. 1842 p. 253.

Suidas: Ἱερώνυμος Καρδιανός, ὃς τὰ ἐπ' Ἀλεξάνδρῳ
πραχθέντα συνέγραψεν.

[Lukian] Makrob. 22 Ἱερώνυμος δὲ ἐν πολέμοις γενό- § 39.
μενος καὶ πολλοὺς καμάτους ὑπομείνας καὶ τραύματα ἔζησεν
ἔτη δ' καὶ ϱ', ὡς Ἀγαθαρχίδης ἐν τῇ θ' τῶν περὶ τῆς Ἀσίας
ἱστοριῶν λέγει (FHG III 196, 17), καὶ θαυμάζει γε τὸν ἄνδρα
ὡς μέχρι τῆς τελευταίας ἡμέρας ἄρτιον ὄντα ἐν ταῖς συνου-
σίαις καὶ πᾶσι τοῖς αἰσθητηρίοις, μηδενὸς γενόμενον τῶν
πρὸς ὑγίειαν ἐλλιπῆ. Diod. XVIII 42 ol. 114, 3. 322 ὁ Εὐμένης πρὸς τὸν
Ἀντίπατρον πρεσβευτὰς ἀπέστειλε περὶ τῶν ὁμολογιῶν, ὧν
ἦν ἡγούμενος Ἱερώνυμος ὁ τὰς τῶν διαδόχων ἱστορίας γεγρα-
φώς. 50 ol. 115, 2. 319 (Ἀντίγονος) Ἱερώνυμον — τὸν τὰς
ἱστορίας γράψαντα μετεπέμψατο, φίλον ὄντα καὶ πολίτην
Εὐμένους τοῦ Καρδιανοῦ. XIX 44 ol. 116, 1. 315 ἀνήχθη
δ' ἐν τοῖς τραυματίαις αἰχμάλωτος καὶ ὁ τὰς ἱστορίας συνταξάμενος Ἱερώνυμος ὁ Καρδιανός, ὃς τὸν μὲν ἔμπροσθεν χρόνον ὑπ' Εὐμένους τιμώμενος διετέλεσε, μετὰ δὲ τὸν ἐκείνου
θάνατον ὑπ' Ἀντιγόνου ἐτύγχανε φιλανθρωπίας καὶ πίστεως.

Hieronymos war im heere des Antigonos bei Ipsos 301
(Makrob. 11) und hielt sich später zu dessen sohne Demetrios und zu Antigonos Gonatas. sein geschichtswerk wird
citiert u. d. t. αἱ τῶν διαδόχων ἱστορίαι, der spätere teil
desselben, in welchem Pyrrhos' kieg in Italien und sein
tod (272) erzählt war, von Dionys. arch. I 6 p. 16: πρώτου
μὲν — τὴν Ῥωμαϊκὴν ἀρχαιολογίαν ἐπιδραμόντος Ἱερωνύμου
τοῦ Καρδιανοῦ συγγραφέως ἐν τῇ περὶ τῶν ἐπιγόνων πραγματείᾳ. Plutarch im leben des Pyrrhos hat die zuverläs-
sigsten berichte aus Hieronymos.

Paus. I 9, 8 τὰ δὲ ἐντεῦθεν ἐμοί ἐστιν οὐ πιστά, Ἱερώνυμος δὲ ἔγραψε Καρδιανός, Λυσίμαχον τὰς θήκας τῶν νεκρῶν ἀνελόντα τὰ ὀστᾶ ἐκρῖψαι. ὁ δὲ Ἱερώνυμος οὗτος ἔχει
μὲν καὶ ἄλλως δόξαν πρὸς ἀπέχθειαν γράψαι τῶν βασιλέων
πλὴν Ἀντιγόνου, τούτῳ δὲ οὐ δικαίως χαρίζεσθαι· τὰ δὲ
ἐπὶ τοῖς τάφοις τῶν Ἠπειρωτῶν παντάπασίν ἐστι φανερὸς
ἐπηρείᾳ συνθείς, ἄνδρα Μακεδόνα θήκας νεκρῶν ἀνελεῖν.
— τῷ δὲ Ἱερωνύμῳ τάχα μέν που καὶ ἄλλα ἦν ἐς Λυσίμαχον ἐγκλήματα, μέγιστον δέ, ὅτι τὴν Καρδιανῶν πόλιν ἀνε-
λὼν Λυσιμάχειαν ἀντ' αὐτῆς ᾤκισεν ἐπὶ τῷ ἰσθμῷ τῆς Θρᾳ-
κίας Χεϱϱονήσου. c. 13, 9 von Pyrrhos' tode διάφορα δὲ
ὅμως ἐστὶ καὶ ταῦτα ὧν Ἱερώνυμος ὁ Καρδιανὸς ἔγραψεν·
ἀνδρὶ γὰρ βασιλεῖ συνόντα ἀνάγκη πᾶσα ἐς χάριν συγγρά-

§ 39. φειν. εἰ δὲ καὶ Φίλιστος αἰτίαν δικαίαν εἴληφεν — ἀποκρύψασθαι τῶν Διονυσίου τὰ ἀνοσιώτατα, ἤ που πολλή γε
Ἱερωνύμῳ συγγνώμη τὰ ἐς ἡδονὴν Ἀντιγόνου γράφειν.
Dionys. de compos. verb. 4 p. 29 s. τοῖς μὲν οὖν ἀρ-
χαίοις ὀλίγου δεῖν πᾶσι πολλή ἐπίδοσις ἦν αὐτοῦ (τοῦ συντι-
θέναι δεξιῶς τὰ ὀνόματα). παρ᾽ ὃ καὶ καλά ἐστιν αὐτῶν
τὰ μέτρα καὶ τὰ μέλη καὶ οἱ λόγοι· τοῖς δὲ μεταγενεστέροις
οὐκέτι, πλὴν ὀλίγων· χρόνῳ δ᾽ ὕστερον παντάπασιν ἠμε-
λήθη, καὶ οὐδεὶς ᾤετο δεῖν ἀναγκαῖον αὐτὸ εἶναι οὐδὲ συμ-
βάλλεσθαί τι τῷ κάλλει τῶν λόγων. τοίγαρτοι τοιαύτας
συντάξεις κατέλιπον, οἵας οὐδεὶς ὑπομένει μέχρι κορωνίδος
διελθεῖν· Φύλαρχον λέγω καὶ Δοῦριν καὶ Πολύβιον καὶ Ψάωνα
καὶ τὸν Καλλατιανὸν Δημήτριον, Ἱερώνυμόν τε καὶ Ἀντίγονον καὶ Ἡρακλείδην καὶ Ἡγησιάνακτα (cod. Paris.) καὶ
ἄλλους μυρίους.

§ 40. Fortsetzungen der allgemeinen geschichte des Ephoros.

Demophilos s. § 28 s. 54.

Diyllos von Athen. Psaon von Plataeae.

Müller FHG II 360. III 198.

Diod. XVI 14 ol. 106, 357/6. Δίυλλος δ᾽ ὁ Ἀθηναῖος
ἦρκται τῆς ἱστορίας ἀπὸ τῆς ἱεροσύλεως, καὶ γέγραφε βίβλους
κ᾽ καὶ ζ᾽, συμπεριλαβὼν πάσας τὰς ἐν τοῖς χρόνοις τούτοις
γενομένας πράξεις περί τε τὴν Ἑλλάδα καὶ τὴν Σικελίαν.
XVI 76 ol. 109, 4. 341/0. Δίυλλος δ᾽ ὁ Ἀθηναῖος
τῆς δευτέρας συντάξεως ἀρχὴν πεποίηται τῆς Ἐφόρου ἱστορίας τὴν τελευτήν, καὶ τὰς ἑξῆς πράξεις συνείρει τάς τε τῶν
Ἑλλήνων καὶ τῶν βαρβάρων μέχρι τῆς Φιλίππου τελευτῆς.
XXI fr. 5 p. 490 W. (cᵃ ol. 120, 2—121, 1. 299—295)
ὅτι Δίυλλος Ἀθηναῖος συγγραφεὺς τὰς κοινὰς πράξεις
συντάξας ἔγραψε βιβλία κϛ᾽, Ψάων δὲ ὁ Πλαταιεὺς τὰς ἀπὸ
τούτου διαδεξάμενος πράξεις ἔγραψε βιβλία λ᾽.
Plut. de Herod. mal. 26 p. 862ᵇ ἀνὴρ Ἀθηναῖος οὐ τῶν
παρημελημένων ἐν ἱστορίᾳ Δίυλλος.
Diyllos schrieb ein buch zur ergänzung, 26 bb. zur fortsetzung der allgemeinen geschichte des Ephoros, bis zum
tode Philippos IV, des sohnes von Kasandros, ol. 120, 4.
296. vgl. hist. zeitschr. XVIII 173.

Psaon wird wegen seiner gezierten schreibweise geta- §40.
delt von Dionys. de compos. verb. 4 p. 30 u. Deinarch. 8
p. 646.

§ 41. ΑΤΘΙΔΕϹ.

Müller FHG I ᴌxxxⅠⅠ—xcⅠ. 359—427. Philochori fragm. ᴎ Lenzio coll.
dig. C. Godofr. Siebelis. Acc. Androtionis 'Aτϑίδος reliquiae. Lips.
1811. Phanodemi Demonis Clitodemi atque Istri fr. coll. Lenzius,
dig. Siebelis. 1812.

Dionys. Arch. I 8 p. 23 *σχῆμα δὲ ἀποδίδωμι τῇ πραγματείᾳ οὔτε .... οὔτε ταῖς χρονικαῖς παραπλήσιον, ἃς ἐξέ-
δωκαν οἱ τὰς 'Ατϑίδας πραγματευσάμενοι· μονοειδεῖς γὰρ
ἐκεῖναί τε καὶ ταχὺ προσιστάμεναι τοῖς ἀκούουσιν.*
Über die Atthis des Hellanikos s. § 16 s. 17.

Kleidemos.

Paus. X 15, 5 *Κλει[τό]δημος δέ, ὁπόσοι τὰ 'Αϑηναίων
ἐπιχώρια ἔγραψαν ὁ ἀρχαιότατος, οὗτος ἐν τῷ λόγῳ φησὶ
τῷ 'Αττικῷ, ὅτε 'Αϑηναῖοι παρεσκευάζοντο ἐπὶ Σικελίᾳ τὸν
στόλον ..... 'Αϑηναίοις μὲν δὴ καὶ ἄλλα σημεῖα μὴ ἐκπλεῦσαι σφᾶς ἀπαγορεύοντα ἐς Σικελίαν διηγήσατο ὁ Κλει-
[τό]δημος.*

Plut. de glor. Athen. 1 p. 345ᵉ *Ξενοφῶν μὲν γὰρ αὐτὸς ἑαυτοῦ γέγονεν ἱστορία, γράψας ἃ ἐστρατήγησε καὶ κατ-
ώρϑωσεν —· οἱ δ' ἄλλοι πάντες ἱστορικοί, Κλείδημοι, Δί-
υλλοι Φιλόχοροι Φύλαρχοι, ἀλλοτρίων γεγόνασιν ἔργων ὥσπερ
δραμάτων ὑποκριταί, τὰς τῶν στρατηγῶν καὶ βασιλέων πράξεις διατιϑέμενοι.*

Kleidemos gieng von den ältesten zeiten aus. fr. 8.
gedenkt der seit ol. 100, 3. 378/7 bestehenden *συμμορίαι.*
vgl. Böckh seew. s. 182. Hesych. u. *'Αγαμεμνόνια φρέατα*
citiert *Κλείδημος ἐν τῇ ιβ' τῆς 'Ατϑίδος.*

Auszer der Atthis werden von Kleidemos *Πρωτογόνεια,
ἐξηγητικός, νόστοι* angeführt.

Androtion von Athen.

vgl. Demosth. u. ᴀ. ᴋ. I 316. 351.

Suidas: *'Ανδροτίων "Ανδρωνος 'Αϑηναῖος, ῥήτωρ καί δη-
μαγωγός, μαϑητὴς 'Ισοκράτους.*

§ 41.　　Zosim. 1. des Isokr. p. 256 s. West. ἔσχε δὲ μαθητὰς
— Ἀνδροτίωνα τὸν τὴν Ἀτθίδα γράψαντα, καθ' οὖ καὶ ὁ
Δημοσθένης ἔγραψε (R. XXII. XXIV. 355. 352 v. Ch.).
Plutarch. de exilio 14 p. 605ᶜ καὶ γὰρ τοῖς παλαιοῖς
ὡς ἔοικεν αἱ Μοῦσαι τὰ κάλλιστα τῶν συνταγμάτων καὶ
δοκιμώτατα φυγὴν λαβοῦσαι συνεργὸν ἐπετέλεσαν. — — —
Ἀνδροτίων Ἀθηναῖος ἐν Μεγάροις —.
Fragm. v. ol. 93, 1. 408 (aus dem III buche): Εὐκτή-
μων Κυδαθήναιος. ἐπὶ τούτου πρέσβεις ἦλθον ἀπὸ Λακεδαίμονος κτέ. Usener i. d. jhrb. 1871, 311.
Das 12. buch der Atthis citiert Harpokration u. Ἀμφί-
πολις. sie reichte wenigstens bis ol. 108, 3. 346: Harp. u.
διαψήφισις· — ἐντελέστατα δὲ διείλεκται περὶ τῶν διαψη-
φίσεων, ὡς γεγόνασιν ἐπὶ Ἀρχίου ἄρχοντος, Ἀνδροτίων ἐν
τῇ Ἀτθίδι καὶ Φιλόχορος ἐν ϛ' τῆς Ἀτθίδος. die ziffer des
buchs von Androtions Atthis ist ausgefallen.

Phanodemos.

Steph. Ἴκος, νῆσος τῶν Κυκλάδων προσεχὴς τῇ Εὐβοίᾳ
— ἔγραψε δὲ Φανόδημος Ἰκιακά.
Von der Ἀτθίς wird das 9. buch citiert (fr. 6). fr. 18
(Plut. Kim. 19) handelt vom tode Kimons.
Dionys. arch. I 61 p. 156 (fr. 8) Φανόδημος ὁ τὴν Ἀτ-
τικὴν γράψας ἀρχαιολογίαν.
Fr. 7 (Procl. schol. zu Plat. Tim. 11ᵉ I p. 30) τοὺς δὲ
Ἀθηναίους Καλλισθένης μὲν καὶ Φανόδημος πατέρας τῶν
Σαιτῶν ἱστοροῦσι γενέσθαι.
Athen. IV p. 168ᵃ (fr. 15) Φανόδημος καὶ Φιλόχορος.

Demon.

Ob der neffe des Demosthenes oder ein jüngerer gl. n.
aus derselben familie? vgl. Dem. u. s. z. IIIᵇ 56 s. gegen
ihn schrieb Philochoros.
Ἀτθίς. περὶ παροιμιῶν. περὶ θυσιῶν.

Philochoros von Athen.

Böckh über den plan der Atthis des Philochoros. 1832 (kl. schr. V 397).
Jul. Strenge, quaestiones Philochoreae. Gott. 1868.
Suidas: Φιλόχορος Κύκνου Ἀθηναῖος, μάντις καὶ ἱερο-

σκόπος. γυνὴ δὲ ἦν αὐτῷ Ἀρχεστράτη. κατὰ δὲ τοὺς χρό- §41. νους γέγονεν ὁ Φιλόχορος Ἐρατοσθένους, ὡς ἐπιβαλεῖν πρεσβύτῃ νέον ὄντα Ἐρατοσθένη. ἐτελεύτησε δὲ ἐνεδρευθεὶς ὑπὸ Ἀντιγόνου, ὅτι διεβλήθη προσκεκλικέναι τῇ Πτολεμαίου βασιλείᾳ. ἔγραψεν Ἀτθίδος βιβλία ιζ΄· περιέχει δὲ τὰς Ἀθηναίων πράξεις καὶ βασιλεῖς καὶ ἄρχοντας ἕως Ἀντιόχου τοῦ τελευταίου τοῦ προσαγορευθέντος Θεοῦ, ἐστι δὲ πρὸς Δήμωνα. περὶ μαντικῆς δ΄, περὶ θυσιῶν ά, περὶ τῆς τετραπόλεως, Σαλαμῖνος κτίσιν, ἐπιγράμματα Ἀττικά, περὶ τῶν Ἀθήνησιν ἀγώνων [βιβλία ιζ΄], περὶ τῶν Ἀθήνησιν ἀρξάντων ἀπὸ Σωκρατίδου (ol. 101, 3) [καὶ] μέχρι Ἀπολλοδώρου (ol. 107, 3 oder 115, 2), ὀλυμπιάδας ἐν βιβλίοις β΄, πρὸς τὴν Δήμωνος Ἀτθίδα, ἐπιτομὴν τῆς ἰδίας Ἀτθίδος, ἐπιτομὴν τῆς Διονυσίου πραγματείας περὶ ἱερῶν, περὶ τῶν Σοφοκλέους μύθων βιβλία ε΄, περὶ Εὐριπίδου, περὶ Ἀλκμᾶνος, περὶ μυστηρίων τῶν Ἀθήνησι. συναγωγὴν ἡρωίδων ἤτοι Πυθαγορείων γυναικῶν, Δηλιακὰ βιβλία β΄, περὶ εὑρημάτων, περὶ καθαρμῶν, περὶ συμβόλων.

Ol. 118, 3. 306 bekleidete Philochoros schon das amt eines ἱεροσκόπος fr. 146 b. Dionys. Dein. 3 p. 637. seine ermordung geschah, nachdem im chremonideischen kriege (ol. 129, 3. 261) Antigonos Gonatas Athen erobert hatte. mit demselben jahre begann die regierung des königs Antiochos II Theos von Syrien († 247).

Philochoros' hauptwerk war die Ἀτθίς in 17 bb. Buch I—VI (von den ältesten zeiten, sicher bis ol. 110, 2. 338: wie weit über dieses jahr hinaus ist ungewis) scheint Philochoros als ein abgeschlossenes werk (πρὸς Δήμωνα) herausgegeben zu haben. in den folgenden büchern führte er die geschichte Athens bis zu seinem todesjahre fort.

VII enthielt noch die verwaltung des Demetrios von Phaleron (ol. 115, 4—118, 1. 317—308).

VIII schlosz mit ol. 118, 2. 307,6.

IX enthielt ol. 118, 3—119, 2. 306 - 302.

X—XVII ol. 119, 3- 129, 3. 262/1.

Eine ἐπιτομὴ τῆς Φιλοχόρου Ἀτθίδος fertigte Asinius Pollio von Tralles an (Suidas u. Πωλίων ὁ Ἀσίνιος).

Auszer den titeln bei Suidas werden als schriften von Philochoros angeführt ἡ πρὸς Ἄλυπον ἐπιστολή, περὶ ἑορτῶν, περὶ ἡμερῶν, περὶ τραγῳδιῶν.

§ 41.   Krateros.

Müller FHG II 617. Stephani Byzantii ethnicorum qnae supersunt ex
rec. Aug. Meinekii I. Berol. 1849. epim. I p. 714. vgl. Niebuhr kl.
hist. schr. I 225ᵃ. Böckh. sth. II 369. nachtr. VII.

Krateros, sohn des feldherrn Krateros und der Phila,
halbbruder des königs Antigonos Gonatas, gab eine *συνα-
γωγὴ ψηφισμάτων* heraus. Das 9. buch enthielt auszüge aus den attischen tribut-
listen.

Plut. Arist. 26. *Κρατερὸς δ' ὁ Μακεδὼν τοιαῦτά τινα
περὶ τῆς τελευτῆς τοῦ ἀνδρὸς εἴρηκε. — — καὶ Ἀριστείδην
ἁλῶναι δωροδοκίας Διοφάντου τοῦ Ἀμφιτροπῆθεν κατηγο-
ροῦντος ὡς ὅτε τοὺς φόρους ἔπραττε παρὰ τῶν Ἰώνων χρήματα λαβόντος, ἐκτῖσαι δ' οὐκ ἔχοντα τὴν καταδίκην ν' μνῶν
οὖσαν ἐκπλεῦσαι καὶ περὶ τὴν Ἰωνίαν ἀποθανεῖν. τούτων
δ' οὐδὲν ἔγγραφον ὁ Κρατερὸς τεκμήριον παρέσχεν, οὔτε
δίκην οὔτε ψήφισμα, καίπερ εἰωθὼς ἐπιεικῶς γράφειν τὰ
τοιαῦτα καὶ παρατίθεσθαι τοὺς ἱστοροῦντας.*

Plut. Kim. 13 von dem frieden des Kallias: *ἐν δὲ τοῖς
ψηφίσμασιν ἃ συνήγαγε Κρατερὸς ἀντίγραφα συνθηκῶν ὡς
γενομένων κατατέτακται.*

§ 42.   Duris von Samos.

Müller FHG II 466. Duridis Samii quae supersunt ed. I. G. Hullemann.
Traj. ad Rh. 1841. Gdfr. Eckertz, d. Duride Samio. Bonn 1842.

Diod. XV 60 ol. 102, 3. 370 *Δοῦρις δ' ὁ Σάμιος [ὁ]
ἱστοριογράφος τῆς τῶν Ἑλληνικῶν ἱστορίας ἐντεῦθεν ἐποιήσατο τὴν ἀρχήν.*

Suidas: *Λυγκεὺς Σάμιος, γραμματικός, Θεοφράστου γνώριμος, ἀδελφὸς Δούριδος τοῦ ἱστοριογράφου τοῦ καὶ τυραννήσαντος Σάμου. σύγχρονος δὲ γέγονεν ὁ Λυγκεὺς Μενάνδρου
τοῦ κωμικοῦ († 292) καὶ ἀντεπεδείξατο κωμῳδίας καὶ ἐνίκησεν.*

Athen. IV p. 128ᵃ *Ἱππόλοχος ὁ Μακεδὼν — τοῖς χρόνοις μὲν γέγονε κατὰ Λυγκέα καὶ Δοῦριν τοὺς Σαμίους, Θεοφράστου δὲ τοῦ Ἐρεσίου μαθητάς.* VIII p. 337ᵈ *Λυγκεὺς
δ' ὁ Σάμιος, ὁ Θεοφράστου μὲν μαθητής, Δούριδος δὲ ἀδελφὸς τοῦ τὰς ἱστορίας γράψαντος καὶ τυραννήσαντος τῆς
πατρίδος.*

DURIS. ATHANIS. 81

Plut. Alkib. 32 (fr. 64) *ἃ δὲ Δοῦρις ὁ Σάμιος, Ἀλκι-* § 42.
βιάδου φάσκων ἀπόγονος εἶναι, προστίθησι τούτοις . . . οὔτε
Θεόπομπος οὔτ' Ἔφορος οὔτε Ξενοφῶν γέγραφεν· οὔτ' εἰ-
κὸς ἦν κτέ.
Ders. Perikl. 28 (fr. 60) *Δοῦρις δ' ὁ Σάμιος τούτοις*
ἐπιτραγῳδεῖ πολλὴν ὠμότητα τῶν Ἀθηναίων καὶ τοῦ Περι-
κλέους κατηγορῶν, ἣν οὔτε Θουκυδίδης ἱστόρηκεν οὔτ'
Ἔφορος οὔτ' Ἀριστοτέλης· ἀλλ' οὐδ' ἀληθεύειν ἔοικεν —.
Δοῦρις μὲν οὖν, οὐδ' ὅπου μηδὲν αὐτῷ πρόσεστιν ἴδιον
πάθος εἰωθὼς κρατεῖν τὴν διήγησιν ἐπὶ τῆς ἀληθείας, μᾶλ-
λον ἔοικεν ἐνταῦθα δεινῶσαι τὰς τῆς πατρίδος συμφορὰς
ἐπὶ διαβολῇ τῶν Ἀθηναίων.
Phot. bibl. cod. 176 p. 121ᵃ, 41 *Δοῦρις μὲν οὖν ὁ Σά-*
μιος ἐν τῇ πρώτῃ τῶν αὑτοῦ ἱστοριῶν οὕτω φησίν '᾽Ἔφο-
ρος δὲ καὶ Θεόπομπος τῶν γενομένων (προγενομένων Casaubonus) *πλεῖστον ἀπελείφθησαν. οὔτε γὰρ μιμήσεως μετέλα-*
βον οὐδεμιᾶς οὔτε ἡδονῆς ἐν τῷ φράσαι, αὐτοῦ δὲ τοῦ γρά-
φειν μόνον ⟨τὰ γενόμενα?⟩ ἐπεμελήθησαν.' καίτοι Δοῦρις
καὶ τῆς ἐν αὐτοῖς τούτοις οἰκονομίας, οἷς αἰτιᾶται, πολλὰ
τῶν ἀνδρῶν λειπόμενος.

Cic. ad Att. VI 1, 18 *Duris Samius, homo in historia
diligens.* Dionys. de comp. verb. 4 p. 30 findet ihn unlesbar.

Die *Ἱστορίαι* (auch als *Ἑλληνικά* und als *Μακεδονικά*
citiert) wurden von Diodor benutzt.

Fr. 40 b. Diod. XXI fr. 6 p. 490 W. handelt von der
schlacht bei Sentinum 295 v. Chr.: *ὅτι ἐπὶ τοῦ πολέμου τῶν*
Τυρρηνῶν καὶ Γαλατῶν καὶ Σαμνιτῶν καὶ τῶν ἑτέρων συμ-
μάχων ἀνῃρέθησαν ὑπὸ Ῥωμαίων Φαβίου ὑπατεύοντος δέκα
μυριάδες, ὥς φησι Δοῦρις.

Fr. 33 b. Plin. NH. VIII 143 betrifft den tod des königs Lysimachos 281.

Ferner schrieb Duris *τὰ περὶ Ἀγαθοκλέα, Σαμίων ὦροι*
u. a. m.

§ 43. Sicilische geschichte.
Athanis von Syrakus.

Müller FHG II 81. I. Fr. Iul. Arnoldt de Athana. Gumbinn. 1846. 4.
Ders. Timoleon. G. 1850 p. 12.

Diod. 15, 94 ol. 104, 3. 362 *τῶν δὲ συγγραφέων Ἀθά-*

SCHAEFER, Quellenkunde. 2. Aufl. 6

§ 43. νας ὁ Συρακόσιος τῶν περὶ Δίωνα πράξεων ἐντεῦθεν ἀρξάμενος ἔγραψε μὲν βίβλους ιγ΄, προσανέλαβε δὲ τὸν ἄγρα-
φον ·χρόνον ἐτῶν ζ ἀπὸ τῆς Φιλίστου συντάξεως ἐν μιᾷ
βίβλῳ καὶ διελθὼν τὰς πράξεις ἐν κεφαλαίοις συνεχῆ τὴν
ἱστορίαν ἐποίησεν. Philistos' sicilische geschichte endete mit ol. 104, 2. 363/2
(§ 23 s. 40). das 1. buch von Athanis umfaszte die sieben
ferneren jahre des jüngeren Dionysios bis zu dessen vertreibung durch Dion ol. 106, 1. 356.
Athen. III p. 98ᵈ citiert Ἄθανις ἐν πρώτῳ Σικελικῶν
über Dionysios; Plutarch im leben Timoleons 23. 37 Ἄθανις.
Theopomp. XL fr. 212 προστάται δὲ τῆς πόλεως ἦσαν
τῶν μὲν Συρακοσίων Ἄθηνις καὶ Ἡρακλείδης, τῶν δὲ μι-
σθοφόρων Ἀρχέλαος ὁ Δυμαῖος (ol. 106, 1. 356).

Kallias und Antandros von Syrakus.

Müller FHG II 382.

Τὰ περὶ Ἀγαθοκλέα.
Diod. XXI fr. 16, 5 p. 492 W. Ἀγαθοκλῆς — πρέπου-
σαν ἔσχε τῇ παρανομίᾳ τὴν τοῦ βίου καταστροφήν, δυνα-
τεύσας μὲν ἔτη β΄ τῶν λ΄ λείποντα, βιώσας δὲ β΄ πρὸς τοῖς
ο΄ ἔτη, καθὼς Τίμαιος ὁ Συρακόσιος συγγράφει, καὶ Καλλίας
καὶ αὐτὸς Συρακόσιος κβ΄ βίβλους συγγράψας, καὶ Ἄνταν-
δρος ὁ ἀδελφὸς Ἀγαθοκλέους καὶ αὐτὸς συγγραφεύς.
Ebend. fr. 17, 4 p. 561 ὅτι καὶ Καλλίας ὁ Συρακόσιος
δικαίως καὶ προσηκόντως κατηγορίας ἀξιωθείη. ἀναληφθεὶς
γὰρ ὑπ' Ἀγαθοκλέους καὶ δώρων μεγάλων ἀποδόμενος τὴν
προφῆτιν τῆς ἀληθείας [ἱστορίαν], οὐ διαλέλοιπεν ἀδίκως
ἐγκωμιάζων τὸν μισθοδότην. οὐκ ὀλίγων γὰρ αὐτῷ πεπρα-
γμένων πρὸς ἀσεβείας θεῶν καὶ παρανομίας ἀνθρώπων φησὶν ὁ συγγραφεὺς αὐτὸν εὐσεβείᾳ καὶ φιλανθρωπίᾳ πολὺ
τοὺς ἄλλους ὑπερβεβληκέναι. καθόλου δέ, καθάπερ Ἀγαθοκλῆς ἀφαιρούμενος τὰ τῶν πολιτῶν ἐδωρεῖτο τῷ συγγραφεῖ μηδὲν προσήκοντα παρὰ τὸ δίκαιον, οὕτως ὁ θαυμαστὸς
ἱστοριογράφος ἐχαρίζετο διὰ τῆς γραφῆς ἅπαντα τἀγαθὰ τῷ
δυνάστῃ. ῥᾴδιον δ' ἦν, οἶμαι, πρὸς ἄμειψιν χάριτος τῷ
γραφεῖ τῶν ἐγκωμίων μὴ λειφθῆναι τῆς ἐκ τοῦ βασιλικοῦ
γένους δωροδοκίας.
Dionys. arch. I 72 p. 182 (fr. 5) Καλλίας δ' ὁ τὰς Ἀγα-

Θοκλέους πράξεις ἀναγράψας Ῥώμην τινὰ Τρωάδα τῶν ἀφι- § 43.
κνουμένων ἅμα τοῖς ἄλλοις Τρωσὶν εἰς Ἰταλίαν γῆμασθαι Λα-
τίνῳ τῷ βασιλεῖ τῶν Ἀβοριγίνων καὶ γεννῆσαι τρεῖς παῖδας,
Ῥῶμον καὶ Ῥωμύλον καὶ Τηλέγονον· ⟨καὶ τοῦτον μὲν μετα-
ναστῆναι, Ῥῶμον δὲ καὶ Ῥωμύλον ὑπομεῖναι,⟩ οἰκίσαντας δὲ
πόλιν, ἀπὸ τῆς μητρὸς αὐτῇ θέσθαι τοὔνομα.

§ 44. Timaeos von Tauromenion.

Müller FHG I xlix. Iul. Arnoldt de historiis Timaei opinionum ab
editore Parisino conceptarum refutatio. Gumbinn. 1841. 4.

Suidas: Τίμαιος Ἀνδρομάχου Ταυρομενίτης, ὃν Ἀθηναῖοι Ἐπιτίμαιον ὠνόμασαν· Φιλίσκου μαθητὴς τοῦ Μιλησίου.
παρωνόμαστο δὲ τοῦτο διὰ τὸ πολλὰ ἐπιτιμᾶν, καὶ Γραο-
συλλέκτρια δὲ διὰ τὸ τὰ τυχόντα ἀναγράφειν. ἔγραψεν Ἰτα-
λικὰ καὶ Σικελικὰ ἐν βιβλίοις η΄, Ἑλληνικὰ καὶ Σικελικά,
συλλογὴν ῥητορικῶν ἀφορμῶν. βιβλία ξη΄, ὀλυμπιονίκας ἢ
χρονικὰ πραξίδια. — ἔγραψε περὶ Συρίας καὶ τῶν ἐν αὐτῇ
πόλεων καὶ βασιλέων βιβλία γ΄.

Athen. VI p. 272ʰ Τίμαιος δ᾽ ὁ Ταυρομενίτης — ἔφη
—· αὐτὸς εἰπὼν ὁ Ἐπιτίμαιος, οὕτως δ᾽ αὐτὸν καλεῖ Ἴστρος
ὁ Καλλιμάχειος ἐν ταῖς πρὸς αὐτὸν ἀντιγραφαῖς.

Diod. V 1 Τίμαιος μὲν οὖν μεγίστην πρόνοιαν πεποιη-
μένος τῆς τῶν χρόνων ἀκριβείας καὶ τῆς πολυπειρίας πεφρον-
τικώς, διὰ τὰς ἀκαίρους καὶ πικρὰς ἐπιτιμήσεις εὐλόγως
διαβάλλεται, καὶ διὰ τὴν ὑπερβολὴν τῆς ἐπιτιμήσεως Ἐπιτίμαιος ὑπό τινων ὠνομάσθη.

Diod. XVI 7 ol. 105, 3. 357 Ἀνδρόμαχος ὁ Ταυρομενίτης, Τιμαίου μὲν τοῦ τὰς ἱστορίας συγγράψαντος πατὴρ ὤν,
πλούτῳ δὲ καὶ ψυχῆς λαμπρότητι διαφέρων, ἤθροισε τοὺς
ἐκ τῆς Νάξου τῆς κατασκαφείσης ὑπὸ Διονυσίου περιλει-
φθέντας, οἰκίσας δὲ τὸν ὑπὲρ τῆς Νάξου λόφον τὸν ὀνο-
μαζόμενον Ταῦρον — ὠνόμασε Ταυρομένιον.

Plut. Timol. 10: Timoleon und die korinthischen trieren
κατήχθησαν εἰς Ταυρομένιον τῆς Σικελίας ὑποδεχομένου καὶ
καλοῦντος αὐτοὺς ἔτι πάλαι προθύμως Ἀνδρομάχου τοῦ τὴν
πόλιν ἔχοντος καὶ δυναστεύοντος. οὗτος ἦν πατὴρ Τιμαίου
τοῦ ἱστορικοῦ καὶ πολὺ κράτιστος τῶν τότε δυναστευόντων
ἐν Σικελίᾳ γενόμενος τῶν τε ἑαυτοῦ πολιτῶν ἡγεῖτο νομί-
μως καὶ δικαίως καὶ πρὸς τοὺς τυράννους φανερὸς ἦν ἀεὶ

6*

§ 44. *διακείμενος ἀπεχϑῶς καὶ ἀλλοτρίως.* vgl. c. 11. Diod. XVI 68 (ol. 108, 4. 344).

Marcell. l. d. Thuk. α § 27 *Τίμαιος δὲ ὁ Ταυρομενίτης Τιμολέοντα ὑπερεπήνεσε τοῦ μετρίου, καϑότι Ἀνδρόμαχον τὸν αὑτοῦ πατέρα οὐ κατέλυσε τῆς μοναρχίας.* Polyb. XII 23 *Τίμαιος δὲ μείζω ποιεῖ Τιμολέοντα τῶν ἐπιφανεστάτων ϑεῶν. — ἀλλά μοι δοκεῖ πεισϑῆναι Τίμαιος ὡς, ἂν Τιμολέων, πεφιλοδοξηκὼς ἐν αὐτῇ Σικελίᾳ, καϑάπερ ἐν ὀξυβάφῳ, σύγκριτος φανῇ τοῖς ἐπιφανεστάτοις τῶν ἡρώων, κἂν αὐτὸς ὑπὲρ Ἰταλίας μόνον καὶ Σικελίας πραγματευόμενος εἰκότως παραβολῆς ἀξιωϑῆναι τοῖς ὑπὲρ τῆς οἰκουμένης καὶ τῶν καϑόλου πράξεων πεποιημένοις τὰς συντάξεις.* vgl. c. 26ᵇ.

Timaeos flüchtete vor Agathokles vermutlich ol. 115, 4. 317 (Diod. XIX 8; oder ol. 117, 3. 310 eb. XX 4) und kehrte erst nach funfzig jahren nach Sicilien zurück. er erlebte noch die ersten zeiten des punischen kriegs der Römer.

Polyb. XII 25ʰ *ὅτι Τίμαιός φησιν ἐν τῇ λ΄ καὶ δ΄ βί-βλῳ „πεντήκοντα συνεχῶς ἔτη διατρίψας Ἀϑήνησι ξενιτεύων καὶ πάσης ὁμολογουμένως ἄπειρος ἐγενόμην πολεμικῆς χρείας, ἔτι δὲ καὶ τῆς τῶν τόπων ϑέας.* vgl. c. 25ᵈ *ἀποκαϑίσας γὰρ Ἀϑήνησι σχεδὸν ἔτη πεντήκοντα καὶ πρὸς τοῖς τῶν προγεγονότων ὑπομνήμασι γενόμενος, ὑπέλαβε τὰς μεγίστας ἀφορμὰς ἔχειν πρὸς τὴν ἱστορίαν. ἀγνοῶν, ὡς γ' ἐμοὶ δοκεῖ.* Plut. de exil. 14 p. 605ᶜ *Τίμαιος ὁ Ταυρομενίτης (συν-έγραψεν) ἐν Ἀϑήναις.* [Lukian.] Makrob. 22 *Τίμαιος ὁ Ταυρομενίτης (ἔζησεν ἔτη) ϛ΄ καὶ ϟ΄.*

Timaeos' hauptwerk *Ἱστορίαι* (auch *κοιναὶ ἱστορίαι, Ἰτα-λικὰ καὶ Σικελικά, Σικελικὰ καὶ Ἑλληνικά*) gieng von den ältesten zeiten bis 264 v. Ch. Polyb. I 5 *αὕτη* (ἡ πρώτη διάβασις ἐξ Ἰταλίας Ῥωμαίων) *δ' ἐστὶ συνεχὴς μὲν τοῖς ἀφ' ὧν Τί-μαιος ἀπέλιπε, πίπτει δὲ κατὰ τὴν ἐνάτην καὶ εἰκοστὴν πρὸς ταῖς ἑκατὸν ὀλυμπιάδα.*

Citiert werden von den *ἱστορίαι* 38 bb. und 5 bb. über Agathokles.

Polyb. XII 10 *διότι τοῦτ' ἴδιόν ἐστι Τιμαίου, καὶ ταύτῃ παρημίλληται τοὺς ἄλλους συγγραφέας καὶ καϑόλου τοσαύ-της τέτευχεν ἀποδοχῆς* (λέγω δὲ κατὰ τὴν ἐν τοῖς χρόνοις

καὶ ταῖς ἀναγραφαῖς ἐπίφασιν τῆς ἀκριβείας καὶ τὴν περὶ § 44.
τοῦτο τὸ μέρος ἐπιμέλειαν), δοκῶ, πάντες γινώσκομεν. —
11 ὁ γὰρ τὰς συγκρίσεις ποιούμενος ἀνέκαθεν τῶν ἐφόρων
πρὸς τοὺς βασιλεῖς τοὺς ἐν Λακεδαίμονι, καὶ τοὺς ἄρχοντας τοὺς Ἀθήνησι καὶ τὰς ἱερείας τὰς ἐν Ἄργει παραβάλ-
λων πρὸς τοὺς ὀλυμπιονίκας, καὶ τὰς ἁμαρτίας τῶν πόλεων
περὶ τὰς ἀναγραφὰς τὰς τούτων ἐξελέγχων, παρὰ τρίμηνον
ἐχούσας τὸ διαφέρον, οὗτός ἐστιν. καὶ μὴν ὁ τὰς ὀπισθο-
δόμους στήλας καὶ τὰς ἐν ταῖς φλιαῖς τῶν νεῶν προξενίας
ἐξευρηκὼς Τίμαιός ἐστιν. Joseph. w. Apion I 3 p. 176 Bk.
— τίνα τρόπον Ἔφο-
ρος μὲν Ἑλλάνικον ἐν τοῖς πλείστοις ψευδόμενον ἐπιδείκνυσιν, Ἔφορον δὲ Τίμαιος, καὶ Τίμαιον οἱ μετ' ἐκείνου γεγονότες, Ἡρόδοτον δὲ πάντες. ἀλλ' οὐδὲ περὶ τῶν Σικελικῶν
τοῖς περὶ Ἀντίοχον καὶ Φίλιστον ἢ Καλλίαν Τίμαιος συμ-
φωνεῖν ἠξίωσεν, οὐδ' αὖ περὶ τῶν Ἀττικῶν οἱ τὰς Ἀτθίδας
συγγεγραφότες ἢ περὶ τῶν Ἀργολικῶν οἱ τὰ περὶ Ἄργος
ἱστοροῦντες ἀλλήλοις κατηκολουθήκασιν. über Timaeos' in-
vectiven gegen Philistos s. § 23 s. 41. 43.

Gegen Timaeos schrieben Istros und Polemon § 53.
Polybios XII 3—28 vertheidigt Aristoteles Theophrastos
Kallisthenes, desgleichen Theopomp Ephoros Demochares
gegen die schmähungen des Timaeos.

Polyb. XII 7 ὅτι πολλὰ ἱστορεῖ ψευδῆ ὁ Τίμαιος, καὶ
δοκεῖ τὸ παράπαν οὐκ ἄπειρος ὢν οὐδενὸς τῶν τοιούτων·
ὑπὸ δὲ τῆς φιλονεικίας ἐπισκοτούμενος, ὅταν ἅπαξ ἢ ψέγειν
ἢ τοὐναντίον ἐγκωμιάζειν τινὰ προθῆται, πάντων ἐπιλαν-
θάνεται καὶ πολύ τι τοῦ καθήκοντος παρεκβαίνει.

Eb. 24 οὗτος γὰρ ἐν μὲν ταῖς τῶν πέλας κατηγορίαις
πολλὴν ἐπιφαίνει δεινότητα καὶ· τόλμαν, ἐν δὲ ταῖς ἰδίαις
ἀποφάσεσιν ἐνυπνίων καὶ τεράτων καὶ μύθων ἀπιθάνων καὶ
συλλήβδην δεισιδαιμονίας ἀγεννοῦς καὶ τερατείας γυναικώ-
δους ἐστὶ πλήρης.

Eb. 25ᶜ ἴσως δ' οὖν ἄν τις ἐπαπορήσειε πῶς τοιοῦτος
ὢν, οἷον ἡμεῖς ὑποδείκνυμεν, τοσαύτης παρ' ἐνίοις ἀποδοχῆς
τέτευχε καὶ πίστεως. τούτου δ' ἐστὶν αἴτιον διότι πλεονα-
ζούσης αὐτῷ κατὰ τὴν πραγματείαν τῆς κατὰ τῶν ἄλλων
ἐπιτιμήσεως καὶ λοιδορίας οὐκ ἐκ τῆς αὐτοῦ θεωρεῖται πραγματείας οὐδ' ἐκ τῶν ἰδίων ἀποφάσεων, ἀλλ' ἐκ τῆς τῶν

§ 41. πέλας κατηγορίας. πρὸς ὅ γένος καὶ πολυπραγμοσύνην δοκεῖ
μοι καὶ φύσιν προσενέγκασθαι διαφέρουσαν.

Eb. 26ᵈ καὶ μάλιστα ταύτην γ᾽ ἐνείργασται τὴν δόξαν
ἐκ τῶν περὶ τὰς ἀποικίας καὶ κτίσεις καὶ συγγενείας ἀπο-
φάσεων· ἐν γὰρ ταύταις τηλικαύτην ἐπίφασιν ποιεῖται τῆς
ἀκριβολογίας καὶ τῆς πικρίας τῆς ἐπὶ τῶν ἐλέγχων οἷς χρῆται κατὰ τῶν πέλας, ὥστε δοκεῖν τοὺς ἄλλους συγγραφέας
ἅπαντας συγκεκοιμῆσθαι τοῖς πράγμασι καὶ κατεσχεδιακέναι
τῆς οἰκουμένης, αὐτὸν δὲ μόνον ἐξητακέναι τὴν ἀκρίβειαν
καὶ διευκρινηκέναι τὰς ἐν ἑκάστοις ἱστορίας, ἐν οἷς πολλὰ
μὲν ὑγιῶς λέγεται πολλὰ δὲ καὶ ψευδῶς . . .

Eb. 28 . . κἀγὼ δ᾽ ἂν εἴποιμι διότι τὰ τῆς ἱστορίας
ἕξει τότε καλῶς, ὅταν ἢ οἱ πραγματικοὶ τῶν ἀνδρῶν γράφειν ἐπιχειρήσωσι τὰς ἱστορίας —, ἢ οἱ γράφειν ἐπιβαλλό-
μενοι τὴν ἐξ αὐτῶν τῶν πραγμάτων ἕξιν ἀναγκαίαν ἡγή-
σονται πρὸς τὴν ἱστορίαν. πρότερον δ᾽ οὐκ ἔσται παῦλα
τῆς τῶν ἱστοριογράφων ἀγνοίας. ὧν ὁ Τίμαιος οὐδὲ τὴν
ἐλαχίστην πρόνοιαν θέμενος, ἀλλὰ καταβιώσας ἐν ἑνὶ τόπῳ
ξενιτεύων, καὶ σχεδὸν ὡσανεὶ κατὰ πρόθεσιν ἀπειπάμενος
καὶ τὴν ἐνεργητικὴν τὴν περὶ τὰς πολεμικὰς καὶ πολιτικὰς
πράξεις καὶ τὴν ἐκ τῆς πλάνης καὶ θέας αὐτοπάθειαν, οὐκ
οἶδ᾽ ὅπως ἐκφέρεται δόξαν ὡς ἕλκων τὴν τοῦ συγγραφέως
προστασίαν.

Eb. 28ᵃ αὐτὸ τὸ συναθροῖσαί φησι τὴν παρασκευὴν τὴν
πρὸς τὴν ἱστορίαν μεῖζον ἔργον εἶναι τῆς ὅλης πραγματείας
τῆς περὶ τοὺς ἐπιδεικτικοὺς λόγους· αὐτὸς γοῦν τηλικαύτην
ὑπομεμενηκέναι δαπάνην καὶ κακοπάθειαν τοῦ συναγαγεῖν τὰ
παρ᾽ Ἀσσυρίων ὑπομνήματα καὶ πολυπραγμονῆσαι τὰ Λιγύων
ἔθη καὶ Κελτῶν, ἅμα δὲ τούτοις Ἰβήρων, ὥστε μήτ᾽ ἂν αὐτὸς
ἐλπίσαι μήτ᾽ αὖ ἑτέροις ἐξηγουμένοις πεισθῆναι περὶ τούτων.

Diod. XXI fr. 17 p. 560 ὅτι οὗτος ὁ ἱστορικός, τὰς
ἁμαρτίας τῶν πρὸ ἑαυτοῦ συγγραφέων πικρότατα ἐλέγξας,
κατὰ μὲν τἆλλα μέρη τῆς γραφῆς πλείστην πρόνοιαν εἶχε
τῆς ἀληθείας, ἐν δὲ ταῖς Ἀγαθοκλέους πράξεσι τὰ πολλὰ
κατέψευσται τοῦ δυνάστου διὰ τὴν πρὸς αὐτὸν ἔχθραν.
φυγαδευθεὶς γὰρ ὑπ᾽ Ἀγαθοκλέους ἐκ τῆς Σικελίας ζῶντα
μὲν ἀμύνασθαι τὸν δυνάστην οὐκ ἴσχυσε, τελευτήσαντα δὲ
διὰ τῆς ἱστορίας ἐβλασφήμησεν εἰς τὸν αἰῶνα. καθόλου γὰρ
ταῖς προϋπαρχούσαις τῷ βασιλεῖ τούτῳ κακίαις ἄλλα πολλὰ
παρ᾽ ἑαυτοῦ προσθεὶς ὁ συγγραφεύς, τὰς μὲν εὐημερίας

ἀφαιρούμενος αὐτοῦ, τὰς δὲ ἀποτεύξεις, οὐ τὰς δι᾿ αὐτὸν § 44.
μόνον γενομένας ἀλλὰ καὶ τὰς διὰ τύχην, μεταφέρων εἰς τὸν
μηδὲν ἐξαμαρτόντα . . . . . θαυμάσαι δ᾿ ἄν τις τοῦ συγγραφέως τὴν εὐχέρειαν· παρ᾿ ὅλην γὰρ τὴν γραφὴν ἐγκωμιάζων τὴν τῶν Συρακουσίων ἀνδρείαν, τὸν τούτων κρατή-
σαντα δειλίᾳ φησὶ διενηνοχέναι τοὺς ἅπαντας ἀνθρώπους.
διὰ γὰρ τῶν ἐν ταῖς ἐναντιώσεσιν ἐλέγχων φανερός ἐστι τὸ
φιλάληθες τῆς ἱστορικῆς παρρησίας προδεδωκὼς ἰδίας ἕνε-
κεν ἔχθρας καὶ φιλονεικίας. διόπερ τὰς ἐσχάτας τῆς συντάξεως πέντε βίβλους τοῦ συγγραφέως τούτου, καθ᾿ ἃς περιείληφε τὰς Ἀγαθοκλέους πράξεις, οὐκ ἄν τις δικαίως ἀπο-
δέξαιτο. vgl. Polyb. XII 15.

Gell. XI 1, 1 *Timaeus in historiis, quas orationc Grueca
de rebus populi Romani composuit, et M. Varro in antiquitati-
bus rerum humanarum terram Italiam de Graeco vocabulo ap-
pellatam scripserunt, quoniam boves Graeca vetere lingua Italoi
vocitati sint.*

Dionys. arch. I 67 p. 170 von den Penaten: σχήματος
δὲ καὶ μορφῆς αὐτῶν πέρι Τίμαιος μὲν ὁ συγγραφεὺς ὧδε
ἀποφαίνεται· κηρύκια σιδηρᾶ καὶ χαλκᾶ καὶ κέραμον Τρωι-
κὸν εἶναι τὰ ἐν τοῖς ἀδύτοις τοῖς ἐν Λαουινίῳ κείμενα ἱερά,
πυθέσθαι δὲ αὐτὸς ταῦτα παρὰ τῶν ἐπιχωρίων.

Eb. 74 p. 187 τὸν δὲ τελευταῖον τῆς Ῥώμης γενόμενον
οἰκισμὸν — Τίμαιος μὲν ὁ Σικελιώτης — ἅμα Καρχηδόνι
κτιζομένῃ γενέσθαι φησὶν ἡ καὶ λ΄ πρότερον ἔτει τῆς πρώτης ὀλυμπιάδος.

[Skymnos] περιήγησις vs. 209 (Müller geogr. gr. m. I
p. 204) Μασσαλία δ᾿ ἐστ᾿ ἐχυμένη, ‖ πόλις μεγίστη, Φωκα-
έων ἀποικία. ‖ ἐν τῇ Λιγυστικῇ δὲ ταύτην ἔκτισαν ‖ πρὸ
τῆς μάχης τῆς ἐν Σαλαμῖνι γενομένης ‖ ἔτεσιν πρότερον,
ὥς φασιν, ἑκατὸν εἴκοσι. ‖ Τίμαιος οὕτως ἱστορεῖ δὲ τὴν
κτίσιν.

Plin. NH XXXIII 43 *Servius rex primus signavit aes;
antea rudi usos Romae Timaeus tradit.*

Den krieg des Pyrrhos mit den Römern behandelte Timaeos in einer besonderen schrift:

Dionys. arch. I 6 p. 17 πρῶτον μὲν — τὴν Ῥωμαϊκὴν
ἀρχαιολογίαν ἐπιδραμόντος Ἱερωνύμου τοῦ Καρδιανοῦ . . .
. . . . ., ἔπειτα Τιμαίου τοῦ Σικελιώτου τὰ μὲν ἀρχαῖα τῶν
ἱστοριῶν ἐν ταῖς κοιναῖς ἱστορίαις ἀφηγησαμένου, τοὺς δὲ

§ 44. *πρὸς Πύρρον τὸν Ἠπειρώτην πολέμους εἰς ἰδίαν καταχωρίσαντος πραγματείαν.*
Cic. ep. ad fam. V 12, 2 *ut multi Graeci fecerunt, Callisthenes Phocicum bellum, Timaeus Pyrrhi, Polybius Numantinum, qui omnes a perpetuis suis historiis ea quae dixi bella separaverunt.*
Polyb. XII 4ᵇ *ἐν τοῖς περὶ τοῦ Πύρρου πάλιν φησὶ* .
(Τίμαιος) . . .
Timaeos ward von Trogus Pompejus und für die ältere geschichte Siciliens von Diodor benutzt.
Schreibweise des Timaeos:
Cicero de orat. II 14, 58 *minimus natu horum omnium Timaeus, quantum autem iudicare possum, longe eruditissimus et rerum copia et sententiarum varietate abundantissimus et ipsa compositione verborum non impolitus, magnam eloquentiam ad scribendum attulit, sed nullum usum forensem.* Brut. 95, 325 *genera autem Asiaticae dictionis duo sunt, unum sententiosum et argutum, sententiis non tam gravibus et severis quam concinnis et venustis; qualis in historia Timaeus — fuit.*
Dionys. Deinarch. 8 p. 646 *οἱ δ' Ἰσοκράτην καὶ τὰ Ἰσοκράτους ἀποτυπώσασθαι θελήσαντες ὕπτιοι καὶ ψυχροὶ καὶ ἀναλήθεις (ἐγένοντο)· οὗτοι δ' εἰσὶν οἱ περὶ Τίμαιον καὶ Ψάωνα καὶ Σώσιλον (Σωσιγένην v.).*
[Longin.] π. ὕψους 4, 1 *τοῦ ψυχροῦ πλήρης ὁ Τίμαιος, ἀνὴρ τὰ μὲν ἄλλα ἱκανὸς καὶ πρὸς λόγων ἐνίοτε μέγεθος οὐκ ἄφορος, πολυΐστωρ, ἐπινοητικός, πλὴν ἀλλοτρίων μὲν ἐλεγκτικώτατος ἁμαρτημάτων, ἀνεπαίσθητος δὲ ἰδίων· ὑπὸ δ' ἔρωτος τοῦ ξένας νοήσεις ἀεὶ κινεῖν πολλάκις ἐκπίπτων εἰς τὸ παιδαριωδέστατον. παραθήσομαι δὲ τἀνδρὸς ἒν ἢ δύο, ἐπειδὴ τὰ πλείω προέλαβεν ὁ Καικίλιος κτέ.* vgl. Plut. Nikias 1.

2. Öffentliche beredsamkeit. Staatswissenschaft. Biographien. Culturgeschichte. Rationalismus in der Mythologie.

§ 45. Demegorien und reden in staatsprocessen.

Dionysios erstes schr. an Ammaeos VI p. 719—749 R. Dess. Deinarchos V p. 629 — 668 R. Benj. Gotthold Weiske de hyperbole errorum in

historia Philippi Am. f. commissorum genitrice Lips. 1818 s. § 45.
vgl. § 26.

Aeschines. κατὰ Τιμάρχου 345.
    περὶ παραπρεσβείας 343.
    κατὰ Κτησιφῶντος 330.
Lykurgos. κατὰ Λεωκράτους 330.
Demosthenes.
22. κατὰ Ἀνδροτίωνος παρανόμων 355.
20. περὶ τῆς ἀτελείας πρὸς Λεπτίνην 355/4.
14. περὶ τῶν συμμοριῶν 354.
24. κατὰ Τιμοκράτους 352.
16. ὑπὲρ Μεγαλοπολιτῶν 352.
23. κατὰ Ἀριστοκράτους 352.
4. κατὰ Φιλίππου α΄ 351.
15. περὶ τῆς Ῥοδίων ἐλευθερίας 351.
21. κατὰ Μειδίου 349.
1. 2. 3. Ὀλυνθιακὸς α΄. β΄. γ΄. 349/8.
5. περὶ εἰρήνης 346.
6. κατὰ Φιλίππου β΄. 344.
19. κατ᾽ Αἰσχίνου περὶ τῆς παραπρεσβείας 343.
8. περὶ τῶν ἐν Χερρονήσῳ 341.
9. κατὰ Φιλίππου γ΄. 341.
18. ὑπὲρ Κτησιφῶντος περὶ τοῦ στεφάνου 330.

Hegesippos περὶ Ἀλοννήσου (oder πρὸς τοὺς Φιλίππου πρέσβεις) 342. von unbekannter hand περὶ τῶν πρὸς Ἀλέξανδρον συνθηκῶν 330.

Hypereides. in den ägyptischen katakomben aufgefundene fragmente der reden κατὰ Δημοσθένους 324, ὑπὲρ Εὐξενίππου εἰσαγγελίας ἀπολογία, ὑπὲρ Λυκόφρονος, λόγος ἐπιτάφιος 322, zuerst herausgegeben von Churchill Babington 1850. 53. 58.

Deinarchos (von Korinth). reden aus dem harpalischen processe (324) κατὰ Δημοσθένους, κατὰ Ἀριστογείτονος, κατὰ Φιλοκλέους.

Demochares. Müller FHG II 445.

Cic. Brut. 83, 286 Demochares autem, qui fuit Demostheni sororis filius, et orationes scripsit aliquot et earum rerum historiam, quae erant Athenis ipsius aetate gestae, non tam historico quam oratorio genere perscripsit.

§ 45.   Von den *Ἱστορίαι* wird das 20. und 21. buch citiert.
vgl. Polyb. XII 13 s.

§ 46. Aristoteles und die peripatetische schule.

Cic. de legg. III 6, 14 . . *veteres verbo tenus acute illi
quidem, sed non ad hunc usum popularem atque civilem de re
publica disserebant. ab hac familia magis ista manarunt Platone principe. post Aristoteles illustravit omnem hunc civilem
in disputando locum Heraclidesque Ponticus profectus ab eodem
Platone. Theophrastus vero institutus ab Aristotele habitavit,
ut scitis, in eo genere rerum ab eodemque Aristotele doctus Dicaearchus huic rationi studioque non defuit. post a Theophrasto Phalereus ille Demetrius . . . . . mirabiliter doctrinam ex
umbraculis eruditorum otioque non modo in solem atque pulve-
rem, sed in ipsum discrimen aciemque produxit.*

Aristoteles. † 322.

Opera ed. academia regia Borussica. v voll. Berol. 1831—1870. Zu den
fragmenten vgl. Müller FHG II 102. Valent. Rose Aristoteles
pseudepigraphus. Lips. 1863. Emil Heitz die verlorenen schriften
des Aristoteles. Leipz. 1865. Jac. Bernays die dialoge des Ar. in
ihrem verhältnis zu seinen übrigen werken. Berl. 1863.

Dialoge *πολιτικός* 2 bb. *περὶ δικαιοσύνης* 4 bb. *περὶ
βασιλείας. Ἀλέξανδρος ἢ περὶ ἀποικιῶν.*

*Πολιτεῖαι πόλεων δυοῖν δεούσαιν ρξ´, κοιναὶ καὶ ἴδιαι,
δημοκρατικαί, ὀλιγαρχικαί, ἀριστοκρατικαί, τυραννικαί* (Diog.
L V 27) — *κατὰ στοιχεῖον.*

Ἠθικὰ Νικομάχεια 10 bb. *Πολιτικά* 8 bb. *Δικαιώματα.*

Cic. de fin. V 4, 11 *omnium fere civitatum non Graeciae
solum sed etiam barbariae ab Aristotele mores instituta discipli-
nas, a Theophrasto leges etiam cognovimus. cumque uterque
eorum docuisset qualem in re publica principem ⟨esse⟩ conveniret,
pluribus praeterea conscripsisset qui esset optimus rei publicae
status, hoc amplius Theophrastus, quae essent in re publica rerum inclinationes et momenta temporum, quibus esset moderan-
dum utcumque res postularet.*

Theophrastos von Eresos. † 287.

Usener analecta Theophrastea. Lips. 1858.

Νόμοι κατὰ στοιχεῖον 24 bb. *περὶ βασιλείας. περὶ βίων*

DIE PERIPATETIKER. 91

3 bb. πολιτικά 6 bb. πολιτικά πρὸς τοὺς καιροὺς 4 bb. πο- § 46.
λιτικὰ ἔθη 4 bb. περὶ τῆς ἀρίστης πολιτείας. περὶ εὑρημάτων 2 bb. ίστορικά ὑπομνήματα.

Herakleides Pontikos.

(Suid. Ἡρακλείας τῆς ἐν Πόντῳ).

Unter Herakleides' namen (ἐκ τῶν Ἡρακλείδου περὶ πολιτειῶν) sind excerpte von jüngerer hand erhalten, welche
zum teil aus Aristoteles abgeleitet sind.
Ausg. v. F. W. Schneidewin. Gött. 1847. Müller FHG II 197.

Aristoxenos von Tarent.

Müller FHG II 269.

Suidas: Ἀριστόξενος, υίὸς Μνησίου τοῦ καὶ Σπινθάρου,
μουσικοῦ, ἀπὸ Τάραντος τῆς Ἰταλίας. — — γέγονε δὲ ἐπὶ
τῶν Ἀλεξάνδρου καὶ τῶν μετέπειτα χρόνων· ὡς εἶναι ἀπὸ
τῆς ρια' ὀλυμπιάδος, σύγχρονος Δικαιάρχῳ τῷ Μεσσηνίῳ.
συνετάξατο δὲ μουσικά τε καὶ φιλόσοφα, καὶ ίστορίας, καὶ
παντὸς εἴδους παιδείας, καὶ ἀριθμοῦνται αὐτοῦ τὰ βιβλία
εἰς υνγ'.

Cic. Tusc. I 18, 41 Dicaearchum vero cum Aristoxeno
aequali et condiscipulo suo, doctos sane homines.

Aristoxenos verfaszte u. a. Βίοι ἀνδρῶν, namentlich
Βίος Πυθαγόρου.

Hieronym de viris illustrib. II 822 Vallarsi: hortaris me,
Dexter, ut Tranquillum sequens ecclesiasticos scriptores in ordinem digeram, et quod ille in enumerandis gentilium litterarum
viris fecit illustribus, ego in nostris faciam . . . fecerunt quidem
hoc idem apud Graecos Hermippus peripateticus, Antigonus Ca-
rystius, Satyrus doctus vir, et longe omnium doctissimus Aristoxenus musicus.

Plutarch. ὅτι οὐδὲ ζῆν ἔστιν ἡδέως κατ' Ἐπίκουρον 10
p. 1093ᵇ ὅταν δὲ μηδὲν ἔχουσα λυπηρὸν ἢ βλαβερὸν ίστορία
καὶ διήγησις ἐπὶ πράξεσι καλαῖς καὶ μεγάλαις προσλάβῃ λόγον ἔχοντα δύναμιν καὶ χάριν, ὡς τὸν Ἡροδότου τὰ Περσικὰ καὶ Ἑλληνικὰ τὸν Ξενοφῶντος· ὅσα δ' Ὅμηρος ἐθέ-
σπισε θέσκελα εἰδώς, ἢ γῆς περιόδους Εὔδοξος, ἢ κτίσεις
καὶ πολιτείας Ἀριστοτέλης, ἢ βίους ἀνδρῶν Ἀριστόξενος
ἔγραψεν, οὐ μόνον μέγα καὶ πολὺ τὸ εὐφραῖνον, ἀλλὰ καὶ
καθαρὸν καὶ ἀμεταμέλητόν ἐστιν.

§ 46.   Gell. IV 11, 4 *Aristoxenus musicus, vir litterarum veterum diligentissimus, Aristoteli philosophi auditor, in libro quem de Pythagora reliquit.* Diog. L. I 118 Ἀριστόξενος δ' ἐν τῷ περὶ Πυθαγόρου καὶ τῶν γνωρίμων αὐτοῦ.

Dikaearchos von Messana.

Müller FHG II 225.

Suidas: Δικαίαρχος Φειδίου Σικελιώτης ἐκ πόλεως Μεσσήνης, Ἀριστοτέλους ἀκουστής, φιλόσοφος καὶ ῥήτωρ καὶ γεωμέτρης. καταμετρήσεις τῶν ἐν Πελοποννήσῳ ὀρῶν· Ἑλλάδος βίον ἐν βιβλίοις γ'. οὗτος ἔγραψε τὴν πολιτείαν Σπαρτιατῶν· καὶ νόμος ἐτέθη ἐν Λακεδαίμονι, καθ' ἕκαστον ἔτος ἀναγινώσκεσθαι τὸν λόγον εἰς τὸ τῶν ἐφόρων ἀρχεῖον, τοὺς δὲ τὴν ἡβητικὴν ἔχοντας ἡλικίαν ἀκροᾶσθαι. καὶ τοῦτο ἐκράτησε μέχρι πολλοῦ.

Dikaearch verfaszte u. a. *Γῆς περίοδος* und *Βίος τῆς Ἑλλάδος* 3 bb., sein berühmtestes werk.

Cic. ad Att. VI 2, 3 (*Dicaearchus*) *erat ἱστορικώτατος et vixerat in Peloponneso.* II 12, 4 *Dicaearchum recte amas. luculentus homo est et civis haud paullo melior quam isti nostri ἀδικαίαρχοι.*

Plin. NH II 162 von der kugelgestalt der erde: *cui sententiae adest Dicaearchus, vir in primis eruditus, regum cura permensus montis, ex quibus altissimum prodidit Pelion ss.*

Strab. II p. 104 Πολύβιος δὲ τὴν Εὐρώπην χωρογραφῶν τοὺς μὲν ἀρχαίους ἐᾶν φησί, τοὺς δ' ἐκείνους ἐλέγχοντας ἐξετάζειν, Δικαίαρχόν τε καὶ Ἐρατοσθένη, τὸν τελευταῖον πραγματευσάμενον περὶ γεωγραφίας.

Porphyr. de abstin. IV 1, 2 (fr. 1) τῶν τοίνυν συντόμως τε ὁμοῦ καὶ ἀκριβῶς τὰ Ἑλληνικὰ συναγαγόντων ἐστὶ καὶ ὁ περιπατητικὸς Δικαίαρχος, ὃς τὸν ἀρχαῖον βίον τῆς Ἑλλάδος ἀφηγούμενος κτέ.

Varro de re rust. I 2 (fr. 5) *et quidem licet adiicias, inquam, pastorum vitam esse incentivam, agricolarum succentivam, auctore doctissimo homine Dicaearcho, qui Graeciae vitam qualis fuerit ab initio nobis ita ostendit, ut superioribus temporibus fuisse doceat, cum homines pastoriciam vitam viverent, neque scirent etiam arare terram aut serere arbores aut putare; ab his inferiore gradu aetatis susceptum agriculturam.*

Athen. XIII p. 557ᵇ (fr. 18) Φίλιππος δὲ ὁ Μακεδὼν § 46.
οὐ περιήγετο μὲν εἰς τοὺς πολέμους γυναῖκας, ὥσπερ Δα-
ρεῖος ὁ ὑπ' Ἀλεξάνδρου καταλυθείς, ὃς περὶ τῶν ὅλων πο-
λεμῶν τριακοσίας ἑξήκοντα περιήγετο παλλακάς, ὡς ἱστορεῖ
Δικαίαρχος ἐν τρίτῳ περὶ τοῦ τῆς Ἑλλάδος βίου.
Irtümlich sind Dikaearch beigelegt fragmento aus einer nach 164
v. Ch. verfaszten schrift περὶ τῶν ἐν Ἑλλάδι πόλεων s. Müller FHG II
229. 254. geogr. gr. min. I LI. 97. C. Wachsmuth Gerhards denkmäler
1860. nr. 141 s. 110.

Phanias von Eresos.

Müller FHG II 293. Böckh CIG II 304.

Suidas: Φανίας (ἢ Φαινίας) Ἐρέσιος, φιλόσοφος περιπατητικός, Ἀριστοτέλους μαθητής. ἦν δὲ ἐπὶ τῆς ριαʹ ὀλυμπιάδος καὶ μετέπειτα, ἐπὶ Ἀλεξάνδρου τοῦ Μακεδόνος.
Strab. XIII p. 618 ἐξ Ἐρέσου δ' ἦσαν Θεόφραστός τε
καὶ Φανίας οἱ ἐκ τῶν περιπάτων φιλόσοφοι, Ἀριστοτέλους
γνώριμοι.
Plut. Them. 13 ἀνὴρ φιλόσοφος καὶ γραμμάτων οὐκ
ἄπειρος ἱστορικῶν Φανίας ὁ Λέσβιος.
Phanias' historische schriften (u. a. περὶ πρυτάνεων Ἐρε-
σίων, περὶ τῶν ἐν Σικελίᾳ τυράννων, τυράννων ἀναίρεσις
ἐκ τιμωρίας) waren die hauptquelle für den verfasser der
parischen marmorchronik: s. Böckh a. a. O.
Die parische marmorchronik gab zuerst heraus
Io. Selden, Marmora Arundelliana. Lond. 1628. 4; neuerdings Böckh CIG II nr. 2374 p. 293—343. Müller FHG I
533—590. sie ist ol. 129, 1. 264 v. Ch. verfaszt und rechnet von diesem zeitpuncte die jahre rückwärts.
Z. 1—3 . . . . . ου . . . . [ἐξ ἀναγραφῶ]ν παν[τοί]ων
[περὶ τῶν προγεγενημέ]νων ἀνέγραψα τοὺς ἄν[ωθεν χρό ‖ -
νους] ἀρξάμ[εν]ος ἀπὸ Κέκροπος τοῦ πρώτου βασιλεύσαντος
Ἀθηνῶν εἵως ἄρχοντος ἐμ Πάρῳ [μὲν] ‖ . . . νάνακτος, Ἀθήνησιν δὲ Διογνήτου.

Klearchos von Soloi.

Müller FHG II 302.

Ioseph. w. Apion I 22 p. 200 (fr. 69) Κλέαρχος γὰρ ὁ
Ἀριστοτέλους ὢν μαθητὴς καὶ τῶν ἐκ τοῦ περιπάτου φιλοσόφων οὐδενὸς δεύτερος, ἐν τῷ πρώτῳ περὶ ὕπνου βιβλίῳ

§ 46. φησὶν Ἀριστοτέλην τὸν διδάσκαλον αὐτοῦ περί τινος ἀνδρὸς Ἰουδαίου ταῦτα ἱστορεῖν, αὐτῷ τε τὸν λόγον Ἀριστοτέλει ἀνατίθησιν κτέ. Athen. II 57ᵃ (fr.

41) „ἐκάλουν δὲ καὶ τὰ νῦν τῶν οἰκιῶν παρ' ἡμῖν καλούμενα ὑπερῷα ᾠά" φησὶ Κλέαρχος ἐν Ἐρωτικοῖς, τὴν Ἑλένην φάσκων ἐν τοιούτοις οἰκήμασι τρεφομένην δόξαν ἀπενέγκασθαι παρὰ πολλοῖς ὡς ἐξ ᾠοῦ εἴη γεγεννημένη.

Demetrios von Phaleron.

Müller FHG II 362. Chr. Ostermann de Demetrii Ph. vita, rebus gestis et scriptorum reliquiis I. II. Hersf. 1817. Fuld. 1857. 4.

Demetrios, schüler von Theophrast, betrat die politische laufbahn 324, ward von Kasandros an die spitze von Athen gestellt 317 — 307, und lebte nach Kasandros' tode († 296) in Aegypten, wo er nach 283 starb. Diog. L. V 75 Δημήτριος Φανοστράτου Φαληρεύς. οὗτος ἤκουσε μὲν Θεοφράστου, δημηγορῶν δὲ παρὰ Ἀθηναίοις τῆς πόλεως ἐξηγήσατο ἔτη δέκα καὶ εἰκόνων ἠξιώθη κτέ. § 80. πλήθει δὲ βιβλίων καὶ ἀριθμῷ στίχων σχεδὸν ἅπαντας παρελήλακε τοὺς κατ' αὐτὸν περιπατητικούς, εὐπαίδευτος ὢν καὶ πολύπειρος παρ' ὁντινοῦν. ὧν ἐστι τὰ μὲν ἱστορικά, τὰ δὲ πολιτικά, τὰ δὲ περὶ ποιητῶν, τὰ δὲ ῥητορικά, δημηγοριῶν τε καὶ πρεσβειῶν, ἀλλὰ μὴν καὶ λόγων Αἰσωπείων συναγωγαί, καὶ ἄλλα πλείω. ἔστι δὲ τὰ περὶ τῆς Ἀθήνησι νομοθεσίας α' β' γ' δ' ε'. περὶ τῶν Ἀθήνησι πολιτῶν (πολιτευσαμένων oder ἀρχόντων? Diog. L. I 22. II 7 Δημήτριος ὁ Φαληρεὺς ἐν τῇ τῶν ἀρχόντων ἀναγραφῇ. Marcell. l. d. Thuk. α' 32 Δημήτριος ἐν τοῖς ἄρχουσιν) α' β'. περὶ δημαγωγίας α' β'. περὶ πολιτικῆς α' β'. περὶ νόμων α'. — — — περὶ τῆς δεκαετείας α'. Duris von Samos § 42.

§ 47. Euhemeros von Messene.

K. Hoeck Kreta III 326. Leop. Krahner grundlinien zur geschichte des verfalls der römischen staatsreligion. Halle 1837. 4. s. 22—41.

Euseb. praep. ev. II 2, 52 ss. (Diod. VI 2) ὁ Διόδωρος καὶ ἐν τῇ ἕκτῃ ἀπὸ τῆς Εὐημέρου τοῦ Μεσσηνίου γραφῆς ἐπικυροῖ τὴν αὐτὴν θεολογίαν, ὧδε κατὰ λέξιν φάσκων· ...

..... περὶ δὲ τῶν ἐπιγείων θεῶν πολλοὶ καὶ ποικίλοι

παραδίδονται λόγοι παρὰ τοῖς ἱστορικοῖς τε καὶ μυθογρά- §47.
φοις· καὶ τῶν μὲν ἱστορικῶν Εὐήμερος ὁ τὴν ἱερὰν ἀναγραφὴν ποιησάμενος ἰδίως ἀναγέγραφεν . . . . . . Εὐήμερος
μὲν οὖν, φίλος γεγονὼς Κασάνδρου τοῦ βασιλέως καὶ διὰ τοῦτον ἠναγκασμένος τελεῖν βασιλικάς τινας χρείας καὶ μεγάλας
ἀποδημίας, φησὶν ἐκτοπισθῆναι κατὰ τὴν μεσημβρίαν εἰς
τὸν ὠκεανόν, ἐκπλεύσαντα δὲ αὐτὸν ἐκ τῆς εὐδαίμονος Ἀρα-
βίας ποιήσασθαι τὸν πλοῦν δι' ὠκεανοῦ πλείους ἡμέρας καὶ
προσενεχθῆναι νήσοις πελαγίαις· ὦν μίαν ὑπάρχειν τὴν
ὀνομαζομένην Πάγχαιαν, ἐν ᾗ τεθεᾶσθαι τοὺς ἐνοικοῦντας
Παγχαίους εὐσεβείᾳ διαφέροντας καὶ τοὺς θεοὺς τιμῶντας
μεγαλοπρεπεστάταις θυσίαις καὶ ἀναθήμασιν ἀξιολόγοις ἀρ-
γυροῖς τε καὶ χρυσοῖς. εἶναι δὲ καὶ τὴν νῆσον ἱερὰν θεῶν,
καὶ ἕτερα πλείω θαυμαζόμενα κατά τε τὴν ἀρχαιότητα καὶ
τὴν τῆς κατασκευῆς πολυτεχνίαν, περὶ ὦν τὰ κατὰ μέρος
ἐν ταῖς πρὸ ταύτης βίβλοις ἀναγεγράφαμεν (V 41 — 46).
εἶναι δ' ἐν αὐτῇ κατά τινα λόφον ὑψηλὸν καθ' ὑπερβολὴν
ἱερὸν Διὸς Τριφυλίου, καθιδρυμένον ὑπ' αὐτοῦ καθ' ὃν
καιρὸν ἐβασίλευσε τῆς οἰκουμένης ἁπάσης ἔτι κατ' ἀνθρώπους ὤν. ἐν τούτῳ τῷ ἱερῷ στήλην εἶναι χρυσῆν, ἐν ᾗ τοῖς
Παγχαίοις γράμμασιν ὑπάρχειν γεγραμμένας τάς τε Οὐρανοῦ καὶ Κρόνου καὶ Διὸς πράξεις κεφαλαιωδῶς. μετὰ ταῦτά
φησι πρῶτον Οὐρανὸν βασιλέα γεγονέναι, ἐπιεικῆ τινα ἄνδρα καὶ εὐεργετικὸν καὶ τῆς τῶν ἄστρων κινήσεως ἐπιστή-
μονα, ὃν καὶ πρῶτον θυσίαις τιμῆσαι τοὺς οὐρανίους θεούς·
διὸ καὶ Οὐρανὸν προσαγορευθῆναι κτέ.
Diod. V 46 . . στήλη χρυσῇ μεγάλη, γράμματα ἔχουσα
τὰ παρ' Αἰγυπτίοις ἱερὰ καλούμενα, δι' ὦν ἦσαν αἱ πράξεις
Οὐρανοῦ τε καὶ Διὸς ἀναγεγραμμέναι, καὶ μετὰ ταύτας αἱ
Ἀρτέμιδος καὶ Ἀπόλλωνος ὑφ' Ἑρμοῦ προσαναγεγραμμέναι.
Athen. XIV p. 658ᵃ Εὐήμερος — ὁ Κῷος ἐν τῷ γ' τῆς
ἱερᾶς ἀναγραφῆς τοῦθ' ἱστορεῖ, ὡς Σιδωνίων λεγόντων τοῦτο,
ὅτι Κάδμος μάγειρος ὢν τοῦ βασιλέως καὶ παραλαβὼν τὴν
Ἁρμονίαν αὐλητρίδα καὶ αὐτὴν οὖσαν τοῦ βασιλέως ἔφυγε
σὺν αὐτῇ.
Cic. de nat. deor. I 42, 119 *quid? qui aut fortes aut
claros aut potentes viros tradunt post mortem ad deos perve-
nisse eosque esse ipsos quos nos colere precari venerarique so-
leamus, nonne expertes sunt religionum omnium? quae ratio maxime tractata ab Euhemero est, quem noster et interpretatus et*

§ 47. *secutus est praeter ceteros Ennius. ab Euhemero autem et mortes et sepulturae demonstrantur deorum.*
Die fragmente von Ennius' *Euhemerus s. sacra historia*
s. *Ennianae poesis reliquiae* rec. I. Vahlen. Lips. 1854
p. XCIII. 169.

§ 48. Idomeneus von Lampsakos.

Müller FHG II 489.

Suidas: 'Ιδομενεύς, ἱστορικός. ἔγραψεν ἱστορίαν τῶν
κατὰ Σαμοθρᾴκην (Σωκράτην Fr. Nietzsche Rh. mus.
XXV 229).

Idomeneus war schüler und freund von Epikur († 270)
und schrieb περὶ τῶν Σωκρατικῶν. περὶ δημαγωγῶν.

Strab. XIII p. 589 καὶ αὐτὸς δ' Ἐπίκουρος τρόπον τινὰ
Λαμψακηνὸς ὑπῆρξε, διατρίψας ἐν Λαμψάκῳ καὶ φίλοις χρησάμενος τοῖς ἀρίστοις τῶν ἐν τῇ πόλει ταύτῃ, τοῖς περὶ Ἰδο-
μενέα καὶ Λεοντέα.

Plut. Perikl. 10 πῶς ἂν οὖν τις Ἰδομενεῖ πιστεύσειε
κατηγοροῦντι τοῦ Περικλέους, ὡς τὸν δημαγωγὸν Ἐφιάλτην
φίλον γενόμενον καὶ κοινωνὸν ὄντα τῆς ἐν τῇ πολιτείᾳ
προαιρέσεως δολοφονήσαντος διὰ ζηλοτυπίαν καὶ φθόνον τῆς
δόξης; ταῦτα γὰρ οὐκ οἶδ' ὅθεν συναγαγὼν ὥσπερ χολὴν
τἀνδρὶ προσβέβληκεν.

Plut. Dem. 23 nach der eroberung von Theben: εὐθὺς
δ' ὁ Ἀλέξανδρος ἐξῄτει πέμπων τῶν δημαγωγῶν δέκα μέν,
ὡς Ἰδομενεὺς καὶ Δοῦρις εἰρήκασιν, ὀκτὼ δ', ὡς οἱ πλεῖστοι
καὶ δοκιμώτατοι τῶν συγγραφέων.

IV. Die letzten zeiten des griechischen staats-
wesens. Alexandrinische gelehrsamkeit.

§ 49. Aratos von Sikyon († 213).

Müller FHG III 21. Ernst Köpke de hypomnematis Graecis II. Brandenb. 1863. p. 9.

Βιογρ. ed. Westermann p. 55 . . καὶ ἄλλοι δὲ πολλοὶ γεγόνασιν "Αρατοι ἄνδρες ἐλλόγιμοι, ἱστοριογράφοι, ὥσπερ ὁ
Κνίδιος, οὗ φέρονται Αἰγυπτιακὰ ἱστορικὰ συγγράμματα,

καὶ τρίτος ἐπισημότατος Σικυώνιος, οὗ ἐστὶν ἡ πολύβιβλος § 49.
ἱστορία ὑπὲρ τὰ λ' βιβλία ἔχουσα.

Plut. Arat. 3 γεγονέναι κομψότερον εἰπεῖν ("Ἄρατον) ἢ
δοκεῖ τισὶν ἐκ τῶν ὑπομνημάτων κρίνουσιν, ἃ παρέργως
καὶ ὑπὸ χεῖρα διὰ τῶν ἐπιτυχόντων ὀνομάτων ἀμιλλησάμενος
κατέλιπεν.

Polyb. II 40 τῶν μέντοι γε Ἀράτῳ διῳκημένων καὶ νῦν
καὶ μετὰ ταῦτα πάλιν ἐπικεφαλαιούμενοι μνησθησόμεθα διὰ
τὸ καὶ λίαν ἀληθινοὺς καὶ σαφεῖς ἐκεῖνον περὶ τῶν ἰδίων
συντεταχέναι πράξεων ὑπομνηματισμούς. vgl. c. 56.

Eb. 47 Aratos in dem Kleomenischen kriege πολλὰ
παρὰ τὴν ἑαυτοῦ γνώμην ἠναγκάζετο καὶ λέγειν καὶ ποιεῖν
πρὸς τοὺς ἐκτός, δι' ὧν ἔμελλε τὴν ἐναντίαν ἔμφασιν ὑπο-
δεικνύων ταύτην ἐπικρύψεσθαι τὴν οἰκονομίαν· ὧν χάριν
ἔνια τούτων οὐδ' ἐν τοῖς ὑπομνήμασι κατέταξεν.

Polyb. I 3 ἄρξει δὲ τῆς πραγματείας ἡμῖν τῶν μὲν
χρόνων ὀλυμπιὰς ρ' καὶ μ' (220), τῶν δὲ πράξεων παρὰ μὲν
τοῖς Ἕλλησιν ὁ προσαγορευθεὶς συμμαχικὸς πόλεμος — ·
ταῦτα δ' ἐστὶ συνεχῆ τοῖς τελευταίοις τῆς Ἀράτου τοῦ Σι-
κυωνίου συντάξεως. IV 2 καλλίστην ὑπόστασιν ὑπολαμβάνοντες εἶναι ταύτην διὰ τὸ πρῶτον μὲν τὴν Ἀράτου σύνταξιν
ἐπὶ τούτους καταστρέφειν τοὺς καιρούς. . .

§ 50. Phylarchos.

Müller FHG I lxxvii. 334. fr. coll. l. F. Luebt. Lips. 1836. l. A.
Brückner. Vratisl. 1839. vgl. Plutarchi Agis et Cleomenes rec. Schömann. Gryph. 1839. p. XXI. Paul Foucart, mémoire sur un décret
inédit de la ligne Arcadienne en l'honneur do l'Athénien Phylarchos.
Paris 1870.

Suidas: Φύλαρχος Ἀθηναῖος ἢ Ναυκρατίτης (οἱ δὲ Σι-
κυώνιον, ἄλλοι Αἰγύπτιον ἔγραψαν), ἱστορικός. τὴν ἐπὶ
Πελοπόννησον Πύρρου τοῦ Ἠπειρώτου στρατείαν ἐν βιβλίοις
κη'· κατάγει δὲ καὶ μέχρι Πτολεμαίου τοῦ Εὐεργέτου κλη-
θέντος καὶ τῆς Βερενίκης τελευτῆς, καὶ ἕως τοῦ θανάτου
Κλεομένους τοῦ Λακεδαιμονίου, ἐπιστρατεύσαντος αὐτῷ Ἀντιγόνου. τὰ κατὰ Ἀντίοχον καὶ τὸν Περγαμηνὸν Εὐμένη.
ἐπιτομὴν μυθικήν. περὶ τῆς τοῦ Διὸς ἐπιφανείας. περὶ
εὑρημάτων. παρεμβάσεων βιβλία θ'.

Athen. II p. 58ᶜ Φύλαρχος ὁ Ἀθηναῖος ἢ Ναυκρατίτης.
Ἱστορίαι 28 bb., von 272—220 v. Ch.

§ 60.   Polyb. II 56 ἐπεὶ δὲ τῶν [κατὰ] τοὺς αὐτοὺς καιροὺς
Ἀράτῳ γεγραφότων παρ' ἐνίοις ἀποδοχῆς ἀξιοῦται Φύλαρχος,
ἐν πολλοῖς ἀντιδοξῶν καὶ τἀναντία γράφων αὐτῷ, χρήσιμον
ἂν εἴη, μᾶλλον δ' ἀναγκαῖον ἡμῖν, Ἀράτῳ προῃρημένοις
κατακολουθεῖν περὶ τῶν Κλεομενικῶν, μὴ παραλιπεῖν ἄσκε-
πτον τοῦτο τὸ μέρος, ἵνα μὴ τὸ ψεῦδος ἐν τοῖς γράμμασιν
ἰσοδυναμοῦν ἀπολίπωμεν πρὸς τὴν ἀλήθειαν. καθόλου μὲν
οὖν ὁ συγγραφεὺς οὗτος πολλὰ παρ' ὅλην τὴν πραγματείαν
εἰκῆ καὶ ὡς ἔτυχεν εἴρηκε. πλὴν περὶ μὲν τῶν ἄλλων ἴσως
οὐκ ἀναγκαῖον ἐπιτιμᾶν κατὰ τὸ παρὸν οὐδ' ἐξακριβοῦν·
ὅσα δὲ συνεπιβάλλει τοῖς ὑφ' ἡμῶν γραφομένοις καιροῖς,
ταῦτα δ' ἐστὶ τὰ περὶ τὸν Κλεομενικὸν πόλεμον, ὑπὲρ τούτων ἀναγκαῖόν ἐστιν ἡμῖν διευκρινεῖν. ἔσται δὲ πάντως
ἀρκοῦντα ταῦτα πρὸς τὸ καὶ τὴν ὅλην αὐτοῦ προαίρεσιν καὶ
δύναμιν ἐν τῇ πραγματείᾳ καταμαθεῖν ss. bis cap. 63.
    Plut. Arat. 38 ὁμοίως δὲ καὶ Φύλαρχος ἱστόρηκε περὶ
τούτων, ᾧ μὴ τοῦ Πολυβίου μαρτυροῦντος οὐ πάνυ τι
πιστεύειν ἄξιον ἦν. ἐνθουσιᾷ γὰρ ὅταν ἅψηται τοῦ Κλεομένους ὑπ' εὐνοίας, καὶ καθάπερ ἐν δίκῃ [τῇ ἱστορίᾳ] τῷ
μὲν (τῷ Ἀράτῳ) ἀντιδικῶν διατελεῖ τῷ δὲ συναγορεύων.
    Dionysios (de comp. verb. 4 p. 30) zählt Phylarchos den
unlesbaren historikern bei.
    Phylarchos' geschichte benutzten Trogus Pompejus und
Plutarch (leben des Pyrrhos Agis Kleomenes Aratos).

Menodotos von Perinthos

begann ungefähr wo Phylarchos aufhörte.
    Diod. XXVI 4 p. 513 (ol. 140, 4. 217) Μηνόδοτος δὲ ὁ
Περίνθιος τὰς Ἑλληνικὰς πραγματείας ἔγραψεν ἐν βιβλίοις
πεντεκαίδεκα. vgl. § 40.

§ 51. Specialgeschichten.
Demetrios von Byzantion.

Müller FHG II 624. vgl. W. Ad. Schmidt de fontibus veterum aucto-
    rum in enarrandis expeditionibus a Gallis in Macedoniam atque
    Graeciam susceptis. Berol. 1834.
    Diog. L. V 83 γεγόνασι δὲ Δημήτριοι ἀξιόλογοι εἴκοσι ...
τρίτος Βυζάντιος περιπατητικός .... ἕβδομος Βυζάντιος, ἐν
τρισκαίδεκα βιβλίοις γεγραφὼς τὴν Γαλατῶν διάβασιν ἐξ
Εὐρώπης εἰς Ἀσίαν, καὶ ἐν ἄλλοις ὀκτὼ τὰ περὶ Ἀντίοχον
καὶ Πτολεμαῖον καὶ τὴν Λιβύης ὑπ' αὐτῶν διοίκησιν.

§ 51.

Nymphis von Herakleia.

Müller FHG III 12.

Suidas: *Νύμφις Ξεναγόρου Ἡρακλεώτης ἐκ Πόντου, ἱστορικός. περὶ Ἀλεξάνδρου καὶ τῶν διαδόχων καὶ ἐπιγόνων βιβλία κδ´, περὶ Ἡρακλείας βιβλία ιγ´. ἔχει δὲ μέχρι τῆς καθαιρέσεως τῶν τυράννων τὰ κατὰ τοὺς ἐπιγόνους καὶ μέχρι τοῦ τρίτου Πτολεμαίου* (246).

Memnon c. 11 (Phot. bibl. cod. 224 p. 226ᵃ 25 Bk.

Müller FHG III 533) *οἱ δὲ περιλειπόμενοι τῶν ἀπὸ Ἡρακλείας φυγάδων, Νύμφιδος, καὶ αὐτοῦ ἑνὸς ὑπάρχοντος τούτων, κάθοδον βουλευσαντος αὐτοῖς καὶ ῥᾳδίαν εἶναι ταύτην ἐπιδεικνύντος, εἰ μηδὲν ὧν οἱ πρόγονοι ἀπεστέρηντο αὐτοὶ φανεῖεν διοχλοῦντες ἀναλήψεσθαι, ἔπεισέ τε σὺν τῷ ῥάστῳ, καὶ τῆς καθόδου ὃν ἐβούλευσε τρόπον γεγενημένης οἵ τε καταχθέντες καὶ ἡ δεξαμένη πόλις ἐν ὁμοίαις ἡδοναῖς καὶ εὐφροσύναις ἀνεστρέφοντο. φιλοφρόνως τῶν τε ἐν τῇ πόλει τούτους δεξιωσαμένων καὶ μηδὲν τῶν εἰς αὐτάρκειαν αὐτοῖς συντελούντων παραλελοιπότων. καὶ οἱ Ἡρακλεῶται τὸν εἰρημένον τρόπον τῆς παλαιᾶς εὐγενείας καὶ πολιτείας ἐπελαμβάνοντο* (281).

Eb. c. 24 (p. 228ᵇ Bk. p. 538 M.) *διὰ ταῦτα πάλιν οἱ Γαλάται εἰς τὴν Ἡρακλεῶτιν ἔπεμψαν στράτευμα καὶ ταύτην κατέτρεχον, μέχρις ἂν οἱ Ἡρακλεῶται διεπρεσβεύσαντο πρὸς αὐτούς. Νύμφις δὲ ἦν ὁ ἱστορικὸς ὁ κορυφαῖος τῶν πρέσβεων· ὃς τὸν μὲν στρατὸν ἐν τῷ κοινῷ χρυσοῖς πεντακισχιλίοις, τοὺς δὲ ἡγεμόνας ἰδίᾳ διακοσίοις ὑποθεραπεύσας τῆς χώρας ἀπαναστῆναι παρεσκεύασεν* (cᵃ 240).

Nymphis war für die früheren abschnitte Memnons quelle.

Neanthes von Kyzikos.

Müller FHG III 2.

Suidas: *Νεάνθης Κυζικηνός, ῥήτωρ, μαθητὴς Φιλίσκου τοῦ Μιλησίου. ἔγραψε περὶ κακοζηλίας ῥητορικῆς καὶ λόγους πολλοὺς πανηγυρικούς.*

N. schrieb u. a. *Ἑλληνικά. ὧροι (Κυζικηνῶν). τὰ κατὰ πόλιν μυθικά. περὶ ἐνδόξων ἀνδρῶν. αἱ περὶ Ἄτταλον ἱστορίαι.* Attalos I regierte 241—197.

Ἐν τῇ γ´ καὶ δ´ τῶν Ἑλληνικῶν ἱστοριῶν handelte Neanthes von Themistokles (fr. 2. 3).

7*

§ 51.　Fr. 32 b. Plut. Symp. I 10, 2 p. 628ʰ *Νεάνϑη τὸν Κυ-*
ξυκηνὸν ἔφη λέγειν ἐν τοῖς κατὰ πόλιν μυϑικοῖς, ὅτι τῇ
Αἰαντίδι φυλῇ γέρας ὑπῆρχε τὸ μὴ κρίνεσϑαι τὸν [αὑτῆς]
χορὸν ἔσχατον † .... *μηδὲ ἡμεῖς τὴν Νεάνϑους ἐν ἐνίοις*
εὐχέρειαν ἀποδράσεως ποιησόμεϑα πρόφασιν.

Zenon von Rhodos.

Müller FHG III 174.

Diog. L. VII 35 *γεγόνασι δὲ Ζήνωνες ὀκτώ . . . . . .*
τρίτος Ῥόδιος, (ὁ) *τὴν ἐντόπιον γεγραφὼς ἱστορίαν ἐνιαίαν*
(*ἐνιαυσιαίαν* Müller).

Polyb. XVI 14 (201 v. Ch.) *ἐπεὶ δέ τινες τῶν τὰς κατὰ*
μέρος γραφόντων πράξεις γεγράφασι καὶ περὶ τούτων τῶν
καιρῶν —, βούλομαι βραχέα περὶ αὐτῶν διαλεχϑῆναι. ποιή-
σομαι δὲ † οὐ πρὸς ἅπαντας, ἀλλ᾽ ὅσους ὑπολαμβάνω μνήμης
ἀξίους εἶναι καὶ διαστολῆς· εἰσὶ δ᾽ οὗτοι Ζήνων καὶ ᾽Αντι-
σϑένης οἱ Ῥόδιοι. τούτους δὲ ἀξίους εἶναι κρίνω διὰ πλείους
αἰτίας. καὶ γὰρ κατὰ τοὺς καιροὺς γεγόνασι καὶ περὶ † περὶ
πεπολίτευνται, καὶ καϑόλου πεποίηνται τὴν πραγματείαν οὐκ
ὠφελείας χάριν ἀλλὰ δόξης καὶ τοῦ καϑήκοντος ἀνδράσι πο-
λιτικοῖς ss. bis c. 20.

Diod. V 56 *περὶ μὲν οὖν τῶν ἀρχαιολογουμένων παρὰ*
Ῥοδίοις οὕτω τινὲς μυϑολογοῦσιν· ἐν οἷς ἐστι καὶ Ζήνων ὁ
τὰ περὶ ταύτης συνταξάμενος.

§ 52.　Geschichtschreiber der römisch-punischen
kriege.

Philinos von Akragas.

Müller FHG III 17.

Polyb. I 14 vom ersten punischen kriege: *οὐχ ἧττον δὲ*
τῶν προειρημένων παρωξύνϑην ἐπιστῆσαι τούτῳ τῷ πολέμῳ
καὶ διὰ τὸ τοὺς ἐμπειρότατα δοκοῦντας γράφειν ὑπὲρ αὐτοῦ,
Φιλῖνον καὶ Φάβιον, μὴ δεόντως ἡμῖν ἀπηγγελκέναι τὴν
ἀλήϑειαν. ἑκόντας μὲν οὖν ἐψεῦσϑαι τοὺς ἄνδρας οὐχ ὑπο-
λαμβάνω, στοχαζόμενος ἐκ τοῦ βίου καὶ τῆς αἱρέσεως αὐτῶν·
δοκοῦσι δέ μοι πεπονϑέναι τι παραπλήσιον τοῖς ἐρῶσι. διὰ
γὰρ τὴν αἵρεσιν καὶ τὴν ὅλην εὔνοιαν Φιλίνῳ μὲν πάντα δο-
κοῦσιν οἱ Καρχηδόνιοι πεπρᾶχϑαι φρονίμως, καλῶς, ἀνδρω-
δῶς, οἱ δὲ Ῥωμαῖοι τἀναντία, Φαβίῳ δὲ τοὔμπαλιν τούτων
ss. bis c. 15 § 12.

III 26 nach mitteilung der älteren römisch karthagi- § 52.
schen verträge: τίς οὐκ ἂν εἰκότως θαυμάσειε Φιλίνου τοῦ
συγγραφέως, οὐ διότι ταῦτ' ἠγνόει (τοῦτο μὲν γὰρ οὐ θαυ-
μαστόν, ἐπεὶ καθ' ἡμᾶς ἔτι καὶ Ῥωμαίων καὶ Καρχηδονίων
οἱ πρεσβύτατοι καὶ μάλιστα δοκοῦντες περὶ τὰ κοινὰ σπου-
δάζειν ἠγνόουν)· ἀλλὰ πόθεν ἢ πῶς ἐθάρρησε γράψαι τἀναντία τούτοις, διότι Ῥωμαίοις καὶ Καρχηδονίοις ὑπάρχοιεν
συνθῆκαι, καθ' ἃς ἔδει Ῥωμαίους μὲν ἀπέχεσθαι Σικελίας
ἁπάσης, Καρχηδονίους δ' Ἰταλίας, καὶ διότι ὑπερέβαινον
Ῥωμαῖοι τὰς συνθήκας καὶ τοὺς ὅρκους, ἐπεὶ ἐποιήσαντο τὴν
πρώτην εἰς Σικελίαν διάβασιν, μήτε γεγονότος μήθ' ὑπάρχοντος τὸ παράπαν ἐγγράφου τοιούτου μηδενός. ταῦτα γὰρ
ἐν τῇ δευτέρα λέγει βίβλῳ διαρρήδην. περὶ ὧν ἡμεῖς ἐν
τῇ παρασκευῇ τῆς ἰδίας πραγματείας μνησθέντες, εἰς τοῦτον ὑπερεθέμεθα τὸν καιρὸν κατὰ μέρος περὶ αὐτῶν ἐξερ-
γάσασθαι διὰ τὸ καὶ πλείους διεψεῦσθαι τῆς ἀληθείας ἐν
τούτοις, πιστεύσαντας τῇ Φιλίνου γραφῇ.

Philinos wird citiert Diod. XXIII 8 p. 502 (ὅτι . . .
Φιλῖνος ὁ Ἀκραγαντῖνος ἱστορικὸς ἀνεγράψατο). XXIV 11, 1
p. 509 (XXIII 17 p. 505 Φίλιστος δὲ ἱστορικὸς ἦν?).

[Hannibalischer krieg:

Silenos von Kalakte.

Müller FHG III 100.

Corn. Nep. Hann. 13 huius belli gesta multi memoriae pro-
diderunt, sed ex his duo qui cum eo (Hannibale) in castris fuerunt simulque vixerunt, quamdiu fortuna passa est, Silenus et
Sosilus Lacedaemonius. atque hoc Sosilo Hannibal litterarum
Graecarum usus est doctore.

Silenos' geschichte des Hannibalischen krieges wurde
ausgeschrieben von L. Coelius Antipater und daher von
Cicero und Livius angeführt. vgl. Carl Böttcher untersuchungen üb. d. qu. des Livius im XXI und XXII buch
(jhb. suppl. V). Leipz. 1869.

Liv. XXVI 49 bei der einnahme von Neukarthago: si
auctorem Graecum sequar Silenum.

Cic. de divin. I 24 Hannibalem Coelius scribit — —. hoc
item in Sileni, quem Coelius sequitur, Graeca historia est: is
autem diligentissime res Hannibalis persecutus est; Hannibalem

§ 52. *cum cepisset Saguntum visum esse in somnis a Iove in deorum concilium vocari ss.*
Silenos schrieb auch Σικελικά. Athen. XII p. 542ᵃ
Σειληνὸς δ' ὁ Καλακτῖνος ἐν τρίτῳ Σικελικῶν.

Sosilos.

Müller FHG III 99.

Diod. XXVI 4 p. 513 Μηνόδοτος δὲ ὁ Περίνθιος τὰς Ἑλληνικὰς πραγματείας ἔγραψεν ἐν βιβλίοις ιε΄ (o. s. 98), Σώσιλος δὲ ὁ Ἴλιος τὰ περὶ Ἀννίβαν ἔγραψεν ἐν βιβλίοις ζ΄.

Polyb. III 20 οἱ δὲ Ῥωμαῖοι, προσπεπτωκυίας αὐτοῖς ἤδη τῆς Ζακανθαίων ἁλώσεως, οὐ μὰ Δία περὶ τοῦ πολέμου τότε διαβούλιον ἦγον, καθάπερ ἔνιοι τῶν συγγραφέων φασί, προσκατατάττοντες ἔτι καὶ τοὺς εἰς ἑκάτερα ῥηθέντας λόγους, πάντων ἀτοπώτατον πρᾶγμα ποιοῦντες . . . . . πρὸς μὲν οὖν τὰ τοιαῦτα τῶν συγγραμμάτων, οἷα γράφει Χαιρέας καὶ Σώσιλος, οὐδὲν ἂν δέοι πλέον λέγειν· οὐ γὰρ ἱστορίας, ἀλλὰ κουρεακῆς καὶ πανδήμου λαλιᾶς ἔμοιγε δοκοῦσι τάξιν ἔχειν καὶ δύναμιν. vgl. s. 88.

Diokles von Peparethos

(Müller FHG III 74. vgl. Schwegler RG I 411—415)

verfaszte etwa um den anfang des Hannibalischen kriegs eine κτίσις Ῥώμης, welche Q. Fabius Pictor ausgeschrieben haben soll.

Plut. Romul. 3 τοῦ δὲ πίστιν ἔχοντος λόγου μάλιστα καὶ πλείστους μάρτυρας τὰ μὲν κυριώτατα πρῶτος εἰς τοὺς Ἕλληνας ἐξέδωκε Διοκλῆς Πεπαρήθιος, ᾧ καὶ Φάβιος Πίκτωρ ἐν τοῖς πλείστοις ἐπηκολούθηκεν.

Eb. 8 ὧν τὰ πλεῖστα καὶ τοῦ Φαβίου λέγοντος καὶ τοῦ Πεπαρηθίου Διοκλέους, ὃς δοκεῖ πρῶτος ἐκδοῦναι Ῥώμης κτίσιν, ὕποπτον μὲν ἐνίοις ἐστὶ τὸ δραματικὸν καὶ πλασματῶδες κτέ.

§ 53. Alexandrinische und Pergamenische gelehrsamkeit.

§ 53.

G. Parthey das alexandrinische museum. Berl. 1838 F. Ritschl die alex. bibliotheken. Berl. 1838 (opusc. ph. I 1).
Ptolemaeos Lagi reg. 323—285 ÷ 283. Ptol. IV Philopator 221—204.
Ptol. II Philadelphos 285—246. Ptol. V Epiphanes 204—181.
Ptol. III Euergetes 246—221. Ptol. VI Philometor 181—146.

Ptolemaeos II Philadelphos stiftete im anfange seiner regierung die bibliothek des museums und ernannte Zenodotos zum bibliothekar. Die folgenden bibliothekare waren Kallimachos, Eratosthenes, Apollonios, Aristophanes, Aristarchos.

Sosibios von Lakedaemon.

Müller FHG II 625. fragm. chronogr. p. 133. Io. Brandis, de temp. gr. antiqu. rationib. p. 27.

Suidas: Σωσίβιος Λάκων, γραμματικὸς τῶν ἐπιλυτικῶν καλουμένων. * * ἐν τούτοις δὲ ἱστορεῖ καὶ τοῦτο, ὅτι εἰδός τι κωμῳδίας ἐστὶ καλούμενον δικηλιστῶν καὶ μιμηλῶν. περὶ τῶν [μιμηλῶν] ἐν Λακωνικῇ ἱστορουμένων παλαιῶν, καὶ ἄλλα.

Athen. IV p. 144ᵉ Θεόφραστος δ᾿ ἐν τῷ πρὸς Κάσανδρον περὶ βασιλείας (εἰ γνήσιον τὸ σύγγραμμα· πολλοὶ γὰρ αὐτό φασιν εἶναι Σωσιβίου, εἰς ὃν Καλλίμαχος ὁ ποιητὴς ἐπίνικον ἐλεγειακὸν ἐποίησε) τοὺς Περσῶν φησὶ βασιλεῖς κτέ.

Athen. XI p. 493ᵈ—494ᵇ erzählt von einem scherze, den Ptolemaeos Philadelphos sich mit Sosibios (ὁ λυτικὸς) bei der gehaltsauszahlung machte.

Sosibios schrieb u. a. ὁμοιότητες, περὶ τῶν ἐν Λακεδαίμονι θυσιῶν, περὶ Ἀλκμᾶνος wenigstens 3 bb., χρόνων ἀναγραφή.

Censor. de die nat. 21 *a priore scilicet cataclysmo, quem dicunt et Ogygii, ad Inachi regnum annos circiter CCCC ⟨computarunt, hinc ad excidium Troiae annos DCCC⟩, hinc ad olympiadem primam paulo plus CCCC. quos solos, quamvis mythici temporis postremos, tamen quia a memoria scriptorum proximos quidam certius definire voluerunt. et quidem Sosibius scripsit esse CCCXCV, Eratosthenes autem septem et quadringentos, Timaeus CCCCXVII, Crates DXIIII, et praeterea multi diverse, quorum etiam ipsa dissensio incertum esse declarat.*

§ 53.   Clem. Al. strom. I 21, 117 p. 389 P. *Σωσίβιος δὲ ὁ Λάκων ἐν χρόνων ἀναγραφῇ κατὰ τὸ ὄγδοον ἔτος τῆς Χαρίλλου τοῦ Πολυδέκτου βασιλείας Ὅμηρον φέρει. βασιλεύει μὲν οὖν Χάριλλος ἔτη ἑξήκοντα τέσσαρα, μεθ᾿ ὃν υἱὸς Νίκανδρος ἔτη τριάκοντα ἐννέα· τούτου κατὰ τὸ τριακοστὸν τέταρτον ἔτος τεθῆναί φησι τὴν πρώτην ὀλυμπιάδα, ὡς εἶναι ἐννενήκοντά που ἐτῶν πρὸ τῆς τῶν Ὀλυμπίων θέσεως Ὅμηρον.*

Also rechnet Sosibios die zerstörung von Troja = 1171 v. Ch.; das königthum des Charilaos = 873—810; des Nikandros = 809—771; Nikandros' 34s jahr = ol. 1 = 776. Athen. XIV p. 635ᵉ *ἐγένετο δὲ ἡ θέσις τῶν Καρνείων κατὰ τὴν ἕκτην καὶ εἰκοστὴν ὀλυμπιάδα* (676 v. Ch.), *ὡς Σωσίβιός φησιν ἐν τῷ περὶ χρόνων.* dasselbe datum hat S. Julius Africanus *Ὀλυμπιάδων ἀναγραφή* p. 9 Rutgers.

Kallimachos

verfaszte um 247 die *πίνακες τῶν ἐν πάσῃ παιδείᾳ διαλαμψάντων καὶ ὧν συνέγραψαν ἐν βιβλίοις κ΄ καὶ ρ΄.* vgl. C. Wachsmuth die pinakographische thätigkeit des Kallimachos. Philol. XVI 653. Fr. Nietzsche Rh. mus. XXIV 189.

Hermippos von Smyrna.

Müller FHG III 35, fr. ed. Adalb. Lozynski. Bonn. 1832.

Hermippos wird als peripatetiker bezeichnet und war schüler von Kallimachos. (Athen. II p. 58ᶠ. V p. 213ᶠ. XV p. 696ᶠ *Ἕρμιππος ὁ Καλλιμάχειος.*) er schrieb *βίοι*, insbesondere *νομοθετῶν,* wenigstens 6 bb., *τῶν ἑπτὰ σοφῶν*; von philosophen und rhetoren (Pythagoras, Aristoteles, Isokrates u. a.) und deren schülern, vgl. Hieronymus ob. § 46 s. 91.

Ioseph. w. Apion I 22 p. 198 s. (fr. 21) *πολλοὶ δὲ τὰ περὶ αὐτὸν (Πυθαγόραν) ἱστορήκασι, καὶ τούτων ἐπισημότατός ἐστιν Ἕρμιππος, ἀνὴρ περὶ πᾶσαν ἱστορίαν ἐπιμελής.*

Academicor. philosophor. index Herculanensis (ed. Franc. Bücheler Gryphisv. 1869) col. XI 4 *Ἕρμιππος ἐν τ⟨οῖς⟩ βίοις τῶν⟩ ἀπὸ φιλοσοφία⟨ς εἰς τυραννίδ⟩ας καὶ δυναστε⟨ίας μεθεσ⟩τηκότων.*

Dionys. Isacos 1 p. 586 (fr. 58) *οὐδὲ γὰρ ὁ τοὺς Ἰσο-*

κράτους μαθητὰς ἀναγράψας Ἕρμιππος, ἀκριβὴς ἐν τοῖς ἄλ- § 53.
λοις γενόμενος, ὑπὲρ τοῦδε τοῦ ῥήτορος (Ἰσαίου) οὐδὲν
εἴρηκεν ἔξω δυοῖν τούτων, ὅτι διήκουσε μὲν Ἰσοκράτους,
καθηγήσατο δὲ Δημοσθένους, συνεγένετο δὲ τοῖς ἀρίστοις
τῶν φιλοσόφων. vgl. Harpokr. u. Ἰσαῖος (fr. 57).

Nicht zu verwechseln mit dem schüler des Kallimachos
ist Hermippos von Berytos, ein freigelassener, der unter
Hadrian lebte und περὶ τῶν διαπρεψάντων ἐν παιδείᾳ δούλων schrieb. vgl. C. Wachsmuth symb. phil. Bonn. p. 140.

Istros.

Müller FHG I lxxxv. xc. 418.

Suidas: Ἴστρος Μενάνδρου ἢ Ἴστρου, Κυρηναῖος ἢ Μακεδών, συγγραφεύς, Καλλιμάχου δοῦλος καὶ γνώριμος. Ἕρμιππος δὲ αὐτόν φησι Πάφιον ἐν τῷ β' τῶν διαπρεψάντων
ἐν παιδείᾳ δούλων. ἔγραψε δὲ πολλὰ καὶ καταλογάδην καὶ
ποιητικῶς.

Istros schrieb unter andern ein sammelwerk u. d. t.
Συναγωγαί, dessen teile als Ἀττικά (oder Ἀττικαὶ συναγωγαί) Ἀργολικά Ἡλιακά citiert werden, ἀποικίαι Αἰγυπτίων,
ὑπομνήματα, πρὸς Τίμαιον ἀντιγραφαί.

Polemon fr. 54 b. Athen. IX p. 387ᶠ Πολέμων ὁ περιη-
γητὴς Ἴστρον τὸν Καλλιμάχειον συγγραφέα εἰς τὸν ὁμώνυμον κατεπόντου ποταμόν.

Eratosthenes von Kyrene.

G. Bernhardy Eratosthenica. Berol. 1822. Ders. in Ersch u. Gruber
Encyklop. I 36 s. 221. Müller fragm. chronogr. p. 182.

Suidas: Ἐρατοσθένης Ἀγλαοῦ (οἱ δὲ Ἀμβροσίου) Κυρηναῖος, μαθητὴς φιλοσόφου Ἀρίστωνος τοῦ Χίου, γραμματικοῦ δὲ Λυσανίου τοῦ Κυρηναίου καὶ Καλλιμάχου τοῦ ποιητοῦ. μετεπέμφθη δὲ ἐξ Ἀθηνῶν ὑπὸ τοῦ τρίτου Πτολεμαίου καὶ διέτριψε μέχρι τοῦ πέμπτου. διὰ δὲ τὸ δευτερεύειν
ἐν παντὶ εἴδει παιδείας τοῖς ἄκροις ἐγγίσας Βῆτα ἐπε-
κλήθη· οἱ δὲ καὶ δεύτερον ἢ νέον Πλάτωνα, ἄλλοι Πέντα-
θλον ἐκάλεσαν. ἐτέχθη δὲ ρκς' ὀλυμπιάδι, καὶ ἐτελεύτησεν
π' ἐτῶν γεγονώς, ἀποσχόμενος τροφῆς διὰ τὸ ἀμβλυώττειν,
μαθητὴν ἐπίσημον καταλιπὼν Ἀριστοφάνην τὸν Βυζάντιον,
οὗ πάλιν Ἀρίσταρχος μαθητής. μαθηταὶ δὲ αὐτοῦ Μνασέας

§ 53. καὶ Μένανδρος καὶ Ἄριστις. ἔγραψε δὲ φιλόσοφα καὶ ποιήματα καὶ ἱστορίας, ἀστρονομίαν ἢ καταστερισμούς, περὶ τῶν
κατὰ φιλοσοφίαν αἱρέσεων, περὶ ἀλυπίας, διαλόγους πολ-
λούς, καὶ γραμματικὰ συχνά. Vgl. Suidas u. Ἀπολλώνιος α΄: Ἀ. — μαθητὴς Καλλιμάχου, σύγχρονος Ἐρατοσθένους καὶ Εὐφορίωνος καὶ Τιμάρχου,
ἐπὶ Πτολεμαίου τοῦ Εὐεργέτου ἐπικληθέντος, καὶ διάδοχος
Ἐρατοσθένους γενόμενος ἐν τῇ προστασίᾳ τῆς ἐν Ἀλεξαν-
δρείᾳ βιβλιοθήκης. Sueton. de grammat. 10 philologi appellationem assump-
sisse videtur (L. Ateius), quia sic ut Eratosthenes, qui primus
hoc cognomen sibi vindicavit, multiplici variaque doctrina censebatur.

Strab. XVII p. 838 Κυρηναῖοι δ᾽ εἰσὶ καὶ Καλλίμαχος
καὶ Ἐρατοσθένης, ἀμφότεροι τετιμημένοι παρὰ τοῖς Αἰγυπτίων βασιλεῦσιν, ὁ μὲν ποιητὴς ἅμα καὶ περὶ γραμματικὴν
ἐσπουδακώς, ὁ δὲ καὶ ταῦτα καὶ περὶ φιλοσοφίαν καὶ τὰ
μαθήματα εἴ τις ἄλλος διαφέρων. vgl. I p. 15.

Eratosthenes war geboren ol. 126, 2. 275 und starb ein-
undachtzig jahre alt ol. 146, 3. 194. seine berühmtesten werke
waren: Γεωγραφικά 3 bb. Χρονογραφίαι (bis zum tode von
Ptolemaeos III Euergetes ol. 139, 4. 221?); mit diesen verbunden Ὀλυμπιονῖκαι.

Plin. NH II 247 universum autem circuitum (terrae) Eratosthenes, in omnium quidem litterarum subtilitate et in hac
utique praeter ceteros sollers, quem cunctis probari video, du-
centorum quinquaginta duorum milium stadiorum prodidit.

Fr. 1 Müller (Geo. Syncell. p. 91ᵉ) τῶν Θηβαίων λεγομέ-
νων βασιλείαν . . . . ὧν τὴν γνῶσιν, φησὶν (Ἀπολλόδωρος χρονικὸς) ὁ Ἐρατοσθένης λαβὼν Αἰγυπτιακοῖς ὑπομνή-
μασιν καὶ ὀνόμασιν κατὰ πρόσταξιν βασιλικὴν τῇ Ἑλλάδι
φωνῇ παρέφρασεν οὕτως.

Fr. 3 (Clem. Al. strom. I 21 § 138 p. 402 Pott) Ἐρατοσθένης δὲ τοὺς χρόνους ὧδε ἀναγράφει·

	jahre	vor ol. 1	v. Ch.	§ 53.
ἀπὸ μὲν Τροίας ἁλώσεως		407	1184/3	
ἐπὶ Ἡρακλειδῶν κάθοδον ἔτη ὀγδοήκοντα	80	327	1104/3	
ἐντεῦθεν δὲ ἐπὶ τὴν Ἰωνίας κτίσιν ἔτη ἑξή-				
κοντα	60	267	1044/3	
τὰ δὲ τούτοις ἑξῆς, ἐπὶ μὲν τὴν ἐπιτροπίαν				
τὴν Λυκούργου ἔτη ἑκατὸν πεντήκοντα				
ἐννέα	159	108	885'4	
ἐπὶ δὲ (τὸ) προηγούμενον ἔτος τῶν πρώτων				
Ὀλυμπίων ἔτη ἑκατὸν ὀκτώ	108	ol. 1,1	777'6	
ἀφ' ἧς ὀλυμπιάδος ἐπὶ τὴν Ξέρξου διάβασιν				
ἔτη διακόσια ἐνενήκοντα ἑπτά	297	ol. 75,1	480/79	
ἀφ' ἧς ἐπὶ τὴν ἀρχὴν τοῦ Πελοποννησιακοῦ				
πολέμου ἔτη τεσσαράκοντα ὀκτώ	48	ol. 87,1	432/1	
καὶ ἐπὶ τὴν κατάλυσιν καὶ Ἀθηναίων ἧτταν				
ἔτη εἴκοσιν ἑπτά	27	ol. 93,4	405/4	
καὶ ἐπὶ τὴν ἐν Λεύκτροις μάχην ἔτη τριά-				
κοντα τέσσαρα	34	ol. 102,2	371'0	
μεθ' ἣν ἐπὶ τὴν Φιλίππου τελευτὴν ἔτη τριά-				
κοντα πέντε	35	ol. 111,1	336/5	
μετὰ δὲ ταῦτα ἐπὶ τὴν Ἀλεξάνδρου μεταλλα-				
γὴν ἔτη δώδεκα	12	ol. 114,1	324/3	

Summa 860 jahre.

Plut. Lykurg. 1 οἱ δὲ ταῖς διαδοχαῖς τῶν ἐν Σπάρτῃ βεβασιλευκότων ἀναλεγόμενοι τὸν χρόνον, ὥσπερ Ἐρατοσθένης καὶ Ἀπολλόδωρος, οὐκ ὀλίγοις ἔτεσι πρεσβύτερον ἀποφαίνουσι τῆς πρώτης ὀλυμπιάδος (Λυκοῦργον).

Dionys. arch. I 74 p. 187 von dem gründungsjahre der stadt Rom: Κάτων δὲ Πόρκιος Ἑλληνικὸν μὲν οὐχ ὁρίζει χρόνον, ἐπιμελὴς δὲ γενόμενος, εἰ καί τις ἄλλος, περὶ τὴν συναγωγὴν τῆς ἀρχαιολογουμένης ἱστορίας ἔτεσιν ἀποφαίνει δυσὶ καὶ τριάκοντα καὶ τετρακοσίοις ὑστεροῦσαν τῶν Ἰλιακῶν. ὁ δὲ χρόνος οὗτος ἀναμετρηθεὶς ταῖς Ἐρατοσθένους χρονογραφίαις κατὰ τὸ πρῶτον ἔτος πίπτει τῆς ἑβδόμης ὀλυμπιάδος.

Polemon von Ilion.

Müller FHG III 108. Polemonis fragmenta coll. L. Preller. Lips. 1838.

Suidas: Πολέμων Εὐηγέτου Ἰλιεύς, κώμης Γλυκείας ὄνομα, Ἀθήνησι δὲ πολιτογραφηθεὶς [διὸ ἐπεγράφετο Ἑλλαδικός], ὁ κληθεὶς περιηγητής, ἱστορικός. γέγονε δὲ κατὰ Πτολεμαῖον τὸν ἐπιφανῆ· κατὰ δὲ Ἀσκληπιάδην τὸν Μυρλεανὸν συνεχρόνισεν Ἀριστοφάνει τῷ γραμματικῷ καὶ διήκουσε †

§ 53. καὶ τοῦ Ῥοδίου Παναιτίου. ἔγραψε περιήγησιν Ἰλίου ἐν βιβλίοις γ΄, κτίσεις τῶν ἐν Φωκίδι πόλεων καὶ περὶ τῆς πρὸς Ἀθηναίους συγγενείας αὐτῶν, κτίσεις τῶν ἐν Πόντῳ πόλεων, περὶ τῶν ἐν Λακεδαίμονι (π. τ. ἑ. Λ. ἀναθημάτων Athen. XIII p. 574ᶜ), καὶ ἄλλα πλεῖστα· ἐν οἷς καὶ κοσμικὴν περιήγησιν ἤτοι γεωγραφίαν. Athen. VI p. 234ᵈ Πολέμων γοῦν ὁ εἴτε Σάμιος ἢ Σικυώνιος εἴτ᾽ Ἀθηναῖος ὀνομαζόμενος χαίρει, ὡς ὁ Μοψεάτης Ἡρακλείδης λέγει καταριθμούμενος αὐτὸν καὶ ἀπ᾽ ἄλλων πόλεων (ἐπεκαλεῖτο δὲ καὶ στηλοκόπας, ὡς Ἡρόδικος ὁ Κρατήτειος εἴρηκε) γράψας περὶ παρασίτων φησὶν οὕτως (fr. 78). Plutarch. Symp. V 2 p. 675ᵇ (fr. 27) τοῖς δὲ Πολέμωνος τοῦ Ἀθηναίου περὶ τῶν ἐν Δελφοῖς θησαυρῶν οἶμαι ὅτι πολλοῖς ὑμῶν ἐντυγχάνειν ἐπιμελές ἐστι, καὶ χρή, πολυμαθοῦς καὶ οὐ νυστάζοντος ἐν τοῖς Ἑλληνικοῖς πράγμασιν ἀνδρός. Steph. B. p. 249, 11 Δωδώνη· — προσθετέον οὖν τῷ περιηγητῇ Πολέμωνι ἀκριβῶς τὴν Δωδώνην ἐπισταμένῳ (fr. 30).

Polemon schrieb ferner περὶ τῆς Ἀθήνησιν ἀκροπόλεως 4 bb., ἀναγραφὴ τῶν ἐπωνύμων τῶν δήμων καὶ φυλῶν, περὶ τῆς ἱερᾶς ὁδοῦ, περὶ τῶν κατὰ πόλεις ἐπιγραμμάτων, περὶ Σαμοθράκης, περιήγησις Ἰλίου, πρὸς Νεάνθην ἀντιγραφαί, πρὸς Ἀδαῖον καὶ Ἀντίγονον wenigstens 6 bb., πρὸς Τίμαιον wenigstens 12 bb., περὶ τῆς Ἀθήνησιν Ἐρατοσθένους ἐπιδημίας u. a. Athen. XI p. 479ᶠ Πολέμων γοῦν ἢ ὅστις ἐστὶν ὁ ποιήσας τὸν ἐπιγραφόμενον Ἑλλαδικόν, περὶ τοῦ ἐν Ὀλυμπίᾳ λέγων Μεταποντίνων νάου γράφει καὶ ταῦτα (fr. 20). XIII p. 606ᵃ Πολέμων δὲ ἢ ὁ ποιήσας τὸν ἐπιγραφόμενον Ἑλλαδικόν (fr. 28).

Apollodoros von Athen.

Ausg. v. Ch. Gotl. Heyne. II tom. Gotting. (1782) 1803. Müller FHG I xxxviii. 104. 428. Welcker, der ep. cyklus I² 83.

Auf dem chronologischen systeme des Eratosthenes beruht die chronik Apollodors. ·

Suidas: Ἀπολλόδωρος Ἀσκληπιάδου γραμματικός, εἷς τῶν Παναιτίου τοῦ Ῥοδίου φιλοσόφου καὶ Ἀριστάρχου τοῦ γραμματικοῦ μαθητῶν, Ἀθηναῖος τὸ γένος. ἦρξε δὲ πρῶτος τῶν καλοιμένων τραγιάμβων.

APOLLODOROS. 109

[Skymnos] *Περιήγ.* 16 Geogr. gr. min. I 196 s. Müller: § 58.

τοῖς ἐν Πεγράμῳ
βασιλεῦσιν, ὧν ἡ δόξα καὶ τεθνηκότων
παρὰ πᾶσιν ἡμῖν ζῶσα διὰ παντὸς μένει,
τῶν Ἀττικῶν τις γνησίων τε φιλολόγων,
20 γεγονὼς ἀκουστὴς Διογένους τοῦ Στωικοῦ,
συνεσχολακὼς δὲ πολὺν Ἀριστάρχῳ χρόνον,
συνετάξατ' ἀπὸ τῆς Τρωικῆς ἁλώσεως
χρονογραφίαν στοιχοῦσαν ἄχρι τοῦ νῦν βίου.
ἔτη δὲ τετταράκοντα πρὸς τοῖς χιλίοις
25 ὡρισμένως ἐξέθετο, καταριθμούμενος
πόλεων ἁλώσεις, ἐκτοπισμοὺς στρατοπέδων,
μεταναστάσεις ἐθνῶν, στρατείας βαρβάρων,
ἐφόδους περαιώσεις τε ναυτικῶν στόλων,
θέσεις ἀγώνων, συμμαχίας, σπονδάς, μάχας,
30 πράξεις βασιλέων, ἐπιφανῶν ἀνδρῶν βίους,
φυγάς, στρατείας, καταλύσεις τυραννίδων,
πάντων ἐπιτομὴν τῶν χύδην εἰρημένων.
μέτρῳ δὲ ταύτην ἐκτιθέναι προείλετο,
τῷ κωμικῷ δέ, τῆς σαφηνίας χάριν,
35 εὐμνημόνευτον ἐσομένην οὕτως ὁρῶν. —
45 Κεῖνος μὲν οὖν κεφάλαια συναθροίσας χρόνων
εἰς βασιλέως ἀπέθετο φιλαδέλφου χάριν,
ἃ καὶ διὰ πάσης γέγονε τῆς οἰκουμένης,
ἀθάνατον ἀπονέμοντα δόξαν Ἀττάλῳ
τῆς πραγματείας ἐπιγραφὴν εἰληφότι.

Attalos II Philadelphos war könig von Pergamon 159
—138. Apollodors chronik umfaszte die jahre 1184—144
v. Ch. (— ol. 158, 4).

Diod. I 5 τῶν δὲ χρόνων — τοὺς μὲν πρὸ τῶν Τρωικῶν οὐ διοριζόμεθα βεβαίως διὰ τὸ μηδὲν παράπηγμα παρειληφέναι περὶ τούτων πιστευόμενον, ἀπὸ δὲ τῶν Τρωικῶν ἀκολούθως Ἀπολλοδώρῳ τῷ Ἀθηναίῳ τίθεμεν ὀγδοήκοντ' ἔτη πρὸς τὴν κάθοδον τῶν Ἡρακλειδῶν, ἀπὸ δὲ ταύτης ἐπὶ τὴν πρώτην ὀλυμπιάδα δυσὶ λείποντα τῶν τριακοσίων καὶ τριάκοντα, συλλογιζόμενοι τοὺς χρόνους ἀπὸ τῶν ἐν Λακεδαίμονι βασιλευσάντων.

Diodor citiert Apollodor bei litterarhistorischen daten
XIII 103 Ἀ. ὁ τὴν χρονικὴν σύνταξιν πραγματευσάμενος.
108 Ἀπολλόδωρος ὁ Ἀθηναῖος.

§ 53.   Strab. XIV p. 677 (fr. 122) ὁ γὰρ Ἀπολλόδωρος ἐν τοῖς
περὶ νεῶν (den Homerischen schiffskatalog) ἔτι καὶ τοιαῦτα
λέγει (von der dreiseitigen gestalt Kleinasiens) . . . ἀμαθία
τὸ λέγειν τριγωνοειδὲς τὸ τοιοῦτον τετράπλευρον, οὐδὲ χωρο-
γραφικόν. ὁ δὲ καὶ χωρογραφίαν ἐξέδωκεν ἐν κωμικῷ μέτρῳ γῆς περίοδον ἐπιγράψας.
Bei Steph. B. wird öfters (z. b. p. 648, 5 u. Ἴλλεῖς)
angeführt Ἀπολλόδωρος ἐν τῷ περὶ γῆς δευτέρῳ; p. 241, 11
citiert Stephanos: Ἀπολλόδωρος ἢ ὁ τὰ τούτου ἐπιτεμνόμε-
νος 'τὴν δὲ χώραν ἔχουσι Δυμαῖοι'.
Apollodor schrieb · ferner u. a. περὶ θεῶν 24 bb. und
die unvollständig erhaltene βιβλιοθήκη 3 bb.

Satyros.

, Müller FHG III 159. Westermann qu. Demosth. IV 32. Bernays Theophr.
   schr. üb. frömmigkeit s. 32. 161.

Satyros ὁ περιπατητικός, schüler von Aristarch, schrieb
(unter Ptolemaeos Philometor) βίοι ἐνδόξων ἀνδρῶν.
Phot. bibl. cod. 190 p. 151ᵇ 21 (aus Ptolem. Chennos)
Σάτυρος δ' ὁ Ἀριστάρχου γνώριμος ζῆτα ἐκαλεῖτο διὰ τὸ
ζητητικὸν αὑτοῦ.
Hieronym. adv. Iovinian. II 14 refert Satyrus, qui illu-
strium virorum scribit historias . . . vgl. o. s. 91.
Darin waren enthalten biographien von feldherren wie
könig Philipp II, von rednern, philosophen und dichtern.
Athen. VI p. 248ᵈ . . . Σάτυρος ὁ περιπατητικὸς ἐν τῷ
Φιλίππου βίῳ u. ö.
Vit. X or. p. 847ᵃ vom tode des Demosthenes: Σάτυ-
ρος ὁ συγγραφεὺς . . .
Diog. Laert. VIII 40. IX 26 citiert Ἡρακλείδης ἐν τῇ
τῶν Σατύρου βίων ἐπιτομῇ.

§ 54. Polybios von Megalopolis

(geb. c⁰ 208 † c⁰ 127 v. Ch.) schrieb über Philopoemen in
3 bb. bald nach dessen tode (ol. 149, 1/2. 183).
Polyb. X 21 εἰ μὲν οὖν μὴ κατ' ἰδίαν ἐπεποιήμεθα τὴν
περὶ αὐτοῦ (Φιλοποίμενος) σύνταξιν, ἐν ᾗ διεσαφοῦμεν καὶ
τίς ἦν καὶ τίνων, καὶ τίσιν ἀγωγαῖς ἐχρήσατο νέος ὤν,
ἀναγκαῖον ἦν ὑπὲρ ἑκάστου τῶν προειρημένων φέρειν ἀπο-

λογισμόν. ἐπεὶ δὲ πρότερον ἐν τρισὶ βιβλίοις ἐκτὸς ταύ- § 54.
της τῆς συντάξεως τὸν ὑπὲρ αὐτοῦ πεποιήμεθα λόγον, τὴν
τε παιδικὴν ἀγωγὴν διασαφοῦντες καὶ τὰς ἐπιφανεστάτας
πράξεις, δῆλον ὡς ἐν τῇ νῦν ἐξηγήσει πρέπον ἂν εἴη τῆς
μὲν νεωτερικῆς ἀγωγῆς καὶ τῶν νεωτερικῶν ζήλων κατὰ μέρος ἀφελεῖν, τοῖς δὲ κατὰ τὴν ἀκμὴν αὐτοῦ κεφαλαιωδῶς
ἐκεῖ δεδηλωμένοις ἔργοις προσθεῖναι καὶ κατὰ μέρος, ἵνα τὸ
πρέπον ἑκατέρᾳ τῶν συντάξεων τηρῶμεν. ὥσπερ γὰρ ἐκεῖνος ὁ τόπος ὑπάρχων ἐγκωμιαστικὸς ἀπῄτει τὸν κεφαλαιώδη
καὶ μετ' αὐξήσεως τῶν πράξεων ἀπολογισμόν, οὕτως ὁ τῆς
ἱστορίας, κοινὸς ὢν ἐπαίνου καὶ ψόγου, ζητεῖ τὸν ἀληθῆ
καὶ τὸν μετ' ἀποδείξεως καὶ τῶν ἑκάστοις παρεπομένων συλ-
λογισμῶν.

Diese schrift hat Plutarch im leben Philopoemens benutzt: s. Heinr. Nissen krit. untersuch. üb. d. quellen der IVn
u. Vn dekade des Livius s. 280.

Nachdem Polybios im jahre 166 nach Italien abgeführt
war, entwarf er den plan zu seiner pragmatischen geschichte
(ἱστορία πραγματική).

Register.

Seite

Aeneas 48
Aeschines 89
Akusilaos 14
Anaximenes 66
Andokides 47
Androsthenes 71
Androtion 77
Antandros 82
Antiochos 24
Apollodoros 108
Aratos 96
Aristobulos 74
Aristoteles 90
Aristoxenos 91
Athanis 81
Ἀθηναίων πολιτεία 46
Ἀτϑίδες 77
Chares 73
Charon 13
Daimachos 72
Damastes 33
Deinarchos 89
Deinon 63
Demetrios von Byzanz . . 98
Demetrios von Phaleron . . 94
Demochares 89
Demon 78
Demophilos 54
Demosthenes 89
Dikaearchos 92
Diodotos 73
Diokles 102
Dionysios von Milet . . . 13
Dionysios Skytobrachion . . 13
Diyllos 76
Duris 80
Ἐφημερίδες 73
Ephoros 48
Eratosthenes 105
Euhemeros 94
Eumenes 73
Hegesippos 89
Hekataeos 11
Hellanikos 15
Herakleides 91
Harmippos 104
Herodotos 19
Hieronymos 74
Hippias von Elis 6
Hippys 14
Hypereides 89

Seite

Ὑπομνήματα βασιλικά . . . 73
Idomeneus 96
Ion 45
Isokrates 48
Istros 105
Kadmos 10
Kallias 82
Kallimachos 104
Kallisthenes 64
Klearchos 93
Kleidemos 77
Kleitarchos 67
Krateros 80
Kratippos 31
Ktesias 31
Lykurgos 89
Lysias 47
Marsyas 69
Megasthenes 72
Menodotos 98
Neanthes 99
Nearchos 71
Nymphis 99
Onesikritos 70
Parische chronik 93
Patrokles 72
Phanias 93
Phanodemos 78
Pherekydes 15
Philinos 100
Philistos 39
Philochoros 78
Phylarchos 97
Platon 46
Polemon 107
Polybios 110
Psaon 76
Ptolemaeos 73
Satyros 110
Silenos 101
Skylax 44
Sosibios 103
Sosilos 102
Stesimbrotos 46
Theophrastos 90
Theopompos 54
Thukydides 25
Timaeos 83
Xanthos 12
Xenophon 34
Zenon 100

Wie studirt man Philologie?

Eine Hodegetik

für

Jünger dieser Wissenschaft

von

Wilhelm Freund.

Τῆς δ' ἀρετῆς ἱδρῶτα.

Zweite, unveränderte Auflage.

Leipzig,
Verlag von Wilhelm Violet.
1872.

Mein junger Freund!

Wie die vor einigen Jahren von mir herausgegebene 'Prima'
ihre erste Anregung und kräftigste Ermunterung in meinem
mündlichen und schriftlichen Verkehr mit strebsamen Jünglingen
gefunden hat, die für den geeigneten Abschluss ihrer Gymnasial-
studien des wissenschaftlichen Rathes und einer eingehenden
pädagogischen Anleitung bedurften, so ist auch die gegenwärtige
Schrift zunächst und allermeist durch eine Reihe mündlicher
und schriftlicher Fragen veranlasst worden, welche befreundete
junge Männer theils unmittelbar vor ihrem Eintritt in das aka-
demische Studium, theils während der ersten Semester desselben
an mich gerichtet haben, und die ich nach Kräften zu beant-
worten bemüht gewesen bin. Da diese Fragen nicht persönlicher
und individueller Art waren, sondern meist das innere Wesen,
den Charakter, den Umfang oder die Methode des philologischen
Studiums selbst betrafen, so schien es mir der Mühe werth zu
sein, meine Gedanken über die Art, wie die nur allzukurz be-
messene dreijährige Studienzeit für die Bewältigung des über-
reichen philologischen Lehrstoffes am Erfolgreichsten verwerthet
werden könne, zu einer übersichtlichen Hodegetik zu verarbeiten,
durch deren Hilfe der angehende Philolog, noch ehe sich ihm
die Pforten zum Tempel seiner Wissenschaft erschliessen, wie
in der Vorhalle sich über die einzelnen weiten Tempelräume
und die reichen Tempelschätze im Voraus zu unterrichten im
Stande wäre.

Freund, Philologie.   1

Mehr als solch eine übersichtlich geordnete erste Anleitung zur Orientirung für Philologie-Studirende will die
gegenwärtige Schrift nicht sein. Eine frühzeitige Orientirung
in seiner Wissenschaft aber erscheint für den Philologen um so
nothwendiger, als er nicht gleich den Studirenden der Theologie,
Jurisprudenz und Medicin an eine ihrem Inhalt und Ziele nach fest
abgegrenzte Fachwissenschaft herantritt, vielmehr an eine solche
Wissenschaft, deren vieldeutiger Name allein schon zu sehr verschiedenartigen Auffassungen ihres Wesens veranlasst, und deren
Stellung innerhalb und als ein Theil der Wissenschaften der
sogenannten 'philosophischen Facultät' nach vielen Richtungen
hin eine so wenig gesonderte ist, dass ihre mannigfaltigen
Berührungspunkte mit der Geschichte, Politik, Philosophie,
Aesthetik, mit der allgemeinen und vergleichenden Sprachwissenschaft den nicht zum Voraus sicher orientirten Studirenden nur
zu leicht in Gefahr bringen, durch das Verfolgen der vielfach
sich verzweigenden Seitenrichtungen sein Hauptziel aus dem
Auge zu verlieren.

In Rücksicht auf den hodegetischen Zweck dieser Schrift
vertheile ich ihren Stoff unter nachfolgende fünf Abtheilungen:

    I. Abtheilung: Name, Begriff und Umfang der Phi-
               lologie.

    II.   „   Die einzelnen Disciplinen der Philo-
               logie.

    III.   „   Vertheilung der Arbeit des Philo-
               logie-Studirenden auf sechs Semester.

    IV.   „   Die Bibliothek des Philologie-Stu-
               direnden.

    V.   „   Die Meister der philologischen Wis-
               senschaft in alter und neuer Zeit.

I. Abtheilung.

Name, Begriff und Umfang der Philologie.

Das rege geistige Leben der Hellenen hat ihre Sprache
mit drei inhaltschweren Wörtern bereichert, um die sie jede
andere Sprache der Welt beneiden kann; es sind dies die Bezeichnungen für ihr lebendiges Interesse am Lernen, am Wissen
und an der Unterredung: φιλομαθία, φιλοσοφία, φιλολογία.

Von diesen drei Wörtern ist das letzte eine Schöpfung des
specifisch-attischen Geistes: die den Attikern angestammte
Lust am Reden und Disputiren hat für den ihr Huldigenden
die treffende Bezeichnung 'Redelustiger', 'Redefreund', φιλόλογος, erfunden. Und zwar heisst φιλόλογος = ὁ φιλῶν λόγους
sowol derjenige, welcher selbst gern spricht, als der, welcher
gern Reden hört. In ersterer Beziehung wird die Stadt Athen
selbst in Plato's Gesetzen — vor Plato's Zeit findet sich das
Wort noch nicht — gegenüber dem 'wortkargen' Sparta — als
die 'Redelustige', als φιλόλογος bezeichnet. Νόμοι 1. p. 641, e
(ein Athener spricht zu einem Spartaner und einem Kreter):

τὴν πόλιν ἅπαντες ἡμῶν "Ελληνες ὑπολαμβάνουσιν ὡς
φιλόλογός τέ ἐστι καὶ πολύλογος, Λακεδαίμονα δὲ
καὶ Κρήτην, τὴν μὲν βραχύλογον, τὴν δὲ πολύνοιαν
μᾶλλον ἢ πολυλογίαν ἀσκοῦσαν.

Viel häufiger wird φιλόλογος der genannt, welcher gern

1·

Reden hört. So nennt sich Sokrates selbst wegen seiner
Lust an den Reden Anderer einen φιλόλογος. Plat. Phaedr.
p. 236, e:

   Φαιδ. Ἦ μήν, ἐάν μοι μὴ εἴπῃς τὸν λόγον . . μηδέποτέ
      σοι ἕτερον λόγον μηδένα μηδενὸς μήτ' ἐπιδείξειν
      μήτ' ἐξαγγελεῖν.

   Σωκρ. Βαβαί, ὦ μιαρέ, ὡς εὖ ἀνεῦρες τὴν ἀνάγκην ἀνδρὶ
      φιλολόγῳ ποιεῖν ὃ ἂν κελεύῃς.

In gleicher Weise nennt Sokrates den Theodoros, der ihn
zum Reden auffordert, einen φιλόλογος. Plat. Theaet. p. 161, a:

   Σωκρ. Φιλόλογος γ' εἶ ἀτεχνῶς καὶ χρηστός, ὦ Θεόδωρε,
      ὅτι με οἴει λόγων τινὰ εἶναι θύλακον (ein Sack
      voll Reden) καὶ ῥᾳδίως ἐξελόντα ἐρεῖν etc.

Endlich — um die Belege nicht allzusehr zu häufen — erklärt Laches in einer glanzvollen Auseinandersetzung über die
Schönheit des Einklanges zwischen Rede und Gesinnung, dass
er je nach den Umständen ein Redefreund oder ein Rede-
feind, ein φιλόλογος oder ein μισόλογος sei. Er sagt (Plat.
Lach. p. 188, c. ff.):

   Καὶ γὰρ ἂν δόξαιμί τῳ φιλόλογος εἶναι καὶ αὖ μισόλογος. ὅταν μὲν γὰρ ἀκούω ἀνδρὸς περὶ ἀρετῆς δια-
   λεγομένου ἢ περὶ τινος σοφίας ὡς ἀληθῶς ὄντος ἀνδρὸς
   καὶ ἀξίου τῶν λόγων ὧν λέγει, χαίρω ὑπερφυῶς, θεώ-
   μενος ἅμα τόν τε λέγοντα καὶ τὰ λεγόμενα ὅτι πρέποντα
   ἀλλήλοις καὶ ἁρμόττοντά ἐστι . . . ὁ μὲν οὖν τοιοῦτος
   χαίρειν με ποιεῖ φθεγγόμενος καὶ δοκεῖν ὁτῳοῦν φιλό-
   λογον εἶναι· οὕτω σφόδρα ἀποδέχομαι παρ' αὐτοῦ τὰ
   λεγόμενα· ὁ δὲ τἀναντία τούτου πράττων λυπεῖ με, ὅσῳ
   ἂν δοκῇ ἄμεινον λέγειν, τοσούτῳ μᾶλλον, καὶ ποιεῖ αὖ
   δοκεῖν εἶναι μισόλογον.

Da die hier in Betracht kommenden Reden vorherrschend
Gegenstände des Wissens, der gelehrten wissenschaftlichen Forschung, der Literatur zu ihrem Inhalte hatten, so trat dadurch
der φιλόλογος als Freund solcher Forschung und überhaupt als
Freund gelehrter Bildung (= ὁ σπουδάζων περὶ παιδείας nach

der Erklärung des Phrynichus, p. 392 ed. Lobeck) dem φιλόσοφος in der ursprünglichen, allgemeinern Bedeutung des Wortes
an die Seite. Plat. republ. 9 p. 582, e:
Ἀνάγκη, ἃ ὁ φιλόσοφός τε καὶ ὁ φιλόλογος ἐπαινεῖ,
ἀληθέστατα εἶναι.
Als solche Philosophen-Philologen erkennen wir den Sokrates und seine Anhänger, wenn er (Xenoph. Memor. 1, 6, 14)
erzählt, 'dass er die Schätze der alten Weisen, welche
diese in Schriftwerken hinterlassen haben, aufrolle und
gemeinschaftlich mit seinen Freunden durchgehe; und dass sie,
wenn sie etwas Gutes finden, es auswählen':
Καὶ τοὺς θησαυροὺς τῶν πάλαι σοφῶν ἀνδρῶν, οἷς ἐκεῖνοι
κατέλιπον ἐν βιβλίοις γράψαντες, ἀνελίττων κοινῇ σὺν
τοῖς φίλοις διέρχομαι, καὶ, ἄν τι ὁρῶμεν ἀγαθόν, ἐκλε-
γόμεθα.
In welchem Umfange der Grösste von Sokrates' Anhängern,
der göttliche Platon, als echter φιλόλογος, die Geistesschätze
seiner weisen Vorgänger in sich aufgenommen hat, bekunden
seine Dialoge, in denen fast keine Seite der Anspielung und
Beziehung auf den Ausspruch irgend eines bedeutenden griechischen Dichters oder Denkers, von Homer bis auf seine Zeitgenossen herab, entbehrt.
Und vollends Plato's grösster Schüler, der unerreichte Aristoteles, der mit seinem Geiste alle Gebiete menschlichen
Wissens umfasste, alle Schriftwerke älterer und seiner Zeit
durchforschte und nach ihrem Gehalte verwerthete, Aristoteles
war, wie kein Anderer jemals, ὁ φιλόσοφός τε καὶ ὁ φιλόλογος
im weitesten Umfange des Wortes.
So lange aber das griechische Volk seine politische Selbständigkeit besass und die griechische Literatur sich in voller
lebendiger Strömung befand, war die Liebe zu dieser Literatur,
die φιλολογία, allen Gebildeten, in grösserm oder geringerm
Umfange, gemeinsam: es gab noch keine Philologie als besondere Wissenschaft.
Erst als Griechenlands Selbständigkeit vernichtet war und

der Strom des geistigen Lebens versiegte, wurden zuerst in
Alexandria die griechischen Geistesschöpfungen, die ϑησαυροὶ
τῶν πάλαι σοφῶν, als das Vermächtniss einer abgeschlossenen
grossen Vergangenheit, der Gegenstand umfassender und tief
eingehender Studien, und so wurde der Name φιλόλογος die
Bezeichnung einer besondern Gattung von Gelehrten, welche der
wissenschaftlichen Pflege der griechischen Literatur oblagen: aus
dem Literaturfreunde wurde ein Literaturgelehrter.

Die Gelehrten der grossen Bibliothek und des Museums zu
Alexandria, unter welchen Kallimachus, Eratosthenes, Aristophanes von Byzanz und Aristarchus nach einander besonders hervorragten, hatten hinsichtlich der griechischen Literatur
eine dreifache Aufgabe zu lösen: sie mussten in den vielen Tau-
senden der aus allen Ländern zusammengebrachten Handschriften
das wirklich Echte von dem Unechten und Untergescho-
benen scheiden; sie mussten ferner den Sprachgebrauch
der früheren Jahrhunderte in den Wortformen und Wortbedeutungen feststellen; und sie mussten endlich die schwierigen,
dunkelen Stellen in den erhaltenen Schriftwerken erklären.
Ihre Aufgabe war also, nach den in unsrer Kunstsprache übli-
chen Ausdrücken, Kritik, Grammatik und Hermeneutik.
Bereits in der Blüthezeit der griechischen Literatur waren diese
Disciplinen in ihren ersten dürftigen Anfängen von den Philosophen (namentlich Stoikern) und Sophisten betrieben worden;
der Zustand und Inhalt der homerischen Gesänge und die Vorliebe der Griechen für sprachphilosophische Untersuchungen und
Auslegungen gab frühzeitig dazu Veranlassung. Ja schon beim
höhern Jugendunterricht, der auf den Elementarunterricht im
Lesen und Schreiben (τὰ γράμματα διδάσκειν) folgte, war der
Lehrer (ὁ γραμματιστής) bemüht, mit den Schülern den Homer
aus einem correcten Texte zu lesen und denselben sprachlich
und sachlich zu erklären. Hierdurch erweiterte sich der Begriff
der γραμματικὴ τέχνη oder bloss γραμματικὴ, welche ursprünglich
nur 'die Kenntniss der Sprachlaute' (der γράμματα) bedeutete, seit
dem alexandrinischen Zeitalter zu der Sprach- und Literatur-

kenntniss, und γραμματικός wurde die Benennung desjenigen Sprachkundigen oder Sprachgelehrten, der die alten Schriftsteller sprachlich und sachlich zu erklären verstand, wobei er natürlich auch der kritischen Prüfung der Echtheit nicht entbehren konnte. Ebenso nun, wie der Begriff des γραμματικός, erweiterte sich im alexandrinischen Zeitalter auch der des φιλόλογος. Unter Letzterm verstand man jetzt denjenigen Gelehrten, welcher sich eine vielseitige Sachkenntniss in den von den Alten behandelten Wissenschaften, eine multiplex variaque doctrina (wie es Sueton de illustr. grammatic. cap. 10 nennt) erworben hatte, also, nach andrer Bezeichnung, ein Polyhistor war. Daher legte auch Eratosthenes, der wegen seiner über alle Wissenschaften sich verbreitenden und gründlichen Gelehrsamkeit 'das Pentathlon in der Wissenschaft' genannt wurde, sich selbst den Namen φιλόλογος bei (Suet. l. l.: Eratosthenes primus cognomen Philologi sibi vindicavit; Näheres über ihn s. unten in der 5. Abth. Nr. 1).

Mit nicht geringerm Eifer als in Alexandria wurden die philologisch-grammatischen Studien auch zu Pergamum, der Hauptstadt des pergamenischen Reiches, von den Gelehrten betrieben, welche die dortigen Könige, 'angezogen von den Hochgenüssen der Philologie' (magnis philologiae dulcedinibus inducti, Vitruv. praef. 7), an der von ihnen zu Pergamum gegründeten und mit grosser Munificenz ausgestatteten Bibliothek angestellt hatten. Als der Gelehrteste unter diesen pergamenischen Philologen wird Krates aus Mallos in Cilicien (Κράτης Μαλλώτης) genannt; seine zahlreichen (bis auf wenige Fragmente verloren gegangenen) Schriften bezogen sich auf die Texteskritik und die Erklärung des Homer, auf die Erklärung der hesiodischen Theogonie, der Tragödien des Euripides, der Komödien des Aristophanes, auf den attischen Dialekt u. s. w., desgleichen auf geographische und naturhistorische Gegenstände, selbst auf den Landbau. Auch entwarf er Verzeichnisse (Πίνακες) von gelehrten Werken und deren Verfassern, nach ihren Fächern geordnet, insbesondere von Dramen und Dramatikern. Das grösste Verdienst

aber erwarb er sich durch Einführung der philologischen
Studien in Rom, ums Jahr 167 v. Chr., als er dahin von König
Attalus II. Philadelphus an den Senat abgesandt worden, und,
durch einen Beinbruch längere Zeit in Rom zurückgehalten, eine
Reihe literarischer Vorträge hielt und durch dieselben in den
Römern ein reges Interesse für ihre eigene Literatur erweckte.
Vgl. Suet. l. l. cap. 2.

Die aus dieser Zeit datirende römische Philologie, nach
dem Beispiele der Griechen gemeinhin grammatica genannt,
richtete, dem römischen Nationalcharakter entsprechend, ihre
Hauptthätigkeit auf die Erforschung und Erklärung der römischen Alterthümer und der älteren namentlich auf den Kultus
und das Rechtswesen bezüglichen Sprachüberreste, so wie auf
die Erklärungen der bedeutendsten älteren römischen Dichter
(des Nävius und Ennius, später auch des Lucilius u. a.). Ebenso
wurde die Sprachwissenschaft mit grosser Vorliebe gepflegt. Die
Ergebnisse der Forschungen wurden in umfassenden Sammel-
werken und systematisch geordneten Encyclopädien niedergelegt.
Der erste römische Grammatiker, der sich den Namen Philologus
beilegte, Ateius Praetextatus, ein Zeitgenoss und Freund der
Historiker Sallust und Asinius Pollio, verfasste ein solches Sammelwerk unter dem Namen "Υλη, das angeblich aus 800 Büchern
bestand (Näheres über ihn unten in der 5. Abth. Nr. 5).

Der grösste Philolog und Polyhistor der Römer, M. Terentius
Varro aus Reate (geb, 116, gest. 26 v. Chr., s. unten 5. Abth. Nr. 4),
von Cicero diligentissimus investigator antiquitatis, von Quintilian
vir Romanorum eruditissimus, von Plutarch ἀνὴρ Ῥωμαίων ἐν ἱστορίᾳ βιβλιακώτατος genannt, umfasste in seinen 74 verschiedenen
Werken fast alle Gebiete menschlichen Wissens. Sein Werk
Disciplinarum libri novem war die erste römische Encyclopädie,
welche als Gesammtinhalt des höhern Unterrichts neun *artes
liberales*, nämlich 1) grammatica, 2) dialectica, 3) rhetorica,
4) geometria, 5) arithmetica, 6) astrologia, 7) musica, 8) medicina und 9) architectura behandelte. Nach dem Muster dieses
varronischen Werkes verfasste um die Zeit des Unterganges des

weströmischen Reiches (um 470 u. Chr.) Marcianus Capella aus Madaura in Afrika Satirae libri novem, die ersten 2 Bücher mit dem besondern Titel De nuptiis Philologiae et Mercurii, im schwülstigsten Afrikanerlatein, ein Unterrichtscompendium über die sieben artes liberales (die ersten sieben der varronischen neun artes), welches fast das ganze Mittelalter hindurch sich als encyclopädisches Lehrbuch für den Jugendunterricht und die höhere Bildung behauptet hat, indem die gedachten 'sieben freien Künste' in zwei Stufen: das Trivium (Grammatik, Dialektik, Rhetorik) und das Quadrivium (Musik, Arithmetik, Geometrie und Astronomie) zerlegt wurden.

In welcher Weise zur Zeit des Philosophen Seneka die wissenschaftliche Thätigkeit des Philologen von der des Grammatikers und des Philosophen unterschieden wurde, erkennt man recht deutlich aus nachfolgender Stelle in den Briefen des Seneka (108 § 29 ff.):

'Non est, quod mireris ex eadem materia suis quemque studiis apta colligere: in eodem prato bos herbam quaerit, canis leporem, ciconia lacertam. Cum Ciceronis librum de re publica prendit hinc philologus aliquis, hinc grammaticus, hinc philosophiae deditus, alius alio curam suam mittit: philosophus admiratur contra iustitiam dici tam multa potuisse. cum ad hanc eandem lectionem philologus accessit, hoc subnotat: duos Romanos reges esse, quorum alter patrem non habet, alter matrem: nam de Servii matre dubitatur. Anci pater nullus: Numae nepos dicitur. Praeterea notat eum, quem nos dictatorem dicimus et in historiis ita nominari legimus, apud antiquos magistrum populi vocatum. hodieque id exstat in auguralibus libris et testimonium est, quod, qui ab illo nominatur, magister equitum est. Aeque notat Romulum perisse solis defectione; provocationem ad populum etiam a regibus fuisse: id ita in pontificalibus libris et alii putant et Fenestella. Eosdem libros cum grammaticus explicuit, primum verba expressa, reapse dici a

Cicerone, id est re ipsa, in commentarium refert; nec
minus sepse, id est se ipse. deinde transit ad ea, quae
consuetudo saeculi mutavit, tamquam ait Cicero: „quoniam sumus ab ipsa calce eius interpellatione revocati",
hanc quam nunc in circo cretam vocamus, calcem an-
tiqui dicebant. Deinde Ennianos colligit versus et in
primis illos de Africano scriptos:

    .... "cui nemo civis neque hostis
    quivit pro factis reddere operae pretium",

ex eo se ait intelligere, apud antiquos non tantum auxi-
lium significasse sed operam. ait enim Ennius neminem
potuisse Scipioni neque civem neque hostem reddere
operae pretium. Felicem deinde se putat, quod in-
venerit, unde visum sit Vergilio dicere:

    ... "quem super ingens
    porta tonat coeli".

Ennium hoc ait Homero subripuisse, Ennio Vergilium. esse
enim apud Ciceronem in his ipsis de re publica hoc epi-
gramma Ennii:

    "Si fas endo plagas coelestum ascendere cuiquam est,
    mi soli coeli maxima porta patet". —

Während des grössten Theiles des Mittelalters, einen Zeitraum von mehr als acht Jahrhunderten hindurch, lag die Philologie in tiefem Winterschlaf. Erst um die Mitte des 14. Jahrhunderts gelang es einem feurigen Dichtergeiste, sie zu neuer
Thätigkeit zu wecken und frische Lebenskraft in ihre erstarrten
Glieder zu hauchen.

Es war Francesco Petrarca (geb. 1304, gest. 1374), der,
erfüllt von Liebe zu Roms grosser Vorzeit und reich ausgestattet
mit positivem Wissen, in musterhaft stilisirten lateinischen Schriftwerken seine Begeisterung für das klassische Alterthum bekundete
und diese Begeisterung den begabtesten seiner Landsleute einzu-

flössen verstand. In engem Freundschaftsbunde mit ihm wirkte
der unsterbliche Dichter des 'Decamerone', Giovanni Boccaccio
(geb. 1313, gest. 1375) nach gleichem Ziele hin; er war der erste
Italiener, der sich eine Abschrift der homerischen Gesänge aus
Griechenland verschaffte und seinen Zeitgenossen das Studium
der griechischen Sprache auf das Eindringlichste empfahl. Schon
in demselben 14. Jahrhundert, mehr aber noch im nächstfolgen-
den, besonders als nach dem Zusammensturz des griechischen
Kaiserreichs die gelehrten Griechen (Theodor Gaza, die beiden
Laskaris, Demetrios Chalkondylas, Markos Musuros) und die
Erfindung der Buchdruckerkunst eine grössere Verbreitung der
griechischen und römischen Literatur ermöglichten, war die
Philologie in ganz Italien wiedererweckt und das Lieblingsstudium
der hervorragendsten Männer geworden. Ich erwähne hier nur
Francesco Poggio (1380—1459), Leonardo Bruni (1369—1444),
Lorenzo della Valle (1407—1457), Angelo Poliziano (1454—1494).
Wie einst zur Zeit der Blüthe Griechenlands und Roms war der
Philologos wieder 'der Freund der klassischen Literatur' im /ε
weitesten Umfange, und Philologie galt als der Inbegriff aller
Wissenschaften, als Polyhistorie.

An diese hohe Verehrung für die Geistesschöpfungen des
Alterthums in Wissenschaft und Kunst, welche in Italien in der
ersten Hälfte des 16. Jahrhunderts, zur Zeit Leo's des Zehnten,
ihren Gipfelpunkt erreichte, knüpfte sich das Bestreben der
Nachahmung des klassischen Stils in Schrift und Rede,
namentlich der ciceronischen Latinität, und erzeugte den sogenannten Ciceronianismus — es glänzten hierin die Kardinäle
Pietro Bembo (1470—1547) und Jac. Sadoletti (Sadoletus) 1477—1547)
und der auch in Schülerkreisen bekannte und vielbewunderte
Muret (1526—1585) — hieraus aber entsprang allmälig die ein-
seitige Auffassung der Philologie als Beredsamkeit, zu deren
sicherer Erlangung man bei der Lektüre der Klassiker das Ge-
schäft der Grammatik, Hermeneutik und Kritik zu üben habe.

An den Bestrebungen der Italiener zur Wiederbelebung der
Philologie betheiligten sich seit dem 16. Jahrhundert zuerst die

Franzosen, nächst ihnen fast gleichzeitig die Deutschen, Engländer und Niederländer, bis gegen das Ende des vorigen Jahrhunderts die Deutschen die Führerschaft in der Philologie übernahmen und bis zum heutigen Tage behauptet haben.

Die Franzosen nahmen das Studium der Philologie in der ersten Hälfte des 16. Jahrhunderts, namentlich unter dem Schutze des kunstsinnigen Königs Franz I., mit grossem Eifer auf, und gelehrte Buchdrucker, wie die beiden Estienne (Robertus Stephanus, 1503—1559, und Henricus Stephanus 1528—1598) sorgten für Herstellung korrekter Texte griechischer und lateinischer Autoren. Die beiden grössten Philologen des 16. Jahrhunderts, Justus Scaliger (1540—1609) und Isaac Casaubonus (1559—1614) gehörten der französischen Nation an.

Von deutschen Gelehrten, die bis gegen das Ende des vorigen Jahrhunderts sich um die Philologie besonders verdient gemacht haben, nenne ich hier nur: Johann Reuchlin (1455—1522), Desiderius Erasmus (1467—1536), Philipp Melanchthon (1497—1560), Joachim Camerarius (1500—1574), Johann Matthias Gesner (1691—1761), Johann August Ernesti (1707—1781) und Christ. Gottl. Heyne (1729—1812).

Englische Philologen aus diesem Zeitraum sind: Thomas Linacre (1460—1524), George Buchanan (1506—1582), Thomas Ruddiman (1674—1757), Richard Bentley (1662—1742), John Taylor (1703—1766), Jeremiah Markland (1693—1776). — Endlich Holländische Philologen: Justus Lipsius (1547—1606), Gerh. Jo. Vossius (1577—1649), Nicol. Heinsius (1620—1681), Joh. Fr. Gronov (1611—1671), Franz Oudendorp (1696—1761), Tiberius Hemsterhuis (1685—1766), Lud. Kasp. Valckenaer (1715—1785), Dav. Ruhnken (1723—1798).

Durch die verschiedenartigen Einflüsse, welche bei den erwähnten Nationen romanischen und germanischen Stammes der Volkscharakter, die Geistlichkeit, die Nationalliteratur, die Individualität der Gelehrten auf die Entwickelung der Philologie in dem gedachten Zeitraume geübt haben, ist dieselbe bald zur Universalwissenschaft, zur Polyhistorie ausgedehnt, bald zur blossen Schuldisciplin für die Kenntniss der klassischen Sprachen und die Lektüre der klassischen Autoren, bald zur Stilistik und Aesthetik eingeschränkt worden. Während in Italien und Frankreich die sachliche Seite der Philologie die Oberhand über die sprachliche behauptete, ward in England namentlich seit Bentley, und in Holland, besonders durch Hemsterhuis und Ruhnken, als Hauptaufgabe der Philologie die Kritik betrachtet, welcher alle sprachlichen und sachlichen Kenntnisse zu Gebote stehen und als Förderungsmittel dienen müssen.

In Deutschland war, nachdem der Druck, den im 17. Jahrhundert die Religionskriege und die starre Orthodoxie auf das Studium des heidnischen Alterthums geübt, im 18. Jahrhundert nachgelassen hatte, ein unsicheres Schwanken zwischen Realismus und Formalismus in der Philologie eingetreten. Von den Einen wurde sie als die Trägerin der humaniora, als Humanitätsstudium betrachtet, Andere sahen in ihr, nach dem Vorgange der Holländer, nur 'einen Inbegriff von Regeln und Lehren, welche zu gründlicher Erklärung der Sprachen dienen'.

Die grossen Leistungen Winckelmann's auf dem Kunstgebiete des klassischen Alterthums, namentlich aber sein unsterbliches Hauptwerk: 'Geschichte der Kunst des Alterthums', (1764) brachte ein neues läuterndes Element in die gährenden Stoffe. Auch die um dieselbe Zeit erblühende deutsche Nationalliteratur, die ihre edelste Nahrung aus dem klassischen Alterthum empfing, trug viel dazu bei, die Alterthums-Studien zu hoher Geltung zu bringen (ich erinnere nur an Lessings ‚Laokoon'). Daher erlangte Gesner's Nachfolger auf dem Göttinger Lehrstuhle der Philologie, Christ. Gottl. Heyne, mit seinen auf die ästhetische Erklärung der klassischen Literatur gerichteten Vorlesungen und Schriften einen ausserordentlichen Erfolg. Es fehlte jedoch noch viel, dass die einzelnen Ausstrahlungen der philologischen Disciplinen in einem einzigen Brennpunkte gesammelt wurden. Dieses Verdienst, wodurch die Philologie erst zu einer wahrhaften, organisch gegliederten Wissenschaft erhoben wurde, erwarb sich Friedrich August Wolf.

Gleichwie Klopstock bereits in seiner Abiturientenrede seinen Vorsatz, dereinst 'der Sänger des Messias' zu werden, zum
Voraus angedeutet hat, so war der achtzehnjährige Wolf bei
seiner Immatriculation an der Göttinger Hochschule (1777) sich
bereits seiner künftigen wissenschaftlichen Aufgabe bewusst, als
er mit Entschiedenheit darauf bestand, nicht nach dem Herkom-
men als Studiosus theologiae oder philosophiae, sondern als
Studiosus philologiae immatriculirt zu werden (s. das Nähere
hierüber unten in der Beilage I). Daher fühlte er sich, wie er
selbst (in der bald näher anzugebenden Schrift) mittheilt, sogleich nach dem Beginn seiner Lehrthätigkeit in Halle (1783)
ohne Unterlass beunruhigt von dem Wunsche, sich selbst und
seinen Zuhörern bestimmtere Rechenschaft zu geben über den
allgemeinen Begriff, Gehalt, Zusammenhang und Hauptzweck
der Studien, die man gewöhnlich philologische nennt, da über
alles dies die Schriften der anerkanntesten Kenner wenig Befrie-
digendes darboten. 'Einige, die auf solche Betrachtungen sich
beiläufig einliessen, schwankten unentschlossen über die vornehmsten Tendenzen dieses ganzen Zweiges der Gelehrsamkeit:
Viele behaupteten, man erlerne die alten Sprachen der Geschichte
und sogenannten Sachkenntnisse halber, wogegen die Meisten
das Lesen und Verstehen der Schriftsteller in den Grundspra-
chen als den letzten Zweck, und die vielseitigste Beschäftigung
mit den Sachkenntnissen als blosses Mittel zum Verständniss der
Schriftsteller betrachteten'. Diese und andere von einander abweichende Meinungen verdoppelten Wolf's Eifer, 'die höchsten
Gesichtspunkte der alterthümlichen Philologie möglichst genau
zu erfassen und einen Versuch zu machen, wie sich die einzelnen
theils auf deutschen Universitäten seit beinahe hundert Jahren
erläuterten, theils noch in der Folge zu bearbeitenden Doctrinen
zu einem organischen Ganzen vereinigen liessen, um Alles, was
zu vollständiger Kenntniss des gelehrten Alterthums gehört, zu
der Würde einer wohlgeordneten philosophisch-historischen
Wissenschaft emporzuheben'.

Er hielt daher während seiner mehr als zwanzigjährigen

Wirksamkeit in Halle (bis 1806) zu wiederholten Malen Vorlesungen unter dem Namen einer 'Encyclopädie und Methodologie der Studien des Alterthums'; das erste Mal mit
nachstehender öffentlicher Ankündigung:
'Encyclopaedia philologica, in qua, orbe universo earum
rerum, quibus litterae antiquitatis continentur, peragrato,
singularum doctrinarum ambitus, argumenta, coniunctiones,
utilitates, subsidia, denique recte et cum fructu tractandae
cuiusque rationes illustrabuntur'.
Da diese Vorlesungen, welche er selbst als 'noch sehr un-
vollkommene Skizzen' betrachtete, gleichwol, ohne sein Wissen,
von einzelnen Zuhörern aus nachgeschriebenen Collegien-Heften
veröffentlicht wurden*), so entschloss er sich im Jahre 1807, in
Ermangelung der zu einer vollständigen Bearbeitung nöthigen
Musse, 'wenigstens die Grundzüge zu einer allgemeinen Darstellung der griechischen und römischen Alterthumskunde zu
liefern'. Diese 'Grundzüge' nun, welche das von Wolf und Buttmann in gedachtem Jahre herausgegebene 'Museum der Alterthums-Wissenschaft'. eröffnen und den Titel führen: 'Darstel-
tung der Alterthums-Wissenschaft' (S. 4—142) sind der
Grundriss, das Fundamentalgesetz geworden für die philologische Wissenschaft, wie sie seitdem in Deutschland nach
ihrer Gesammtheit aufgefasst und in ihren einzelnen Theilen
ausgebaut wird.
Nachdem Wolf (S. 11 ff.) die bis zu seiner Zeit üblich ge-
wesenen Namen seiner Wissenschaft: Philologie, classische
Gelehrsamkeit, alte Literatur, Humanitäts-Studien,
Humaniora, schöne Wissenschaften für mehr oder weniger
ungeeignet erklärt hat ('der Name Philologie erregt Bedenken,
weil derselbe nach der alexandrinischen Auffassung am meisten

---

*) Er rügt diese voreilige Veröffentlichung auf die schonendste Weise
mit den Worten Quintilians (Inst., praef. §. 7): Quantum notando consequi
poterant, interceptum boni iuvenes, sed nimium amantes mei, temerario editionis honore vulgaverant.

mit Literatur übereinstimmt und die Kunst der Alten aus-
schliesst; auch verstehen Viele unter Philologie noch häufig nur
Linguistik oder Sprachenkunde überhaupt') und den ·hohen
Werth, den die klassischen Ueberreste auch für uns noch haben,
hervorgehoben, ist er der Meinung, dass unsre Wissenschaft am
Schicklichsten den Namen der Alterthums-Wissenschaft
führen wird. 'Jeder andre Name, so gewöhnlich er bei den
übrigen Völkern Europas ist, hat weniger Grund; der eine ist
zu weitläufig, ein anderer zu eingeschränkt, keiner für das Ganze
erschöpfend'.

Das Ganze dieser Wissenschaft bezeichnet er als den 'Inbegriff der Kenntnisse und Nachrichten, die uns mit den Handlungen und Schicksalen, mit dem politischen, gelehrten und
häuslichen Zustande der Griechen und Römer, mit ihrer Cultur,
ihren Sprachen, Künsten und Wissenschaften, Sitten, Religionen,
National-Charakteren und Denkarten bekannt machen, dergestalt,
dass wir geschickt werden, die von ihnen auf uns gekommenen
Werke gründlich zu verstehen und mit Einsicht in ihren Inhalt
und Geist, mit Vergegenwärtigung des alterthümlichen Lebens
und Vergleichung des spätern und des heutigen, zu geniessen'.

Nach dieser ausführlichen Erklärung geht Wolf (S. 31 ff.)
zu den Quellen über, aus denen der Alterthumsforscher seinen
Stoff hernimmt. Es sind dies Ueberreste alter Zeiten, alte
Werke, alte Denkmäler.

'Die gesammten Ueberreste sind von dreifacher Art: theils
schriftliche Werke, wozu auch die vor der Verbreitung der
Schreibkunst nur gesungenen, später erst aufgezeichneten Barden-
Lieder gehören; theils künstlerische, d, h. Werke der Zeichnung und Bildnerei, sowol der mit der Poesie verschwisterten
Kunst, als der gemeinen Technik, theils Ueberbleibsel gemischter Art, an welchen Literatur und gemeine Technik
ungefähr gleichen Antheil haben. Hierher gehören die meisten
mit Aufschriften versehenen Steine, die sich weit mehr den
Schriften als den Kunst-Producten nähern'.

'Eine jede dieser drei Arten kann entweder inhaltlich, als

Monumente und Zeugnisse vergangener Zustände, oder
formal, als ästhetisch schöne Werke betrachtet werden.
I. Für die Ermittlung der Zustände des Alterthums haben
natürlich die in Schriften verfassten Werke unter allen den
ersten Rang: sie liefern die Hauptmittel, die andern recht zu
verstehen und zu beurtheilen; sie schaffen uns vermittels der
Sprachen eine Vertraulichkeit mit den Ideen und Ausdrucks-
arten des Alterthums; daher denn ein höchst vollkommenes Verstehen der Schriftsteller nebst der Prüfung des Ursprünglichen
oder Nachgefälschten, des Echten oder Unechten, des Aeltern
oder Spätern, welches alles in den schriftlichen Werken vermischt
liegt, zu den nothwendigsten Erfordernissen gehört.

1. Vermittels der Sprachen. Wir reden hier allerdings
von den alten Sprachen nicht sowohl als einem der Objecte der
Wissenschaft, vielmehr in soweit deren Kenntniss instrumental
ist. Dadurch nämlich erhalten wir ein Organon für die gesammte
Wissenschaft, in welchem zuerst nach einer philosophischen Erklärung der allgemeinen Grundsätze der Sprache aus den Gesetzen des
Denkens, die Theorie der griechischen und lateinischen Sprache
nach dem von Zeit zu Zeit veränderten Sprachgebrauche abgehandelt wird. Ich sage, nach dem von Zeit zu Zeit veränderten Gebrauche. Denn unter Grammatik wird hier nicht das ein-
geschränkte System von Regeln einer Sprache aus einem einzelnen Zeitraume ihrer Blüthe verstanden; was vielleicht bei
neuern Sprachen hinreicht, wo wir meistens nur auf gegenwärtige Nutzbarkeit derselben, nicht auf ihre frühere Literatur
sehen: der Name umfasst vielmehr alle Zeiträume des Lebens
einer Sprache, d. h. die Untersuchungen über ihre Entstehung,
ihren Bau, ihre fortschreitende Bildung, also über Orthographie
und Orthoëpie, Prosodie, Etymologie, Analogie und Formenlehre,
Syntax und Idiomen. Diese Untersuchungen sind von der einen
Seite historischer, von der andern philosophischer Art: jenes,
sofern jede Sprachregel von einer Thatsache ausgeht, einem aus
unverdorbenen Stellen der Alten kritisch erweislichen Sprachgebrauche; dieses, weil keine Regel in den Sprachen feststeht,

ohne durch die Natur des Redegebrauches begründet zu sein.
So wird denn aus der Grammatik gewissermassen Geschichte
einer Sprache, die bei der griechischen einen Zeitraum von dritt-
halb tausend Jahren hindurchgeht; eine Erscheinung, die bei
keiner andern jemals eintrat, und vielleicht nie wieder eintreten
wird. Durch eine so weitumgreifende Behandlung der beiden
Sprachen wird ferner die Grammatik derselben erst eine sichere
Grundlage der Auslegungskunst und Kritik, da der bei dem
Fortgange der National-Cultur sich mannichfach umgestaltende
Sprachgebrauch bekannt und ausgemacht sein muss, um über den
wahren Sinn eines Schriftstellers und über das, was bei ihm für echt
und unecht zu halten sei, nach sichern Gründen zu entscheiden'.

2. Die auf die Grammatik der griechischen und lateinischen
Sprache gebaute Hermeneutik, als die Kunst, die Gedanken
eines Schriftstellers aus dessen Vortrage mit nothwendiger Einsicht aufzufinden, bedarf zu ihrer Begründung
der Untersuchungen über die Natur der Wort-Bedeutungen,
über Sinn eines Satzes, über Zusammenhang einer Rede, über
viele andere Punkte der grammatischen, rhetorischen und
historischen Interpretation.

3. Die Kritik. Es kann die Hermeneutik erst dann ihre
Aufgabe lösen, wenn vorher Zeiten und Schriftsteller hinreichend
bestimmt sind, die den Ausleger eben beschäftigen; ingleichen
lässt sich kein Text mit nothwendiger Ueberzeugung von der
Harmonie unserer Gedanken mit denen des Verfassers erklären,
ehe nicht die Echtheit und Richtigkeit seines Vortrags bis auf
die einzelnen Ausdrücke erwiesen worden, oder doch erweisbar
ist. Aus beiderlei Betrachtungen entsteht die philologische
Kritik, mit welcher zur Beurtheilung der behandelten Materien
oft eine mannichfaltige doctrinale Kritik, und bei Schriften,
die auf Schönheit des Vortrags Anspruch machen, die rhetorische
oder, wie man unter uns sagt, ästhetische zu verbinden ist.

4. Zu den erwähnten Disciplinen tritt noch die Kunst des
Stils und der Composition, sowohl in Prosa, als in Versen, nebst den Grundsätzen der alten Metrik. Denn nur

die Fertigkeit nach der Weise der Alten zu schreiben, nur eigenes productives Talent befähigt uns, fremde Productionen gleicher Art ganz zu verstehen und darin mehr als gewisse untergeordnete Tugenden aufzufassen; und in sofern wird die Fertigkeit in den alten Sprachen, wenigstens in der lateinischen, zu schreiben hier mehr als subsidiarisch.

Durch philosophische Grammatik also und die besondere beider Sprachen, durch Hermeneutik, Kritik und die Fertigkeit des Stils werden die Studien vollendet, die den Eintritt in den Kreis der Gegenstände vorbereiten, welche das Historische und Reale der Wissenschaft und die nähere Anschauung der alten Welt gewähren. Denn die Wissenschaft verlangt, dass man allerwärts mit eigenen Augen sehe, und verschmäht irgend etwas ohne genaue Prüfung anzunehmen, eine Prüfung, die man schlechterdings nicht ohne Kenntniss ihrer Quellen und deren rechten Gebrauches anstellen kann.

II. Die besondern Doctrinen, welche zur Kenntniss des Alterthums führen, entnehmen ihren Stoff aus den drei oben angegebenen Gattungen der Ueberreste, nicht allein aus den literarischen. Um nicht von der Mythologie und den sogenannten Alterthümern zu reden, wie viele Beiträge von Nachrichten und Thatsachen liefern nicht die Denkmäler der Kunst und jene von gemischter Art, selbst zur blossen Kenntniss der alten Sprachen! Doch Schriften bleiben überall die Hauptquellen, die zuerst zu besuchen sind und die Basen aller philologischen und archäologischen Untersuchungen.

A. Die auf die schriftlichen Werke bezüglichen Doctrinen sind:

1. Die alte Erdkunde. Nichts ist nothwendiger als sich zuvörderst mit den Schauplätzen bekannt zu machen, wo die bekannten Völker der alten Zeit lebten und handelten, um ihre Wohnsitze kennen zu lernen und deren verschiedene Zustände in verschiedenen Zeitaltern, wodurch Manches der dem Alterthume eigenen Menschennatur erklärbar wird. Wiewohl, die alte Erdkunde ist uns nicht, wie die Chronologie, blos hülfsweise

2*

wichtig, zum Behuf der Geschichte; sie ist selbst ein Theil der
Geschichte; und einer der schwierigsten für gelehrte Bearbeituug,
theils wegen der Beschaffenheit der Quellen, woraus sie zu schöpfen ist, theils wegen der Kunst die Quellen zu gebrauchen'.

2. Die historische oder völkergeschichtliche Disciplin.
Auf den Namen der Wissenschaft kann die alte Geschichte
ohnehin erst dann Anspruch machen, wann die nothwendigen
Sichtungen ihres zerstreuten Stoffes durch Untersuchung der
einzelnen Facta befriedigender vollendet und die Ketten der
Begebenheiten so durchmustert sein werden, dass nirgends ein
Hauptglied ungeprüft blieb; erst alsdann kann die Geschichte,
für den Verstand hinreichend vorbereitet, ihre ganze wissenschaftliche Gestalt für die Vernunft empfangen; wodurch sie
eben das im Idealen sein muss, was die Natur im Realen ist,
und die Welt-Begebenheiten, so weit es die dem Menschen vom
Schicksal gestattete Freiheit leidet, nur eine andere Art von
Erzeugnissen als die Producte der Natur.

Die dem historischen Studium nothwendigen Hülfskenntnisse
sind die Chronologie der alten Zeiten und die historische
Kritik.

3. Antiquitäten. Diejenige Doctrin, welche man insgemein,
mit einem schon bei den Römern gebräuchlichen Ausdrucke,
Antiquitäten nennt, auch Archäologie, im Deutschen seit
einiger Zeit Alterthumskunde, hat immer noch unbestimmte
und nach Beschaffenheit der Sachen unbestimmbare Grenzen. Es
gehören dazu die Nachrichten und Erläuterungen, wodurch man
den kürzer oder länger dauernden Zustand und die Verfassung im
Politischen, Religiösen, Militärischen und in den damit zusammenhängenden Verhältnissen, nebst den Sitten und Gewohnheiten
kennen lernt; so wäre zu wünschen, dass noch manches Aehnliche zur Darstellung ihres Lebens benutzt, dass besonders alles,
was man von den mechanischen Künsten und allen Arten von
Gewerben bei den Alten antrifft, sorgfältig gesammelt würde,
wo z. B. der Landbau und vieles aus der alten Technologie
weitläufige Abschnitte anfüllen könnte.

Besondere Erwähnung verdient, das die Alterthumskunde
Griechenlands ihr schönstes Interesse aus den Gemälden der
jugendlichen Fortgänge empfängt, welche wir in allgemeiner
Civilisation, in Staatenbildung durch Gesetzgebungen und ge-
ordnetes Gerichtswesen, weiterhin in mancherlei geistiger Cultur
bei den griechischen Völkerschaften wahrnehmen. Die römischen
Antiquitäten führen uns näher an die Grenzen der neuern Welt.
Sie liefern vorzüglich charakteristische Darstellungen einer grossen
Republik, die schnell zu männlicher Kraft emporreifte, als Haupt
vieler Völker die höchste Kunst des Menschen, die Kunst Staaten
zu regieren, ausüben lernte und nach mannichfach veränderter
Verfassung einen ansehnlichen Theil der Welt in ihren Verfall
verwickelte. Uebrigens müssen mit den Antiquitäten Roms auch
die des alt-römischen d. i. vor-Justinianischen Rechts
verbunden werden, ohne dessen, wo nicht gründliche Einsicht,
doch historische Kunde, mehreres in den römischen Schriftstellern
unverständlich bleibt.

4. Die Mythologie. In der griechischen Mythologie hin-
gegen, die wir vollständiger überkommen haben, erblicken wir
die ersten Elemente der Menschen-Geschichte und die Keime
aller wissenschaftlichen Aufklärung, nach welcher von Heyne
öfters empfohlenen Ansicht sie den Kreis von Denk- und Vorstellungsarten der werdenden Nation aufschliesst in der ganzen
Zeit vor Entstehung der eigentlichen Geschichte und Philosophie,
mit welchem Zeitpunkte der Ursprung der kunstmässigen Prosa
ungefähr zusammentrifft. Jede Hauptclasse von Fabeln, oder
wie ein holländischer Gelehrter zu sagen anfing, Mythen, giebt
zu diesem System uralter Vorstellungen ihren Beitrag, nämlich
die Natur-Mythen, als Versuche einer stammelnden Philosophie,
ferner die Götter- und Dämonen-Lehre, die jedoch nicht als eine
Religions-Theorie behandelt werden darf, dann die Traditionen
von den Volks-Anführern und Heroen durch die sogenannten
heroischen Zeiten hindurch, dann die moralischen Mythen und
ältesten allegorischen Belehrungen für den Bedarf des menschlichen Lebens, endlich die geographischen, astronomischen und

andern Fictionen des blos poetischen Zeitalters. Aus mehrern
derselben erwuchs in der Folge ein Cyclus, der von Barden und
Dichtern gegründet, mehr oder weniger durch den Glauben des
Volkes geheiligt, nachher von Künstlern aufgenommen und ausgebildet, einen Haupttheil der schönen Kunst des Bildners aus-
machte, und als artistische Mythologie auf eine abgesonderte
Behandlung Anspruch macht.

5. Die Geschichte der gelehrten Aufklärung bei beiden Nationen, und zwar nach einer doppelten Abtheilung: a) die
äussere Geschichte der Literatur, die von den schriftlichen
Werken der Griechen und Römer, von deren Verfassern, ihrem
Leben und den Umständen, unter denen sie schrieben, kurz von
allem, was zu gelehrter d. i. gründlicher Lesung und Benutzung
der Werke historisch vorbereitet, belehrende Nachrichten ertheilt.
Hier betrachten wir die Werke meist als Continentia, als
Denkmäler ihrer Zeitalter und Urheber.

b) Die innere Geschichte der alten Erudition, die Con-
tenta der Werke, oder die Geschichte des Ursprungs, Wachs-
thums, blühenden Zustandes und Verfalles der Literatur, theils
in den redenden Künsten, theils in allen den Kenntnissen und
Wissenschaften, die von den Griechen und Römern angebauet
worden. Es stellen sich von dieser Seite eben so viele Zweige
dar, als es Künste und Wissenschaften im Alterthume gab, wie
Geschichte der Poesie, des historischen Vortrages, der künstlichen
Beredsamkeit, der Philosophie, der Mathematik, der Physik, der
Natur-Beschreibung, der Arzneikunst, der Philologie u. s. w.

6. Zwischen den redenden und bildenden Künsten mitten
inne stehen die mimetischen Künste, deren Darstellungen
alle vorübergehend sind und keine eigentlichen Denkmale hinterlassen, die Musik und die Declamationskunst, oder ältere
Rhapsodik (ἡ ῥαψῳδικη), und die aus der letztern entwickelte
Orchestik, Schauspielkunst, hohe Tanzkunst.

B. Die zweite Gattung der Ueberreste des Alterthums sind die
Werke der Zeichnung, Bildnerei und gemeinen Technik,
welche an und in sich selbst zu betrachten sind, nicht von Seiten

der Ausbeute, die sie den realen Disciplinen schaffen. Die betreffende Wissenschaft, Archäographie, in neuerer Zeit Archäologie genannt, zerfällt in a) Kunstlehre und b) Geschichte
der Kunst.

C. Die dritte Gattung der gemischten Ueberreste:

1. Die Numismatik, ein sehr geräumiges Feld, das seit
Eckhel nach allen Seiten bearbeitet und für das Studium erleichtert worden ist.

2. Die Epigraphik, unter welchem Namen wir alles begreifen, was sich auf Stein- und Metallschriften bezieht, nicht
durch die Formen von Seiten der Schönheit wichtig, sondern
durch die grammatischen, lexikalischen, geographischen, historischen und andere Beiträge, die sich daraus allein zur Vervoll-
ständigung mancher Lücken unserer Kenntnisse erlangen lassen.
Einen der vornehmsten Abschnitte macht hier die griechische
und römische Diplomatik, die uns wieder zu der Schwelle der
Grammatik zurückführt, zur anschaulichen Kenntniss der Alpha-
bete, wie sie lange vor unsern griechischen und lateinischen
Handschriften vorausgingen.

III. Um endlich fremden Händen nichts Wesentliches übrig
zu lassen, machen wir den Beschluss mit einer historischen
Uebersicht der Schicksale unserer Wissenscheft nebst der allgemeinen philologischen und antiquarischen Bücherkunde.
Diese letzte Abtheilung ist durch ihren Inhalt, der in jede der
vorigen eingreift, und durch die Seitenblicke, die sie auf den
Gang der modernen gelehrten Cultur werfen muss, eine der an-
ziehendsten und nützlichsten, zumal, wenn man darein die Bio-
graphieen der berühmtesten und auf ihre Zeitalter wirksamsten
Literatoren verflechten will. Die vornehmsten Absichten aber,
auf die es hier ankömmt, vereinigen sich dahin, den Geist, den
Charakter, die Gesichtspunkte kennen zu lernen, in und unter
welchen man in neuern Zeiten nach wechselndem Bedürfniss und
Geschmack diese Studien bearbeitet hat, um sowohl die neben
einander bestehenden Zwecke und Vortheile derselben nach ihrem
verhältnissmässigen Werthe zu prüfen, als den für alle Zeiten

gleich grossen und würdigen Hauptzweck zu erfassen, der allein,
obwohl noch wenig erkannt, die Beschäftigung mit dem Alterthume allgemeiner machen und verewigen müsste. —

Soweit der theoretische Theil der Darstellung. Wolf entwickelt nun in einem zweiten praktischen Theile den Hauptzweck der im Grundriss dargestellten Kenntniss als Bildungs-
elemente für das jetzige Geschlecht: ein Gegenstand, der, als
dem Zwecke dieser Schrift, in welcher es sich um das Wie?
nicht um das Warum? handelt, fernliegend hier übergangen
werden kann.

Nur zwei Punkte verdienen aus dieser letztern Hälfte der
Wolfschen Darstellung unsre besondre Berücksichtigung, nämlich
das, was er über den absoluten Werth der alten Sprachen, als
Ergänzung zur obigen Entwicklung des praktischen Werthes
derselben als Organon, und zweitens, was er über die wohl-
thätigen Wirkungen der Beschäftigung mit der Kritik und
Hermeneutik entwickelt:

1. In eigenthümlicher Würde und mit den fruchtbarsten
Tendenzen zeigt sich das Studium der alten Sprachen, wenn
es von jeder Beziehung unabhängig und als Zweck an sich
betrachtet wird. Bei dieser Betrachtung liegen folgende von
wenigen recht erwogene Hauptsätze zum Grunde. Die Sprachen, die ersten Kunst-Schöpfungen des menschlichen Geistes,
enthalten den ganzen Vorrath von allgemeinen Ideen und von
Formen unseres Denkens, welche bei fortschreitender Cultur der
Völker sind gewonnen und ausgebildet worden; sie liefern daher
in ihren Zeichen eine Menge einzelner Gemälde von nationalen
Vorstellungen, wodurch der Gehalt theils sinnlicher, theils besonders intellectueller Ideen und das Charakteristische in Auffassung von beiden dargestellt wird. Demnach muss jede ihrer
Absicht einigermassen genügende Sprache gewisse Classen von
Ideen darbieten, die nach der physischen und sittlichen Individualität des Volkes, welches sie bildete, vorzüglich bearbeitet,
vervollkommnet und mit angemessenen Ausdrücken bezeichnet
sind. In der Art der Bezeichnungen aber liegen nicht geringere

Schätze als in den Zeichen selber. Denn wie die letztern in jeder Sprache den Forscher mit neuen Vorstellungen bereichern und dadurch seinen geistigen Gesichtskreis erweitern, so gewähren die Bezeichnungsarten und gleichsam Gepräge, die jede Nation ihren Vorstellungen aufgedrückt hat, einen zwar noch weniger erkannten, aber eben so vielfachen Gewinn. Durch die Kenntniss und fleissige Beschauung dieser Gepräge in mehreren Sprachen fangen wir zuerst an, uns in der Intellectual-Welt zurecht zu finden, und die bereits daheim erworbenen Reichthümer derselben besser kennen und gebrauchen zu lernen, indem die mancherlei Modificationen ähnlicher Haupt-Ideen uns zwingen, die an denselben vorkommenden Unähnlichkeiten wahrzunehmen, und solche Vorstellungen, die uns schon unter andern Denkformen bekannt waren, von neuen Seiten aufzufassen.

2. Als eine Propaedeutik zu kräftiger Ausbildung wirkt die zweckmässige Art, die schriftlichen Werke des Alterthums zu behandeln und in ihren ganzen Sinn und Geist einzugehen. Dann ist nicht weiter von Uebungen einzelner Seelenkräfte die Rede; ein gleichmässiges Spiel aller zusammen beginnt, wenn die Geschäfte der Erklärung und Berichtigung praktisch angegriffen werden; es giebt fast keine wissenschaftliche und künstlerische Anstrengung der Seele, wozu es dabei an Stoff und Veranlassungen fehlte. Schon die ersten Versuche im Erklären belohnen mit manchem schönen Gewinne, und lassen die Jugend selbstthätige Blicke in die höhern Verrichtungen des menschlichen Verstandes werfen. Allein bei weiterer Ausdehnung des Fleisses auf Schriftsteller aller Gattungen und Zeiten werden die Uebungen fruchtbarer durch die grösseren Schwierigkeiten, die sich finden, um den oft verborgenen Gehalt einer Stelle und die in jeder Schrift vorhandenen Eigenthümlichkeiten persönlicher, localer und temporeller Art aufzufassen, indem man in dem Zeitraume vieler Jahrhunderte, wo immer ein späterer Schriftsteller den frühern, ein früherer den späteren erläutert, Ausdrücke, Vorstellungsarten und mancherlei historische Data aufsuchen muss, wodurch anfangs undurchdringlich scheinende Dunkelheiten zer-

streuet werden. Ein anderer Vortheil, der bei dieser und der
kritischen Beschäftigung erhalten wird, kann ebenfalls nicht
genug geschätzt werden, wir meinen eine sichere Angewöhnung,
die zartesten Momente von Wahrheit und Wahrscheinlichkeit
nach ihren Graden abzuwägen, wobei Gegenstände entfernter
Zeiten nicht, wie die näher liegenden, unser Auge durch Antheil
des Gemüthes blenden, oder, wie bei den bloss idealen Specula-
tionen, durch andere Täuschungen berücken. Wendet man sich
endlich ganz zur Ausübung der philologischen Kritik, so gewöhnt
sich der Geist, aus einer Menge gleichgültig geprüfter Angaben
und Zeugnisse dasjenige auszuheben, was zur Entdeckung der
Verderbnisse des Textes und zu deren Verbesserung leitet; so
lernt man, was allein den Gelehrten von dem Belesenen unterscheidet, aus einem oft verwirrenden Gewühl unbrauchbaren
Stoffes, die Gesundheit seines Urtheils retten, und, während man
früher empfangene Eindrücke schnell erneuert und sich grössere
und kleinere Eigenheiten seines Schriftstellers lebhaft vergegen-
wärtigt, zwischen den hiehin und dorthin winkenden Stimmen
über Authentie und Richtigkeit eines Textes entscheiden. Doch
einen höhern Flug nimmt zuweilen die Kritik, wann sie von
historischen Zeugnissen entblösst einzig nach inneren Sach-
gründen urtheilen und das Verlorene aus dem Zusammenhange
des Uebriggebliebenen hervorziehen muss. Nun wird hie und
da eine Kühnheit nothwendig, die dem Uneingeweihten eitel Teme-
rität dünkt; und diese Kühnheit tritt eben da am feurigsten auf,
wo vorher mit der besonnensten Kälte der Boden geprüft, das
ist, jeder Gedanke und Ausdruck nach seiner Angemessenheit
oder Zweckwidrigkeit erwogen worden ist. Anderswo wird der
Kritiker, wie auch der Ausleger, dem begeisterten Seher ähnlich,
wenn er veraltete Räthsel zu lösen bekömmt, die jedes ver-
gangene Jahrhundert stets unauflöslicher verschlungen hat. Denn
nicht selten wird seine Divination in Gegenden verlockt, wo kein
Laut eines Zeugen erwartet werden kann, zu einzelnen, wie ver-
wittert dastehenden Denkmälern der frühesten Zeit, deren Ursprung und ältere Beschaffenheit sich nur aus allgemeinen

Wahrscheinlichkeiten auffassen lässt, ungefähr, wie die Natur-
forschung oft über Gegenstände der Sinnenwelt arbeitet, welche
kein Blick und kein Sehglas erreichen kann. Ins Kleine gehen
alsdann natürlich die Untersuchungen von beiderlei Art; so sehr
ins Kleine, dass sie Vielen inhaltleer und ihre Objecte blosse
Phantome scheinen: allein die Kenner sehen ein, was das uner-
messlich Kleine in der Harmonie mit dem Grossen bedeute, und
wie die Resultate solcher Forschungen überzeugend, wo nicht
evident, können gemacht werden. Und wer hätte hier, wie in
jeder Kunst und Wissenschaft, eine Stimme ausser den Kennern? —
    Den Schluss der ganzen Darstellung bildet folgender Ueber-
blick sämmtlicher Theile der Alterthums-Wissenschaft.
 1. Philosophische Sprachlehre oder allgemeine Grundsätze beider
    alten Sprachen.
 2. Grammatik der griechischen Sprache.
 3. Grammatik der lateinischen Sprache.
 4. Grundsätze der philologischen Auslegungskunst.
 5. Grundsätze der philologischen Kritik und Verbesserungskunst.
 6. Grundsätze der prosaischen und metrischen Composition oder
    Theorie der Schreibart und der Metrik.
 7. Geographie und Uranographie der Griechen und Römer.
 8. Alte Universalgeschichte oder allgemeine Geschichte der
    Völkerschaften des Alterthums.
 9. Grundsätze der alterthümlichen Chronologie und historischen
    Kritik.
10. Griechische Antiquitäten oder Geschichte der Zustände, Ver-
    fassungen und Sitten der vornehmsten Staaten und Völker
    Griechenlands.
11. Römische Antiquitäten oder Alterthumskunde Roms und des
    älteren römischen Rechts.
12. Mythologie oder Fabelkunde der Griechen und Römer.
13. Litterarhistorie der Griechen oder äussere Geschichte der
    griechischen Litteratur.
14. Römische Litterarhistorie oder äussere Geschichte der römi-
    schen Litteratur.

15. Geschichte der redenden Künste und der Wissenschaften bei den Griechen.

16. Geschichte der redenden Künste und der wissenschaftlichen Kenntnisse bei den Römern.

17. Historische Notiz von den mimetischen Künsten beider Völker.

18. Einleitung zur Archäologie der Kunst und Technik oder Notiz von den übriggebliebenen Denkmälern und Kunstwerken der Alten.

19. Archäologische Kunstlehre und Grundsätze der zeichnenden und bildenden Künste des Alterthums.

20. Allgemeine Geschichte der Kunst des Alterthums.

21. Einleitung zur Kenntniss und Geschichte der alterthümlichen Architectur.

22. Numismatik oder Münzenkunde der Griechen und Römer.

23. Epigraphik oder Inschriftenkunde beider Völker.

24. Litterarhistorie der griechischen und lateinischen Philologie, und der übrigen Alterthums-Studien nebst der Bibliographik.

Das auszeichnende und unvergängliche Verdienst dieser Wolfschen Darstellung liegt in dem von ihm zuerst gemachten Versuche, sämmtliche vereinzelte Disciplinen der Philologie mit Einschluss der antiken Kunst in eine Gesammtheit zusammenzufassen und sie alle unter Einen Hauptbegriff zu bringen, der zugleich die höchste Aufgabe einschliesst, welche einer historischen Wissenschaft — und das ist die Philologie ihrem ganzen Charakter nach — gestellt werden kann, nämlich die Erkenntniss des geistigen Lebens der beiden gebildetsten Nationen in allen seinen Theilen vermittels der von denselben hinterbliebenen Denkmäler.

Unbeschadet der vollen Anerkennung dieses hohen Verdienstes der Wolfschen 'Darstellung' können doch wesentliche Mängel und Lücken derselben nicht in Abrede gestellt werden; auch sind nach ihm von bedeutenden Philologen Versuche zu

einer wissenschaftlichern Organisation der Philologie gemacht
worden.

Unstreitig der bedeutendste Fehler in der Wolfschen Gliederung seiner Wissenschaft ist die Einreihung der Sprache als
Organon, als blosse Hilfswissenschaft, auf gleicher Linie
mit Hermeneutik und Kritik: ein Fehler, der durch das, was er
in der zweiten Hälfte seiner Schrift über den Werth der alten
Sprache als 'Zweck an sich' sagt, eher gesteigert als vermindert wird.

Deswegen hat Wolf's grösster Schüler, August Böckh, eine
andre Gliederung der philologischen Fächer unternommen. Böckh
unterscheidet zwei Haupttheile der philologischen Disciplin: einen
formalen und einen materialen Theil. Zum formalen Theile
gehören nur Hermeneutik und Kritik, zum materialen alle
übrigen Disciplinen, auch die Grammatik, ('die Grammatik enthält offenbar einen Stoff der Philologie'). Speciell umfasst, nach
Böckh, der materiale Theil *A*. Das praktische Leben, *B*. Das
theoretische Leben der Alten. — *A*. Das praktische Leben
zerfällt in 1) das öffentliche Leben, dessen Darstellung unter
4 Disciplinen vertheilt ist *a*) die politische Geschichte, *b*) politische Alterthümer, *c*) Chronologie, *d*) Geographie. —
2) das Privatleben, welches betrachtet wird *a*) als äusseres
Leben, in Landwirthschaft, Handel und Gewerbe, See-
leben und in der eigentlichen Hauswirthschaft, mit der Hilfs-
disciplin der Metrologie; — *b*) als inneres Leben, enthaltend
die Ehe, Erziehung, Sklavenwesen etc. — *B*. Das theoretische Leben wird wiederum in zwei Theile zerlegt: 1) Das
Leben, in welchem *a*) der Gedanke des Menschen sich äusserlich
durch ein Symbol darstellt: Cultus, bildende Kunst, Musik,
Orchestik; — *b*) das Leben, in welchem der Gedanke rein
innerlich bleibt: die Wissenschaft. Bei der Letztern wird
a) der Inhalt, *β*) die Form der Erkenntniss unterschieden; der
Inhalt liegt ursprünglich in der Mythologie, aus welcher sich
die Philosophie entwickelt, und aus dieser die übrigen Wissenschaften, die theils physikalisch sind, mit Einschluss der Mathematik, theils ethisch. Die Form des Wissens ist die

Sprache, und diese soll zunächst an sich, in ihrem innern
Organismus betrachtet werden durch die Grammatik, sodann
in ihrer Ausbildung und Anwendung zu verschiedenen Kunstformen, welche die Literaturgeschichte darzustellen hat.

Karl Otfried Müller bezeichnet die klassische Philologie
als die Wissenschaft, welche sich die ganze volle Auffassung des antiken Geisteslebens in Verstand, Gefühl
und Phantasie zum Ziele setzt; er theilt daher das Ganze
in die drei Sphären: Sprache, Religion, praktisches Leben, aus denen, als ihren Motiven er Literatur, Kunst und
Wissenschaft hervorgehen lässt.

Nach Friedrich Ritschl ist die Philologie die Reproduction des Lebens des klassischen Alterthums durch Erkenntniss und Anschauung seiner wesentlichen Aeusserungen. Diese Reproduction geschieht theils ideal, theils real.
A) Ideal wird das Leben des Alterthums reproducirt nach den
vier Sphären: 1) des Guten (Sittlichkeit: Politische Geschichte und Staatsalterthümer); — 2) des Heiligen (Religion: Mythologie, Religionsalterthümer, Cultus); —
3) des Schönen (Kunst: Archäologie); und 4) des Wahren
(Wissenschaft, die nach ihrem Inhalt durch Literaturgeschichte, nach ihrer Form durch Grammatik umfasst
wird). — *B)* Die reale Reproduction des Alterthums geschieht
durch Kritik, Hermeneutik und Grammatik. Daran schliesst
sich noch eine Fundamentaldisciplin, welche die Idee der
Wissenschaft, ihre Grenzen, ihren Inhalt und dessen Gliederung
darzustellen hat; dies thut genetisch die Geschichte der
Philologie, systematisch die Encyclopädie.

Die bei Weitem umfassendste Gliederung der philologischen
Disciplinen hat Friedrich Haase (im Artikel Philologie der
Ersch und Gruberschen Encyclop., Sect. III. Th. 23 S. 392 ff.)
auf historisch-genetischem Wege bewirkt. Er unterscheidet:

I. Einleitende Disciplinen;

II. Hilfsdisciplinen;

III. Hauptdisciplinen.

I. Die einleitenden Disciplinen zerfallen in zwei Theile:
1) Geschichte der Philologie.
2) Encyclopädie der Philologie.
II. Die Hilfsdisciplinen zerfallen in
  A. Repêrtorien des Stoffes,
   1. Literaturgeschichte nebst Epigraphik,
   2. Museographie und Numismatik,
   3. Bibliographie.
  B. Mittel zum praktischen Verständniss des Stoffes,
   1. Lexika und Vocabularien,
   2. Praktische, populäre Grammatik,
   3. Hilfsmittel für die Realien des Alterthums: Real-Encyclopädie, Real-Lexika.
  C. Methodik für die Behandlung des Stoffes zum Behuf wissenschaftlicher Ergebnisse,
   1. Die diplomatische oder niedere Kritik, nebst Paläographie,
   2. Die Hermeneutik,
   3. Die höhere Kritik.
III. Die Hauptdisciplinen:
  A. Das Aussergeschichtliche, die Natur, dargestellt in der alten Geographie.
  B. Das Vorgeschichtliche, die Urzustände, dargestellt in der Mythologie.
  C. Geschichtlicher Theil:
   1. Das Gebiet der Sittlichkeit. Die Antiquitäten,
   2. Das Gebiet der Kunst,
     a) Die nachahmende Kunst zerfällt in drei Gattungen:
       α) Die Gymnastik,
       β) Die Musik,
       γ) Die Mimik.

b) Die redende Kunst:

α) Die Grammatik,

β) Die Poetik, in Verbindung mit der Metrik (epische, lyrische, dramatische Poesie),

γ) Die Kunst der Prosa, dargestellt in der Rhetorik (geschichtlicher, philosophischer, rhetorischer Stil),

c) Die bildende Kunst, mit drei Gattungen:

α) Architektonik,

β) Plastik,

γ) Malerei.

3. Das Gebiet der Wissenschaft: allgemeine Culturgeschichte; Geschichte der einzelnen Wissenschaften.

Der bedeutende Fortschritt, den die innere Organisation der Philologie in der Neuzeit durch die genetisch-systematische Gliederung ihrer Theile und durch die angemessene Stellung der Sprache im Organismus derselben gemacht hat, liegt zu Tage. Ebenso gibt die übereinstimmende Anerkennung der Wolfschen Auffassung der Philologie als der Wissenschaft des Geisteslebens der Griechen und Römer Seitens der stimmberechtigten Philologen unsrer Zeit ausreichende Bürgschaft dafür, dass ein Verlassen dieses Standpunktes und ein Zurücktreten der Philologie auf die niedere Stufe einer grammatischen oder kritischen Disciplin undenkbar ist.

Auch muss es den neueren Philologen zum Verdienst angerechnet werden, dass sie sich durch den Vorgang und die Autorität Wolfs nicht haben beirren lassen, für ihre Wissenschaft eine neue Bezeichnung anzunehmen, sondern an dem durch einen Zeitraum von mehr als zwei Jahrtausenden mit dieser Wissenschaft engverwachsenen und durch die hervorragendsten Männer des griechischen Alterthums geadelten Namen festgehalten haben.

Und so sollen denn auch Sie, mein junger Freund, nach dem Vorbilde des Studenten Wolf ein studiosus philologiae werden

und zu einem echten φιλόλογος sich heranbilden, zu einem
Jünger und Pfleger derjenigen Wissenschaft, welche das Leben
und Schaffen des Geistes der beiden gebildetsten Nationen des Menschengeschlechts zur Erkenntniss zu bringen hat.

II. Abtheilung.
Die einzelnen Disciplinen der Philologie.

Nachdem als Aufgabe der Philologie die Erkenntniss des
Geisteslebens der Griechen und Römer in allen seinen Aeusserungen festgestellt worden, erscheint es naturgemäss, mit der Erkenntniss der ersten Lebensäusserung des Geistes, mit der
Sprache, zu beginnen.

Die wissenschaftliche Erkenntniss der antiken Sprachen, wie
die jeder andern besondern Sprache, kann nur gelingen, wenn
vorher die Gesetze, nach welchen die menschliche Sprache überhaupt ins Leben tritt und als Verkünderin des Gedankens zu
einem logisch geregelten Wort- und Satzgebilde gelangt, genau
erkannt sind. Die Ermittelung dieser Sprachgesetze haben bereits die griechischen Philosophen sich angelegen sein lassen,
ihre Sprachphilosophie ist aber nicht über die ersten Anfänge
hinausgekommen. Es ist die Errungenschaft unsrer Zeit und
vorzugsweise deutscher Forschung, über Entstehung und Entwickelung der Sprache die rechte, wissenschaftliche Erkenntniss
gewonnen zu haben. Von dem Erscheinen der Schrift Wilhelms
v. Humboldt: 'Ueber die Verschiedenheit des menschlichen Sprachbaues und ihren Einfluss auf die geistige Entwickelung des
Menschengeschlechts' im Jahre 1836 datirt die allgemeine
Sprachwissenschaft, unter deren zahlreichen Pflegern und
Förderern ich hier nur Steinthal (Professor für allgemeine
Sprachwissenschaft an der Berliner Universität) und Max Müller

(Professor an der Universität zu Oxford) nenne. Die Beantwortung der allerersten und schwierigsten Frage der Sprachphilosophie, nämlich der nach dem Ursprunge der Sprache, hat auch Jacob Grimm im Jahre 1851 in einer akademischen Vorlesung versucht, die sowol wegen ihres belehrenden Inhaltes als wegen der lichten Klarheit und des dichterischen Schwunges ihrer Darstellung Ihnen dringendst zu empfehlen ist*).

Wie die Entstehung der Sprache im Geiste des Menschen psychologisch, so ist ihre weitere Entwickelung, ihre erste Aeusserung und Verkörperung vermittels der menschlichen Stimme und der Sprachorgane in neuester Zeit mit immer grösserer Genauigkeit und Vollständigkeit physiologisch von Johannes Müller, Brücke, Funke, Helmholtz, Merkel, in populärer Weise auch von Max Müller dargestellt worden**). Die hierdurch gewonnenen Resultate sind auch für die Lautlehre der griechischen und lateinischen Sprache von grosser Wichtigkeit, und es ist darum mit gebührendem Danke anzuerkennen, dass diese jüngste Hilfswissenschaft der Philologie auf einigen deutschen Universitäten in besonderen Vorlesungen (in Leipzig von Prof. Merkel: 'Die Physiologie der menschlichen Sprache', in Würzburg von Prof. Fick: 'Physiologie der Stimme und Sprachlaute') den Philologie-Studirenden zugänglich gemacht wird. —

Nachdem die von den ersten Menschen aus ihrem Geiste herausgebildete älteste oder Ursprache in einem historisch nicht zu bemessenden Zeitraume von Jahrtausenden mit der

---

*) 'Ueber den Ursprung der Sprache, von Jacob Grimm. Aus den Abhandlungen der Königl. Akademie der Wissenschaften vom Jahre 1851' (6. Aufl. Berlin, 1866).

**) Joh, Müller, Handbuch der Physiologie des Menschen, 2 Bde. 3. Aufl., Koblenz 1837 ff. — Ernst Brücke, Grundzüge der Physiologie und Systematik der Sprachlaute, Wien, 1856. — Funke, Lehrbuch der Physiologie. — Helmholtz, die Lehre von den Tonempfindungen, Braunschw., 8. Aufl. 1871. — Merkel, Physiologie der menschlichen Sprache, Leipzig, 1866. — Max Müller, in den Vorlesungen über die Wissenschaft der Sprache, 2. Bd. S. 88—144 d. deutsch. Uebersetzung.

Entstehung von näher oder entfernter verwandten Nationen sich
zu einer Vielheit von mehr oder weniger stammverwandten Sprachen
entfaltet hat, die jetzt nach vielen Hunderten zählt, war es die
Aufgabe der allgemeinen Sprachwissenschaft, ein charakteristi-
sches Kriterium aufzufinden, um die vorhandenen Sprachen nach
ihrer Gleichartigkeit oder Verschiedenheit zu gruppiren. Ein
solches unterscheidendes Merkmal für den Charakter einer Sprache
liegt in der Art, wie die Beziehung, in welcher eine Vorstellung gedacht wird, neben der Bezeichnung der Vorstellung
selbst ausgedrückt wird, ob dies durch keinerlei Veränderung an dem Worte selbst, oder durch äussern Zuwachs
(Agglutination) oder durch innere Veränderung (Flexion)
geschieht. Nach diesem innern Kriterium nun werden sämmtliche bekannte Sprachen der Erde in drei Hauptklassen getheilt: in die isolirende oder einsilbige, in die agglutinirende (anleimende, anfügende) und in die flectirende Klasse.

Zur Klasse der isolirenden Sprachen, d. i. solcher, in denen
die völlig unveränderlichen einsilbigen Wurzel-Wörter neben
einander gereiht und die verschiedenen Redetheile und Beziehungen nur durch die Wortstellung und den Redeaccent kennbar
gemacht werden, gehören das Chinesische und die hinter-
indischen Sprachen (das Siamische und Burmanische).

Zur Klasse der agglutinirenden Sprachen, d. i. solcher,
in denen der Wurzellaut stets unverändert bleibt und die Beziehungen durch den Hinzutritt einzelner Silben bald vorn bald
hinten, bald im Innern des Wurzelwortes bezeichnet werden,
gehört die grösste Zahl der bis jetzt bekannten Sprachen: die
sogenannten polynesischen Sprachen (auf der Halbinsel Ma-
lakka, auf sämmtlichen Inseln des indischen, chinesischen und
grossen Oceans, nördlich bis nach Formosa, südlich bis nach
Neu-Seeland, und von Madagaskar bis zur Oster-Insel); ferner
die altaischen Sprachen (zu denen in Europa das Finnische,
Ungarische oder Magyarische und Türkische gehört), ein grosser
Theil der afrikanischen, die amerikanischen Sprachen und
das Baskische in Europa.

Endlich zur Klasse der flektirenden Sprachen, d. i. solcher, in denen zur Bezeichnung der Beziehungen der Wurzellaut verändert wird und die Beziehungslaute hinzugefügt werden, gehören die Sprachen der kaukasischen Rasse, und zerfallen in zwei Sprachstämme, den semitischen und den arischen oder indo-germanischen (auch indo-europäischen genannt).

Eine vollständige Begründung dieser Klassification sämmtlicher Sprachen der Erde enthält Steinthal's 'Charakteristik der hauptsächlichsten Typen des Sprachbaues' (Berlin, 1860).

Während nun die allgemeine Sprachwissenschaft das Gesammtgebiet der Sprachen zu umfassen bemüht ist, hat ein besonderer Zweig derselben sich die Erforschung des hier zuletzt erwähnten zweiten Sprachstammes unter den flectirenden Sprachen, des arischen oder indo-germanischen, als der ausgebildetsten Sprachengruppe, zur Aufgabe gemacht. Der Begründer dieses, unter dem Namen der vergleichenden Sprachwissenschaft oder der vergleichenden Philologie bekannten Zweiges der allgemeinen Sprachwissenschaft war Franz Bopp (geb. 1791, gest. 1867). Sein Hauptwerk führt den Titel: 'Vergleichende Grammatik des Sanskrit, Zend, Griechischen, Lateinischen, Litauischen, Altslavischen, Gothischen und Deutschen' (6 Theile, Berlin 1833—52; 2. Aufl. mit Hinzuziehung des Armenischen, 3 Bde., Berlin 1857—61). Den wesentlichen Inhalt dieses in der Geschichte der Sprachwissenschaft epochemachenden Werkes enthält das zum Leitfaden für Studirende bestimmte 'Compendium der vergleichenden Grammatik der indo-germanischen Sprachen, von August Schleicher'; mit dem besondern Titel: 'Kurzer Abriss einer Lautlehre und Formenlehre der indo-germanischen Ursprache, des Altindischen (Sanskrit), Alteranischen (Baktrischen), Altgriechischen, Altitalischen, (Lateinischen, Umbrischen, Oskischen), Altkeltischen (Altirischen), Altslavischen (Altbulgarischen), Litauischen und Altdeutschen (Gothischen), Weimar, 3. Aufl.

Durch das Emporblühen dieses Zweiges der Sprachwissenschaft erwächst dem Studium der griechischen und lateinischen

Sprache ein nicht hoch genug anzuschlagender Gewinn. Das
ganze Gebiet der Lautlehre und der Formbildung, der Grammatik
und Etymologie der beiden klassischen Sprachen hat durch die
Vergleichung derselben mit den genannten Schwestersprachen
eine früher nicht geahnte Erweiterung und einen neuen wissenschaftlichen Aufbau gewonnen. Namentlich aber ist es die durch
ihren Laut- und Formenreichthum und die Ursprünglichkeit und
Durchsichtigkeit ihrer Wortgebilde alle ihre Schwestersprachen
übertreffende Sanskrita ('die Gebildete, Vollkommene', composita,
perfecta), welche auf viele vor ihrem Bekanntwerden unbeant-
wortete grammatische und etymologische Fragen die erwünschte
Antwort gibt. Es ist daher gegenwärtig eine unerlässliche
Pflicht des angehenden Philologen, sich nicht nur mit den auf
sprachvergleichendem Grunde aufgebauten griechischen und lateinischen Sprachwerken, solchen wie G. Curtius' 'Grundzüge
der griechischen Etymologie' und Corssen's 'Ueber Aussprache,
Vokalismus und Betonung der latein. Sprache', bekannt zu machen,
sondern, weil es dem echten Philologen ziemt, nicht aus abge-
leiteten Wassern zu schöpfen, sondern an die Quelle selbst heranzu-
gehen, die Sanskritgrammatik selbst zu erlernen und es im
Sanskritstudium bis zum Verstehen der älteren Schriftwerke, namentlich der Veden, im Original zu bringen. Freilich finden sich
gegenwärtig noch hie und da Philologen, welche für die Jünger
ihrer Wissenschaft das Studium des Sanskrit überhaupt als 'puren
Zeitverlust' betrachten oder dasselbe doch in die engsten Grenzen
eingeschlossen wünschen, gelehrte Männer, auf welche mit einer
kleinen Abänderung Cicero's Worte (de fin. I, 1, 1) passen: 'Quibusdam, et eis quidem non admodum indoctis, totum hoc displicet,
sanscritari, quidam autem non tam id reprehendunt, si remissius
agatur, sed tantum studium tamque multam operam ponendam in
eo non arbitrantur'. Einem solchen Standpunkte, der längst zu den
überwundenen gehören sollte, gegenüber empfehle ich Ihnen zur
Beherzigung die nachfolgenden trefflichen Worte eines Philologen, dessen Masshalten in der Anwendung sprachvergleichender
Combinationen allseitig anerkannt ist, des eben erwähnten Ver-

fassers der 'Grundzüge der griech. Etymologie' (in der Schrift:
'Philologie und Sprachwissenschaft', Leipzig 1862, S. 16 ff.
u. S. 23.)

'Die Wichtigkeit der vergleichenden Sprachforschung für
die Philologie, wie wir sie an einzelnen Beispielen klar zu machen suchten, ist nach einem lang anhaltenden Kampf mit ein-
gerosteten Gewohnheiten und hartnäckigen Vorurtheilen in
neuester Zeit mehr und mehr in das Bewusstsein der Philologen
übergegangen. Wenigstens dem Prinzip nach möchte diese
Wichtigkeit von keiner Seite mehr ernstlich bestritten werden;
es handelt sich bei eintretenden Differenzen mehr um die Anwendung oder darum, wie weit der Einzelne von früher gefassten
Ansichten und Standpunkten abgehen soll. Dagegen macht sich
jetzt bei denen, welche die allgemeine Sprachforschung in ihrer
Bedeutung anerkennen, nicht selten eine Auffassung über das
Verhältniss dieser Studien zur klassischen Philologie geltend, die
auch nicht die richtige ist. Manche Philologen betrachten die
eigentliche Sprachforschung, selbst insofern sie das Griechische
und Lateinische betrifft, als ein ihnen fremdes Gebiet. Indem
sie sich selbst nur die genaue Kenntniss der Sprachen, das
Sprachgefühl, die möglichst grosse Vertrautheit mit dem Sprachgebrauch vorbehalten, sind sie geneigt die Untersuchungen über
den Sprachbau, über den Ursprung der Sprachformen und des
Wörterschatzes an die vergleichenden Sprachforscher abzugeben,
von denen sie dann hoffen, dass sie die bestellte Arbeit zu ihrer
Zufriedenheit ausführen und ihnen für ihre Zwecke die nöthigen
Ergebnisse hübsch sauber und möglichst fasslich zusammenstellen
werden. Diese Auffassung verträgt sich aber eben so wenig
mit dem Wesen der Wissenschaft, als mit den besonderen Aufgaben der klassischen Philologie. In der Wissenschaft kann
man überaupt keine Arbeiten bestellen. Auch die sichersten
Ergebnisse der Forschung haben für den geringen Werth, der
sich scheut den Wegen nachzugehen, auf welchen sie gewonnen
sind, in die Gründe einzugehen, auf die sie sich stützen. Ohne
solches Eingehen wird keine wirkliche Ueberzeugung hervor-

gebracht und das ist ja gerade die Sittlichkeit im wissenschaftlichen Leben, dass wir nur das anerkennen, was wir in unsre
Ueberzeugung aufgenommen haben. Die vergleichende Sprachwissenschaft ist keine in sich abgeschlossene Geheimlehre, ihre
Principien sind ungemein einfach und leicht fassbar. Es ist zu
wünschen, dass sie den Philologen mehr und mehr bekannt
werden. Die Sprache hängt überdies mit dem ganzen Geistesleben eines Volkes so innig zusammen, sie umschliesst bis zu
dem Grade die Denkformen und den Denkgehalt desselben, dass
die feineren und höheren Fragen nur von dem gestellt werden
können, der in diesem Geistesleben heimisch ist. Andrerseits aber
können sie nicht recht gestellt werden ohne einige Einsicht in
die Mittel und das Verfahren des Sprachforschers. Im Leben der
Sprache hängt alles mit einander zusammen. Die Syntax ruht
auf der Formenlehre, wie die Lexikographie und Synonymik auf
der Etymologie. Will die Philologie sich in Bezug auf die
ersteren Disciplinen nicht auf blosse Observationen beschränken,
so darf sie auch auf die letzteren nicht verzichten. In Zukunft
also müssen auch die Jünger der klassischen Philologie mit der
vergleichenden Sprachforschung sich wenigstens soweit vertraut
machen, dass sie über ihre Resultate ein Urtheil haben, dass
einzelne unter ihnen die ihrem Gebiete angehörigen Sprachen,
deren genauere Erforschung sich die Philologie nimmer ent-
reissen lassen darf, selbst und selbständig zu bearbeiten im
Stande sind'. —

'Die klassische Philologie hat den schönen praktischen Beruf,
die Cultur der Griechen und Römer für alle Zeiten zu erhalten, den
Sinn für sie dem heranwachsenden Geschlechte immer aufs neue
einzuimpfen. Dies kann und darf nur auf Grund strenger und
genauer Sprachkenntniss geschehen. Ohne dass der Philolog
die übrigen Seiten des klassischen Alterthums zu vernachlässigen
hätte, wird das Lehren der Sprachen für seine Praxis immer ein
Hauptgegenstand sein. Gerade aber dies Lehren kann dadurch
für den Lehrer anziehender, für den Schüler fruchtbringender
und lebendiger werden, dass es im Geiste und Sinne der jetzigen

Sprachforschung geschieht. Die Weite des Gesichtskreises, die erhöhte Freude an dem Object der Sprache selbst wird den Lehrer am leichtesten vor dem Fehler bewahren, in einer Masse von Erudition stecken zu bleiben, wodurch der sprachliche Unterricht dem Schüler so leicht verleidet wird'. —

Gehen Sie daher, mein junger Freund, getrost und ohne Säumen an das Sanskrit. Ausser den beiden kleineren Grammatiken von Bopp und Benfey liegt mir eine 'Kurze Elementargrammatik der Sanskritsprache mit vergleichender Berücksichtigung des Griechischen und des Lateinischen von Camillo Kellner (Leipz. 1868) vor, welche, im Umfange von nicht mehr als 200 S. in Klein-Octav, Alles enthält, was Ihnen zur Erlangung eines Einblicks in das Wort- und Satzgefüge der Sanskritsprache nöthig ist, und die durch Anwendung der lateinischen statt der Sanskritschrift das Lernen ungemein erleichtert (jedenfalls vom Lernen nicht abschreckt, wie dies erfahrungsmässig bei Grammatiken mit Sanskritschrift sehr häufig der Fall ist). Ich bin der festen Ueberzeugung, dass Sie, selbst ohne Hilfe eines Lehrers — natürlich ist die Benutzung der Vorlesung eines Sanskrit-Lehrers bei Weitem vorzuziehen — die Sanskritgrammatik, welches Lehrbuch Sie auch anwenden, in einem Zeitraum von 3—4 Monaten bewältigen können.

Doch kehren wir zur klassischen Sprachwissenschaft zurück.

Einer der bedeutendsten Erfolge der durch die Sprachvergleichung gewonnenen wissenschaftlichen Methodik ist die nach fast hundertjährigem vergeblichem Bemühen endlich gelungene Entzifferung der umbrischen und oskischen Inschriften und in Folge derselben die Feststellung der Grammatik des Umbrischen und Oskischen als zweier altitalischer Dialekte der lateinischen Sprache. Da Ihnen das Nähere hierüber ohne Zweifel unbekannt ist, der Gegenstand aber in vielfacher Hinsicht für Ihr philologisches Studium von Wichtigkeit ist, so will ich in Nachfolgendem Sie hierin möglichst vollständig zu orientiren versuchen.

Seit Jahrhunderten sind durch ganz Italien von der Poebene

bis nach Calabrien und selbst auf der Nordostspitze Siciliens zahlreiche Stein- und Erzinschriften grössern und kleinern Umfanges gefunden worden, welche nach Schrift und Sprache sich als nicht lateinisch ergaben. In Rücksicht auf die Wohnsitze der verschiedenen Völkerschaften im alten Italien schrieb man jene Inschriften je nach ihren Fundorten den Etruskern, Umbrern, Picentern, Marsern, Marrucinern, Volskern, Samnitern, Frentanern u. s. w. zu. Eine sorgfältige Untersuchung der etruskischen Inschriften, namentlich von Otfr. Müller in dessen Etruskern, ergab das negative Resultat, dass die Sprache der Etrusker mit keiner der bekannten Sprachen verwandt sei.

Nächst den etruskischen Inschriften erregten die im Jahre 1444 in einem unterirdischen Gewölbe in der Nähe des Theaters der alten umbrischen Municipalstadt Iguvium (des heutigen Eugubio oder Gubbio) gefundenen und noch jetzt im dortigen Stadthause aufbewahrten sieben Erztafeln die Aufmerksamkeit der Gelehrten des vorigen Jahrhunderts. Der erste ziemlich sorgfältige Abdruck dieser iguvinischen oder eugubinischen Tafeln ward im Jahre 1724 von Philipp Buonarotti besorgt; ein von den Originalen an Ort und Stelle genommenes Facsimile gab Lepsius im Jahre 1841 heraus, ohne der Erklärung derselben näher zu treten. Die von Grotefend (Rudimenta linguae Umbricae, Hannov. 1835—39) versuchte Erklärung beruhte auf willkührlichen Etymologien und war daher ohne wissenschaftlichen Werth. Da unternahmen es zwei gründliche Kenner der indogermanischen Sprachen, S. Th. Aufrecht und A. Kirchhoff, vom sprachvergleichenden Standpunkte zunächst den grammatischen Charakter der Sprache und nächstdem den Inhalt der Inschriften aufzufinden: und Beides ist ihnen — natürlich Einzelnes ausgenommen, das sich noch dem Verständniss entzog — vollkommen gelungen. Nach dem ganzen Lautsysteme, nach den Deklinations- und Conjugationsformen erweist sich das Umbrische als Dialekt des Lateinischen und folglich als Nebenzweig des grossen indo-germanischen Sprachstammes; auch lässt die in den Inschriften wahrgenommene Verschiedenheit der

Sprachformen eine ältere und jüngere Sprachperiode, ein Alt-
und Neuumbrisch unterscheiden. Der im Wesentlichen völlig
klar gewordene Inhalt ergibt in den Tafeln die Akten eines
Priestercollegiums, 'der Brüder von Attidium' (frater
Atiiedius, von der nahe bei Iguvium gelegenen Stadt Attidium,
jetzt villa di Attigio) und der von denselben verrichteten Bun-
desopfer der föderirten umbrischen und, wie es scheint, auch
picenischen Gemeinden. Das Werk, worin die eugubinischen
Tafeln, ihre Erklärung und die umbrische Sprachlehre enthalten
sind, führt den Titel: 'Die umbrischen Sprachdenkmäler.
Ein Versuch zur Deutung derselben von S. Th. Aufrecht
und A. Kirchhoff, 2 Bde. (Berlin 1849 u. 1851).

Um dieselbe Zeit unterwarf Theodor Mommsen die in
Mittel- und Unteritalien gefundenen nichtlateinischen Inschriften, namentlich die drei umfangreicheren oskischen (den
Bundesvertrag von Nola und Abella, die Weihinschrift von
Agnone und das Gesetz für Bantia, die sogenannte Tabula Ban-
tina) nach denselben sprachvergleichenden Prinzipien einer sorg-
fältigen Untersuchung, und es gelang auch ihm, in dem Oskischen
einen Dialekt des Lateinischen, und zwar einen solchen, der
dem Lateinischen grammatisch näher stand als das Umbrische,
zu erkennen. Das Mommsensche Werk führt den Titel: 'Die
unteritalischen Dialekte' (Leipzig, 1850).

Die lateinische Sprachforschung hat nicht gesäumt, die fest-
gestellten linguistischen Thatsachen zum Nutzen des Lateinischen
zu verwerthen, wie namentlich Corssen und G. Curtius in den
oben angeführten Werken überall, wo die Gelegenheit geboten ist,
auf die Formen des Oskischen und Umbrischen Rücksicht nehmen.
Auch in Schleicher's Compendium sind diese beiden Dialekte
neben dem Lateinischen unter der Bezeichnung der 'Altitalischen',
als Zweige des indogermanischen Sprachstammes behandelt.

Nach dem Muster der Untersuchungen über das Umbrische
und Oskische sind in neuester Zeit von Corssen u. A. ähnliche über andere italische Dialekte (wie den volskischen,
sabellischen u. a.) angestellt worden, die jedoch bei dem

geringen Umfange der erhaltenen Ueberreste wenig Sicheres ergeben.

Soviel über die Sprachen. —

Von der Sprache gehen wir naturgemäss zu den Sprachüberresten, zum Schriftthum des griechischen und römischen Alterthums über.

Von diesem Schriftthum, welches unter dem Namen Literatur zusammengefasst und in der Literaturgeschichte abgehandelt wird, werden in der Regel die Inschriften und die Münzlegenden, obwol sie als Sprachüberreste und Schriftwerke nicht minder zur Literatur gehören, gleichwol ausgeschlossen und in die Archäologie der bildenden Kunst verwiesen. Mit Unrecht. Denn sehr häufig ist eine Inschrift, abgesehen von ihrem historisch-antiquarischen Inhalte, schon durch ihre diplomatisch feststehende Schrift- und Sprachform für die Sprachwissenschaft von weit grösserm Nutzen als ein gleichzeitiges, aber durch die Hände späterer Abschreiber modernisirtes Schriftwerk. Nach dem Urtheile jedes Stimmberechtigten gibt die Eine Zeile der Ficoronischen Cista:

NOVIOS. PLAVTIOS. MED. ROMAI. FECID

oder der Anfang der ältesten Scipionengrabschrift:

HONC OINO. PLOIRVME. COSENTIONT R(omai)
DVONORO. OPTVMO. FVISE. VIRO,

oder die Worte des Senatsconsults über die Bacchanalien:

SEI QVES ESENT QVEI SIBEI DEICERENT NECESVS ESE
BACANAL HABERE,

sicherern Aufschluss über den grammatischen Charakter der alten Latinität als die Fragmente des Livius Andronicus und Nävius und selbst der Palimpsest des Plautus. Insofern also bei manchen Inschriften und Münzlegenden in technischer und kritischer Beziehung Motive für ihre abgesonderte Behandlung vorliegen, mag diese gerechtfertigt erscheinen. Allein im Allgemeinen dürfen wir den auf Stein, Metall, Thon, Elfenbein etc. geschriebenen Sprachüberresten ihr Anrecht nicht entziehen, neben den auf Papyrus oder Pergament geschriebenen zur Literatur gerechnet

und in der Literaturgeschichte als solche besprochen zu werden.
Um die Verwerthung der Inschriften und Münzlegenden für die
lateinische Sprachkunde hat in jüngster Zeit Ritschl sich ein
hohes Verdienst erworben durch das Werk Priscae Latinitatis
monumenta epigraphica, ad archetyporum fidem exemplis litho-
graphicis repraesentata edidit Fridericus Ritschelius, Berol. apud
Georg. Reimerum, MDCCCLXII, ein Prachtwerk, in welchem
Gelehrsamkeit und Kunst wetteifern, die epigraphischen Ueberreste des römischen Alterthums in würdiger Weise vor Augen
zu stellen und zu beleuchten. Es bildet dieses Werk zugleich
die Einleitung zu dem unter Mommsen's Redaction von der
Berliner Akademie der Wissenschaften herausgegebenen Corpus
Inscriptionum Latinarum, (Berlin 1863 ff.), dessen drei bis jetzt
erschienenen Bände enthalten: Vol. I. Inscriptiones Latinae
antiquissimae ad C. Caesaris mortem, ed. Theod. Mommsen
(1863); Vol. II. Inscriptiones Hispaniae Latinae, ed. E. Hübner (1869), und Vol. IV. Inscriptiones Pompeianae etc., ed.
C. Zangemeister et R. Schoene (1871)*).

Wie ich es für rathsam gehalten habe, Sie durch das eben
Gesagte auf den epigraphischen Theil der klassischen Literatur
besonders aufmerksam zu machen, weil mir nicht wenige Beispiele von Philologen bekannt sind, die in ihrer Studienzeit von
den Vorlesungen über Epigraphik und Numismatik keine
Notiz genommen und deswegen in ihrem spätern Lehrberufe
eine beschämende Unkenntniss der in dieses Fach einschlagenden
Gegenstände, ihren Schülern gegenüber, an den Tag gelegt haben: so erscheint es mir nothwendig, Ihre Aufmerksamkeit auch
noch auf einen zweiten von manchen Studirenden wenig beach-

----

*) Bei dieser Gelegenheit sei erwähnt, dass gerade diejenige römische
Inschrift, von welcher schon auf den Schulen bei der Erzählung vom Seesiege
des Duilius im ersten punischen Kriege, und von der ihm zu Ehren errichteten
Columna rostrata die Rede ist, durch die neuesten Untersuchungen als
eine erst aus der Kaiserzeit stammende Umarbeitung der ursprünglichen Inschrift erkannt worden ist. — Proben der bedeutendsten latein. Inschriften aus
der ältesten Zeit s. Beilage Nr. II.

teten Theil der klassischen Literatur zu lenken, nämlich auf diejenigen Fragmente klassischer Schriftwerke, aus welchen allein wir entweder die Verfasser überhaupt oder irgend eine Seite ihrer schriftstellerischen Bedeutung kennen zu lernen vermögen. Es ist Ihnen nicht unbekannt, dass im Verlaufe der Jahrtausende und unter den mannigfachen zerstörenden Einwirkungen der Zeitereignisse ein sehr grosser, vielleicht der grössere Theil der Geistesschöpfungen des Alterthums verloren gegangen ist. Nun ist es zwar im Allgemeinen richtig, dass die bedeutendsten Autoren durch die grosse Menge von Abschriften ihrer Werke, die überall hin verbeitet wurden, vor völligem Untergange geschützt wurden: aber dies kann auch nur im Allgemeinen zugegeben werden. Denn nicht blos sind viele einzelne Werke der bedeutendsten Autoren (wie Pindar, Aeschylus, Sophokles etc.), sondern es sind auch sämmtliche Werke von Schriftstellern, die von den Alten selbst gerühmt werden, bis auf wenige Fragmente oder völlig verloren gegangen. Bekanntlich gibt Quintilian im 10. Buche seiner Institutiones (10, 1, 46—125) eine Uebersicht derjenigen griechischen und römischen Schriftsteller, die er den angehenden Rednern für das Leben empfiehlt, wobei er ausdrücklich bemerkt, dass er nur eine 'kleine Auswahl aus den Autoren getroffen habe; es gebe noch sehr Viele, welche lesenswerth seien; er habe nur die verschiedenen Gattungen der Schriften bezeichnen wollen' (Quint. 10, 1, 45). In diesem beschränkten und nur bis zum Ende des ersten christl. Jahrhunderts reichenden Verzeichnisse griechischer und römischer Klassiker (Dichter, Geschichtschreiber, Redner und Philosophen) werden 43 Griechen und 49 Römer, in Summa 92 Autoren aufgezählt (ein Beweis übrigens, dass schon die alten Lehrer an ihre Schüler keine geringen Forderungen gestellt haben).

Eine Musterung dieser empfohlenen Autoren nun ergibt, dass von den zu Quintilians Zeiten noch vorhandenen und leicht zugänglichen 92 Autoren nicht weniger als 58 (23 Griechen und 35 Römer), also die grössere Hälfte entweder ganz, oder zum grössern Theile d. h. so, dass kein vollständiges Schriftwerk von

ihnen übrig ist, verloren gegangen sind. Bei einem grossen
Theile der verloren gegangenen Autoren ist der Verlust um so
mehr zu bedauern, als sie die Vertreter und Muster einer besondern Redegattung waren, so dass wir über die Letztere nur
fragmentarisch und durch die zerstreuten Angaben der Alten
unterrichtet sind. Hierzu gehören namentlich fünf Gattungen;
aus der griechischen Literatur vier: die elegisch-iambischen
Dichtungen, die vorpindarische Melik, die mittlere
und die neuere Komödie; aus der römischen Eine: die ältere
Satire.

Die Namen der gefeierten elegischen und iambischen Dichter
der Griechen, Kallinus, Archilochus, Simonides aus Amor-
gos, Tyrtäus; Mimnermus, Solon, Phokylides, Theognis
sind Ihnen ohne Zweifel theils aus der Geschichte, theils aus
ihrer Erwähnung in den von Ihnen gelesenen klassischen Schriften
bekannt. Ein neidisches Geschick hat uns ihre Dichtungen bis
auf eine winzige Zahl von Bruchstücken entzogen; so z. B. sind
von Solon's berühmter Elegie 'Salamis', welche die Athener zur
Wiedereroberung dieser Insel entflammte, und die nach Plutarch
'aus hundert gar anmuthig gedichteten Versen bestand', nicht
mehr als acht Verse erhalten.

Aber die philologische Wissenschaft hat ihre schönsten
Kräfte darauf verwendet, das Gerettete kritisch festzustellen und
zu erläutern, und mit tief eindringendem Kunstsinne das Wesen
dieser Dichtungsart im Allgemeinen und den individuellen Charakter der einzelnen Dichter zu ergründen. Das Studium dieser
Fragmente in der kritischen Ausgabe von Theod. Bergk (Poetae
lyrici Graeci, pars II., Lips. 1866) und der Darstellungen der
elegisch-iambischen Dichtungsart in den Literaturwerken von
Bernhardy (II. Band 1. Abth. S. 458—575 d. 3. Aufl.) und
Otfr. Müller (1. Band S. 183—254), sowie in den dahin ge-
hörenden Monographien wird für Sie den doppelten Vortheil
haben, Ihnen eine neue Seite des hellenischen Geisteslebens zu
erschliessen und Sie zugleich den hohen Werth der philologischen Kritik und Hermeneutik in der Zusammenstellung und

Deutung der Trümmer von Schriftwerken des Alterthums würdigen zu lehren.

Das gleiche Schicksal der Zerstörung hat die Literatur der älteren vorpindarischen Melik, und ebenso der mittlern und neuern Komödie betroffen. Von den Dichtungen der Meliker Alkman, Stesichorus, Alcäus, Sappho, Simonides von Ceos sind nur Bruchstücke geblieben, gesammelt von Theod. Bergk in dem bereits angeführten Werke Poetae lyrici Graeci.

Dichter der mittlern Komödie (von 380—323) werden von den Alten nahe an vierzig genannt, der neuern (seit dem Tode Alexanders des Grossen) vier und sechzig, unter ihnen der Erste und Berühmteste, Menander, der von Terenz ins Lateinische übertragen und von Plautus fleissig benutzt wurde, und der mehr als hundert Komödien geschrieben hat. Auch von diesen sind uns nur Fragmente übrig, gesammelt und kritisch bearbeitet von A. Meineke in: Fragmenta Comicorum Graecorum, Berol. 1839 ff.

Endlich der Römer ureigne Dichtungsart, die Satire (Satura) hat, seitdem Ennius ihr eine künstlerische Form gegeben, während der Zeit der Republik zwei geistvolle Bearbeiter gefunden: den Ritter Gaius Lucilius, der 30 Bücher Saturae, und den gelehrten M. Terentius Varro (s. oben S. 8 und unten 5. Abth. Nr. 4), der unter verschiedenen und meist sehr pikanten Titeln 150 Bücher Saturae Menippeae (so genannt nach dem griech. Cyniker Menippus, dem Verfasser von satirischen Schriften), dichtete. Von diesen Schriftwerken sind uns ebenfalls nur Bruchstücke erhalten, welche uns besonders den Verlust der beiden letzteren Werke bedauern lassen. Die wenigen Fragmente der Satiren des Ennius sind gesammelt von Vahlen in dessen Ausgabe der Ennianae Poesis Reliquiae, Lips, 1854. Die zahlreicheren Fragmente des Lucilius sind herausgegeben von Gerlach, Corpet und L. Müller; endlich die sehr zahlreichen Fragmente der Varronischen Saturae Menippeae von A. Riese (s. die Titel dieser Werke unten im IV. Abschn.). Mehrere Proben aus den Satiren des Lucilius und Varro gibt Mommsen in der

röm. Gesch. 2, 444 ff. und 3, 584 ff.; eine eingehende Beurtheilung derselben Bernhardy im Grundriss der röm. Liter.,
5. Bearb., 1, 625 ff. und Teuffel in: Gesch. der röm. Liter. 2. Aufl.
S. 200 ff. —

Wenn ich durch das Vorstehende Ihre Aufmerksamkeit auf
die Fragmentenliteratur zu lenken für nöthig erachtet habe,
so versteht es sich doch von selbst, dass Ihr Hauptaugenmerk vorherrschend auf die Meisterschöpfungen der klassischen Literatur,
welche uns in ihrer Vollständigkeit erhalten sind, gerichtet bleiben muss. Wenn auch Pompeji und Herculaneum in ihren
Trümmern sehr viel Lehrreiches darbieten, so bleiben doch Athen
und Rom die Urquellen für unsre wissenschaftlichen Studien.
Dass für die Durchmusterung der uns erhaltenen Klassiker in
ihrer ganzen Ausdehnung ein Triennium oder Quadriennium
nicht ausreicht, brauche ich Ihnen nicht zu sagen: dafür ist ein
ganzes Menschenleben zu kurz. Aber die Werke der Hauptvertreter der einzelnen Schriftgattungen müssen von
Ihnen entweder ganz oder, wenn sie zu umfangreich sind, in
ihren wichtigsten Theilen nach Form und Inhalt kennen gelernt und die darauf bezüglichen philologischen Werke (wie Wolf's
Prolegomena, Bentley's Commentar zum Horaz, Ritschl's Prolegomena zu Plautus u. ähnl.) sorgfältig studirt werden. —

Die Sprache und das Schriftthum bilden die eine, specifisch geistige oder, so zu sagen, ideale Aeusserung des
Geisteslebens der Griechen und Römer. Eine zweite Art der
Aeusserungen desselben liegt in dem gesellschaftlich-poli-
tischen und ethischen Leben, also im Staats- und Familienleben und im Cultus dieser beiden Völker. Der Theil der
Philologie, welcher sich mit dieser Seite des Geisteslebens beschäftigt, wird gewöhnlich Alterthumskunde oder Alterthümer, auch wol noch wie früher Antiquitäten genannt;
und nach den drei verschiedenen Seiten derselben unterscheidet
man Staats-, Privat- und Religions- oder gottesdienst-
liche Alterthümer.

Naturgemäss beginnt das Studium dieses zweiten Theiles

der Philologie mit den Wohnsitzen und der äussern Geschichte der Griechen und Römer.

Zum vollen Verständnisse der Letztern ist die Kenntniss der Chronologie der Alten unentbehrlich (die Hauptwerke von Ideler, Böckh und Mommsen s. unten in d. IV. Abth.). Zur vorläufigen Orientirung in der griech. Chronologie — das Wichtigste aus der römischen ist Ihnen bekannt — mögen folgende Data dienen:

Die Griechen rechnen nach Mondjahren, das Jahr zu 12 Monaten, Anfangs von je 30 Tagen. Zur Ausgleichung mit dem Sonnenjahre ward ein Schaltmonat ($\mu\dot{\eta}\nu$ $\dot{\epsilon}\mu\beta\acute{o}\lambda\iota\mu o\varsigma$ od. $\dot{\epsilon}\mu\beta o\lambda\iota$-$\mu\alpha\tilde{i}o\varsigma$) periodisch hinzugefügt. Seit Solon hatten die Monate abwechselnd 30 und 29 Tage; jene hiessen volle, diese hohle Monate ($\mu\tilde{\eta}\nu\epsilon\varsigma$ $\pi\lambda\eta\varrho\epsilon\tilde{i}\varsigma$, $\kappa o\tilde{i}\lambda o\iota$); demnach bestand das Mondjahr aus 354 Tagen. Um dasselbe mit dem Sonnenjahre auszugleichen, wurde (nicht erst vom Solon, wie noch Ideler annahm) die Trieteris oder der trieterische Cyclus ($\tau\varrho\iota\eta\tau\eta\varrho\acute{\iota}\varsigma$, $\delta\iota\grave{\alpha}$ $\tau\varrho\acute{\iota}\tau o\nu$ $\check{\epsilon}\tau o\upsilon\varsigma$) eingeführt, zufolge dessen nach Ablauf jedes zweiten Jahres ein Monat eingeschaltet, nämlich der $\Pi o\sigma\epsilon\iota\delta\epsilon\acute{\omega}\nu$ doppelt (als $\pi\varrho\tilde{\omega}\tau o\varsigma$ und $\delta\epsilon\acute{\upsilon}$-$\tau\epsilon\varrho o\varsigma$) genommen wurde. Es gab aber auch einen achtjährigen Schaltcyclus ($\dot{o}\kappa\tau\alpha\eta\varrho\acute{\iota}\varsigma$), wornach von je acht Jahren fünf Jahre 354 und drei Jahre 384 Tage hatten (also im Ganzen 2922 Tage = 8 julianische Jahre zu 365 Tagen).

Das griechische Jahr begann in verschiedenen Staaten zu verschiedenen Zeiten; das attische Jahr fing seit Solon um die Zeit der Sommersonnenwende ($\mu\epsilon\tau\grave{\alpha}$ $\tau\grave{\alpha}\varsigma$ $\vartheta\epsilon\varrho\iota\nu\grave{\alpha}\varsigma$ $\tau\varrho o$-$\pi\acute{\alpha}\varsigma$) an; das spartanische im Herbst, das böotische mit der Wintersonnenwende.

Die Namen der Monate waren in den verschiedenen Staaten verschieden. Die athenischen Monatsnamen waren:

1. Ἑκατομβαιών — 2. Μεταγειτνιών — 3. Βοηδρομιών
(Juli)   (August)   (September)

4. Πυανεψιών — 5. Μαιμακτηριών — 6. Ποσειδεών
(October)   (November)   (December)

7. Γαμηλιών — 8. Ἀνθρεστηριών — 9. Ἐλαφηβολιών
   (Januar)   (Februar)   (März)
10. Μουνυχιών — 11. Θαργηλιών — 10. Σκιροφοριών
   (April)   (Mai)   (Juni)

Der griechische Monat ward in drei Dekaden (δεκάδες) getheilt; die Tage der ersten Dekade hiessen πρώτη (ἡμέρα), δευτέρα, τρίτη etc. μηνὸς ἀρχομένου oder ἱσταμένου, die der zweiten
πρώτη etc. ἐπὶ δέκα oder μηνὸς μεσοῦντος, die der dritten
πρώτη etc. ἐπ’ εἰκάδι, oder (nach Art der Römer vor den Ca-
lendis) rückwärts δεκάτη (bei Monaten von 30 Tagen) oder ἐν-
νάτη (bei Monaten von 29 Tagen), ὀγδόη etc. μηνὸς φθίνοντος
oder auch παυομένου, λήγοντος, ἀπιόντος. Der erste Tag des
Monats hiess νουμηνία, der letzte ἕνη καὶ νέα (Plut. Solon. 25;
Aristoph. Nub. 1134; 1178 ff.) ‘der alte und neue’, weil an ihm
die alte und neue Mondconjunctur zusammenstiess.

Die bekannte chronologische Bestimmung griechischer Ge-
schichtsdaten durch die Olympiadenära war bei den Griechen
während der Dauer ihrer politischen Selbständigkeit nicht in
Gebrauch. Die einzelnen Staaten bezeichneten die Jahre mit
den Namen ihrer Behörden: die Athener mit den Archonten,
die Spartaner zuerst mit ihren Königen, später mit den Ephoren, die Argiver mit der Oberpriesterin der Hera u. dgl.
Daher bestimmt Thucydides (2, 1) das Jahr des Anfanges des
peloponnesischen Krieges in folgender Weise: ‘Im Jahre, da die
Chrysis schon acht und vierzig Jahre Priesterin in Argos und
Ainesios Ephoros in Sparta und Pythodorus noch zwei Monate
Archon in Athen war, im sechsten Monate nach der Schlacht
bei Potidäa’ etc. (ἐπὶ Χρυσίδος ἐν Ἄργει τότε πεντήκοντα δυοῖν
δέοντα ἔτη ἱερωμένης καὶ Αἰνησίου ἐφόρου ἐν Σπάρτῃ καὶ Πυ-
θοδώρου ἔτι δύο μῆνας ἄρχοντος Ἀθηναίοις, μετὰ τὴν ἐν Ποτι-
δαίᾳ μάχην μηνὶ ἕκτῳ etc.). Erst ums Jahr 300 v. Chr. übertrug
der Geschichtschreiber Timäus aus Tauromenium in Sicilien
(geb. um 350, gest. 256 v. Chr.) die Verzeichnisse der spartani-
schen Könige und Ephoren und der athenischen Archonten auf das
Verzeichniss der Olympioniken. Seitdem bezeichnete Ὀλυμπιάς

nicht blos das Fest, sondern auch den vierjährigen Zeitraum von einem Feste zum andern; und die neue und bequeme Zeitrechnung fand bei den Historikern allgemeine Verbreitung, ohne die Zeitrechnung nach den Archonten verdrängen zu können, welche bei den griechischen Schriftstellern bis in die römische Kaiserzeit fortdauerte. —

Beim Studium der griechischen und römischen Alterthümer werden Sie von einer überaus reichen und auf den gründlichsten Specialuntersuchungen beruhenden Literatur aus neuerer und neuester Zeit nach jeder Richtung hin unterstützt. Die drei Lehrbücher von Wachsmuth, Karl Friedr. Hermann und Schömann für das griechische, und die Handbücher von Becker-Marquardt und Lange für das römische Alterthum sind sämmtlich die Ergebnisse tiefer Forschung und haben jedes ihren besondern Werth in Auffassung und Gruppirung des Stoffes. Für die erste Orientirung auf dem weiten Gebiete empfehlen sich Schömann's und Lange's Werke, zur speciellern Durcharbeitung der einzelnen Gebiete und zum Zurückgehen auf die klassischen Quellen — welches Letztere Ihnen nicht nachdrücklich genug empfohlen werden kann — sind Wachsmuth, Hermann und Becker-Marquardt sichere Führer; an die Letzteren schliesst sich jetzt Theod. Mommsen mit der Bearbeitung des römischen Staatsrechts an (s. unten in d. IV. Abth.). Auch liefern die betreffenden Artikel der Pauly'schen Real-Encyclopädie, besonders des 1. Bandes in der zweiten Bearbeitung eine Fülle des gediegensten Materials. Für umfassendere Specialarbeiten und Monographien empfehlen sich auch noch die einschlägigen Artikel in der Ersch- und Gruber'schen Allgem. Encyclopädie. —

Mit dem Studium der Religion und des Kultus der Griechen und Römer muss das der Mythologie, wie verschieden diese auch von der eigentlichen Religion der Alten ist, verbunden werden. Als die geeignetsten Handbücher hiefür sind L. Preller's griechische und römische Mythologie zu empfehlen.

In jüngster Zeit ist für die richtige Deutung der mythologischen Gebilde der Griechen die sprachvergleichende Wissen-

4*

schaft eingetreten und bemüht sich eine Wissenschaft der ver-
gleichenden Mythologie der arischen Völker zu begründen.
Eingehende Erörterungen über diesen Gegenstand finden Sie in
Max Müller's bereits erwähnten Vorlesungen.

Wenn auch eine Gemeinsamkeit der Bezeichnung für allgemeine naturreligiöse Begriffe bei den stammverwandten Völkern
nicht geleugnet werden kann, gleichwie eine Gemeinsamkeit der
Bezeichnung materieller und natürlicher Gegenstände unter denselben bestanden hat, so sind doch die auf hellenischem Boden
vom hellenischen Dichtergeiste aus den allgemeinen Naturbe-
griffen herausgebildeten mythologischen Gestalten so rein indivi-
duell und national, dass eine Vergleichung mit den ebenfalls
individuellen und nationalen Dichterschöpfungen der übrigen
arischen Völker nur ein allgemein kulturgeschichtliches, aber
kein specifisch philologisches Interesse gewähren kann. Für die
mythologische Erkenntniss des national-hellenischen Zeus
z. B. ist sehr wenig gewonnen, wenn der Name Ζεύς etymo-
logisch als 'der Strahlende' und gleichbedeutend mit dem sanskrit.
Dyaus als 'Himmel' und 'Gott des Himmels' erkannt worden;
gleiche Bewandtniss hat es mit den übrigen von der vergleichenden
Mythologie bis jetzt ermittelten Götteridentitäten. Darum erscheint es gerathen, jüngere Philologen auf die Grenze aufmerksam zu machen, bis wie weit sie den Resultaten der Sprachvergleichung mit Sicherheit folgen können, ohne den festen Boden
unter sich zu verlieren. —

Endlich die dritte Seite des Geisteslebens der Griechen und
Römer offenbart sich in ihrer Kunst, derjenigen Geistesäusserung,
welche gleich dem Schriftthum diesen beiden Nationen des Alterthums für alle Zeiten die Bezeichnung der klassischen, d. i. der
mustergiltigen erworben hat.

Die Kunst, als die Darstellung des Schönen, kann be-
kanntlich im weitern oder im engern Sinne aufgefasst werden.
In jenem zerfällt sie in die nachahmende Kunst (Gymnastik,
Musik, Mimik); in die redende Kunst (Rethorik, Poetik,
Rhythmik) und in die bildende Kunst (Architektonik,

Plastik, Malerei). Da die beiden ersten Arten in der Regel theils in der Sprachkunde, theils in der Alterthumskunde behandelt werden, so versteht man in der philologischen Wissenschaft unter Kunst gewöhnlich die bildende, und bezeichnet die philologische Disciplin, welche sich mit den Kunstalterthümern dieser Art, also mit den klassischen Ueberresten der Baukunst, der Bildhauerkunst und der Malerei beschäftigt, mit dem Namen Archäologie der Kunst.

Es ist bereits oben (S. 23) erwähnt worden, dass diese Disciplin erst von Wolf als ein Theil der philologischen Wissenschaft anerkannt worden ist, und dass er nur ihretwegen den herkömmlichen Namen 'Philologie' mit dem allgemeinen 'Alterthumswissenschaft' vertauscht hat. Systematisch bearbeitet wurde diese Disciplin zuerst von Carl Otfried Müller in: 'Handbuch der Archäologie der Kunst', (Breslau 1830, 2. Auflage 1835, nach des Verfassers Tode von Welcker mit Zusätzen in 3. Auflage 1848 herausgegeben). In den letzten Jahrzehnten haben sich die Abdrücke und bildlichen Darstellungen der antiken Kunstwerke in erfreulicher Weise vermehrt, so dass jede Universität ein mehr oder weniger reichhaltiges archäologisches Museum besitzt, mit dessen Hilfe der Studirende für die Vorlesungen über Gegenstände der alten Kunst die erforderliche Anschauung erlangen kann.

Zu bedauern ist, dass der Philologie-Studirende, wie er vor seinem Gelangen zur Hochschule in den meisten übrigen philologischen Disciplinen, in Sprache, Literatur und Alterthumskunde, auf dem Gymnasium oder privatim genügende Vorkenntnisse sich erwirbt, nicht so auch den nöthigen vorbereitenden Unterricht in den Elementen der antiken Kunst erhält. Wegen des Mangels einer solchen Vorbereitung, die ihm den Werth der antiken Kunst kennen gelehrt hätte, lässt mancher Philologie-Studirende, wie die Erfahrung lehrt, die archäologischen Vorlesungen unbeachtet und er bleibt so mit einer sehr wesentlichen Seite des antiken Geisteslebens unbekannt. Darum mögen Sie Ihre philologische Bildung von dieser Seite nicht lückenhaft sein lassen:

der echte Philolog bewährt sich eben darin, dass er seine
Wissenschaft als Ganzes mit allen seinen Theilen ins Auge
fasst und jedem einzelnen Theile die erforderliche Aufmerksamkeit zuwendet. —

Nachdem wir die einzelnen Disciplinen der Philologie nach den
drei Hauptarten der Aeusserung des antiken Geisteslebens durch-
gegangen sind, bleibt uns noch eine kurze Besprechung der beiden
Hilfswissenschaften, der Kritik und Hermeneutik, übrig.

Unter Kritik (ἡ κριτικὴ τέχνη oder blos ἡ κριτική) versteht
man in der Philologie diejenige Wissenschaft, welche die doppelte
Aufgabe hat, einmal in den erhaltenen Schriftdenkmälern die
Richtigkeit des Textes zu prüfen und für die als unrichtig be-
fundenen Lesarten die richtigen ausfindig zu machen; und zweitens
die Echtheit ganzer Schrift- und Kunstdenkmäler oder einzelner
Theile derselben zu untersuchen. Die erstere Art nennt man gewöhnlich (obgleich nicht ganz passend) die niedere, oder auch, weil
sie sich bei ihren Untersuchungen auf die erhaltenen Handschriften
stützt, die diplomatische, und, wenn sie die richtige Lesart nicht
durch die vorhandenen Hilfsquellen ermitteln kann, sondern durch
subjektives Dafürhalten bestimmt, die Conjektural- oder divi-
natorische Kritik. Die letztere Art, welche die Echtheit der
Schriftwerke und der Kunstdenkmäler untersucht, wird die
höhere Kritik genannt.

Schon bei Ihrer bisherigen Lectüre der griechischen und
römischen Klassiker werden Sie häufig auf die Anwendung beider
Arten der Kritik aufmerksam gemacht worden sein. Die zahlreichen in eckige Klammern gesetzten Stellen der Autoren zeigten
Ihnen die durch höhere Kritik ermittelte Unechtheit derselben
an, und die *Varietas lectionum* gab Ihnen Gelegenheit unter
den vorhandenen Lesarten die richtige herauszufinden. Wenn
diese Rücksicht auf die Kritik der Klassiker bisher nur gelegent-
lich und bei besonders schwierigen Stellen eingetreten ist, so
werden Sie fortan denselben Ihre Thätigkeit in sehr bedeutendem

Umfange zuzuwenden haben, weil die Kritik einen wesentlichen Theil des Unterbaues bildet, auf welchem das
philologische Gebäude aufgeführt werden muss. All
unser philologisches Wissen beruht einzig und allein auf den in
Schriftwerken und Kunstdenkmälern zu uns gelangten Ueberresten des Alterthums. Da nun aber diese Ueberreste während
des Verlaufes der Jahrhunderte und Jahrtausende vielfach ent-
stellt und verstümmelt sind, so entspricht unser Wissen vom
Alterthume erst dann der Wirklichkeit, wenn es uns gelungen
ist, den ursprünglichen Zustand der Ueberreste zu ermitteln und
wir daraus unsre Kenntniss schöpfen. Es verdient daher die in
neuerer und neuester Zeit von den bewährtesten Philologen vorzugsweise auf die Handschriften der Klassiker gerichtete
Thätigkeit den wärmsten Dank und die grösste Nacheiferung von
Seiten der Jünger unsrer Wissenschaft. Was dagegen einge-
wendet wird, ist leeres, unwissenschaftliches Gerede und der Be-
achtung nicht werth.

Die zweite Hilfswissenschaft, die Hermeneutik ($\dot{\eta}$ $\dot{\epsilon}\varrho\mu\epsilon$-
$\nu\epsilon\nu\tau\iota x\dot{\eta}$), die Auslegungs-, Erklärungs- oder Interpreta-
tionskunst, von Quintilian (1, 9, 1, nach Varro's Vorgange, bei
Diomed. p. 421 P.) enarratio auctorum genannt, hat die Erklärung der Schriftwerke des Alterthums zur Aufgabe (für
die Erklärung der Bibel ist der dasselbe bezeichnende und früher
auch für die Erklärung der klassischen Literatur angewandte
Name $\dot{\epsilon}\xi\eta\gamma\eta\tau\iota x\dot{\eta}$, Exegetik, Exegese vorherrschend geworden).

Die Erklärung der klassischen Schriftwerke kann entweder
blos auf die Form (nach Wolf's Bezeichnung grammatische
und rhetorische), oder auf den Inhalt (historische Hermeneutik) oder auf Beides zugleich gerichtet sein.

Die wissenschaftliche Hermeneutik darf aber bei der Er-
klärung eines Schriftwerkes nicht dieses allein ins Auge
fassen, sondern muss auf die ganze Geistesrichtung, die geistige
Begabung und Anschauungsweise des Autors, aus welchem jenes
Werk ein einzelner Ausfluss ist, zurückgehen; und, weil die
Geistesbildung des Einzelnen in der Zeitbildung wurzelt, hat die

Hermeneutik dem Einflusse nachzuforschen, den die Zeit, in welcher der Autor lebte und aus der er seine geistige Nahrung zog, auf ihn und auf sein Geisteswerk geübt hat. Alsdann erst kann die individuelle Bedeutung des Autors und nächstdem seines Schriftwerkes, wie es die Wissenschaft verlangt, klar dargestellt werden.

Aehnliches gilt von der archäologischen Hermeneutik. Dass zu solcher Interpretationsweise ein reicher Umfang des Wissens, eine Vertrautheit mit den verschiedensten Stoffen der Philologie erforderlich ist, liegt zu Tage: sie ist aber auch der Prüfstein des echten Philologen und lohnt die darauf gewandte Mühe reichlich durch den Hochgenuss, sich eingelebt zu haben in die Zustände ewig mustergiltiger Zeiten, eingebürgert zu sein in Athen und in Rom unter ihren Helden, Denkern und Dichtern, und von ihnen nicht blos das Gute, sondern auch das Schöne, τὸ καλὸν καὶ τὸ ἀγαϑόν, zur Anwendung auf das eigne Denken und Schaffen erlernt zu haben.

III. Abtheilung.

Vertheilung der Arbeit des Philologie-Studirenden auf sechs Semester.

In dem Bisherigen ist Ihnen der Umfang und die reiche Gliederung der Philologie dargestellt worden; es gilt jetzt zu ermitteln, wie das dreijährige Studium dieser Wissenschaft eingerichtet sein müsse, dass der Studirende sich durch eigne Arbeit ein zutreffendes Bild von dem Geiste des Alterthums geformt habe und nach Ablauf des Trienniums im Stande sei, ohne Besorgniss wegen des Erfolges, sich der wissenschaftlichen Staatsprüfung zu unterwerfen, um aus dem Lernenden ein Lehrender zu werden.

Zur Beantwortung dieser Frage erscheint es rathsam, zuerst

festzustellen, welche wissenschaftliche Mittel die Universität dem Philologie-Studirenden bietet.

Es sind dies 1) die Vorlesungen, 2) das philologische Seminar, 3) das archäologische Museum, 4) die Bibliothek. Zu diesen auf allen deutschen Hochschulen vorhandenen Mitteln treten auf mehreren derselben noch besondere philologische Gesellschaften mancherlei Art und unter verschiedenen Namen ('philologisches Proseminar', 'griechische Gesellschaft', 'grammatische Gesellschaft', 'philologische Societät', 'archäologisches Seminar', 'archäologische Gesellschaft' u. dgl.) zu praktischer Uebung einzelner Disciplinen unter der Leitung der betreffenden Universitätslehrer.

In den Vorlesungen herrscht, was den behandelten Stoff betrifft, die grösste Mannichfaltigkeit; es gibt beinahe keine philologische Disciplin und keinen Klassiker, von der Encyclopädie und Methodologie bis zur Numismatik, und von der 'homerischen Frage' und Pindar's Hymnen bis zur 'Erklärung des Diodorus Siculus' und der 'Apokolokyntosis des Seneka', welche zur Zeit nicht Gegenstand der akademischen Vorträge wären: ein vollgiltiger Beweis von der reichen Entfaltung, welche die Philologie seit Wolf gewonnen hat, aber auch zugleich nicht ohne Gefahr für den nicht berathenen Studirenden, sich in vielerlei Specialia zu vertiefen, bevor er noch die Hauptdisciplinen im Organismus der Gesammtwissenschaft kennen gelernt hat.

Um einer solchen unter allen Umstanden nachtheiligen Zersplitterung vorzubeugen, hat schon Wolf — und Niebuhr, Boeckh, Bernhardy u. A. sind seinem Beispiele gefolgt — seine Vorlesungen nach einem dreijährigen Cyclus geordnet, in welchem selbst die wöchentliche Stundenzahl je nach dem Sommer- und Wintersemester festgestellt war (im Sommer 14, im Winter 17 Stunden); und es ist nicht blos von historischem Interesse, sondern noch jetzt von praktischem Werthe, diesen Wolf'schen Cyclus kennen zu lernen. Er ist abgedruckt im Körte's Leben und Studien Friedr. Aug. Wolfs, des Philologen (Essen, 1833, 2 Bde.), 1. Bd. S. 174 ff.:

I. Winter.

1. Universalhistorie der alten Welt, bis auf die Völkerwanderung.
2. Ein griechischer Dichter.
3. Ein römischer Prosaist.
   Seminar: Griechischer Poet.

II. Sommer.

4. Encyclopädie der alten Literatur.
5. Griechischer Dichter.
6. Leben der Philologen, inde a restitutis litteris usque ad nostram aetatem. Publice.
   Seminar: Lateinischer Prosaist.

III. Winter.

7. Allgemeine Litteratur-Geschichte bis auf unsere Zeit.
8. Lateinischer Dichter.
9. Griechischer Prosaist, bequem zur Einleitung in das grammatische griechische Sprachstudium.
   Seminar: Griechischer Dichter.

IV. Sommer.

10. Geschichte der griechischen Litteratur.
11. Lateinischer Prosaist.
12. Hesiod, oder sonst ein Stück griechischer Poesie. Publice.
    Seminar: Griechischer Prosaist.

V. Winter.

13. Griechische Alterthümer.
14. Geschichte der römischen Litteratur.
15. Lateinischer Dichter.
    Seminar: Lateinischer Prosaist.

VI. Sommer.

16. Römische Alterthümer.
17. Griechischer Prosaist.
18. Mythologie der Griechen und Römer. Publice.
    Seminar: Lateinischer Dichter.

Hiezu, nach beliebiger Einschaltung, privatissime:
19. Erklärung besonderer Klassen alter Autoren, wie
z. B. griech. Redner u. dgl.
20. Systematischer Vortrag der griechischen und lateinischen Grammatik und Stilistik.
21. Geschichte der Kunst oder besonders Numismatik.

Noch gegenwärtig könnte dieser Wolf'sche Cyclus mit einigen
dem Fortschritte der philologischen Wissenschaft entsprechenden
Abänderungen von den Philologie-Studirenden als Norm für die
Reihefolge ihrer Privat-Studien mit Nutzen angewandt werden.

Bei der Beantwortung der vorliegenden Frage scheint folgender Umstand eine besondere Berücksichtigung zu verdienen.

Es ist nicht zu leugnen, dass für den Jünger der Philologie
auf der Universität der Schwerpunkt der von Letzterer ihm dar-
gebotenen Unterrichtsarten in dem Seminar und in den diesem
ähnlichen Veranstaltungen zu Interpretations-, Disputations-
und Compositions-Uebungen liegt. Ohne den Werth der
Universitäts-Vorlesungen im Mindesten geringzuschätzen und
den Einfluss zu verkennen, den die Vorträge des Lehrers auf den
Lerneifer des wissbegierigen Jünglings üben, so bleibt es doch
eine unumstössliche Wahrheit, dass der unmittelbare dialogische
Unterricht, namentlich auf philologischem Gebiete, Bildungs-
elemente in sich trägt, die selbst der gediegenste akroamatische
Vortrag nicht besitzt. Es zeigt sich hierin der Scharfblick
Wolfs, dass er schon wenige Jahre, nachdem er die Philologie
im antiken Geiste aufgefasst und zu lehren angefangen hatte,
auch die antike, sokratisch-platonische Methode der φιλολογία,
die 'Unterredung über Gegenstände des Wissens', durch Einrichtung des philologischen Seminars erneuerte: der moderne
Jünger der Alterthums-Wissenschaft, bestimmt, dereinst selbst
als Lehrer zu wirken, sollte vorher ein φιλόλογος im antiken
Sinne werden und mit Lehrer und Studiengenossen das διαλέ-
γεσθαι üben *). Und bekannt ist, welchen mächtigen Aufschwung

*) Im Jahre 1785 hatte Wolf seine encyclop. Vorlesungen begonnen, und

die philologischen Studien durch das Seminar unter Wolf nahmen, während seine Vorlesungen früher nur wenige Theilnehmer gefunden hatten.

Zur erfolgreichen Theilnahme an den Arbeiten des Seminars gehören aber nicht geringe Vorkenntnisse: diese muss der Studirende im ersten Jahre seines akademischen Lebens theils in den Vorlesungen, theils durch Privatfleiss erwerben. Wenn also auch die Theilnahme an einem Proseminar, wo ein solches besteht, unbedenklich anzurathen ist, auch, in Ermangelung eines solchen, das Eintreten in das eigentliche Seminar als ausserordentliches Mitglied, zumal für den mit klassischen Schulkenntnissen hinlänglich Ausgestatteten, von Nutzen sein kann, so müssen doch die ersten beiden Semester, oder wenigstens das erste vorherrschend gewidmet sein 1) dem Studium der beiden klassischen Sprachen, eingeleitet durch die Elemente der allgemeinen und vergleichenden Sprachwissenschaft; 2) dem ersten allgemeinen (sachlichen oder inneren) Theile der Literaturgeschichte (zur Erlangung einer vorläufigen Uebersicht über den Umfang und die historische Entwickelung der beiden Literaturen), und endlich 3) der Lectüre eines oder zweier griechischer und lateinischer Hauptklassiker mit specieller Rücksicht auf Kritik und Hermeneutik (Homer mit Wolf's Prolegomena, Pindar mit Boeckh's Commentar, Horaz mit Bentley's Commentar) gewidmet sein.

Also technisch ausgedrückt, Grammatik, Kritik und Hermeneutik theoretisch und praktisch (Letzteres bei der Lectüre einiger Hauptklassiker angewandt) sind die Aufgaben des ersten Jahres eines geordneten philologischen Studiums.

Das zweite Studienjahr oder das dritte und vierte Semester wird am richtigsten der zweiten Seite des Geisteslebens des Alterthums, also den Staats-, Privat- und Religions-

schon zwei Jahre darauf, im Juni 1787, kündigte er den Studirenden die Einrichtung eines von ihm geleiteten Seminarium philologicum an und forderte die Befähigten zur Theilnahme auf. Die interessante Ankündigung s. in den Beilagen Nr. III.

alterthümern (mit Einschluss der Mythologie), uud zwar im dritten Semester den griechischen, im vierten den römischen Alterthümern gewidmet. Das im ersten Jahre begonnene Studium der Literaturgeschichte wird im zweiten Jahre mit dem Studium des zweiten, besondern, (persönlichen oder äussern) Theiles derselben beendigt, und zwar im dritten Semester die griechische, im vierten die römische Literaturgeschichte. Die Lectüre der Klassiker mit steter Berücksichtigung der Kritik und Hermeneutik wird fortgesetzt. Dass mit dem zweiten Studienjahre die ordentliche Mitgliedschaft im philologischen Semnar beginnen muss, ist oben bereits gesagt worden.

Das dritte Studienjahr endlich gehört vorzugsweise der dritten Seite des antiken Geisteslebens, d. i. der Kunst, und zwar das fünfte Semester der redenden Kunst (Rhetorik, Poetik, Metrik), das sechste der bildenden Kunst (Archäologie der Kunst mit Einschluss der Numismatik). Es versteht sich von selbst, dass, wenn der Studirende die Archäologie zu seinem besonderen Fachstudium gewählt hat, er dasselbe bereits im zweiten Studienjahre beginnen und in das archäologische Seminar eintreten muss.

Beim Studium der redenden Kunst sind die Rhetorik und Poetik des Aristoteles sprachlich und sachlich mit grosser Sorgfalt durchzugehen. —

Wenn auch der in Vorstehendem bezeichnete Studiengang, nach meinem Dafürhalten, am Natürlichsten und Kürzesten zum Ziele führt, so können doch die äussern Verhältnisse (wie namentlich das mit dem akademischen Studium oft gleichzeitig verbundene Hauslehreramt, die zeitraubende Ertheilung von Privatunterricht, Krankheit u ähnl.) Modificationen dieser Studieneintheilung entweder überhaupt, oder in einzelnen Semestern nothwendig machen. Sollten auch Sie, mein junger Freund, in solcher Lage sein oder später in eine solche kommen, so lassen Sie sich dadurch nicht entmuthigen. Es führen viele Wege nicht blos nach Rom, sondern auch nach Athen. Ernster Wille und regelmässige Benutzung der verstatteten Musse (ganz besonders

der goldnen Morgenstunden, die ich unter allen, auch den
günstigsten Umständen den Nachtwachen vorziehe) vermögen
die Nachtheile der unvermeidlichen Schwankungen und Abwei-
chungen von dem vorgezeichneten Studienplane mit der Zeit zu
beseitigen. Dagegen kann der junge Mann, welcher mit einer
besonderen Vorliebe für einen einzelnen Zweig der philologischen
Wissenschaft oder für einen einzelnen Klassiker in das akade-
mische Studium eintritt, nicht ernst genug davor gewarnt werden,
dieser Vorliebe auf Kosten der Gesammtheit der philologischen
Disciplinen oder der übrigen Klassiker nachzuhängen: ein Abweg,
der nothwendig zur Einseitigkeit auf dem Sondergebiete und zur
Oberflächlichkeit auf allen übrigen Gebieten führt, also gerade
zum Gegensatze der wahren Philologie, welche Vielseitigkeit
mit Gründlichkeit vereinigt zu ihrem unterscheidendsten
Merkmale hat.

IV. Abtheilung.

Die Bibliothek des Philologie-Studirenden *).

I. Encyclopädisches.

Fr. A. Wolf, Darstellung der Alterthumswissenschaft nach Be-
griff, Umfang, Zweck und Werth (s. oben S. 15 ff.).
Fr. Haase, Philologie, in: Allgemeine Encyclopädie der Wissen-
schaften und Künste, herausg. von Ersch und Gruber, III.
Section, 23. Th. (Leipz. 1847) S. 374—422 (s. oben S. 30 ff.).
Pauly's Real-Encyclopädie der classischen Alterthumswissenschaft

---

*) In das nachfolgende Verzeichniss sind nur diejenigen Werke aufge-
nommen, die der Studirende ganz oder theilweise durcharbeiten muss, und
sich ohne Zweifel aus der Universitäts-Bibliothek verschaffen kann. Wenn
für denselben Gegenstand mehrere Werke vorhanden sind, von denen jedes
seinen besondern Werth hat, habe ich der Vollständigkeit wegen sie sämmtlich aufzuführen für angemessen erachtet.

in alphabetischer Ordnung, 6 Bde., Stuttgart, 1837—52.
1. Band in 2. völlig umgearbeiteter Auflage, das. 1864 und
1866).

II. Sprache und Schriftthum.

Jacob Grimm, Ueber den Ursprung der Sprache, Berlin, 1851.
6. Aufl. 1866 (s. oben S. 34).

Ernst Brücke, Grundzüge der Physiologie und Systematik der
Sprachlaute, Wien, 1856.

Merkel, Physiologie der menschlichen Sprache, Leipzig, 1866.

H. Helmholtz, die Lehre von den Tonempfindungen, Braunschweig, 3. Aufl. 1871.

Wilh. v. Humboldt, Ueber die Verschiedenheit des menschlichen Sprachbaues und ihren Einfluss auf die geistige Entwickelung des Menschengeschlechts (Einleit. zu dessen Werk:
Ueber die Kawi-Sprache auf der Insel Java), Berlin, 1836.

H. Steinthal, Charakteristik der hauptsächlichsten Typen des
Sprachbaues, Berlin, 1860.

Max Müller, Vorlesungen über die Wissenschaft der Sprache,
deutsch von C. Böttger, 2 Bde., Leipzig, 1863 u. 66.

H. Steinthal, Abriss der Sprachwissenschaft, 1. Th. Die Sprache
im Allgemeinen, Berlin, 1871.

Franz Bopp, Vergleichende Grammatik der Sanskrit, Zend, Griechischen, Lateinischen, Litauischen, Altslavischen, Gothischen,
Deutschen und Armenischen, 3 Bde., Berlin, 1857—61.

Aug. Schleicher, Compendium der vergleichenden Grammatik
der indogermanischen Sprachen, 2 Bde., Weimar, 1861 u. 62.

Franz Bopp, Kritische Grammatik der Sanskrita-Sprache, Berlin,
1834.

Theodor Benfey, Kurze Sanskrit-Grammatik zum Gebrauch für
Anfänger, Leipzig, 1855.

Camillo Kellner, Kurze Elementargrammatik der Sanskritsprache.
Mit Berücksichtigung des Griechischen und Lateinischen.
Leipzig, 1868.

64 IV. Abtheilung.

J. Lersch, Die Sprachphilosophie der Alten, 3 Thle., Bonn 1838—41.
H. Steinthal, Geschichte der Sprachwissenschaft bei den Grie-
chen und Römern, Berlin, 1863.
Studien zur griechischen und lateinischen Grammatik, herausg.
v. G. Curtius, 4 Bde. Leipzig.
Fr. Ritschelii Opuscula philologica, 2 voll., Lips., 1867 sq.
Ph. Buttmann, Griechische Sprachlehre, 2 Bde., Berlin, 1819.
Chr. Aug. Lobeck, Paralipomena grammat. graecae, 2 voll.
Lips. 1837.
— — Pathologiae linguae graecae elementa, 2 voll. Regiom. 1853-62.
Pr. Passow, Handwörterbuch der griech. Sprache, neu bearb. v.
Rost, Palm etc., 2 Bde., Leipzig, 1841—57.
W. Pape, Griechisch-deutsches Handwörterbuch, 3 Bde., Braun-
schweig, 1849.
Georg Curtius, Grundzüge der griechischen Etymologie, Leipzig,
3. Aufl. 1869.

_____

Ludw. Ramshorn, Lateinische Grammatik, 2 Thle., Leipz. 1830.
W. Corssen, Ueber Aussprache, Vokalismus und Betonung der
lateinischen Sprache. 2 Bde., Leipzig, 2. Aufl. 1868.
— — Kritische Beiträge zur lateinischen Formenlehre, Leip., 1863.
Fr. Neue, Formenlehre der lateinischen Sprache, 2 Thle., Stuttg.,
1861 u. 1866.
K. Reisig's Vorlesungen über lateinische Sprachwissenschaft,
herausg. v. Friedr. Haase. Leipzig, 1839.
Fr. Guil. Holtze, Syntaxis priscorum scriptorum latinorum, 2 voll.,
Lips., 1861 u. 1862.
Wilh. Freund, Wörterbuch der latein. Sprache, 4 Bde., Leipz.,
1834—1845.
Reinh. Klotz, Handwörterbuch der lat. Sprache, 2 Bde. Braunschw.
Ferd. Handii, Tursellinus seu de particulis latinis commentarii,
voll. IV., Lips. 1829—45.
Ludw. Döderlein, Lateinische Synonyme und Etymologie, 6 Thle.,
Leipzig, 1826—39.

_____

S. Th. Aufrecht und A. Kirchhoff, Die umbrischen Sprachdenkmäler, 2 Bde., Berlin, 1849 u. 1851 (s. oben S. 42).

Theod. Mommsen, Die unteritalischen Dialekte, Leipzig, 1850 (s. oben S. 42).

G. Hermann, Elementa doctrinae metricae, Lips., 1816.

Ed. Munk, Die Metrik der Griechen und Römer, Glogau, 1834.

A. Rossbach und R. Westphal, Metrik der griech. Dramatiker und Lyriker, nebst den begleitenden musischen Künsten, 2. Aufl., 2 Thle., Leipzig, 1867 u. 68.

G. Bernhardy, Grundriss der griech. Litteratur, Halle, 3. Bearb., 2 Theile.

K. Otfr. Müller's Geschichte der griech. Literatur bis auf das Zeitalter Alexanders, herausg. v. Ed. Müller. 2 Bde., Bresl., 2. Aufl. 1857.

Schöll, Gesch. d. griech. Liter., übers. von Schwartze u. Pinder, 3 Bde. Berl. 1828 ff.

G. Bernhardy, Grundriss der römischen Litteratur, 5. Bearb., 1. Abth. Braunschw. 1869.

W. S. Teuffel, Geschichte der römischen Literatur, 2. Aufl., Leipzig, 1871.

Herm. Sauppii Epistola critica ad Godofr. Hermannum, Lips. 1841.

Ulr. Friedr. Kopp, Palaeographia critica, 4 voll., Mannhem., 1817—29.

Bern. de Montfaucon, Palaeographia Graeca, Paris, 1708.

Fr. Bast, Commentatio palaeographica in: Gregorius Corinthius ed. Schaefer, Lips, 1811.

Griechisches Schriftthum.

Bibliotheca Graeca oder Sammlung von Textausgaben griech. Schriftsteller, Leipzig bei Teubner und bei B. Tauchnitz, und Berlin im Verlage der Weidmann'schen Buchhandlung.

Corpus Inscriptionum Graecarum, ed. A. Boeckh, voll. IV,
    Berol. 1829—62.

Jo. Franz, Elementa epigraphices graecae, Berol. 1840.

Homeri Carmina, ed. Spitzner, 2 voll., Goth. et Erford. (jetzt
    Lips., Teubn.)

Fr. Aug. Wolfii Prolegomena ad Homerum (in: Homeri Opera
    omnia, vol. I., Halis, 1794).

Ludw. Döderlein, Homerisches Glossarium, 3 Bde., Erlangen,
    1850—58.

C. Fr. Nägelsbach, Die Homerische Theologie, 2. Aufl. bearb. v.
    G. Autenrieth, Nürnb. 1861.

Homeri Hymni et epigrammata, ed. G. Hermannus, Berol. 1806.

Hesiodi Carmina, rec. et comment. instr. Carol. Goettlingius,
    Goth. 1843.

Poetae Lyrici Graeci, tertiis curis recens. Theod. Bergk.
    3 partes, Lips. 1866 sq.

J. A. Hartung, Die griech. Lyriker, griech. mit metr. Uebers.
    und Aumerk., 3 Bde., Leipz. 1855—57.

Anacreontis, Sapphus et Erinnae fragmenta, illustr. E. A.
    Moebius, Goth. 1826.

Pindari Carmina, recens. Aug. Boeckius, 4 partes, Lips. 1811—22.

— — cum fragmm., comment., illustr. L. Dissen et F. G. Schnei-
    dewin, ed. 2., 2 voll., Lips. 1843—47.

Aug. Böckh, Ueber die Versmasse des Pindaros, Berl. 1809.

Pindar's Werke, griech. und deutsch mit Erläuterungen v. Fr.
    Thiersch, 2 Bde., Leipz., 1820.

E. Buchholtz, Die sittliche Weltanschauung des Pindaros und
    Aeschylos, Leipz., 1869.

Poetarum scenicorum Aeschyli Sophoclis Euripidis et
    Aristophanis fabulae superstites et perditarum fragmenta,
    ex rec. G. Dindorfii, ed. V., Lips. 1870.

Aeschyli tragoediae, rec. G. Hermannus, ed. alt., 2 voll., Berol.,
    1858.

— — Agamemnon, erklärt von F. W. Schneidewin, Berl., 1856.

Aeschylus Agmemnon, metrisch übers. von W. v. Humboldt, Leipzig, 1816.

Fr. G. Welcker, Die Aeschylische Trilogie, Darmst. 1824. Nachtrag, Frankf., 1826.

R. H. Klausen, Theologumena Aeschyli, Bonn. 1829.

C. Fr. Nägelsbach, Nachhomerische Theologie, Nürnb. 1857.

Sophoclis tragoediae, rec. et expl. E. Wunderus, 2 voll., Goth. 1847—57.

— — erkl. v. F. W. Schneidewin u. A. Nauck, 6 Bde., Berl.

Lexicon Sophocleum, ed. Fr. Ellendt, Berol. 2 voll. 2. Ed. 1872.

Euripidis tragoediae, edd. Pflugk et Klotz. 3 voll., Goth. 1825—50.

— — rec. G. Hermannus, 3 voll., Berol. 1831—1841.

Tragicorum Graecorum Fragmenta, rec. A. Nauck, Lips. 1856.

Aristophanis comoediae, ed. Theod. Bergk, 2 voll., Lips. 1852.

— — Ausgewühlte Komödien, v. Th. Kock (Wolken, Ritter, Frösche Vögel), Berl. 1856 ff.

— — Nubes, ed., ill., praef. est W. S. Teuffel, Lips. 1863.

Comicorum Graecorum Fragmenta, ed. A. Meineke, Berol. 1839 sq.

Theocriti Reliquiae, recogn. et ill. E. F. Wuestemann, Goth. 1830.

— — Idyllia, comm. instruxit A. Fritzsche. ed. alt., Lips. 1870.

Apollonii Rhodii Argonautica, ed. R. Merkel; Scholia add. H. Keil. Lips. 1853 sq.

Babrii fabulae Aesopeae emend. C. Lachmannus, Berol. 1845.

Callimachi Hymni et epigrammata ed. A. Meineke, Berol., 1861.

Anthologia Graeca, edit. stereot., Lips., 1819.

Delectus epigrammatum Graecorum, comment. instr. Fr. Jacobs, Goth. 1826.

Delectus poetarum Anthologiae graecae cum annot. crit. A. Meinekii, Berol. 1842.

Herodoti Musae, rec., ill. J. C. F. Bähr, ed. alt., 4 voll., Lips., 1855—61.

— — erkl. v. H. Stein, 5 Bde., Berl. 1864 ff.

Lexikon Herodoteum, ed. Schweighaeuser, Argent. 1824.

5*

Die Geschichte des Herodotos übers. v. Friedr. Lange, 2 Bde.,
Bresl. 1824.

Thucydidis de bello Peloponnesiaco libri VIII, explan. E. F.
Poppo, 4 voll., Goth., 1843—56.

— — ed., ill. Fr. Göller, ed. alt. 2 voll., Lips., 1836.

— — mit erkl. Anmerk. v. K. W. Krüger, 3. Ausg. 2 Bde.,
Berl., 1858.

— — Uebers. v. Heilmann, verbess. v. Bredow, 2 Bde., Lemgo,
1823.

W. Roscher, Leben, Werke und Zeitalter des Thucydides, Gött.,
1842.

E. A. Wigand, Andeutungen über das religiöse Princip in der
geschichtlichen Darstellung des Thucydides, Berl., 1829.

Xenophontis Opera, ill. Bornemann, Kühner et Breitenbach,
4 voll., Goth. 1828—54.

Lexicon Xenophonteum, ed. F. G. Sturz, 4 voll., Lips., 1801 sq.

Polybii Historiae, graec. lat. rec. J. Schweighäuser, 10 voll.,
Lips. 1789—95.

— — ex rec. I. Bekkeri, 2 voll., Berol. 1844.

— — ed. L. Dindorf, 4 voll., Lips. 1866—68.

— — ed. F. Hultsch, 4 voll., Berol. 1870 sq.

A. Pichler, Polybius' Leben, Philosophie, Staatslehre etc., Lands-
hut, 1860.

Dionysii Halicarnas. Opera omnia, graec., lat., ed. J. J. Reiske.
6 voll., Lips., 1774—77.

— — — ed. stereot., 6 voll., Lips. 1823 sq.

— — Romanar. antiquitt. pars hactenus desiderata ab A. Majo
restituta, Mediol., 1816; Frankof., 1817.

— — Antiquitatum Romanarum quae supersunt, rec. A. Kiessling. 4 voll., Lips.

Diodori Siculi Bibliotheca historica, ex rec. L. Dindorfii, 6 voll.,
Lips. 1828—31.

Plutarchi Chaeronensis quae supersunt opera omnia, graec. et
lat., annott. instruxit J. J. Reiske, 12 voll., Berol. 1774—82.

— — ex rec. C. Sintenis, 4 voll., Lips 1839—46.

Plutarchi Chaeronensis Vitae, ed. ster., 5 voll., Lips., 1855—57.
Arriani Anabasis, ed. C. G. Krüger, 2 voll., Berol., 1835—48.
— — mit erkl. Anm. v. C. G. Krüger, Berl., 1851.
Appiani Historiae, ed. Schweighaeuser, 3 voll., 1785.
— — ed. Imm. Bekkerus, Lips., 1852.
Dionis Cassii Rerum roman. libri ab I. Bekkero recogniti,
2 voll., Lips. 1849.
— — Historia romana c. annott. L. Dindorfii, 5 voll., Lips.,
1863—65.
Herodiani Historiae, rec. Imm. Bekkerus, Berol., 1826.

Strabonis Geographica, rec., ill. G. Kramer, 3 voll., Berol.,
1844—52.
— — rec. A. Meineke, 3 voll., Lips., 1851 et 52.
Strabo's Erdbeschreibung, übers. v. C. G. Groskurd, 4 Bde., Berl.,
1831—34.
Pausaniae Graeciae descriptio, gr. lat. ed. C. G. Siebelis, 5 voll.,
Lips. 1822—28.
— — gr. lat. rec. ill. Schubart et Walz. 3 voll. Lips. 1838 sq.
Pausanias' Reisebeschreibung von Griechenland, übers. u. erläut.
v. J. E. Goldhagen. 2. Ausg. 4 Bde. Berl. 1798 ff.
Theod. Panofka, Archäol. Commentar zu Pausanias, 2. Abhandl.
gelesen in d. Akad. d. Wiss. zu Berl. 1853 u. 54.

Platonis Opera omnia, rec., proleg. et commentt. instruxit
G. Stallbaum, 10 voll., Lips. 1836—61.
— — Dialogi, ex recognitione C. F. Hermanni, 6 voll., Lips.,
1851—53.
Plato's Werke, von Fr. Schleiermacher (Uebersetzungen und Ein-
leitungen), 3. Aufl. 3 Bde., Berl. 1855—62.
— sämmtliche Werke, übers. v. Hier. Müller, mit Einleitungen
v. Karl Steinhart, 8 Bde., Leipz. 1850—66.
Fr. Ast, Lexicon Platonicum, 3 voll., Lips. 1836—39.
K. Fr. Hermann, Geschichte und System der platon. Philosophie,
Heidelb. 1839.

Ed. Zeller, Platonische Studien, Tübing. 1839.

Carl Schaarschmidt, die Sammlung der platon. Schriften zur
Scheidung der echten von den unechten untersucht, Bonn,
1866.

Aristotelis Opera, ex rec. Imm. Bekkeri ed. Acad. regia Boruss.,
4 voll. (1 Bd. lat. Uebers.), Berol. 1831—36.

— — ed. stereot., 16 voll., Lips. 1832 sq.

— — gr. et lat. cum indice absolutissimo, 4 voll., Paris. 1848—57.

Brandis, Aristoteles, seine akademischen Zeitgenossen und nächsten Nachfolger, Berl. 1853.

C. Zell, Aristoteles, in Pauly's Real-Encycl. 1. Bd. 2. Hälfte,
S. 1634—1699.

E. Zeller, die Philosophie des Aristoteles in dessen: Philosophie
der Griechen, 2. Aufl., 2. Bd., 2. Abth., Tübing. u. Leipz.,
1862.

Fr. Ueberweg, die Philosophie des Aristoteles, in dessen: Grundriss der Gesch. d. Philosophie, 3. Aufl., 1. Th. S. 138—180.

Theophrasti Eresii quae supersunt ed. Jo. Gottl. Schneider,
5 voll., Lips. 1818—21.

— — ex recogn. Fr. Wimmer, 3 voll., Lips. 1854—62.

— — Characteres in usum lectionum ed. et indice vocabulorum
instruxit Frid. Astius, Berol.

Diogenis Laertii de vitis philosophorum, gr. lat. ill. H. G.
Huebner, voll., Lips. 1818—33.

———

Oratores Graeci, cum commentt. H. Wolfii, J. Taylori, J.
Marklandi, aliorum et suis ed. J. J. Reiske, 12 voll., Lips.
1770—75.

Oratores Attici, ex rec. I. Bekkeri, 5 voll., Berol. 1823—24.

— — rec. annot. crit. addid., fragmenta colleg., onomastic. compos.
Baiter et Sauppe, Tur. 1838—50.

A. Westermann, Gesch. d. Beredsamkeit in Griechenl. u. Rom,
2 Bde., Leipz. 1833—35.

Antiphontis Orationes XV, recogn., annotationem criticam et
commentarios adjecit Ed. Mätzner, Berol. 1838.

Antiphontis Orationes XV, ed. Fr. Blass, Lips. 1870.

Herm. Sauppii Quaestiones Antiphonteae, Götting. 1861.

Andocidis Orationes quattuor, recens. et lection. variet. instruxit
C. Schiller, Lips. 1835.

— — ed. Fr. Blass, Lips. 1871.

Lysiae Orationes quae supersunt omnes et fragmenta edid.
C. Förtsch, Lips. 1829.

— — selectae, ed. J. H. Bremi, Goth. 1826.

— — ausgewählte Reden, v. R. Rauchenstein, 4. Aufl., Berl.

Isocratis Orationes rec. G. E. Benseler, 2 voll., Lips. 1851.

— ausgewählte Reden, Panegyricus u. Areopagiticus, erkl. von
R. Rauchenstein, 3. Aufl., Berl.

Isaei Orationes XI, cum deperd. fragment. rec. ill. G. F. Schoemann, Gryph. 1831.

Lycurgi Oratio in Leocratem, gr. recens. et annot. criticam
adiec. G. Pinzger, Lips. 1824.

— — ed. C. Scheibe, Lips. 1853.

— — deperdit. orationum fragmenta ed. Fr. G. Kiessling, Hal.
1847.

Hyperidis Orationes II ed. F. G. Schneidewin, Gotting. 1853.

Demosthenis Opera gr. lat. cum indic. ed. J. Th. Voemelius,
Paris. 1843.

— Orationes, ed. stereot., Lips. 1844.

— — ex rec. G. Dindorfii, 3 voll., Lips.

— — Ausgewählte Reden, v. A. Westermann, 3 Bde., Berlin,
1866 ff.

— — Staatsreden, übers. v. Fr. Jacobs, Leipz. 1805.

— — de corona, ed. Dissen, Gotting. 1837.

— — deutsch mit Anmerk. v. Fr. Jacobs, Leipz. 1833.

A. G. Becker, Demosthenes als Staatsbürger, Redner und Schriftsteller, Halle 1834.

Demosthenes und seine Zeit, v. Arnold Schäfer, 2 Bde., Leipz.
1856.

Aeschinis Orationes e codicibus nunc primum excussis edidit,
scholia adiecit Ferd. Schultz, Lips. 1865.

Aeschinis Orationes, griechisch und deutsch v. G. E. Benseler,
3 Bdchen., Leipz. 1855—60.

F. Märker, Aeschines und Demosthenes, Berl. 1855.

Dinarchi Orationes tres, rec. ill. Ed. Mätzner, Berol. 1842.

Demadis Oratio, im 3. Bde. der Gesammtausg. der attischen
Redner v. L. Bekker (s. oben).

L'hardy, de Demade oratore Atheniensi, Berol. 1834.

Luciani Opera, gr. et lat. ad editionem J. Hemsterhusii et
J. F. Reitzii expressa cum varietate lect. et annott., 10 voll.
Biponti 1789—93.

— — ex recognitione Car. Jacobitz, 4 voll., Lips. 1836—41.

— — gr. et lat. ed. G. Dindorf., Paris.

— — ausgewählte Schriften, von J. Sommerbrodt, 3 Bde., Berlin
1868.

Lucian's Werke, aus dem Griech. übers. u. mit Anmerk. versehen
v. C. M. Wieland, 6 Bde., Leipz. 1788 ff.

Aeliani var. histor. rec. Rud. Hercher, Paris 1858.

Lateinisches Schriftthum.

Bibliotheca Latina oder Sammlung von Textausgaben
lateinischer Schriftsteller, Leipzig bei Teubner und bei
B. Tauchnitz, und Berlin im Verlage der Weidmannschen
Buchhandlung.

Corpus Inscriptionum Latinarum, ed. Theod. Mommsen,
Berol. 1863 sq. (bis jetzt 3 Bände, s. oben S. 44). Als Einleitung zu demselben:

Priscae Latinitatis monumenta epigraphica, ed. Fr. Ritschelius, Berol. 1862 (s. oben S. 44).

Inscriptionum Latinarum selectarum amplissima collectio,
ed. Jo. Casp. Orellius, 3 voll. (tert. volumen ed. Guil. Henzen),
Turici, 1828—56.

Corpus Inscriptionum Neapolitanarum, ed. Th. Mommsen,
Lips. 1851.

Latini sermonis vetustioris Reliquiae selectae, recueil
publié par A. E. Egger, Paris et Leipz., 1843.
Origines poesis Romanae, scrips. W. Corssen, Berol. 1846.
Theod. Bergk, de carmine Saliorum, Marburg. 1847.
Carmen arvale, Facsimile in: Ritschl's Prisc. Lat. mon. tab.
XXXVI, A. und erklärt in Momms. Corp. Inscript. Lat. I.
p. 9 sq. (s. unten Beilage Nr. II.).
Legis duodecim tabularum Reliquiae, edidit constituit pro-
legomena addidit Rud. Schoell, Lips. 1866.

Scenicae Romanorum poësis Fragmenta; unter dem beson-
dern Titel:
Vol. I. Tragicorum Latinorum Reliquiae, recens. Otto
Ribbeck, ed. II., Lips. 1871.
Vol. II. Comicorum Latinorum praeter Plautum et
Terentium Reliquiae, recens. Otto Ribbeck, Lips. 1855
(Eine neue Aufl. mit Hinzufügung der Fragmente des
Plautus ist 1871 versprochen).
L. Livi Andronici Fragmenta collecta et illustrata ab Henr.
Düntzer, Berol. 1835. (Die dramat. Fragmente auch in dem
vorst. Werke v. Ribbeck 1, 1—5 u. 2, 3 u. 4).
Cn. Naevi vitam descripsit, carminum reliquias collegit, poesis
rationem exposuit Ern. Klussmann, Jenae 1843. (Die dramat.
Fragmente auch im vorstehend citirten Werke v. Ribbeck,
1, 5—13 u. 2, 6—25).
— — de bello Punico reliquiae, ex rec. J. Vahlen, Lips. 1854.
T. Macci Plauti Comoediae, ex recens. J. Fr. Gronovii, 2 voll.,
Amst. 1684. Lips. 1760.
— — — ed. Fr. H. Bothe, 4 voll., Berol. 1809—11.
— — — ex recens. et cum apparatu critico Friderici Ritschelii.
3 voll. (enth.: Trinummus, Miles gloriosus, Bacchides —

Stichus, Pseudulus, Menaechmus, Mostellaria — Persa, Mer-
cator, Poenulus, Rudens) Bonn. et Lips., 1848—54 (alt. edit.
tom. I. fasc. 1: Trinummus, 1871).

T. Macci Plauti Comoediae, ex recogn. Alfredi Fleckeiseni,
2 voll. (enth: Amphitruo, Captivi, Miles gloriosus, Rudens,
Trinummus — Asinaria, Bacchides, Curculio, Pseudulus, Stichus) Lips. 1850 et 51.

— — Ausgewählte Komödien, erkl. v. Jul. Brix, 3 Bde. (Trinummus, Captivi, Menaechmi), Lips. 1864 ff.

— — Ausgewählte Komödien, erkl. v. Aug. Lorenz, 2 Bde. (Mostellaria u. Miles gloriosus). Berl. 1866 ff.

— — Uebersetzt v. Binder, Stuttg. 1862 ff.; — v. Donner, Leipz.
u. Heidelb. 1864 ff.

— — Rost, Neun Lustspiele des Plautus verdeutscht, Leipz. 1836.

Ritschelii Parerga Plautina et Terentiana. Lips. 1845.

Andr. Spengel, T. Maccius Plautus, Kritik, Prosodie, Metrik,
Gött. 1865.

C. E. Geppert, Plautinische Studien, I. Berl. 1870.

Ennianae poesis Reliquiae recensuit Jo. Vahlen, Lips. 1854.

M. Pacuvius, Fragmente seiner Tragödien u. Komödien in Ribbeck's Sammlung.

Statius Caecilius, Fragmente seiner Komödien in Ribbeck's
Comic. reliquiae (s. vor. Seite).

P. Terenti Comoediae, ex rec. et c. not. R. Bentleji, Cantabr.
et Lond. 1726, zuletzt herausg. v. Vollbehr, Kiel 1846.

— — comment. ill., acced. Donatus, Eugraphius etc., cur. We-
sterhovius, 2 voll., Hag. Comit. 1726, wieder herausg. von
Stallbaum, Lips. 1830.

— — rec. A. Fleckeisen, Lips. 1857.

— — ed. et apparatu crit. instruxit Fr. Umpfenbach, Berol. 1870.

— — übers. v. Donner, 2 Bde., Leipz. u. Heidelb. 1864.

L. Attius (Accius), Fragmente seiner Tragödien in Ribbeck's
Tragic. Reliqu. (s. vor. Seite).

A. Afranius, Fragmente seiner Komödien in Ribbeck's Comic.
Reliqu.

C. Lucili Saturae, Fragments revus, traduits et annotés etc., par
E. F. Corpet, Paris 1845.

— — ed., auxit, emend. Fr. Dr. Gerlach, Tur. 1846.

— — Reliquiae, emend. Lucian. Müller (soll bald erscheinen).

Novius und B. Pomponius, Dichter atellanischer Komödien,
Fragmente derselben in Ed. Munk, de Fabula Attellana,
Lips. 1840 und in Ribbeck's Comic. Reliqu.

D. Laberius, Mimendichter; Fragmente in Ribbeck's Comic.
Reliqu.

Publilii Syri Sententiae, recens. Ed. Wölfflin, Lips. 1869.

T. Lucreti Cari de rerum natura libri sex, recens. et emendavit
Carol. Lachmannus, ed. IV. Berol. 1872.

— — ed. J. Bernays, Lips. 1852.

— — with notes und translation, by H. A. J. Munro, 2 voll.,
Cambridge 1866.

— — deutsch übers. v. Knebel, Leipz. 1831.

Catulli, Tibulli, Propertii Carmina (ed. M. Haupt), ed. alt.,
Lips. 1861.

C. Valerii Catulli Carmina, ex recens. C. Lachmanni, ed. alt.,
Berol. 1861.

— — — recogn. et enarr. Lud. Schwabius, Gissae 1866.

— — — übers. u. erläutert v. R. Westphal, Bresl. 1867.

Albii Tibulli Carmina, ex rec. C. Lachmanni, Berol. 1829.

— — — ed. explic. L. Dissen, 2 voll., Gotting 1835.

— — — rec. L. Müller, Lips. 1870.

Sexti Propertii Carmina, ex rec. C. Lachmanni, Berol. 1829.

— — — ill. Guil. Hertzberg, 4 voll., Hal. 1843—45.

— — — rec. L. Müller, Lips 1870.

P. Vergilius Maro, ill. a Chr. G. Heyne, ed. quarta cur. G. Ph.
E. Wagner, 5 voll., Lips. 1830—41.

— — Opera, recens. O. Ribbeck, 5 voll., Lips. 1859—68.

— — recens. (M. Haupt) Lips. 1858.

Q. Horatii Flacci Opera, recens. ill. R. Bentley, Cantabr. 1711;
neuer Abdruck: ex recens. et cum notis atque emendationibus
Richardi Bentleii, ed. tert. 2 voll., Berol. 1869.

Q. Horatii Flacci Opera, recens. atque interpretatus est Jo.
    Casp. Orellius, ed. tert. cur. Jo. Georg. Baiterus, 2 voll.,
    Tur. 1850—52.
— — (ed. M. Haupt), Lips. 1861.
— — recens. ill. Guil. Dillenburger, ed. quinta, Bonn. 1867.
— — rec. et ill. O. Keller et A. Holder, 2 voll., Lips. 1864—70.
P. Ovidii Nasonis Opera, rec. ill. N. Heinsius, ed. tert., 3 voll.,
    Amst. 1661.
— — ex recens. R. Merkelii, 3 voll., Lips. 1853 et 54.
Phaedri Fabulae, ed. J. C. Orellius, ed. alt., Tur. 1832.
—·— recogn. L. Müller, Lips. 1868.
Senecae Tragoediae, c. notis J. G. Gronovii; Lugd. Bat.
    1682.
— — recens. R. Peiper et G. Richter, Lips. 1867.
M. Annaei Lucani Pharsalia, c. nott. Grotii et Bentleii etc. ed.
    ill. C. F. Weber, 3 voll., Lips. 1821—31.
— — — cum notis varr. ed. C. F. Weber, 2 voll., Lips. 1828—29.
A. Persii Flacci Satirae, c. schol. antiqu. ed. O. Jahn, Lips.
    1843.
— — — ex rec. C. F. Hermanni, Lips. 1854.
C. Silius Italicus, c. animadv. N. Heinsii ed. A. Drakenborch,
    Trai. 1717.
— — ed. ill. G. A. Ruperti, 2 voll., Gotting. 1795—98.
C. Valerius Flaccus, c. comment. perpet. ed. J. A. Wagner,
    Gotting. 1805.
— — recens. G. Thilo, Hal. 1863.
Petronii Arbitri Satirarum Reliquiae, ex recens. Fr. Bücheleri,
    Berol. 1862.
M. Valerii Martialis Epigrammata, ed. F. G. Schneidewin,
    2 voll. Grim. 1842.
M. Papinii Statii Silvae, ed. Jer. Markland, Cantabr. 1728,
    wieder abgedruckt: cur. J. Sillig, Dresd. 1827.
— — — cum notis ed. Fr. Dübner, 2 voll., Paris, 1837.
— — — rec. G. Queck, 2 voll., Lips. 1854.
— — — cum scholiis, rec. Otto Müller, Lips. 1870.

D. Iunii Iuvenalis Satirae. c. comm. perpet. G. A. Ruperti
2 voll. Lips. 1801 et 1819.

— — cum annot. E. G. Weber. Vimar. 1825.

— — cum comm. [acc. Scholia vetera cura L. Schopeni] C. Fr.
Heinrich, 2 voll., Bonn. 1839 et 40.

— — ed. O. Ribbek, Lips. 1859.

— — lat. mit metr. Uebers. u. Erläut. v. E. C. J. v. Siebold,
Leipz. 1858.

Aviani Fabulae, ex rec. W. Fröhner, Lips. 1862.

D. Magni Ausoni Opera ed. Jos. Scaliger, 1575.

— — recens. J. Tollius, Amst. 1671.

— — — ed. Bipontina, 1785.

— — — revus et traduits par Corpet, 2 voll., Paris 1843.

Claudii Claudiani, quae exstant omnia, cum notis varior. nec.
curis ed. N. Heinsius et O. Burmannus Secundus, Amst. 1700.

— — perpetua adnot. ill. J. M. Gesner, Lips. 1759.

Claudii Rutilii Namatiani Carmen, ed. C. G. Zumpt, Berol. 1837.

Anthologia veterum Latinorum epigrammatum etc., coll.,
disp., notisque varior. ill. P. Burmannus Secund., 2 voll.,
Amst. 1759—73.

— — — editionem Burmanianam digessit et auxit Henr. Meyer.
2 voll., Lips. 1835.

— Latina sive poësis Latinae supplementum, rec. A. Riese, pars
I. fasc. 1—12, Lips. 1870.

—————

Vitae et fragmenta veterum historicorum Romanorum,
composuit Aug. Krause, Berol. 1833.

Historicorum Romanorum Reliquiae, ed. H. Peter, vol. prius,
Lips. 1870.

Oratorum Romanorum Fragmenta ab Appio inde Caeco et
M. Porcio Catone usque ad Q. Aurelium Symmachum, coll.
atque ill. Henr. Meyer, ed. alt., Tur. 1842.

— — Westermann's Geschichte der Beredsamkeit (s. oben S. 76).

Scriptores rei rusticae veteres Latini, ill. J. G. Schneider,
4 voll. in 2 part., Lips. 1793.

M. Porci Catonis praeter librum de re rustica quae exstant,
recens. H. Jordan, Lips. 1860.

— — — de re rustica, in der Sammlung der Scrippt. rei rusticae, vol. I.

H. Keil, observationes criticae in Catonis et Varronis de re rust.
libros, Hal. 1849.

— — Originum fragmenta emendata, disposita illustrata ab A.
Wagnero, Bonn 1849.

— — Originum Libri VII, reliquias disposuit et de instituto
operis disputavit A. Borman, Brandenb. 1858.

M. Terenti Varronis Opera cum notis J. Scaligeri, A. Tur-
nebi, all., Paris. 1585.

— — ed. Ausonius Popma, Lugd. Bat. 1601, Amst. 1623.

— — ed. Bipontina, 2 voll. 1788.

— — de Lingua Latina librorum quae supersunt, emendata et
annotata a Car. Odofr. Muellero, Berol. 1833.

— — de libris grammaticis scripsit reliquiasque subiecit Aug.
Willmanns, Berol. 1864.

— — — rerum rusticarum libri, in Scriptt. rei rustic. vol. I.

— — — Satirarum Menippearum Reliquiae, coll. A. Riese, Lips.
1865 (s. oben S. 47).

— — — Jo. Vahleni in M. Terenti Varronis Saturarum Menippearum reliquias coniectanea, Lips. 1858.

M. Tullii Ciceronis Opera omnia, rec. J. C. Orellius, ed. alt.
emendatior, curavv. Orellius, J. G. Baiterus et C. Halmius,
4 voll. Tur. 1845—1861.   Dazu aus der 1. Aufl. vol. V.:
Cic. Scholiastae, C. Marius Victorinus, Rufinus, C. Julius
Victor al., edd. Orelli et Baiter, 2 partes, 1833.   Und als
vol. VI—VIII.: Onomasticon Tullianum, continens Ciceronis
vitam, histor. litterar., ind. geogr. et histor., et ind. legum
et formularum, ind. graeco-latinum, fastos consulares, 3 partes, 1836—38.

— — edd. J. Baiter et C. L. Kayser, 11 voll., Lips. (B. Tauchnitz) 1861—69.

Lexicon Ciceronianum Marii Nizolii, cur. Facciolatus, Patav. 1734.

— — — — ed. Chr. G. Schütz, 4 voll., Lips. 1817.

Cicero's Leben und Schriften v. C. Halm in Ersch- und Gruber's
Encyclopädie und W. Teuffel in Pauly's Real-Encyclopädie,
6. Bd. S. 2183 ff.

F. D. Gerlach, M. Tullius Cicero, Redner, Staatsmann, Schriftsteller, Basel und Ludwigsburg, 1864.

C. Halm, Handschriftenkunde der ciceron. Schriften, München, 1850.

C. Iulii Caesaris Commentarii, rec., optimorum codd. auct.
annot. quaestiones criticas praemisit C. Nipperdey, Lips. 1847.

— — annot. crit. instruxit Fr. Dübner, 2 voll., Paris, 1847.

— — Bellum Gallicum, rec., ill., C. F. C. Schneider, 2 voll.,
Hal. 1840—55.

W. Rüstow, Heerwesen und Kriegführung Cäsar's, Gotha, 1855.

A. v. Göler, Cäsar's gall. Krieg, Stuttg., 1858.

Dessen: Bürgerkrieg zwischen Cäsar und Pompejus. Heidelb. 1861.

Cornelius Nepos, ed. C. L. Roth, Basel, 1841.

— — erkl. v. Karl Nipperdey, Leipz. 1849.

— — apparatu critico adiecto ed. C. Halm, Lips., 1871.

C. Sallustii Crispi Opera quae supersunt (acc. Historiarum
fragmenta), ed. Frid. Kritzius, 3 voll., Lips., 1828—56.

— — — mit Anmerk. v. E. W. Fabri, 2. Aufl., Nürnb., 1845.

— — — recens. ill. R. Dietsch, 2 voll., Lips., 1859.

M. Vitruvii Pollionis de architectura libri X. Ad antiquis-
simos codices nunc primum ediderunt Valent. Rose et Herm.
Müller-Strübing, Lips., 1867.

B. Baldi Lexicon Vitruvianum in der Ausg. v. Jan de Laet.,
Amst. 1649.

Titi Livi Historiarum ab urbe condita libri, ed. Arn. Drakenborch, 15 voll., Stuttg. 1820—28.

— — ad codicum fidem emend. C. Frid. Alschefski, 3 voll., Berol.,
1841—46.

— — erkl. v. W. Weissenborn, 10 Bde., Berl. 1853 ff.

— — ed. Mart. Hertz, 4 voll., Lips., 1864 sq.

Res gestae divi Augusti, ex monumentis Ancyrano et Apollo-
niensi edidit Th. Mommsen, Berol., 1865.

C. Vellei Paterculi quae supersunt ex historiae Romanae

libris duobus, ex cod. Amerbach. ed. Jo. Casp. Orellius, Lips.,
1835.

C. Vellei Paterculi ed. Frid. Kritzius, Lips., 1840.

— — recens. et rerum indicem locupletissimum adiecit. Frid.
Haase, Lips., 1851.

Valeri Maximi dictorum factorumque memorabilium libri IX.,
cum notis Lipsii, Lugd. Bat. 1640.

— — cum comment. J. Perizonii et varr. ed. A. Torrenius, Lugd.
Bat. 1726.

— — cum notis varior. ed. C. B. Hase, 2 voll., Paris., 1822.

— — recens., ill. C. Halm, Lips., 1865.

M. Annaei Senecae (rhetoris) Opera, ed. Schweighaeuser, Biponti, 1783.

— — oratorum et rhetorum sententiae divisiones colores, rec. et
emend. C. Bursian, Lips., 1857.

Aurelius Cornelius Celsus de medicina, ex rec. L. Targae,
Patav., 1769.

— — — ex rec. L. Targae, acc. notae varr. et Matthiae lexicon
Celsianum, Lugd. Bat., 1785.

— — — ed. C. Daremberg, Lips., 1859.

Pomponii Melae de situ orbis libri tres, ill. Jac. Gronovius,
Lugd. Bat., 1685.

— — cum notis varior. ex recens. C. H. Tzschucke, 7 voll., Lips.,
1807.

— — comment. Tzschuckii breviore instruxit A. Weichert, Lips.,
1816.

L. Junius Moderatus Columella de re rustica, abgedr. in
den Scriptt. rei rusticae (s. oben).

L. Annaei Senecae (philosophi) Opera, rec. C. R. Fickert, 3 voll.,
Lips. 1842—45.

— — recogn. Frid. Haase, 3 voll., Lips. 1852 et 53.

Q. Curtii Rufi de gestis Alexandri Magni, ed. Car. Timoth.
Zumptius, Brunsv., 1849.

— — — mit Anmerk. v. Jul. Mützell, 2 Thle., Berl. 1841.

— — — recogn. H. E. Foss, Lips., 1851.

C. Plinii Secundi Naturalis Historiae libri XXXVIII., recens. et comm. criticis indicibusque instruxit Julius Sillig, 6 voll., Hamb. et Goth., 1851—55.

— — recog. atque indicibus instr. Ludov. Janus, 6 voll., Lips.

— — recens. D. Detlefsen, 4 voll., Berol., 1865 sq.

M. Fabii Quintiliani de institutione oratoriae libri XII, ad codicum veter. fidem recens. et annotatione explanavit G. L. Spalding, 6 voll., Lips., 1798 sq. Der 5. Band: Supplementa annotationis et indicem continens, cur. Car. Timoth. Zumptius, Lips., 1829; und der 6. Band enthält Lexicon Quintilianeum ed. Bonnellus, Lips. 1834.

— — ed. Car. Halm, 2 voll., Lips. 1868 et 69.

C. Cornelii Taciti Opera quae supersunt, ad fidem codicum recens. Jo. Casp. Orellius, 2 voll., Tur., 1846 sq.

— — erkl. v. K. Nipperdey, 2 Bde. (Annalen), Berl., 1862 ff.

— — rec. C. Halm, 2 voll., Lips.

C. Plinii Caecilii Secundi Epistolarum libri decem et Panegyricus, ed. God. Henr. Schaefer, Lips., 1805.

— — ill. G. E. Gierig, ed. alt., 2 voll., Lips., 1806.

— — rec. H. Keil, Lips. 1870.

Sex. Iulii Frontini Strategematicon libri IV, cum notis integris Franc. Modii al., curante Franc. Oudendorpio, ed. alt., Lugd. Bat., 1779.

— — Strateg., eiusdem de aquae ductibus urbis Romae liber, recens. A. Dederich, Lips.

C. Suetonii Tranquilli Opera, ed. Fr. A. Wolfius, 4 voll., Lips. 1802.

— — — ill. D. C. G. Baumgarten-Crusius, 3 voll., (der 3. Bd. enthält: Clavis Suetoniana), Lips., 1816—18.

— — — rec. C. L. Roth, Lips., 1858.

— — — praeter Caesarum libros reliquiae ed. A. Reifferscheid. Inest vita Terenti a Fr. Ritschelio emendata atque enarrata, Lips., 1860.

Iuli Flori Epitomae de Tito Livio bellorum omnium annorum DCC libri II, recens. et emendavit Otto Jahn, Berol., 1852.

Iuli Flori Epitomae, recognovit Carol. Halm, Lips. 1854.
Gaii Institutionum commentarii IV. e eodice rescripto bibl.
tapitul. Veron. ed. J. L. Göschen, Berol., 1820; ed. tert. 1842.
— — ed. Böcking, Lips., 1866.
— — recens. E. Huschke, Lips.
Corpus iuris Romani anteiustiniani consilio professorum
Bonnensium E. Böckingii, A. Bethman-Hollwegii, E. Puggaei
cur., Bonn., 1835 sq.
Iurisprudentiae anteiustinianae quae supersunt, in usum
maxime academicum rec., adnot. Ph. Ed. Huschke, ed. alt.,
Lips.
M. Cornelii Frontonis et M. Aurelii Epistolae e cod. rescr.
Vaticano cur. A. Maio, wieder abgedr. 3 voll., Francof. ad M.,
1816.
— — recens. S. A. Naber, Lips., 1867.
Appuleii Madaurensis Opera, edit. Fr. Oudendorpii, 3 voll.,
. Lugd. Bat., 1786 sq.
— — — edit. minor G. T. Hildebrandi, Lips. 1843.
— — Amor et Psyche, ed. O Jahn, Lips., 1846.
— — Apologia sive de magia liber, ed. G. Krueger, Berol., 1864.
— — Floridorum quae supersunt ed. G. Krüger, Berol., 1865.
A. Gellii Noctium Atticorum libri XX., ex recens. Martini Hertz,
2 voll., Lips., 1853.
Bibliotheca Patrum ecclesiasticorum Latinorum selecta,
curante E. G. Gersdorf, Lips., Tauchnitz, 1838 sq.
Q. Septimii Florentis Tertulliani Opera, emend., ill. N. Ri-
gatius, Paris. 1634, wieder abgedr. v. J. S. Semler, 6 voll.,
Hal. 1769—76.
— — ed. Leopold, in Gersdorf's Bibl. Patr. (s. vorsteh.)
Censorii de die natali liber, recens. Otto Jahn, Berol., 1845.
Iustini Historiae Philippicae, recogn. Fr. Dübner, Lips., 1831.
— — — recens. Justus Jeep, Lips.
Thascii Caecilii Cipriani Opera, in Gersdorf's Bibliotheca
Patrum eccles (s. oben).

Arnobii adversus Nationes libri VII., ill. J. C. Orellius, 2 voll.,
Lips. 1816 sq.

— — — ed. Oehler, in Gersdorf's Biblioth. Patrum eccles.(s. oben).

L. Coelii Lactantii Firmiani Opera, recens. c. nott. J. L.
Bünemann, Lips. 1739.

— — — ex recens. O. Fr. Fritzsche, 2 voll., Lips., 1842 (in Gersdorf's Biblioth. Patr. eccles.).

Scriptores historiae Augustae recens. H. Jordan et Fr.
Eyssenhardt, 2 voll., Berol., 1864.

— — — recens. Herm. Peter, 2 voll., Lips. 1865.

Eutropii Breviarium historiae Romana, c. notis varior. ed.
C. H. Tzchucke, Lips., 1796; ed. min. 1804.

— — ed. H. R. Dietsch, Lips.

Sex. Aurelii Victoris historia Romana, ed. Jo. Arntzen, Amst.,
1733.

— — ed. Fr. Schroeter, 2 voll., Lips., 1829—31.

Hieronymi Opera, rec. D. Vallarsius, 11 voll., Veron., 1734—42.

— — cur. Migne, 11 voll., Paris., 1845 sq.

Ambrosii Opera, c. notis varior. ed. Migne, 2 voll., Paris, 1845.

Aurelii Augustini Opera, cur. Migne, 11 voll., Paris, 1841—45.

Grammatici Latini, ex recens. Heur. Keilii, 6 voll., Lips.,
1856—71.

Sexti Pompei Festi de verborum significatione quae supersunt
cum Pauli epitome, emendata et annotata a Car. Odofr.
Muellero, Berol., 1839.

— — codicis quaternionem XVI. denuo edidit Th. Mommsen.
Berol. 1864.

Nonii Marcelli de compendiosa doctrina, et Fabii Plancia-
dis Fulgentii expositio sermonum antiquorum, ad fidem
veter. codic. ediderunt Fr. Dor. Gerlach et Car. Lud. Roth,
Basil., 1842. — Edid. L. Quicherat, Paris. 1871.

Ammiani Marcellini rerum gestarum libri qui supersunt, recens.
Fr. Eyssenhardt, Berol. 1871.

Aurelii Macrobii Ambrosii Theodosii Opera (in somnium Sci-
pionis, Saturnaliorum libri VII., et de differentiis et so-

cietatibus Graeci Latinique verbi), ed. Bipontina, 2 voll.,
1788.
Codex Theodosianus, recogn. G. Haenel, Bonn, 1842. Supplem.
ib. 1844.
Martiani Minei Felicis Capellae Satirarum libri IX, cum
notis varior. et comm. perpet. ed, U. F. Kopp, Francof. ad M.
1836.
Anicii Manlii Severini Boëti Opera (e recens. Glareani),
Basil., 1570.
— — — — philosophiae consolationis libri V, rec. R. Peiper,
Lips. 1871.
Magni Aurelii Cassiodori Opera, cum notis Rothomagi, 2 voll.,
Venet. 1729.
Prisciani Opera, ed. Mart. Hertz in H. Keil's Grammatici Latini.
Codex Iustinianeus, ed. Th. Mommsen, Berol., 1870 sq.

III. Alterthumskunde.

Alb. Forbiger, Handbuch der alten Geographie, 3 Bde., Leipz.
B. G. Niebuhr, Vorträge über alte Länder- und Völkerkunde,
herausgeg. v. M. Isler, Berlin, 1851.
Conr. Bursian, Geographie von Griechenland, bis jetzt 2 Bde.,
Leipzig, 1862 u. 71.
W. A. Becker, Topographie d. St. Rom, in dessen Handb. d.
röm. Alterth. 1. Thl.
H. Jordan, Topographie der Stadt Rom im Alterth., 2. Band
(der 1. Band erscheint später).

L. Ideler, Handbuch der mathematischen und technischen Chro-
nologie, 2 Bde., Berl., 1825 ff.
A. Boeckh, Zur Geschichte der Mondcyklen der Hellenen,
Leipz. 1855.
Th. Mommsen, die römische Chronologie bis auf Cäsar, 2. Aufl.,
Berl., 1859.

Max Duncker, Geschichte des Alterthums, 4 Bde., 3. Aufl., Berl., 1864 ff.

K. Fr. Hermann, Kulturgeschichte der Griechen und Römer, 2 Bde., Gött. 1857 ff.

Ernst Curtius, Griechische Geschichte, 3 Bde., 2. Aufl., Berl., 1865 ff.

B. G. Niebuhr, Römische Geschichte, 3 Bde., 4. Aufl., Berl., 1833.

Th. Mommsen, Römische Geschichte, 3 Bde., 5. Aufl., Berl., 1869 ff.

K. W. Drumann, Geschichte Roms in seinem Uebergange von der republikanischen zur monarchischen Verfassung, oder Pompejus, Cäsar, Cicero und ihre Zeitgenossen, 6 Bde., Königsb., 1834 ff.

Ludw. Friedländer, Darstellungen aus der Sittengeschichte Roms, 3 Bde., 2. Aufl., Leipz., 1865 ff.

Edw. Gibbon, History of the decline and fall of the Roman empire, deutsch v. Sporschil, 3. Aufl., Leipz. 1854.

E. W. G. Wachsmuth, Hellenische Alterthumskunde, 2. Aufl., 2 Bde., Halle, 1843—46.

K. Fr. Hermann, Lehrbuch der griechischen Antiquitäten, 3 Thle., 4. Aufl., Heidelb., 1855 ff.

G. F. Schömann, Griechische Alterthümer, 2 Bde., 3 Aufl., Berl., 1868 ff.

W. A. Becker u. Jo. Marquardt, Handbuch der römischen Alterthümer, nach den Quellen bearbeitet, 5 Bde., Leipz., 1843 ff. (2. Aufl. des 2. Bandes, das römische Staatsrecht enthaltend. bearb. v. Theod. Mommsen, Leipz. 1871).

Ludw. Lange, Römische Alterthümer, 3 Bde., 2. Aufl., Berl., 1863 ff.

A. Rich, Illustr. Wörterbuch d. röm. Alterthümer mit steter Berücksicht. der griechischen. Mit 2000 Holzschn. A. d. Engl. v. C. Müller, Paris, 1862.

E. Guhl und W. Koner, das Leben der Griechen und Römer

nach antiken Bildwerken dargestellt. 3. Aufl., mit 535 in den
Text eingedruckten Holzschnitten, Berl. 1872.

———

Friedr. Gottl. Welcker, Griechische Götterlehre, 3 Bde., Götting.,
1857 ff.
L. Preller, Griechische Mythologie, 2 Bde., 3., Aufl., herausgeg.
v. E. Plew, Berl.
— — Römische Mythologie, 2. Aufl., herausgeg. v. R. Köhler,
Berl

———

IV. Archäologie der Kunst.

Jo. Joach. Winckelmann, Geschichte der Kunst des Alterthums,
Dresd., 1764.
Franz Theod. Kugler, Handbuch der Kunstgeschichte, 2 Bde.,
5. Aufl., herausgeg. v. Lübke, Stuttg., 1872.
K. Otfr. Müller, Handbuch der Archäologie der Kunst, 3. Aufl.,
herausgeg. v. Welcker, Bresl., 1848.
Fr. G. Welcker, Alte Denkmäler, 5 Bde., Götting., 1849 ff.
O. Jahn, Aus der Alterthumswissenschaft, Bonn, 1868.
Jo. Ad. Overbeck, Gallerie historischer Bildwerke der alten
Kunst (1. Bd.: die Bildwerke zum thebischen und troischen
Heldenkreise, Halle, 1851 ff.).
— — Geschichte der Plastik, 2 Bde., Leipz., 1857 ff.
— — Pompeji in seinen Gebäuden, Alterthümern und Kunst-
werken, 2. Aufl., 2 Bde., Leipz., 1866.
— — Kunstarchäol. Vorlesungen, Bonn, 1853.
Ad. Michaelis, Der Parthenon. Leipz., 1871.
Müller u. Oesterley, Denkmäler der alten Kunst, 1832, fortge-
setzt v. Wieseler, Götting., 1836.
Jos. Hilar. Eckhel, Doctrina numorum veterum, 8 voll., Vindob.,
7192—98.
— — — Addenda, ed. Steinbüchel, Vindob., 1826.
T. E. Mionnet, Description de Médailles antiques grecques et

romaines, avec de planches et suppléments, 16 voll., Paris,
1806—37.
T. Mommsen, Geschichte des römischen Münzwesens, Berl., 1860.

Zeitschriften.

Neue Jahrbücher für Philologie und Pädagogik, herausg.
v. Fleckeisen u. Masius, Leipz.
Rheinisches Museum für Philologie, herausg. v. Ritschl und
Anton Klette, Frankf. u. M.
Philologus, Zeitschrift f. d. klass. Alterthum, herausg. v. Ernst
v. Leutsch, Götting.
Hermes, Zeitschrift für klassische Philologie, herausg. v. E. Hübner,
Berl.
Zeitschrift für vergleichende Sprachforschung, herausgeg. von
Ad. Kuhn, Berl.
Archäologische Zeitung, herausg. v. E. Hübner, Berl.

V. Abtheilung.

Die Meister der philologischen Wissenschaft in alter und
neuer Zeit.

1. Eratosthenes.

Die lange Reihe der Gelehrten, welche seit dem Beginne
der philologischen Wissenschaft im alexandrinischen Zeitalter,
also in einem Zeitraume von mehr als zwei Jahrtausenden, durch
ihre Leistungen auf den verschiedenen Gebieten dieser Wissenschaft sich unvergänglichen Ruhm erworben haben, eröffnet auf
würdige Weise der schon im Alterthum wegen der Vielseitigkeit seines Wissens und der Gründlichkeit seiner Forschungen
hochberühmte alexandrinische Bibliothekar Eratosthenes.
Er war geboren in Cyrene, 276 v. Chr. (Ol. 126, 1) und
erhielt den ersten Unterricht in seiner Vaterstadt von dem

Grammatiker Lysanias; seine weitere Ausbildung erlangte er in
Athen durch den Stoiker Aristo von Chios (den Schüler des Zeno)
und durch Arcesilas (den Begründer der zweiten Akademie). Ob
er auch den Unterricht des Kallimachus, des gelehrten Vor-
stehers der alexandrinischen Bibliothek (starb um 236 in Alexandria) genossen hat, erscheint ungewiss; sicher aber ist, dass er
nach des Letztern Tode zu seinem Nachfolger als Bibliothekar von Ptolemäus Euergetes ernannt wurde und dieses Amt
vierzig Jahre lang, bis zu seinem Tode im Jahre 196 (od. 194),
verwaltete. Er soll, als achtzigjähriger Greis, in Folge der Ab-
nahme seiner Sehkraft und aus Furcht vor völliger Erblindung
sich den Hungertod gegeben haben.

Eratosthenes' Wissen umfasste den ganzen Kreis der damaligen Gelehrsamkeit; daher er von seinen Zeitgenossen als
'das Pentathlon in der Wissenschaft' bezeichnet wurde; den
Beinamen Beta erhielt er als Einer, der in jeder Wissenschaft
wenn nicht den ersten, so doch den zweiten Rang behauptete.
Dass er sich selbst 'den Philologen' nannte, ist bereits oben
(S. 7) erwähnt worden.

Seine schriftstellerische Thätigkeit bewegte sich auf den
Gebieten der Literaturgeschichte, der Moralphilosophie,
ganz besonders aber der Mathematik, Astronomie, Chronologie und Geographie; seine Verdienste um die Letztere haben
das Meiste dazu beigetragen, seinen Namen, als des Begründers
einer wissenschaftlichen Geographie, auf die Nachwelt zu bringen.

Als Literarhistoriker hatte er seinen Theil an der vorzugsweise von den Gelehrten Alexandria's übernommenen Sichtung
und Erklärung des Homer: er verfasste ein (uns sonst nicht
näher bekanntes) kritisch-hermeneutisches Werk über die Homerischen Gesänge.

Ausserdem schrieb er ein grösseres Werk über die ältere
Komödie (περὶ τῆς ἀρχαίας κωμῳδίας, auch bloss περὶ κωμῳδίας
und περὶ κωμῳδιῶν citirt), in welchem er, nach einem umfassenden Plane zunächst im Allgemeinen über den Bau und die Anlage des Theaters, den scenischen Apparat, die Schauspieler,

deren Kleidung, Vortrag u. dgl. handelte (nach diesem Inhalte scheinen die einzelnen Bücher des Werkes die besonderen Titel *Ἀρχιτεκτονικός, Σκευογραφικός* u. s. w. geführt zu haben); worauf er die Hauptdichter der älteren Komödie, Aristophanes, Kratinus, Eupolis, Pherekrates u. A. besprach und ihre Dramen sprachlich und sachlich erläuterte.

Seine zahlreichen mathematischen und astronomischen Schriften, von denen mehrere, dem Geschmacke seiner Zeit gemäss, in dichterische Form gekleidet waren, handelten von der Beschaffenheit der Proportionen (*περὶ μεσοτήτων*), von der Lösung des Problems der Verdoppelung des Würfels (*κύβου διπλασιασμός*), von der Siebrechnung; ferner von den verschiedenen Sternbildern und deren mythologischen Namen (*ἀστρονομία ἢ καταστηρισμός, Ἑρμῆς*) u. a.

In einer umfassenden chronologischen Schrift (*χρονογραφία*, auch *περὶ χρονογραφιῶν* citirt) suchte er die wichtigsten geschichtlichen Ereignisse chronologisch festzustellen. So namentlich die Reihefolge von 38 Königen des ägyptischen Theben, die Verzeichnisse der Sieger in den olympischen Spielen (der *Ὀλυμπιονῖκαι*) nach den einzelnen Olympiaden; wahrscheinlich enthielt diese Schrift auch eine chronologisch geordnete Geschichte Alexanders des Grossen (was die irrige Annahme von einem besondern Geschichtswerke des Eratosthenes über Alexander den Grossen und seine Eroberungszüge veranlasst hat).

Endlich in seinem berühmtesten Werke, das den Titel *Γεωγραφικά* führte, trug er alle durch möglichst sorgfältige Messungen und Beobachtungen auf dem Gebiete der Erdkunde gewonnenen Data zu einem wissenschaftlich geordneten Ganzen zusammen, aus welchem die spätern Geographen und Historiker (namentlich Hipparchus, Polybius, Strabo u. a.), ungeachtet ihrer Ausstellungen gegen Einzelnes, reichliche Belehrung gezogen haben. Das Werk war in drei Bücher getheilt, von denen das erste die physische, das zweite die mathematische, das dritte die

politische Geographie enthielt *). Auch entwarf er eine neue be-
richtigte Erdkarte (vermuthlich auf einer Holztafel), in welcher
er mit besonderer Sorgfalt die Länder nach Klimaten und bildlichen Vergleichungen darstellte und Städte, Berge, Seen etc.
nach neuen Messungen und Beobachtungen mit dem Gnomon
und andern Instrumenten einzeichnete. —

Die Fragmente seiner Werke sine gesammelt in: Eratosthenica, composuit Gf. Bernhardy, Berol. 1822. Näheres über seine
Geographie enthält Ukert's Geogr. der Griechen und Römer
1, 1, 136 ff.; 1, 2, 192: 219 g.: und über seine Erdkarte: Wil-
berg, die Construction der allgemeinen Karten des Eratosthenes
und Ptolemäus aus den Quellen dargestellt, Essen, 1833.

2. Aristophanes von Byzanz.

Er war geboren ums Jahr 260 v. Chr., kam in früher
Jugend nach Alexandria und genoss daselbst den Unterricht der
drei ersten Bibliothekare Zenodotus, Kallimachus und Eratosthenes. Nach dem Tode des Apollonius von Rhodus, dem Kollegen
und nächsten Nachfolger des Eratosthenes im Bibliothekar-Amt,
erhielt Aristophanes, in seinem 62. oder 64. Lebensjahre (198
oder 196 v. Chr.) jenes Amt und verwaltete dasselbe bis an
seinen Tod, ums Jahr 180 v. Chr.

Aristophanes nimmt unter den alexandrinischen Gelehrten
und Lehrern eine sehr hervorragende Stelle ein und hat sich
namentlich auch um die homerische Textkritik ein schon im
Alterthum anerkanntes hohes Verdienst erworben. Während sein
Lehrer Zenodotus in der Feststellung des homerischen Textes
noch ziemlich unsicher und willkürlich verfuhr, wurde Aristophanes bei seiner kritischen Thätigkeit, welche sich übrigens
nicht auf Homer allein beschränkte, sondern sich auch über

---

*) Seine Ausmessung des Erdumfanges (den er auf 252,000 Stadien be-
stimmte) nennt der ältere Plinius (Nat. Hist. 2, § 247) improbum ausum, verum
ita subtili argumentatione comprehensum, ut pudeat non credere.

Hesiod, Alcāus, Pindar, die Tragiker und Komiker, besonders seinen Namensbruder Aristophanes, sowie über Plato ausdehnte, von seiner gediegenen Kenntniss der Gesammtliteratur unterstützt und von einem ebenso besonnenen wie unabhängigen Urtheile geleitet. Für die volle Unabhängigkeit seines Urtheils zeugt seine Behauptung, welcher nach ihm sein grosser Schüler Aristarchus beitrat *), das die echte Odyssee mit dem 296. Verse des 23. Gesanges:

οἱ μὲν ἔπειτα
ἀσπάσιοι λέκτροιο παλαιοῦ θεσμὸν ἵκοντο

schliessen müsse (also der Schluss dieses Gesanges sowie der ganze 24. Gesang unecht sei), während Aristoteles die auf V. 296 folgenden Verse als echt homerisch anerkennt **). So verwarf er in beiden homerischen Gesängen, bald in Uebereinstimmung, bald im Widerspruche mit Zenodotus, eine grosse Anzahl von Versen, die auch gegenwärtig für unecht gehalten werden (wie Il. 10, 387; 14, 95; Od. 3, 199 ff.; 11, 38—43 u. v. a.); bei anderen jedoch erwies sich seine Kritik als zu streng (wie Il. 7, 195—199; 10, 397—399; 13, 658 ff.; 475; Od. 4, 62—74 u. v. a.)

Wie den Text des Homer, so ordnete er auch die Texte des Hesiod, der Lyriker, Dramatiker u. a. und bezeichnete bei diesen ebenfalls die unechten Stellen (Athetesen, ἀθετήσεις) durch die bei Homer angewandten kritischen Zeichen.

Von nicht geringerer Bedeutung als für die Kritik waren Aristophanes' Leistungen für die Grammatik und Hermeneutik. Von ihm rührt die Anwendung der griechischen Accente und Interpunction her; er legte eine Sammlung seltener Wortformen an; ganz besondere Aufmerksamkeit aber widmete

---

*) Eustath. zu Hom. Od. ψ. 296: Ἀρίσταρχος καὶ Ἀριστοφάνης .. εἰς τὸ Ἀσπάσιοι λέκτροιο περατοῖσι τὴν Ὀδύσσειαν, τὰ ἐφεξῆς ἕως τέλους τοῦ βιβλίου νοθεύοντες.

**) Aristot. Rhetor. 3, 16, 7: Ἔτι πεπραγμένα δεῖ λέγειν, ὅσα μὴ πραττόμενα ἢ οἶκτον ἢ δείνωσιν φέρει Παράδειγμα ὁ Ἀλκίνου ἀπόλογος ὅτι πρὸς τὴν Πενελόπην ἐν ἑξήκοντα ἔπεσι πεποίηται.

er der Lexikographie, indem er sowol die Bedeutungen der
Wörter im Allgemeinen als die Bedeutungsunterschiede syno-
nymer Wörter insbesondere genau zu bestimmen suchte. In
einem umfangreichen Werke, *Λέξεις* betitelt, ordnete er die
Wörter nach den verschiedenen Sphären ihres Gebrauches in
besondere Klassen, deren jeder er einen besondern Abschnitt
widmete. So den Bezeichnungen der verschiedenen Alters-
klassen bei Menschen und Thieren den Abschnitt *περὶ ὀνομασίας
ἡλικιῶν*, den Verwandtschaftsnamen den Abschnitt *συγγενικὰ ὀνόματα*; so waren unter der Rubrik *προσφωνήσεις* die vertrau-
lichen Anreden und Schmeichelworte, unter *βλασφημιῶν παρα-
δείγματα* die Schimpfwörter, unter *Ἀττικαὶ λέξεις* die Atticis-
men, unter *Λακωνικαὶ γλῶσσαι* die Lakonismen aufgeführt und
dergl. Dieses inhaltreiche Werk wurde von den spätern Gram-
matikern und Glossatoren vielfach excerpirt; daher das Original
selbst schon nach wenigen Jahrhunderten verloren ging.

Nächst den *Λέξεις* werden noch folgende neun Werke des
Aristophanes aufgeführt:

1) eine Sammlung von Sprichwörtern in Versen und Prosa,
   nämlich zwei Bücher *μετρικαί* und vier Bücher *ἄμετροι
   παροιμίαι*;
2) Ergänzungen und Zusätze zu den *Πίνακες* (Schriftsteller-
   verzeichnissen des Kallimachus),
3) *περὶ ἀναλογίας*, über dessen Inhalt im Einzelnen nichts
   Näheres bekannt ist;
4) *περὶ αἰγίδος*, über die Aegis und die mit derselben in Verbindung stehenden Dämonen;
5) *περὶ τῆ ἀχνυμένης σκυτάλης*, im Anschluss an eine Stelle
   des Archilochus bei Athen. 2 p. 85, e.
6) *περὶ προσώπων*, vermuthlich über die typischen Personen
   der Komödie, deren Namen Appellativbedeutung haben;
7) *περὶ τῶν Ἀθήνησιν ἑταιρίδων*;
8) *παράλληλοι Μενάνδρου τε καὶ ἀφ᾽ ὧν ἔκλεψεν ἐκλογαί*;
9) *περὶ ζώων*, in mehreren Büchern, wahrscheinlich ein er-
   läuternder Auszug aus Aristoteles' Thiergeschichten.

Die Fragmente des Aristophanes sind zusammengestellt in:
A. Nauck, Aristophanis Byzantini grammatici Alexandrini Fragmenta, Hal. 1848.

3. Aristarchus

war geboren anf der Insel Samothrace ums Jahr 222 v. Chr., genoss in Alexandria den Unterricht des Bibliothekars Aristophanes, war später der Lehrer des Sohnes des Königs Ptolemäus Philometor und des Regierungsnachfolgers des Letztern, Ptolemäus Physkon (Euergetes II.), und wurde ums Jahr 180, nach dem Tode des Aristophanes dessen Nachfolger im Bibliothekar-Amte. Im hohen Alter verliess er, aus unbekanntem Grunde (vielleicht wegen seiner Krankheit) Alexandria und begab sich nach der Insel Cypern, wo er, an der Wassersucht schwer leidend, sich im Alter von 72 Jahren (um 150 v. Chr.) den Hungertod gab.

Aristarchus hat die von Eratosthenes und Aristophanes in Alexandria begründete grammatisch-philologische Wissenschaft sowol durch seine schriftstellerische als durch seine Lehrthätigkeit zu einer hohen Stufe der Entwickelung gefördert und sich namentlich durch seine kritisch durchgreifende Neugestaltung des Homertextes einen so hohen Ruhm erworben, dass der Name Aristarchus schon im Alterthume sprichwörtlich zur Bezeichnung eines 'scharfen Kritikers' gebraucht wurde *) und diese Geltung für alle Zeiten behalten hat.

Obwol er, gleich seinem Lehrer Aristophanes (s. die vor. Biogr.) seine kritisch-hermeneutische Thätigkeit über sämmtliche bedeutende Epiker, Lyriker und Dramatiker der Vorzeit aus-

---

*) Vgl. Cic. ep. ad. Attic. 1, 14, 3: quarum (mearum orationum) tu Aristarchus es; or. in Pison. 30, 73: Quoniam te non Aristarchum, sed Phalarin grammaticum habemus, qui non notam apponas ad malum versum sed poetam armis persequare etc. Horat. ars poet. 449 sq.: Arguet ambigue dictum, mutanda notabit, Fiet Aristarchus. Welche hohe Geltung Aristarch's Urtheile bei den griechischen Scholiasten hatten, beweisen Aeusserungen wie Schol. Il. β, 316: ἐπειδὴ οὕτως δοκεῖ στίζειν τῷ Ἀριστάρχῳ, πειθόμεθα αὐτῷ ὡς πάνυ ἀρίστῳ γραμματικῷ, und δ, 235: καὶ μᾶλλον πειστέον Ἀριστάρχῳ ἢ τῷ Ἑρμαπίᾳ, εἰ καὶ δοκεῖ ἀληθεύειν.

dehnte — es werden seine Schriften über Homer, Hesiod, Alcäus, Archilochus, Anakreon, Pindar, Aeschylus, Sophokles, Aristophanes angeführt — so war es doch zunächst und vorzugsweise Homer, dem er seine Geisteskraft zuwandte, um endlich zu einem kritisch gereinigten Texte seiner Gesänge und zu einer richtigen Erkenntniss derselben nach Form und Inhalt zu gelangen.

Mehr als irgend Einer seiner Vorgänger war Aristarch bemüht, in den Geist und die Anschauungsweise des Homer einzudringen und den Dichter durch ihn selbst zu verstehen. Daher erforschte er vor Allem den homerischen Sprachgebrauch, die Wortformen und die Wortbedeutungen, die er durch Vergleichung von Parallelstellen und durch Analogie festzustellen suchte; und, wo diese Mittel nicht ausreichten, zog er es vor, die Frage unentschieden zu lassen, als eine auf blosse Vermuthung sich stützende Erklärung zu geben. Auch wollte er dem Dichter keine Kenntnisse und Anschauungen beigelegt wissen, die derselbe vermöge des Zeitalters, in dem er lebte, nicht besitzen konnte; so namentlich in der ausserhellenischen Erdkunde und in den mythologischen Vorstellungen, bei welchen er genau zwischen homerischen und nachhomerischen unterschied.

Nach solchen streng wissenschaftlichen Principien, verbunden mit sorgfältiger Prüfung der zahlreichen Handschriften sowie der kritischen Vorarbeiten von Zenodotus, Aristophanes u. A. gestaltete Aristarchus diejenige Recension der Ilias und Odyssee, welche für alle Zukunft massgebend geworden ist und noch gegenwärtig die sicherste Grundlage für unsere Homertexte bildet *).

---

*) Wolf's Prolegom. ad. Homer. p. 239 sq.: Habemus eius (Aristarchi) multas et egregias lectiones, partim vulgo receptas ab omnibus, partim praeferendas his quae receptae sunt; videmus eum ex discrepantia plurium lectionum eam fere elegisse, quae Homerico ingenio et consuetudini ipsique loco optime conveniret; videmus multa ab eo erudite et sagaciter animadversa.

Zur Begründung seiner Textgestaltung sowie zur Erklärung
der einzelnen Stellen verfasste er eine grosse Anzahl von Schriften,
die er mit dem allgemeinen Namen ὑπομνήματα bezeichnete;
und um diejenigen Textesstellen, welche einer besondern Erklärung bedurften, oder die er für unecht hielt, oder an denen
er von der Recension des Zenodotus abwich, den Lesern schon
äusserlich kenntlich zu machen, fügte er denselben verschiedene
kritische Zeichen (ὄβελος, διπλῆ καθαρά, διπλῆ περιεσιγμένη,
ἀστερίσκος, σίγμα, ἀντίσιγμα, στιγμή) bei *).

Einen bedeutenden Einfluss auf die Verbreitung seiner gram-
matisch-philologischen Grundsätze hat die Schule Aristarch's
geübt, welche, nach Angabe der Alten, aus vierzig Zuhörern bestand und aus der mehrere bedeutende Grammatiker, wie Ammonius, Apollodor, Dionysius der Thracier, Moschus aus Syrakus
u. a. hervorgegangen sind.

Eine ausführliche und gründliche Darstellung der Verdienste
Aristarch's um die homerischen Gesänge enthält die Schrift von
K. Lehrs, de Aristarchi studiis Homericis, Regimont. 1833, wo-
zu als Ergänzung dienen dessen Quaestiones epicae, ib. 1837.

4. Varro.

M. Terentius Varro, Rom's grösster Polyhistor (s. oben S. 8),
war geboren zu Reate im Sabinerlande (daher von spätern lateinischen Autoren mit dem Beinamen Reatinus bezeichnet), im
Jahre 116 v. Chr., ein Jahrzehnt vor Cicero und Pompejus,
welche im Jahre 106 geboren waren.

Von Jugend auf der ausschliesslichen Beschäftigung mit den
Wissenschaften ergeben, hat er erst spät und nur vorübergehend,
im Interesse der Aristokratie, sich an Staatsangelegenheiten betheiligt: so im Seeräuberkriege (67) als Proquästor, im dritten
mithridatischen Kriege (66) als Quästor, endlich im Bürgerkriege

---

*) Form und Bedeutung dieser kritischen Zeichen lehrt Friedr. Osann's
Anecdotum Romanum de notis veterum criticis etc., Giess. 1851.

(49) als Legat des Pompejus. Nach der Besiegung des Letztern
kehrte er zu seinen frühern Studien zurück, unbehelligt von
Cäsar, der ihn sogar mit der Einrichtung einer öffentlichen
griechischen und lateinischen Bibliothek zu betrauen gedachte *).
Nach Cäsar's Ermordung aber wurde der ehemalige Pompejaner
von Antonius auf die Proscriptionsliste gesetzt und entging nur
mit Hilfe seiner Freunde, die ihn bei sich verbargen, dem Tode;
seine bedeutende Bibliothek jedoch wurde geplündert. Ohne
ferner verfolgt zu werden, widmete er den Rest seines Lebens
gänzlich wissenschaftlichen Arbeiten, und starb, neunzig Jahre
alt, 26 v. Chr.

Wie bereits oben (S. 8) erwähnt worden, hat Varro nicht
weniger als 74 Werke in 620 Büchern verfasst, welche in Prosa
und Poesie, sich beinahe über alle Gebiete des Wissens (Sprache,
Literatur, Geographie, Geschichte, Alterthümer, religiöses und
bürgerliches Recht, Kriegswesen, Landbau, Encyclopädie der
Wissenschaften) erstreckten, überall aber das römisch-nationale
Leben und Wirken zum Ausgangs- und Zielpunkte hatten **).
Von allen diesen Werken ist uns kein einziges ganz vollständig,
nur Eins (vom Landbau) in geringerer Verstümmlung, von einem
zweiten (über die lateinische Sprache) der mittlere fünfte Theil,
auch lückenhaft, aber doch in einigem Zusammenhange, alles
Uebrige aber nur theils in zerstreuten Bruchstücken erhalten,
theils blos dem Namen nach bekannt.

---

*) Suet. Caes. 54: Bibliothecas Graecas et Latinas, quas maximas posset,
publicare (Caesar destinabat), data M. Varroni cura comparandarum ac dige-
rendarum. l. c.

**) Den Umfang seiner Werke erkennt man aus dem von Cicero ihm
gespendeten Lobe (Acad. post. 1, 3, 9): Nos in nostra urbe peregrinantes . .
tui libri quasi domum reduxerunt . . . tu aetatem patriae, tu descriptiones,
temporum, tu sacrorum iura, tu sacerdotum, tu domesticam, tu bellicam
disciplinam, tu sedem regionum, locorum, tu omnium divinarum humanarum-
que rerum nomina, genera, officia, causas aperuisti plurimumque idem poetis
nostris omninoque Latinis et litteris luminis et verbis attulisti, atque ipse
varium et elegans omni fere numero poema fecisti philosophiamque multis
locis inchoasti, ad impellendum satis, ad edocendum parum.

Die dichterischen Werke Varro's gehören ohne Zweifel seiner frühern Lebensperiode an. Das bedeutendste derselben, die Saturae Menippeae, ist bereits oben (S. 47) erwähnt worden. Nächstdem werden angeführt: Epigrammata zu 15 Büchern Imagines, d. i. zu einem Bilderbuche von 700 Portraits griechischer und römischer berühmter Männer (Könige und Feldherren, Staatsmänner, Dichter, Prosaiker, Künstler etc), von denen jedes ein solches Epigramm, d. i. ein metrisches Elogium zur Erklärung hatte. — Ferner Pseudotragoediae (s. v. a. Rhintonicae oder Hilarotragoediae, d. i. possenhafte Travestirungen mythisch-tragischer Stoffe); und Poëmata (vermuthlich kürzere Gedichte nach Art der catullischen). Auch scheint er ein Gedicht de rerum natura nach der Art des lucretischen verfasst zu haben.

Unter seinen prosaischen Werken sind besonders zu nennen: 1) Logistorici, 76 Bücher, philosophischen und historischen Inhalts (λόγοι, ἱστορίαι). Jedes dieser Bücher führte zwei Titel (wie Cicero's Cato de senectute, Laelius de amicitia), z. B. Curio de deorum cultu, Marius de fortuna, Orestes de insania, Sisenna de historia u. dgl. — 2) Antiquitates, 41 Bücher, ein Hauptwerk für die römische Alterthumskunde, über dessen Inhalt wir durch Augustinus (de civit. dei 6, 3) genau unterrichtet sind. Es zerfiel nach seinem sachlichen Inhalte in zwei Haupttheile: rerum humanarum 25 Bücher (4 Unterabtheilungen von je 6 Büchern und Einem Buche Einleitung), und rerum divinarum 16 Bücher (5 Unterabtheilungen von je 3 Büchern und Einem Buche Einleitung). Als weitere Ausführungen und Ergänzungen dieser Antiquitates sind zu betrachten die Schriften Annalium libri III, de vita populi Romani libri IV (eine Art Kulturgeschichte im Privat- und Staatsleben), de gente populi Romani libri IV (synchronistische Geschichte des römischen Volkes), de familiis Troianis, in mehreren Büchern (Nachweis der Abstammung römischer Patricierfamilien von Aeneas oder dessen Genossen) u. m. a. — 3) Quaestionum Plautinarum libri V und 4) De comoediis Plautinis mehrere

Bücher (Erstere zur Erklärung dunkler plautinischer Ausdrücke,
Letztere vielleicht über die echten und unechten plautinischen
Stücke). — 5) Disciplinarum libri IX, die bereits oben (S. 8)
erwähnte Encyclopädie der artes liberales. Die einzelnen Disciplinen behandelte er dann noch ausführlich in besondern Werken,
wie die Grammatik in der Schrift de lingua Latina (s. im Folg.),
die Philosophie in: de forma philosophiae libri III u. s. w. —
6) De lingua Latina, ursprünglich 25 Bücher, wovon sich nur
sechs (das 5. bis incl. 10.), und auch diese theilweise verstümmelt, erhalten haben. Das Werk zerfiel in zwei Theile, deren
erster die Wortbildung (quemadmodum vocabula imposita essent
rebus) und die Formenlehre (quemadmodum ea in casus decli-
narentur, Declination und Conjugation), der zweite Theil die
Syntax (quemadmodum coniungerentur) enthielt. — 7) De iure
civili, 15 Bücher, das römische Privatrecht behandelnd. Hierzu
scheint als Einzelschrift de gradibus (von den Verwandtschafts-
graden) in mehrern Büchern zu gehören. — Endlich 8) De re
rustica libri III, das einzige Werk, das wir, mit Ausnahme
einer Lücke zu Anfange des zweiten Buches, vollständig besitzen.
Varro verfasste dasselbe in seinem 80. Lebensjahre (vgl. den
Anf. des Werkes: annus octogesimus admonet me, ut sarcinas
colligam). Das erste Buch handelt vom Ackerbau, das zweite
von der Viehzucht, das dritte von den auf dem Landgute ge-
zogenen Vögeln und Fischen. — Die Ausgaben der Varronischen
Schriften s. in der vor. Abtheil. S. 78).

5. Ateius Philologus.

Von ihm wissen wir nur, was Sueton in der Schrift de
illustribus Grammaticis berichtet. Er sagt c. 10:
Ateius Philologus libertinus Athenis est natus. hunc Capito
Ateius, notus iuris consultus, inter grammaticos rhetorem, inter
rhetores grammaticum fuisse ait. De eodem Asinius Pollio, in
libro, quo Sallustii scripta reprehendit ut nimia priscorum verborum affectatione oblita, ita tradit: 'In eam rem adiutorium

ei fecit maxime quidam Ateius Praetextatus, nobilis grammaticus Latinus, declamantium deinde adiutor atque praeceptor,
ad summam Philologus ab semet nominatus'. Ipse ad Laelium
Hermam scripsit, 'se in Graecis litteris magnum processum
habere, et in Latinis nonnullum: audisse se Antonium Gnipho-
nem eiusque Hermam, postea docuisse; praecepisse autem multis
et claris iuvenibus, in quibus Appio quoque et Pulchro Claudiis
fratribus, quorum etiam comes in provincia fuerit'. Philologi
appellationem adsumpsisse videtur, quia, sicut Eratosthenes, qui
primus hoc cognomen sibi vindicavit, multiplici variaque doctrina
censebatur; quod sane ex commentariis eius apparet, quamquam
paucissimi exstent: de quorum tamen copia sic altera ad eundem
Hermam epistola significat: 'Hylen nostram aliis memento com-
mendare: quam omnis generis coëgimus, uti scis, octingentos in
libros'. Coluit postea familiarissime Gaium Sallustium et eo
defuncto Asinium Pollionem, quos historiam componere aggres-
sos alterum breviario rerum omnium Romanarum, ex quibus quas
vellet eligeret, instruxit, alterum praeceptis de ratione scribendi.
Quo magis miror, Asinium credidisse, antiqua eum verba et
figuras solitum esse colligere Sallustio, cum sibi sciat nil aliud
suadere quam ut noto civilique et proprio sermone utatur, vitet-
que maxime obscuritatem Sallustii et audaciam in translationibus.

6. Petrarca.

Francesco Petrarca*) war geboren zu Arezzo am 20. Juli
1304, erhielt seine Jugendbildung zuerst in Pisa, später in
Avignon und Carpentras, widmete sich gegen seinen Wunsch,
nach dem Willen des Vaters, dem Rechtsstudium zu Montpellier
(1318) und zu Bologna (1322), und kehrte daher, nach des Vaters
Tode (1326), in Avignon mit gesteigertem Eifer zu den klassischen

---

*) Er selbst nannte sich Anfangs Franciscus Petracchi, sc. filius; sein
Vater hiess Pietro di Parenzo. — Es versteht sich übrigens von selbst, dass
sowol Petrarca als sein Freund Boccaccio hier nur als die gelehrten Kenner
des klassischen Alterthums, nicht auch als die grossen italienischen National-
dichter betrachtet werden.

Studien zurück. Im Jahre 1333 unternahm er eine Reise durch
Frankreich, Deutschland und die Niederlande, besuchte 1336
Rom und begab sich 1337 wieder nach seinem Landgute Vau-
cluse bei Avignon, wo er in Zurückgezogenheit einen grossen
Theil seiner Werke vollendete. Am Osterfeste (den 8. April) des
Jahres 1341 ward er für seine vielbewunderten lateinischen
Dichtungen, namentlich für das Epos Africa, das den zweiten
punischen Krieg zum Inhalte hat, in Rom auf dem Kapitol feier-
lich zum Dichter gekrönt. Im Jahre 1353 verliess er Frankreich
für immer und lebte in Italien, lange Zeit ohne festen Wohnsitz, zu Mailand, Parma, Mantua, Padua, Venedig und Rom;
endlich, seit 1370, dauernd in Arquà, einem Dorfe bei Padua,
wo er am Morgen des 19. Juli 1374, Einen Tag vor vollendetem
siebzigstem Lebensjahre, unter seinen Büchern für immer ent-
schlummerte.

Es ist bereits oben (S. 10) erwähnt worden, dass Petrarca
durch seine glühende Begeisterung für das römisch-klassische
Alterthum — mit dem Griechischen war er nur dürftig bekannt
— und seine in reinster Latinität abgefassten Schriften das
Studium der Klassiker zu neuem Leben erweckte. Er sammelte überall Handschriften, Münzen und andere Alterthümer;
er entdeckte im Jahre 1345 bei Verona die Haupthandschrift
von Cicero's Briefen an Atticus, Quintus Cicero, Brutus und
Octavius, etwas später in Vercelli die Briefe ad familiares;
mehrere Manuscripte schrieb er eigenhändig ab.

Seine bedeutendsten lateinischen Werke sind: De vitis
virorum illustrium (von Romulus bis zu Julius Cäsar). —
2) Historia Caesaris (früher dem Julius Celsus, einem Gelehrten des 7. christl. Jahrh. aus Constantinopel, zugeschrieben).
— 3) Rerum memorandarum libri IV. — 4) De remediis
utriusque fortunae. — 5) Epistolae ad familiares, ad
veteres illustres, ad posteritatem, de rebus senilibus etc.
— Eine Gesammtausgabe seiner Werke erschien zu Basel 1554
und wiederholt 1581. Die Briefe de rebus familiaribus et variae
sind von J. Fracasetti, 3 voll. Flor. 1859—64 neu herausgegeben.

Eine sehr ausführliche und kritische Biographie Petrarca's nebst eingehender Würdigung seiner literarischen Verdienste lieferte Blanc in der Allgem. Eucyclop. III. Bd. 19. Zur Ergänzung dient: G. Voigt, Wiederbelebung des classischen Alterthums, Berlin 1859.

7. Boccaccio.

Giovanni Boccaccio (Joannes Bocatius), Petrarca's Freund und Gesinnungsgenoss in der Verehrung des klassischen Alterthums, war der Sohn eines Kaufmanns und geboren im Jahre 1313; sein Geburtsort ist unbekannt (er selbst nannte sich da Certaldo, nach einem Flecken bei Toscana, woher seine Familie stammte). Gegen seine Neigung, die früh zur Poesie gewandt war, wurde er für den Kaufmannstand erzogen, zuerst in Paris, dann (seit 1329) in Neapel; au letzterem Ort verkehrte er meist nur mit gelehrten Männern, namentlich mit Paolo von Perugia. Dies bewog seinen Vater endlich, ihn für einen wissenschaftlichen Beruf zu bestimmen und er wählte dafür das kanonische Recht. Allein auch dieses sagte der Geistesrichtung des Jünglings nicht zu, und er wandte sich, kaum zur Selbständigkeit gelangt, der Poesie und ernstem Studium, namentlich dem des Griechischen zu. Um Letzteres gründlich zu erlernen, unterhielt er den Leontius Pilatus, einen gelehrten Kenner der griechischen Literatur, drei Jahre in seinem Hause. Als Bürger von Florenz, wo er sich 1348 niedergelassen hatte, wurde er wiederholentlich mit diplomatischen Aufträgen von Seiten dieser Stadt betraut; so an Papst Innocenz VI. nach Avignon, an Papst Urban V. nach Rom. Später (nach 1363) zog er sich auf seinen Landsitz zu Certaldo zurück, um seine Musse ausschliesslich schriftstellerischen Arbeiten zu widmen. Im Jahre 1373 übernahm er den von den Florentinern gegründeten Lehrstuhl für die Erklärung von Dante's Divina Comedia, starb aber schon nach zwei Jahren, am 21. December 1375, zu Certaldo.

Mit Petrarca war Boccaccio schon früh bekannt und zu gleichem Streben eng verbunden worden. Rastlos wie Jener sammelte er Manuscripte, und rechnete es sich zum besondern Ruhme an, der Erste in Italien gewesen zu sein, der sich Abschriften der homerischen Gesänge aus Griechenland verschafft hatte. Auch schrieb er eine grosse Menge seltener Manuscripte, gleich Petrarca, eigenhändig ab.

Seine lateinischen Werke sind theils mythologischen, theils geographischen und historischen Inhalts. Die bedeutendsten unter denselben sind: 1) De genealogia deorum, 15 Bücher. — 2) De montibus, silvis, fontibus, lacubus, fluminibus etc., ein alphabetisch geordnetes Lehrbuch der alten Geographie. — 3) De casibus virorum et feminarum illustrum. — 4) De claris mulieribus. — Ausserdem lateinische Eclogen, Briefe etc.

Eine Würdigung der klassischen Studien Boccaccio's enthält die lesenswerthe Schrift von Jul. Schück: Zur Charakteristik der italienischen Humanisten des 14. u. 15. Jahrhunderts, Bresl. 1857.

8. Reuchlin.

Johann Reuchlin (gräcisirt Capnion oder Capnio) war geboren am 22. Februar 1455 zu Pforzheim (im Grossherzogthum Baden), erhielt den ersten Unterricht in seiner Vaterstadt, studirte seit 1470 in Freiburg, begleitete 1473 den jungen Prinzen Friedrich von Baden nach Paris, wurde 1474 in Basel inmatriculirt, 1475 Baccalaureus und 1477 Magister. Im folgenden Jahre ging er nochmals nach Frankreich und begann in Orléans das Rechtsstudium; 1481 wurde er in Poitiers Licentiat der Rechte und noch in demselben Jahre zu Tübingen Lehrer des Rechts und Advocat. Im folgenden Jahre (1482) begleitete er den Grafen Eberhard von Württemberg als Geheimsecretär nach Italien; 1484 wurde er Assessor des Hofgerichts in Stuttgart; 1490 ging er abermals nach Italien; seit 1496 lebte er beim Kanzler Dalberg in Heidelberg. Als zwei Jahre darauf (1498) der Kurfürst Philipp von der Pfalz in Folge von Verleumdungen vom Papste in den Bann gethan worden war, reiste Reuchlin zum dritten Male nach Rom, und seiner beredten Vertheidigung gelang es, die Befreiung seines Gönners vom Banne auszuwirken. Hierauf kehrte er (1499) nach Stuttgart zurück. Im Jahre 1502 wurde er zum Bundesrichter in Schwaben ernannt, welche Stelle er eilf Jahre bekleidete. In diese Zeit fällt der Anfang des berüchtigten Federkrieges, welchen er gegen die Dominikaner, 'die Dunkelmänner', von Köln, namentlich gegen den dortigen Oberketzerrichter (haereticae pravitatis inquisitor) Jakob von Hoogstraten bestehen musste, und in welchem er die freisinnigsten Männer ihrer Zeit, Franz von Sickingen, Ulrich von Hutten und den Verfasser der Epistolae obscurorum virorum (Crotus Rubeanus) zu seinen Mitkämpfern hatte.

Als im Jahre 1519 der leidenschaftliche Herzog Ulrich von Württemberg den ungerechten Angriff gegen die zum schwäbischen Bunde gehörende Stadt Reutlingen ausführte, wurde Reuchlin, obgleich er seine Stelle als Bundesrichter bereits niedergelegt hatte, gefangen genommen, doch sehr bald vom Herzog Wilhelm von Bayern, dem Haupt des schwäbischen Bundes, in Freiheit gesetzt und (1520) zum Professor in Ingolstadt ernannt. Als hier im folgenden Jahre die Pest ausbrach, begab er sich nach Tübingen, um daselbst ganz den Wissenschaften zu leben, erkrankte aber bald darauf und starb am 30. Juni 1522 im Bade Liebenzell bei Hirschau.

Reuchlin hat mit einer wahrhaft bewunderungswürdigen Energie und Ausdauer nicht allein inmitten der vielfach abziehenden Störungen seines wechselnden Berufslebens, sondern auch im Kampfe mit dem starren Widerstande mönchischer Unwissenheit und pfäffischer Verketzerungssucht seine besten Kräfte der Förderung der klassischen Studien und der Verbesserung des deutschen Schulwesens gewidmet. Mit Recht gilt er daher als der Begründer der klassischen Philologie in Deutschland und als der Schöpfer des deutschen Humanismus.

Seine klassisch-philologischen Hauptwerke sind: 1) eine Ausgabe von Xenophon's Apologie des Sokrates, Agesilaus und Hiero, Hagenau, 1520. — 2) Micropaedia sive Grammatica Graeca, Orléans, 1478. (Bekanntlich führte Reuchlin im Griechischen die nach ihm benannte, auch unter der Bezeichnung des Itacismus bekannte Aussprache ein). — 3) Breviloquus sive Dictionarium, singulas voces Latinas breviter explicans, Basil. 1478.

Reuchlin's Leben und Wirken behandeln folgende Werke: Mayerhoff, Joh. Reuchlin und seine Zeit, Berl. 1830. — Lamey, Joh. Reuchlin, eine kurze Darstellung seines Lebens, Pforzh. 1855. — L. Geiger, Joh. Reuchlin, sein Leben und seine Werke, Leipz. 1871.

9. Erasmus.

Desiderius Erasmus (holländ. Geert Geert's, d. i. Gerhardus Gerhardi sc. filius) war geboren am 27. October 1467 zu Rotterdam, erhielt den ersten Unterricht in Gouda und Utrecht und kam, neun Jahre alt, in die Schule des Gelehrten Alexander Hegius zu Deventer. Hier entwickelten sich seine glänzenden Anlagen so rasch, dass der berühmte Agricola dem zwölfjährigen Knaben nach Durchsicht seines Aufsatzes zugerufen haben soll: Tu eris magnus! Damals wusste er bereits den Terenz und Horaz auswendig.

Im vierzehnten Lebensjahre (1480) verlor er die Aeltern und ward im siebzehnten (1483) von seinen Vormündern gezwungen in den geistlichen Stand und als Mönch in das Kloster Emaus (Stein) bei Gouda zu treten, das er 1491 verliess, da der Bischof von Cambray den gelehrten jungen Mann in seiner Begleitung nach Rom mitnahm. Ein Jahr darauf erhielt er die priesterliche Weihe und blieb bis 1496 in Cambray; hierauf studirte er die scholastische Theologie in Paris, und begab sich 1498 nach England, wo er dem berühmten Thomas Morus bekannt und am Hofe Heinrichs VIII. mit grosser Auszeichnung behandelt wurde.

In den folgenden Jahren durchreiste er Frankreich und Italien (eine Frucht seiner Wahrnehmungen in letzterem Lande war die Spottschrift Encomium moriae, 'Lob der Narrheit'); 1505 lebte er wieder in England, 1506 in Italien; 1509 wurde er Professor der griechischen Sprache in Cambridge; doch legte er schon nach wenigen Jahren dieses Amt nieder und hielt sich

abwechselnd in Deutschland und den Niederlanden auf. Im
Jahre 1521 nahm er seinen Wohnsitz in Basel, siedelte 1529
nach Freiburg (im Breisgau) über, und beabsichtigte 1535 sich
nach den Niederlanden zu begeben, als er in Basel erkrankte und
daselbst am 12. Juli 1536 starb.

Erasmus war unstreitig der grösste Gelehrte seines Jahrhunderts, und, was ihm zum höchsten Ruhme gereicht, er verstand es, seine auf klassischem Grunde ruhende Gelehrsamkeit
mehr als irgend Einer in einer langen Reihe stilistisch vollendeter
und von Geist und Witz durchwehter Schriften für die weitesten
Kreise zu verwerthen, so dass, wenn Reuchlin als der Schöpfer,
Erasmus als der grösste und nachhaltigste Förderer und Ver-
breiter des Humanismus in Deutschland zu betrachten ist.

Unter seinen Werken haben die Adagia (zuerst im Jahre
1500 zu Paris mit nicht mehr als 800 Sprichwörtern erschienen)
die grösste Verbreitung und Berühmtheit erlangt; nach wiederholten vermehrten Auflagen erreichte die Zahl von Sprichwörtern
in der nach Erasmus' Tode im Jahre 1540 zu Basel erschienenen Ausgabe die Höhe von 4151. Aehnliche Sammelwerke
waren die Parabolae und die Apophthegmata. — Unter seinen
zahlreichen Ausgaben und Bearbeitungen griechischer und römischer Klassiker sind besonders zu nennen: die des Aristoteles
(die erste vollständige Ausgabe des Philosophen, Bas. 1531,
2 voll. fol.), des Ptolemaeus (die editio princeps, Basil. 1533);
ferner Cicero de officiis (Basil. 1520), Tusculanae Quaestiones
('diligenter emendatae et scholiis illustratae', Basil. 1523), Seneca (ib. 1515), Curtius (Argent. 1518), Scriptores Historiae
Augustae (Basil. 1543) u. a. — Eine Gesammtausgabe seiner Werke
erschien in 11 Bänden, Leyden 1703 ff.

Seine Selbstbiographie (Compendium vitae Erasmi) ist wiederholt abgedruckt in den Ausgaben seiner Colloquia. Eine ausführliche Darstellung seines Lebens und seiner schriftstellerischen
Leistungen von H. A. Erhard enthält die Allg. Encyclop. v.
Ersch u. Gruber, I. Sect. Band 36. S. 155—211.

10. Scaliger.

Joseph Justus Scaliger (de la Scala), Sohn des Philologen
Julius Caesar Scaliger, war geboren am 5. August 1540 zu Agen
(an der Garonne, im ehemal. Guienne), besuchte zuerst die Schule
zu Bordeaux, wurde dann von seinem Vater unterrichtet und
studirte in Paris unter Turnebus. Im Jahre 1565 ging er nach
Italien, im folgenden Jahre nach England und Schottland; hierauf
studirte er, 1570, zu Valence das Jus unter dem berühmten
Rechtsgelehrten Cujas (Cujacius). Vom Jahre 1572—74 war er
Professor in Genf; in den folgenden zwanzig Jahren lebte er an
verschiedenen Orten, besonders im südlichen Frankreich. Im
Jahre 1595 erhielt er die Professur der schönen Wissenschaften
in Leyden an Lipsius' Stelle, ohne jedoch Vorlesungen zu halten.
Er starb daselbst am 21. Januar 1609.

Scaliger behauptet unter den französischen Philologen
den ersten Rang. Er zeichnete sich durch umfassende Gelehrsamkeit, durch Scharfblick und sicheres Urtheil aus. Ein be-
sonderes Verdienst erwarb er sich durch die wissenschaftliche
Bearbeitung der Chronologie der Alten. Sein Werk: De emendatione temporum (Paris. 1583; die beste Ausgabe erschien
Genf. 1629) bildet die Grundlage für alle späteren Arbeiten auf
diesem Gebiete. Zur Ergänzung dient sein: Thesaurus temporum, complectens Eusebii Pamphili Chronicon, 2 voll., Leyd.,
1606, 2. Aufl., Amsterd., 1658. Gleich verdient hat er sich um
die römische Epigraphik gemacht, indem er die Herausgabe
der grossen Inschriftensammlung Gruter's leitete und selbst die
24 Indices zu derselben ausarbeitete (das Werk erschien zuerst
Heidelb., 1603, wieder abgedruckt 1603, neu herausgeg. von Grä-
vius und Burmann, Amsterd., 1707). Desgleichen um die Numismatik durch die Schrift: De re numaria, Leyd., 1606.

Seine bedeutendsten Ausgaben und Bearbeitungen der Klassiker sind die des Festus (Paris. 1565), Varro (ib. 1569), Vergil's Catalecta (Lugd. 1572), Ausonius (ib. 1574), Catull,

Tibull, Properz (Paris. 1577), Manilius (1579), Cäsar (Lugd. Bat. 1606), Seneka's Tragödien (ib. 1611). Eine gediegene Biographie Scaliger's ist die von J. Bernays: 'Joseph Justus Scaliger', Berl. 1855.

11. Casaubon.

Isaac Casaubon (Casaubonus) war der Sohn eines französischen reformirten Predigers, der während der Religionsverfolgungen unter Heinrich II. nach der Schweiz ausgewandert war. Er wurde am 18. Februar 1559 zu Genf geboren, erhielt den ersten Unterricht von seinem Vater, studirte dann seit 1578 in Genf, und wurde ebendaselbst im Jahre 1583 Professor der griechischen Sprache. Im Jahre 1596 erhielt er eine gleiche Professur in Montpellier und 1598 in Lyon. Im folgenden Jahre berief ihn Heinrich IV. nach Paris, und da Religionshass seine Anstellung als Professor erschwerte, ernannte er ihn zu seinem Bibliothekar. Nach Heinrichs Ermordung bsgab sich Casaubon nach London, wo er seine Musse wissenschaftlichen Arbeiten widmete. Er starb am 1. Juli 1614.

Casaubon ist nächst Scaliger der bedeutendste französische Philolog seiner Zeit, dessen Leistungen Scaliger selbst die vollste Anerkennung zollte, ja dem er sogar in Hinsicht auf Kritik und Kenntniss des Einzelstoffes den Vorrang vor sich einräumte.

Seine Hauptwerke sind: Animadversionum in Athenaei Deipnosophistas libri XV, Lugd. Bat. 1600; und: De satyrica Graecorum poesi et Romanorum satira libri II, Paris. 1605. — Aus der grossen Zahl seiner Ausgaben und Bearbeitungen griechischer und römischer Klassiker erwähnen wir hier nur die des Aristoteles, Theophrast, Polybius, Diogenes Laertius, Sueton, Persius, Scriptores Historiae Augustae.

Seine Briefe sind von Almeloveen nebst einer Vita Is. Casauboni herausgegeben, Amstel. 1709. Vgl. auch den Artikel 'Casaubonus' von Fr. Jacobs in der Ersch- und Gruber'schen Encycl. Sect. I., Band 15, S. 248 ff.

12. Gronov.

Johann Friedrich Gronov (Gronovius), geboren den
8. September 1611 in Hamburg, erhielt den Jugendunterricht in
Verden, Bremen und Hamburg, studirte in Leipzig, Jena und
Altdorf und seit 1634 in Leyden und Gröningen, bereiste dann
England, Frankreich und Italien, wurde 1642 Professor der Ge-
schichte und Beredsamkeit in Deventer und, nach Daniel Heinsius'
Tode, 1659 in Leyden, wo er am 28. December 1671 starb.

Gronov ist der bedeutendste niederländische Philolog, der
gründlichste Kenner der Latinität und der eigentliche Stifter
der niederländischen Latinistenschule. Seine Hauptwerke sind:
Observationum libri III., Leyd. 1639 (vermehrte Ausg. libri IV.,
Devent. 1652; neu herausgeg. von Frotscher, Leipz. 1831); Commentarius de sestertiis, Devent. 1643 (neue Aufl. Leyd. 1691);
und Lectiones Plautinae, Amstel. 1840. — Von hohem her-
meneutischem Werthe sind seine Ausgaben des Livius (sein Meister-
werk), Tacitus, Plinius, Quintilian und Gellius, weniger die der
Dichter (Statius, Martial, Plautus, Seneka). — Verdienstvoll ist
auch die von ihm besorgte und mit Anmerkungen versehene
Ausgabe von Hugo Grotius' berühmtem Werke 'De iure belli ac
pacis', Hag, 1680.

Eine Vita Gronov's (vermuthlich von Westerhof) befindet sich
vor den Lectiones Plautinae, Amst. 1740.

13. Bentley.

Richard Bentley, geboren 27. Januar 1662 zu Oulton,
einem Dorfe bei Wakefield in Yorkshire, erhielt den ersten Unterricht zu Wakefield, bezog bereits im 15. Lebensjahre, 1676, die
Universität Cambridge, wirkte seit 1683 als Lehrer zu Spalding
in Lincolnshire, wurde 1684 Master of Arts (Magister artium),
begleitete hierauf die Söhne des Dr. Stillingfleet, nachmaligen
Bischofs von Worcester, auf die Universität Oxford und wurde
später Hauskaplan des Letztern. Im Jahre 1700 wurde er

Master of Trinity College in Cambridge, 1701 Archidiaconus zu Ely und 1716 Professor der Theologie in Cambridge. Er starb am 14. Juli 1742.

Bentley ist nicht blos der grösste englische Philolog, sondern bezeichnet auch einen Wendepunkt in der Entwickelung der philologischen Wissenschaft überhaupt, indem er zuerst mit klarem Bewusstsein und durchgreifender Konsequenz für die Beurtheilung und Erklärung des klassischen Schriftthums die subjektive Kritik, den Massstab des eigenen Verstandes und des guten Geschmacks, zur Geltung brachte. In wenigen, aber kräftigen Zügen wird dieser Bentleysche Kriticismus von Bernhardy (im Grundriss der röm. Literat., 5. Bearb. S. 147 ff.) gekennzeichnet: 'Bentley machte die Philologie mündig, indem er ihre letzten Entscheidungen an die Subjectivität verwies, und zuerst den Grundsatz aussprach, dass grammatisches Wissen, reicher kritischer Apparat und Fülle der antiquarischen Gelehrsamkeit nur einen elementaren Boden bedeuten, dass sie nur die nothwendige Voraussetzung sind, um mit voller Sicherheit in den Text einzudringen, übrigens aber solle man an die klassischen Autoren den strengen Massstab des Verstandes und guten Geschmacks legen, mit besonderer Skepsis die Wahrheit der Gedanken, die Angemessenheit des Ausdrucks, die Leistungen der Neueren in Kritik und Erklärung prüfen. Zum ersten Male vernahm hier die philologische Welt ein Princip und Regulativ. Sie wurde zwar oft durch Bentleys Kühnheit und schneidende Konsequenz zurückgeschreckt, auch übersprang er nicht selten in seiner Analyse die erlaubten Grenzen, schon weil er noch der ehemals geheiligten Norm folgte, dass ein alter Klassiker im Ganzen und in allen Gliedern vollendet sei; aber jedes Uebermass wurde durch den Besitz eines Massstabs und hohen Standpunktes aufgewogen, der den innern Werth eines literarischen Objekts und der Hilfsmittel abschätzen liess; man wurde gewöhnt, Rechenschaft zu legen und alle⸱Stücke des Apparats zusammengefasst streng abzuwägen, endlich wo Lesarten vorliegen oder die Codices uns verlassen, selbst zu denken und dem eignen

Urtheile zu vertrauen. Eine so kecke Stellung entsprach Keinem
mehr als dem energischen Genius von Bentley. Mit glücklichen
Talenten, mit der Gabe feiner Beobachtung und frischer Urtheils-
kraft verband er den durchdringenden Scharfsinn des gebornen
Kritikers, sein freier Blick übersah die Gesetze des philologischen
Wissens; vollends stand dieser schlagfertigen Einsicht und Kom-
bination eine dialektische Gewandtheit und Syllogistik zu Gebote,
wie bisher in der Philologie nicht vernommen war. Wenn er
nun auch seine Forderungen übertrieb und sogar keine spitz-
findige Sophistik scheute, so hat er doch zuerst durch unerbitt-
liche Strenge des Räsonnements eine sichere Methode gelehrt,
wodurch man in verborgne Schäden eindringt und jede Handlung des Erklärers oder Kritikers in Erörterungen eines logischen Prozesses umsetzt. Sein Horaz, der die Tiefe eines mächtigen Genius in bewundernswerthem Schwung und Glanz entfaltet,
macht in der beurtheilenden Kritik Epoche'. —

Bentley eröffnete die Reihe seiner schriftstellerischen Arbeiten
im Jahre 1691 mit einer kleinen aber den gereiften Kritiker be-
kundenden Abhandlung, der Epistola ad Millium (an Dr. Mill),
welche der von Ed. Chilmead besorgten editio princeps der
Historia chronica des Joannes Malalas (aus Antiochien, 900 n. Chr.)
beigefügt war. Dieselbe ist wieder abgedruckt in der von L. Diu-
dorf für das Corpus Scriptorum Historiae Byzantinae besorgten
Ausgabe des Malalas (Bonn, 1831). — Nächstdem fügte er der
im Jahre 1697 von Graevius besorgten Ausgabe von Callimachus'
Hymnen eine Reihe werthvoller Erklärungen bei. In demselben
Jahre (1697) entspann sich zwischen Bentley und Boyle der berühmte Federkrieg wegen der von Ersterm behaupteten Unechtheit der 'Briefe des Phalaris', welche Boyle im festen Glauben
an ihre Echtheit zwei Jahre vorher (1695, Oxford.) herausgegeben
hatte. *) Die beiden in dieser Angelegenheit von Bentley 1697

---

*) Der Titel der Ausgabe lautet: Phalaridis Agrigentinorum tyranni
epistolae. Ex MSS. rec., versione, adnot. et vita insuper auctoris donavit Car.
Boyle. Oxon. 1695, 8.

und 99 herausgegebenen Schriften sind wahre Muster einer den
Gegenstand nah allen Richtungen bis zur völligen Evidenz
erschöpfenden Kritik und zugleich Proben Bentley'scher Polemik,
die sich ihres Sieges über den ohnmächtigen Gegner vollkommen
bewusst war.*)

Bentley's Hauptwerk, die Ausgabe des Horaz, erschien 1711
zu Canterbury und ist zuletzt wieder abgedruckt Berl. 1869
(s. oben S. 75). Seine Ausgaben des Terenz und Phädrus
(mit P. Syrus) erschien 1726 in Canterb.; Terenz zuletzt herausgegeben Kiel 1846 (s. oben S. 74). Die Ausgabe des Manilius
erschien Lond. 1739. — In Ausgaben anderer Gelehrten sind
Bentley's Bemerkungen aufgenommen zu Cicero's Tusculanen,
Menander, Lucan u. Lucrez.

Ausführliche Biographien Bentley's sind: The Life of Richard
Bentley by J. St. Monk, Lond. 1830; und J. Mähly, Richard
Bentley, eine Biographie, Leipz. 1868.

14. Hemsterhuis.

Tiberius Hemsterhuis (Hemsterhusius) der Sohn eines
gelehrten Arztes zu Gröningen, wurde daselbst am 1. Februar
(nach Anderen am 9. Januar) 1685 geboren, erhielt den ersten
Unterricht von seinem Vater, kam schon im Alter von vierzehn
Jahren auf die Universität seiner Vaterstadt, studirte dann in
Leyden, und erhielt 1704, noch nicht zwanzig Jahre alt, die
Professur der Mathematik und Geschichte in Amsterdam. . Im
Jahre 1717 übernahm er die Professur der griechischen Sprache
und der Geschichte zu Leyden, wo er am 7. April 1766 starb.

---

*) A Dissertation on the Epistles of Phalaris, Themistocles, Socrates,
Euripides and others and the Fables of Aesopus in: W. Wotton's Reflections
upon ancient und modern learning, Lond. 1797. Und (nach Boyle's Gegen-
schrift): A dissertation upon the Epistles of Phalaris with an Answer to the
Objections of the Hon. Charles Boyle, by Rich. Bentley, etc., Lond. 1699.
Ins Latein. übers. v. van Lennep, Gröning. 1777. Und ins Deutsche: Rich.
Bentley's Abhandlungen über die Briefe des Phalaris, Themistokles, Sokrates,
Euripides und über die Fabeln des Aesop. v. Woldemar Ribbek, Leipz. 1857.

Hemsterhuis ist einer der bedeutendsten Humanisten des
vorigen Jahrhunderts und hat ausserdem das hohe Verdienst, in
seinem Vaterlande das bis zu seiner Zeit hintangesetzte Studium
der griechischen Sprache und Literatur zur Geltung gebracht
zu haben: er ist der Gründer der sogenannten Hellenisten-
Schule, aus welcher eine Reihe tüchtiger Philologen, namentlich
Ruhnken und Valckenaer, hervorgegangen sind.

Seine Hauptwerke sind: die Ausgabe von Pollux' Onomasticon (2 voll. Amst. 1706), von auserwählten Gesprächen des
Lucian (Amst. 1708) und von Aristophanes' Plutus (Harling.
1744). — Ausserdem lieferte er Bemerkungen zu Ernesti's Callimachus, Burmann's Properz und Alberti's Hesichius. — Aus
seinem literarischen Nachlasse hat Geel Anecdota Hemster-
husiana (Leyd. 1825) herausgegeben.

Ein vortreffliches Bild von Hemsterhuis' Leben und Wirken
hat sein berühmter Schüler Ruhnken entworfen in: Elogium
Hemsterhusii, Lugd. Bat. 1768 u. öft.; wieder herausgeg. von
Lindemann, 1822.

15. Ruhnken.

David Ruhnken (Ruhnkenius, in Deutschland ursprünglich Ruhneken), geboren den 2. Januar 1723 zu Stolp (in Hinter-
pommern), besuchte das Friedrichs-Collegium in Königsberg, und
studirte von 1741—43 in Wittenberg, hierauf in Leyden unter
Hemsterhuis, wurde 1757 auf dessen Empfehlung Lector der
griechischen Sprache an der dortigen Universität und erhielt
1761, nach Oudendorp's Tode, die Professur der Geschichte und
Beredsamkeit. Er starb am 14. Mai 1798.

Ruhnken ist der Bedeutendste unter den aus Hemsterhuis'
Schule (s. d. vor. Biogr.) hervorgegangenen Humanisten, besonders
ausgezeichnet durch die Reinheit und Klarheit seines lateinischen
Ausdrucks. Seine Hauptwerke sind: Epistolae criticae, 2 voll.,
Lugd. Bat. 1749—51, wieder abgedr. Lips. 1827. Ferner die
Ausgaben von Timaei Lexicon vocum Platonicarum, Lugd. Bat.
1754, ed. alt., ib. 1798; wieder herausg. v. Koch, Lips. 1833;

Homeri Hymnus in Cererem, Lugd. Bat. 1708, wieder abgedr. Lips. 1872. Rutilius Lupus, Lugd. Bat. 1768, neue Ausg. v. Frotscher und Koch, Lips. 1831. Velleius Paterculus, 2 voll., LB. 1779, herausg. von Frotscher, Lips. 1830; Mureti Opera, 4 voll. LB. 1789; und die von Alberti begonnene Ausgabe des Hesychius, 2 voll., LB. 1746—66. Endlich das vortreffliche Elogium Hemsterhusii, s. am Schlusse der vorig. Biogr. — Nach seinem Tode erschienen: Ruhnkenii Opuscula oratoria, philologica, critica, LB. 1797, vermehrt durch Bergmann, 2 voll., ib. 1823, und durch Friedemann, 2 voll., Brunsv. 1828. — Aus Collegienheften erschienen: Lectiones academicae in antiquitates Romanas, Jen. 1818 sq.; Dictata in Terentii comoedias, Bonn. 1825; Dictata in Suetonium LB. 1828; Dictata in Ovidii Heroidas, Lips. 1831.

Seine Biographie lieferte Dan. Wyttenbach (Ruhnken's Nachfolger in der Professur zu Leyden): Vita Ruhnkenii, LB. 1799; (wieder abgedruckt von Frotscher, Freiburg 1846). Vgl. auch Rink: Tib. Hemsterhuis und Dav. Ruhnken, Königsb. 1801; und L. Müller, klassische Philologie in den Niederlanden, Leipz. 1869.

16. Valckenaer.

Ludwig Kaspar Valckenaer war geboren den 7. Juni 1715 zu Leeuwarden, erhielt daselbst den Jugendunterricht, studirte seit 1731 zu Franeker, dann zu Leyden, wurde 1740 Conrector in Kampen, 1741 Professor der griechischen Sprache in Franeker, 1766 in Leyden, wo er am 14. März 1785 starb.

Valckenaer ist nächst Ruhnken der bedeutendste Schüler des Hemsterhuis; durch gründliches Wissen und besonnene Kritik reiht er sich den verdientesten Herausgebern klassischer Autoren an. Seine Hauptwerke sind: die Ausgaben von Euripides' Phönissen und Hippolyt, und der Idyllen des Theokrit, des griechischen Grammatikers Ammonius; eine neue Bearbeitung von Ursinus' Virgilius cum scriptoribus Graecis collatus; Bemerkungen zu Wesseling's Ausgabe des Herodot. Nach seinem Tode erschienen noch Callimachi elegiarum fragmenta, Lugd. Bat. 1799. — Seine Reden erschienen unter dem Titel Orationes ib. 1784. —

Freund, Philologie.   8

Eine Sammlung seiner Opuscula philologica, critica, oratoria gab
Erfurdt heraus, 2 voll., Lips. 1808.
Eine Würdigung seiner wissenschaftlichen Leistungen ent-
hält Luc. Müller's Geschichte der klassischen Philologie in den
Niederlanden, Leipz. 1869.

17. Gesner.

Johann Matthias Gesner, geboren den 9. April 1619 im
Ansbach'schen Städtchen Roth an der Rezat, erhielt den ersten
Unterricht in Ansbach, studirte seit 1710 in Jena, wurde 1715
Conrector und Bibliothekar in Weimar, 1719 Rector des Gymnasiums in Ansbach, 1730 Rector der Thomasschule in Leipzig,
1734 Professor der Beredsamkeit, später auch Bibliothekar an
der neu errichteten Universität in Göttingen, und starb daselbst
am 3. August 1761.

Gessner hat das Verdienst, den sprachlichen und sachlichen
Gehalt der klassischen Literatur für einen vernunftmässigen,
systematisch-wissenschaftlichen Jugendunterricht verwerthet zu
haben; so namentlich durch das seiner Zeit vielverbreitete ency-
clopädisch-pädagogische Lehrbuch 'Primae lineae isagoges
in eruditionem universalem'. — Seine philologischen Hauptwerke sind: Novus linguae et eruditionis Romanae Thesaurus, 4 voll., Lips. 1749; die Ausgaben der Scriptores rei
rusticae, des Quintilian, Claudian und des jüngeren Plinius.

Seine literarischen Verdienste sind gewürdigt in Ernesti's
Narratio de Jo. Matth. Gesnero, Lips. 1762, wieder abgedr.
Hal. 1787.

18. Ernesti.

Johann August Ernesti war geboren den 4. August 1707
zu Teunstedt in Thüringen (Regierungsbez. Erfurt), besuchte von
1722—26 Schulpforta, studirte hierauf in Wittenberg und Leipzig,
wurde 1731 Conrector und 1734, nach Gesner's Abgange, Rector
der Thomasschule in Leipzig; seit 1742 bekleidete er zugleich
eine ausserordentliche Professur der alten Literatur an der

dortigen Universität, wurde 1756 ordentlicher Professor der Beredsamkeit und 1777 erster Professor der Theologie. Er starb am 11. September 1781.

Ernesti setzte die von Gesner (s. d. vor. Biogr.) begonnene encyclopädische Unterrichtsmethode in grösserm Umfange fort und zeichnete sich durch mustergiltigen lateinischen Stil, sowie durch eine das Mass niemals überschreitende Interpretationsweise aus. Seine 'Initia doctrinae solidioris' (zuerst erschienen Leipz. 1736) erlangte die weiteste Verbreitung; die 7. Aufl. erschien 1783. — Seine bedeutendsten philologischen Werke sind die Ausgaben von Xenophon's Memorabilien des Sokrates, Cicero, Sueton, Tacitus, Aristophanes' Wolken, Homer, Kallimachus. — Ausserdem sind erwähnenswerth seine Clavis Ciceroniana, Lips. 1739 (der 6. Band der Ausg. des Cicero), Opuscula oratoria, orationes, prolusiones et elogia, Lugd. Bat. 1762 und das nach seinem Tode erschienene Opusculorum oratoriorum novum volumen, Lips. 1791.

Eine Memoria Io. Aug. Ernesti (v. seinem Neffen A. W. Ernesti) ist abgedruckt in dem vorstehend erwähnten Opusculorum novum volumen p. 255 sq.

19. Winckelmann.

Johann Joachim Winckelmann war geboren den 9. December 1717 zu Stendal in der Altmark (Regierungsbez. Magdeburg), erhielt den ersten Unterricht in seiner Vaterstadt, besuchte in dürftigster Armut 1737 nur kurze Zeit das Köllnische Gymnasium in Berlin und das Gymnasium zu Stendal, studirte seit 1738 in Halle Theologie und alte Literatur, 1741 in Jena Medicin und Mathematik, wurde 1742 Conrector zu Seehausen (in der Altmark) und 1749 Bibliothekar des Grafen Heinrich von Bünau auf Nöthenitz bei Dresden.

Die Nähe Dresdens und dessen Kunstschätze gaben seinen Studien die bestimmte Richtung auf die bildende Kunst und der anregende Verkehr mit Künstlern und Kunstkennern, namentlich

8*

mit Lippert, Chr. Ludw. Hagedorn, Oeser, befestigten in ihm
den Entschluss, seine ganze geistige Thätigkeit dem Kunststudium
zu widmen. Deswegen wies er das Anerbieten des damaligen
päpstlichen Nuntius Archinto in Dresden, ihm in Rom eine Anstellung als Bibliothekar zu verschaffen, wenn er zur katholischen
Kirche überträte, nicht von der Hand, doch erst nach fünfjährigem
schwerem Seelenkampfe erfüllte er endlich, 'mit schwerem Herzen',
im Jahre 1754 die gestellte Bedingung. Er blieb nun noch ein
Jahr in Dresden, um sich auf dem Kunstgebiete ausreichend zu
orientiren, und die Frucht dieser vorbereitenden Studien war
seine Erstlingsschrift: 'Gedanken über die Nachahmung der griechischen Werke in Malerei und Bildhauerkunst (Dresden u. Leipz.
1754, 2. Aufl. 1756).

Im Herbst 1755 begab sich Winckelmann nach Rom und
wurde hier Bibliothekar seines inzwischen zum Kardinal und
Staatssecretär erhobenen Gönners Archinto. Sehr bald gewann
er auch die Gunst des gelehrten Kardinals Passionei, des Be-
sitzers der grössten Privatbibliothek Roms, und den belehrenden
Verkehr mit dem berühmten Maler Rafael Mengs. Trefflich
schildert Goethe (Werke, Hildburgh. Ausg. 11. Bd. S. 432 ff.)
den mächtigen Einfluss, den Rom und Mengs auf die Entwickelung der Kunstideen Winckelmann's geübt haben: 'Winckelmann
war nun in Rom, und wer konnte würdiger sein, die Wirkung
zu fühlen, die jener grosse Zustand auf eine wahrhaft empfäng-
liche Natur hervorzubringen im Stande ist! Er sieht seine
Wünsche erfüllt, sein Glück begründet, seine Hoffnungen über-
befriedigt. Verkörpert stehen seine Ideen um ihn her; mit
Staunen wandert er durch die Reste eines Riesenzeitalters; das
Herrlichste, was die Kunst hervorgebracht hat, steht unter freiem
Himmel; unentgeltlich wie zu den Sternen des Firmaments wendet
er seine Augen zu solchen Wunderwerken empor, und jeder ver-
schlossene Schatz öffnet sich für eine kleine Gabe. Der An-
kömmling schleicht wie ein Pilgrimm unbemerkt umher, dem
Herrlichsten und Heiligsten naht er sich in unscheinbarem Ge-
wand, noch lässt er nichts Einzelnes auf sich eindringen, das

Ganze wirkt auf ihn unendlich mannigfaltig, und schon fühlt er die Harmonie voraus, die aus diesen vielen, oft feindselig scheinenden Elementen zuletzt für ihn entstehen muss'.

'Aber Winckelmann hätte lange Zeit in den weiten Kreisen alterthümlicher Ueberbleibsel nach den werthesten, seiner Betrachtung würdigsten Gegenständen umhergetastet, hätte das Glück ihn nicht sogleich mit Mengs zusammengebracht. Dieser, dessen eigenes grosses Talent auf die alten besonders die schönen Kunstwerke gerichtet war, machte seinen Freund sogleich mit dem Vorzüglichsten bekannt, was unsrer Aufmerksamkeit werth ist. Hier lernte dieser die Schönheit der Formen und ihrer Behandlung kennen und sah sich sogleich aufgeregt, eine Schrift: "Vom Geschmack der griechischen Künstler" zu unternehmen'.

'Wie man aber nicht lange mit Kunstwerken aufmerksam umgehen kann, ohne zu finden, dass sie nicht allein von verschiedenen Künstlern, sondern auch aus verschiedenen Zeiten herrühren, und dass sämmtliche Betrachtungen des Ortes, des Zeitalters, des individuellen Verdienstes zugleich angestellt werden müssen; also fand auch Winckelmann mit seinem Geradsinne, dass hier die Achse der ganzen Kunstkenntniss befestigt sei. Er hielt sich zuerst an das Höchste, was er in einer Abhandlung: "Von dem Style der Bildhauerei in den Zeiten des Phidias" darzustellen gedachte. Doch bald erhob er sich über die Einzelheiten zu der Idee einer Geschichte der Kunst und entdeckte als neuer Columbus ein lang geahndetes, gedeutetes und besprochenes, ja man kann sagen, ein früher schon gekanntes und wieder verlorenes Land'.

Im Frühjahr 1758 besuchte er Neapel, Portici, Herculaneum und Pompeji: und im Herbst desselben Jahres folgte er einer Einladung des Neffen und Erben des berühmten Gemmensammlers Baron Stosch nach Florenz, wo er während eines neunmonatlichen Aufenthaltes den Katalog dieser Gemmensammlung anfertigte, welcher im Jahre 1760 zu Florenz unter dem Titel: 'Description des pierres gravées du feu baron de Stosch' erschien.

Um diese Zeit wurde er Bibliothekar des Kardinals Albani,
welcher damals mit der Aufstellung seiner reichen und berühmten Antikensammlung in der Villa vor Porta Salara beschäftigt
war. Im Sommer 1760 vollendete er die 'Anmerkungen über
die Baukunst der Alten', welche 1762 in Leipzig erschienen;
und 1762 besuchte er in Gesellschaft des Grafen Brühl nochmals Neapel und dessen Umgebungen.

Im Jahre 1763 wurde er zum Oberaufseher (Präfect) der
Alterthümer an der Vaticana ernannt; und von dieser Zeit datirt
die ganze Reihe seiner ruhmvollen literarischen Arbeiten, unter
denen das Hauptwerk: 'Die Geschichte der Kunst des
Alterthums' im Jahre 1764 in Dresden erschien: ein Werk,
welches weit mehr bietet, als sein Name erwarten lässt, indem
es ausser der eigentlichen Kunstgeschichte zugleich ein tief
durchdachtes System der griechischen Kunst, eine Theorie
des Kunstschönen, sowol ästhetisch als technisch, insbesondere
eine Charakteristik des Stils der griechischen Plastik nach
seinen wesentlichen Bestandtheilen enthält. Als Ergänzungen
zu diesem Werke gab er 1767 'Anmerkungen über die Geschichte der Kunst' heraus.

Von specieller Bedeutung für die Kunst des Alterthums
war das von ihm in den Jahren 1767 und 68 veröffentlichte
grosse Kupferstichwerk 'Monumenti antichi inediti (2 voll., Rom),
dem er ein Jahr vorher als Einleitung den Trattato preli-
minare (kurzen Ueberblick über die Kunstgeschicte) voraus-
geschickt hatte.

Auf die Einladung seiner zahlreichen deutschen Freunde und
Verehrer unternahm er im Jahre 1768 eine Reise in das alte
Vaterland, begleitet von dem italienischen Bildhauer Cavaceppi.
Er reiste im April über Venedig, Verona und durch Tyrol nach
München und Wien, an welchem letztern Orte er von der
Kaiserin Maria Theresia mit Auszeichnung aufgenommen und
mit werthvollen antiken Goldmünzen beschenkt wurde. In Folge
einer ihm selbst unerklärlichen Gemüthsbeängstigung entschloss
er sich die Reise nicht weiter nordwärts fortzusetzen und nach

Italien zurückzukehren, während sein bisheriger Begleiter nach Deutschland reiste. In Triest, wo er das nach Venedig abgehende Schiff erwartete, gesellte sich ein erst kurz vorher aus dem Gefängniss entlassener Italiener, Namens Arcangeli, zu ihm und gewann sein Vertrauen. Nichts Arges ahnend zeigte Winckelmann ihm die von der Kaiserin ihm verehrten Goldmünzen, worauf Arcangeli deren Raub und dessen Ermordung beschloss. Im Begriffe, seinen Koffer für die Abreise zu ordnen, ward er von dem Mörder rücklings überfallen und nach längerm Ringen mit fünf Dolchstichen tödtlich verwundet. Er starb am 8. Juni 1768. Neunzehn Tage darauf wurde der Mörder in Triest hingerichtet.

Die Vorarbeiten für eine neue verbesserte Ausgabe der 'Geschichte der Kunst', welche Winckelmann auf der Reise mit sich führte, gelangten in den Besitz der kaiserlich österreichischen Akademie der bildenden Künste in Wien und wurden bei der daselbst (1776 ff.) von Riedel besorgten Ausgabe benützt. Für den übrigen handschriftlichen Nachlass hatte er letztwillig den Kardinal Albani eingesetzt.

Die Gesammtausgabe seiner Werke wurde von Fernow begonnen und von Heinrich Meyer und Johannes Schulze vollendet; sie erschien in 8 Bänden, Dresden 1808 ff., in neuer Ausgabe, Dresden und Leipzig, 1828 ff. Als Nachtrag und Ergänzung gab Friedrich Förster 'Winckelmann's Briefe', chronologisch geordnet, nebst Beiträgen zu einer Biographie desselben, in 3 Bänden, Berl. 1824 ff. heraus.

Biographien und Lobschriften in grosser Anzahl schildern Winckelmann's Leben und Verdienste; wir erwähnen hier der Kürze wegen nur: K. Justi, 'Winckelmann, sein Leben, seine Werke und seine Zeitgenossen', 1. Band, Leipzig 1866; und Goethe, 'Winckelmann und sein Jahrhundert', Tübingen 1805.

Seit längerer Zeit wird Winckelmann's Geburtstag, der 9. December, sowol vom Archäologischen Institut in Rom als von anderen archäologischen Gesellschaften (an den Univer-

sitäten Berlin, Bonn, Göttingen, Greifswald, Kiel) als Winckel-
mannsfest gefeiert.

20. Heyne.

Christian Gottlob Heyne, geboren den 25. September
1729 zu Chemnitz, besuchte von 1741—48 das dortige Lyceum,
studirte seit 1748 in Leipzig Jura, alte Literatur (unter Ernesti)
und Archäologie (unter Christ), und wurde 1753 in Dresden
Copist an der Bibliothek des damaligen Ministers Brühl, in
welcher Stellung er sich eine umfassende Kenntniss der klassischen Literatur erwarb und in persönlichen Verkehr mit dem
damals noch bei und in Dresden wohnenden Winckelmann (s. d.
vor. Biogr.) trat. Die Erstlingsfrüchte seiner philologischen Arbeiten in dieser Stellung waren die Bearbeitungen des Tibull
(erschienen Leipz. 1755) und des Epiktet (Dresd. 1756).

Der Ausbruch des siebenjährigen Krieges raubte ihm seine
Stelle und er wurde, von Noth gedrängt, 1759 Führer eines
Studirenden auf der Universität Wittenberg. Doch bald vertrieb
der Krieg ihn von hier und er kehrte nach Dresden zurück, wo
er im Jahre 1760 beim Bombardement dieser Stadt seine geringe
Habe und alle seine Papiere verlor. Jetzt verschaffte er sich
ein spärliches Einkommen durch Bearbeitung eines Theils des
lateinischen Textes zu Lippert's Daktyliothek, bis er, auf Ruhnken's Empfehlung, im Jahre 1763 an Gesner's Stelle nach Göttingen als Professor der Beredsamkeit berufen wurde. Im
folgenden Jahre wurde er auch Bibliothekar der Universitäts-
Bibliothek, deren rasches Wachsthum vorzüglich sein Verdienst
war. Er starb am 14. September 1812.

Heyne hatte durch Christ's archäologische Vorlesungen und
durch den wenn auch nur kurzen Umgang mit Winckelmann
den Werth der ästhetischen Beurtheilung und Behandlung der
Ueberreste des klassischen Alterthums kennen gelernt. Indem
er nun jedes klassische Schriftwerk als ein Kunstganzes betrachtete, war er bemüht, die sprachliche und sachliche Seite
desselben in der Interpretation zusammenzufassen und auf den

innern Zusammenhang aller Theile sowie auf die einzelnen Schönheiten desselben aufmerksam zu machen. Es gelang ihm dies auch um so leichter, als es vorzugsweise Dichterwerke waren, die er seiner Bearbeitung unterwarf. So entstand seine nach Verdienst viel verbreitete und in ihrem hermeneutischen Theile noch unübertroffene Ausgabe des Vergil (sie erschien zuerst Leipzig 1767 ff. in . 4 Bänden; vielfach verbessert in 4. Auflage herausgegeben von Phil. Wagner, 5 Bände, Leipzig 1830 ff.). Wie nothwendig Heyne die ästhetische Seite der Interpretation bei der Bearbeitung des Vergil betrachtete, spricht er in der Praefatio zum 1. Theil der 1. Auflage (p. 31 sq. der Wagner'schen Ausgabe) in folgenden, noch jetzt wohl zu beachtenden Worten aus: 'Cum Vergilius is sit in quo legendo magna iuvenilium studiorum pars consumi soleat, eo quidem consilio, dummodo multi id sibi propositum haberent, ut ad adolescentum ingenia polienda, ad sensum et gustum pulcritudinis acuendum, ad iudicium de omnibus iis, quae ab arte et ingenio elaborata et expressa oculorum animique sensui subiici possunt, informandum valere illa lectio et vim habere debeat *), feci id, quod in alio poeta, qui non ita omnium manibus teritur, aut non nisi a callentioribus et doctioribus legitur, non mihi faciendum esse putarem, ut non modo ad ea, quae difficilia ad intelligendum et obscura sunt, verum ad illa etiam legentium animos adverterem, quae pulcra in poeta et praeclara insignique aliqua venustate nobilitata sunt, ut iisdem, in aliis poetis, sive observandis ac deprehendendis sive diiudicandis, adsuescerent. Quam interpretum sive sollertiam sive industriam cum saepe in puerili lectione desiderarim, aliorum votis similibus satis facere hoc instituto volui, simulque exemplum proponere iis, qui alia bona disciplina usi non sunt, ut habeant, ad quod se componant, si

---

*) Quintil. Inst. 1, 8, 5: Optime institutum est, ut ab Homero atque Vergilio lectio inciperet, quamquam ad intelligendas eorum virtutes firmiore iudicio opus est: sed huic rei superest tempus, neque enim semel legentur: interim et sublimitate heroici carminis animus adsurgat, et ex magnitudine rerum spiritum ducat et optimis imbuatur.

in invenili coetu poetas praelegunt et interpretantur. Quamquam enim illa ratio difficultatis aliquantum, paullo plus etiam in se habet, quam promittere videtur; sine tali tamen interpretationis genere vix ullus verus fructus ad elegantium et ingenii perpolitionem aut orationis exornationem ex poetae lectione capi potest'.

Auf die Bearbeitung des Vergil folgte die des Pindar (sie erschien zuerst Götting. 1773, in 2 Bdn.; die 2. Aufl. in 3 Bdn. Leipz. 1817); alsdann, nach beinahe 30jährigem Zwischenraum, die der Ilias des Homer (Leipz. 1802 in 8 Bdn).

Ausser diesen Dichterwerken bearbeitete Heyne noch Apollodor's Bibliotheca Graeca (2 voll., Gottting. 1782, 2. Auflage, ib. 1803). — Seine Abhandlungen und Programme sind gesammelt in: Opuscula academica, 6 voll. Gotting. 1785—1812.

Sein Leben und Wirken schildert Heeren, Chr. G. Heyne, biographisch dargestellt, Göttingen 1813.

21. Wolf.

Friedrich August Wolf war geboren den 15. Februar 1759 zu Haynrode, einem Dorfe bei Nordhausen, erhielt den ersten Unterricht von seinem Vater, einem Schulmeister und Cantor, besuchte dann das Gymnasium in Nordhausen und bezog im Jahre 1777 die Universität Göttingen, reich an Kenntniss der griechischen und römischen Literatur, die er sich in den letzten Jahren seines Gymnasialstudiums durch ungewöhnlichen Privatfleiss, der sich bis auf das Excerpiren ganzer Partien aus umfassenden Lexicis, wie des Scapula und dem Gesnerschen Thesaurus ausdehnte, und unterstützt durch ein ausserordentliches Gedächtniss, angeeignet hatte.

Dass er bei seiner Inmatriculation (im April 1777) darauf bestand, als Studiosus philologiae inscribirt zu werden, ist bereits oben (S. 14) erwähnt. Nach seinem eigenen Geständnisse (in einer kurzen Selbstbiographie) zog ihn nach Göttingen mehr die reiche Bibliothek als die gerühmte Gelehrsamkeit seiner

Professoren ('unde apparet, quo siti ad Göttingensis opes acces-
serim, quibus magis quam professorum celebri doctrina ad eum
locum trahebar'). In der That besuchte er sehr wenige Vorlesungen und auch die wenigen in der Regel nicht länger als
in den ersten Semesterwochen. Dennoch brachte er es bereits
vor Ablauf des fünften Semesters durch unermüdliches Selbst-
studium so weit, dass Heyne, der ihm wegen des Nichtbesuchens
seiner Vorlesungen nicht besonders gewogen war *), ihn (im Juli
1779) als Lehrer am Pädagogium zu Ilfeld empfahl, wohin er
im October, erst zwanzig Jahr alt, abging. Nach drei Jahren
(1782) wurde er Rector der Stadtschule zu Osterode am Harz;
und schon im nächsten Jahre (1783) erhielt er, in Folge seiner
kurz vorher erschienenen Ausgabe von Plato's Gastmahl (Leipz.
1782), welche die Aufmerksamkeit des preussischen Ministers
Zedlitz auf ihn gelenkt hatte, die Professur der Philologie und
Pädagogik in Halle, wozu im folgenden Jahre auch die der Beredsamkeit kam.

In Halle entfaltete Wolf seine grossartige philologische
Thätigkeit als Lehrer und Schriftsteller. Wie er der Begründer
der Wissenschaft der Philologie (oder nach seiner Bezeichnung
der 'Alterthumswissenschaft') geworden, ist oben in der 1. Abtheilung ausführlich entwickelt. Ebenso ist bereits oben (S. 59)
der Gründung des von ihm für so überaus wichtig erkannten
philologischen Seminars Erwähnung geschehen; endlich (S. 58)
der dreijährige Cyclus seiner Vorlesungen angegeben worden.

---

*) Wolf hatte im ersten Sommer-Semester seines Universitätsstudiums
ein Privat-Collegium über die Ilias angenommen, fand aber in demselben
weit weniger als ihm bereits aus seinen Privatstudien bekannt war (er hatte,
schon damals von Zweifeln an den Einen Homer erfüllt, alle alten und
neuen Interpreten, Uebersetzungen u. s. w. durchstudirt) und nahm besonders
Anstoss an Heyne's wegwerfendem Urtheile über die Kritik; daher er schon
in der fünften Woche (nach dem Ende des 1. Gesanges) aus dem Collegium
fortblieb. Heyne bemerkte dies und rächte sich an Wolf damit, dass er ihn
im nächsten Semester von seinem Privatissimum über Pindar, das Wolf gern
hören wollte, ausschloss, 'weil dazu nur longe provectissimi den Zutritt
hätten'. Später, seitdem Wolf in Halle war, wurde das Verhältniss zwischen
Heyne und ihm ein sehr freundliches.

In dieser das ganze Gebiet seiner Wissenschaft umfassenden
Lehrthätigkeit wirkte er an der hallischen Universität bis zum
Jahre 1806, in welchem Jahre bekanntlich diese Universität
wegen des franzosenfeindlichen Geistes ihrer Studenten von
Napoleon aufgehoben wurde. Wolf begab sich jetzt nach Berlin,
wo er als ordentliches Mitglied der Akademie der Wissenschaften
wirkte und Einer der Ersten war, der die Nothwendigkeit der
Gründung einer neuen Universität zu Berlin statt der verlorenen
hallischen erkannte, und der an der Ausführung des Planes den
thätigsten Antheil nahm *). Doch trat er in das neue Institut
nicht als ordentlicher Professor ein, sondern hielt an demselben
als Mitglied der Akademie freie Vorträge von 1811 bis 1824,
in welchem letztern Jahre er zur Wiederherstellung seiner Gesundheit nach dem südlichen Frankreich reiste. Um die Mitte
des Juli langte er in Marseille an und benutzte die dortigen
Seebäder Anfangs mit gutem Erfolge; allein eine starke Magen-
erkältung beschleunigte seinen Tod. Er starb am 8. August 1824.

Wolf's literarische Erstlingsarbeit, die Ausgabe von Plato's
Gastmahl, aus dem Jahre 1782, ist bereits im Vorstehenden
genannt. Im folgenden Jahre liess er, lediglich für seine Vorlesungen, den sorgfältig revidirten Text der Theogonie des Hesiod
drucken unter dem Titel: Theogonia Hesiodea textu subinde
reficto in usum praelectionum seorsim edita a Fr. A. Wolf,
Halis 1783.

In den beiden nächstfolgenden Jahren (1784 u. 85) besorgte
er für die Buchhandlung des Halle'schen Waisenhauses eine
Textausgabe des Homer nach der Glasgow'schen Ausgabe, 'in
usum scholarum diligentissime expressa', 4 voll. — Zwischen

---

*) Bereits im August 1807 eröffnete Wolf dem damaligen preussischen
Cabinets-Minister v. Beyme seine Idee: 'an die Stelle der für Preussen ver-
lornen Hochschule zu Halle ein neues allgemeines Lehrinstitut in
Berlin zu errichten und mit der Akademie der Wissenschaften daselbst iu
angemessene Verbindung zu setzen, damit nicht auf längere Zeit hin der
Staat einen mit den nöthigen Hilfsmitteln versehenen Vereinigungspunkt
des gelehrten Unterrichts entbehre und dadurch die Hauptquelle verstopft
bleibe, aus welcher die geistige Wiedererweckung möglich wäre'.

den Jahren 1789 und 92 erschienen: Demosthenis oratio adversus Leptinem etc., Hal. Sax. 1789; — Luciani libelli quidam ad lectionum usus selecti, Hal. 1791; — Herodiani historiarum libri VIII, Hal. 1792; — M. T. Ciceronis Tusculanarum disputationum libri V., Lips. 1792.

Das Jahr 1792 brachte ihm endlich auch die längst ersehnte Gelegenheit — bereits zwölf Jahre vorher, im Mai 1780, hatte er dem bekannten Buchhändler Nicolai in Berlin den Antrag zur Herausgabe eines grössern Werkes über Homer und dessen Gesänge gestellt, aber eine ablehnende Antwort erhalten (siehe Körte's Friedr. Aug. Wolf, 1, 74 ff.) — seine Forschungen und neuen Ideen über Homer zu veröffentlichen. — Da seine im Vorstehenden erwähnte Schulausgabe von Homer's Werken vergriffen war, wünschte die Buchhandlung des Waisenhauses von ihm die ihr längst versprochene neue Textrevision. Er ging sofort mit dem grössten Eifer an die letzte Durchsicht seiner Arbeit und so erschien nach zwei Jahren diese neue Recension unter dem Titel: Homeri Ilias, ex veterum criticorum notationibus optimorumque exemplarium fide recensita. Vol. 1. 2. Halis 1794. Der zugleich damit ausgegebene tomus prior enthält: Prolegomena ad Homerum, sive de operum Homericorum prisca et genuina forma variisque mutationibus et probabili ratione emendandi, scripsit Frid. Aug. Wolfius, vol. 1., Hal. Sax. 1795.

Welch eine gewaltige Bewegung die Wolf'schen Prolegomena in der Gelehrtenwelt hervorriefen; wie die Letztere sich in zwei streitende Lager theilte, in das der Zustimmenden und das der Widersprechenden; wie der darüber entbrannte Streit zu tiefgehenden Untersuchungen führte und 'die homerische Frage' zu einer noch gegenwärtig nicht vollständig beantworteten gestaltete: dies ist Gegenstand der Literaturgeschichte (übersichtlich dargestellt in Bernhardy's griechischer Lit.-Gesch., 3. Bearb. und in Pauly's Real-Encyclop. Art. Homerus).

Nach dem Homer und den Prolegomena erschienen von Wolf noch während seiner Wirksamkeit in Halle: M. T. Ciceronis quae ferunter orationes quatuor (post reditum, ad

Quirites, pro domo sua, de haruspicum responsis, Berol. 1801. —
M. T. Ciceronis quae vulgo fertur oratio pro M. Marcello,
Berol. 1802.—Vermischte Schriften und Aufsätze in lateinischer und deutscher Sprache, Halle 1802. — C. Suetonii
Tranquilli Opera, 4 voll., Lips. 1802. — Während seiner Wirksamkeit in Berlin veröffentlichte er: Museum der Alterthumswissenschaft, herausgegeben von Wolf und Buttmann,
2 Bde., Berl. 1807 u. 1810. — Museum antiquitatis studiorum opera F. A. Wolfii et Phil. Buttmanni, vol. 1. fasc. 1 et 2.,
Berol. 1808 et 11. — Von einer milden Stiftung Trajans,
vorzüglich nach Inschriften etc., Berl. 1808. — Aristophanes'
Wolken, eine Komödie, griech. und deutsch, Berl. 1811. — Zu
Plato's Phädon, Berl. 1811.—Platonis dialogorum delectus,
pars I. Euthyphro, Apologia Socratis, Crito, ex recens. cum lat.
interpret. F. A. Wolfii, Berol. 1812; daraus besonders Apologia
Socratis, in usum gymnasiorum, Berol. 1820. — Litterarische
Analecten, vorzüglich für alte Litteratur und Kunst, deren Geschichte und Methodik, 2 Bde. (oder 4 Hefte), Berl. 1817—1820.
Er stellte die Fortsetzung dieser gediegenen Zeitschrift (die er
mit einer Charakteristik Richard Bentley's eröffnete), sowie überhaupt seine schriftstellerische Thätigkeit im Jahre 1820 ein, als
die Berliner Censur auch über die Schriften der Mitglieder der
Akademie der Wissenschaften in Berlin verhängt wurde.

Nach seinem Tode sind, meist aus Collegienheften (und zum
Theil unkorrekt) herausgegeben: Wolf's Anmerkungen zu Hesiod's
Scutum Herculis in der Ausgabe von Ranke, Quedlinb. 1840;
— dessen Vorlesungen über die 'Encyclopädie der Philo-
lologie', von Stockmann (Bergk), Leipz. 1830; neue Aufl. 1845.
— 'Darstellung der Alterthums-Wissenschaften' von Hoffmann,
das. 1833; — 'Vorlesungen über die Alterthumswissenschaft', von Gürtler, 5 Bände, daselbst 1831 ff.; — Consilia
scholastica, von Fröhlich, 2 Hefte, Wertheim 1829 ff. — Sein
umfangreicher handschriftlicher Nachlass (ein Verzeichniss davon
enthält die bald zu erwähnende Biographie, in 2 Bdn. S. 261—
307) befindet sich in der Königlichen Bibliothek zu Berlin.

Eine ausführliche Biographie Wolf's enthält die Schrift seines Schwiegersohnes Wilh. Körte: 'Leben und Studien Friedr. Aug. Wolf's des Philologen, 2 Theile, Essen 1833.

22. Boeckh.

August Boeckh, geboren den 24. November 1785 in Karlsruhe, besuchte seit seinem siebenten Lebensjahre das dortige Gymnasium illustre, studirte von 1803—1806 in Halle Philologie und Theologie unter Fr. A. Wolf und Schleiermacher, und trat zu Ostern 1806 in Berlin in das von Gedike geleitete Seminar für gelehrte Schulen ein. Wegen der Kriegsunruhen kehrte er nach seiner Heimat zurück und habilitirte sich im Sommer 1807 als Privatdocent an der Heidelberger Universität; noch im Herbst desselben Jahres wurde er daselbst ausserordeutlicher und zwei Jahre später (1809) ordentlicher Professor. Ostern 1811 wurde er Professor der Beredsamkeit und der alten Literatur an der neu errichteten Universität in Berlin, und im Jahre 1814 daselbst Mitglied der Akademie der Wissenschaften. Er starb am 3. August 1867.

Boeckh war der grösste Schüler Fr. Aug. Wolf's; er hat den vom Meister angelegten wissenschaftlichen Bau mit klarem Geist und sicherer Hand weitergeführt und durch Red' und Schrift die Kenntniss und die Werthschätzung des antiken Geisteslebens mächtig gefördert. Was auch immer vom theoretischen Standpunkte gegen seine Systematisirung der Philologie (s. dieselbe oben S. 29) eingewandt werden möchte: seine Reproduction des geistigen Lebens der Alten war ein harmonisch abgerundetes Ganzes, war der krystallhelle Spiegel des antiken Denkens, Fühlens und Schaffens.

Seine Hauptwerke sind: die Ausgabe des Pindar, 2 Bde. in 4 Theilen, Leipz. 1811 ff.; — Die Staatshaushaltung der Athener, 2 Bde., Berl. 1817, 2. verbess. Aufl. daselbst 1851; — Metrologische Untersuchungen über Gewichte, Münzfusse und Maasse des Alterthums, Berl. 1838; — Urkunden

über das Seewesen des attischen Staats, Berl. 1840. —
Endlich das im Auftrage der Akademie der Wissenschaften von
ihm herausgegebene Corpus Inscriptionum Graecarum,
4 voll., Berol. 1824 – 62. — Seine gesammelten kleinern Schriften
werden herausgegeben von Ascherson u. And., bis jetzt 5 Bde.,
Leipz. 1858 ff.

Biographisches über Boeckh lieferte Klausen in: Hofmann's
Lebensbilder berühmter Philologen (1837), 1. Heft; Unsere Zeit,
neue Folge, 3. Bd. S. 740 ff.; Sachse, Erinnerungen an August
Boeckh, Berlin 1868.

23. Gottfried Hermann.

Johann Gottfried Jacob Hermann, geboren den 28. November 1772 in Leipzig, wurde von Ilgen, dem nachmaligen
Rector in Pforta, privatim für die Universität vorbereitet, bezog
dieselbe in seiner Vaterstadt, vierzehn Jahre alt (1786), und
studirte Rechtswissenschaft und klassische Literatur (Letztere
unter dem mit ihm verwandten Fr. Wolfgang Reiz). Um sich
philosophisch auszubilden, ging er 1793 nach Jena und hörte
dort Reinhold. Im Jahre 1794 habilitirte er sich an der Leip-
ziger Universität als Privatdocent; 1798 wurde er daselbst ausserordentlicher Professor der Philosophie; 1803 ordentlicher Professor
der Beredsamkeit, und 1809 auch Professor der Poesie. Er starb
31. December 1848.

Gottfried Hermann vertrat in hervorragendster Weise die
kritisch-grammatische Seite der Philologie; seine Richtung
grenzte sich daher scharf ab von der universalen Richtung Friedr.
Aug. Wolf's und Boeckh's. Er war der letzte und grösste Re-
präsentant des Humanismus in unserm Jahrhundert; als Kritiker
am Meisten mit Bentley vergleichbar.

Seine Hauptwerke sind: 1) in der Metrik: De metris
Graecorum et Romanorum poetarum, Lips. 1796; — Handbuch der Metrik, Leipz. 1798; — Elementa doctrinae metricae (das am Meisten verbreitete Werk über antike Metrik),
Lips. 1816; — Epitome doctrinae metricae, Lips. 1818;

2. Aufl. 1844; — und de metris Pindari in der Heyne'schen
Ausgabe des Pindar, Gött. 1773, 2. Aufl. Lips. 1817. — 2) in
der Grammatik: De emendanda ratione Graecae gram-
maticae, Lips. 1801; — Zusätze und Excurse zu Vigerus, de
Graecae dictionis idiotismis, Lips. 1802, 4. Aufl. 1834; —
De particula ἄν libri IV, Lips. 1831. — 3) Ausgaben der Klassiker: die Fortsetzung und Vollendung der von Erfurdt begon-
nenen Ausgabe des Sophokles, Lips. 1823; — die Tragödien
des Euripides, ib. 1800 sq.; — Aristophanis Nubes, ib.
1799, 2. Aufl. 1830; — Orphica, ib. 1805; — Homeri Hymni
et Epigrammata, ib. 1806; — Plauti Trinummus, ib. 1800,
und dessen Bacchides, ib. 1845; — Aristotelis de arte poetica,
ib. 1802; — Photii Lexicon, ib. 1808. — Draconis Stratoni-
censis libri de metris, ib. 1812. Erst nach seinem Tode
erschien (von seinem Schwiegersohne Mor. Haupt herausgegeben)
die lange vorbereitete Ausgabe des Aeschylus, 2 voll., Lips. 1852;
und die Ausgabe der griechischen Bukoliker Bion und Moschus,
ib. 1849. — Seine sehr zahlreichen, durch mustergiltige Latinität
sich auszeichnenden kleineren Schriften (Abhandlungen, Programme etc.) sind von ihm selbst herausgegeben unter dem
Titel Opuscula, 7 voll., Lips. 1827 sq.

Seine hohen Verdienste sind gewürdigt in O. Jahn, Gottfr.
Hermann, eine Gedächtnissrede, Leipzig 1849, wieder abgedr. in
den biograph. Aufsätzen S. 91 ff.; und in E. Platner, zur
Erinnerung an Gottfr. Hermann, in der Zeitschr. für die Alter-
thumswissensch. 1849 S. 1 ff.

24. Niebuhr.

Barthold Georg Niebuhr, der Sohn des berühmten
Reisenden Karstens Niebuhr, war geboren den 27. August 1776
zu Kopenhagen, erhielt den Jugendunterricht in Eutin und Hamburg, studirte 1793 und 94 in Kiel die Rechte und die folgenden
anderthalb Jahre in Edinburgh die Naturwissenschaften, während die Neigung zur Philologie und Geschichte in ihm vor-

waltete. Nach seiner Rückkehr ins Vaterland, 1796, wurde er Privatsekretär des dänischen Finanzministers Schimmelmann, und zugleich supernumerärer Sekretär an der Königlichen Bibliothek in Kopenhagen. Dabei setzte er seine Privatstudien in der klassischen Literatur, der alten Geschichte und den Staatsalterthümern fort.

Im Jahre 1798 trat er in den öffentlichen Staatsdienst; er wurde 1803 zum Mitdirektor der Bank und 1814 zum Commitirten des Commerzcollegiums ernannt. Im Jahre 1806 trat er in den preussischen Staatsdienst und wurde Mitdirektor der Seehandlung in Berlin; 1808 Staatsrath und Beamter im Finanz-Ministerium.

Nach Wiederherstellung des Friedens wurde er, im Jahre 1816, preussischer Gesandter in Rom, und er benutzte die glückliche Musse, welche diese Stellung ihm gewährte, zu umfassenden Alterthumsstudien, wobei er auf sich den Goethe'schen Wahrspruch anwandte: „Was man in der Jugend wünscht, hat man im Alter die Fülle" (Niebuhrs Brief an Goethe v. 13. April 1816).

Im Jahre 1823 wurde er von seinem Gesandtschaftsposten abberufen und er begab sich nach Bonn, wo er als Professor der Geschichte mit ausserordentlichem Erfolge wirkte. Er starb an 2. Januar 1831 in Folge des Schreckens, den ihm der Ausbruch der französischen Julirevolution einflösste, weil er in ihr den Beginn einer neuen Verirrung und Verwilderung in Europa zu erkennen glaubte.

Niebuhr hat sich durch seine römische Geschichte und durch die Entdeckung der Palimpsesten des Gajus*), sowie

---

*) Es war auf seiner Reise nach Rom im Jahre 1816, als ihm in Verona beim Besuche der Bibliothek des Domcapitels eine Handschrift auf Pergament (Nr. 13) in die Hände fiel, die meist Episteln des heil. Hieronymus enthielt, unter deren gegenwärtigen Schriftzügen er aber das Werk eines alten Juristen entdeckte. Der Schwierigkeit des Lesens ungeachtet gelang es ihm mit Hülfe einer Galläpfel-Tinktur nicht allein ein Blatt des Codex (fol. 47) zu entziffern, sondern auch ausserdem noch zwei de iure fisci handelnde Pergamentstücke abzuschreiben, sammt einem einzelnen von den Präscriptionen und den Interdicten sprechenden, nicht rescribirten Blatte. Der

durch seine gediegenen historischen Vorträge einen bleibenden
Namen in der Geschichte der Alterthums-Wissenschaft gesichert.
Von seinen philologischen Arbeiten sind zu erwähnen die kritische Ausgabe des Fronto, Berl. 1816, der beiden Fragmente
der Reden des Cicero für Fonteius und C. Rabirius, Rom
1820, der Inscriptiones Nubienses, Rom 1821, und die von
ihm begonnene Herausgabe der Scriptores Historiae Byzantinae, Bonn 1828 sq. — Endlich verdient hier noch besonderer Erwähnung sein 'Brief an einen jungen Philologen', enthalten in
den: 'Lebensnachrichten über B. G. Niebuhr aus Briefen desselben' etc. Hamburg 1838. Band 2 S. 200—212. (S. unten, Beilage IV.) — Seine Vorlesungen über 'alte Geschichte' und über
'alte Länder- und Völkerkunde' sind nach seinem Tode herausgeg.
v. M. Niebuhr und Isler, Berlin 1846 ff., und englisch von
L. Schmitz, London 1850 ff.

Sein Leben und seine Verdienste sind geschildert in den
eben erwähnten Lebensnachrichten etc., in K. G. Jacob vor Niebuhr's Brief an einen jungen Philologen, Leipzig 1839 und in:
Life and letters of B. G. Niebuhr, by Susanne Winkworth, 3 voll.,
London 1852.

25. Otfried Müller.

Karl Otfried Müller, geboren den 28. August 1797 zu
Brieg, besuchte das dortige Gymnasium, studirte 1814 in Breslau
unter Joh. Gottl. Schneider (Saxo) und Heindorf, seit 1815 in
Berlin unter Boeckh. wurde im Jahre 1817 Lehrer am Magda-
lenäum in Breslau, 1819 ausserordentlicher, und 1823 ordentlicher Professor der Alterthumskunde in Göttingen. Im Herbst

---

Entdecker bemerkte sogleich, dass das erste der genannten Blätter aus den
Institutionen des Gajus gerettet sei, dasselbe erkannte Savigny, dem die
Blätter übersendet wurden. Die rescribirte Handschrift enthält 125 Quart-
blätter, 62 derselben sind sogar zweimal rescribirt, indem man sie schon
früher einmal zur Abschrift von Briefen des Hieronymus benutzt hatte, und
dann erst, nachdem auch diese zweite Schrift wieder ausgelöscht worden
war, die jetzt darauf befindliche dritte aufgetragen wurde.

des Jahres 1839 unternahm er eine Reise nach Italien und Griechenland, wurde in Athen vom Wechselfieber befallen und starb daselbst am 1. August 1840.

Otfried Müller hat mit hoher Begabung und rastlosem
Wissensdrange den von Fr. Aug. Wolf und Boeckh in der Philo-
logie angebahnten Weg verfolgt und, durch seine amtliche
Stellung in Göttingen ebenso sehr veranlasst wie unterstützt,
auch das Kunstgebiet in den Kreis seiner schriftstellerischen
Thätigkeit gezogen. Er betrachtete die Philologie als die Wissen-
schaft, 'welche sich die ganze volle Auffassung des antiken
Geisteslebens in Verstand, Gefühl und Phantasie zum Ziele
setze', und theilte das Ganze in die drei Sphären: Sprache,
Religionen, praktisches Leben, aus denen als ihren Motiven er
Literatur, Kunst und Wissenschaft hervorgehen liess.

Seine überaus zahlreichen Schriften umfassen das klassische
Schriftthum und die Literaturgeschichte, die Geschichte und die
Alterthümer, und die Archäologie der Kunst. Er begann seine
schriftstellerische Thätigkeit mit Aeginetorum liber, Berol. 1817.
Schon nach wenigen Jahren folgte das tiefgelehrte historische
Werk: Geschichte hellenischer Stämme und Staaten, enthaltend Orchomenos und die Minyer, Breslau 1820, und die
Dorier, das. 1824 (neu herausgegeb. von Schneidewin, 3 Bde.,
das. 1844). — Es folgten: Ueber die Wohnsitze, Abstammung
und ältere Geschichte des macedonischen Volkes, Berl.
1825; — die Etrusker, 2 Bde., Bresl. 1828. — Handbuch
der Archäologie der Kunst, Bresl. 1830 (3. Aufl. von Welcker,
1846); dazu: Denkmäler der alten Kunst, von Müller und
Oesterley, Gött. 1832 ff. — Prolegomenen zu einer wissenschaftlichen Mythologie, Gött. 1825. — Varro, de lingua
latina, Berol. 1833; die Eumeniden des Aeschylus, Gött.
1833; 1. und 2. Anhang, das. 1834 ff.; — Festus, de verborum significatione, Berol. 1839; — History of the literature of ancient Greece, 1. vol., Lond. 1840 (deutsch von seinem
Bruder Ed. Müller unter dem Titel: Geschichte der griechischen
Literatur bis auf das Zeitalter Alexanders, 2 Bde., Bresl. 1841).

— Eine grosse Menge seiner Abhandlungen befindet sich in den Commentationes societatis regiae scientiarum Gottingensis, in der Ersch- und Gruber'schen Allgem. Encyclopädie, im Rhein. Museum u. v. a. in- und ausländischen, namentlich englischen und italienischen Zeitschriften. — Seine 'kleine deutsche Schriften' sind herausgeg. von Ed. Müller, 3 Bde., Berlin 1847 ff. Vergl. über ihn: Fr. Lücke, Erinnerungen an Karl Otfr. Müller, Gött. 1841; und F. Ranke, K. O. Müller, ein Lebensbild, Berl. 1870.

26. Immanuel Bekker.

August Immanuel Bekker, geboren den 21. Mai 1785 in Berlin, erhielt seine Jugendbildung im grauen Kloster unter Spalding, studirte 1803 in Halle unter Wolf, der ihn wegen seiner gründlichen Kenntnisse sogleich ins philologische Seminar aufnahm und wegen seines unermüdlichen Fleisses zu seinen vertrautesten Schülern rechnete, ihn auch 1806 zum Inspector des Seminars wählte*). Im Jahre 1810 wurde er auf Wolf's Empfehlung zum Professor der Philologie an der neu errichteten Universität in Berlin ernannt. Behufs handschriftlicher Studien lebte er von 1810 bis 12 in Paris, ebenso im Sommer 1815, um für das Corpus Inscriptionum Graecarum die Papiere Four-

*) 'Wolf fühlte sich zu dem kräftigen Jüngling Bekker hingezogen, dessen nüchterner Scharfsinn, eiserner Fleiss und derber Stoicismus sich ihm, dem Lehrer, von der vortheilhaftesten Seite zeigte; denn keine Aufgabe war diesem Schüler zu schwer, keine Arbeit zu mühselig, keine Zumuthung zu stark, kein Forschen zu geringfügig. Auf Alles warf er sich mit ganzer Kraft; mit unbesiegbarer Ausdauer brachte er zu Ende, was er anfing, alle Beschwerden der Armut mit einem unzerstörbaren Gleichmute ertragend. Solch einen Jüngling mit ehernen Eingeweiden hatte sich Wolf lange zur Ausbildung zum Philologen gewünscht, also nahm er sich seiner mit wahrhaft väterlicher Fürsorge an; er nahm ihn sogleich ins Seminar auf, unterstützte ihn wo und wie er nur immer konnte und vertraute ihm unbegrenzt. Nie hat er früher oder später sich so eifrig für einen jungen Mann bei der Universität und bei den höheren Behörden verwandt'. (Körte, Fr. Aug. Wolf, Th. 1, S. 231).

mont's zu benutzen. Seit dem Jahre 1817 durchmusterte er die
Bibliotheken Italiens, namentlich von Verona, Mailand, Venedig,
Rom, Neapel; auf der Rückreise im Jahre 1819 besuchte er
Turin und abermals Paris. Im Sommer 1820 studirte er die
Handschriften in Oxford, Cambridge und London, endlich in
Leyden und Heidelberg. Er starb am 7. Juni 1871 in Berlin.

Bekker hat, obgleich Wolf's Schüler und Boeckh's Studien-
genoss die ausschliessliche Richtung auf die diplomatisch-
kritische Bearbeitung des klassischen Schriftthums sein
ganzes literarisches Leben hindurch mit strengster Consequenz
festgehalten. Daher erstrecken sich seine werthvollen Leistungen
über das ganze Gebiet der griechischen Literatur von Homer
bis zu den byzantinischen Autoren herab; für die Niebuhr'sche
Sammlung der Scriptores Historiae Byzantinae hat er allein
24 Bände geliefert. Vom römischen Schriftthume hat er nur
Ausgaben des Livius und des Tacitus besorgt.

27. Welcker.

Friedrich Gottlieb Welcker, älterer Bruder des gleich-
berühmten Staatsrechtslehrers und Politikers Carl Theodor Welcker,
war geboren den 4. November 1784 zu Grünberg im Gross-
herzogth. Hessen und erhielt seinen ersten Unterricht von seinem
Vater, einem klassisch gebildeten Landpfarrer. Er studirte in
Giessen Theologie, betrieb aber privatim die klassischen Studien,
und wurde im Jahre 1803, noch nicht zwanzig Jahre alt, als
Lehrer am dortigen Pädagogium angestellt, verliess dieses Amt
aber schon nach drei Jahren, um in Italien Alterthumsstudien
zu machen. In Rom hatte er das Glück, Hauslehrer bei Wilhelm
von Humboldt zu werden, und erhielt hierdurch reichliche Gelegenheit, im Verkehr mit bedeutenden Alterthumskennern und
Künstlern (Zoëga, Akerblad, Dodwell, Thorwaldsen u. A.) seine
archäologischen Kenntnisse zu erweitern. Nach einem zwei-
jährigen Aufenthalte in Rom erhielt er 1809 die Professur der
Archäologie und griechischen Literatur in Giessen. Im Jahre 1814

nahm er als Freiwilliger an dem Kriege gegen Frankreich Theil, und verwandte den folgenden Winter in Kopenhagen dazu, die Herausgabe von Zoëga's archäologischem Nachlasse vorzubereiten. Nach seiner Rückkehr in's Vaterland der Demagogie verdächtigt, nahm er 1816 seine Entlassung aus hessischem Dienste und wurde Professor der Archäologie in Göttingen; drei Jahre später, 1816, wurde er in gleicher amtlicher Stellung und als Oberbibliothekar an die neu gegründete Universität Bonn berufen, wo er bis 1861, in welchem Jahre er sich wegen eines Augenübels von der Lehrthätigkeit zurückzog, mit ausserordentlichem Erfolge auf dem Gebiete der griechischen Literatur, griechischen Alterthümer, Archäologie, Mythologie etc. durch seine lehrreichen und anregenden Vorlesungen wirkte. Er starb am 17. December 1868.

Seine Hauptwerke sind: die äschyleïsche Trilogie, Darmstadt 1824; hierzu Nachtrag, das. 1836; — der epische Cyclus oder die homerischen Dichter, 2 Bde., Bonn 1835 ff.; — die griechischen Tragödien mit Rücksicht auf den epischen Cyclus, 3 Bde., das. 1839 ff.; — Kleine Schriften zur griechischen Literaturgeschichte, 5 Bde., das. 1844 ff.; — Alte Denkmäler, 5 Bde., Gött. 1849 ff.; — Griechische Götterlehre, 3 Bde., das. 1857 ff.

28. Karl Friedrich Hermann.

Karl Friedrich Hermann, geboren den 4. August 1804 in Frankfurt a. Main, besuchte das Gymnasium daselbst und zu Weilburg, studirte seit 1820 in Heidelberg und Leipzig, habilitirte sich 1826 an ersterer Universität, wurde 1832 ordentlicher Professor in Marburg, 1842 in Göttingen (an Otfried Müller's Stelle). Er starb daselbst am 31. December 1855.

Hermann hat, als würdiger Nachfolger Müller's, in seiner akademischen und schriftstellerischen Thätigkeit das Gesammtgebiet des klassischen Alterthums (mit alleiniger Ausnahme der Kunstalterthümer) umfasst. Seine Hauptwerke sind vor Allem das

von den gründlichsten Studien zeugende und alles Wesentliche
auf geringem Raum übersichtlich zusammenfassende Lehrbuch
der griechischen Antiquitäten (s. oben S. 85); nächstdem
das (leider unvollendet gebliebene) Werk: Geschichte und
System der platonischen Philosophie, 1. Bd., Heidelb. 1839.;
endlich die nach seinem Tode von Schmidt herausgegebene
Culturgeschichte der Griechen und Römer, 2 Bde., Gött.
1857 ff. Einer besonderen Erwähnung werth ist auch seine zur
Teubner'schen Klassiker-Bibliothek gehörende kritische Ausgabe
des Plato, 6 Bde., Leipz. 1865 ff.

29. Bernhardy.

Gottfried Bernhardy, geboren den 20. März 1800 zu
Landsberg in der Neumark, besuchte das Joachimsthal'sche Gymnasium in Berlin, studirte daselbst seit 1817 unter Wolf und
Boeckh, wurde 1820 Mitglied des Seminars für gelehrte Schulen
und Lehrer am Werder'schen Gymnasium. Im Jahre 1823 habilitirte er sich an der Berliner Universität und wurde 1825
ausserordentlicher Professor an derselben; 1819 erhielt er einen
Ruf als ordentlicher Professor an die Universität Halle und
wurde 1848 auch Oberbibliothekar.

Bernhardy hat sich um Sprache und Literatur des klassischen Alterthums hohe Verdienste erworben. In ersterer Beziehung ist zu nennen seine Wissenschaftliche Syntax
der griechischen Sprache, Berl. 1829; dazu die Paralipomena; Hal. 1862. In letzterer Beziehung haben seine beiden
Grundrisse der griechischen und der römischen Literatur, der erstere gegenwärtig bereits in der dritten, der
letztere in der fünften Bearbeitung, die weiteste Verbreitung
gefunden, wobei zu bedauern ist, dass die Geschichte der griechischen Literatur nicht über die erste, poetische Hälfte hinausgekommen ist, ein Uebelstand, der zum grössten Theile auch
in der Ottfr. Müller'schen Geschichte der griechischen Literatur
(s. oben S. 65), schwer empfunden wird. — Endlich erwähnen
wir Bernhardy's kritische Ausgabe von Suidae Lexicon, 4 voll.,

Hal. 1834 sq.; und von Geographi Graeci minores, vol. I.
Dionysius Periegetes, graece et latine c. adnott., Lips. 1828.

30. Ritschl.

Friedrich Wilhelm Ritschl (Ritschelius), geboren den
6. April 1806 in Gross-Vargula bei Erfurt, erhielt seinen Jugend-
unterricht von 1815—25 auf den Gymnasien zu Erfurt und
Wittenberg, studirte 1825 auf der Universität Leipzig unter
Hermann und 1826—29 in Halle unter Reisig, habilitirte sich
1829 an letzterer Universität und wurde 1832 ausserordentlicher
Professor an derselben. Im Jahre 1834 wurde er in gleicher
Stellung und als Direktor des philologischen Seminars an die
Breslauer Universität berufen und im folgenden Jahre zum
ordentlichen Professor ernannt. Während dieser amtlichen
Thätigkeit in Breslau und seiner Vorbereitungen einer neuen
Textesrecension des Plautus besuchte er 1837 zu 38 die bedeu-
tensten Bibliotheken Italiens.

Im Jahre 1839 wurde er zum ordentlichen Professor der
klassischen Philologie und der Beredsamkeit und zum Direktor
des philologischen Seminars in Bonn ernannt; 1854 auch zum Ober-
Bibliothekar und Direktor des akademischen Kunst- und des
rheinischen Alterthums-Museums. In Folge von Differenzen mit
dem Minister v. Mühler nahm er 1865 seine Entlassung aus dem
preussischen Staatsdienste und folgte in demselben Jahre einem
Rufe als ordentlicher Professor der Philologie und als Direktor
des Seminars nach Leipzig.

Ritschl hat in der klassischen Philologie sich ein dreifaches
weitreichendes Verdienst erworben. Er hat zuerst durch die
historisch-kritische Methode, mit welcher er an die Prüfung der
Plautushandschriften vor Feststelluug eines plautinischen Textes
herangegangen, und durch die umfassenden Untersuchungen, die
er hieran knüpfte, die Bahn eröffnet für eine wissenschaftliche Handschriftenkritik als unerlässliche Vorbedingung
für Herstellung eines diplomatisch beglaubigten Klassikertextes.

Er hat ferner durch seine in die ältere römische Literatur eingreifenden Untersuchungen die Sammlung, Sichtung und sprachliche Verwerthung der ältesten Ueberreste der lateinischen Sprache angeregt. Und er hat endlich, wie kein Philolog vor ihm, die Wichtigkeit der lateinischen Inschriften für die Grammatik erkannt und dadurch die lateinische Epigraphik und Numismatik aus ihrer bisherigen Isolirtheit in einem Winkel des antiken Kunstkabinets an das Licht der sprachwissenschaftlichen Untersuchung und Werthschätzung herausgeführt.

Von seinen Hauptwerken, dem Plautus und seinen Prolegomena, den Parerga Plautina et Terentiana, dem Prachtwerke Priscae Latinitatis monumenta epigraphica ist bereits oben (S. 44 u. 74) die Rede gewesen. Von allgemeinem literarhistorischem Interesse ist seine Schrift: 'die alexandrinische Bibliothek und die Sammlung der homerischen Gedichte durch Pisistratus', Bresl. 1838. — Eine grosse Anzahl seiner kleineren Schriften ist gesammelt in den Opuscula philologica, 2 voll., Lips., viele andere sind zerstreut in Bonner Universitäts-Programmen und in der von ihm mitredigirten Zeitschrift 'Rheinisches Museum'. — Seine jüngste Schrift: 'Neue plautinische Excurse', 1. Heft, Leipz. 1869, enthält eine überaus werthvolle und zu neuer Forschung anregende Untersuchung über das 'auslautende D im alten Latein'.

Eine Würdigung der Verdienste Ritschl's enthält die Schrift von W. Brambach: Friedr. Ritschl und die Philologie zu Bonn, Leipz. 1865.

So habe ich Ihnen denn, mein junger Freund, in wenigen allgemeinen, aber wie ich hoffe, kennzeichnenden Zügen das wissenschaftliche Gebiet in seinem Umfange und seinen Theilen zu veranschaulichen gesucht, auf welchem Sie nicht blos in den nächsten drei oder vier akademischen Jahren, sondern Ihre ganze weitere Lebenszeit hindurch sich bewegen werden. Ich weiss

dem bisher Gesagten kein geeigneteres, kein durch die Geschichte
der Philologie und deren Meister besser begründetes Schlusswort
zu geben, als dass ich Ihnen die stete Erwägung des hesiodischen Wahrspruches empfehle, den ich meinem Schreiben an die
Stirn gesetzt habe:

Τῆς δ' ἀρετῆς ἱδρῶτα.

Breslau, Mitte Januars 1872.

Wilhelm Freund.

Nachschrift, Anfang Augusts.

Nach einer in diesen Tagen von der B. G. Teubner'schen
Verlagsbuchhandlung veröffentlichten Mittheilung ist es Herrn
Prof. Corssen gelungen, in dem bisher so räthselhaften Etruskischen, (s. oben S. 41) 'eine rein italische Sprache' zu ermitteln, die 'durch innige Blutsverwandtschaft mit dem
Lateinischen, Umbrischen und Oskischen verbunden ist,
so regelmässig und sinnreich in Lautgestaltung und Formen-
bildung wie jede der verwandten Sprachen'. Bei der ausserordentlichen Wichtigkeit dieser Entdeckung für die Sprachwissenschaft erscheint es mir als Pflicht, Sie auf das bereits im
Drucke befindliche Werk des hochverdienten Gelehrten: 'Ueber
die Sprache der Etrusker' im Voraus aufmerksam zu machen.

Endlich empfehle ich Ihnen noch zur ersten Einführung in
die Handschriftenkunde die beiden lehrreichen Schriften von

W. Wattenbach, Anleitung zur griechischen Paläographie;
nebst 12 Schrifttafeln. Leipz. 1867; und
dessen Anleitung zur lateinischen Paläographie.
Ebendas. 2. Aufl. 1872.

Beilagen.

I.

Zu S. 14 (aus Körte, Fr. Aug. Wolf, 1, 40 ff. u. 46 ff..

A) (S. 40 ff.) 'Heyne, mit grämlicher Miene aus seiner Studirstube hastig auf Wolf zukommend (*prorumpens*), hatte kaum den Empfehlungsbrief gelesen, als er ihn verwundert fragte: auf wessen thörichten Rath er denn seine Studien so verkehrt gewählt habe und wie er denn darauf gefallen sei, nichts als die sogenannte Philologie zu treiben? Dieses Studium erfordere meist theure Bücher und Reisen etc. Wolf erwiederte: Ihn habe von Kindheit an nur dies Eine Studium allein angezogen. — Ja, anziehen könne es wol, aber ein akademisch Studium 'sei es zur Zeit noch gar nicht; man müsse entweder Theolog oder Jurist sein und dazu thue man denn wohl, aus diesen *litterulis vulgo sordentibus nonnihil* dazuzuthun. Die Lust brauche man dabei nicht ganz zu verlieren; komme günstige Gelegenheit oder Beruf, so könne man mehr Zeit darauf wenden; so habe er selbst es gemacht und durch eigene Erfahrung bestätigt gesehen. — Wolf ganz bedonnert, von dem berühmtesten Philologen selbst, — dessen Name in seiner Vaterstadt selten ohne Andacht und Händefalten ausgesprochen wurde, — die Philologie so gering geachtet zu sehen, und wie dieser selbst einen dieser Studien so begierigen Jüngling davon könne zurückschrecken wollen, erwiederte: er, obgleich ohne Vermögen, sehe doch auf weiter nichts als auf die Annehm-

lichkeiten dieses Fachs, und dass es wol so viele Felder habe,
wo sich noch Ruhm erndten lasse; — besonders reize ihn die
grosse Geistesfreiheit, womit es an jedem Orte betrieben werden
könne, indem hier Niemand, wie in der Theologie, um abweichende Meinungen verketzere. Heyne aber lachte, besonders
über die Liebe zur Freiheit: *Ubi in hac vita esse libertatem?*
überall müsse man erst gehorchen lernen, ehe man von Freiheit
spreche — *obrui eam quotidie a plurimis et stultis, quorum in
nos potestas esset.* Endlich, zum Verhungern sei es in den meisten Aemtern ein Studium: da lägen mehrere Briefe vor ihm,
worin sich Rectores und Conrectores eben dem Strange überlassen
wollten, aus Noth (*ob curas culinas*) ihre Familien nicht ehrsam
ernähren zu können. Von den Magisträten und Scholarchen
könne es nichts herauspochen. —

Wolf: das habe er den Rectoribus, die er kenne, nicht an-
gemerkt; die gingen alle behaglich in der Haut einher; mit den
Conrectoribus möge es freilich knapper stehen. Da er übrigens
selbst vom Hunger bisher nichts erfahren, so denke er auch
an nichts, als sich mit dem zu beschäftigen, wohin Neigung
ihn ziehe. —

Heyne: Ei, selbst den Professoren dieses Faches gehe es ja
wenig besser; auf welchen Universitäten gebe es denn gute
Stellen der Art? Höchstens Vier bis Sechs in Deutschland! —

Wolf: „Nun, um Eine von diesen gedenke ich mich zu be-
werben." — Heyne lachte dazu behaglich, und nachdem er so
ein wenig bessere Laune gesammelt, versicherte er ihn, er meine
es mit allem dem auf's Beste; — auch sehe er mit Vergnügen
aus dem Briefe, dass er wohl vorbereitet zur Akademie komme;
was er denn alles gelesen habe? — Wolf nannte ihm eine gute
Anzahl Schriftsteller, wovon er freilich manche nur angelesen
habe. — Wieder erstaunt, erhob sich Heyne in die üble Laune:
das sei zu viel; *perpauca*, aber *multo labore* durchgelesen,
sei besser. Wolf erwiederte, wie er einen Unterschied mache
zwischen vollständigem Lesen, *statario studio*, und einem flüchtigen Durchlaufen, wobei er sich Zeichen zu weiterem Studium

an den Rand mache. Dies gefiel Heynen wieder wohl, aber ihn
genauer zu prüfen schien er entweder keine Zeit oder keine
Lust zu haben; er schloss vielmehr kurz ab: wenn er zurück-
gekommen, könne er sich nur zu einem Collegium bei ihm mel-
den; kosten solle es ihm nichts; den Fleiss unterstütze er gern'. —

B) (S. 46). 'Die nächsten Wege waren dann zum Prorector, dem
berühmten Arzte Baldinger, um sich einschreiben zu lassen, und
zu Heyne. Bei jenem ging es ihm noch schlimmer, da er ver-
langte, als Studiosus Philologiae eingeschrieben zu werden, als
neulich bei Heyne. Was dieser nur belächelt hatte, das schüt-
telte jenem lautes Lachen aus: "Medicinae Studiosos gebe es wol;
auch Juris und Theologiae, ja selbst auch Philosophiae; wer aber
auch vorzüglich auf Mathematik und dergleichen *doctrinas philo-
sophicae facultatis* sich legen wolle, sei dennoch als Theologus ein-
zuschreiben. Ein Student der Philologie sei ihm in praxi noch nicht
vorgekommen. Habe er nun die Absicht, was Gott abwenden wolle,
ein Schulmeister zu werden, so müsse er ihn doch als Theologen
einschreiben." — Wolf's Beharrlichkeit jedoch siegte; nach langem
Hin- und Herreden schrieb Baldinger wirklich: „Philologiae studiosus" in die Matrikel, welche vom 8. April 1777 datirt ist. —
    Von da nun ging er zu Heyne. Dieser stutzte nicht wenig,
als er in der Matrikel den *studiosus Philologiae* fand. Er war
zwar freundlicher als das erste Mal, indess wollte doch Wolf'en
der Ton gar nicht gefallen; er schien ihm wie unhold und zurück-
stossend. Wenn der furchtsame, bescheidene Jüngling noch manches zu sagen hatte und aus Scheu seine Worte zurechtstellen
wollte, rief Heyne sein: Adieu! und eilte in sein Schreibzimmer. —
    Jene Begegnung, welche Wolf von Heyne erfuhr, hatte einen
tiefen Eindruck auf ihn zurückgelassen. Nie konnte Wolf späterhin
einen Studenten so anlassen, selbst nicht in der übelsten Laune'.

II.

(Zu S. 44).

Die ältesten lateinischen Inschriften.

(Nach Ritschl's Priscae Latinitatis monum. und Mommsen's. Corp. Inscr. Latin.
tom. I.)

1) Carmen Fratrum Arvalium
    a) nach Ritschl's Pr. Lat. tab. 36.

ENOSLASESIVVATE

. . NOS LASES IVVATE ENOS LASESIVVATEN EVELVAERVE MARMARSINSIN. CVERERENN

PLEORES NEVELVERVE MARMAR

. . IS IN CVERERE IN PLEORIS NEVELVERVEMARMAR SERS INCVRERER IN PLEORIS SATVR .

PVRERE MARS LIMEN

.. . . ESTA BERBER SATVR. FVPERE MARS LIMEN SALIS TABERBER SATVR FVPERE MARS

LIMENSALIS TABERBER

. . VNIS ALTERNEI ADVOCAPIT CONCTOS SEMVNIS ALTERNEI ADVOCAPIT CONCTOS SIMVNIS

ALTERNEI ADVOCAPIT

. . . ORENOS MARMORIVVATO ENOS MARMORIVVATO ENOS MAMOR. IVVATO TRIVMPE TRIVMPE

TRIVMPE TRIVMPE

. . . . . PE.

    b) nach Mommsens's Abtheilung und theilweiser Ergänzung (C. I. L.
I. p. 9):

    1. a. Enos, Lases, iuvate.
      b. (E)nos, Lases, iuvate.
      c. Enos, Lases, invate.
    2. a. Neve luae rue, Marma, sius incurrere in pleores.
      b. Neve lue rue, Marmor, | (si)ns incurrere in pleoris.
      c. Neve lue rue, Marmar, sers incurrere in pleoris.
    3. a. Satur fu, fere Mars. Limen || (sali). Sta. Berber.
      b. Satur fu, fere Mars. Limen sali. Sta. Berber.
      c. Satur fu, fere Mars. Limen sa(li. Sta. Berber.
    4. a. (Sem)unis alternei advocapit conctos.
      b. Semunis alternei advocapit conctos.
      c. Simunis altern(ei) advoca(p)it '| (conct'os.
    5. a. Enos, Marmor, iuvato.
      b. Enos, Marmor, iuvato.
      c. Enos, Mamor, iuvato.
    6. a. Triumpe.
      b. Triumpe.

      c. Triumpe.
      d. Trium(pe).
      e. (Trium)pe.

2. Scipionum Elogia (Momms. C. I. L. I. p. 16 sq.).

a)   (l. corneli) O.CN. F. SCIPIO

b) . . . . . . CORNELIVS. LVCIVS. SCIPIO. BARBATVS. GNAIVOD. PATRE.
     PROGNATVS. FORTIS. VIR. SAPIENSQVE-QVOIVS. FORMA. VIRTVTEI. PARISVMA
     FVIT-CONSOL. CENSOR. AIDILIS. QVEI. FVIT. APVD. VOS.-TAVRASIA. CISAVNA
     SAMNIO. CEPIT-SVBIGIT. OMNE. LOVCANAM. OPSIDESQVE. ABDOVCIT.

c)   L. CORNELIO. L. F. SCIPIO
       AIDILES. COSOL. CESOR

d) MONC OINO. PLOIRVME. COSENTIONT R(omane)
     DVONORO. OPTVMO. FVISE. VIRO
     LVCIOM. SCIPIONE. FILIOS BARBATI
     CONSOL. CENSOR. AIDILIS. HIC FVET A(pud vos)
     HEC. CEPIT. CORSICA. ALERIAQVE. VRBE
     DEDET. TEMPESTATEBVS. AIDE. MERETO(d)

e) QVEI. APICE INSIGNE. DIAL(is fl)AMINIS. GESISTEI
     MORS. PERFE(cit) TVA. VT. ESSENT. OMNIA
     BREVIA. HONOS. FAMA. VIRTVSQVE
     GLORIA. ATQVE. INGENIVM. QVIBVS SEI
     IN. LONGA. LICV(i)SET. TIBI VTIER. VITA
     FACILE. FACTEIS SVPERASES. GLORIAM
     MAIORVM QVA. RE. LVBENS. TE. IN GREMIV
     SCIPIO RECIP(i)T. TERRA. PVBLI
     PROGNATVM. PVBLIO. CORNELI

f) L. CORNELIVS. CN. F. CN. N. SCIPIO. MAGNA SAPIENTIA
     MVLTASQVE. VIRTVTES. AETATE. QVOM. PARVA
     POSIDET. HOC. SAXSVM. QVOIEI. VITA. DEFECIT. NON
     HONOS. HONORE. IS. HIC. SITVS. QVEI. NVNQVAM
     VICTVS. EST. VIRTVTEI. ANNOS. GNATVS. XX. IS
     L(oc) EIS. MANDATVS. NE. QVAIRATIS. HONORE
     QVEI MINVS. SIT MANDATVS.

g) L. CORNELI L. F F (n)
SCIPIO. QVAIST
TR. MIL. ANNOS
GNATVS XXXIII
MORTVOS. PATER
REOEM ANTIOCO
SVBEGIT

_____

h) CN. CORNELIVS. CN. F
PR. AID. CVR. Q.
VIRTVTES GENERIS MIEIS MORIBVS ACCVMVLAVI
PROGENIE MI GENVI FACTA PATRIS PETIEI
MAIORVM OPTENVI LAVDEM VT SIBEI ME ESSE CREATVM
LAETENTVR STIRPEM NOBILITAVIT HONOR

_____

3) Pocula, specula, similia inscripta.

a) AECETIAL. POCOLOM   *b)* BELOLAI POCOLOM
c) COERAE. POCOLO   *d)* KERI POCOLOM
e) LAVIIRNAI. POCOLOM   *f)* SAIITVRNI. POCOLOM
g) SALVTES POCOLOM   *h)* VOLCANI POCOLOM
i) C POMPONI QVIR OPOS   *k)* CALENV (s) CANOLEV (s) fECIT
l) (in lammina aerea cistae Ficoronianae)

DINDIA. MACOLNIA. FILEA. DEDIT.
NOVIOS. PLAVTIOS. MED. ROMAI. FECID

m) (tabella ahenea olim parieti affixa clavis):

M. MINDIOS. L. FI
P. CONDETIOS. VA. PI
AIDILES. VICESIMA. PARTI
APOLONES. DEDERI

n) (parva basis ex lapide):

. . MISIO MAR (ti)
M. TEREBONIO C. L
DONVM. DAT. LVBEN (s)
MERITOD

_____

4) Columna rostrata C. Duilii. cos. a. u. c. CDXCIV. *).

(secest) ANO (sque) . . . . (op-)
(sidione) D EXEMET. LECIONE (sque carticiniensis omnis)

_____

*) Auf diese Inschrift bezieht sich die Bemerkung Quintilians (Inst. 1,
7, 12): Latinis veteribus D plurimis in verbis adiectum ultimum, quod mani-
festum est etiam ex columna rostrata, quae est Duellio in foro posita. Die Inschrift wurde im Jahre 1565 auf dem Forum ausgegraben. Ueber

    (ma)XIMOSQVE. MACISTR(a)TOS L(uci palam post dies)

·   (n)OVEM. CASTREIS. ERFOCIONT. MACEL(amquo opidom vi)

5.   (p)VCNANDOD. CEPET. ENQVE. EODEM MAC(istratud bene)

    (r)EM. NAVEBOS. MARID. CONSOL. PRIMOS. C(eset copiasque)

    (c)LASESQVE. NAVALES. PRĪMOS. OHNAVET PA(ravetque)

    CVMQVE EIS NAVEBOS. CLASEIS POENICAS OMN(is, item ma-)

    (x)VMAS. COPIAS CARTACINIENSĪS. PRAESENTE(d꞉hanibaled)

10.   DICTATORED. OL(or)OM. IN ALTOD. MARID. PVCN(andod vicet)

    (v)IQVE. NAVE(is cepe)T. CVM. SOCIEIS. SEPTEM(esmom unam quin-)

    (quoresm)OSQVE. TRIRESMOSQVE. NAVEIS. X(xi merset xiii)

    (auro)M. CAPTOM. NVMEI. ⏑ḃⲱⲇⲥⲥ

    (arcen)TOM. CAPTOM. PRAEDA. NVMEI ꞌꞌꞌIꞌꞌꞌ C

15.   (omne)· CAPTOM. AES. ꞌꞌꞌIꞌꞌꞌ ꞌꞌꞌIꞌꞌꞌ ꞌꞌꞌIꞌꞌꞌ ꞌꞌꞌIꞌꞌꞌ ꞌꞌꞌIꞌꞌꞌ ꞌꞌꞌIꞌꞌꞌ ꞌꞌꞌIꞌꞌꞌ

    ꞌꞌꞌIꞌꞌꞌ ꞌꞌꞌIꞌꞌꞌ ꞌꞌꞌIꞌꞌꞌ ꞌꞌꞌIꞌꞌꞌ ꞌꞌꞌIꞌꞌꞌ ꞌꞌꞌIꞌꞌꞌ ꞌꞌꞌIꞌꞌꞌ ꞌꞌꞌIꞌꞌꞌ ꞌꞌꞌIꞌꞌꞌ ꞌꞌꞌIꞌꞌꞌ ꞌꞌꞌIꞌꞌꞌ (pri)

    (mos qu)OQVE. NAVALED. PRAEDAD. POPLOM (donavet pri-)

    (mosque) CARTACINI(ens)IS (ince)NVOS. D(uxit in)

    (triumpod)   EIS   CAPT

---

5. Senatus consultum de Bacchanalibus *).

1. Q MARCIVS. L. F. S(p). POSTVMIVS. L. F. COS. SENATVM. CONSOLVERVNT. N
                                         OCTOB. APVD. AEDEM.

---

die Zeit, in welcher die ursprüngliche Inschrift in der Weise, wie sie uns jetzt vorliegt, aufgefrischt worden, bemerkt Mommsen (C. I. L. I. p. 40): 'Exemplum hodie superstes, quod fuisse ipsum a Plinio et Quintiliano in foro Romano conspectum non est cur dubitemus, non exaratum esse aetate liberae rei publicae facile apparet neque fugit harum rerum gnaros iudices Ciacconium (p. 6 ed. Lugd.), Winckelmannum (in hist. artis l. 8 c. 4 § 18), Garatonium (ad Cic. pro Planc. 25), Niebuhrium (hist. Rom. 3, 680), ut ei rei ex litterarum forma marmorisque natura solis satis perspicue non sit cur immoremur. Magis anceps quaestio est, utrum titulus ex aliquo antiquiore ita desumptus sit, ut formae litterarum noviciae admitterentur verbis antiquis retentis, an scriptus sit sub primis imperatoribus a viro aliquo docto antiquitatis sermonem affectante. Et in illa quidem opinione et Quintilianus videtur fuisse et sequuntur eam hodie plerique omnes; mihi tamen dudum haec vera visa est (vide unterital. Dial. p. 28: 'Die Inschrift der columna rostrata vom J. 494 kommt nicht in Betracht, da sie jedenfalls nur Copie einer ältern ist, wahrscheinlich aber nicht einmal dies, sondern Spielerei der Archäologie aus Claudius' Zeit'). — Ein gleiches Urtheil fällt über diese Inschrift Ritschl in Priscae Latin. Mon. Epigr. p. 82.

    *) Das genaueste Facsimile dieser Inschrift befindet sich in Ritschl's Priscae Lat. Monum. Epigr. tab. XVIII; Abdruck und Erklärung derselben in Mommsen's Corp. Inscr. Lat. I. p. 43 sq. Das Original, eine Erztafel aus dem Jahre d. St. 568 (186 v. Chr.), befindet sich in der Kaiserlichen Biblio-

2. DVELONAI SC(scribendo) ARF(uerunt) M. CLAVDI(us). M. F. L. VALERI(us). P. F.
    Q. MINVCI(us). C. F. DE BACANALIBVS. QVEI. FOIDERATEI.

3. ESENT. ITA. EXDEICENDVM. CENSVERE. NEIQVIS. EORVM. BACANAL HABVISE
    VELET. SEI. QVES.

4. ESENT. QVEI. SIBEI. DEICEHENT. NECESVS. ESE. BACANAL. HABERE. EEIS. VTEI.
    AD. PR(aetorem). VRBANVM.

5. ROMAM. VENIRENT. DEQVE. EEIS MERVS. VBEI EORVM. VERBA. AVDITA.
    ESENT. VTEI. SENATVS.

6. NOSTER. DECERNERET. DVM. NE. MINVS. SENATORBVS. C. ADESENT. (qnom
    o)A. RES. COSOLERETVR.

7. BACAS. VIR. NEQVIS. ADIESE. VELET. CEIVIS. ROMANVS. NEVE. NOMINVS
    LATINI. NEVE SOCIVM.

8. QVISQVAM. NISEI. PR(aetorum), VRBANVM. ADIESENT. ISQVE. (do) SENATVOS.
    SENTENTIAD. DVM. NE.

9. MINVS. SENATORIBVS. C. ADESENT. QVOM. EA RES COSOLERETVR. IOVSISET
    CENSVERE.

10. SACERDOS. NEQVIS. VIR. ESET. MAGISTER. NEQVE. VIR. NEQVE. MVLIER.
    QVISQVAM. ESET.

11. NEVE. PECVNIAM. QVISQVAM. EORVM. COMOINE(m. h)ABVISE. VE(l)ET. NEVE
    MAGISTRATVM.

12. NEVE. PRO. MAGISTRATV(d). NEQVE. VIRVM.. (neqne mul)IEREM. QVIQVAM.
    FECISE. VELET.

13.   NEVE. POST. HAC. INTER.. SED. CONIOVRA(se. nove). COMVOVISE NEVE
    CONSPONDISE.

14. NEVE. CONPROMESISE. VELET. NEVE. QVISQVAM. FIDEM. INTER. SED. DEDISE.
    VELET.

15. SACRA. IN. (o)QVOLTOD. NE QVISQVAM. FECISE. VELET.   NEVE. IN. POPLICOD.
    NEVE. IN.

16. PREIVATOD. NEVE. EXSTRAD. VRBEM. SACRA QVISQVAM. FECISE. VELET.
    NISEI.

17. PR(aetorem) VRHANVM. ADIESET. ISQVE. DE. SENATVOS. SENTENTIAD. DVM. NE.
    MINVS.

18. SENATORIBVS. C. ADESENT. QVOM. EA. RES. COSOLERETVR. IOVSIS(e) T. CENSVERE

19. HOMINES. PLOVS. V. OINVORSEI. VIREI ATQVE. MVLIERES. SACRA. NE.
    QVISQVAM.

20. FECISE. VELET. NEVE. INTER. IBEI. VIREI. PLOVS. DVOBVS. MVLIERIBVS.
    PLOVS. TRIBVS.

21. ARFVISE. VELENT. NISEI. DE. PR(aetoris). VRBANI. SENATVOSQVE. SENTENTIAD.
    VTEI. SVPRAD.

thek zu Wien. (Studirende der Wiener Universität mögen nicht versäumen,
diesen kostbaren Ueberrest des römischen Alterthums mit sorgfältiger Aufmerksamkeit zu besichtigen und Schrift- und Sprachform desselben ihrem
Gedächtnisse einzuprägen.)

22. SCRIPTVM. EST.   HAICE. VTEI. IN. COVENTIONID. EXDEICATIS.NE. MINVS.
                                                           TRINVM.
23. NOVNDINVM. SENATVOSQVE. SENTENTIAM. VTEI. SCIENTES. ESETIS   EORVM.
24. SENTENTIA. ITA. FVIT. SEI. QVES. ESENT. QVEI. ARVORSVM. EAD. FECISENT.
                                                    QVAM. SVPRAD.
25. SCRIPTVM. EST. EEIS. REM. CAPVTALEM. FACIENDAM. CENSVERE   ATQVE.
                                                           VTEI.
26. HOCE. IN. TABOLAM. AHENAM. INCEIDERETIS. ITA. SENATVS. AIQVOM. CENSVIT.
27. VTEIQVE. EAM. FIGIER. IOVBEATIS. VBEI. FACILVMED ONOSCIER. POTISIT.
                                                           ATQVE.
28. VTEI. EA. BACANALIA. SEI. QVA. SVNT. EXSTRAD. QVAM. SEI. QVID. IBEI.
                                                           SACRI. EST.
29. ITA. VTEI. SVPRAD. SCRIPTVM. EST. IN DIEBVS. X. QVIBVS. VOBIS. TABELAI.
                                                           DATAI.
30. ERVNT. FACIATIS. VTEI. DISMOTA. SIENT   IN AGRO. TEVRANO.

(Wegen Mangels an Raum mussten die Zeilen gebrochen wiedergegeben
werden.)

III.

(Zu Seite 59).

Friedr. Aug. Wolf's Entwurf zur Ankündigung der Eröffnung des philologischen Seminars.

(Vom Herbst 1787).

'Ich habe heut das Vergnügen, Ihnen die Anstalt, die ich
vor einem Vierteljahr am schwarzen Brette als eine künftig
einzurichtende bekannt machte, nun als eine wirklich öffentlich
gegründete anzukündigen. Das Seminarium Philologicum ist auf
die Art und nach den Bedingungen, die ich in meinem Anschlage
festsetzte, von unsers Königs Majestät bestätigt und mir die Direk-
tion darüber aufgetragen worden'.

'Sie haben also allerseits dies Institut von nun an als eine
öffentliche Stiftung anzusehen, die Sie der landesväterlichen Vor-
sorge unseres Monarchen und seiner Räthe zu verdanken haben.
Sie übernehmen aber, eben so wie ich selbst, hierdurch Pflichten,
die Ihnen, so lange Sie Mitglieder dieser Anstalt sein wollen,
heilig sein müssen'.

'Ehe ich von den Einrichtungen des Seminars und den für
Sie daraus entstehenden Obliegenheiten spreche, kann ich mich
nicht enthalten, Ihnen meine wahre innige Freude über den
Anlass und den Zweck unserer nunmehrigen Zusammenkünfte zu
bezeigen'.

'Die Meisten von Ihnen kennen mich bereits von längerer
Zeit her. Ich glaube aber Ihnen Allen freimüthig sagen zu
dürfen, dass ich von der ersten Zeit meines Hierseins an ohne
alle Neben-Absichten für Ihren und Ihrer Herren Commilitonen
Nutzen gearbeitet habe, und mit einem Eifer, für welchen ich
mir nicht von einem Jeden Belohnung versprechen kann'.

'Hätte ich so viele der gewöhnlichen Neben-Absichten gehabt, so würde ich meine Vorträge immer mehr für die Ohren
als für den Verstand eingerichtet haben. Ich bin mir vielmehr
bewusst, dass es mir niemals um Menge der Zuhörer zu thun
gewesen ist, sondern blos um Ausbreitung gründlicher Kenntnisse, also nur um wenige gut vorbereitete und lernbegierige
Zuhörer. — Desto mehr Vergnügen macht es mir, seit einiger
Zeit die gute Sache selbst über so manche Schwierigkeiten siegen
und die Liebe zur klassischen Gelehrsamkeit auf unsrer Universität wirklich wachsen zu sehen. Vor vier Jahren würde ich in
grosser Verlegenheit gewesen sein, zwölf Mitglieder zu einem
solchen Institute zu finden, während ich jetzt die wahre Freude
gehabt habe, aus einer grössern Anzahl von Bewerbern so viele
fleissige und, wie ich gewiss hoffe, zur Ehre der Anstalt von
mir aufgenommene Mitglieder auswählen zu können'.

'Der Zweck der Anstalt geht nun dahin, dem jetzt immer
mehr sinkenden Geschmack an gründlicher classischer Gelehrsamkeit aufzuhelfen und zugleich tüchtige Subjecte zu erlangen,
welche einmal als öffentliche Lehrer in gelehrten Schulen angestellt werden können'.

'Hieraus folgt also, dass Niemand der Aufnahme ins Seminar fähig ist, als wer sich mit Humanioribus beschäftigt, es
sei nun als Haupt- oder als vorzügliches Neben-Studium. —

Andere würden die hiesigen Uebungen ohnehin von selbst aus-
schliessen.

'Aus dem Zwecke entstehen denn auch die Arten von Uebungen, die hier vorgenommen werden müssen; ihrer sind mehrere,
um selbst durch die Mannigfaltigkeit den Genuss zu befördern,
nur dass sie alle praktisch sind.'

'Die zwei Hauptübungen sind:

I. Erklären der alten Autoren, und

II. Schreiben;

Beides nach einer solchen festgesetzten Ordnung, dass Sie immer
lange vorher wissen, was getrieben wird'.

I. 'Bei der Erklärung ist's nothwendig, dass sich Jeder
auf jede Stunde vorbereite: denn es wird öfter geschehen müssen,
dass Einer *extra ordinem* zum Erklären aufgefordert wird. Wie
dies Erklären einzurichten sei, darüber kann hier keine Hermeneutik gegeben· werden. Ueberhaupt thun die Exempel mehr.
Also nach den besten Exempeln, die Sie gehört haben, in Absicht aufs Innere und Aeussere. Ueber das Erstere kann ich
nichts sagen. Die Kenntnisse, die zum Verstehen gehören, muss
natürlich Jeder mitbringen oder sich erwerben. — Das Aeussere
so, dass immer auf eine erste und zweite Klasse Rücksicht genommen wird, in Sachen und Manier. Also genaue grammatische Erklärung, keine ästhetische oder gar poetische. — Gemeine
Grammatik — *panis, penis* etc. — fällt weg, aber innere Entwickelung von wichtigern grammatischen Regeln, als Philosophie
der Sprache und *usus loquendi*'.

'Die Manier: Immer deutlich, und so, dass vom Leichtern
zum Schwerern gegangen wird. Keine Gedanken überhüpft.
So, dass immer ein ganzer Satz von zusammenhängenden Gedanken gelesen wird, dann der Hauptgedanke angegeben, dann
die Worte überhaupt, und nun einzeln erklärt'.

'Durch solche Praxis, nicht durch theoretische Regeln, lernt
man eigentlich unterrichten; und, was noch mehr ist, man lernt
seiner eigenen Gedanken und Kenntnisse gewiss werden, man
lernt sich verstehen'.

II. 'Schreiben: eine schwere Uebung! doch erleichtert durch
einen grossen Reichthum von Materien, aus denen man selbst zu
wählen hat. — Alle Theile der Alterthumswissenschaft: z. B.
Entwickelung einer grammatischen Regel aus Gründen — Bestimmung eines hermeneutischen, kritischen Grundsatzes — Wahrer
Urheber eines Buches — Erörterung eines Punktes aus den Antiquitäten — Erklärung eines schweren Stückes eines Autors durch
eine Emendation, wo nämlich keine Interpretationen abzuschreiben
sind; also nicht über Virgil, wol aber über Epigramme des Martial etc. — Auch wol eine deutsche Uebersetzung cum *ratt. latin.*
— Alte Historie — Chronologie — Geographie — Philosophie
— Literatur, als Auszug eines Buches, wo schwer die Zeitbestimmung, wann es geschrieben zu sein scheint. — Auch über
Kunstwerke etc. — Ueber Pädagogik — Aesthetik etc.'
'Erst das Thema zu suchen. Nun sammeln, immer *pêle
mêle.* Aber dann ordnen und wegwerfen. Viel! Ganze Dogmatik
in Eine Predigt! — Strenge Disposition. — Nun schreiben,
und lateinisch. — Hier ist viel zu thun. — Immer 14 Tage
früher fertig zu sein. — Revertiren täglich'. —
'Nicht immer zu disputiren. Die Disputation wird 8 Tage
vorher, der Opponent auch, angeschlagen. Der Opponent muss
vorzüglich gleich auf die Hauptpunkte losgehen, bei grammati-
tischen Fehlern sich nicht aufhalten; denn das behalte ich mir
allein vor. Lateinisch sprechen, recht deutlich. Die Disputation
selbst ohne Bitterkeit, denn dann würde ich sie gleich abbrechen
müssen; der Mensch muss nie angegriffen werden'.
'Ausser diesem kommen noch zuweilen, aber selten, Aufsätze
im Deutschen: Beurtheilung einer Stelle oder eines Buches aus
einem der Autoren, oder Verfertigung sonst eines deutschen Aufsatzes über eine gelehrte Materie. Aber dergleichen nur, wenn
ich es sage; ebenso auch Deutsch-Erklären, was ich aber erst in
der Stunde bestimme'.
'Auch statt der Interpretation oder Disputation Haltung einer
andern Lection, als über ein Stück in der Historie, Geographie
u. s. w., mit Rücksicht auf diese oder jene Classe von Zuhörern'.

'Noch werde ich zuweilen ein seltenes Buch, besonders aber lateinische Aufsätze von Alten und Neueren durchgehen; auch wol diese in der Stunde *ex tempore* Jemandem zum Beurtheilen geben. Besonders möchte ich das mit der vita Hemsterhusii thun, wo es darauf ankäme, die Schönheit zu zeigen'.

'Beim Erinnern über Interpretationen, Disputationen und Aufsätze sehe ich lediglich auf den Nutzen Aller insgesammt'. —

'Sie werden es gewiss für eine wahre und grossen Dankes würdige Freigebigkeit ansehen, dass Ihnen für Uebungen, die lediglich zu Ihrer eignen Vervollkommnung gereichen, noch eine bestimmte Belohnung aus dem neuen Fonds angeboten wird, nämlich jährlich 40 Thlr., die in Quartal-Terminen, aber immer nur *peractis laboribus*, gegen einen Schein ausgezahlt werden sollen. Dies ist in der That Alles, was Sie nur immer als Königliche Aufmunterung Ihres Studiums erwarten konnten, da ganz gewiss die Meisten von Ihnen eben diese Uebungen und eben die Gelegenheit, sich weiter forthelfen zu lassen, sich sehr gern mit ihrem Gelde verschafft hätten. Im letzten Lections-Cataloge sahen Sie, wie viel die griechischen Docenten Honorar bekamen, aber davon werden Sie kein Beispiel finden, dass die Zuhörer irgend Geld bekommen hätten'.

'Dies aber verpflichtet Sie nun auch zur grössten Ordnung, Genauigkeit und Fleiss in allen Arbeiten, die im Seminar vorkommen, und da Jeder gleiche Belohnung erhält, so muss dies Jedem, der unter den Mitgliedern des Seminars noch Einen an Kenntniss und Eifer über sich sieht, immer ein Sporn sein, Jenen einzuholen und dieselbe Belohnung durch eben so viel Arbeit und Anstrengung von Kräften zu verdienen. Niemand muss überhaupt denken: der oder jener ist ja noch unter dir — sondern immer nur: der oder jener übertrifft dich ja noch! Ohnehin pflegt man sich immer in einem bessern Lichte zu sehen als Andere'. — —

IV.

(Zu Seite 131).

Das Wichtigste aus Niebuhr's 'Brief an einen jungen Philologen'.

— — 'Einzelne Abhandlungen lassen sich nicht schreiben, ehe man das Ganze, in dem ihr Gegenstand enthalten ist, anschaulich kennt und in demselben bewandert ist, und ehe man von allen Beziehungen dieses Einzelnen zu anderen Complexen eine genügende Kenntniss hat. Ein Anderes ist, dass man vom Einzelnen zum Allgemeinen kommen muss, um ein zusammengesetztes Ganzes wahrhaft kennen zu lernen. Und dabei braucht man keine systematische Ordnung zu befolgen, sondern kann zufälligen Neigungen nachgeben, vorausgesetzt, dass man umsichtig verfährt und die Lücken nicht übersieht, welche zwischen den einzelnen Theilen bleiben. Ich habe das eigentliche Studium der alten Geschichte mit Polybius angefangen, und kannte die Zeit des Cleomenes früher genau als die des Perikles; aber ich wusste, dass meine Kenntniss objectiv ein kleines Stückwerk war, und dass ich unendlich mehr gelernt haben müsste, ehe es mir auch nur einfallen dürfte, eine Materie zu bearbeiten, die durch viele Zeiträume hindurch ginge, die ich dürftig kannte, und die unendlich viele Beziehungen hätte, von denen ich eigentlich gar keinen wahren Begriff hatte. Ich arbeitete immer fort, und, wenn ich kann, arbeite ich noch täglich, um mir eine lebendige Anschauung des Alterthums zu erringen. — — Lernen, mein Lieber, gewissenhaft lernen, immerfort seine Kenntnisse prüfen und vermehren, das ist unser theoretischer Beruf fürs Leben, und er ist es am allermeisten für die Jugend, die das Glück hat, sich dem Reiz der neuen intellectuellen Welt, welche ihr die Bücher geben, ungehindert überlassen zu können'. —

'Wer eine Abhandlung schreibt, er mag sagen, was er will, macht Anspruch zu lehren, und lehren kann man nicht ohne irgend einen Grad von Weisheit, welche der Ersatz ist, den Gott

für die hinschwindende Jugendseligkeit gibt, wenn wir ihr nach-
streben. Ein weiser Jüngling ist ein Unding. Auch sage man
nicht, dass man solche Abhandlungen für sich selbst macht, um
einen einzelnen Gegenstand zu ergründen. Wer es in dieser
Absicht thut, handelt verkehrt und schadet sich. Fragmentarisch
schreibe er sich nieder, was er durchdacht hat; er setze sich
nicht hin, um beim Schreiben zu denken. Wer in ein gerundetes
Ganzes bringen will, was auch nicht den Schatten einer Vollendung haben kann, weder innerer noch äusserer, der setzt sich in
die allergrösste Gefahr, sich mit Schein und Oberflächlichkeit zu
begnügen, und eine sehr schlechte und verderbliche Fertigkeit im
schlechten Schreiben anzunehmen. Heil dem jungen Baume, der,
in gutem Boden und günstiger Lage gepflanzt, von sorgsamer
Hand in geradem Wuchs erhalten wird und kernhaftes Holz
bildet! Fördert übermässige Bewässerung seinen Wuchs, und ist
er schwach und weich den Streichen des Windes ohne Schutz
und Haltung ausgesetzt, so wird sein Holz schwammig und sein
Wuchs schief für seine ganze Lebensdauer'.

'Das Alterthum ist einer unermesslichen Ruinenstadt zu vergleichen, über die nicht einmal ein Grundriss vorhanden ist, in
der sich jeder selbst zurechtfinden und sie begreifen lernen muss,
das Ganze aus den Theilen, die Theile aus sorgfältiger Vergleichung und Studium und aus ihrem Verhältniss zum Ganzen.
Wenn Jemand, der nur einen Anstrich von architektonischen
Kenntnissen hat, von Hydrostatik gar nichts weiss, den grössten
Theil der Ruinen Roms kaum gesehen, ausser Rom nun vollends
gar nichts, wenn ein solcher über die Ruinen der Wasserleitungen
schreiben wollte, der würde etwas machen, wie ein Schüler, der
über einen Zweig der Alterthumskunde dissertirt'.

'Du hast also sehr wol gethan, eine exegetische Aus-
arbeitung vorzuziehen. Hierzu aber gebe ich die Bemerkung,
dass ein Schüler sich innerhalb seiner Grenzen halte, d. h. ein
Schüler glaube ja nicht, dass er zu den Erklärungen eines Werkes,
welches von Meistern bearbeitet ist, noch etwas hinzufügen könne'.

'Die Exegese ist eben die Frucht eines vollendeten Studiums,

bei ihr wird aus der Fülle der umfassenden Kenntnisse, beider
der Sprache und der Sachen, gegeben: sie ist nichts Anderes als
Ausdruck des Verständnisses, wie, wo nicht die Zeitgenossen,
doch wenigstens die etwas spätern Nationen, für die schon die
flüchtigen Beziehungen des Augenblicks verloren waren, verstanden, und dazu gehört ein reif durchgearbeiteter Verstand, wie
eine unendliche Menge von einzelnen Notizen. Der Schüler soll
nur zeigen, dass er richtig verstanden und das Wesentliche aus
den Commentatoren, mit der Angabe, wo er es genommen, aus-
ziehen'. — —

'Ich komme jetzt zu einem andern Theil meines Geschäftes,
Dir Rath zu geben, nämlich in Betreff Deiner Lectüre. Wende
Dich zu den Werken, die das Herz erheben, in denen Du grosse
Menschen und grosse Schicksale siehst und in einer höhern Welt
lebst; wende Dich ab von denen, welche die verächtliche und
niedrige Seite gemeiner Verhältnisse und gesunkener Zeiten darstellen. Sie gehören nicht für den Jüngling, und im Alterthume
hätte man sie ihm nicht in die Hände kommen lassen. Homer,
Aeschylus, Sophokles, Pindar, das sind die Dichter des
Jünglings, das sind die, an denen die grossen Männer des Alterthums sich nährten, und welche, so lange Literatur die Welt
erleuchtet, die jugendlich mit ihnen erfüllte Seele fürs Leben
veredeln werden. Zu diesen Dichtern und unter den Prosaikern
zu Herodot, Thucydides, Demosthenes, Plutarch, Cicero,
Livius, Cäsar, Sallust, Tacitus, zu diesen bitte ich Dich
dringend, Dich zu wenden, Dich ausschliesslich an sie zu halten.
Lies sie · nicht, um ästhetische Reflexionen über sie zu machen,
sondern um Dich in sie hineinzulesen, und Deine Seele mit ihren
Gedanken zu erfüllen, um durch die Lectüre zu gewinnen, wie
Du durch das ehrerbietige Zuhören bei der Rede grosser Männer
gewinnen würdest. Das ist die Philologie, die der Seele Heil
bringt, und gelehrte Untersuchungen, wenn man dahin gekommen
ist sie machen zu können, bleiben immer das Niedere *). Wir

---

*) Aehnlich J. Fr. Gronov: 'Ego a prima aetate in lectione veterum
id potissimum habui, ut mei mores emendarentur, non ut apices et

müssen die Grammatik (im alten Sinne) genau inne haben; wir
müssen alle Disciplinen der Alterthumswissenschaft so weit erwerben als es uns möglich ist. Aber wenn wir auch die glänzendsten Emendationen machen und die schwersten Stellen vom
Blatt erklären können, so ist es nichts und blosse Kunstfertigkeit,
wenn wir nicht die Weisheit und Seelenkraft der grossen Alten
erwerben, wie sie fühlen und denken'.

'Lies einen jener grossen Schriftsteller nach dem andern mit
grosser Freiheit, aber nach der Vollendung eines Buches oder
eines Abschnittes rufe Dir das Gelesene ins Gedächtniss zurück
und zeichne Dir den Inhalt in der grössten Kürze an. Zeichne
Dir dann auch Ausdrücke und Redensarten auf, die Dir besonders wieder gegenwärtig werden, so wie man jedes neugelernte
Wort gleich aufschreiben und den Zettel am Abend wieder
durchlesen muss. Lass für jetzt Kritiker und Emendatoren un-
gelesen. Die Zeit wird schon kommen, wo Du sie mit Nutzen
studiren wirst. Erst muss der Maler zeichnen können, ehe er
anfängt Farben zu gebrauchen, und er muss die gewöhnlichen
Farben behandeln können, ehe er sich für oder wider den Gebrauch der Lasuren entscheidet. Lass das buntscheckige Lesen,
selbst der alten Schriftsteller: es gibt auch unter ihnen gar viele
schlechte. Aeolus liess nur den einzigen Wind gehen, der Odys-
seus an's Ziel führen sollte, die übrigen band er: gelöst und
durch einander fahrend bereiteten sie ihm endlose Irre'. —

'Das Studium, welches ich von Dir fordere, ist sehr un-
scheinbar, geht langsam, und es wird Dich vielleicht nieder-
schlagen, noch eine lange Reihe von Lehrjahren vor Dir zu
sehen. Aber, Lieber, wahrhaft lernen und wahrhaft gewinnen ist das wahre Gut des theoretischen Lebens, und
unsere Lebenszeit ist so kurz nicht. Wie lang sie aber auch
ist, haben wir immerfort zu lernen; gottlob, dass dem so ist!'

---

puncta librorum. Si interim frequenter legendo profecimus eo, ut genium
capere scriptoris ipsumque sua mente et stilo donare possem, in lucro de-
putavi' (Burm. Syll. epistt. tom. III. p. 3).

Register.

Afrikanische Sprachen, 35.
Agglutination im Sprachbau, 35.
Agglutinirende Sprachenklasse, 35.
Alexandria, 6.
Altaische Sprachen, 35.
Alte Literatur, 15.
Alterthums-Wissenschaft, 16.
Altitalische Sprachen, 42.
Amerikanische Sprachen, 35.
Antiquitäten, 20.
Archäologie der Kunst, 53.
Archäologisches Museum, 67.
Architektonik, 52.
Arischer Sprachstamm, 36.
Aristarchus, 6. 98 ff.
Aristophanes von Byzanz, 6. 90 ff.
Ateius Philologus, 8. 98 ff.
Athen φιλόλογος, 3.
Attalus II. Philadelphus, 8.
Aufrecht, Theod., 41.
Baskische Sprache, 35.
Bekker, Immanuel, 133 ff.
Bembo, Pietro, 11.
Bentley, Richard, 12. 108 ff.
Bergk, Theod., 46.
Bernhardy, Gf., 46. 186 ff.
Bibliothek des Philologie-Studirenden, 62—87.
Boccaccio, Giovanni, 11. 101 ff.
Boeckh, Aug., 29. 127 ff.
Bopp, Franz, 36.
Brücke, E., 34.
Bruni, Leonardo, 11.
Buchanan, George, 12.
Burmanische Sprache, 35.
Camerarius, Joachim, 12.
Capella Martianus, 9.
Carmen, fratrum Arvalium, Inschrift, 143.
Casaubon, Isaac, 12. 107.
Chalcondylas, Demetrius, 11.
Chinesische Sprache, 35.
Chronologie, 19. 49.
Ciceronianismus, 11.
Classische Gelehrsamkeit, 15.
Columna rostrata, Inschrift derselben, 145.
Corssen, W. 37.
Curtius, G. 37.
Cyclus, dreijähriger, der Vorlesungen, 67. 58.
Deklamationskunst, 22.

Dichter, elegische und iambische, 46
Disciplinen, die einzelnen, der Philologie, 33—56.
Encyclopaedia philologica, 15.
Epigraphik, 23. 43 ff.
Erasmus, Desiderius, 12. 104 ff.
Eratosthenes, 6. 7. 87 ff.
Ernesti, Joh. Aug., 12. 114 ff.
Erudition, alte, 22.
Estienne (Stephanus), 12.
Eugubinische Erztafeln, 41.
Fick, Prof., 31.
Ficoronische Cista, Inschrift derselben 43. 145.
Finnische Sprache, 35.
Flectirende Sprachenklasse, 35. 36.
Flexion im Sprachbau, 35.
Formalismus, 13.
Fragmentenliteratur, 45.
Funke, 34.
Gaza, Theod., 11.
Geographie, alte, 19.
Gesner, Joh. Matth., 12. 114.
Grabschriften der Scipionen, 144 ff.
Grammatica, γραμματική, 7. 8.
γραμματικός, 7.
γραμματιστής, 6.
Grimm, Jacob, 34.
Gronov, Jo. Fr., 12. 108.
Gymnastik, 52.
Haase, Friedr., 30 ff.
Heinsius, Nicol., 12.
Hellenisten-Schule, 112.
Helmholtz, 34.
Hemsterhuis, Tiber., 12. 111 ff.
Hermann, C. Fr., 135 ff.
    „   Gottfr., 128 ff.
Hermeneutik, 6. 18. 55 ff.
Heyne, Chr. Gottl., 12. 13. 120 ff.
Hinterindische Sprachen, 35.
Humaniora, 15.
Humanitäts-Studien, 15.
Iguvium, iguvinische Erztafeln, 41.
Indo-germanischer oder indo-europäischer Sprachstamm, 36.
Inschriften, 43 ff. 143 ff.
    „   oskische, umbrische, 41 ff.
Isolirende Sprachklasse, 35.
Kallimachus, 6.
Kaukasische Rasse, deren Sprachen, 36.
Kirchhoff, A., 41.
Komödie, mittlere und neuere, 47.

Krates Mallotes, 7.
Kriterium der Sprachverschiedenheit, 35.
Kritik, 6. 18. 54.
Kunst, 15. 52.
Künste, die sieben freien, 8.
Laskaris, die beiden 11.
Linacre, Thom. 12.
Linguistik, 16.
Lipsius, Justus, 12.
Literatur, 15. 22. 43.
Magyarische Sprache, 35.
Malerei, 53.
Marcianus (Martianus) Capella, 9.
Markland, Jerem., 12.
Meister, die, der philologischen Wissenschaft, 87—138.
Melanchthon, Philipp, 12.
Melik, vorpindarische, 47.
Merkel, Prof., 84.
Metrik, 61.
mimetische Künste, 22. 52.
μισόλογος, 4.
Mommsen, Theod., 42. 44.
Monatsnamen, griechische, 49 ff.
Mondjahr der Griechen, 49.
Müller, Joh., 34.
„   Max, 33. 34.
„   Otfr., 30. 46. 53. 181 ff.
Münzlegenden, 43 ff.
Muret, 11.
Museum, archäologisches, 57.
Musik, 22. 52.
Musurus, Markos, 11.
Mythologie, 21.
„   vergleichende, 52.
Name, Begriff und Umfang der Philologie, 3—33.
Niebuhr, 129 ff. — Aus dessen Brief an einen jungen Philologen, 153 ff.
Numismatik, 29, 43, 44.
Olympiadenrechnung, 50.
Orchestik, 22.
Organon der Philologie, 17.
Oskische Sprache, 42.
Oudendorp, Franz, 12.
Pergamum, 7.
Petrarca, Francesco, 10. 99 ff.
φιλολογία, φιλόλογος, 3 ff.
Physiologie der Sprache, 34.
Plastik, 53.
Poëtik, 52.
Poggio, Francesco, 11.

Poliziano, Angelo, 11.
Polynesische Sprachen, 35.
Psychologischer Ursprung der Sprache, 34.
Quadrivium, 9.
Quellen der Philologie, 16.
Realismus, 13.
Reuchlin, Joh., 12. 102 ff.
Rhapsodik, 22.
Rhetorik, 52.
Rhythmik, 52.
Ritschl, Friedr., 30. 44. 137 ff.
Ruddiman, Thomas, 12.
Ruhnken, David, 12. 112 ff.
Sabellische Sprache, 42.
Sadoletti, Jacobo, 11.
Sanskritsprache, 37.
Satire, ältere römische, 47.
Scaliger, Justus, 12. 106 ff.
Schauspielkunst, 22.
Schleicher, Aug., 86.
Schöne Wissenschaften, 15.
Schriftthum (Literatur), 43.
Scipionengrabschriften, 144 ff.
Seminar, philologisches, 57. 59.
Semitischer Sprachstamm, 36.
Senatus consultum de Bacchanalibus, 146 ff.
Siamische Sprache, 35.
Sprache, Ursprung derselben, 34.
Sprachwissenschaft, allgemeine, 33.
„   vergleichende, 36.
Steinthal, Heinr., 33. 36.
Stephanus, Henricus, 12.
„   Robertus, 12.
Tanzkunst, hohe, 22.
Taylor, John, 12.
Trivium, 9.
Türkische Sprache, 35.
Umbrische Sprache, 41.
„   Inschriften, 41.
Ungarische Sprache, 35.
Valckenaer, Ludw. Kasp., 12. 113 ff.
Valle, Lorenzo della, 11.
Varro, M. Terentius, 8. 95 ff.
Vertheilung der Arbeit des Philologie-Studirenden, 56—62.
Volskische Sprache, 42.
Vorlesungen, 57.
Vossius, Gerh. Jo., 12.
Welcker, F. G., 134 ff.
Winckelmann, 13. 115 ff.
Wolf, Friedr. Aug., 13. 14. ff. 28. 122 ff.

LEXICI SOPHOCLEI QUOD ELLENDTIUS COMPOSUIT
SUPPLEMENTUM.

INDEX

COMMENTATIONUM SOPHOCLEARUM

AB A. MDCCCXXXVI EDITARUM

TRIPLEX.

CONFECIT

HERMANNUS GENTHE
GYMNASII MOENOFRANCFURTENSIS PROFESSOR.

————— • —————

BEROLINI MDCCCLXXIV.
SUMPTIBUS FRATRUM BORNTRAEGER.
ED. EGGERS.

Auctoritas quam hujus operis redemptor habet legibus defenditur.

HERMANNUS GENTHE LECTORIBUS S. P. D.

Quem extremo lexici Sophoclei Ellendtiani fasciculo, qui superiore anno editus est, subiuncturus eram conspectum commentationum de Sophoclis fabulis conscriptarum, ecce singularem librum factum et nunc tandem typis excusum. Usque adeo materia mirum quantum aucta cum prohibebat quominus brevi temporis spatio absolverem quae incohaveram, tum ut mutarem quod ab initio secutus eram consilium cogebat. Nam ab initio id tantum spectaveram ut earum commentationum vel dissertatiuncularum quae ad locos passim in ipso lexico alteris curis a me edito paullo accuratius tractatos pertinerent, quid una quaque contineretur, quam brevissime indicarem. Verum enim vero cum intellexissem, quot libelli perutiles ad Sophoclis artem dictionem sensus explicanda incogniti laterent, quot quotannis conscriberentur eis qui in eodem argumento haud male iam versati essent, non tam neglectis quam ignoratis, mutata instituti ratione operam dedi ut earum commentationum quae de Sophocle ab a. MDCCCXXXVI. maxime in Germania editae essent quam locupletissimum indicem conficerem, ut in uno quasi conspectu videretur quid et quantum ab eo tempore Sophoclea studia profecissent. Qua re gratum

me facturum arbitrabar omnibus qui studiis ad summi tragici
fabulas explicandas conlatis quamvis suo Marte fisi tamen
nec aspernari aliorum virorum doctorum acumen et ingenium
vellent nec ipsi perdere operam investigandis enucleandisve
eis rebus quae ab aliis iam dudum essent satis diligenter et
copiose expositae.

Indicem ipsum quod ab anno huius saeculi tricesimo sexto
inciperc constituerem, eins rei duplex suberat causa, una quod
in dictionem Sophocleam inquirentibus Ellendti lexico quod illo
anno editum est tantopere consultum videbam, quantopere haud
scio an nulli alii Graecorum poetarum: altera quod eodem
anno Guil. Dindorfius 'Oxonienses annotationes ad Soph. tragoedias' edidit quibus tragoediarum explicatio et illustratio
magnopere promota est. Quibus libris tanquam novo funda-
mento superstructa cum Sophoclea studia ab eo anno laetissima
incrementa cepissent, prioris aetatis commentationes omitti posse
videbantur, ita tamen ut quae ab ineunte saeculo editae essent
ante singula libri mei capita bibliographicam rationem secutus
minoribus typis indicandas curarem. Atque in indice quidem
ipso componendo ita versatus sum ut non tantum auctorum
nomina litterarum ordine servato digererem sed etiam materiam
ipsam generatim divisam proponerem neque omitterem quae
de tribus tragoediae principibus scripta magnam partem ad Sophoclis fabulas recte intellegendas existimandasque pertinerent.
Cui commentationum indici quod alterum indicem' locorum tractatorum subicerem, auctor mihi extiterat Hermannus Bonitz,
quem tunc ipsius collegii et muneris necessitudinc coniunctus,
nunc absens non minus pietate et amicitia prosequor et diligo.
Cuius summi viri auctoritatem lubenter secutus locorum tractatorum indicem ita confeci ut singulis uniuscuiusque fabulae
versibus adscriberem numeros carum commentationum in quibus eos tractatos inveneram. Nam facile intellegebam fore ut
sine eiusmodi adminiculo ipse commentationum index non eos

afferret usus quibus destinatus esset. Cumque tam saepe co-
gnovissem sciri quidem quis alicuius coniecturae esset auctor, in
quo libello cam protulisset, nesciri, tertium addere indicem e
re visum est quo auctorum nomina indicatis singulorum uniuscuiusque commentationum numeris facile possent reperiri.

Quo triplici indice conficiendo usibus eorum qui in Sophoclis fabulis explicandis iam dudum habitassent pariter atque
eorum qui philologicam rationem secuti studia sua ad summum
tragicum cognoscendum conlaturi essent, optime me consulturum
sperabam. Neque inanem fovisse spem mihi videbar et operam
quae par esset proposito consumpsisse. Quamquam fateor potuisse fieri, [1] ut in tanta libellorum copia nonnulli diligentiam
meam fefellerint. Recensiones quae dicuntur et editionum et
commentationum consulto omisi, cum quia pleraeque essent ano-
nymae tum propterea quod aliae indicandi, non iudicandi causa
brevissime scriptae non erat cur enumerarentur. Eligere autem
gravissimam quamque ab huiusce libri instituto abhorrebat.
Si qua alia desiderabuntur, benevole ut monear etiam atque
etiam rogo indefessamque in emendando augendoque hoce libro
operam meam polliceor. Quo loco insignes eis viris gratias
refero qui libellis quos de singulis Sophoclis locis composuerunt
transmissis me adiuverunt neque minus gratum praestabo ani-
mum eis qui quos abhinc de Sophocle conscribent, augendi con-
tinuandique huiusce libri causa mihi aut ipsos transmittent aut
quid eis contineatur pro libri ratione indicatum mecum com-
municabunt. Dabam FRANCOFURTI AD MOENUM. KALENDIS
OCTOBRIBUS MDCCCLXXIII.

AZ = archaeologische zeitung.

Bl. f. b. GW. = blaetter fuer das bayerische gymnasialschulwesen.

Jbb. f. Ph. = jahrbuecher fuer philologie.

Phil. = philologus.

Pr. G. = gymnasialprogramm.

Rh. M. f. Ph. N. F. = rheinisches museum fuer philologie. neue folge.

Z. f. AW. = zeitschrift fuer alterthumswissenschaft.

Z. f. GW. = berliner zeitschrift fuer gymnasialwesen.

Z. f. OG. = zeitschrift fuer Oesterreichs gymnasien.

DIVISIO MATERIAE.

I. INDEX COMMENTATIONUM.
1. de tragicorum arte universa. nr. 1—13.
2. de tragicorum dialecto. nr. 14—36.
3. de re metrica poetarum tragicorum. nr. 37—60

libri de Sophocle ipso eiusque fabulis scripti.
4. de vita moribusque Sophoclis.
5. de fabulis Sophocl. in universum. nr. 70—91.
6. de arte Soph. tragica et scenica. nr. 92—113.
7. de dictione Sophoclis. nr. 114—138.
8. de re metrica Sophoclis. nr. 139—152.
9. de critica fabularum Soph. historia. — de libris mss. nr. 153—165.
10. de tragoediarum Sophoclis argumentis et scholiis. nr. 166—173.
11. de rebus divinis et de officiis hominum quid senserit Sophocl. 174—198.
12. de singulis fabularum Soph. personis. nr. 199—215.
13. commentationes quibus loci complurium fabularum Sophoclis tractantur. nr. 216—339.

singulares libri de singulis tragoediis scripti.
14. de Aiace. nr. 340—394.
15. de Antigona. nr. 395—494.
16. de Electra. nr. 495—540.
17. de Oedipode Rege. nr. 541—616.
18. de Oedipode Coloneo. nr. 617—686.
19. de Philocteta. nr. 687—733.
20. de Trachiniis. nr. 734—761.
21. de fabularum deperditarum relliquiis. nr. 762—801.
II. INDEX LOCORUM TRACTATORUM.
III. INDEX AUCTORUM.

I. INDEX COMMENTATIONUM.

I. DE TRAGICORUM ARTE UNIVERSA.

Ab a. 1800 ad a. 1836 ea de re qui scripserunt affero hos: J a c o b, A. L. G. Sophocleae quaestiones. Praemittitur disput. de tragoediae origine et de tragicorum Graecorum cum republica necessitudine. Vol. I. Varsoviae 1821. 8° m. (Berolini, Mittler.) — R e u t e r, F. J. H. de Ae- schylo, Sophocle et Euripide poetis tragicis, quatenus inter se diversi suam quisque aetatem effinxerint, dissertatio. Progr. gymn. Augustae Vindel. 1831. 4. 32 pp.

1. **Ascherson, Ferdinandus.** de parodo et epiparodo tragoe- diarum Graecarum. Commentationis praemio ornatae particula. Berolini 1856. (Gaertner). 8° m.

1^b. **idem,** umrisse der gliederung des griechischen dra- mas. Lipsiae, 1862. (Teubner.)

1^c. **Borschke, Andreas.** 'Aeschylus und Soph.' Eine drama- tische studie? Progr. gymn. (zu den Schotten). Wien, 1872. 69 pp. gr. 8°.

2. **Friederichs, C.** Chorus Euripideus comparatus cum S o p h o c l e o. Erlangae, 1853. (Deichert). 8° m.

3. **Hornung.** de nuntiorum in tragoediis Graecis personis et narrationibus. Brandenburgi 1869. Progr. gymn.

4. **Kock, Theodor.** ueber die parodos der griechischen tragoedie. In.: Jahrbb. für Philol. 75. (1857.) 5.heft.

Quae commentatio cum adversus F. Aschersonis libellum 'de parodo et epiparodo' supra (nr. 1.) indicatum scripta esset, impugnata est ab ipso Aschersone 'die parodos und epiparodos in den griechischen tragoe- dien. eine abwehr gegen Theod. Kock.' Respondit Asch. in 'erklä- rung von F. Asch.' in Jahrbb. für Philol. 75. (1857.) p. 660 — 664.

5. **Pfaff.** wie haben die griechischen tragiker die personen kenntlich gemacht? Progr. gymn. Schweinfurt. 1866. 4°.

6. **Riohter**, Julius. die vertheilung der rollen unter den schauspielern der griechischen tragoedie. Berlin, 1842. (Schröder.) gr. 8° m.

7. **Schmidt**, Leopoldus. de parodi in tragoedia Graeca notione. Bonnae, 1856. (Marcus.) 4° m.) 34 pp.

7ᵇ. idem. zur methode der litterargeschichtlichen forschung. (parodos und stasimon.) Rh. M. f. Ph. N. F. XVIII (1863) p. 286—291.

> adversatur maxime eis quae Ferd. Ascherson protulit in N. Ibb. f. Phil. IV Suppl. p. 429—450. (inpr. p. 424.)

8. **Schulze**, Reinhardus. de chori Graecorum tragici habitu externo. Commentationis ab amplissimo ordine philosophorum in alma litterarum universitate Friderico-Guilelma Berolinensi praemio ornatae particula. Berolini 1857. (Gaertner.) 8° m. 55 pp.

9. **Vater**, Fridericus. untersuchungen ueber die dramatische poesie der Griechen. Fascic. L.: recension der neuesten schriften von Welcker, Schoell und Bode ueber die tragödie der Griechen. Berlin, 1843. (Eichler.) 8° m.

10. **Voss**, C. G. de tragoediarum Graecarum prologis. Dissert. inaug. Berolini, 1864. (Calvary et Co.) 8°.

11. **Wagner**, Philippus. die griech. tragoedie und das theater zu Athen. einleitung zum vortrage der Antigone des Soph. in der gesellschaft Albina zu Dresden. Nebst einem lithogr. grundrisse des Atheniensischen theaters. Dresden und Leipzig, 1844 (Arnoldische buchhandlung). 8° m.

12. **Weil**, Henricus. de tragoediarum Graecarum cum rebus publicis coniunctione. Parisiis, 1844. (Franck.) 8°.

13. **Welcker**, Frid. Gottl. die griechischen tragoedien mit rücksicht auf den epischen cyclus geordnet. Bonn, 1839—1841. 3 partes. Rheinisches Museum von F. G. Welcker. 2. Supplement. (fascic. 1—3.) 8° m.

II. DE TRAGICORUM DIALECTO.

14. **Althaus**, Carolus. de tragicorum Graecorum dialecto. Part. L. De Dorismo. Dissert. inaug. Berolini 1866. 8°.

15. ——— idem libellus. curis secundis. addita part. II.

de epici sermonis licentiis. Progr. gymn. Spandoviae 1870. 4°. 26 pp.

L praemissis aliquot de Dorismo in universum observationibus (p. 1 — 3) disseritur de Dorismi usu in anapaestis. (p. 3 — 9.) — II. de epicis tragici sermonis licentiis. praecedenti capiti de antiquioribus vocibus Atticis (p. 10 — 13) subiungitur cap. L de litterarum poetico usu. a. de vocalismo stirpium et derivationis (p. 14 — 17): b. de vocalismo in flexione nominum (p. 17 — 20): c. de consonantibus (p. 20 — 21). cap. II. de nominum et verborum poeticis formis. a. de articulo (p. 21 sq.): b. de pronomine p. 22 sq. c. de praepositionibus p. 23 — 25: d. de anomalis nominibus p. 25 sq.: e. de epicis verborum formis p. 26 — 28.

16. Buchwald, Otto. de ἦ et οὔκουν apud tragicos Graecos usu. Dissert. inaug. Vratislaviae 1865. 8°.

17. Dressel, Richardus. de Dorismi natura atque usu in tragoediarum Graecarum diverbiis et anapaestis. Dissert. inaug. Jenae 1868. 8°. 44 pp.

18. Gerth, Bernardus. quaestt. de Graecae tragoediae dialecto, in G. Curtii 'studien zur griech. und latein. grammatik.' L 2. (1868.) Lipsiae. p. 191 — 269.

cap. L artis criticae praesidia. cap. 2. de antiquioribus vocibus Atticis (καίω, κλαίω, αἰετός, ἐλαία, Ἀχαιίς. αἰεί, Ἀθηναία. προναία. λαός. ναός. ἵλαος. de vocibus κλῄς, κλῄω; de terminationibus ῇ ς pro εῖς. ῃ pro ειν, ῃ pro ει. — de singulis quibusdam nominum et verborum formis - οισι, - αισι (-ῃσι), - ατο. cap. 3. de vocibus epicis et Doricis: a. non contractis. b. de μοῦνος, ξεῖνος similibus. de singulis vocabulis epicis. de nominum et verborum declinatione. de vocibus Doricis.

19. Helbig, de ellipsis apud tragicos Graecos usu. Dissert. inaug. Vratislaviae 1868. 8°.

20. Hoehne, A. de infinitivi apud Graecos classicae aetatis poetas usu qui fertur pro imperativo. Dissert. inaug. Vratislaviae 1867. 8°. 40 pp.

21. Holtze, Guilelmus. adversaria semasiologiae apud poetas Graecos usque ad Euripidem. Progr. gymn. Naumburg. ad Salam 1866. 4°. 44 pp.

L de abundantia sermonis in nominibus conspicua. p. 2 — 5. — 2. adiectivum non substantivo in genetivo posito, cui debebat, sed alteri substantivo unde genetivus ille pendet, apponitur. p. 6. 3. de adiectivorum quorumdam coniunctione cum genetivo. p. 6 — 8. 4. de adiectivis compositis in universum eorumque coniunctione cum substantivis (ut μεσόμφαλα γᾶς μαντεῖα OR. 480). — 5. possessiva quorum prius membrum numerale est. p. 10 sq. — 6. composita determinativa p. 11 — 13. — 7. obiectiva s. composita dependentiae p. 13 — 16. 8. substantivum pen-

1 *

dens dativo positum cogitandum est (ut χέρα; ξιφοκτόνοις gladio cae-
dentes) p. 16 sq. — eorum obiectivorum in quibus membrum pendens
subsequitur membrum regens esse potest aut adiectivum aut verbum aut
praepositio. — de θεῶν τ' ἔνορχον ὅἰκπν similibus p. 18. — p. 20—24.
ex adiectivis derivatis nonnulla in ιμο; exeuntia recensentur.

22. **Hoppe**, Adelbertus. de comparationum et metaphora-
rum apud tragicos Graecos usu. Progr. gymn. Leucophaei Bero-
linensis. Berolini 1859. 4°. 8 pp.

23. **Krause**, J. de trium attractionis generum usu apud
tragicos. Dissert. inaug. Vratislaviae 1862. 8°.

24. i d e m. de attractionis usu in infinitivo tragicorum locis
collatis. Progr. gymn. Fridericiani. Vratislaviae. 1871. 4. 16 pp.

     cap. I. ratio attractionis explicatur. cap. II. loci tragicorum quibus
genetivus aut dativus attractionis neglectus est. — Intellegitur Aeschylum et crebrius et distinctius subtiliusque quam reliquos tragicos, Euripidem cum multo liberius tum rarissime ea attractione usum esse.

25. **Proske**. de enunciatis finalibus apud tragicos Graecos.
Dissert. inaug. Vratislaviae 1861. 8°.

26. **Radtke**, Gustavus. de tropis apud tragicos Graecos.
Dissert. inaug. Berolini 1866. (Calvary.) 8°. 36 pp.

28. i d e m. de tragicorum Graecorum tropis. Particula II.
De metaphoris ex verbis nauticis et ex venaticis petitis. Progr.
gymn. Crotoschin. 1867. 4°. 10 pp.

28. **Rumpel**, J. 'zum sprachgebrauch der tragiker.' in: Philologus XXI. (1864.) p. 144—147.

     de vocabulorum δεῖ et κάρα usu, mensura, sedibus in trimetris agitur.

29. **Russwurm**, Henricus. de imitatione veterum poetarum
imprimis eorum inter Graecos qui tragoedias scripserunt. Progr.
gymn. Augustae Vindel. 1836. 4°. 12 pp.

30. **Schaefer**, H. de Dorismi in tragoediis Graecis usu.
Progr. gymn. Cottbus. 1866. 4°. 12 pp.

31. **Schmidt**, de epithetis compositis in tragoediis Graecis.
Dissert. inaug. Berolini 1865. 8°.

32. **Schmidt**, G. R. de epitheti in periphrasi sustantivo-
rum traiectione. Progr. gymn. Torgouiae 1849. 4°. 11 pp.

     paene totus versatur libellus in Homericae et tragicae dictionis pro-
prietate aperienda.

33. **Trawinski**, de accusativi apud tragicos Graecorum usu.
Diss. inaug. Halis Sax. 1854. 8°.

34. Wecklein, N. curae epigraphicae ad grammaticam Graecam et poetas scenicos pertinentes. Lipsiae 1869. (Teubner.) 8° m. 67 pp.

I. de dativo plur. in ησι, αισι, οισι. II. de nomine Ἀθηναία. III. de dualis formis et usu. IV. nomina in εύς. V. nomina in κλῆς, κράτης, φάνης, σθένης, ης gen. ου. VI. πνύξ, πυκνός. VII. adiectiva. VIII. de δύο. IX. ταὐτό, ταὐτόν. οὐδείς. οὐδὲ εἷς. X. ad coniugationem. XI. de augmento in εὑρίσκω ἀναλίσκω εἰκάζω εἰστήκειν ἐργάζομαι. XII. εἵνεκα οὕνεκα. XIII. varia. XIV. de aspiratione Atticorum. XV. de methatesi in φράττω δραχμή. De φαιδρυντής. XVI. de ἰῶτα adscripto. XVII. ad vulgarem pronuntiationem. XVIII. de hiatu et elisione. XIX. de crasi. XX. de spiritu. XXI. de ν ἐφελκυστικῷ. XXII. ἄχρι. μέχρι. XXIII. Ποτείδαια. XXIV. Στοιά. XXV. Πειραιός. XXVI. ποεῖν. XXVII. σμικρός μικρός. μίκα. XXVIII. de scriptura γίνομαι γινώσκω. XXIX. ξύν, σύν. εἰς, ἐς. XXX. de σ quod vocatur euphonicon in ἔζωσμαι σέσωσμαι similibus. XXXI. αἰεί. αἰετός. ἐλαία. καίω. κλαίω. κλείω. (πράσσω, πράττω.)

35. Winter, de modis in enuntiatis condicionalibus ap. tragicos Graecos. Dissert. inaug. Vratislaviae 1865. 8°.

36. Wrobel, de anacoluthis apud tragicos Graecos. Part. I. Diss. inaug. Vratislaviae 1865. 8°.

III. DE RE METRICA POETARUM TRAGICORUM.

37. Dindorfius, Guilelmus. Metra Aeschyli Sophoclis Euripidis et Aristophanis descripta. Accedit chronologica scenica. Oxon. 1842. (Lipsiae ap. T. Weigel.) 8°.

38. idem. de metris poetarum scenicorum. in: Poetarum Scenic. Gr. ed. V. Lipsiae a. 1869. Teubner. fol. fasc. X.

ex eis quae ibi p. 31—58 disputata sunt, huc faciunt cap. I. de iambico senario tragicorum p. 31—36. c. 2. de caesura senarii p. 37—38. c. 4. de iambico trimetro catalectico. c. 5. de iambico tetrametro. p. 38. c. 6. de metris iambicis praeter trimetros et tetrametros reliquis. p. 38—42. c. 7. de metro trochaico tetrametro et trimetro. p. 42—43. c. 8. de trochaicis dimetris aliisque brevioribus versibus trochaicis. p. 43—44. c. 9. de metro cretico. p. 44—45. c. 10. de metro bacchiaco et palimbacchiaco. c. 11. de metro molossico. c. 12. de metro dochmiaco. p. 45—49. c. 13. de metro dactylico p. 49—51. c. 14. de metro anapaestico. c. 15. de anapaestis legitimis. p. 51—52. c. 16. de anapaestis spondiacis. c. 17. de anapaesticis tetrametris catalecticis. c. 18. de metro choriambico. c. 19. de metro glyconeo. c. 21. de metro ionico a minori. (p. 57 sq.)

39. Gotthold. ueber den schluszcreticus des iambischen

trimeters der Griechen und Roemer: in Zeitschr. f. Gymn.-
Wesen. VIII. (1854.) p. 695—700.

    40. Heiland, de stichomythia tragicorum. Progr. gymn.
Stendal. 1855.

    41. Jacob, G. de acquali stropharum et antistropharum
in tragoediae Graecae canticis conformatione.   Dissert. inaug.
Berolini 1866. 8°. 55 pp.

    42. Kiehl, J. E., Rijm bij de Grieksche Scenici. in 'Mne-
mosyne. Tijdschrift voor classische litteratuur.' Leyden 1852.
I. p. 2—4. — Additamentum subiecit ibid. p. 288. E. Mehler.

    43. Klotzius, Richardus. quaestiones metricae de numero
anapaestico. Diss. inaug. Lips. 1869. 8°.

    de legitimis versibus anapaesticis eorumque usu apud tragicos et Ari-
stophanem collectis accurate eorum locis disseritur. Cf. Buchholtz, de
Euripidis versibus anapaesticis. Progr. gymn. Cottbus 1864.

    44. Mueller, Car. Frider. de pedibus solutis in dialogo-
rum senariis Aeschyli, Sophoclis, Euripidis. Berolini 1866.
(ap. Weidmannos). 8°. m.

    45. Nieberding, Robertus. de anapaestorum apud Aeschy-
lum et Sophoclem ratione antisystematica. Dissert. inaug. Berolini 1867. (Calvary et Co.) 8°. 63 pp.

    46ᵃ. Pierson, Guil. ueber die tmesis der praeposition vom
verbum bei den griechischen dichtern, besonders bei den dramatikern u. lyrikern. in: Rheinisch. Museum. N. F. XI.(1857.)
p. 90—128. p. 260—292. 378—427.

    de Sophoclis usu disseritur p. 91—104.

    46ᵇ. Preuss, de senarii Graeci caesuris. Regim. 1859. 8.
diss.

    47. Ribbeck, O. ueber die symmetrische composition in
der antiken poesie. in: 'Neues Schweizer. Museum' I. (a. 1861.)
p. 213—242.

    48. Rossbach, A. u. R. Westphal, metrik der griechischen
dramatiker und lyriker nebst den begleitenden musischen künsten. 2. aufl. Leipzig 1867. (Teubner.) 2 Voll. 8°.

    Vol. I: Rhythmik und harmonik nebst der geschichte der drei mu-
sischen disciplinen (609 pp.). — Vol. II: die allgemeine und specielle
metrik. (864 pp.)

    49ᵃ. Rumpel, J. 'die auflösungen im trimeter des Sopho-
kles und Aeschylus.' in: Philologus XXV. 1867.) p. 54 sqq.

49ᵇ. **Rumpel, J.**, 'zur metrik der tragiker.' L rein iambische trimeter. II. die liquida ρ im anlaute und inlaute bei den tragikern. ibid. p. 471 sqq.

50. idem —, 'zur synizesis bei den tragikern.' in: Philologus XXVI. (1868.)

51. idem —, 'die aufloesungen im trochacischen tetrameter bei lyrikern und dramatikern.' in: 'Philologus XXVIII. (a. 1870.) p. 425—436.

52. **Schmidt, A.** 'de caesura media in Graecorum trimetro iambico.' Dissert. inaug. Bonnae 1865. 8.

53. **Schmidt, J. H. Heinrich**, die kunstformen der griechischen poesie und ihre bedeutung. Leipzig, 1868—1872. (F. C. W. Vogel.) 8°. m. 4 Voll.

Vol. L die eurhythmie in den chorgesängen der Griechen. Allgemeine gesetze zur fortführung und berichtigung der Rossbach-Westphal'schen annahmen. Text und schemata sämmtlicher chorika des Aeschylus. Schemata sämmtlicher Pindarischer epinikien. Leipzig 1868. (F. C. W. Vogel.) 8° m.

Vol. II. die antike compositionslehre aus den meisterwerken der griechischen dichtkunst erschlossen. Text und schemata der lyrischen partien bei Aristophanes und Sophokles. ibidem 1869.

Vol. III. die monodien und wechselgesänge der attischen tragoedie. Text und schemata der lyrischen partien bei Euripides. ibidem 1871.

Vol. IV. griechische metrik. ibidem 1872. XX. et 680 pp.

54. idem. — leitfaden in der rhythmik und metrik der classischen sprachen für schulen. Mit einem anhange, enthaltend die lyrischen partien im Ajax und in der Antigone des Sophocles und rhythmischen schemen und commentar. Leipzig 1869. (Vogel.) XVI. et 207 pp. 8° m.

55. **Schuetze**, ueber den gebrauch der Alexandriner bei den griechischen tragikern. Progr. gymnas. Dessau 1868. 4°.

56. **Schwerdt, Frc. Ign.** de metris Aeschyli, Sophoclis, Euripidis specimen. Part. L Bonnae 1861. (Marcus.) 4° m. 24 pp.

57. **Sorof**, de augmentis in trimetris tragicorum abiectis. Dissert. inaug. Vratislaviae 1851. 8°.

58. **Szelinski, E.** die auflösungen im trimeter des Aeschylus und Sophokles. Progr. gymn. Hohenstein 1868. 4°. 28 pp.

59ᵃ. **Weissenborn**, de versibus Glyconicis. 2 prtt. Lipsiae 1840/41. 8°.

59ᵇ. **Wilms, M.** quaestionum metricarum particula I. De personarum mutatione et a poetis tragicis et ab Aristophane in versibus dialogi usurpata. Progr. gymnas. Duesseldorf 1855. 4°. 32 pp.

Inest: prooemium. cap. 2: qua ratione personae mutentur in trimetro iambico (p. 3 — 20). cap. 3: qua ratione personae mutentur in tetrametro trochaico (p. 21 — 28). cap. 4: in tetrametro anapaestico qua ratione mutentur personae (p. 28 — 30). cap. 5: quo modo personae mutentur in tetrametro iambico (p. 30 — 31). cap. 6: qua ratione personae mutentur in hexametro dactylico.

59ᶜ. **Witten**, de tragicorum Graecorum stichomythia. Progr. gymn. Helmstedt 1872. 4°. 32 pp.

percensentur tria genera stichomythiae, disticha, monosticha, hemisticha oratio, accurate collectis et indicatis exemplis quae apud tres tragoediae principes extant.

60. **Zippmann**, Albertus. aus dem nachlasse desselben. Progr. gymn. Schneidemuehl 1871. 4°. 8 pp.

continetur pars praefationis quam A. Z. maiori operi 'de responsionum apud tragicos lege ac ratione' conscribendo erat praemissurus nisi immatura morte esset absumptus dum in Belforti oppugnatoribus fortiter rem cominus gerit.

B. LIBRI DE SOPHOCLE IPSO EIUSQUE FABULIS SCRIPTI.

IV. DE VITA MORIBUSQUE SOPHOCLIS.

Ante a. 1836: **Lange**, Car. Guil. commentationis de vita Sophoclis particula. Diss. inaug. Halis Sax. 1823. 8°. 22 pp.

61. **Dindorf**, Guil. 'βίος Σοφοκλέους' in: Poett. scen. Graeci. ed. V. Lipsiae. 1869. fascic. X. p. 11 — 15.

antiqua vita a grammatico aliquo composita ad meliores libros (nam a LA abest) exacta edita et commentatione illustrata est.

62. **Halle**, C. Sophocles. Ein griechisches dichterleben. Progr. gymn. Emden 1869. 4°. 18 pp.

63. **de Leutsch**, E. 'das grab des Sophocles.' in: 'Philologus I (a. 1846.) p. 128 sqq.

64. **Naber**, S. A. 'de vita Sophoclis.' in: 'Miscellanea philologica. Nova Series. Fascic. II. Amstelodami 1851. p. 28—48.

adnotationes ad vitam Soph. antiquam a grammatico aliquo compositam proponuntur.

65. **Ritter**, Fr. 'vorgebliche strategie des Sophocles gegen Samos; aufführung seiner Antigone.' in: Rheinisches Museum für Philol. N. F. II (a. 1843.) p. 180—201.

66. **Schneidewin**, Fr. Guil. 'zu den 'βίοι Αίσχύλου καί Σοφοκλέους.' in: Philologus VIII (a. 1853.) p. 732—738.

67. **Schoell**, Adolfus. 'Sophocles. sein leben und wirken nach den quellen dargestellt.' Frankfurt a. M. 1842. (Hamann.) 8°.

68. **Schultz**, Ferdinandus. de vita Sophoclis poetae capita VI. Commentatio ab amplissimo ordine philosophorum in academia Borussica Rhenana praemio ornata. Berolini 1835. (Logier.) 8° m.

69. Vita Sophoclis Graece scripta. ed. Ant. Westermann. in: 'Jahn's Archiv IX. (a. 1843.) p. 512—517.

repetita in 'Βιογράφοι' ed. Westermann. Brunsvigii. 1845. 8° m. libro III.

V. LIBELLI AD TRAGOEDIAS SOPHOCLIS INTELLEGENDAS IN UNIVERSUM FACIENTES.

70. **Behaghel**, J. P. 'das familienleben nach Sophocles. Ein beitrag zur sittlichen wuerdigung dieses dichters.' Commentatio addita programmati lycei Mannhemensis. 1844. 8°. (Heidelberg, apud C. Winter.)

71. **Dindorf**, Guil. annotationes ad Sophoclis tragoedias. Oxonii 1836. 8°. (Errata quaedam tolluntur in 'Zeitschr. für Alterthumswissenschaft V. (a. 1838.) p. 120.

72. **Goecker**, C. Sophocles quomodo rerum sui temporis statum in heroicam aetatem transtulerit. Dissert. inaug. Gottingae 1866. 8°. (Berolini, ap. Calvary & Co.) 56 pp.

73. **Hamacher**, Guil. studien zu Sophocles. Regensburg 1855—1856. 3 Voll. 8°.

Vol. I. Electra. Vol. II. Antigone. Vol. III. Trachiniae.

74. **Hermann**, Car. Frid. 'zur reihenfolge der sophokleischen dramen.' in: Berliner Zeitschr. f. Gymnasialwesen VII (a. 1853.) p. 866 sqq.

75. **Kallsen**, O. Sophocles, ein vertreter seines volkes auch in politischer hinsicht. Progr. gymn. Rendsburg 1850. 4°. 15 pp.

76. **Kolster**, Gu. H. Sophoclesne interdum ad sui tempo-

ris res gestas nos ableget quaeritur. Progr. gymn. Meldorf.
1855. 4°. 17 pp.

77. Kolster, Gu. H. Sophocleische studien. Eine anzahl
von aufsaetzen. Hamburg 1859. 8°. XV et 300 pp.

78. Krueger, S. ueber griechisches theaterwesen und Sophocleische dichtungen. Rostock. 1864. 4°.

79. Leonhard, 'ueber einige punkte aus Sophocles tragoedien, dessen frommen sinn betreffend.' Progr. gymn. Rottweil
1843. 4°. 33 pp.

80. Lichtenstein, S. Shakespeare und Sophocles. Ein beitrag zur philosophie der geschichte. Inauguralabhandlung. München 1852. 8°. 32 pp.

81. Patin, études sur Sophocle. 2. édit. Paris 1857.
(Hachette.) 16.

82. ——— édit. 3. revue et corrigée. ibid. 1866. 16°.
395 pp.

83. Prammer, Ignatius. aus dem familienleben bei Sophocles. Progr. gymn. Czernowitz 1860. 4°.

84. Ranke, Fr. ueber Sophocles, ein vortrag. Berlin 1853.
Progr. gymn. Frider. Guil. 4°. 20 pp.

85. Reuter, F. J. lectio Sophoclis ad pietatem augendam
valet et ad castitatem morum. Progr. gymn. Straubingen 1843.
4°. XVII et 24 pp.

86. Ribbeck, Otto. Sophocles und seine tragoedien. Berlin
1869. (Luederitz. 8°. 31 pp.
    est ex collectione commentationum quae inscribitur 'sammlung ge-
meinverstaendlicher wissenschaftlicher vortraege. herausgegeben von R.
Virchow und Fr. v. Holtzendorff.' IV. ser. fascic. 83.

87. Schmalfeld, Fridericus. 'bei Sophocles keine politischen
anspielungen auf einzelne personen oder zustaende der unmit-
telbaren gegenwart.' in: Berliner Zeitschr. f. Gymnasialwesen.
XIII (a. 1859.) p. 371 — 397.
    (p. 371 — 376 introductio. p. 376 — 382. de Oed. R. p. 383 — 393 de
Oed. Col. p. 393 — 397 de Antigona.)

88. Schwenck, Conradus. die sieben tragoedien des Sophocles. Erlaeuterungen. Frankfurt a. M. 1846. (Sauerlaender).
12° m.

89. Senekovió, Davorinus. o glavnoj ideji grčke tragedije i o ćudorednoj znatnosti Sofokla. (ueber die hauptideen

des griechischen trauerspiels und ueber die sittliche bedeutung
des Sophocles.) Progr. gymn. Warasdin 1864. 4°.
90. Wagner, Guil. ueber anzahl und namen der Sophocleischen stücke. in: Zeitschrift für Alterthumswissenschaft IX
(a. 1851.) nr. 34. 35. p. 265—274.
91. Wiedmann, A. Sophocles de civitate ac vita publica
quid senserit. Dissert. inaug. Bonnae. 1865. 8°. 53 pp.

VI. DE ARTE SOPHOCLIS TRAGICA ET SCENICA.

Ab a. 1600—1836 ea de re qui scripserunt affero hosce:
Heinrichs, H. F. Gu. das wesen der antiken tragoedie, in aesthetischen vorlesungen, durchgeführt an den beiden Oedipus des Sophocles
im allgemeinen und an der Antigona insbesondere. Halle 1627. (Muehl-
mann). 12° m. — Hoffmann, Carl Joh. das nichtvorhandensein der
schicksalsidee in der alten kunst, nachgewiesen am koenig Oedipus des
Sophocles. Berlin 1832. (L. Oehmigke.) 8° m. — Limburg-Brouwer,
Pet. van. comment. de ratione qua Soph. veterum de administratione et
iustitia divina notionibus usus est ad voluptatem tragicam augendam.
Lugd. Bat. 1820. 6°. 169 pp. — Michelet, C. L. de Sophoclei ingenii
principio. Progr. gymn. Franco-Gall. Berolini 1830. 4°. 18 pp.

92. Bergk, Theodorus. de Sophoclis poetae tragici arte.
Friburgi 1857. ind. lectt. universit. 4°. (iterum inpressum in
editione tragoediarum a. 1858.)
93. Heiland, de stichomythia tragicorum. Progr. gymnas.
Stendal. 1865. 4°.
94. Huebner, Franciscus. einiges zur characteristik des
chores der alten griechischen tragoedie mit besonderer beruecksichtigung des Sophocles. Progr. gymnas. Leipa (Bohemiae).
1863. 4°.
95. Jungewirth, Th. Th. das sogenannte eintagegesetz in
den tragoedien des Sophokles. Ein beitrag zur kenntnisz der
oekonomie der griechischen tragoedie. Progr. gymn. Melk. 1871.
p. 1—17 rei universae lineamenta ponuntur. p. 17—34. rei ratio
quatenus cernatur in singulis fabulis demonstratur. et p. 17—21 in Aiace
quidem, p. 21 sq. in Philocteta, p. 22—25 in Oed. R., p. 25—37 in
Oed. Col., p. 27—29 in Antigona, p. 29—31 in Electra, p. 31—34
in Trachiniis.
96. Klander, Chr. Alb. de choro Sophocleo. Progr. gymn.
Kiel 1840. 4°.
97. Kock, Theodorus. Sophocleische studien. I. ueber den

12 I. INDEX COMMENTATIONUM.

Aristotelischen begriff der katharsis und die anwendung desselben auf den könig Oedipus.
edita primum est commentatio in programmatis gymn. Elbing. a.
1851 p. 1—24, a. 1852 p. 25—52, a. 1853. p. 53—74: postea vendiderunt Mittler et M. F. Berolini 1854. 4º.

98. Kuhlenbeck, R. ueber die ankündigung des auf- und
abtretens der personen in den dramen des Sophocles. Progr.
gymn. Weinheim. (an der Bergstrasse.) 1869. 8º. 22 pp.

99. Kvičala, Joh. 'zur beurtheilung der drei thebanischen
tragoedien des Sophocles.' in: Zeitschrift für Oesterreich. Gymnasien XXI. (a. 1870.) p. 595—618.

100. Luebker, Frid. 'Sophocles und Euripides: ueber die
characteristischen unterschiede beider.' in: verhandlungen der
XIX. versammlung deutscher philologen. a. 1860. p. 70—80.

101. Michelet, C. L. 'die tragoedien des Sophocles in ihrem
verhaeltnisse zu einander und zu denen der uebrigen griechischen dramatiker.' in: Lesegarten. Berlin 1855. (Stage.) Vol. II.

102. Palmblad, Guil. Fr. Sophocles' sorgspel. Upsalae
1839. 8º m. XXVIII et 416 pp.

103. Schirlitz, Carolus. das bildliche in den tragoedien
des Sophocles. I. Pars. Progr. gymnas. Wernigerode. 1870.
4º. 39 pp.

postquam p. 1—12. de re universa disputatum est, p. 12—24 singula poesis Sophocliae artificia aperiuntur, quae propter vocabula philosophorum et artis existimatorum propria suis verbis indicabo:
I. das chorlied. 1. die einzelne dramatische situation in ihrer con-
creten bestimmtheit. a) die situation stellt sich als zustand dar α) als
zustand des chors selbst, β) als zustand eines der handelnden. b) die
situation erscheint als moment des dramatischen vorrueckens. α) als
spannend und ungeloest der zukunft zugewendet, β) als fuer sich klar
und deutlich in der gegenwart aufgehend, γ) als abschliessend und klae-
rend auf die vergangenheit bezogen. — 2. die einzelne situation hebt
die allgemeinen sittlichen maechte, die bleibenden bestimmungen und
den gehalt des menschlichen lebens heraus a) durch einfaches nennen
und aussprechen des allgemeinen. b) das ueberwiegen des allgemeinen
begnuegt sich mit einem blossen hinweis auf die situation. c) das allgemeine erscheint als der fuer sich fertige inhalt des liedes.
II. der kommos. a) der dramatische verlauf wird zum lyrischen
stillstand. α) lyrischer monolog El. 86—120. β) lyrischer stillstand in
form des dialogs. b) der dramatische verlauf (in engerem sinne) nimmt
den character des lyrischen an. α) die mittheilung ueber geschehenes
oder geschehendes und das austauschen der gefuehle seitens des chors

und eines der handelnden bilden schon fuer sich genommen die scene.
β) das lyrische geht voellig in dem dramatischen verlauf ein und erscheint
nur noch als ton, stimmung, farbe des dialogs.

P. 24—39 res generatim propositae singulis illustrantur exemplis
Sophocliis.

104. Schmalfeld, Fridericus. 'die beiden Oedipustragoedien
und die Antigone bilden keine trilogie.' in: Berliner Zeitschr.
f. Gymnasialwesen XIV. (a. 1860.) p. 273—287.

105. Schmidt, commentatio de aliqua consilii ac sententiarum cognatione quam tres Sophoclis tragoediae Oed. Rex,
Oed. Col. et Antigone cum certis quibusdam religionis christianae decretis habeant. Progr. gymn. Augsburg 1845. 4°. 35 pp.

106. Schmidt, L. bilden die thebanischen tragoedien des
Sophocles eine trilogie? in 'Zeitschr. f. Gymnasialwesen.' 1861.
44 pp.

107. Schoell, Adolfus. gruendlicher unterricht ueber die
tetralogie des attischen theaters und die compositionsweise des
Sophocles. zur widerlegung eines hartnaeckigen vorurtheils aus
den quellen entwickelt. Leipzig 1859. (Winter.) 8°. X et 249 pp.

108. Schreiter. abhandlung ueber den tragischen chor bei
Sophocles. Progr. gymn. Rendsburg 1840. (Altona, bei Schlue-
ter.) 4°.

109. Siess, Aloysius. die dramatische kunst des Sophocles
nachgewiesen am koenig Oedipus und im verhaeltnisz zu Aeschylos und Euripides beleuchtet. Progr. gymn. Marburg (Styriae).
1870. 8° m. 20 pp.
(ad solam existimationem artis pertinet).

110. Sucro, Guil. de tragicae Musae generatim, Sophocleae autem imprimis arte atque praestantia. 2 ptt. Magdeburgi
1855/56. 4°. Progr. gymn.
P. I. (11 pp.) generatim disputatur de re. — P. II. (14 pp.) Sophocleae Musae ars et praestantia exponuntur. Progr. gymn. Magdeburgi
1856. [§. 12—20] recensentur Sophoclis merita de tragoedia: de choro
deinde agitur: de descriptione morum, de conversionibus, de tragica
tristitia, de moderatione, de loquendi genere.
Eodem in argumento versatus erat ante eum Peter van Limburg-
Brouwer 'over de schoonheid der poëzij van Soph.' Groningen 1832.
8°. 254 pp.

111. Thirlwall, C. ueber die ironie des Sophocles. in:
Philologus VI. (a. 1851.) p. 181—104 et 254—277.

de Anglica commentatione in 'philological museum of Cambridge' II
483 sqq. proposita Germanice convertit. — p. 234—267 de Aiace. 267 sqq.
de Antig. et Phil. singillatim disputatur.

112. Weoklein, Nic. ueber symmetrische anordnung des
dialogs und die stichomythie bei Sophocles. in: festgrusz der
philologischen gesellschaft zu Wuerzburg an die XXVI. versammlung deutscher philologen und schulmaenner. Wuerzburg
1868. (gr. 8°.) p. 119—141. 8° m.

113. Weicker, Gustavus. de Sophocle suae aetatis existi-
matore. Halis Saxon. 1862. 8°.

VII.   DE DICTIONE SOPHOCLIS.

Eorum qui in eodem argumento tractando ante a. 1836 versati sunt
cf. Theoph. Car. Guil. Schneider, de dialecto Sophoclis cetero-
rumque tragicorum Graecorum quaestiones nonnullae criticae. Jenae 1822.
Croeker. 8° m.

114. Benloew, Ludovicus. de Sophocleae dictionis proprie-
tate cum Aeschyli Euripidisque dicendi genere comparata. Parisiis
1847. (Hachette.) 8°. 71 pp.

Cap. I. § 1. de Sophocleae dictionis aetatibus. § 2. de discrimine
quod inter Aeschyli Sophoclis Euripidis dictionem intercedit, — Cap. II.
§ 1—11. de figurata Sophoclis oratione. § 12. de Sophoclis obscuritate.
§ 13. de Sophoclis ironia. § 14. num Homeri imitator fuerit Sophocl.
quaeritur. — Appendix: de ordine quo Sophoclis quae superstites sunt
fabulae scriptae fuerint coniecturae praesertim dictionis ratione habita.

115. Fries, Guil. de anacoluthis Sophocleis. Pars prior.
Dissert. inaug. Vratislaviae 1870. 8°. 56 pp.

ex quattuor anacoluthorum generibus duo tractantur: unum quidem
quo relicta sententiae structura quae coepta erat ad aliam transitur, alterum quo structura quae non relicta sed aliquatenus obruta erat, quasi
instauratur denuoque suscipitur.

116. Foerster, Richardus. quaestiones de attractione enun-
ciationum relativarum qualis quum in aliis tum in Graeca lingua potissimum apud poetas Graecos fuerit. Berolini 1868.
(Mitscher & Roestell.) 8°. 114 pp.

p. 60 sqq. enumeratis locis Sophocleis omnibus qui huc faciunt (sunt
autem unus et sexaginta) ostenditur quantum profecerit oratio Sophoclis
cum Aeschylea comparata. viginti quinque exempla illius attractionis
inveniuntur in tragoediis quae extant, duodeviginti autem pertinent ad
dialogum.

117. Hartz, Henricus. de anacoluthis apud Aeschylum et
Sophoclem. Dissert. inaug. Berolini 1856. 8°. 36 pp.

118. Hemmerling, J: Sophocles quo iure Homeri imitator dicatur. Progr. gymnas. (Marzellen). Coloniae Ubiorum 1869. 4°. 19 pp.

119. Hense, C. C. ueber personificierendo epitheta bei griechischen dichtern, insbesondere bei Pindar, Aeschylus und Sophocles. Progr. gymn. Halberstadt. 1856. 4°. 24 pp.

> p. 2—17. agitur de vocabulis cum ὤψ compositis, de πρόσωπον, ὄπτω, βλέφαρον. p. 17—24. de epithetis a πούς, πέζα, σφυρόν similibus ductis. —
>
> Prodromus fuit libellus maioris operis postea editi 'poetische personification in griechischen dichtungen mit beruecksichtigung lateinischer dichter und Shakspere». Halis Saxonum 1868. Vol. I. 8° m. XXXII et 256 pp. cuius operis particulam ediderat a. 1864 in programmate gymnas. Parchimensis. (4°. XIV et 52 pp.)

120. Jasper, C. F. E. zur lehre von der zusammensetzung griechischer nomina und der verwendung componierter woerter in den tragoedien des Sophocles, Progr. gymn. Altona 1868. 4°. 31 pp.

> p. 1—17. comparatione linguarum indogermanicarum instituta de compositione verborum generatim agitur. p. 18. percensentur singulae species compositorum adverbialium (ut ὑπέρμορον, παράγρημα), collectivorum (ut τέθριππον). p. 19. copulativae compositionis apud Graecos paene obsoletae vestigia indicantur. p. 21. agitur de compositis determinativis a) de eis, in quibus nomen substantivum vim determinativam habet (ἡμεροσκόπος e. h. s.). b) de eis, in quibus adiectivum (ut in ψευδόμαντις), c) de eis in quibus adverbium vel particula idem munus sustinet (ut in παλαίφατος, ἄϋπνος, εὐσέβεια). — p. 24 sqq. de compositis dependentiae ('composita obiectiva' appellavit Curtius) a) quorum prior pars pendet ex altera (οἰκοφύλαξ, πάγκοινος, ἡνιοστρόφος, ταυροσφάγος) eaque aut accusativi aut dativi (p. 25) vices sustinens. (cf. ξιφοκτόνος, ναυβάτης.) — b) quorum prior pars regit alteram. (ut in ἐχθροδαίμων, ἡδύπολις. — p. 27 sqq. de compositis attributivis (ut βούπρφρος, βαθύρριζος, ἰσόμοιρος.

121. Kolster, Gu. H. ueber das sogenannte innere object nach seinem begriff und seinen arten, wie sie sich bei den tragikern und besonders bei Sophocles darstellen. Progr. gymnas. Meldorf 1858. 4°. 16 pp.

122. Kotsmich, A. ueber die composita im Griechischen, insbesondere bei Sophocles. Progr. gymnas. Bruenn 1865. 4°. (Berlin, Calvary.)

123. Kummer, Rupertus. ueber den gebrauch des pluralis

16   I. INDEX COMMENTATIONUM.

fuer den singularis bei Sophocles und Euripides. Progr. gymn.
Klagenfurt 1869. 23 pp. — Pars altera ibid. 1870. 21 pp. 8° m.

I. pluralis de una re cuius complures sunt partes ponitur ut θύραι,
πύλαι τόξα τόποι et h. s. — abstracta plurative proferuntur in quibus dicendi declarandive notio inest ut ἀραί ἐφετμαί. — II. pluralis numerus
pro singulari ut significentur a. partes corporis. b. tecta aedificiaque eorumque partes. c. vestimenta. d. arma, instrumenta h. s. e. castra,
sedes, utensilia. f. currus eorumque partes. g. conubium. h. caedes.
i. convivia et dapes. k. singulares quaedam res.

II. nominum abstractorum 1. adiectivorum usus (ut τὰ φίλτατα, τὰ
πρῶτα h. s. 2. substantivorum usus παλαίσματα, ἀργαί, ἄχη, κέρδη h. s.
3. pluralia tantum p. 15—21.

424. Lechner, Max. de Sophocle poeta 'Ομηρικωτάτῳ. Progr.
gymn. Erlangen 1859. (Blaesing.) 4°. 33 pp.

p. 5. de rerum imitatione. p. 6 sqq. Aiax. Orestes. p. 11 sqq.
quomodo in morum qui in personis appareant notatione Homerum secutus sit Soph., quaeritur. (Nestor. Thersites. Neoptolemus. Aiax. Ulixes.)
p. 13. de sententiis ex Homeri carminibus expressis.

p. 17 sqq. de verborum imitatione. de formis verborum Homericis.
ει pro ε, ου pro ο; de σ geminato; de dativi in ησι usu: p. 18 de re-
gimine verborum. p. 19 sq. de elocutione a. delectus verborum aut Homeri propriorum aut ad talium similitudinem conformatorum. p. 20.
b. de ubertate orationis. p. 21—23. c. ornatus orationis qui translationibus maxime continetur et epithetis et similitudinibus Homericis. p. 24—
29. d. quos locos Homericos Sophocl. ipse diligenter exscripserit. p. 29
—31.

125. Lindner, Albertus. cothurnus Sophocleus. Berolini
1860. (Vogel & Co.) 8°. XII et 96 pp.

p. 1—3. de litterarum Graecarum historia, dramatis lingua. p. 3—
13. de Aeschyli et Sophoclis arte scenica. p. 14—29. de dialogo Sophocleo. p. 29—33. de eis fabularum partibus quae ῥήσεις vocantur. p. 33—
39. de augmento syllabico omisso, de elisione. p. 39—46. de linguae
tragicae thesauro. (translationes. vocabulorum proprietates. voces ancipi-
tes.) p. 46—80. de grammaticis Sophocleae dictionis rationibus (pleonasmus. brachylogia. de protasi et apodosi. de anaphora. de figura ety-
mologica. de aliis schematis orationis. p. 80—91. de arte Graecorum
praesertim tragicorum res tanquam personas fingendi aut omnino sensi-
bus subiciendi.

loci aut emendati aut defensi Ai. 59 in § 72. — El. 43 § 52, 197
§ 91, 363. 435 § 74, 1066 § 91. 1283 § 70. — OR. 1330 § 35. 1513 § 49.
OC. 89 § 24. 1431 § 48. 1451 § 62. 1563 § 94. — Ant. 740 § 77. —
Tr. 654 § 76. 689 § 56. — Ph. 760 § 78. 1093 § 53.

126. Ludewig, Theod. de dictionis Sophocleae ubertate

quae in verbis cum praepositionibus compositis conspicitur. Dissert. inaug. Berolini 1864. 8°. 37 pp.

> p. 1—12. de abundantia et ubertate orationis in universum. p. 13 sqq.
> de ubertate in compluribus iuxta collocatis vocabulis conspicua. p. 15—22.
> de vocabulis compositis. p. 22 sqq. ubertatem dicendi perspicuitati inservire ostenditur. p. 25 sqq. de verbis cum praepositionibus compositis.
> a) praepositio plane adverbii instar legitur.
> b) praepositio adverbii speciem prae se fert.
> c) singularis quidam usus adverbialis.
> d) composita in quorum usu quattuor modi demonstrantur quibus praepositiones adverbiascentes copiose vel cum ubertate quadam adhibeantur.

127. **Mueller, Eduardus.** ueber Sophokleische naturanschauung. eine aesthetisch-philologische abhandlung. Progr. gymn. Liegnitz 1842. 4°. (J. Fr. Kuhlmey.)

> p. 1—14. de re universa disputatur. p. 15—25. quo naturae sensu Sophocl. imbutus fuisse videatur, ex tragoediis eius ostenditur. (Aiax. OR. OC.) — p. 25—34. subiciuntur adnotationes.

128. **Schambach, Carolus.** Soph. qua ratione vocabulorum significationes mutet atque variet. Dissert. inaug. Gottingae 1867. (Berolini ap. Calvary.) 8°. 56 pp.

> p. 1—11. de re ipsa et dictionis Sophocliae proprietate generatim agitur: deinceps § 1. 2. de generum verbi usu. § 3. de activo pro medio posito. § 4. de medii usu. § 5. de vi passivi vel intransitivi cum activo vel transitivo commutati. § 6. de intransitivis transitive dictis. § 7—13 = p. 32—56. de efficiente pro effecto posito.

129. **Schmidt, F. Guil.** de ubertate orationis Sophocleae. P. I. progr. gymn. (Mariae.) Magdeburg 1855. 4°. 24 pp. P. II. progr. gymn. Neu-Strelitz 1862. (Barewitz.) 4°. 35 pp.

> I. p. 1—5. prooemium. cap. I. de ubertate et gravitate notionis in aliquot verbis conspicua. p. 5—7. cap. II. de redundantia in vocabulis compositis non inani. cap. III. de vocabulis praeter necessitatem sententiae adiectis. p. 9—17. cap. IV. de circumlocutionis generibus. p. 17—24.

130. **Scholz, de deorum apud Soph. epithetis.** Progr. gymn. Guetersloh 1861. 4°. 12 pp.

131. **Schubert, Fridericus.** beitrag zu einer zusammenfassenden darstellung der eigenthuemlichkeiten der Sophokleischen diction. Progr. gymnas. Prag (-Neustadt.) 1868. 4°. 16 pp.

> § 1. 2. de oratoriis artificiis et locutionibus. § 3. 4. hyperbaton. § 5. antitheta. § 6. parechesis et paronomasia. § 7. anaphora et ana-

diplosis. § 8. abundantia dictionis. a) pleonasmus. b) cumulatio et
disiunctio synonymorum. § 10. asyndeton et polysyndeton. § 11. prae-
gnantia. § 12. syllepsis et zeugma. § 13. litotes. § 14. oxymoron.
§ 15. paranomasia sive lusus verborum. § 16. de locutionum copia et
delectu. § 17. amphibolia. § 18. ironia et irrisio. § 19. poetica peri-
phrasis. § 20. interrogationes rhetoricae. § 21. ad genus proverbiale
pertinentia. § 22. glossemata.

131ᵇ. idem. 'syntactisches zu Sophocl.' Progr. gymn.
Prag. (-Klein-Seite.) 1872. 4°. 27 pp.

> p. 1—12. de pronominum et articuli usu. p. 12—27. de verbi usu.

132. Schwarz, Carolus. der accusativ des inhalts bei
Sophocles. Progr. gymn. Weimar 1863. 4°. 19 pp.

> lectiones emendantur p. 12: Ant. 551. OC. 658. — p. 12: explicantur
loci Ant. 1247. Ai. 382. Ph. 59. OC. 517. OR. 233. Tr. 627. Ph. 311.
Ai. 312. — p. 13: OR 1144. Ph. 691. Ant. 423.1021. — p. 14: OR 66.
Ai. 286. — p. 15: Tr. 339. Ai. 289. OR. 190. Tr. 621. — p. 16: Tr.
159. 507 sq. — p. 17: OC 870. Ph. 1251. El. 1385. — p. 18. OC. 1204.

133. Slameczka, Fridericus. ueber eigenthuemlichkeiten im gebrauch der epitheta bei Sophocl. Progr. gymn.
Teschen. 1869. 8° m. 21 pp.

> p. 4—7. de traiectione epithetorum. p. 8—10. de adiectivis pro
genetivis attributivis positis p. 11—14. prior epitheti compositi pars
cum nominis substantivi notione cóniungenda. p. 14—21. epithetorum
abundantium exempla.

134. Struve, L. de dictione Sophoclis. Dissert. inaug.
Berolini 1864. 8°. 35 pp.

> p. 1—13. in rem generatim inquiritur: a p. 14. speciatim tractatur
omissio articuli, pronominum usus, adiectivorum proprietas. — p. 16—18.
particularum et praepositionum usus. — p. 19 sq. verborum usus et ano-
malia. — p. 22 sqq. verborum structura a) c. genet. — p. 24—30.
b) c. dat. p. 30 sq. c) c. accus. p. 31 sq. —
> eodem in argumento ante illum versatus erat Theoph. Schneider
'de dialecto Soph.' Jenae 1822. cf. supra Benloew nr. 111.

135. Weicker, Gustavus. de fragmentis fabularum quae
ad primordia artis Sophocleae referuntur. Progr. gymn. Halis
Saxon. 1863. 4°. 41 pp.

> via ac ratione quaestionis munita a p. 5. iudicantur et discribuntur
vocabula singulari modo inventa aut adhibita et p. 5. quidem vocabula
a Soph. fabricata. p. 7. vocabula Sophoclis et Aeschyli communia. p. 9.
vocabula aperte Aeschylea. p. 11. ad analogiam quandam Aeschyli efficta.
p. 12. vocabula barbara. p. 15. ex epicis lyricisque poetis petita. p. 18.
ab Aeschylo mutuata nomina. p. 19—21. eiusmodi verba. p. 24—29.
in compositis vocabulis quid sit Sophocli peculiare. In appendice. p. 30—

41. percensentur vocabula e binis nominibus composita Homerica, Pindarica, Pindari et Aeschyli communia, Aeschylea, Sophoclea.

136. **Wiedemann**, Carolus Godofredus. de Sophocle imitatore Homeri. Progr. gymn. Goerlitzae 1837. 4°. 12 pp.

137. **Wolff**, Gustavus. das fehlende ἄν beim unabhaengigen optativus potentialis im drama; das dorische α in anapaestischen perioden bei Sophocl. in 'Rhein. Museum f. Philol.' XVIII. (a. 1863.) p. 602—607.

138. **Ziel**, E. de asyndeto apud Sophocl. Progr. gymnas. Celle. 1847. 4°. 15 pp.

VIII. DE RE METRICA SOPHOCLIS.

139. **Bellermann**, Ludovicus. de metris Soph. veterum rhythmicorum doctrina explicandis. Progr. gymn. Leucophaei. Berolini 1864. (Calvary.) 4°. 44 pp.

p. 1—29. de rhythmi natura in universum disputatur. p. 29—44. explicantur Sophoclis metra.

140. **Berger**, Gualterus. de Soph. versibus logaoedicis et epitriticis. Diss. inaug. Bonnae 1864. 8°. 67 pp.

1. de versibus logaoedicis, 2. de versibus dactylo-epitriticis et epitrito-logaoedicis. 3. de irrationalitate ultimae theseos.

141. **Brambach**, Guilelmus. metrische studien zu Sophocles. Leipzig 1869. (Teubner.) 8°.

explicantur metra canticorum.

142. **Doerr**, F. der reim bei den Griechen, besonders bei Sophocles. Leipzig 1857. 8°. VI et 117 pp.

conferri potest liber etiam magis generatim de eadem re quaerens: **Brandes**, G. K. ueber den reim in der griechischen poesie. Progr. gymn. Lemgo 1867.

143. **Enger**, Robertus. zum exodos der Antigone des Sophocles (1319 sqq. 1339 sqq.) und zum dochmios: in 'Philogus XII' (1857.) p. 454—471.

144. **Francken**, C. M , Aiacis Sophocleae metra descripta. Groningae 1857. 8° m. 29 pp.

145. **Gleditsch**, Hugo. die Sophocleischen strophen metrisch erklaert. P. I. Progr. gymn. Guilelmi. Berolini 1867. (Adolph.) 4°. 32 pp. — P. II. ibidem. 4°. 36 pp.

146. **Goldmann**, Fridericus. de dochmiorum usu Sopho-

cleo. P. L de canticorum dochmiacorum compositione. Dissert.
inaug. Halis Saxon. 1867. (Graeger.) 8. 82 pp.

147. Grabow, Augustus. numeri dochmiaci usus Sophocleus. Dissert. inaug. Lipsiae 1869. 8°.

    retractavit rem in programmate gymn. Lemgo. 1670. 'de numeri
    dochmiaci usu Sophocleo.' 4°.

148. Heiland. metrische beobachtungen. Progr. gymnas.
Stendal. 1851. 4°.

149. Kohlrausch, Fr. Guil. de diaeresi in medio trimetro
iambico apud Sophoclem. Dissert. inaug. Gottingae. 1838. 8°.
36 pp.

150. Nieberding, Robertus. de senariis a Soph. inter carminum melicorum partes collocatis. Progr. gymn. real. Neu-
stadt (Silesiae superioris) 1871. 4°. 14 pp.

    cap. L p. 2—3. de locis quibus trimetri melicorum strophis et an-
    tistrophis interpositi aut ipsis melicis inserti accuratissime et ipsi ad anti-
    strophicam legem a Soph. accommodati sunt. OR. 1312 sqq. Ai. 348—429.
    OC. 823—873. Cf. OC. 1670—1737. — cap. II. p. 4—7. de eis locis
    quibus trimetrorum melicis interpositorum responsio quidem est sed non
    omni ex parte perfecta. OC. 1447—1470. Ai. 666—879. 915—973. OR.
    649—659. 678—688. — cap. III. p. 7—14. loci quibus trimetrorum
    responsio maiorem in modum ita turbata videtur ut aut corruptos esse
    illos locos restituendamque responsionem aut esse ubi exempti sint a re-
    sponsione trimetri arbitrandum sit. El. 1232—1264. 1398—1441. Ant.
    1261—1337. Tr. 863—895,

151. Schmidt, M. die Sophocleischen chorgesaenge rhyth-
misiert. Jena 1870.

152. Wilms, Aemilius. metrische untersuchungen. 2. theil.
einige bemerkungen ueber die responsion der personen in den
χομμοῖς des Soph. Progr. gymn. Burgsteinfurt 1858. 4°. 25 pp.
(p. 22. temptatur. El. 1423 sq.)

IX.   DE CRITICA FABULARUM SOPHOCLEARUM HISTORIA.

DE LIBRIS MSS.

Ante a. 1836 ea de re scripserant:
Kayser, C. L. acta seminarii philol. Heidelberg. fasc. L Soph.
Aiax, Electra, Oed. Rex emendatae et illustratae ex codd. Palat. XL
et CCLVI. Heidelbergae 1829. (Mohr.) 6° m. — Purgold. L. observationes criticae in Sophoclem, Euripidem, Anthol. Gr. et Ciceronem; ad-
iuncta est e Sophoclis codice Jenensi varietas lectionis et scholia maximam partem inedita. auctarium subiecit H. C. A. Eichstaedt. Jenae

1802. (Lipsiae, Knobloch.) 8° m. — Thiersch, Fr. de copiis Victoria-
rianis in Sophocl. in: 'Acta philologorum Monacensium.' T. L a. 1812.
p. 321 sqq.

153. Heigl, Georgius Antonius. die auf uns gekommenen
tragoedien des Sophocl. koennen ueberarbeitet scin. Progr.
gymn. Neuburg. (ad Dossam) 1825. 4°. p. 3—8.

154. Heimsoeth, kritische studien zu den griechischen
tragikern. eine nothwendige ergaenzung der kritischen methode.
L abth. Bonn 1866. 8° m. VIII et 417 pp.

155. Korn, Otto. de publico Aeschyli Sophoclis Euripidis
fabularum exemplari Lycurgo auctore confecto. Dissert. inaug.
Bonnae 1864. (Marcus.) 8°. 34 pp.

156. Lipsius, J. H. de Sophoclis emendandi praesidiis.
Progr. gymn. Lipsiae 1860. (Duerr.) 4°. 27 pp.

157. idem. apparatus Sophoclei supplementum. Progr.
gymn. Lipsiae 1867. (Berolini, ap. Calvary.) 4°. 16 pp.

> inest varietas lectionis libri Parisini nr. 2712 a. Guil. Froehnero ex-
> scripta. (Aiax. Electra. Trachin. Philoct.)

158. Schrader. de notatione critica a veteribus grammaticis in poetis scenicis adhibita. Dissert. inaug. Bonnae 1864.
8°. 62 pp.

159. Schumacher, Ludovicus. quaestionum criticarum Sophoclearum specimen L Dissert. inaug. Jenae 1868. 8°. 60 pp.

> quaeritur manus secunda sive diorthotae (a Dindorfio littera S signata)
> in codice Laurentiano A quam auctoritatem habeat ad Soph. emendan-
> dum. § L de scholiis. p. 20—23. § 2. de versibus ab S suppletis.
> p. 23—29. § 3. de correctionibus ab S sive litura facta in textum illa-
> tis, sive inter versus supra scriptis p. 29—52. § 4. de lectionibus cum
> sigla γρ. vel καὶ γρ. in LA ab S adnotatis p. 52—60 pp.

160. Seyffert, Alexander. quaestiones criticae de codicibus
Sophocl. recte aestimandis. Dissert. inaug. Halis Sax. 1863.
8°. 42 pp.

> quaeritur de ratione quae intercedat inter librum Laurentianum A,
> apographa Parisinum 2712 et Florentinum Γ.

162. Sommerbrodt, Julius. 'das staatsexemplar der tragoedien des Aeschylus, Sophocles und Euripides.' in 'Rheinisches Museum f. Philol. N. F.' XIX. (a. 1864.) p. 131—134.

163. Wolff, Gustavus. Oedipus tyrannus post Elmsleium
denuo collata cum codice Laurentiano primo (cod. plut. XXXII.

nr. 2. saec. X.) in: Rheinisches Museum f. Philol. IX. (a. 1854.)
p. 118 — 129.

164. Wolff, Gustavus. de Sophoclis scholiorum Laurentianorum variis lectionibus. Lipsiae 1843. (Rössling.) 8°.

percensetur eo libro quaestio cuius prodromum a. 1842. ediderat dissertationem inauguralem pariter inscriptam Lipsia. 8. 35 pp.

165. Wunder, Eduardus. de scholiorum in Sophoclis tragoedias auctoritate commentationis particula I. Progr. gymn. illustris. Grimmae 1838. 4°. 38 pp.

cap. I. de variis lectionibus quae in scholiis commemorantur: atque in scholiis in OC. quidem commemoratae percensentur p. 6—15, in Antig. p. 15—24; in Trach. p. 24—28, in Ai. p. 28—31, in Phil. p. 31—33, in Electr. p. 33—37, in OR. p. 38.

X. DE TRAGOEDIARUM SOPH. ARGUMENTIS ET SCHOLIIS.

166. Baohoven von Echt, Carolus. de veterum grammaticorum argumentis quae in Sophocl. editionibus Oedipodi Regi vulgo praemittuntur. Progr. gymn. Coesfeld. 1869. 4°. 12 pp.

tractatur:
1. argumentum. 2. oraculum Laio datum. 3. aenigma Sphingis. 4. solutio aenigmatis.

167. Lange, Ludovicus. de codice scholiorum Sophocleorum Lobkowiciano narratio scholiorumque collationis specimen I. Gissae 1866. Progr. academ. 4°. spec. II. ibid. 1867. spec. III. ibid. 1868. 16 pp. spec. IV. ibid. 1869. 16 pp.

spec. III. incipit a. Trach. v. 955. 'p. 1—10). sequitur Oedipi Col. collatio p. 11—16.
spec. IV. continuatur Oed. Colonei collatio (v. 158—934.)

168. Pauli, Otto. de scholiorum Laurentianorum ad Sophoclis verba restituenda usu. part. I. II. Dissert. inaug. Gottingae 1865. (Berolini ap. Calvary.) 8°. 61 pp.

169. Richter, Julius. de Aeschyli Sophoclis Euripidis interpretibus Graecis. Dissertationis inaug. capita priora. Berolini 1839. (Besser.) 8°. 118 pp.

movet quaestionem: Stoecker, de Sophoclis et Aristophanis interpretibus Graecis. Progr. gymn. Hamm 1826. 4°.

170. Sohneidewin, Frid. Guil. de hypothesibus tragoediarum Graecarum Aristophani Byzantio vindicandis commentatio (recitata in consessu societatis regiae scientiarum Gottingensis.)

in 'abhandlungen der koeniglichen gesellschaft der wissenschaften zu Goettingen. T. VI. p. 3—37.

> p. 3—17. de hypothesibus tragoediarum Aeschyli. p. 17—20. de
> argumentis fabularum Soph. Ai. El. OC. Phil. OR. p. 21—25. de ar-
> gumentis fabularum Euripid. p. 28—37. quid Aeschylus et Sophocles
> industriae Aristophanis Byzantii debeant.

171. **Wagner**, Guil. ueber die in den hypothesen griechischer dramen enthaltenen zahlenangaben. in: zeitschrift fuer
alterthumswissenschaft. 1853. p. 299—311.

172. **Wolff**, Gustavus. de Sophoclis scholiorum Laurentianorum variis lectionibus. Lipsiae 1843. (Roessling.) 8°.

> v. supra nr. 168.

173. **Wunderus**, Eduardus. de scholiorum in Sophoclis
tragoedias auctoritate commentationis particula I. Progr. gymn.
illustr. Grimmae 1838. 4°. 38 pp.

> v. supra. nr. 168. 172.

XI.   DE REBUS DIVINIS: DE OFFICIIS HOMINUM QUID SENSERIT
SOPHOCLES.

> Schmidt, Ephr. J. Gotthelf. de notione fati in Sophocl. tragoediis
> et fragmentis expressa. Progr. schol. Portensis. P. I. 1821. 4°. 28 pp.
> (Lipsiae). — Schwab, G. de religione Soph. rationali. Pars. I. Progr.
> gymnas. Stuttgart. 1820. 4°. — Steiner, J. L. Gu. ueber die idee
> des Soph. von der goettlichen vorsehung. Abth. I. Progr. gymn. Zuel-
> lichau 1629. 4°. 17 pp. — Thiersch, Bernh. 'ueber das schicksal in den
> griechischen tragoedien.' in: Seebode. N. Archiv f. Philol. IV (a. 1826.)
> p. 123 sqq. .— Wissowa, Aug. ueber die idee des schicksals in den
> tragoedien des Soph. Th. I. Progr. gymn. Leobschuetz 1830. Theil II.
> ibid. 1833.

174. **Bachofen von Echt**, Carolus. de Sophoclis fati notione
Traiecti ad Rhenum 1865.

175. **Ditges**, Phil. de fati apud Soph. ratione. Progr. gymnas. Neuss. 1836. 8°. 17 pp.

176. **Dronke**, G. die religiösen und sittlichen vorstellungen des Aeschylus und Sophocles. Leipzig 1861. 8°.

> commentatio separatim edita ex: Jahrbuecher f. Philol. N. F. Sup-
> plem. IV.

177. **Ehlinger**, Car. Jos. de fati apud Soph. notione in-
dole vi. Part. I. Dissert. inaug. Berolini 1852. 8°. 61 pp.

> disputatio universam rem cum tractet, ad partes singulas raro revo-
> catur: versatur maxime in furiarum natura explicanda.

24 I. INDEX COMMENTATIONUM.

178. **Faehrmann**. die schicksalsidee in den tragoedien des
Soph. Progr. gymn. Lauban 1857. 4°. p. 3—14.
178 ᵇ. **Fechner**, J. die sittlich-religioese weltanschauung
des Soph. Bromberg 1859. 8°.
179. **Fichna**, Antonius. des Sophocles religioese und sittliche gedanken. Progr. gymn. Cilli 1867. 4°.
180. **Fittbogen**, Chr. Maur. de Sophocl. sententiis ethicis.
Dissert. inaug. Berolini 1842. 8° m.
181. **Hagemann**, Augustus. de fato Sophocleo. part. I.
Dissert. inaug. Berolini 1853. 8°. 96 pp.

> disputatur de numinibus fatalibus et de nominibus appellativis qui-
> bus vis fatalis significatur: Ἐρινύες (p. 15) Ἀρά Νέμεσι; Δίκη, Θέμι; Φθό-
> νος Τύχη (p. 29 sqq.) Ἄτη ἀλάστωρ ἀνάγκη, δαίμων Κήρ, πότμος, Μοῖρα.

182. **idem** quaestionis 'de fato Sophocleo' particula II.
Progr. gymnasii. Bielefeld 1858. 4°. 41 pp.

> explicatur ratio qua potentia Jovis Sophoclei liberam hominis volun-
> tatem coerceat finibusque circumscribat. cuius rationis argumenta pe-
> tuntur ex Electra fabula p. 2—5; ex Aiace p. 5—11; ex Trach. p. 11—
> 17; ex Oed. R. p. 17—21; ex Oed. Col. p. 21—26; ex Antig. p. 26—
> 32; ex Philoct. p. 32—41.

183. **Heubach**, M. theologumenorum Sophocleorum part. I.
Dissert. inaug. Regimontii Prussorum 1866. (Schubert & Seidel.)
8° m. 32 pp.
184. **Heuser**, Georgius Julius. de numine divino apud
Soph. Dissert. inaug. Marburgi (Chattorum) 1844. 8°. 35 pp.
185. **Hoffmann**, Guil. das walten der gottheit im menschenleben nach Soph. und Aeschylus. I. theil. Progr. gymn.
Sophiae. Berolini 1869. 4°. p. 19—44.
186. **Hoppe**, Adelbertus. de deorum Sophocleorum fatali
potestate. Dissert. inaug. Halis Sax. 1852. 8. 32 pp.
187. **Kirchner**, Albertus. ueber die Sophocleische tragoedie, insonderheit ueber die in ihr enthaltenen sittlich-religioe-
sen vorstellungen. Progr. gymn. Burg 1864. 4°. 16 pp.
188. **Luebker**, Friedericus. die Sophocleische theologie
und ethik. Pars. I. Progr. gymn. Parchim. 1852. 4°. 68 pp.
Pars. II. ibidem 1855. 4°. 70 pp.
189. **Mutke**, Sylvester. de theologia Sophoclis. Progr.
gymn. Neisse. 1858. 4°. 19 pp.

> p. 1—7. de natura deorum. p. 7—9. de vi et imperio quod dei in

homines teneant. p. 2. de sorte hominum. p. 10. de animarum aeternitate et vita post mortem. p. 11 — 19. de officiis hominum.

190. Peters, Franciscus. theologumena Sophoclea. Dissert. inaug. Monasterii 1845. (Theissing.) 8°.

191. idem. de peccati in tragoediis Sophocleis vi et natura commentatio· Progr. gymn. Conitz. 1849. 4°. 34 pp.

192. Piderit, C. Gu. Sophocleische studien. Pars. I. ueber die schwere des fluches der suende in den tragoedien des Sophocl. Progr. gymn. Hanau. 1856. 4°. 33 pp.

193. Platner. ueber die idee der gerechtigkeit in Aeschylus und Sophocles. Leipzig. 1858. (Fleischer.) 8°. VIII et 195 pp.

194. Polich. de tragicorum Graecorum philosophia. Progr. gymn. Clausthal. 1858. 4°.

195. Stammer, Joh. theologumena Sophoclea. Specimen I. Progr. gymn. Lingen. 1869. 4°. 36 pp.

196. Truetschel, Max. de Sophoclis poetae in deos pietate disputatiuncula. Particula I. Progr. lycei. Brunsvigae 1853. 4°. 14 pp.

197. Wassmuth, C. Fr. in Sophoclis de natura hominum doctrina multa inesse quibus adducamur ad doctrinam christianam. Progr. gymn. Creuzenach. 1868. 4°. 35 pp.

198. Winiewsky, Franciscus. de animarum post mortem statu apud Soph. Progr. gymn. Monasterii 1857. 4°.

XII. DE SINGULIS FABULARUM SOPHOCLEARUM PERSONIS.

199. Altenhoven, C. ueber den lebensausgang des Oedipus bei Soph. in: Neue Jahrbuecher f. Philol. T. 95 (a. 1867.) p. 809 sqq.

200. Anonymus: Sophokle je razno označio Kreonta u dramah Οἰδίπους Τύραννος, Οἰδίπους ἐπὶ Κολωνῷ, Ἀντιγόνη. (i. e. Sophocles finxit Creontis mores alios in Oed. R. atque in OC. aut Ant.) Progr. gymn. Essek 1864. 4°.

201. Berch. 'Sophocleisches' in: Zeitschrift f. Gymnasialwesen. N. F. V. (a. 1871.) p. 785 — 795.

I. zur beurtheilung des Oedipus auf Colonos p. 785—789. II. Kreons schuldbewusstsein p. 790—792. III. zur characterzeichnung des Oedipus. p. 792—795.

202. **Capellmann**, Aloysius. die weiblichen charactere bei
Sophocl. mit einem lebensabrisz des verfassers. 2. aufl. Bonn
1865. (Habicht) 8° m. VI et 49 pp.
prior editio erat facta in programmate gymn. Confluentibus 1843. 4°.
cf. nr. 215.

203. **Doorenbos**, Guilelmus. commentatio de moribus Creontis quales descripsit Sophocles. Groningae 1845. (Leer, Prae-
torius & Seyde.) 8° m.
cf. nr. 200. 201. 207. 209. 212.

204. **Geffers**, Augustus. de Oedipi Sophoclei culpa commentatio. Progr. gymn. Gottingae. 1850. 4°. 24 pp.

205. **Goebel**, E. 'ueber den character des Aiax in der
gleichnamigen tragoedie des Sophocles.' in: zeitschrift fuer
oesterreichische gymnasien. 1857. p. 181—192.
versatur praecipue in examinandis iudicandisque eis quae G. Welcker
disputaverat in commentatione eadem de re scripta in 'rheinisches museum fuer philologie' III (a. 1829.) quae iterum impressa est in eius
opusculis II. p. 264—355.

206. **Heinze**, A. versuch einer parallele zwischen dem Sophokleischen Orestes und dem Shakespearischen Hamlet. Progr.
gymn. Treptow (ad Regam). 1857. 4°. 37 pp.

207. **Held**, Ludovicus. ueber den character Kreons in
Sophocles Antigone. versuch einer erläuternden darstellung.
Progr. gymn. Bayreuth. 1842. 4°. 19 pp.

208. ———— bemerkungen zur characteristik des chors in
der Antigone des Sophocles. Progr. gymn. Bayreuth 1847. 4°.
24 pp.

209. **Mayer**, Phil. ueber den charakter des Kreon in beiden Oedipus des Sophocles. Progr. gymn. Gera. P. I. a. 1846.
4°. 33 pp. Pars. II (a. 1848.) 4°. 42 pp.

210. **Schmalfeld**, Fridericus. etwas ueber den sittlichen
character des Oedipus im Oedipus auf Colonos. in: Berliner
zeitschrift f. gymnasialwesen XIV (a. 1860.) p. 288—295.

211. **Schneidewin**, Frid. Guilelmus. die sage vom Oedipus. commentatio recitata in consessu societatis regiae litterarum Gottingensis, impressa in: abhandlungen der koenigl.
gesellschaft der wissenschaften zu Goettingen 1852. (Dieterich)
T. V. (a. 1851. 1852.) p. 159—206.

ante eum in eodem argumento versatus erat D. M. K a n, de Soph. Oedipode. Groningae 1625. (van Boekeren.) 8°. 131 pp.

212. Schoene, F. Th. abhandlung ueber die rolle des Creon in Sophocles Antigone, beigefuegt den 'schulreden gehalten am Friedrichsgymnasium zu Herford.' Halle 1847 (Waisenhausbuchhandlung.) 8°. XII et 197 pp.

213. Schuett, J. K. G. ueber den Polyneikes des Oedipus auf Colonos. Progr. gymn. Goerlitz. 1855. 4°. 30 pp.

214. Schulze, Ludovicus. ueber die charactere in der tragoedie des Sophocles. Progr. gymn. Guben 1872. 4°. 21 pp.
versatur ita in arte existimanda et poetica virtute demonstranda ut saepe nostratium poetarum aut Anglorum exempla ad rem illustrandam adhibeantur.

215. Spiess, A. die weiblichen charactere der griechischen tragoedie, entwickelt an der weltanschauung der Griechen. Progr. gymn. Dillenburg 1846. 4°. 68 pp.
maxime Sophoclis fabulae percensentur.

XIII. COMMENTATIONES QUIBUS LOCI COMPLURIUM FABULARUM SOPHOCLEARUM TRACTANTUR.

Ab ineunte saeculo XIX. usque ad a. 1836 in Sophocleis fabulis emendandis explicandisve versati erant: A h r e n s, E. A. J. de quibusdam locis Sophoclis et Aeschyli commentatio critica. Progr. gymn. Coburgi 1829. (Ahl.) 6°. 32 pp. — B a e u m l e i n, Gu. erklaerung einiger stellen im Sophocles in: Jahn's archiv I. (a. 1832.) p. 632—636. — B e n e d i c t, Traug. E. observationes in VII Soph. tragoedias. Lipsiae 1820. (Berolini, Asher.) 8° m. — C o n z, C. Phil. observatt. phill. ad Sophocl. aliqua loca, praesertim ex Aiace illius lorario. Tubingae 1813. (Fues.) 4°. 56 pp. — E c k e r m a n n, Nic. Gdfr. Chr. commentationum Gedanensium. fasc. I. observatt. critt. in obscuriores quosdam Horatii et Soph. locos. Berolini 1813. (Maurer.) 4°. 56 pp. — de F r o e h l i c h, J. Godofr. kritische versuche ueber Soph. tragoedien. Fasc. 1. 2. Monaci 1824. (Finsterlin.) 8° m. — G e e r l i n g, J. lectiones Sophocleae. Progr. gymn. Vesal. 1834. 4°. 23 pp. — H e i g l, Geo. Ant. ueber die Antigone und die Electra des Soph. Progr. gymn. Passau 1828. 8 m. — H u p - f e l d, Herm. animadversiones philolog. in Soph. Marburgi 1819. 8° m. — K a y s e r, C. L. Sophoclis Aiax, Electra, OR. emendatae et illustratae ex codd. Palat. XL et CCLVI in: Acta seminarii philologici Heidelberg. fascic. I. Heidelberg 1829. 8° m. — M a t t h i a e, Imman. Const. quaestiones Sophocleae. Lipsiae 1832. 8° m. — N a e k e, A. F. de Soph. Ant. 1146 et Oed. Tyr. 190. Ind. lectt. acad. Bonnae 1822. 4°. 4 pp. — O l s h a u s e n, G. quaedam ex familiari interpretatione Soph. Progr.

gymn. Slesvici 1829. 4°. 9 pp. — Purgold, L. observatt. critt. in Sophoclem, Eurip., Antholog. Gr. et Ciceronem. Jenae 1802. 8° m. (Lipsiae, Cnobloch.) — Sucro, F. Guil. C. 'introductio in scholas Sopho-
cleas in usum tironum.' fasc. I — IV. Magdeburgi 1825 — 1828. (Heinrichshofen.) 8°. — Toepfer, J. Godofr. specimen commentationis criticae
in Soph. Progr. gymn. Luccau 1831. (Luebben, Driemel.) 4°. 26 pp. —
Wex, Car. Fr. commentatio de loco mathematico in Platonis Menone.
adiectae sunt in Platonis atque Sophoclis quaedam dicta symbolae
criticae. Halae 1825. (Anton.) 8° m.

216. Arndt, C. Fr. G. quaestiones criticae de quibusdam
Sophocleis locis. Progr. gymn. Brandenburgi Novi 1844. 4.

217. idem. kritische und exegetische bemerkungen ueber
einige stellen des Sophocl. Progr. gymn. Neo-Brandenburgi
1854. 4°. 20 pp.

tractantur Phil. 641. 697. 1139. — OC. 1493. 1699. — El. 337.
363. 369. 726. 743. 1082. 1281. 1288. — Ant. 134. 189. 798. 1080.

118. Arnold, Bernhardus 'coniecturen zu Soph.' in 'Eos.'
I. (a. 1864.) p. 72 — 75 et p. 133.

temptantur Phil. 1090 (τὸ κάκιον δντλεῖν). Ant. 350 sq. ἵππον ὀχμά-
ζεται ἀμφιλόφῳ ζύγῳ. 367 παρείρων toto simul loco v. 365 sqq. explicato.
— El. 1075 (postea conatu improbato ipse Arn. retractavit locum.) —
Tr. 529 ἐγὼ δὲ μναστὴ μὲν οἷα φράζω. (copiosius tractatur idem locus ibid.
p. 135.) — p. 133 temptantur OC. 11. 61. 698. 711. 813. 912. 1083.

219. idem. Sophocleische rettungen. Muenchen 1866. 8° m.
59 pp.

index locorum tractatorum libello additus paginas indicat. tractantur Ai. 672 sq. El. 35 sqq. 42 sq. 51. 91. 122. 221 sqq. 245. 363 sq. 444.
495 sqq. 525 sqq. 534 sqq. 539. 554 sq. 650. 743. 800 sq. 850 sqq. 945.
1022. 1023. 1081 sqq. 1145 sq. 1260 sq. 1281 sqq. 1328 sqq. 1396. 1413.
1449 sq. OC. 751. OR. 936. 1511.

220. Axt, M. Sophocleae emendationes. in: Philolog. IV
(a. 1849.) p. 573 — 575.

temptantur OR. 139. 690 — 697. 1280 sq. — Phil. 1140 — 1143.
1250 — 1253. Trach. 312 sq. 419 sq. 620 sqq. 689. 808 sqq. 1169 — 1173.
1241 sq. 1268 sqq.

221. Badham, Ch. variae lectiones. in: Philol. X (a.1855.)
p. 339 sq.

tractantur OR. 601. 668. 691. 1382. 1526. — OC. 230. 688. 1047.
1673. — Ai. 521.

221*. Bellermann, Ludovicus. 'Naucks Sophokleskritik'.
in Z. f. GW. N. F. XXVI. 8. 9. S. 582 — 630.

iudicantur et refutantur Naucki coniecturae ad Ai. 64. 1131. OR. 51.
Ant. 483. atheteses in Ai. 5. 289 sq. 327. 433. El. 527. 1129 sq. 1329.
OR. 800. Ant. 6. 197. 255—288. 393 sq. OC. 75 sq. 552. 920. 1411—
1413. Trach. 25. Phil. 224. 256. 1369.

222. Bergk, Theodorus. sieben coniecturen zu Sophocles.
in: Rheinisches Museum f. Philol. N. F. VI (a. 1848.) p. 145
— 150.

temptantur Tr. 697 sqq. Phil. 31. Ant. 262. OR. 1098. OC. 1309.
Ai. 937. El. 43.

223. idem. tragicorum Graecorum aliquot versus depra-
vati ad suos numeros revocantur. Ind. lectt. acad. Halis Sax.
1859. 4°. 32 pp.

224. idem. quaestionum Sophoclearum spec. I. Ind. lectt.
hib. acad. Marburgi Chattorum. 1848/49. 4°. 3 pp.

proponitur Ai. 1273. ἤδη πυκινοῖς ἐδωλίοις. Ant. 699. νερτέρων ἀρὰ
κλονεῖ. Tr. 94. π. μ. πόθι· πᾷ ναίει 933. πλευράς. Phil. 222. πάτρας ἂν
ὕμας ἦ ... κδλούμενον. 1393. λέγω, ὥρα 'στ' ἐμοί. El. 604. εἴτε χρῆς.

225. Bonitz, Hermannus. beitraege zur erklaerung des
Sophocl. Wien 1855—1857. (Gerold.) 2 partes. 8° m.

P. I. sitzungsberichte der kaiserlichen academie der wissenschaften.
t. XVII. (a. 1855.) p. 395—488. tractantur explicantur emendanturve
p. 398. Ph. 20 sq. p. 399. Ph. 22. p. 400—402. OC. 450 sqq. p. 402—
406. Ph. 29. 106. 157. 163. itemque Philoctetae v. 128. 138. p. 406—
408, v. 146. p. 409 sq., v. 271 p. 411 sq., v. 275. p. 412 sq., v. 393.
p. 413 sq. v. 402. p. 415—418; v. 538 p. 418 sq., v. 642. p. 420—423.
v. 648. p. 423—425, v. 823. p. 425 sq., v. 1048. p. 426—428, v. 1119.
p. 428 sq. v. 1244. p. 430—432. — Oed. Col. v. 646. (adhibitis 328—
389). p. 432 sqq., v. 144—150. p. 436—438. v. 728. p. 439, v. 1096.
p. 439 sq., v. 1348. p. 440, v. 1477 p. 441. — Phil. v. 447. 734. p. 442,
v. 751. p. 443, v. 991. p. 444, v. 1224 sqq. p. 445, v. 1251—1256.
p. 446—449, v. 1265. p. 449, v. 1330. p. 450 sq. Ai. 1117. p. 451 sq.,
Ant. 215. p. 452, OC. 1361 p. 453. Ai. 729. p. 454, Ph. 1361. p. 455
—457, v. 1393. p. 457 sq. v. 1448. p. 459 sq. — OC. 18. p. 460 sq.
v. 21. p. 461. v. 33. p. 462, v. 47. p. 462 sq., v. 52. p. 464, v. 53.
p. 465, v. 75. p. 466, v. 92. p. 467 sq., v. 110. p. 468—470, v. 138
p. 470 sqq., v. 203 et 258 p. 472, v. 800. p. 477—480.

226. p. II. sitzungsberichte der kaiserlichen academie der wissenschaften. Wien. a. 1857. (Gerold.) p. 299—367. tractantur explicantur emendanturve: Ant. 24. p. 300, v. 94 et 443. p. 303, v. 491. p. 304 sq.,
v. 1161. p. 306, v. 18 p. 306, v. 53 et 635 sqq. p. 307, v. 737 et 133.
p. 308, v. 2. p. 308 sq., v. 1. p. 313—317, v. 10. p. 317 sq., v. 59.
p. 318—320, v. 61. p. 320 sq., v. 71 p. 321 sq., v. 88. p. 322—324,
v. 98. p. 324—326, v. 118 sqq. p. 326—329, v. 130. p. 329—332,

v. 148. p. 332, v. 153. p. 332 sq., v.' 155 sqq. p. 333, v. 184 sqq. p. 333
— 335, v. 243 sq. p. 335—337, v. 292. p. 337, v. 320. p. 337—340,
v. 324. p. 341, v. 353. p. 341—343, v. 363. p. 343, v. 384. p. 344 sq.,
v. 450. p. 345—347, v. 504. p. 347 sq., v. 571—576. (praecipue de
personis et versibus recte distribuendis) p. 348—350, v. 733 sqq. p. 356.

227. **Buchhols, E.** emendationum Sophoclearum specimen. I. Progr. gymn. Clausthal. 1855. 4°. 18 pp.
    temptantur Ph. 716. 727. 830. 1092. — OR. 1526. — El. 686. —
Ant. 4. 781. 852.

228. idem. specimen II. Progr. gymn. ibid. 1856. 4°.
22 pp.
    temptantur Ai. 14 sqq. 494. Ph. 1393—1396. 1442. Ant. 23. 464.
718. Tr. 80. 417. (quem locum postea retractavit in 'Jahrbb. f. Philologie.' Vol. 74. a. 1855. p. 602.) Tr. 526.

229. idem. schedae criticae in Sophoclem.
    1) Neue Jahrbuecher f. Philologie. Vol. 76. (a. 1857.) p. 223—
226. ubi tractatur El. 495 sq. — 2) ibidem. Vol. 76. p. 343—348. de
El. 1074 sq., Ant. 599 sq. — 3) ibidem. Vol. 76. p. 445—457. de OR.
328. 329.

230. **Campe, J. F. G.** quaestionum Sophoclearum pars I.
Progr. gymn. Greiffenberg. 1862. (Gruss.) 4°. 19 pp.
    tractantur: Ant. 130. 139. 557. 607. 614 sq. 980. 1118. 1131. 1342.
1096 sq. (p. 8.) 1214. 1229. 1160. (p. 9.) 1156. 1175. 1284. 1084. 758 sq.
703. (p. 11.) 287. 290. 435 sq. — OR. 1493 sqq. (p. 13.) 540—542. 246
— 248. 18. 256—263. 420 sqq. 1290 (p. 17.), 1405. 747. 640. 360. (p. 18.)
328. 1506. 1512. (p. 19.) 1463.

231. idem. quaestionum Sophoclearum pars II. ibid. 1866.
4°. 18 pp.
    tractantur Ai. 59 sq. 131. (p. 4.) 152—154. 194 sq. (p. 5.) 203 sq.
235. 257 sq. 296 sq. 321. 372—376. (p. 8.) 405. 483. 815 sqq. (p. 9.)
841 sqq. 854—858. 966. 986. 1076 sq. 1085. 1100. 1233. 1239. 1279.
1281. 1311. 1379. (p. 13.) — Phil. 72. 125. 144. 153. 298. (p. 15.) 421.
429. 568. 606. 684. 699. 701. 837. 853. 880.

232. idem. quaestionum Sophoclearum pars. III. ibidem
1867. 4°. 14 pp.
    tractantur: OC. 57. 221. 229. 282. 307. 337. 365. 367 sq. 380. 404.
415. 444. 447. 454. 479. 521. 538. 541. 547. 553. 565. 590. 594. 612.
(p. 8.) 624. 650. 661. 664—667. 688—691. 698—701. 728 sqq. 751.
753. 758 sq. (p. 11.) 765 sqq. 767. 811. 855. 868. 902. 917. 949. 956.

233. **Cobet, C. G.** variae lectiones in 'Mnemosyne.' V.
VI. VII. VIIII. repetitae in eiusdem 'Novis Lectionibus in
scriptt. Graec.' Lugd. Bat. 1858. p. 115. 140. 187. 192. 193.

200. 210. 211. 215. 219. 224. 268. 295. 301. 303. 394. 428.
579. 657. 750. 775.

in 'Mnemosyne' t. V. emendantur p. 92. fr. Aeg. 24. p. 235. OR.
968. Tr. 64, p. 240. Tr. 14, p. 241. OC. 113, Ai. 1100, p. 248. OC.
1480, p. 251. Phil. 320, p. 259. Tr. 1111. El. 1506, p. 263. Tr. 989.
Ant. 446, p. 267 sq. OR. 1525. 1527. p. 272. Phil. 119. fr. Phthiot.
624, p. 388. OR. 49.

234. Cobet, C. G. 'variae lectiones' in: 'Mnemosyne' t.
VI. (a. 1857.)

p. 1. El. 636. p. 4. Ai. 167 sqq. 1120. p. 31. fr. Polyid. 463, p. 37.
Philoct. 1363 sqq. Ai. 839, p. 38. Ant. 46. OC. 237—257, p. 39. Ai.
652, p. 300. fr. 108, L

235. idem. 'variae lectiones' in: Mnemosyne t. VII. (a.
1858.)

p. 365—449. Ai. 1129. fr. 381. Ai. fi.

236. idem. 'miscellanea philologica et critica' in: 'Mnemosyne.' t. VIIII. (a. 1860.)

p. 65. de fr. 673, 2, p. 89 sq. de fr. 106, 3, p. 97. de OC. 1381,
p. 109. de Ai. 964, p. 116. de fr. inc. 669, 2, p. 117. de fr. Polyid.
463, p. 141. de fr. inc. 682, p. 144. de fr. inc. 686, 2.

237. Conington, Joannes. 'ad tragicos Graecos.' in: 'Hermes.' t. II. (a. 1867.) p. 142—145.

explicat et tuetur traditas lectiones OC. 441 sq. El. 365—367. (col-
lato v. 341.) fr. Ach. Syll. 148. (γαστρὸς καλεῖσθαι παῖσα.)

238. Cron, 'zu Sophocles.' in: 'blaetter fuer bayrisches
gymnasialschulwesen.' t. VI. (a. 1870.) p. 81—91.

explicat emendatve p. 91 sq. Ai. 176—178, p. 83. Ai. 355. OR.
624. 625, p. 84. OC. 45, p. 85. OC. 946. 1524 sq., p. 87. El. 363.
Tr. 46—48. p. 88. Tr. 77. 309. 379, p. 89. Tr. 903. (transpositione facta
collocatur post 913), p. 90. Tr. 946. Ph. 29.

239. van Deventer, Ludov. Guilelmus. de interpolationibus
quibusdam in Soph. tragoediis. Lugduni Bat. 1851. 8°. 69 pp.

secluduntur OR. 54—57. 263. 267 sq. 354—379. (inprimis 355. 356.
358. 360. 361. 362. 363. 365. 367. 368. 369. 370. 372. 374. 376. 378.)
411. 435—443. (maxime 436—442.) 547—582. 611—615. 622—630.
845. 967 sq. 980—983. 987—990. 1000—1036. 1158—1163. 1273. 1280.
1350—1382. 1389 sq. 1397. 1414 sq. 1451—1458. 1515—1523. 1528 sq.
in suspitionem vocantur longiores stichomythiae quae leguntur in Aiace
40—50. 74—88. 531—540. 1120—1141. 1346—1369.

240. Dindorf, Guielmus. 'variae lectiones.' in: 'Philolog.'
t. XII. (a. 1857.) p. 634—641.

temptantur OR. 1409—1434. 1263. Tr. 1252—1278.

241. **Doederlein**, Ludovicus. miscellorum philologicorum pempas (μελανοστός, χοννεῖν, ἀλᾶσθαι. Sophocles. Lucretius.) Erlangen 1864. 4°. 10 pp.

242. idem. 'minutiae Sophocleae.' Erlangae ind. lectt. 1842. 4°. 12 pp. (repetitae in eiusdem 'reden und aufsaetze. L sammlung. Erlangen 1843.)

L ad Aiacem. 2. ad Oed. Tyr. 3. ad Antig. 4. ad Philoctetam.

243. idem. 'minutiae Sophocleae. continuatae primum.' Erlangae ind. lect. 1845. 4°. 8 pp.

tractantur Ai. 404. 770. 799. 854. Ant. 231. 320. 335. 404. 959. 980. 1222. 1330. Phil. 182. 1147. 1355.

244. idem. 'minutiae Sophocleae. continuatae iterum.' Erlangae ind. lectt. 1846. 4°. 9 pp.

tractantur: OR. 10. 87. 105. 196. 227. 328. 579. 582. 790. 937. 1167. 1228. 1249. Tr. 1109. (repetitae sunt commentationes in eiusdem: reden und aufsaetze. 2. sammlung. Erlangen 1847. p. 254 — 283.

245. **Duentzer**, Henricus. homerische abhandlungen. Leipzig 1842. 8° m.

tractat p. 589. El. v. 328. 516. p. 558. Ph. 783. 815. Tr. 987. 1026 sq. 1032. 1082. tum agit de propria vi particulae αὖ, in quam eandem materiam etiam accuratius inquisivit commentatione de αὖ αὖτε αὖθις, αὖτις scripta quae est in 'Berliner zeitschr. f. gymnasialwesen' t. XX. (a. 1866.) p. 463—471.

246. **Eggert**, C. G. quaestiones Sophocleae criticae. pars L Diss. inaug. Monasterii 1868. (Paderborn, Schoeningh.) 8°. 61 pp.

versatur maxime in indicandis sanandisque eiusmodi corruptelis quas ex verborum continue scriptorum prava aut coniunctione aut seiunctione originem duxisse verisimile est. Ant. 211. 776. 1182. — OR. 328 sq 424. 583. 600. 624 sq. 682. 702. 725. 861. 883. 1031. 1181. 1226. 1512. — OC. 22. 62. 332. 390. 500. 588. 625. 812 sq. 976. 1108. 1118. 1132 sqq. 1371. 1429 sq. 1640. — El. 76. 111 sqq. 192. 227. 232. 337. 363. 466. 763. 1329.

247. **Emperius**, A. 'analecta critica.' in: Rheinisch. Museum. N. F. L (a. 1842.) p. 447—466.

p. 452. conatur medelam afferre OC. 1069 τάχ' ἄν σώσειν et Phil. 187. οἰμωγαῖσιν ὑπηχεῖ.

248. **Enger**, Robertus 'zum exodos der Antigone des Soph. (1319 sqq. 1339 sqq.) und zum dochmius.' in: 'Philolog.' XII. (a. 1857.) p. 454 — 471.

praeter locos Antigonae tractantur Phil. 1092 sqq. et Ai. 679 sq.

249. **Firnhaber**, C. G. einiges zum Sophocl. (OR. Ant.):
in: Jahns archiv. V. (a. 1837.) p. 139—147.
250. idem. Sophoclea. in: Philologus. VIII. (a. 1853.)
p. 738—750.

tractantur OR. 1271—1274. Ant. 1158. Ai. 622—635. 815. 868. OC.
377—383. 1713 sq.

251. idem. emendationen zu Sophocles. in: Philol. III.
(a. 1848.) p. 132—136.

emendantur OR. 832. OC. 504. 588. 590. 1076. 1192.

252. **Fischer**, Ant. zur kritik und erklaerung des Sophocl.
Progr. gymn. Eger (Bohemiae) 1871. 8°. 14 pp.

p. 1—9. Ai. 839—842. defenditur librorum scriptura. item p. 9 sq.
in v. 853, p. 10 sq. temptatur Philoct. 29: τόνδ' ἐξύπερθε καὶ στίβον γ' οὐδὲν κτύπου (vel οὐδεὶς κτύπος). — p. 12—14. conicitur Phil. 1092 sqq.
ἔπειτ' αἰψ' ἄνω πτωχάδες (= 'Αρπυῖαι).

253. **van Gent**, J. M. miscellanea critica. in: Mnemosyne. VII. (a. 1858.)

p. 220 sq. de Ant. 155. p. 221. de Ai. 1161 (= 1184 Brck.) p. 222.
El. 94. — in VIIII p. 65 sq. fr. inc. 673, 2. p. 69 sq. fr. Alead.
106, 3.

254. **Goram**, Otto. observationes criticae in aliquot Sophoclis locos. Progr. gymn. Culm (Boruss. occident.) 1860. 4°.

tractantur OR. 1276. Ai. 245. 867. Ant. 348 etc.

255. **Graebner**, R. in nonnullos tragoediarum Sophoclearum locos lyricos observationes metricae et criticae. Progr.
gymn. Burg 1870. 4°. 16 pp.

tractantur Tr. 651. 653. 647—654 (de ratione metrica). p. 2 sq. antistrophae v. 661 et 662. p. 4. de vv. 875—895 ratione metrica. 969 sq.
p. 5. de v. 1005. — Ai. 405 sq. p. 6. de ratione metrica strophae et antistrophae. 600—603. emendantur. p. 7. OC. 242—244. 701—703. 1447
1456. 1462—1471. de metro. 1454 sq. 1466. 1467. 1499. 1556—1576.
1560. 1561. 1571. p. 13. El. 192. 495—499. 1095—1097. 1232—1241.

256. **Heimsoeth**, Fridericus. commentatio de necessaria in
re critica vigilantia, perseverantia atque audacia. Ind. scholarr.
univ. Bonnae 1869. 4°. 17 pp.

temptantur praeter alios scriptt. Graecorum locos Soph. OR. 1150.
(p. 4.) Ant. 1029. El. 1235. (p. 5.) Tr. 1249. OR. 1437. (p. 7.) Ai. 496.
Phil. 646. 425. 351. 435. 777, Tr. 1131. 1256. OC. 599. OR. 376. 617.
87. El. 255.

257. **Held**, J. observationes in difficiliores quosdam vete-

rum scriptorum locos. Progr. gymn. Schweidnitz. 1849. 4°.
16 pp.

tractantur OC. 610. Ant. 24. 367. 1032.

258. Henneberger, Augustus. corruptos aliquot Sophoclis
locos emendare conatus est. Progr. gymn. Meiningen. 1849. 4°.

temptantur Ph. 26. 344 sq. 411. 417 sq. 458. 668. — OR. 107. 324.
551. 609 sq. — OC. 45. 175. 354. 561. 1004. — Ant. 24 sq. 91. — El.
356. 757. 859. — Trach. 51. — Ai. 1—3.

259. Hermann, Car. Frid. emendationes Sophocleae. Ind.
lectt. acad. Marburgi (Chattorum) 1843. 4°.

260. Hertel, Fr. Th. kritische und exegetische bemerkungen ueber einige stellen des Soph. Progr. gymn. Torgau. 1856.
4°. 19 pp.

tractantur Ai. 360. 405. 475. 798. 611. 921. 1307. 1312. — El. 82.
123. — OR. 41. 328. 334. 1056. 1084. 1133. 1280. 1493. 1511. 1525. —
OC. 113. 270. 562. 569. 589. 753. 1021. 1036. 1116. 1172. 1266. 1270.
1418. 1435. — Ant. 413. 648. 681. 925. 1165. — Tr. 58. 327. 365. 381.
418. 419. 614. 689. 781. 907. 1046. 1241.

261. van Herwerden, Henricus. analecta critica ad Thucydidem, Lysiam, Sophoclem, Aristophanem et comicorum
Graecorum fragmenta. Traiecti ad Rhenum. 1868. 8°. IV et
60 pp.

cap. II. (p. 11—24 'ad Sophoclem.')

262. idem. Euripidea. in: Mnemosyne IV 1855. p. 358
—386.

p. 363 conicit OR. 694 sq. ταυῦν τ' εὔπομπος εὐθύνεις vel εὐθύνεις.
p. 371 in Ant. 1090. καὶ γνῶ γῷ φέρειν τὴν γλῶσσαν ἡσυχαιτέραν.

263. Jeep, J. Gu. L. loci aliquot Sophoclei. Guelpherbyti
Progr. gymn. 1843. 4°. 16 pp.

tractantur Phil. 1092 sq. OR. 198. OC. 1435. Ant. 349 sq.

264. Junghans, Guilelmus. vindiciae Sophocleae. Progr.
gymn. Luneburgi. 1846. 4°. 22 pp.

tractantur OR. S. 771—783 (praecipue 779 sq. 789 sq. 807—809. 815.
827,. 376. El. 957.

265. Kaestner. quaestiones de nonnullis tragoediarum Sophocl. locis. Progr. gymn. Cellae. 1851. 4°. 22 pp.

266. Keck, C. H. disputatiuncula Sophoclea. Progr. gymn.
Schleswici 1865. 4°. 23 pp. cum tabula. (Berolini ap. Calvary.)

267. Koch, H. A. ueber einige stellen des Sophocles. in:
Philologus VI (a. 1851.) p. 360—362.

268. **Kvičala, J.** beitraege zur kritik und erklaerung des Soph. I. in: sitzungsberichte der kaiserlichen academie der wissenschaften zu Wien. 1864. p. 391—394. addita sunt supplementa p. 483—494. (separatim editus liber Wien (Gerold.) 106 pp.) 8° m.

Electrae locos LV qui tractati sunt in eo libro vide infra (nr. 512. Electra numeris indicatos. praeterea tractantur p. 483. Ai. 40 sqq. 131 sq. p. 486. Ant. 4 sqq. 9 sq. 950 sqq.

269. **Lange, Ludovicus.** de locis nonnullis Sophocl. emendandis commentatio. Gissae 1860. 4°. 30 pp.

270. **Lazarewicz, Bonifacius.** de versibus spuriis apud Soph. Dissert. inaug. Berolini 1856. 8°. 46 pp.

secluduntur Ai. 554. 839 sqq. 961—973. 1102—1108. 1393—1399. 1413—1417. — El. 690—695. 1171—1173. OR. 52 sq. Ant. 21—25. 45 sq. 506 sq. 905—913. — Trach. 79—95. 893—899. — Phil. 667—670. 1362 —1367. 1440—1444. — OC. 1142. 1309—1312.

271. **de Leutsch, Ernestus.** zu Sophocles. in: Philologus XXIX. (a. 1869.) p. 218.

El. 1152. defenditur adv. Heimsoeth. in ind. lectt. bib. Bonn. 1869. 1870. p. 5. item OR. 1437. adversus eundem ib. p. 7.

272. **Loehbach, Rudolfus.** quaestionum Sophoclearum decas. Dissert. inaug. Marburgi Chattorum. 1865. (Berolini, Calvary.) 8°. 36 pp.

tractantur I. Ai. 167 sq. II. 404 sq. III. 554—556. IV. 570 sq. V. 986 sq. VI. 1004. VII. El. 743 sq. VIII. 1007 sq. IX. OC. 1454 sq. de quo loco idem antea disputaverat in Z. f. GW. a. 1862. p. 744. X. Ph. 425.

273. **Luebker, Fridericus.** epistola gratulatoria ad G. H. Kolster. de locis aliquot Sophoclis et Horatii. in: Zeitschr. f. G. W. X (a. 1856.) p. 67—72.

de Sophocleis quidem locis disputatur. p. 70—72. de OC. 554. OR. 211—216.

274. **Madvig, Joh. Nic.** adversaria critica ad scriptores Graecos et Latinos. vol. I. de arte coniecturali. emendationes Graecae. Hauniae 1871. (Gyldendal.) 8° m. IV et 741 pp.

emendationes Sophocleae proferuntur p. 206—230. praeterea p. 162 n. ad OC. 1172. p. 171 ad El. 316. p. 190 ad fr. Alcad. 614. p. 264 n. ad El. 443. — rarius autem cum is liber in gymnasiorum bibliotecis inveniatur, relicto more quem institui indicabo emendationes, ne tot tantique fructus politissimi acutissimique ingenii ignorentur. atque

3 * ç

secundum fabularum quidem ordinem digestae sunt hae. ‖ ad Aiacem:
v. 53 ἐπ' ὄμμασι λήμας βαλοῦσα p. 206: v. 110 φθάνῃ pro θάνῃ, 137 οἱ
δ' ὅταν ζαμένης πληγῇ Δ., 237 κριοὺς ἀφελών, 477 οὐκ ἂν ποιοίμην οὐδε-
νός, 601 λειμῶνι' ἄποινα μήλων ἀνήρ. αἰὲν εὔνωμαι. 677 ἔγωγ' ἐπίσταμαι
κτλ. ego certe scil. σωφρονήσω, 783 εἰ δ' ἀφυστερήμεθα αἰ sero adveni.
p. 208: v. 869 ἐπίσταται μοι συλλαβεῖν. 879 δηλοῖ τραπείς ... ‖ ad Phil.
833 sqq. π. δ. μ. τάντ. φρ. ἐλᾷς ᾖδη. p. 209. — 1140 τὸ οἱ δίκαιον εἰπεῖν
quod ipsi iustam videatur dicere. 1162 interpungendum πρὸς θεῶν, εἴ τι
σέβει, ξένον πέλασσον, εὐνοίᾳ πάσᾳ πελάταν. ‖ OR. 360 ἢ ἐκ πείρας λέγεις;
430 οὐχὶ θᾶσσον αὖ πάλιν. 624 et 625 permutari debent et scribi ὅταν πρό
γ' εἴξῃς pro προδείξῃς. (p. 211.) 674 θυμοῦ 'κπερдάσῃς. 1151 ἀλλ' ἄλλως
ποιεῖ. 1271 sqq. οὐχ ὁρῶντό νιν (pro οὐκ ὄψοιντό νιν). (p. 212.) 1492 sqq.
ἃ τοῖς ἐοῖς γονεῦσιν ἔσται σφίν θ' ὁμοῦ δηλήματα. (p. 213.) 1524 sqq. ἐν
τίς οὐ 'ζήλου πολιτῶν ταῖς τύχαις ἐπιβλέπων; ‖ (p. 214.) Ant. 2 ἆρ' οἶσθά
τι Z. . scin' tu ullum ex malis ab Oedipo natis quod non Iuppiter nobis
vivis expleat? 23 sq. λέγουσι, σὺν τύχης χρήσει δικαίᾳ. 130 χρυσοῦ καὶ κανα-
χῆς ὑπερόπτης. 206 αἰκισθέν τ' (p. 27 prolatum). (p. 215.) 356 sqq. πάγων
ἐν αἰθρίᾳ τε καὶ δ. φ. β. frigorum sive puro coelo sive pluviosa fugere
tela. 378 μὴ οὐ τήνδ'. 421 εἴχομεν θέᾳ νόσον. (p. 216.) 578 μηδ' ἐὰν δνει-
μένας. 775 ὡς ἄκος μόνον προθείς. 857 πατρὸς τριπολίζων οἶκτον. (p. 217.)
962 sq. φιλαύλους ἠθέριζε. 1078 sqq. recepta Seyfferti emendatione et
distinctione scribitur ἐχθρᾳ δὲ πᾶσι συνταρδάσσονται πόλεις ὅσων σπ. (p. 218.)
‖ Electr. 501. εὖ κατεστρέψει. 566 ἐξενίκησεν ποδοῖν. (p. 219.): 758 δει-
λαίαν σποδόν. 941 οὐκ οἶσθ' ὃ γ' εἶπον. 1086 αἰῶνα κλεινόν. ‖ OC. 34 προσή-
κεις ἂν ἀχηνοῦμεν. 156 ἀλλ' ἴδε τῷδ' ἐν ἀφ'θ'. (p. 220.) 307 sqq. πρὶν μὲν
γὰρ αὐτοῖς ἦν ἔρως, Κρέοντί τε. 368 χρηίνεσθαι πόλιν λοιγῷ, σκοποῦσιν.
(p. 221.) 380 τιμῇ καθέλξων ἢ πρὸς οὐρανὸν βιβῶν. (p. 222.) 384 ἔκοι θεοὶ
πόνους καθορμίσωσιν. 447 καὶ στέγους ἐπάρκεσιν. 541 ἐπωφέλησα πόλεος. 589.
ἐπαξιοῦσί με. 590 ἀλλ' ἔα· θελόντων γ' οὐδὲ σοὶ φεύγειν καλόν. (p. 223.)
989 οὓς αἰὲν ἐμφορεῖ σύ μοι. 1036 sq. οὐδὲν σὺ μεμπτὸν vel οὐδὲν σὺ μεμ-
πτός. (p. 224.) 1112 ἀμφιδέξιοι. 1360 sq. θρόνους ῥαίνουσιν εἴπερ. 1436
transponitur post 1409. (p. 225.) 1534 al δ' ἐν οὐρίᾳ πόλεις. 1575 κατεύ-
χομαι ἐκ καθαροῦ βῆναι. 1635 μέλλης φρονεῖν. (p. 226.) 1662 εὔνουν, δι-
στὰν γ. d. ‖ Trach. 57 νέμοι τιν' ἄρ. οὐ κακῶς πρ. δ. (p. 227.) 80 ἄλλον
εὖ τὸν ὕστατον. 321 καὶ ξύμφορόν σαί μ εἰδέναι. 323 διοίξει γλῶσσαν (cf.
p. 24.) 339 τί δ' ἐστ' ἐφ' οὗ μοι. 548 ἂν δ' ἀφερπύζει, φιλεῖ ὀφθ., d., τῶν
δ' ὑπεκτρέπειν πόδα. (228.) 554 interpungitur λυτήριον λύπημα τῇδ', ὑμῖν
φράσω. 573 sq. ᾗ μελάγχολος ἔβαψεν ἰός, θρ. Λ. 597 οὔποτ' αἰσχυνθεὶς
ἔσει. (p. 229.) 916 καὶ τὰς ἀναιδεῖς ἐς τ. λ. οὐ. 951 sq. interpungitur ἀλλ
ἐπί μοι μελέῳ βάρος ἄπλετον· ἐμμέμονεν φρήν. 1019 (ἢν πλέον)· σοί τε
τάροιχα vel σοί τε τάροιμα. (p. 230.) 1035 ἐκόλουσεν (pro ἐχόλωσεν). 1186
interrogandi nota post ἐξείρησεται tollitur. 1247. παντελῶς· ‖ fr. Phaedr.
610 τὸν δ' εὐτυχοῦντα πάντ' ἀριθμήσας βροτῶν οὐκ ἔστιν ὄντως ὄντιν' εὑρή-
σεις ἕνα.

275. **Martin**, J. Fridericus. de aliquot locis Aeschyli

Supplicum et Sophoclis tragoediarum. Progr. gymn. Frid. Guil.
Posaniae. 1858. 4°. p. 15—39.

emendantur p. 15—39 ‖ Ai. 269. 406. 799. 800. 960. 994. 1031. ‖ El.
21. 113. 496. 600 sq. 749. 853. 1060. 1075. 1394. sq. 1423. ‖ OR. 100.
198. 478. 822. ‖ OC. 47. 113. 278. 309. 525. 547. 755. 1336. 1358. 1390.
1419. 1421. 1435 sq. 1454. 1551. 1560. 1565 sq. 1569. 1570. 1572. 1573.
1574. 1619. 1640. 1752. ‖ Ant. 89. 112. 139. 150. 156. 211. 234. 556.
557. 718. 736. 796. 966. 1033. 1097. 1179. ‖ Tr. 122. 199. 526. 554. 856.
857. 1018. ‖ Phil. 135 et 150. 174 sq. 300. 1140—1146. 1165. fragm.
162, 6.

alterum 'lectionum Sophoclearum specimen' (in Ai. El. OR. Ant.
Trach. Phil.) idem ediderat in progr. gymn. Frid. Guil. Posnaniae. 1832.
4°. 26 pp. explicantur Ai. 1366. p. 27. secluduntur Ai. 571. p. 25. OC.
1305—1307. p. 30. transponuntur OC. 1221. verba 'Αΐδος ὅτι μοῖρ' —
ἀγορος. p. 30.

276. **Meineki**, Augustus. beitraege zur kritik des Aeschylus und Sophocles. in: Philologus XX. (a. 1863.)

p. 719. de Electr. 780. p. 720. de v. 1094. p. 721. de Phil. 672.

277. —— analecta Sophoclea. = appendix editionis
Oedipi Colonei quae prodiit a. 1863. Berolini apud Weidmannos. 8°. X et 326 pp.

insunt p. 217—322. quaestiones criticae et exegeticae in Aiacem,
Oedipum Regem, Trachinias, Electram, Philoctetam: quibus in quaestionibus qui loci tractati sint, commode licet cognoscere ex indicibus
p. 322—326 subiectis.

278. **Mohr**, M. quaestiones philologae. Progr. gymnas.
Muenstereifel. 1855. 4°. 10 pp.

praeter Xenoph. Cyrop. II. 20. Cic. Cat. I. Phaedr. III. 6. 10.
disputatur de Ai. 2. OC. 117 sq.

279. **Mohr**, Guilelmus. observationes Sophocliae. Dissert.
inaug. Bonnae 1863. 8°. 32 pp.

tractantur Tr. 831 sq. OC. 1636. 1435. Ai. 269. El. 356. 1471. 435.
1314. 710. Ant. 190. 4—6. p. 30—32. disputatur de vocibus legitime et
rite coniunctis ut κατ' ἦμαρ καὶ κατ' εὐφρονήν, δείσαντες ἢ στέρξαντες κ. τ. λ.

280. **Mommsen**, Tycho. exercitationes Sophocleae et de
scholiis Pindaricis epimetrum. Progr. gymn. Francofurti ad
Moenum. 1865. 4°. 32 pp.

ad Oedip. R. solam pertinent quam v. i. nr. 581 b.

281. —— J. Ph. Koenigio muneris semisaecularia gratulatur. (insunt exercitationes criticae in Sophocl. et Tacit.)
Gymnas. Francofurti ad Moenum 1866. 4°. 26 pp.

40 1. INDEX COMMENTATIONUM.

294. **Piderit, C.** Guil. Sophocleische Studien. I. II. Progr.
gymn. Hanau 1856 — 1857.

de I. v. supra. nr. 192.
II. 1857. 4°. 24 pp. disputatur de Ai. 356—360. OC. 104. 861 sqq.
895. 735 sqq. 813 sqq. 101 sqq. Ai. 208 sqq.

295. **Prammer, Ignatius.** einzelne bemerkungen zu Sophocles Aias und Electra. herausgeg. v. G. Wolff u. Schneidewin-
Nauck.) Progr. gymn. Znaim. 1861. 4°. 23 pp.

296. **Raspe, G.** C. H. quaestiones Sophocleae. Progr.
gymn. Rostochi 1843. 4°. 38 pp.

tractantur El. 49. Phil. 1241. 399.

297. **Rauchenstein, Rudolfus.** zu Sophocles. in: Jahrbb.
f. Philol. T. XXXV. a. 1857. p. 265 — 267.

tractantur Ant. 215. 362. 610. OR. 227 sqq.

298. **Ritter, Franciscus.** sieben unechte schluszstellen in
Sophokles tragoedien. in: Philologus XVII. (a. 1860.) p. 422
— 436.

in suspitionem vocantur extremi tragoediarum versus: atque Trach.
quidem quattuor, OR. septem, Ai. tres chori, itemque El. OC. Phil.,
Ant. sex.

299. **Ritter, H.** erklaerende bemerkungen zu einigen stellen des Sophocl. und Cicero. Progr. gymn. Dessau 1861. 4°.

tractantur Ant. 131. El. 676.

300. **Ruediger, A.** T. de aliquot Sophoclis et Aeschinis
locis. Dresdae 1863. 8°.

301. **Ruediger, C.** Alfredus. zu Soph. OC. und Philoct.
in: Z. f. GW. XVIII. (a. 1864.) p. 632 — 634.

OC. 658 explicatur. Phil. 672 defenditur a Spengeli coniectura in
Philol. XX. 2. p. 292 prolata.

302. **Sander, Augustus.** beitraege zur kritik und erklaerung der griech. dramatiker. 1. heft. Hildesheim 1837. 8°.
88 pp. ad Sophoclem et Euripidem. 2. heft. ibid. 1839. ad
Aeschylum, Sophoclem, Euripidem, et Aristophanem.

tractantur OR. 2. 9 — 12. 13. 17 sq. 27 sq. 58. 79 sqq. 101. 116 sq.
124 sq. 221. Trach. 29 sqq. Ant. 799. El. 1—10. 47. 57. 105. 249.
OC. 9—11. 27. 42. 45. 58. 65. 69. 71. 75. 77. 79. 92. 189. 258. 261.
360. 481. 501 sq. 590. 616 sq. 653. 1172. 1211. 1323.

303. **Sauppe, H.** beitraege zur kritik des Aeschylus und
Sophocles. in: Philologus. XX. (a. 1862.)

304. **Schmalfeld**, Fridericus. einige bemerkungen zum 2. Oedipus des Sophocl. accedit: versuch etlicher verbesserungsvorschläge zu verdorbenen stellen des Soph. Progr. gymnas. Islebiae 1861. 4°. 42 pp.

temptantur El. 1075. Ant. 355. OR. 200. 214. 694—697. 1098—1109. 1307—1311. Phil. 748. 1090—1093. OC. 1561 sqq. Ant. 851. 870.

305. **Schmidt**, F. Gu. bemerkungen zu einigen stellen des Soph. Progr. gymn. Herfordi 1859. 4°. 6 pp.

p. 2. explicatur Ant. 43. p. 3. emendatur Ant. 718. itemque p. 5 sq. El. 952.

306. ———— de aliquot Sophoclis et Euripidis locis disputatio. in XVII. supplemento annalium q. d. Jbb. f. Philol. 1851. p. 289—297.

disputatur de Tr. 1256. Ant. 59. 23. Tr. 331. El. 879. OC. 521 sqq. Ant. 649. El. 818. Tr. 866. Ai. 105. 235. OC. 693. 695. 1016.

307. ———— analecta Sophoclea et Euripidea. Neu-Strelitz 1864. (Barnewitz.) 8°. VI et 140 pp.

cf. litt. centralblatt. 1865. nr. 33. — Jbb. f. Philol. IXC. a. 1865. p. 319—331. Z. f. GW. XIX. p. 769—770.

308. ———— zur kritik des Soph. in: N. Jahrbb. fuer Philol. XCIV (a. 1864.) p. 10—24.

de scriptura Tr. 1159—1161. Ph. 108—111. 293—295. 410 sq. Ant. 1192 sq. Ph. 459 sq. 488—490. 757—759. 818—872 sq. 971—973. 1040—1044. 1069 sq. Ai. 939. Ant. 1336. OC 47 sq. Tr. 193. 196 sq. 1144.

309. **Schmidt**, Mauricius. zu den tragikern. in: Philologus. XVI. (a. 1858.) p. 161—163.

310. ———— kritische bemerkungen in: Philolog. XVIII. (a. 1860.) p. 229.

de OR. 16. 230. fr. 24. 515.

311. ———— bemerkungen zur texteskritik des Soph. in: Z. f. OG. XVI. (a. 1865.) p. 1—20.

disputatur de Ant. 790. 960. 1013 (p. 2). 1129 (p. 3). 119 (p. 4). 351. 316 (p. 6). 586—588 (p. 7). 613 (p. 8). 466 (p. 8). 45 sq. (p. 9). 679. 856. 1035 sqq. (p. 10). v. 2 (p. 11). 3 (p. 12.) 149 (p. 13). 106. 263. 287. 575. 393. 529. 648. 927. 941. 972 (p. 14). 1021. 1108. 1156. 1185. 1203. || de Trach. 831. 117 (p. 15). 196 (p. 16). 11. 94. 68 (p. 17). 126. 689. 895. 893. 1263 (p. 18). 781. 25 (p. 19). 584 sqq. 79 sqq.

312. **Schneidewin**, Frid. Guil. variae lectiones. in: Philol. III. (1848.) p. 112 sq.

de fr. Achaeor. conv. 146, 1—3. p 113. de fr. Achill. amat. 162,

L. 3. 4. 5. Ai. Locr. fr. 11, 3. p. 114. Eriph. fr. 209, L. — altera pars
p. 532—533. de fr. Thamyr. 228, L. inc. 694.

313. **Schoemann**, G. F. animadversiones diorthoticae. ind.
lectt. academ. Gryphiswaldi 1863. 4°. 18 pp.
~   ad Aeschylum, Sophoclem, Euripidem.

314. **Schoene**, F. Th. miscella critica in tragicos Graecos.
in: Rh. M. N. F. VI. (a. 1848.) p. 301—309.

p. 303—305 tractantur Soph. El. 1281 sqq. OR. 193 sqq.

315. **Schwenck**, Conradus. bemerkungen zu Sophocles.
(Trach. u. Electra.) in: Ztschr. f. AW. VII. (a. 1840.) nr. 26.
p. 213. et nr. 112. p. 919.

priore loco emendantur Tr. 955 sqq. El. 153 sqq. altero. Tr. 910 sqq.

316. idem. zn Sophocles. in: Rh. M. f. Phil. N. F. II.
(a. 1843.) p. 305—310.

disputatur de Ph. 899. OC. 1695. Ant. 771. Trach. 1208. El. 42 sq.

317. idem. zn Sophocles. in: Rh. M. f. Ph. N. F. III.
(a. 1845.) p. 622—629.

disputatur de OC. 172. 420. Phil. 728. 1461. Tr. 951 sqq. El. 610.
Ant. 130.

318. **Sehrwald**, Chr. Fr. observationes criticae in Soph.
Antigonam et Oedipum Reg. Progr. gymn. Altenburgi 1863.
4°. 12 pp.

319. **Sintenis**, Carolus. zu Sophocles. in: Philologus VI.
(a. 1851.) p. 739—741.

tractantur Ph. 425. 446. Ai. 443. 795.

320. **Spengel**, Andreas (Leonis filius) coniectanea in Soph.
tragoedias. Seminarii philologici nomine gratulatur Lud. Thier-
schio). Monachi 1858. 4°. 15 pp.

temptantur OR. 390. 539 (ἦ οὐχ). 1054 (εἰ χεῖνον . . . τόνδ᾽ οὕτως.
640. 943. Ant. 218. Tr. 1032. Ph. 502. 1128. OC. 150.

321. **Stuerenburg**, C. quaestiones Sophocleae. Diss. inaug.
Berolini 1864. (Nicolai.) 8°. 65 pp.

cap. I. de El. 335 sq. p. 9—12. de usu particulae ἀλλά. p. 13—17.
de usu vocis τοιοῦτος. p. 18—22 de collocatione et sedibus vocis ἀδελφός
(cf. ἀδελφή, ἀδελφε, ἀδέλφη). — cap. II. de OC. 755—760. p. 24 sq. de
νιν in extrema versuum sede posito. p. 27. de sedibus pronominis ἐγώ. —
c. III. OR. 14 sq. 612 sq. Ai. 1077 sq. OC. 1225 sq. p. 34. de fr. 691.
p. 35. El. 1322 sq. Ant. 1066 sq. OR. 626 sq. El. 770 sq. 1025 sq. OR.
1295 sq. 483 sq. 515 sq. Ant. 685 sq. El. 696. — cap. IIII. p. 40. El.
1304—1361. — cap. V. p. 43—47. de infinitivis ex adiectivis aptis. —

cap. VI. p. 48—53. de versibus spuriis ab histrionibus aut a grammaticis lectoribusve additis explendae sententiae causa. — cap. VII. p. 53—
65. de versibus spuriis, quibus continentur loci communes.

322. **Sverdsjoe**, A. Th. einige verbesserungsvorschläge
zum text der Sophokleischen tragoedien. Progr. gymn. Rigae
1838. 4°. 16 pp.

323. **Thielemann**, C. H. adnotationes in aliquot Sophoclis
locos. Progr. gymn. Merseburgi 1849. 4°. 14 pp.

disputatur de Trach. 24 sq. 29 sq. 54 sqq. El. 17 sqq. Ai. 510 sqq.
854 sqq.

324. **Thiersch**, Bernhardus. scholae Tremonienses. Progr.
gymn. Dortmundi 1838. 4°. 25 pp.

praeter locos aliquot Homeri tractantur emendanturve Soph. Phil.
189. 443. 767. 782. 1149. OC. 1468. 1560. El. 61.

325. ———— scholae Tremonienses. Progr. gymn. Dortmundi 1847. p. 10—17.

de aphaeresi. de OC. 1489. Ant. 38. 1266. Ai. 1050. 212. 341. 777.
Ai. 941. 1046. Ph. 1270. 830. Tr. 941. OR. 1368. El. 1160. OC. 1268.
El. 390.

326. **Unger**, Robertus. In Sophoclem. electa critica. Progr.
gymn. Friedlandi et Neobrandenburgi 1842. 4°. 52 pp.

327. **Volkmar**, C. H. zu Horatius, Sophocles, Aeschylos.
Progr. gymn. Aurich. 1865. (Spielmeyer.) 4°. 17 pp.

328. **Weber**, Hugo. beitraege zu Sophocles Trachinierinnen und zum Philoctetes. in: Philologus XI. (a. 1856.) p. 438
—459.

disputatur de Trach. 17. 109. 110. 242. 572. 653. 896. 1035. Phil.
628. 755. 782. 908 sqq. 950. 1428 sqq.

329. **Wecklein**, N. ars Sophoclis emendandi. accedunt
analecta Euripidea. Wirceburgi 1869. (Stuber.) 8° m. XII et
200 pp.

A. res de quibus agitur. de libris Sophoclis. de cod. LA. de prima
manu. de diorthota. de ceteris codicis correctoribus. genera corruptelae.
(XXI genera distinguuntur). versus interpolati.

B. emendationes sunt propositae. paginas videre licet in indice p.
VI—XII proposito. Ai. 197. 257. 402. 417. 433. 524. 546. 628. 678.
755. 770. 602. 806. 690. 919. 1141. 1144. 1157. 1191. 1214. 1281. 1312.
1369. || El. 21 sq. 92 sq. 139. 151. 192. 221. 279. 337. 359. 363. 382.
433. 560. 571. 649. 659. 691. 709. 716. 757. 758. 780. 878. 888. 889.
922. 940. 944. 969. 980. 1030. 1052. 1056. 1091. 1097. 1114. 1156. 1207.
1251. 1329. 1336. 1341. 1360. 1391. 1409. 1413. 1415. 1424. 1456. 1468.

1483. — ‖ OR. 1. 11. 18. 37. 120. 159. 180. 217. 230. 287. 297. 329.
360. 420 sq. 478. 508. 509. 517. 522. 567. 579. 676—724. 741. 742. 815.
832. 894. 905. 930. 943. 976. 987. 1028. 1031. 1085. 1091. 1135. 1145.
1216. 1232. 1264. 1267. 1280. 1330. 1341. 1349. 1350 sq. 1377. 1383.
1416. 1423. 1444. 1463. 1476. 1506. 1512. 1526. — ‖ OC. 45. 79. 104.
113. 118. 121. 133. 134. 175. 243. 252. 260. 278. 281. 297. 307. 315.
321. 327 sq. 363. 367. 390. 391. 402. 415. 453. 459. 460. 475. 480. 502.
522. 524. 535. 554. 570. 588. 655. 659. 702 sq. 721. 749. 771. 783. 805.
813. 861. 912. 1003. 1011. 1013. 1019. 1021. 1036. 1043. 1055. 1076.
1084. 1098. 1118. 1135. 1209. 1250. 1266. 1371. 1436. 1453. 1468 sq.
1490. 1534. 1536—1538. 1560 sq. 1565. 1574. 1579. 1584. 1632. 1640.
1691. 1693. 1699. 1713. 1722. 1752. 1775. — ‖ Ant. 1. 4. 6. 24. 30. 70.
81. 112. 122. 130. 138. 151. 156. 167. 212. 215. 241. 287. 299. 300. 326.
362. 382. 366. 414. 436. 467. 575. 578. 586. 594. 596. 600. 604. 606.
614. 622. 627. 705. 757. 760. 775. 838. 851. 856. 931. 1002. 1013. 1029.
1034. 1138. 1158. 1179. 1203. 1225. 1232. 1236. 1301. 1349. — ‖ Tr. 47.
55. 57. 77. 80. 94. 140. 145. 188. 196. 214. 313. 322. 331. 363. 379 sq.
383. 419. 433. 526. 549. 554. 578. 623. 653. 678. 716. 717. 782. 830.
837. 854. 879. 911. 972. 988. 1005 a. 1019 sq. 1047. 1139. 1178. 1179.
1220. 1221. 1228. — ‖ Ph. 21. 25. 43. 108. 145. 171. 181. 190. 220. 228.
286. 313. 316. 382. 421. 436. 460. 498. 502. 507. 533. 540. 559. 572.
590. 642. 650. 701. 711. 728. 826. 834. 842. 929. 939. 956. 1003. 1032.
1048. 1135. 1140. 1153. 1175. 1207. 1212. 1220. 1231. 1246. 1252. 1254.
1266. 1308. 1337. 1383. 1385. 1402. 1420. — ‖ fragm. 24. 58. 109, 1.
109, 10. 167. 209. 223. 227. 235, 1. 238. 284, 2. 352. 461 b. 470, 2.
583 c. 675. 678. 12. 713, 1. 761. 830.

C. qui versus iniuria spurii iudicari videantur.

D. interpolatos videri hos versus: Ai. 327. 554 b. 571. 834. 841 sq.
El. 61—66. 957. 1173. 1485. OR. 598. 670. 1303. 1397. OC. 95. 237—
257. 301—304. 614 sq. 769 b. 862. 1190. 1626. 1716. · Ant. 46. 313 sq.
905—913. 1080—1093. 1250. Tr. 17. 84. 585. 601. 629. 684. 696. 745.
1069. 1165. Ph. 304. 1442—1444. — ‖ ex parte videri interpolatos Ai.
961 sq. 1402 sqq. Tr. 1257 sqq. Ph. 1452 sqq.

330. **Wessel**, Paulus. quaestiones Sophocleae. Progr. gymnas. Merseburgi 1870. 4°. 23 pp.

explicantur hic illic artis criticae ratione habita OC. 26. 35. 59. 62.
63. 192. 241. 276. 278. 252. (p. 8.) 380 sq. (p. 9.) 402. 404 sq. 521 sq.
663. 664. 665. (p. 12.) 1081. 1411. (p. 14.) Ant. 78 sq. 207. 582—625
(praecipue 594. 596. 599—603.). (p. 17.) demonstratur grammatica versus
Ant. 290 ratio. (p. 18.) agitur de καί in interrogationibus posito. (p. 19.)
de Ant. 489—490. (p. 20 sq.) de assimilatione. (p. 21 sqq.) de Phil. 62.

331. **Wex**, F. C. Sophocleische analecten. Progr. gymn.
Schwerin. 1863. (Stiller.) 4°. 24 pp.

cf. Litterarisches Centralblatt 1964. nr. 10. — Jahrbb. f. Philolog.

LXXXIX. (a. 1865.) p. 261—264. — Z. f. GW. XIX. (1866.) p. 762—764.

332. **Wieseler**, Fridericus. zu Sophocles und Euripides. in: Philologus VII. (a. 1852.) p. 746—748.
de OC. 1333 sqq. Ant. 128. 241. 560. 602.

333. i d e m. zu Sophocles. in: Philologus XVII. (a. 1862.) p. 561—562.
de Ant. 158. 949 sqq. Ai. 251.

334. **Wille**, Aemilius. de nonnullis Sophoclis locis. Dissert. inaug. Lips. 1867. 8°. (Berolini, Calvary.) 35 pp.
p. 3—17. de Tr. 27. 54. 79. 126. 161. 293. 327. 377. 435. 531. 723. 777. 781. 1018. 1046. ‖ p. 18—24. de OR. 216. 505. 836. 906. 1241. 1403. 1511. 1529. ‖ p. 24—28. de OC. 547. 1211. 1333. 1511. 1535. 1640.‖ p. 28—30. Ant. 952. 981. 1272. ‖ p. 30—35. Ph. 533. Ai. 399. 646. El. 709. 1086.

335. **Wunder**, Eduardus. miscellanea Sophoclea. Progr. gymn. illustris. Grimmae 1843. (Verlags-Comptoir.) 4°.
disputatur de El. 797 sq. 879 sq. 1451. OC. 226 sq. 1028.

336. i d e m. schedae criticae de locis nonnullis Sophoclis tragoediarum et M. Tullii Ciceronis orationis Murenianae. Progr. gymn. illustris. Grimmae 1856. (Gebhardt.) 4°. VI et 20 pp.

337. **Zimmermann**, Fridericus. de locis quibusdam Sophoclis. appendix progr. gymn. Buedingen 1847. 4°. p. 38—48.
tractantur OR. 419. 420. 800. 1490—1496. OC. 1076 sqq.

339. **Zippmann**, Albertus. atheteseon Sophoclearum specimen. Dissert. inaug. Bonnae 1864. (Berolini, Calvary.) 8°. 42 pp.
deleri iubentur El. 1170. OR. 862. Tr. 280. Ant. 495 sq. 15 sq. Ai. 961—973. Phil. 877 sq.

SINGULARES LIBRI DE SINGULIS SOPH. TRAGOEDIIS.

XIV. DE AIACE.

Ab a. 1600 ad a. 1836 scripserant: Conz, observatt. ad Sophocl. Aiace. Tubingae 1813. 4°. Dsiadek, comment. de Aiace Sophocleo. Progr. gymnas. Conitz 1829. 4°. 15 pp. — Heimbrod, Jos. disput. de Sophocl. Aiace. Progr. Vratislaviae 1825. 4°. 15 pp. — Jaeger, Jo. Gottl. annotationes ad Soph. Aiacem. Progr. gymn. Altonae 1811. (Hammerich.) 8° m. — Immermann, Car. ueber den rasenden Aiax des Soph. eine aesthet. abhandl. Magdeburg 1826. (Heinrichshofen.) 8°. — Kannegieser, C. L. ueber den Aiax des Soph. Progr. gymnas.

Breslau 1823. 8°. 54 pp. — Lobeck, Chr. Aug. obscrv. critt. et gram-
maticarum in Soph. Aiacem lorarium spec. Vitebergae, 1803. 8°. 12 pp.
specimen II. ibidem 1806. 28 pp.: idem, de Soph. Aiac. v. 600 sq. In
indice scholl. acad. Regiomontii. 1832. 4°. — Oelschlaeger, Franc.
de Aiace Telamonis filio commentatio. P. II. Progr. gymn. Schweinfor-
diae 1834. 4° m. 14 pp. — Osann, Frid. ueber des Soph. Aias. eine
kritische untersuchung nebst zwei beilagen. Berlin 1820. 8°. (G. Reimer.)
8°. — Schoemann, de Soph. Aiace v. 1326 sq. ed. Brck. Ind. lectt.
acad. Gryphiswaldiae 1828. 4°. 8 pp. — Suevern, Ioh. Guil. de Soph.
Aiace flagellifero. Progr. gymn. Thoruni. 1800. 8°. — Teske, observatt. in Soph. Aiac. v. 172 sq. Progr. gymn. Stargard 1829. 4°. 10 pp.
Welcker, Fr. Gottl. ueber den Aias des Soph. in: Rhein. Mus. fuer
Philol. III. (a. 1829.) p. 44—92 et p. 229—264.

340. **Aldenhoven**, C. ueber die scene in Soph. Aias v. 646
— 692. in: Ibb. f. Philol. XCV. (a. 1867). p. 729.

341. **Apitz**, Joannes. analecta ad Sophoclis Aiacem. in:
Zf.AW. 1837. nr. 72—76. p. 591 sqq.

disputatur de v. 2. 7. 15. 33. 44. 50. 61. 68. 77. 80. 98. 112. 121.
130. 136. 143. 155. 157. 169. 176—178. 179. 191. 197. 208. 212. 221.
231. 243. 245. 259. 263. 273. 277. 279. 289. 295. 301. 310. 314. 330.
342. 344. 350.

341[b]. altera pars. ibidem 1839. no. 38. 39. p. 207—308.

disputatur de v. 351. 355. 356. 360. 366. 371. 375. 379. 384. 386.
389. 405. 419. 428. 430. 445. 448. 451. 453. 455. 458. 460. 476. 479.
itemque usque ad v. 689 loci ob aliquam rem memorabiles paene omnes
iudicantur.

342. **Benloew**, Ludovicus. de Sophoclis Aiace. Disscrt. inaug. Gottingae 1839. 8°. 48 pp.

343. **Bonitz**, Hermannus. der erste monolog des Sophokleischen Aias. (430 — 486.) in: Z. f. OG. XI. 1860. p. 43—47.

344. **Doederlein**, Ludovicus. de Sophoclis Aiace. in: abhandlungen der koenigl. bayrischen academie der wissenschaften zu Muenchen 1837. 4°. p. 109 — 130.

345. **Dvořák**, Leopoldus. zu Soph. Ai. v. 15. in: Z.f. OG.
XVI. (a. 1865.) p. 222 sq.

explicatur vox ἄποπτος.

346. **Enger**, R. bemerkungen zum Aias des Soph. Progr.
gymn. Ostrowo 1851. 4°. 20 pp.

347. **idem**, ueber zwei scenen im Aias des Soph. in:
Rh. M. f. Ph. N. F. VIII. (1853.) p. 211—220.

refutare conatur Welckeri sententiam a. 1829 prolatam, item quod

aliis placuerat de scaenae mutatione v. 346—595 et 657--591. — p. 218
adversatur Rothii dissertationi nr. 380 indicatae. ipsum refellere studuit
C. Weismann in progr. Fuldensi a. 1852 edito 'v. L nr. 399.}
348. idem, Soph. Ai. 257 in: Philologus XV. (a. 1860).
p. 91.
349. idem, ueber Soph. Aias 578 sqq. ibidem VIII. (a.
1853.) p. 160 — 166.
350. idem, Soph. Ai. 879. ibidem XII. (a. 1857.)
p. 444 — 451. (commendatur τλαμόνων.)
351. idem, zu Sophocles. in: Rh. M. f. Ph. N. F. XIV.
(a. 1859.) p. 475 — 478.
disputatur de v. 961 — 973.
352. **Foerster.** ist der Aias des Sophocles das glied einer
trilogie? in: Z. f. OG. XVIII. (a. 1867.) p. 715 — 724.
353. **Forchhammer, P.** Gu. quaestionum criticarum caput
II. de Sophoclis Aiacis versibus 2 et 978. Index lectt. acad.
Kiel 1854/55. 4°. p. 3 — 8.
354. **Francken, C. M.** Aiacis Sophocleae metra descripsit.
Groningae 1857. 8° m. 29 pp.
disputatur de Ai. 398. 403. 701. 901. 1157. 1190.
355. **Geel, Jacobus.** Sophocles Aiax v. 646 — 692 in:
Mnemosyne II. (a. 1853.) p. 200—208.
356. **Goebel, E.** ueber den character des Aias in der
gleichnamigen tragoedie des Soph. in Z. f. OG. VIII. (1857.)
p. 181 — 192.
versatur maxime in examinanda Welckeri commentatione in: Rhein.
Mus. f. Philol. III. (a. 1829.) (repetita in 'Kleine Schriften.' II. p. 264 —
355).
357. **Gylden, Nic.** Abr. de Soph. Ai. v. 2. nonnullisque
aliis locis scriptorum Graecorum. Helsingfors 1847. (Frenckell).
4° m. 34 pp.
358. **Hamacher, Guilelmus** Aiax, eine tragoedie von Soph.
Progr. gymn. Trier 1853. 4°.
interpretationi Germanicae praemissa est disputatio de vv. 21. 227.
269. 360. 405. 627. 651. 978. 1112. 1366. 1416.
359. **Hanáčik, Josephus.** eine abhandlung ueber Sophocles
und insbesondere ueber dessen drama Aias. Progr. gymn. Neu-
haus (Austriae) 1855. 4°. p. 3 — 12.
p. 3 — 5. singulae dramatis personae quibus moribus a poeta sint

praeditae, ostenditur. p. 8—11. de utilitate quam habeat eius fabulae
lectio disputatur. p. 11—12. additur interpretatio carminum lyricorum.

360. **Heimbrod,** Josephus. ueber den Aias des Sophocles.
in: Jahn's Archiv. VI. 1840. p. 34—46.

361. **Hennings,** P. D. Ch. die zeitbestimmung des Sophocleischen Aias. Progr. gymn. Rendsburg 1862. 4°. 28 pp.

362. **Hoefer,** G. anmerkungen zu Soph. Ai. 1—171. Progr.
gymn. Muenchen 1845. 4°.

363. **Huelsenbeck,** Josephus. ueber Soph. Ai. v. 646—
692. Progr. gymn. Iglau (Moraviae) 1870. 4°m. 7 pp.
disputatur de eo loco quaestione in universum instituta.

364. **Jahn,** Otto. Satura nr. 21. in: Hermes III. (a.
1868.) p. 175—178.
emendatione sanantur Ai. v. 839—844. 852 sqq.

365. **Kaas,** Georgius. einige bemerkungen zu Soph. Aias.
Progr. gymn. Graz 1862. 4°.

366. **Kaemmerer.** de Sophoclis Aiace quid statuendum videatur, breviter exposuit. Progr. gymn. Oels. 1847. 4°. 27 pp.

367. **Kienert.** ueber v. 556 im Aiax des Soph. Progr.
gymn. Coeslin. 1847. 4°. 8 pp.

368. **Krannhals.** ueber den Aias des Soph. Progr. gymn.
Riga 1850. 4°.

369. **Krats,** H. zum prolog des Sophokleischen Aias. Z.
f. GW. XX. (a. 1866.)
tractantur inprimis vv. 1—3. 5. 14. 31. 36. 40. 47. 75. 76. 80. 127.

370. **idem.** zum Aias des Sophocles. in Z. f. GW. N.
F. L (a. 1867.) p. 621—628.
p. 625. disputatur de v. 14. 15. 646—692. sententiarum nexus explicatur. v. 418. item et v. 653.

371. **Kvičala,** J. zur beurtheilung des Sophocleischen
Aias. in: Z. f. OG. XXI. (a. 1870.) p. 677—696.

372. **de Leutsch,** Ernestus. zu Soph. Ai. 961 sqq. in:
Philologus X. (a. 1855.) p. 367 sq. et GGA. 1855. nr. 17.

373. **Luebker,** Fridericus. prolegomena zu Soph. Aias.
Progr. gymn. Parchim 1853. 4°.
p. 1—23. tres orationes scholasticae eduntur. p. 24—38. ipsius
fabulae Sophocleae consilium et ratio explicatur.

374. **Morstadt,** R. A. beitraege zur exegese u. kritik des
Sophocleischen Aias. Schaffhausen 1863. (Hurter.) 4°. IV et 32 pp.

133. 190. 202. 269. 379. 510 sq. 758. 772. 792 sq. 998. 1020. 1028 —
1039 (in suspitionem vocantur). 1044. 1058 sq. 1067—1070 (transpositione
temptantur. 1082 sq. 1112. 1346 sqq. 1366—1369 (in suspitionem vocantur). 1398. 1402 sq.

375. P. (anonymus). zu Sophocles. in: Z. f. AW. (XI a.
1842.) p. 735 sq.

disputatur de vv. 350 sqq.

376. Piderit, C. Gu. scenische analyse des Aias Masti-
gophoros mit gelegentlichen kritischen bemerkungen. Progr.
gymn. Hersfeld. 1850. (Cassel, Bohné.) 4°.

377. Raspe, G. C. H. quaestiones Sophocleae. P. L
Progr. gymn. Rostochi. 1843. 4°. 38 pp. — P. II. Progr.
gymn. Guestrow. 1856. 4°. 16 pp.

P. I. tractantur El. 45. Phil. 1241. 399.

P. II. de Aiace. orationem a. v. 646—692 totam non esse simulatio-
nem demonstrare conatur R., omnino impugnaturus vulgatam illam de
Aiace Sophocleo simulante ac mentiente opinionem, quod simulatio pror-
sus abhorreat ab Aiacis moribus. p. 3—9. explicatur praeterea quid sibi
velint v. 1340—1344. 1133—1137:

p. 9—16 ipsa oratio perlustratur et exponitur.

378. Rauchenstein, Rudolphus. zu Soph. Aias. in: Jbb.
f. Philol. LXXIX. (a. 1859.) p. 732—734.

explicatur v. 798 sq. coll. Il. IV. 381.

379. Romeis, Fridericus. de Aiacis Sophoclis compositione.
Progr. gymn. Neuenburg. a. D. 1862. p. 14 sqq.

disputatur v. 1071—1086. 1121—1124. 1140—1141. 1267—1263.

380. Rothe, Franciscus. ueber composition und idee des
sophocleischen Aiax. Progr. gymn. Eisleben 1850. 4°. 30 pp.

381. Schmidt, Mauricius. zu Sophocles. in: Rh. M. f.
Phil. N. F. XII (a. 1858.) p. 304.

temptatur Ai. v. 693. v. 706. ἔφριξ' — ἀνεπτόμαν, ἔλυσεν — ὀμμάτων.

382. Schneider, O. probabilia critica. in: Z. f. AW. a.
1842. p. 266 sq.

temptatur Ai. 788 sq.

383—385. Schneidewin, Frid. Guil. sophocleische studien.
in: 1. Philologus III. (a. 1858) p. 609. 2. ibidem p. 658.
3. IV (a. 1849.) p. 450 sqq.

1) 353. de Ai. 296. — 2) 364. de Ai. 940.

ad. 3; 385. Ai. 14 sqq. 52 sq. 80. 103 sq. 134 sq. 167 sq. 172 sqq.
194. 227 sqq. 263 sqq. 297. 300. 312. 346. 357. 371 sqq. 377 sq. 403 sqq.
515 sqq. 564. 624. 650. 714. 719. 745 sqq. 796 sq. 798. 811 sqq. 835 sqq.
850 sqq. 941. 957. 971. 992 sq. 1105 sq. 1190. 1295. 1306. 1310 sqq. 1348.
1375 sq.

386. **Schnitzer**, Gu. zu Soph. 'Aias v. 601. in: Eos II.
(a. 1866.) p. 616—618.

386 b. **Schoell**, Adolfus. zu Soph. Aias. in: Philol. XIV
(a. 1859.) p. 188.
de v. 360.

387. **Sintenis**, Carolus. zu Sophocles Ai. v. 495 sqq. in:
Philologus II (a. 1847.) p. 440.

388. **Vollbehr**, C. G. Chr. de Sophoclis Aiace. Progr.
Gymn. Ploen. 1848. 4⁰. 16 pp.

389. **Wecklein**, J. ad Soph. Ai. 601. in: Eos II. (1866)
p. 437 sq. (scribendum: 'Ιδᾷδι μίμνων, μείλιγμα πόνων ἐλεινῶν).

390. **Weismann**, C. ueber Soph. Aias. Progr. gymnas.
Fuldae 1852. 4⁰. 48 pp.
p. 23—48 subiectae sunt adnotationes.

391. **Welcker**, Fr. G. der monolog des Sophocleischen
Aias. in: Rh. M. f. Philol. N. F. XV. (a. 1860.) p. 419—442.
cf. Goebel. Z. f. OG. 1857. ibid. 1860. p. 43—47.

392. **Wex**, Fr. C. zu Soph. Aias. in: Philologus VIII
(a. 1853.) p. 571—572.
de v. 44.

393. **Wiedmann**, B. ueber den vorletzten monolog des
Aias in der Sophocleischen tragoedie gleichen namens. Progr.
gymn. Attendorn. 1861.

394. **Wunder**, Eduardus. ueber Chr. A· Lobecks neue ausgabe des Sophokleischen Aias. eine recension. Leipzig 1837.
(Reclam.) 8⁰. — Anhang zur recension der neuen Lobeckschen
ausgabe des Aias. eine erwiderung auf hrn. Lobeck's antwort
im 2. bande der paralipomena. Leipzig 1837. (Reclam.) 8.
20 pp.

XV. AD ANTIGONAM.

Ab a 1800 ad a. 1836 de tota fabula aut de singulis eius locis scripserunt: Graefenhan, A. Guil. Platonis Crito et Sophoclis Antigona.
Progr. gymn. Mulhusae (Thuringorum). 1828. 8⁰. 14 pp. — Kannegiesser C. L. ueber die Antigone des Soph. Progr. gymn. Prenzlau.

1821. 8° m. 28 pp. — Mueller, Hieronymus. Soph. Antigona aliquot
locis emendata atque explicata. (v. 39 sqq. 342—351. 761. 831—833.
913—916. 932—934.) Progr. gymn. Naumburgi 1833. 8°. 15 pp. Oltema,
J. G. de Soph. Antigona. Dissert inaug. Ultraiecti 1828. 8°. Passow,
Franc. vindiciarum Soph. spec. I. ad Antig. v. 778—790. Ind. schol.
acad. Vratislav. 1825. 4°. [iterum impressum in eius 'Opusculis academ.'
p. 116—135]: idem, observationes criticae in Soph. Antig. v. 106. et
in hymn. Homer. Cer. v. 122. ind. lectt. hibern. Vratislav. 1829. 1830.
(in Opusculis academ. p. 109—115.) — Rempel, Fr. curarum in An-
tigonem specim. Progr. gymn. Minden 1819. 4°. 28 pp. — Schliep-
stein, J. E. quam primariam Soph. in componenda Antigones fabula
persequutus sit sententiam. Progr. gymn. Susati 1830. 4° m. 42 pp. —
Schoenborn, C. ueber die aechtheit der verse 895—906. in Sophocl.
Antig. Progr. gymn. Guben 1827. (Breslau, Kupfer.) 4°. 16 pp. — Sta-
delmann, Chr. Frid. de Soph. Antigona. Progr. gymn. Dessauiae 1831.
4°. 16 pp. — Struve, E. A. observationes aliquot in Soph. Antigonae
carmen tertium. Particula I. Vratislaviae 1834. fol. 3 pp. Part. II. ibidem 1835. fol. 5 pp. — Weber, Car. Frid. de Soph. Antigona oratio.
Progr. gymn. Darmstadt 1826. 4°. 15 pp. — Welcker, Fr. G. ueber
einige stellen in chorliedern der Antig. von Soph. in: allgem. schulzei-
tung 1829. II. nr. 25—27. — Zehlicke, J. de aliquot locis Sophocl.
Antigonae disputat. Progr. Gryphisvaldiae 1826. (Kunike.) 4°. 10 pp.

395. Anonymus. einige bemerkungen zu Soph. Antigone.
in: Blaetter f. d. Bayerische GW. VI (a. 1870.) p. 49—54.

coniecturis sanantur 595 sq. 611. 980. 1035. 1095 sq. 1110. defenditur v. 606 (παντογήρως). 614 τάμπολις πένθιμον). vulgatae vel receptae
a plerisque lectiones defenduntur 940 sq. 1301 et 1344 (adversus Schneidewinum.)

396. Anonymus. ueber Sophocles Antigone und ihre darstellung auf dem deutschen theater. zur wuerdigung der griechischen tragoedie und ihrer bedeutung fuer unsere zeit. von
einem freunde der dramatischen dichtkunst. Leipzig 1842.
(Engelmann). 12° m.

397. Arnold, Bernhardus. die tragische buehne im alten
Athen mit specieller beruecksichtigung der Sophocleischen Antigone. Progr. gymn. Muenchen 1868 (Kaiser). 4°. 16 pp. c.
tabula.

398. Baeumlein. coniecturen zu Soph. Antig. in: Z. f. AW.
VI (a. 1848) p. 373 sq.

emendantur 364 sq. (νόμους παρείρων χθονὸς θεῶν ἔνορκον. 611 sqq. (νόμος ἄδ' οὐδ' ἅτα). 1341 sqq. (πᾶ κεύθω. λέχρια τάν.)

4 *

399. **Bamberger**, F.   Soph. Antig. 605 sqq. in: Philologus L (a. 1846.) p. 604.

400. **Bergemann**, H. ein beitrag zum verstaendniss der Soph. Antigone, insb. v. 925 — 928. Progr. gymn. Frid. Guil. Stettin 1860. 4°. 29 pp.

401. **Berch**. ueber den chor in der Antigone. Z. f. GW. XXVII. (1873.) p. 1—16.

ostenditur quam sententiam ac rationem chorus sequatur vel tueatur: nihil ab eo proferri aliud quam quod ipse Soph. senserit.

402. **Boekh**, Augustus. ueber die Antig. des Soph. nebst nachtrag. L abth. abhandlungen der koenigl. akademie der wissenschaften; histor.-philos. Cl. Berlin 1824. 4. p. 41 — 88. 225 — 237. abth. II. 1828.

403. idem. E. H. Toelken und Fr. Foester. ueber die Ant. des Soph. und ihre darstellung auf dem königl. schlosztheater im neuen palais bei Sanssouci. drei abhandlungen. Berlin 1841. (Schroeder) 12 m.

404. **Bonitz**, Hermannus. beitraege zur erklaerung des Soph. Wien. sitzungsberichte der kaiserlichen academie der wissenschaften. T. XVII. (a. 1855.) XVIIII. 1857.

L inter alios locos plurimos explicatur Ant. v. 215 p. 452. — II. (Wien 1857.) explicantur emendantur veviginti sex loci quos suis versibus indicatos videre licet supra nr. 225. 226.

405. **Born**, B. de Antigonae stasimo secundo. (582—630.) Dissert. inaug. Jenae 1867. (Berolini, Calvary) 8°. 21 pp.

406. **Buttmann**, A. ueber das zweite stasimon in des Sophocles Antigone. [582 — 630.] Progr. gymn. Prenzlau 1869. 4°. 15 pp.

maximam partem adversatur eis quae Kolster eadem de re disputavit: libri Laurentiani lectiones pleraeque defenduntur. p. 3 sqq. est de v. 582—585. p. L de v. 586. p. 6. de 593. 597. 603. (κόνις). p. 9. v. 600 ἐτέτατο φάος). p. 10 sqq. de 604—625. (606 ἀκάματοι θέοντες cf. p. 11.) p. 12. de v. 614 (πάμπολις).

407. **Curtius**, G. de quibusdam Antigonae Soph. locis. Index lectt. acad. Kiel 1855/56. 4°. 8 pp.

p. 4 et 5. de Homericis verborum formis.

408. **Dreykorn**, J. miscellanea critica et exegetica. in: blaetter f. d. Bayer. GW. IV (a. 1868.) p. 5 sq.

de Ant. 798 (secundum sententiam Kayseri in Jahrbb. f. Ph. 1554.

p. 501.) 1128. 1156. hi emendantur: v. 1232. explicatur πτύξας πρόσωπον contracto vultu.

409. Duden, Conradus. de Soph. Antigona. Dissert. inaug. Marburgi (Chattorum) 1855. 8°. (Soest, Ritter).

410. Enger, Robertus. zum exodos der Antigone des Soph. und zum dochmios. in: Philologus XII. (a. 1857.) p. 454—471. de vv. 1319 sqq. 1339 sqq.

411. idem. zu Soph. Ant. 756 sq. in: Philologus XXII. (a. 1867.) p. 344—347.

412. Furtwaengler, Gu. zur kritik und erklaerung des Soph. in: Philologus XV. (a. 1860.) p. 698—702. disputatur de v. 1. 21. 106. 126. 138.

413. Goettling, C. de loco Antig. Soph. v. 866—879 commentatio. Index lectt. acad. Jenae 1853. 4°. 8 pp. (iterum impressa in eius opusculis academicis p. 215—222.) emendatur v. 876., secluduntur 572. 873. debilitatur sententia A. Jacobi et A. Naucki in Jahrbb. f. Philol. LXV. p. 238 sq. prolata.

414. idem. commentariolum de diverbio nuncii et Creontis in Soph. Antig. Index lectt. academ. Jenae 1859. 4°. 7 pp. (iterum impressum in eius opusculis academicis p. 222—226. disputatur de vv. 223. 233 sqq. 257 sq. 263. 264 sq.

415. Haage, C. Fr. H. A. de usu dativi Graecorum pro genetivo positi ad Soph. Ant. 857—861. Progr. gymn. Luneburgi 1836. 4°. 12 pp.

416. Haupt, M. ueber eine stelle in Soph. Ant. (im eingange.) in: berichte der königl. sächischen gesellschaft der wissenschaften. I. Leipzig 1849. p. 172—174.

417. Heiland. einleitungsrede zur aufführung von Sophocles Antig. Progr. gymn. Halberstadt 1848.

418. Heinemann, Fr. erläuterungen zu Soph. Antig. Progr. gymn. Braunschweig. 1863. 4°. 36 pp.

419. Held, J. observationes in difficiliores quosdam Soph. Ant. locos. Progr. gymn. Schweidnitz. 1864. 4°. 15 pp. explicantur emendanturve 21—24. 31. 324. 353. 504. 605. 673. 675. 683—687. 736. 751. 762. 905—913. 925—928.

420. Held, Ludovicus. ueber den character Kreons in Soph. Ant. versuch einer erlaeuternden darstellung. Progr. gymn. Bayreuth 1542. 4°. 10 pp.

421. **Helmke,** Ferdinandus. mittheilungen ueber die ersten
verse von Soph Ant. Progr. gymn. Cleve 1837. 4°. 22 p.
422. idem. die parodos aus Soph. Ant. (100 — 161) in
lat. metrischer uebersetzung nebst deutschen anmerkungen und
die drei ersten stasimen in deutscher metrischer uebersetzung.
Progr. gymn. Cleve 1858. 4°. 36 pp.
disputatur p. 8—34 de v. 24. 105. 106. 112. 134. 138. 151.
423. **Horrmann.** die construction der Antig. des Soph.
Progr. gymn. Detmold 1857. 4°. 30 pp.
424. **Hutter.** ueber plan und idee der Antig. des Soph.
nebst einem kritischen versuche zum prolog dieser tragoedie.
v. 23 — 25. Progr. gymn. Muenchen 1862. 4°.
v. 24 pro χρησθείς commendatur χρήσθ' εἰς.
425. **de Jan,** Ludovicus. zu Soph. Ant. in: Eos. t. II.
(a. 1866.) p. 1 — 24.
disputatur de v. 2 sq. 23 sqq. 71. 85. 94. 187 sqq. 215. 223. 225 sq.
295 sqq. 332 sqq. 351. 449 sqq. 465 sqq. 540 sq. 556 sq. 584 sq. 607. 613.
619. 674. 755. 862 sqq. 863. 892 sq. 904. 909 sq. 955. 993. 996. 1035.
1080 sqq. 1096 sq. 1194 sq. 1214. 1216. 1231 sqq. 1236. 1278 sqq.
426. **Keck,** C. H. de Sophoclis Antigonae v. 263. 418.
905. 1080 — 1083 epistola ad M. Seyffertum. Progr. gymn.
Schleswig. (Berolini, Calvary.) 1866. 4°.
427. **Kirchhoff,** F. C. die parodos [v. 100 — 161] der
Antig. des Soph. erklaert. Progr. gymn. Altona 1862. (Wen-
deborn) 4°. 56 pp.
428. **Klotz,** Reinholdus. epistola critica quam ad G. Hermannum de locis quibusdam Soph. ex Antigona die. XIX. De-
cembr. MDCCCXL misit. Lipsiae 1840 (Schwickert.) 8°m.
27 pp.
disputatur de 110. 130. 594—614 (praecipue de 604—612) p. 17—25.
de v. 762. 836 (quem locum ipse R. Klotzius retractavit in: archiv für
philol. u. paed. (a. 1841.) p. 160.
429. **Klotz,** Reinholdus. adnotatiuncula ad Soph. Ant.
v. 834 — 839. in Jahns archiv. VII. (a. 1841) p. 160.
430. idem. antrittsvorlesung ueber die Antigone. Leipzig
1853. 4°.
431. **Kocks,** Gu. die idee des tragischen entwickelt an der
Antigone. Progr. gymn. Frid.-Guil. Coloniae Agrippinae 1858.
4°. 16 pp.

432. **Koechly**, Hermann. ueber Soph. Antigone. vorlesung. |
Dresden 1840 (Arnold) 8°m.

433. **Kolster**, Gu. H. carminum Antigonae ad supplicium
abducendae interpretatio. Progr. gymn. Meldorf 1849. 4°.
10 pp.

v. 806—581.

434. idem. das zweite stasimon in Soph. Antig. v. 582
—630.] in: Jbb. f. Philol. 95. a. 1867.) p. 101 sqq.

adversus Kolsterum disputavit Buttmannus in progr. gymn. Prenzlau 1869.

435. **Kratz**, H. zu Soph. Ant. 536. in: Jbb. f. Philol.
85. 'a. 1862.) p. 811—812.

defendit vulgatam lectionem adversus Nauckium.

436. idem. ueber die echtheit der verse 904—924. in
Soph. Antig. Progr. gymn. Stuttgart 1866. (Tuebingen, Fuess.)
4°m. 23 pp.

refutantur suspitiones de iis versibus prolatae primum quidem 'p. 1—
11) rationibus ex re universa, deinde p. 11—23 rationibus ex rebus singulis petitis.

437. **Kviéala**, Johannes. zur texteskritik des Aeschylus und
Soph. in: Z. f. OG. X. (a. 1859.) p. 605 sq.

p. 606. disputatur de Antig. 348 sqq. coniciturque ἵππων ἀνάσσεται
ἀμφὶ λόφον ζυγῶν.

438. idem. beitraege zur kritik und erklaerung des Soph.
II 1865. in: sitzungsberichte der k. akademie der wissenschaften. hist.-philos. klasse. Wien 1865. t. XLIV. p. 411—
515. 8°m.

tractantur emendanturve Ant. 2 sq. 48. 59 sq. 69 sqq. 85 sq. 93 sq.
150 sq. 153. 213. 231. 235. 241. 264. 269 sqq. 320 sqq. (p. 441—450.)
343 sqq. 353 sq. (p. 451—465.) 361 sq. 365 sq. 386 sq. 407 sqq. 423 sqq.
429. 437 sqq. 465 sqq. (p. 469—473.) 504 sqq. 514. 519. 521. 536 sq.
544 sq. 554 sqq. 569 sq. 571 sqq. (p. 499—509). 577 sq. p. 513—515.
appendix ad 356: de iota = j. z. B. Ιώ = jώ. Ant. 1265. 1276. 1286.
p. 515 additamenta ad v. 3.

439. idem. beitraege. III. ibidem 1865. p. 613—835.

tractantur emendanturve Ant. 556 sqq. 594 sq. 599 sqq. 658 sqq. 664.
718. 728 sqq. 734 sqq. 741 sqq. 746. 755 sqq. 758 sq. 762 sqq. 817 sqq.
842 sq. 853 sqq. 897 sqq. 905—913. 1000—1010 sq. 1013. 1016 sq. 1031 sq.
1033 sqq. 1037 sq. 1060 sqq. 1064 sqq. 1077 sqq. 1080 sqq. 1109 sqq.
1122 sqq. 1156 sq. 1160. 1172 sqq. 1178 sq. 1206 sqq. 1231. 1344 sqq.

56   I. INDEX COMMENTATIONUM.

440. **Lange**, Ludovicus. zu Soph. Ant. [611 sqq.] in:
Jbb. für Philol. 75. (a. 1857.) p. 164—170.

441. idem. brevis disputatio de Soph. Ant. initio. (G.
Welckero munus academicum ante L annos susceptum gratulatur.) Gissae 1859. 4°m. 24 pp.

442. **Lehrs**, Carolus. zur litteratur von Soph. Ant. in:
Jbb. f. Philol. 85. (a. 1862.) p. 297—315.

443. **Leitschuh**. erklaerung einiger stellen in Soph. koenig Oedipus und der Antigone etc. etc. Progr. gymn. Würzburg. (Muennerstadt) 1865. (Berolini, Calvary.) 4°. 19 pp.

444. **Lessmann**, J. de summa sententia quam Soph. secutus est. in Antigona fabula. Progr. gymn. Paderborn 1837.
4°. 31 pp.

445. **Lindemann**, Fr. emendationes ad Soph. Ant. cius-
demque fabulae interpretatio Teutonica. Progr. gymn. Zittau
1837. 8°. 40 pp.

  temptantur vv. 2. 40. 263. 334. 355. 365. 587. 598. 610. 778. 800.
850. 926. 1068. 1139. 1197. 1265.

446. **Lorentz**, C. Gu. Antigonae Soph. stasimum primum
partim explicatur partim emendatur. Progr. gymn. Altenburg.
1856. 4°. 12 pp.

  v. 332—382. emendantur maxime 353. 356.

447. **Matthiae**, Immanuel Constantin. beitraege zur erklaerung der Antigone von Soph. Progr. gymn. Schleusingen.
1871. 4°. p. 19—33.

  p. 28. de v. 2., p. 29. de v. 21., p. 30. de v. 57. 229., p. 31. v. 351.
(eadem coniectura atque a. G. Hermanno duodequinquaginta annis ante
profecta (ἵππιον ἐξέτε' ἀμφὶ λόφον ζυγοῖ.) — 604. p. 32. v. 781. explicatur
illud ἐν κτήμασι πίπτεις. p. 33. v. 852.

448. **Meineke**, Augustus. beitraege zur philologischen kritik der Antigone des Soph. Berlin 1861. (Th. Enslin) 8°.
54 pp.

  rationibus muniuntur emendationes quae in ipsius fabulae editione
(a. 1861.) fecisse sibi visus erat: ut 43. 45. 57. 70. 603. 803. 939. 1175:
adduntur nonnullae ad alias Soph. fabulas pertinentes ut Ai. 835. Tr.
77 sqq.

449. idem. kritische bemerkungen in: Philologus XVIII.
(a. 1862.) p. 535.

  de Antig. 170.

450. **Morstadt, R. A.** zu Soph. Antigone. in: Rh. Mus.
f. Philol. N. F. XVII. (a. 1862.) p. 310—312.
tractantur maxime versus 1—7.

451. **Mueller,** Hieronymus. Soph. Antigona aliquot locis
emendatur et explicatur. Progr. gymn. Naumburg 1833. 8°.
15 pp.
tractantur v. 39 sqq. 342—351. 761. 831 sqq. 913 sqq. 932 sqq.

452. **Nitzsch, G.** Guil. de nonnullis Antigonae Soph. locis.
Ind. lectt. academ. Kiel. 1836. 4°.

453. idem. zwei interpolationen von Soph. Ant. [905—
913, und 1080—1083.] in: Z. f. AW. XIIII. (a. 1856.) nr.
44. p. 345—362. additamenta ibid. t. XV. (a. 1857.) nr. 47.

454. idem. anfaenge einer hermeneutik der griechischen
und römischen schriftsteller in beispielen. in: Philologus.
XII. (a. 1857.) p. 1—11.
de Ant. 411 sq. 528.

455. **P.** (anonymus) zu Sophocles. in Z. f. AW. IX.
(a. 1842.) p. 735.
de Ant. 708—714.

456. **Pantsch,** Chr. commentariolus de duobus locis Antigonae. Progr. gymn. Eutin. 1842. 4°. 16 pp.

457. **Passow,** Franciscus. observationes criticae in Soph.
Ant. v. 106 et in hymn. Homericum Cereris v. 122. Ind. schol.
hib. 1839. 4°.

458. **Pflugk,** Julius. emendationes in Soph. Antigonam.
in: Z. f. AW. 1836. nr. 35—38. p. 284—308.
temptantur in nr. 35. 1—5. 9. 23. 24. — in nr. 36. p. 291: v. 57.
106. 110. 213. 214. 349. p. 293: v. 369. 381. p. 294: 613 sq. p. 295:
599. 696. 1281. p. 297: 1342. sequuntur emendationes in Phil. El. OR.
OC. fr. quas suis numeris v. supra indicatas.

459. **Piderit,** E. Gu. uebersicht des metrums und der
neusseren eintheilung von Soph. Antigone. Progr. gymn. Hersfeld 1847. 8°.

460. **Pleitner, Carolus.** beitraege zur kritik und erklaerung von Aeschylus Agamemnon und Sophocles Antigone.
Progr. gymn. Dillingen 1864. 4°. 32 p. (Berolini, Calvary).
explicantur aut emendantur maxime v. 24. 215. 594. 959. 961.

461. **Polster, Albertus.** de stasimo Antigonae Sophocleae
altero. Progr. gymn. Gnesen 1869. 4°. 11 pp.
tractantur v. 582—630.

58   I. INDEX COMMENTATIONUM.

162. **Badtke,** G. excursus ad Soph. Antig. v. 495 sqq.
in: miscellaneorum philologicorum libellus. Vratislaviae 1863.
p. 22—25.

463. **Rauchenstein,** Rudolfus. zu Soph. Antig. 2. 3. 853.
in: Philologus XXV. (a. 1867.) p. 157—159.

464. **Rempel,** C. G. Fr. kritische und exegetische nachlese zu Soph. Ant. 1. haelfte. Progr. gymn. Hamm. 1837. 4°.
26 pp.

[supplementum est libelli: 'curarum in Soph. Ant. specimen.' progr.
gymn. Minden. 1829. 4°. 26 pp.]

465. **idem.** kritische und exegetische nachlese zu Soph.
Ant. 2. haelfte. Progr. gymn. Hamm 1852. 4°. 12 pp.

466. **Richter,** A. ueber die Antigone des Sophocles: Progr.
gymn. Elbing 1844. 4°. 20 pp.

467. **Ruediger,** C. A. zu Soph. Ant. in: Jbb. f. Phil.
LXXXIX. (a. 1864.) p. 694.

disputatur de v. 582—597.

468. **Schacht,** Theodorus. ueber die tragoedie Antigone
nebst einem vergleichenden blicke auf Soph. und Shakespeare.
Darmstadt 1852 (Leske). 12°m.

469. **Scherm.** darstellung der Ant. des Soph. Progr. lycei. Constanz 1846. 8°. VI et 42 pp.

470. **idem.** ueber Soph. Antig. v. 904—913. Progr.
gymn. Bruchsal 1851. 8°m. 42 pp.

in suspitionem ut spurii vocantur ei versus.

471. **Schneidewin,** Fr. Guil. zu Soph. Ant. 235. in:
Philologus VI. (a. 1851.) p. 445. — p. 493. 'zu Ant. 315. ibid.

(reicit πεφαργμένος'.

472. **idem.** Sophokleische studien III. ibidem. VI.
p. 593—626. de Antigona Euripidis p. 595—604., de fabulari historia Antigonae p. 604—608., de lectionibus aliquot Hartungianis, scilicet de vv. 355—357. 364. 430. 582 sqq. 777. 781 sqq. 853 sqq. 966 sq.

473. **idem.** ibidem VII (a. 1852.) p. 637. 'zu Soph. Ant.
605 sqq.

474. **idem.** ibidem VII (a. 1852.) zu Soph. Ant. 2.

475. **Schoenborn,** C. ueber die aechtheit der verse 895—
906. in Soph. Ant. Progr. gymn. Guben 1837. 4°. 16 pp.

476. **Schwenck,** Conradus. ueber des Soph. Antigone.
Progr. gymn. Frankfurt a. M. 1842. 2°.
477. **Seidel,** R. ueber die Antigone des Soph. Progr. gymn.
Bochum 1867. 4°. 10 pp.
478. **Seligmann,** L. die Antig. des Soph. ein beitrag zur
Antigone-literatur. Halle 1869. Heynemann) 8°. IV. et 172 pp.
479. **Seyffert,** Mauricius. beitraege zur kritik der Sophocl.
Antigone. in: N. Jbb. f. Philol. LXXXVII. (a. 1863.) fasc. Z.
480. **Spengel,** Leo. bemerkungen zu Soph. Ant. und Euripides Kyklops. in: Eos I p. 180—195.
disputatur de vv. 909. 900—928. 594. 576. 1251. 138. 782 sqq. 1091.
481. **Thiersch,** Bernhardus. vortrag ueber den dritten
chorgesang der Antigone. in: verhandlungen der VI. versammlung deutscher philologen und schulmänner. Cassel 1844. 4° m.
p. 52—63.
eodem in carmine explicando antea versati erant duo libelli editi ab
E. E. Struve 'observationes aliquot in Soph. Ant. carmen III.' Part. L.
progr. gymn. Goerlitz 1834. fol. 3 pp. Part. II. progr. gymn. Vratislav.
1835. fol. 5 pp.
482. idem. de locis aliquot Soph. Ant. et duobus Philoctetae. Progr. gymn. Dortmund 1846. 4°.
483. **Thudichum,** G. zu Soph. Antigone. Progr. gymn.
Buedingen 1858. 4°. 43 pp.
disputatur de vv. 21. 25. 905 sqq. 1281.
484. **Ullrich,** Franciscus Wolfgangus. ueber die religioese
und sittliche bedeutung der Ant. des Soph., mit einigen bei-
traegen zur erklaerung einzelner stellen. Progr. gymn. Hamburg 1853. 4°. 64 pp.
a p. 52 sqq. disputatur de grammaticis et criticis rationibus versuum
23 sq. 1. 33—36.
485. **Vischer,** Gu. zu Soph. Ant. in: Rh. M. f. Philol.
N. F. X. a. 1865.) p. 444—454.
inquiritur in quasdam rei universae partes: disputatur de recte con-
stituendis explicandisve versibus 102. 103. de quibus v. Meinekium quoque in Philologo XVII. a. 1861. p. 559.
486. **Volckmar,** Gustavus H. J. Ph. observationes in
Soph. Ant. part. L. Progr. gymn. Fulda 1851. 4. 19 pp.
paene totus est libellus de consilio eius fabulae: p. 6. n. 3. de con-
stituendo loco v. 213 disputatur.

487. **Welcker**, Fr. G. zu Soph. Ant. 4. in Rh. M. f.
Philol. N. F. XVI. (a. 1861.) p. 310—311.
488. **Wiener**, E. Leonhardus. die bedeutung des chores
in der Ant. des Soph. Progr. gymn. Teschen 1856. 4°.
489. **Wieseler**, Fr. emendationes in Soph. Antigonam. Ind.
lectt. academ. Gottingae 1857. 4°. 11 p.
490. **idem.** zu Soph. Ant. 4. in: Philologus XV. (a.
1860.) p. 474.
491. **Winckelmann**, Carolus. beitraege zur kritik und erklaerung der Ant. nebst darlegung der grundgedanken dieser
tragoedie. Progr. gymn. Salzwedel 1852. 4°. 52 pp.

secluduntur vv. 64—87. 668—671. 680. 703 sq. 1228 sq. explicantur
vv. 2. 88. 215. 241. 270 sqq. 286. 302. 305. 354. emendantur vv. 6. 9.
24. 106. 121. 130. 340. 351. 602. 755. 851. 974. 1065. 1149. 1165. 1186.
1301. defenduntur 228. 313. 506. 509. 515 sq. 520 sq. 905—913. 1080—
1083. 1176 sq. 1242 sq. 1312—1327.

492. **Winiewsky**, Franciscus. de Sophoclis Antigonae cantico chori tertio (v. 607—610). Progr. Monasterii. 1839. 4°.
19 pp.
493. **Zenetti**, P. P. explicationes ad nonnullos veterum
scriptorum locos. Progr. gymn. cathol. Augustae Vindelic.
1848. 4°.

621—624. 1213—1216. 427. 601. 1230. 580. 334. 417. 790. 43. 825.
524. 1299. explicantur ita ut aliorum ipsius Soph. locorum comparatione
lux afferatur.

494. **Ziegler.** ueber die Antigone des Soph. Progr. gymn.
Stuttgart 1856 (Tuebingen. Fues.) 4° m. 49 pp.

XVI. DE ELECTRA.

Ab a. 1800. ad a. 1836. de tota fabula aut de singulis eius locis
scripserunt B u m a, L. A. F. observatt. in Soph. Electram. Progr. Lugd.
Batav. 1816. 4°. — D o e d e r l e i n, Ludov. 'aus Soph. Electra. v. 96 sqq.
in eiusdem: 'philolog· beitraege aus der Schweiz.' L bd. Zuerich 1819.
p. 254—276. cum additamento p. 327 sq. — R a u c h, F. A. observationes in Sophocl. Electram. Diss. 8°. Francofurti ad M. 1827. 24 pp. —
W e s t r i c k, v. infra ad nr. 500.

495. **Ahrens.** ueber einige interpolationen in der Electra
des Soph. Progr. gymn. Coburg 1859. 4°. 18 pp.

in suspitionem vocantur p. 5—7. Ant. 705—912. El. 1260. 1270.

p. 7—11. El. 1268—1294. 1339—1345. 1351—1355 sq. p. 12. 1003—1008. 1465 sq. 691. 1431. p. 16. OC. 382.

496. Arnold, Bernhardus. zur Electra des Soph. in: Eos. II. p. 93 — 108.

in iudicando Morstadti libello 'beitraege zur kritik und exegese der Soph. tragoedien Electra, Aias und Antig.' disputavit de El. 32 sqq. 72. 251—258. 508. 532. 567. 1046. 1328.

497. Bartl, Antal. Sofokles Electrája (i. e. Sophoclis Electra) Progr. gymn. Ungbvár 1857. 4°.

498. Cholava. zur erklaerung des Soph. in: ZOG. XI. (1860) p. 833 — 836.

disputatur de El. 534. 551. 743. 1039. 1439.

499. Elsperger. beitrag zur erklaerung der Electra des Soph. Progr. gymn. Ansbach 1867. (Berolini, Calvary).

500. Feldmann, F. F. Aeschyli Choephori Sophoclis Euripidisque Electrae idem argumentum tractantes inter se comparantur. Progr. gymn. Altonae 1839. 4°. 30 pp.

eandem in rem inquisiverant ante eum C. G. Haupt, ratio inter Aeschyli Choephoros et Sophoclis Euripidisque Electras quae intercedat. Berolini 1821. 4°. — C. Wieck, ueber die Electra des Soph. und die Choephoren des Aeschylus. Progr. gymn. Merseburg. 1825. 4°. 55 pp. — Westrick, Jos. Vinc. disputatio de Aeschyli Choephoris deque Electra cum Sophoclis tum Euripidis. Lugd. Bat. 1826. 8°. — Wissowa, de Choephoris Aeschyli, Sophoclis et Euripidis Electra. Progr. gymn. Leobschuetz 1835. 4°. — cf. infra Jacobi nr. 507.

501. G. (anonymus) 'zu Soph. El.' in: Z. f. GW. (a. 1863.) p. 611 — 612.

de v. 21 sq. 163. 192 sq.

502. Haupt, Mauricius. de Soph. Electrae versibus 153 sqq. Index lectt. academ. Berolini 1865. 4. 12 pp.

153 sqq. 162. 497.

503. idem. de Electrae versibus 934 sqq. de Aristoph. Ach. 1313 sqq. de Theocriti nonnullis locis. Ind. lectt. acad. Berolini 1865. 4°.

504. Heimbrod, Josephus. de Sophoclis Electra. Progr. gymn. Gleiwitz 1848. 4°. 14 pp.

retractatur quaestio primum a. 1846. (in Jahn's Arch. XII. p. 181 sqq.) tractata.

505. Held, J. C. bemerkungen ueber den chor in der El. des Soph. Progr. gymn. Bayreuth. 1861. 4°. 20 pp

506. **Hoffmann**, E. de hippodromo Graecorum additis quibusdam ad Soph. Electrae versus 680—763 recte interpretandos. Progr. gymn. Neustadti (Borussorum) 1866. 4°. (Berolini, Calvary.)

507. **Jacobi**, A. L. G. Sophoclis et Euripidis Electrarum post explicatas Aeschyli Χοηφόρους contentio praefixa brevi de tragoediae veteris natura commentatione. Progr. gymn. Lyck. 1837. 4°. 18 pp.

> v. supra: Feldmann nr. 500.

508. **Kirchhoff**, F. C. studien ueber die form in der antiken dichtkunst. I. ueber den kommos in der Electra des Soph. (1132—1287.)

> explicantur verba, sensus, metra (item χρόνοι, βάσεις, κῶλα, στίχοι, περίοδοι).

509. **Kolster**, Gu. H. ueber die zeit der abfassung der Electra des Soph. und Euripides nebst andeutungen ueber das verhaeltniss der beiden stuecke zu einander. Progr. gymn. Meldorf 1849. 4°. 24 pp.

> cf. supra Feldmann (nr. 500). Jacob (nr. 507.)

510. **idem**. zu Soph. Electra. in: Philol. V. (a. 1850.) p. 193—224 p. 601—642.

> p. 193—224. de primae scaenae v. 1—10. p. 197—201. de prono-
> mine demonstr. ter repetito. p. 201 sq. de usu pronom. ὅδε. p. 202. de
> pron. οὗτος. p. 203. de ἐκεῖνος. p. 203—212. de ratione quae in Soph.
> El. inter ea pronomina intercedat: qua in quaestione saepe Ellendio ad-
> versatur, saepius adsentitur. — tum disputatur p. 212 sqq. de v. 43.
> 115. 147. 159. 160. 182. 207. 239. 305. 330. 532. p. 601—642: de v.
> 489. 551. 606. 624. 647. 657. 759. 788. 791. 817. 825. 845. 854. 929.
> 952. 1040. 1058—1075. 1078. 1085. 1104. 1148. 1276. 1281. 1364. 1384
> —1441. 1445 sq. 1466.

511. **idem**. ueber Soph. El. 680—692. in: Jbb. f. Phil. XCIX. (a. 1869.) p. 577.

512. **Kvičala**, Johannes. beitraege zur kritik und erklaerung des Soph. I. (in: sitzungsberichte der kaiserl. koenigl. academie der wissenschaften zu Wien. 1864. 8° m. p. 391—494.

> tractantur v. 21 sq. 27 sq. 41. (cf. suppl. ad calcem adiectum) 121 sqq.
> 192. (cf. suppl.) 193 sqq. 214 sqq. 337. (cf. suppl.) 345 sq. 363 sq. 455 sq.
> 479 sqq. 495. (cf. suppl.) 525. 536. 573. (cf. suppl.) 591. (cf. suppl.)
> 605 sqq. 651 sqq. 690 sqq. 724 sqq. 743 sqq. (cf. suppl.) 800 sq. (cf. suppl.)

825 sqq. 836 sq. 850 sqq. 887 sq. 891. 916 sqq. (cf. suppl.) 999. 1028 (cf. suppl.) 1070. 1082 sq. 1086 sqq. 1090. 1093 sq. (cf. suppl.) 1127 sq. 1150. 1207. 1226. 1250. 1281. — 'Addenda' a. p. 492—494. subiciuntur de v. 26. 41. 192. 337. 495 sqq. 573 sq. 591. 743. 800 sq. 916 sqq. 1028. 1095 sq. 1357 sq. 1395. — Aliquot Electrae locos idem tractavit a. 1861. in iudicanda illius fabulae editione ab O. Jahnio facta.

513. **Lange, Ludovicus.** de Sophoclis Electrae stasimo secundo (1058 — 1097.) commentatio. (ad celebranda natalica Ludovici III.) Gissae 1869. 4°. 31 pp.

p. 4 sq. 1058—1062. p. 5. 1063. p. 6. 1065. p. 7. 1068. p. 8. 1070. p. 10—13. de verbis εἶτα τὰ πρὸς τέκνων. p. 14. de 1075. p. 15 sq. de locutione μή βλέπειν. p. 17. de εὔπατρις in v. 1081. p. 18 sq. de v. 1083. p. 19 sq. de ζῶν κακῶς. p. 21 sq. de πάγκλαυτον αἰῶνα. p. 23. de κοινόν. p. 24—28. de 1087. τὸ μή καλὸν καθοπλίσασα. p. 28 sq. recipitur Naucki coniectura δύο φέρει ἅ ἐν ἑνὶ λόγῳ. p. 29 sq. de v. 1091. p. 30 sq. in v. 1097. conicitur κρότος ἅ ἀριστεῖά τ' εὐσεβεία.

514. **de Leutsch, Ernestus.** zu Soph. Elektra. in: Philologus XXVIIII. (1870.) p. 244.

in v. 254. δυσφορεῖν defenditur ab Heimsoethi coniectura δυσθροεῖν.

515. **Lindemann, Fr.** brevis expositio de tribus summorum tragicorum poetarum fabulis eorumque comparationis pars prior: Aeschyli Choephori, Sophoclis Electra, Euripidis Electra. Progr. gymn. Zittau. 1851. 4°. 27 pp.

cf. supra Feldmann (nr. 500). Jacobi (nr. 507).

516. **Luebker, Fridericus.** zergliedernde und vergleichende wuerdigung der Elektra. Progr. gymn. Parchim 1851. 4. 52 pp.

517. **idem.** zu Soph. El. 363 sqq. in: Z. f. GW. VII. (a. 1853.) p. 750 sq.

refutatur coniectura a Schneidewino ad h. l. prolata.

518. **Mayrhofer, Gunterus.** des Sophocles El. und die trilogie. als nachtrag die frage: besasz die roemische litteratur das satyrdrama. p. 22—28.

§ 1. die trilogia universa. § 2. de trilogia Soph. §. 3. Electram Sophocliam non fuisse trilogiae partem demonstratur.

519. **Mertl, R.** adnotationes ad Soph. Electram in usum discipulorum conscriptae. Progr. gymn. Augustae Vindelicorum 1854. 4°. 30 pp.

insunt adnotationes a. v. 1—657.

520. **Mommsen, Tycho.** Soph. El. v. 993 — 996. 1017. in: Rh. M. f. Philol. N. F. XIIII. (a. 1859.) p. 478—480.

521. **Mueller**, E. Gu. emendationes Sophocleae duae et Schilleriana una. Progr. gymn. Rudolstadt 1651. 4°. 7 pp.
de El. 686 sq. et 737.

522. **Nauck**, A. zur kritik griechischer dichter in: Jbb. f. Philol. N. F. 1868. p. 753—761.
de El. 87. 100. 661.

523. **Petersen**, E. Orestes und Electra, mit bezug auf Soph. El. 1126. 1205. in: Arch. Zeitung 1864. nr. 187 sq.

524. **Raspe**, G. C. Herm. quaestiones Sophocleae. Part. I. Rostochi 1853. 4°. (Progr. gymn.)
p. 14 sqq. accuratissime demonstratur quam diligenter in Soph. El. 698 sqq. cursus equestris Pythici narrationem poeta expresserit secundum Homer. Il. ψ 262 sqq.

525. **Schmalfeld**, Fridericus. ein versuch zur wiederherstellung von Soph. El. 691. in: Z. f. GW. XII. (a. 1858.) 8°. p. 553—555.

526. idem. einige bemerkungen zur Electra des Soph. mit einem seitenblick auf Shakespeares Hamlet. Progr. gymn. Eisleben 1868. 4°. 35 pp.

527. **Schmidt**, Carolus. de locis aliquot Electrae. Progr. gymn. Pressburg 1858. 4°. p. 3—8.
disputatur de v. 78. 731. 1112. 647. 226 sq. 11.

528. **Schneidewin**, Fridericus Guilelmus. zu Sophocles. in: Philologus VII. (a. 1852.) p. 60. 146. 160.
p. 60. disputatur de v. 532 sq., p.146. de v. 797., p. 136 de v. 770.

529. idem. ueber einige stellen in Soph. El. in: verhandlungen der 13. versammlung deutscher philologen und schulmaenner. Goettingen 1853. p. 90—95.
tractantur 185 sqq. 359 sqq. 495 sqq.

530. **Schwenck**, Conradus. de Sophoclis Electrae v. 1084 sq. Progr. gymn. Francofurti ad M. 1866. (Berolini, Calvary & Co.) 4°. 26 pp.

531. **Seneković**, Davorin. Sofokleova Electra. Osnova tragedije i značaj Electre. (i. e. die Electra des Soph. plan der tragoedie und character der Electra.) progr. gymn. Warasdin 1866.

532. **Seyffert**, Antonius M. F. de Electrae Sophocliae versibus aliquot commentatio. Progr. gymn. Brandeburgi 1868. 4°. 22 p.

tractantur v. 155. 495 sq. 363 sq. 1328 sq. 650 sq. 214—216. 219 sq. 1075. 21 sqq. 277 sq. 435 sqq. 466 sq. 690 sqq. 797. 850 sqq.

533. Siefert. observationes in Sophoclis Electram. Progr. gymn. Brandenburgi 1842. 8°.

534. Spengel, Leo. zu Soph. Electra. in: Philologus XX. (a. 1863.) p. 173—174.

tractantur v. 1005 sqq. p. 242. 1251.

535. Warschauer, H. zu Soph. Electra. 214. in: Philologus XXVIII. (a. 1869.) p. 167.

conicitur πάτρος οἰκείας εἰς ἄπαρ.

536. Westermayer, Adolfus. die Electra des Soph. fuer freunde der klassischen literatur uebersetzt und aesthetisch erläutert. Erlangen 1872 (Deichert.) 8. VI. et 204 pp.

p. 1—164. interpretatio teutonica, interposita explicatione eorum quae ad fabulae compositionem, personas, scaenam pertinent. p. 164—204. de totius fabulae consilio disseritur. antea ediderat idem duos libellos 'individuelle und generische erklaerung der Electra des Soph. eine didactische skizze fuer freunde des gymnasialunterrichtes (v. 1—803). Progr. gymnas. reg. Norimberg.

537. Wiedemann, B. temptatur locus Soph. El. 173 sqq. Progr. gymn. Attendorn 1871. (Siegen.) 4 pp.

538. Winzenz, Franciscus. versuch die verschiedenen tendenzen und motive der tragischen charakteristik bei Soph. und Euripides hervorzuheben und an einem beispiele, der Electra, nachzuweisen. Progr. gymn. Klattau 1856.

cf. supra Feldmann (nr. 500). Jacobi (nr. 507). infra Zoehrer (nr. 540).

539. Ziel, E. in Soph. fabula Electra quae fuerit cum scenae dispositio tum argumenti tractatio, explicatur. Progr. gymn. Andreani. Hildesheim 1860. 4°. 17 pp.

540. Zoehrer, P. Georgius. vergleichende zusammenstellung der El. des Soph. und der des Euripides. Progr. gymn. Krems 1852. p. 3—15.

XVII. DE OEDIPODE REGE.

Ab a. 1800. ad a. 1836. qui libellos ad eam fabulam spectantes ediderunt, hosce nomino: Brueggemann, Theod. comment. in Soph. Oedip. tyrannum. Progr. Duesseldorf. 1823. 8°. 52 pp. — Eggers, Jo. H. Con. animadvers. in Soph. Oedip. regem. Kiliae 1805. 6°. 52 pp. — Kannegiesser, C. L. ueber den ersten Oedipus des Sophocl. Progr. gymn. Prenzlau 1817. 4°. — Petersen, F. C. observationes in Soph.

66   I. INDEX COMMENTATIONUM.

tragoediam quae inscribitur Oedipus Rex. Hafniae 1819. (Gyldendal.)
4° m. — Thudichum, Guil. observatt. in Sophocl. Oedipum regem.
Progr. gymn. Buedingae 1820. 4°. 20 pp.

541. Ahlborg, G. ueber Soph. OR. 1280 (= 1271 Brunck.)
in Z. f. GW. XV. (a. 1861.) p. 619 sq.

v. 1271 ὄψαιντο .. 1274 ὀψαίατ' et γνωσαίατο scribi iubet auctor:
1273 ἐν σκότῳ τὸ λοιπόν Hermannum Graefium secutus ὄντες supplendo
explicat.

542. Aken, A. F. zu Soph. OR. in: Philologus XXI.
(a. 1864.) p. 347—349.
disputatur de v. 1271.

543. Arndt, C. F. G. beitraege zur kritik des Sophocleischen textes. Progr. gymn. Neu-Brandenburg 1862. 4°. 19 pp.
ad OC. et OR.

544. Arnold, B. die rede des Oedipus in Soph. Oed.
Tyr. 216—275. in: Hermes III. (a. 1868.) p. 193—204.)
adversus transpositionem quam Ribbeckius commendaverat disputatur.

545. Barthold, Th. zu Sophocles. im Rh. M. f. Ph. N.
F. XXII. (a. 1867.) p. 446—449.

v. OR. 1337 sq. emendatur (θικτὸν, ἢ δερκτὸν ἢ προσήγορον). — p.
448 sq. collecta proponuntur adiectiva verbalia in-τος pro partic. pf. pass.
posita quotquot apud Soph. extant.

546. Beroh. die authadie des Oed. Tyr. in Z. f. GW.
XXVI. (1872.) p. 145—156.

Sophoclem voluisse αὐθαδίᾳ (v. 124—706) et ῥᾳθυμίᾳ (v. 924—1187).
quadam explicare cur ita Oedipi sors ceciderit.

547. Bergenroth. ist der koenig Oedipus eine schicksals-
tragoedie? Progr. gymn. Thorn 1861. 4°.

548. Brandscheid, F. de nonnullis locis Oedipi Regis Sophoclei disputatio critica. Progr. gymn. Weilburg 1866. (Berolini, Calvary.) 4°. 11 pp.

549. Bumb, adnotationes ad Soph. OR. secundum ed. III.
God. Hermanni. in t. XIII. supplementorum ad Jahns Archiv. 1847. p. 187—194.

adnotatur ad v. 2. 10. 99. 198. 205. 263. 295. 337—338. 425. 460.
551 sq. 614 sq. 624. 705. 709. 1195. 1260. 1347. 1483.

550. Cadenbach, C. A. commentationum Sophoclearum
specimen. Progr. lycei. Heidelberg 1852. 8°. 23 pp.

tractantur OR. 1. 32. 58. 142. 147. 8. 397. 781. 788. 808. 615 sq.
751. 788. 62. 763. 13. 221. 78. 21.

551. **Classen**, J. ueber die rede des koenigs Oedipus in Soph. OR. 216—275. epistula ad O. Ribbeckium data in Rh. M. f. Philol. N. F. t. XVI. (a. 1861.) p. 489—601.

v. infra Hasselbach (563.) O. Ribbeck (nr. 546.) supra B. Arnold (nr. 544.)

552. **Enger**, Robertus. Soph. Oed. Tyr. 404—407 in: Philologus XXVIII. (a. 1869.) p. 177—180.

transsponi post Oedipi orationem a v. 380 iubet versus: inter 410 et 411 lacunam esse suspicatur.

553. **Fibiger**, O. bemaerkninger til enkelte steder i Soph. O. T. (i. e. observationes in nonnullos locos Soph. OR.) Progr. gymn. Flensburg 1854. 8°. 20 pp.

tractantur: 12 sq. 27 sq. 52 sq. 57 sq. 91 sq. 216—221. 249—251. 572 sq. 707—709. 863. 1416 sq.

554. **Firnhaber**, C. G. emendationes Sophocleae. in: Z. f. AW. V. (a. 1847.) nr. 124. 125. p. 991—998.

proponuntur emendationes ad OR. 15. 105. 191. 225. 338. 492. 504. 523. 530. 574. 881. 894. 906. 1133. 1345. 1446—1449. 1460.

555. idem. zu Soph. OR. in Philologus IV. (a. 1849.) p. 175—191.

disputatur de 800—833. maximeque de 808. 814. 817. 828 sqq.

556. idem. das dritte stasimon aus Oed. Tyr. in: Z. f. GW. III. (1849.) p. 753—764.

cum totum carmen 1086—1510 et rerum et verborum ratione habita explicatur tum 1088 sq. 1110 sq.

557. **Forchhammer**, P. Gu. die rede des Oedipus in Soph. OR. 216—275. in: Jbb. f. Philol. N. F. XCIX. (a. 1869.) p. 513.

v. s. B. Arnold (nr. 544.), Classen (nr. 551.) v. i. Hasselbach (nr. 563.) Ribbeck (nr. 586.) Weismann (nr. 611.)

558. **Franke**, C. de natura chori in Soph. Oed. Tyr. Progr. gymn. Sagan 1849. 4. 16 pp.

559. **Friederichs**, C. zu Sophocles. [OR. 1204.] in Phil. XII. (1857.) p. 411.

structura verborum et sensus explicatur.

560. **Haage**, Car. Fr. Herm. Alb. explicatio Soph. OT. 1213—1215. Progr. gymn. Lüneburg 1839. 4°. 16 pp.

561. **Haase**, Fridericus. miscellanea philologica. in indice lectt. univers. Vratislaviae 1856.

p. 11—16. Sophoclis OR. 622 sq.

5 *

562. **Haase**, Fridericus. in parodo Soph. OR. antistropham III. ante stropham III. ponendam esse. in: miscellaneorum philologicorum lib. II. Vratislaviae 1828. 4°. 28 pp.

(v. 169—202. 203—215.)

563. **Hasselbach**, C. ueber die rede des Oedipus in Soph. OT. 216—275. in: Philol. XX. (a. 1863.) p. 211—225.

disputat ex parte adversus ea quae protulerant O. Ribbeck in Rhein. Mus. f. Philol. N. F. XIII. p. 129 sqq. XVI. p. 501 sqq. et J. Classen ibidem XVI. p. 457—510.

cf. praeterea: Arnold nr. 544. Classen nr. 551. Forchhammer nr. 557. Ribbeck nr. 566. Weismann nr. 611.

564. **Haverftadt**. Soph. Oed. Tyr. 101 and 354. : in Z. f. GW. XII. (a. 1858.) p. 453 sq.

syntactica ratio explicatur.

565. **de Heinemann**, F. zur aesthetischen kritik von Soph. koenig Oedipus. Progr. gymn. Braunschweig 1858. 4°. 32 pp.

566. **Henning**, Arnoldus. quaestiones Sophocleae. dissert. . Halis Sax. 1861. 8°.

disputatur loquendi usus ratione accurate habita de OR. 9 sqq. (inprimis v. 11.) 31 sqq. (inpr. 32) 133 sqq. (inpr. 134.) 140. 227. 230. 329. 795.

567. **Herrmann**, Car. Frid. disputatio de discrimine artis ac temporis quo Sophocles atque Euripides Oedipi Regis fabulam tractavisse videntur. Marburgi (Chattorum) 1837. 4°. 9 pp.

568. id em. ueber abfassung und auffuehrungszeit der beiden Sophocleischen tragoedien Oedipus. Marburg 1840. 4°.

569. **Hertel**, Th. nochmals die authadie des Oed. Tyr. in: Z. f. GW. XXVI. (1872.) p. 767—780.

adversatur maxime eis quae Berchius (v. supra nr. 546) in eod. vol. p. 145—156 disputaverat.

570. **Hoelzer**, Volcmarus. disputationes de secundo cantico Sophoclei Oedipodis [v. 463—512.] Progr. gymn. Salzwedel. 1868. 4°. 10 pp.

p. 1—4. praemittuntur quae ad universam cantici sententiam recte aperiendam idonea visa sunt. p. 4 sq. nexus sententiarum cantici ipsius explicatur. p. 5 sq. explicatur illud 485 δοχοῦντ' οὔτ' ἀποφάσχοντα. p. 7. de sensu verborum ὅ τι λέξω ἀ' ἀπορῶ. p. 9. de antistrophae (i. e. v. 497—512) sensu. v. 509 recipitur φανερά pro πτερόεσσ'.

571. **Junghans**, Guil. vindiciae Sophocleae. in : Z. f. AW. V. (a. 1847.) p. 577—596. accedunt corrigenda p. 864.

emendatur OR. 18., explicantur et defenduntur vulgo receptae lectiones vv. 35 δς γ' ἐξέλυσας. 45 προθυμίας. 62 εἰς ἕν'. 79 προστείχ. 101 τιμωρεῖν τινα. 134 πρὸς τοῦ θανόντος. 174 οὔτε-ἀνέχουσι. 194 τέλει γάρ εἴ τι νύξ. 203—206 πρὸς-ταθέντα. 209 ὁμόστολον. 722 πρὸς παιδὸς θανεῖν. 763 ὅδε γ' ἀνήρ 772 καὶ μείζονι. 817—819 ξένων ἔξεστι.

572. **Kock**, Theodorus. ein zusammenhaengender commentar zum koenig Oedipus. Progr. gymn. Guben 1857. 4°. 48 pp. vendiderunt quoque Berolini Mittler eiusque socius inscriptum: sophocleische studien II. theil.

573. **Kvíðala**, Joannes. beitraege zur kritik und erklaerung des Soph. IIII. (= sitzungsberichte der philol.-histor. classe der kaiserl. akad. der wissenschaften zu Wien 1869. LXI. Januar. p. 67—215.) Wien (Gerold.) 8°m. 148 pp.

tractantur OR. 6 sq. 9 sqq. 12 sq. 15 sq. 42 sqq. 86 sqq. 96 sqq. 105. 106 sq. 116 sq. 139 sq. 161. 168 sqq. 171 sqq. 174 sqq. 198 sq. deinde orationis Oedipi v. 215—275 causa suscipitur ac p. 91—101 quidem disputatione in universum instituta. a p. 102 singillatim explicandis versibus 218 sqq. 224 sqq. 258 sqq. 287. 292. 305 sqq. 312 sq. 323 sq. 328 sqq. 334 sqq. 345 sq. 354 sq. 359 sqq. 374 sqq. 378 sq. 383. 391 sqq. 435 sq. 437 sqq. 445 sqq. 483 sq. 489 sqq. 505 sqq. 519 sqq. 525 sq. 536 sqq. 562 sqq. 572 sq. 581 sqq. 584 sqq. 587 sqq. 590 sqq. 596 sqq. 599 sq. 603 sqq. 622 sqq. 655 sqq.

574. **Lange**, Ludovicus. ueber das zweite stasimon [v. 863 —910] im Oed. Tyr. Prag 1859. 4°. = verhandlungen der XVIII. versammlung deutscher philologen und schulmaenner. Wien (a. 1859.) p. 23—75.

praecipue disseritur de 870. 876. 889. 906.

575. **de Lasaulx**, Ernestus. ueber den sinn der Oedipussage. Progr. lycei. Wuerzburg 1841. (Voigt u. Macker.) 4°.

576. **Leitschuh**, v. s. Antigone.

577. **de Leutsch**, Ernestus. zum threnos des Oedipus. in: Philologus XXIV. (1866.)

578. **Lion**, C. Th. Oedipus Rex quo tempore a Soph. docta sit, quaeritur. Dissert. inaug. Gottingae 1861. (Dieterich.) 8°. 36 pp.

579. **Lorenz**. ueber composition, character und idee des Sophocleischen koenig Oedipus. Progr. gymn. Soest 1857. 4°. 19 pp.

580. **idem**. die Oedipussage und ihre behandlung bei Soph. Progr. gymn. Schleswig 1847. 4°. 24 pp. [iterum edi-

tus libellus in eiusdem opusculis (gesammelte schriften.) Halle 1852. p. 30 — 60.

581. **Luebker**, Fridericus. Soph. Oedipus und Shakespeares Lear. Ein beitrag zur vergleichenden litteraturgeschichte. Progr. gymn. Parchim 1861. 4°.

581ᵇ. (= 280) **Mommsen**, Tycho. exercitationes Sophocleae et de scholiis Pindaricis epimetrum. Progr. gymn. Francof. ad Moen. 1865. 4°. 27 (32) pp.

tractantur v. 198 p. 1—5. 200 p. 27 not. 216—275 p. 5—15. (explicatur totius orationis perpetuitas: exordium. partt. I. II., peroratio.) 293 p. 12 sq. 329 (Nauckianum inventum ἄνωγας) p. 15—22., 493 et 508 p. 22—27.

582. **Muehlich**, Andreas. Oedipi Regis actus primi versio Latina cum adnotationibus. Progr. gymn. Bamberg 1838. 8°. p. 3 — 18.

583. **Palmblad**, Guil. Fr. Sophoclis Oedipus tyrannus notis philologicis illustratus. 3 partes. Upsalae (excudebant regiae acad. typographi.) 1834 — 1837. 4°. 73 pp.

584. **Pellicioni**, Caietanus. commentarius virorum doctorum in Soph. OR. epimetron. Bononiae 1867. (Maregnari.) Turin (Loescher.) 8°. 86 pp.

praeter alios locos tractantur 20 sq. 48. 65. 80. 100 sq. 102. 107. 117. 136 sq. 198. 224 sqq. 276. 289. 328. 425. 478. 564 sqq. 639 sqq. 763. 646. 920. 959. 1054. 1090. 1118. 1416. 1454. 1506.

585. **R.** (anonymus.) ueber Soph. OR. 8. in : Jahn's Archiv VII. (a. 1841.) p. 295 sq.

586. **Ribbeck**, Otto. zu Sophocles [de OR. 216— 275.] in: Rh. M. f. Philol. N. F. XIII. (a. 1858.) p. 129— 132.

versus 246 — 251 illius orationis Oedipi inter 272. 273 poni iubet. adversatus est Ribbeckio Classen (v. s. nr. 551.) cuius rationes ille refutavit in Rhein. Mus. f. Philol. N. F. XVI. p. 501 — 510. utriusque disputatiunculae a. 1861. separatim editae sunt in usum XX. conventus philologorum Francofurti ad Moenum habiti) ueber die rede des koenigs Oedipus. 8°). — Ribbeckio adsenserunt Haase, Nauck., Dindorf., Teuffel. (v. i. nr. 604.) Enger (Jahrbb. f. Philol. N. F. LXXXVII. p. 393 sqq.) Herwerden in edit. Oedipi R. (a. 1866.) — adversati sunt L. Spengel (v. i. nr. 000.) Hasselbach (v. s. nr. 563.) Tycho Mommsen (nr. 581ᵇ), qui solus ex his adsensus est Classenio in progr. gymn. Frankof. a. M 1865. p. 5 sqq.

587. **Ruediger**, C. Alfredus. zu koenig Oedipus 1494 sq. in: Z. f. GW. XVIII. (a. 1864.) p. 175.

defendit lectionem τοῖς ἐμοῖς γονεῦσιν, vult scribi ἐστί in v. 1495.

588. Rumpel, J. zu Sophocles. in: Philologus XXIII. (a. 1866.) p. 349.

defendit v.ⁱ 719 a Nauckii coniecturis.

589. idem. zu Sophocles in: Philologus XXVI. (a. 1867.) p. 351.

defendit OR. 1511. a Dindorfi coniectura.

590. S., M. anonymus. v. i. nr. 594ᵇ.

591. Scheler, Augustus. commentaire sur l'Oedipe Roi de Sophocle à l'usage des collèges. Bruxelles 1843. (Muquardt.) 8°m.

592. Schenkl, Carolus. zur kritik und erlaeuterung einzelner stellen aus griechischen und roemischen schriftstellern. in: Z. f. OG. XI. (a. 1860.)

p. 178—180. ad Sophocl. OR. 1495. (γόνοισιν pro γονεῦσιν.) 1512 sq. εὔχεσθ' ἔχω ἐς καιρὸν ὑμῖν ζῆν, βίου δὲ λ.)

593. Schmidt, Mauricius. beitraege zur kritik des Soph. Oed. Tyr. in: Philologus XVII. (a. 1861.) p. 409—421.

de v. 976. 292. 397. 173. 246. 263 sq. (p. 412.) v. 255. 476. 1494. (p. 413.) 329. 1055. 816. 623 sqq. 1526. (p. 416.) 74.

594. idem. vermischtes. in: Philologus t. XIX. a. 1862.) 707—710.

de OR. 1214. 1031. 741. 1204. 1105.

594ᵇ. S. M. (Mauricius Schmidt). zu Soph. in: Rh. M. f. Ph. N. F. XVIII. (a. 1863.) p. 614.

temptatur OR. 1339 ἀκούειν ἐστ' ἔθ' ἡδονᾷ, φίλοι, ἐκλήθην, ὧν ἔ. ἅ. βρρ. et 871. θεὸς ἐν τ. μ.

595. idem. kritische und exegetische bemerkungen zu koenig Oedipus. in: Z. f. OG. XV. (a. 1864.) p. 1—26.

(p. 1.) de v. 6. 21. 41. 52 sq. 130. (p. 4.) 140. 167. 195. 198. 200. 204. 205. 211. 217. 230. (p. 6.) 249. 261. (p. 10.) 244 sq. 269—272. (p. 10—15.) — p. 15. 226. 272. 252. 271. 236. 317. (p. 16.) 335. 349. 425. 411. 491. (p. 18.) 565 sq. 620. 341. 294. 523. 220. (p. 20.) 110. 624 sq. (p. 22.) 637. 656 sq. 660 sqq. (p. 25.) 724 sq. (p. 26.) 763. 759.

596. Schmidt, H. die einheit der handlung im koenig Oedipus des Soph. nebst kritischen anmerkungen zu vers 1271 —1274 in diesem stuecke. Progr. gymn. Wittenberg 1848. 4°. 17 pp.

597. Schneidewin, Fr. Guil. ueber Soph. OR. 800 sqq. in: Philologus IV. (a. 1849.) p. 751—761.

spectat ad Firnhaberi disputatiunculam eodem anno editam.

72   I. INDEX COMMENTATIONUM.

598. Seyffert, Mauricius. kritische bemerkungen zu Soph.
OR. in Z. f. GW. XVII. (a. 1863.) p. 585—597.

disputatur de v. 15—19. 74 sq. 80 sq. 153 sqq. 198 sq. 220 sq. 224 sqq.
246. 329. 345 sq. 348 sq. 487 sqq. 494 sq. 566 sq. 584 sqq. 613 sqq. 702.
713. 724 sq. 794 sq. 817 sq. 863 sqq. 867. 876 sq. 895 sq. 1031. 1201.
1225. 1280 sq. 1528 sqq.

599. Sintenis, Carolus. zu Soph. koenig Oedip. in: Philologus V. (a. 1850.) p. 743.

reicit v. 220 Schneidewini coniecturam ἢ γάρ pro οὐ γάρ. emendat
v. 112 = 111. κάτεισ' ὅτω τις v. 114 = 119. ὧν εἴχε πλήν.

600. ——— zu Soph. in: Hermes L (a. 1866.) p. 142.

de OR. 108—111. (distinguendum esse interrogative τόδ' εὑρεθήσεται.)

601. Spat, C. J. dissertatio de tragicae compositionis in
Sophoclis Oedipo Rege ratione et praestantia. Groningae 1857.
(v. Wicheren.) 8° m.

602. Spengel, Leo. zu Soph. Oed. Tyr. 813.

in Philologus XX. (a. 1863.) p. 108. de v. 813—816.

603. Teuffel, Guilelmus. zu Soph. Oed. Tyr. 1409—1437.
in: Jbb. f. Philol. N. F. LXXIX. (a. 1859.) p. 322—326.

604. idem. zu Soph. OR. 224 sqq. in: Jbb. f. Philol.
N. F. LXXXVII. (a. 1863.) p. 393—396.

cf. quae disputata sunt in: Philologus XX. (a. 1863.) p. 211.

605. idem. zu Soph. koenig Oed. (1303—1306.) in:
Jbb. f. Philol. XCVIII. (a. 1868.) p. 752.

606. idem. zu Soph. koenig Oed. (1424—1431. in: Jbb.
f. Philol. XCIX. (a. 1869.) fasc. L.

607. Todt, B. zu Sophocles Oed. R. in: Z. f. GW. N. F.
I. (a. 1867.) p. 221—226.

de vv. 216. 536. 622—625. 1244—1250. 1280 sq. 1333. 1353. 1339.
1359. 1378 sqq. (1380.) 1458. 1494 sq. 1511—1514.

608. Vater, Fridericus. miscellaneorum criticorum fasciculus L in t. XV. supplementorum ad Jbb. f. Philol. a. 1849.

explicatur p. 121. versus OR. 614 et indicatur imitatio eius sententiae apud Philemonem comicum (fab. inc. fr. 96. in Comic. Gr. IV. 61).

609. Vollbehr, C. G. Chr. de Oedipi Regis Sophoclei
oeconomia scenica. Progr. gymn. Gluecksstadt 1856. 4°.

610. Wedewski. de Sophoclis Oedipo Rege. Dissert. inaug. Halis Sax. 1863. 8°.

611. **Weismann**, Carolus. kritische und exegetische er-
oerterungen zu Soph. Oed. R. Progr. gymn. Coburg. 1868. 4°.
40 pp.

explicantur emendanturve vv. 8. 15 sqq. 27 sqq. 99. 116 sq. 216—275.
(220 sqq. 227 sq. 230.) 293 sqq. 329. 371. 417. 425—438. 579. 583. 800.
845. 852. 911. 956. 1000 sqq. 1019. 1208 sqq. 1304 sqq. 1409. 1424—1431.
1498. addendum ad 216—275.

612. **Wiclewski**. de Soph. Oed. Rege. Dissert. inaug.
Halis Sax. 1863. 8°. 37 pp.

613. **Wilbrandt**. ueber Soph. koenig Oedipus. Progr. gymn.
Rostock 1836. 4. 54 pp.

614. **Winckelmann**, A. G. satura critica. in: Z. f. AW.
1842. p. 292.

de OR. 1280 sq.

615. **Wuellner**, Fridericus. ueber koenig Oedipus von
Soph. Progr. gymn. Duesseldorf 1840. 4°. 10 pp.

616. **Zippmann**, Albertus. aus dem nachlasse desselben.
Progr. gymn. Schneidemuehl 1871. 4°. 8 pp.

continet partem praefationis quam A. Z. operi de responsionum apud
tragicos ratione et arte additurus erat, nisi in Belforti oppugnatione
mortem oppetivisset.; agitur p. 2. de interrogationibus et responsis,
p. 3. de orationibus vicissim institutis. p. 4 sqq. de longioribus orationibus. p. 6 sqq. de ultimo OR. epeisodio. — p. 3 not. versus 326 sq.
choro, non Oedipo tribuitur. p. 8. emendatur 1280 οὐ μόνον κατά.

XVIII. DE OEDIPODE COLONEO.

Ab a. 1800 ad a. 1836 ea in fabula explicanda emendandave versati sunt hice: Boeckh, A. de OC. tempore Berolini 1825. 4°.— Den-
hard, B. Fr. de Sophoclis Oedipo Coloneo. Diss. inaug. Marburgi
Chattorum. 1830. 8° m. — Doederlein, Ludov. observatt. critt. in
Soph. Oed. Colon. in: Acta philologorum Monacensium. Tom. I. (a. 1812.)
p. 27—70. — Heller, Ludov. observationes in Soph. Oed. Col. Progr.
academ. Erlangae 1819. fol. 4 pp. continuatio L ibid. 1820. 4 pp. II.
1821. 4 pp. — Hoepfner, F. de Soph. Oedipo Col. Progr. gymnas.
Elbingae. 1822. 4°. 24 pp. — Kannegiesser, C. L. ueber des Soph.
Oedip. zu Col. Progr. gymn. Prenzlau 1820. 4°. — Lachmann, Carol.
ueber die absicht und zeit des Sophocleischen Oedipus auf Colonos. in:
Rh. M. f. Philol. I. Jahrg. (a. 1827.) p. 313—335. — van Meurs, P.
A. de Soph. Oed. Col. Dissert. philol. Groningae 1825. 8°. — Reisig,
Carol. commentt. criticae in Soph. Oed. Colon. 2 voll. Jenae 1822 sq.
(Croeker.) 8° m. — Suevern, Joh. Guil. ueber die absicht und zeit
des Oedipus auf Kolonos. in: abhandlungen der Berliner academie. hist.-

phil. classe. a. 1825. p. 1—48. Thiersch, Frid. ueber eine stelle des Soph. im Oedip. Col. in : Jahn's Archiv. III. ;a. 1835.) p. 635—637.

617. Arndt, C. F. G. beitraege zur kritik des Sophoclei-schen textes. Progr. gymn. Neu-Brandenburg 1862. 4°. 19 pp.
pertinent praecipue ad OC. et OR.

618. Arnold, Bernhardus ad OC. in: Eos L p. 130—135.
disputat de v. 11. 30. 61. 698. 711. 752. 813. 912. 1063. in iudi-canda editione Meinekiana.

619. Ascherson, Ferdinandus. ueber die rollenvertheilung im Oedipus auf Colonos des Soph. in Philologus XII. p. 750 sq.
quattuor opus fuisse actoribus demonstratur. cf. W. Teuffel s. nr. 681.

620. van der Bergh, H. das vierte stasimon des Oedipus auf Col. kritischer versuch. Progr. gymn. Stralsund. 1863. 4°. 13 pp.
v. 1556—1578.

621. Boeckh, Augustus. de primo in Soph OC. cantico (117—206). Index schol. academ. Berolini 1843. 4°. 8 pp.
a. 1825. idem de Oed. Col. tempore ediderat commentationem.

622. Buchwald, Otto. zu Soph. und Aeschylus. in Z. f. GW. N. F. L. (a. 1867.)
p. 170 sq. de OC. 113. 243.

623. Bumb. adnotationes quaedam ad Soph. OC. secundum ed. II. cum notis G. Hermanni in: t. XIII. supplementorum ad Jahn's Archiv a. 1847. p. 177—187.
tractantur vv. 144. 229 sqq. 263. 316 sqq. 550. 628. 674. 954. 1153. 1235 sqq. 1250 sqq. 1280 sqq.

624. Cobet, C. G. Sophoclis locus in OC. 378—381 ten-tatus. in: Mnemosyne IX. (a. 1860.)
iubet 481 scribi αἰχμῇ (ut Blaydes.) καθέξων ἢ πρ.

625. Dege, Gu. commentatio de Soph. OC. 668—719. Progr.-gymn. Blankenburg 1867. 20 pp. 4°. (Berolini, Calvary.)
p. 2—6. metrum cantus chorici : sequitur explicatio versuum 667 sq. 670. 671. 673. 674. 675. 677. 678. 680. — p. 11. antistropha 683 sq. 689. 691. 692. 693. 694 sq. 696. 701. 709 sq. 718 sq.

626. van Delden. annotationes ad Soph. Oed. Col. Lug-duni Batav. 1865. 8°. 117 pp.

627ª. Dietsch, Henric. Rudolfus. de Soph. Oedip. Colo-neo. Progr. gym. Grimmae 1872. 4°. 6 pp.
totum drama enarratur ad indicandas magnas eas partes, quas ge-nuinae recensioni a sequiore poeta additas esse magna sit suspitio.

627. **Dindorf**, Guilelmus. vermischte aufsaetze. in: Z. f. AW. 1839. p. 1125 sq. de OC. 475. 700 sqq.

628. **Dindorf**, Ludovicus. zu Soph. Oed. auf Col. v. 698. in Philologus XXIX. (a. 1869.) p. 519.

529. **Duentzer**, H. zur kritik des kommos in OC. 1670— 1750. in: Philologus t. IV. (a. 1849.) p. 172 — 175.

630. **Elsperger.** zu Soph. OC. 1044 — 1095. in: blaetter f. Bayer. GW. L (a. 1867.) nr. 9. p. 301 — 307.

disputatur praecipue de Ἀπόλλων δαφναῖος. Ὅλατις νομός. de versibus 1054. 1059. 1064. 1074.

631. **Enger**, Robertus. ueber Soph. Oed. auf Col. 1438— 1448 Wunder. (= 1443 — 1456. Brck.) in: Z. f. AW. IX. (1842.) p. 729 — 738.

632. idem. schluszkommos in Soph. OC. (i. e. 1670 — 1676. 1680 — 1682. 1693 — 1698. 1712. 1731. 1733.) in: Rh. M. Philol. XIX. (a. 1864.) p. 542 — 549.

633. idem. Soph. OC. 399 — 409. in: Philologus XXVII. (a. 1868.) p. 171 — 175.

634. **Feller.** de Soph. OC. commentatio. Progr. gymn. Zittau 1869. 4°. 26 pp.

p. 1—20. continetur: argumentum huius fabulae. — de ratione quae sit fabulae cum cultu deorum et heroum quibus Colonus pagus sacer erat. de ratione quae intercedat inter OR. et OC. — p. 20 — 26. sequitur specimen commentarii ad v. 1. 2. 3. 4. 5. 6. 7. 8. 9. 10. 11. 12. 13. 14. 15. 16. 17. 18. 19. 20.

635. **Firnhaber**, C. G. der zweite kommos im Soph. OC. 510 — 548. in: Z. f. GW. 1853. p. 867 — 871.

explicantur 510. 512. 535. 540.

636. idem. der schlusskommos in Soph. OC. in: Philologus V. (a. 1850.) p. 157 — 162. 1670 — 1750.

perpensa Duentzeri de eo carmine sententia (v. s. nr. 629.) singillatim disputatur de v. 1693. 1695. 1716. 1739. 1742.

637. **Foss**, H. E. quaestiones criticae de Taciti Agricola c. 6. Histor. I. 30. Soph. OC. 553 sq. quibus interposita est disputatio historica de praetoribus Romanis qui sub imperatoribus fuerunt. Progr. gymn. Altenburg 1837. 4°. 50 pp.

638. **Glaser.** quaestionum Sophoclearum particula I. Progr. gymn. Wetzlar 1870. 4°. 8 pp.

libellus conscriptus est de altero Oedipi Colonei stasimo et emendando et interpretando. praecipue de v. 1074—1084., v. 1076. de ipso
verbo ἐνδιδόναι. (p. 5.) 1077 τά δεινά πλάσα. 1078. τελεῖ τε Θησεύς.

. 639. Goetschke, Carolus. adnotationum Sophoclearum specimen. agitur de OC. 1044—1058. 4°. 13 pp.

p. 1—5. de totius fabulae consilio et de sententiarum ratione qualis
sit particulae supra indicatae. deinde disseritur de 1044 sq. ἐπιστροφαί —
εἴην — ὀάϊος — τάχα (= mox sive τάχ' ἀν.) p. 7. de 1046. p. 8. de 1047.
p. 9. de vocabulo λαμπάς. p. 10. de 1050—1053. p. 11 sq. de 1007 sq.
(secundum Gleditschi emendationem.) p. 12. de 1055 sq. (αὐτάρκει βοᾷ
— τάς διστόλους δομῆτας ἀδελφάς).

640. Henke, Guil. Sophocles Oedipus in Colonus neu dargestellt von Dawison in Dresden. Vorlesung. Leipzig 1865 (C.
F. Winter.) 8°m. 40 pp.

641. Hermann, Car. Frid. quaestionum Oedipodearum
capita tria. Marburgi (Chattorum) 1837. (Elwert.) 4°.

continet tres commentationes antea indicibus lectionum acad. Marburg. praemissas. 1) disputationem de discrimine artis ac temporis quo
Soph. atque Eurip. Oedipi Regis fabulam videntur tractasse. (a. 1834.
2) disput. de aetate et causis Oedipi Colonei. 1836. 1837. 3) disput. de
sacris Coloni et religionibus cum Oedipi fabula coniunctis.

642. idem. in Soph. OC. in: Rh. M. f. Philol. N. F.
II. (a. 1843.) p. 601—605 de 328 sqq. IV. (a. 1846.) p. 451
de v. 1265 sqq.

643. idem. zu Soph. OC. 523. in: Philologus IX. (a.
1854.) p. 586.   .

644. Herquet. ueber die idee des Oedipus auf Colonos.
Marburg 1859. 8°.

645. Hirzel, H. zu Soph. OC. in: Rh. M. fuer Philol.
N. F. XVIII. (1863.) p. 306—310.

secludi iubet 301—304· firmat v. 308. Dindorfi inventum τήρᾳ pro
εὕδει.

646. Junghans, Guil. quaestionum Sophoclearum specimen II. De Oedipi Colonei oraculis et exsecrationibus. Progr.
gymn. Lueneburg 1849. 4°. 12 pp.

specimen I v. s. nr. 264.

647. idem. Sophocles in OC. 1354. a sui oblivione vin-
dicatus. in: Jahns Archiv. XIIII. (a. 1848.) p. 408—413.

648. de Karajan, Max. zu Sophocles. in: Rh. M. fuer
Philol. N. F. XII. (a. 1857.) p. 304—307.

temptatur OC. 113. πέλας pro πόδα. 229 sq. μοῖρα διὰ τίσιν.

648 ᵇ. **Kegel**. de Sophoclis Oedipo Coloneo. Progr. progymnasii Dillenburg 1873. 4°. 13 pp.

agitur de ratione qua Soph. mythum de Oedipo excoluerit, tum de consilio et tempore, tertio loco de chori cantico a v. 668—716. (accuratius tractantur v. 669. 674. 683. 686. 690. 696 et 710. 698. 699. 702. 711. 716.)

649. **Kock**, Theodorus. ueber die parodos der griechischen tragoedie im allgemeinen und die des Oedipus in Colonos im besonderen. Progr. gymn. Posen 1850. 4°. 56 pp. (Berolini vendiderunt Mittler & fil. 1854.)

a p. 20 — 29. de parodo fabularum Sophoclearum agitur: p. 39 sqq. de parodo Oedipi Colonei.

650. **Kolster**, Gu. H. de adornata Oedipodis Colonei scena· Progr. gymn. Meldorf 1846. 4°. 14 pp.

651. **Kunhardt**, H. commentationes de locis quibusdam veterum scriptorum aut difficilioribus aut aliqua de causa memorabilibus. (P. I. in qua de, Soph. Oedipo Coloneo disputari instituit. Progr. gymn. Luebeck 1838. 8°m. P. II. in qua quae disputari coepta sunt de Soph. Oedipo Coloneo ad finem perducuntur. ibidem 1840. 8°m.) 153 pp.

652. **Loehbach**, Rudolfus. zu Soph. OC. 1454 sq. in: Z. f. GW. XVI. (a. 1862.) p. 744.

scribi vult ἄνω μὲν ἕτερα αὔξων, τὰ δὲ παρ' ἦμαρ αὖθις κάτω. quam coniecturam copiosius commendavit et defendit in quaestionibus Sophocleis. Marburg. 1865. dissert. inaug. 8°. nr. IX.

653. **Maehly**, J. zu Sophocles. in: Philologus XVIII. (a. 1862.) p. 360 — 362.

agitur de OC. 320 sqq. 362. 499. 560. 640. 790. 917 sqq. 939. 1050.

654. idem. der Oed. Col. des Soph. beitraege zur inneren und aeuszeren kritik des stueckes nebst einem anhang philologischer miscellen. Basel 1868. 8°. VIII. et 123 pp.

p. 1—39. disputatur de universa re. p. 40 — 97. singuli loci fabulae plurimi tractantur et temptantur. p. 98 — 123. appendix (ad Calpurn., Nemesian., Anthol. Graec.)

655. **Meineke**, A. kritische miscellen. in: Philologus XVII. (a. 1861.) p. 558 sqq.

p. 558. de OC. 143. respiciens ad priorem commentationem ibid. t. XIV. p. 2. editam et Schenkeli disputatiunculam ibid. t. XVII. p. 32. prolatam.

656. **Nicolai**, Rudolfus. de Soph. Oed. Col. consilio et aetate. Diss. inaug. Halis Sax. 1858. 8°.

eandem in rem inquisiverat iam Carolus Lachmannus. ueber die absicht und seit des Sophocleischen Oedip. auf Colonos. in: Rhein. Mus. f. Philol. N. F. L (a. 1827.) p. 313—335.

657. **Nitssch**, Georg. Guil. zu Soph. in: Rh. M. f. Phil. N. F. XI. (a. 1857.) p. 466 — 470.

explicatur v. 367 (δρος), emendatur v. 525 (κατ᾽ μ᾽ εὐχᾷ). 1534. (κυρίαι πόλεις.)

658. **Oelschlaeger**, Franciscus. in Soph. OC. annotationes. Progr. gymn. Schweinfurt. 1837. 4°. p. 3—16.

adnotatum est ad 64. 78. 148. 162. 214. 269. 284. 420. 616. 635. 668. 676. 759. 869. 1006. 1065. 1054 et 1070. 1091—1094. 1219. 1727.

659. **Paldamus**, Hermannus. analecta critica et grammatica. in: Z. f. AW. V. (a. 1838.) p. 1137—1140. et 1143 — 1145.

de OC. 330. 357. 1730. 540 (in suspitionem vocatur ut 1139.)

660. **Palmblad**, Guil. Fr. in Oedipum Sophoclis Coloneum observationes. Pars L Upsalae 1836. 4°.

661. **Peter**, L. studia Sophoclea. commentationes criticae de Oedipi Colonei locis LXII. Progr. gymn. Heiligenstadt, Delion 1869. (Goettingen.) 37 pp. 4°.

de 25. 44. 47. 48. 54 sq. 70 sqq. 75 sqq. 113 sq. 133 sqq. 156 — 162. 242—247. 256 sq. 276 sqq. 303—307. 367 sqq. 377—381. 402. 457 — 460. 500—502. 521 sq. 551—555. 569 sq. 575. 588 sq. 603. 658 sq. 753—757. 813 sq. 861 sq. 911 sq. 1019. 1021. 1075—1079. 1081—1083. 1097 sq. 1112—1114. 1115 sq. 1117 sq. 1132—1136. 1169—1194. 1229—1232. 1265 sq. 1333 sq. 1358 sq. 1389 sq. 1411—1413. 1418 sq. 1435 sq. 1443 sq. 1451—1453. 1466—1468. 1511 sq. 1526 sq. 1534—1538. 1551 sq. 1583 sq. 1640—1642. 1685—1687. 1689—1691. 1695 sq. 1697—1699. 1700—1702. 1749—1750. 1751—1753.

662. **Raspe**, G. C. H. de aetate Oedipi Colonei disputatur. Progr. gymn. Guestrow. 1841. 8. XLVIII. et 32 pp.

cf. supra C. Fr. Hermann, quaestt. Oedipod. II., R. Nicolai (nr. 656.)

663. **Regel**, G. de duobus Soph. OC. locis ad virum clarissimum V. Chr. Rostium epistola. Progr. gymn. Emden. 1857. 4°. 12 pp.

de 155 sqq. 857 sqq.

664. **Ritschl**, Fridericus. de cantico Soph. OC. [668—719.] Index lectt. acad. Bonnae 1862. 4. 14 pp.

praecipue de 698. 711. quibus de versibus aliter senserunt A. Nau-
ckius in: Bulletin de l'acad. imperial. de St. Petersburg. T. VI. (a. 1862.)
p. 305 not. 1. R. Enger. in: Jahrbb. f. Philol. LXXXV. p. 356—359.

665. Romahn. de Soph. OC. 327—343. in miscell. philol. Vratislaviae 1863. p. 50 — 53.

666. Ruediger, C. Alfr. zu Soph. OC. [658.]
v. supra nr. 661.

667. S. (anonymus.) zum Sophocles. in: Z. f. GW. (a.
1851.) p. 742.
OC. 17. conicitur πυρρόπτεροι pro πυκνόπτεροι.

668. Schaedel, C. epistola ad Fr. Gu. Schneidewinum de
Soph. Oedipi in Col. locis nonnullis. Progr. gymn. Stade. 1853.
8°. 65 pp.
p. 8—22. maxime in emendandis locis, p. 22—35. in explicandis
versatur: atque inprimis quidem tractantur v. 138. 150. 328. 391. 617.
659. 702. 775. 854. 939. 1023. 1034 sq. 1662. 1748. de 1534 sqq. p. 16—21.

669. Schenkl, Carolus. beitraege zur erklaerung und kritik des Soph. Oep. auf Col. in: Philologus XVII. (a. 1860.)
p. 29—37. et p. 229—247.
a. p. 29—37. de OC. 47. 61. 109. 135. 144. 152—161. 192. 280.
327—330. 380. 402. — b. p. 229—247. 452. 454. 457—460. 536. 539—
541. 701 sq. 813 sq. 842 sq. 1044—1095. 1491—1499. 1534 sq. 1556 sq.
1566 sq. 1570 sq. 1675 sq. 1695 sq. 1703. 1752.

670. Schmalfeld, Fridericus. einige bemerkungen zum
zweiten Oedipus des Soph. dazu versuch etlicher verbesserungsvorschläge zu verdorbenen stellen des genannten dichters.
Progr. gymn. Eisleben 1861. 49 pp.
de fabulae consilio disputatur.

671. Schneidewin, Frid. Guil. zu Soph. OC. v. 1590 sqq.
in: Philologus V. (1850.) p. 249.
accedit appendiculus quo monetur Strabonis loco IX. 632 firmari
coniecturam τριχορύφου pro Θορικίου.

672. idem. zu Soph. Oed. auf Col. in: Philologus VI.
(a. 1851.) p. 626.
disputatur de v. 1326 sqq.

673. idem. zu Soph. Oed. auf Col. in: Philologus VIII
(a. 1853.) p. 520.
disseritur de v. 45.

674. idem. zu Oedip. auf Col. ibidem. p. 550—562.

de v. 34 sq. 62. 113. 136. 161. 229. 326 sq. 457. 479 sq. 583. 587. 662. 1020 sq.

675. Schoell, Adolfus. die ueberarbeitung des Sophocleischen Oedipus auf Colonos nachgewiesen an den widerspruechen in allen handlungsmotiven. in: Philologus XXVI. (a. 1867.) p. 385—445. p. 577—605.

676. Schuett, J. C. G. v. supra.

677. Schwenck, Conradus. zu Soph. in: Rh. M. f. Phil. N. F. IV. (a· 1846.) p. 637.

de OC. 389.

678. idem. zu Soph. in: Rh. M. f. Philol. N. F. V. (a. 1847.) p. 627.

de OC. 547.

679. Sehrwald, Chr. Fr. quaestionum criticarum et exegeticarum in Soph. OC. specimen. Progr. gymn. Altenburg. 1864. 4°. 20 pp.

disseritur de v. 9 sq. 22. 45. 149. 277. 306. 335 sq. 367 sq. 636 sqq. 658 sq. 776 sq. 808. 813 sq. 1113. 1134. 1148. 1204. 1209 sq. 1249. 1265. 1333. 1370. 1380 sq. 1405 sqq. 1410. 1435 sq. 1443 sq. 1458 sq. 1533. 1652.

680. Spengel, Leo. zu Soph. OC. in: Philologus XIX. (a. 1863.)

de v. 138. 220. 316. 328 sqq. 637. 661. 882. 939. 1055. 1118. 1230. 1265.

681. Teuffel, Guilelmus. die rollenvertheilung im Sophocleischen Oedipus auf Colonos in Rh. M. f. Philol. N. F. IX. (a. 1854.) p. 136—138.

cf. supra F. Ascherson nr. 619.

682. Volckmar, C. H. bemerkungen zu Soph. Oed. auf Col. in: Philologus XXIII. (a. 1866.) p. 665—668.

de v. 113. 411. 687. 691. 697 sqq. 783. 797. 866—945.

683. Wex, Fr. Car. beitraege zur kritik des Sophocleischen Oedipus auf Col. nebst probe einer metrischen uebersetzung. Progr. gymn. Schwerin 1837. (Leipzig, W. Vogel.) 4°.

684. idem. spicilegium in Soph. Oedipo Coloneo. Schwerin 1853. (gymnasii professores gratulantur natalicia gymn. Guestrowiensis.) 4°. 27 pp.

de v. 1080. 695 sqq. 1016. 163. 151. 658. 547. 534. (praeterea de Ai. 76. 798. OR. 1209 sqq. 820. 325. 1128.

685. Wilke, Fridericus Julius. coniectaneorum in Soph. OC. specimen. Dissert. inaug. Berolini 1840. 8°. 7 pp.

de v. 9—11. (p. 5. de v. 360.) 43. 47. 92. 229. 277. 282—284. 300. 302. 331. 335. 342. 367. 392. (504.) 403. 411. 420. 424. 425. 458. (item de Ai. 1117. Phil. 1330.)

686. Winckelmann, A. Guil. spicilegium criticum. in: Z. f. AW. VII. (a. 1840.) p. 1284.

de OC. 307 sq.

XIX. DE PHILOCTETA.

Ab a. 1800 ad a. 1836. ea in fabula explicanda emendandave versati sunt hice: Bernhardi, F. A. ueber den Philoctet des Soph. 2. Aufl. Berlin (1811) 1825. (Ruecker et Puechler.) 8°. — Gernhard, August. Gotth. observat. in Sophoclis Philoctet. Lipsiae 1802. (1810.) (Hinrichs.) 8°. — Hasselbach, C. F. Gu. ueber den Philoctetes des Soph. Stralsund. 1818 (Loeffler.) 8. — Lisch, G. C. F. Sophoclis Philoctetae carmina antistrophica eorumque metra. Lipsiae 1832. (Woeller.) 8 m. — Welcker, F. G. ueber Sophocl. im Philoctetes v. 816. in: Rh. Mus. f. Philol. II. (a. 1828.) p. 125—130. — Wunder, Eduardus adversaria in Soph. Philoctetem. Lipsiae 1823. (Woeller.) 8° m.

687. Abeken, B. R. ueber die behandlung des Sophocleischen Philoctet auf schulen. Progr. gymn. Osnabrueck 1856. 4°. 30 pp.

688. Abeken, Heinrich. die tragische lösung im Philoctet des Soph. [epistula gratulatoria]. Berlin 1860 (Hertz). 4° m. 26 pp.

689. B. (anonymus: Baeumlein?) bemerkungen zu Soph. ✝ Philoctet in: Z. f. AW. III. (a. 1845.) supplement. fasc. L nr. 2. 3. p. 14—19.

disputatur de 125—130. 147. 186. (= 190 Br.) 671. 678. (= 680 Br.) 710. 859. 864. 1164. 1212. 1252.

690. Bissinger. zum Phil. des Soph. in: Blaetter f. Bayer. GW. VII. (a. 1871.) p. 261—268.

disputatur de 706 sq. 807. 827 sq. 833—835.

691. Buttmann, A. untersuchungen ueber die grundidee des Philoctet. Progr. gymn. Prenzlau 1839. 4. 17 pp.

692. Geffers, Augustus. de deo ex machina in Philocteta ✠

Soph. interveniente commentatio. Progr. gymn. Goettingen 1854. 4°. 30 pp.

693. **Gerhard**, Eduardus. Hypnos als schlafgott in: Arch. Ztg. (a. 1862. nr. 157.) p. 217—226.

ad v. 827. nihil esse numini ibi invocato cum Morte ostenditur.

694. **Goettling**, C. animadversiones criticae in Soph. Phil. pars L Jenae 1867. 4°. (iterum impressae in Opusculis p. 226 —230.)

ad v. 32. 37. 100—116. 228. 1251.

695. **Gotthard**, Franciscus. textrecension des kommos in Soph. Phil. v. 1081—1169 mit eingehender eroerterung des gedankenzusammenhanges. Progr. gymn. Iglau 1860.

696. **Grevenes**, J. P. E. wuerdigung der tragoedie Phil. des Soph. in aesthetischer hinsicht nebst einigen bemerkungen ueber den griechischen text. Progr. gymn. Oldenburg. 1840. 4°.

697. **Haage**, C. Fr. H. A. de Soph. Phil. 719—729. Progr. gymn. Luneburgi 1837. 4°. 8 pp.

698. **Hamacher**, Guilelmus. de Soph. Philocteta. Progr. gymn. Trier 1842. 4°. 12 pp.

698 b. **Hansing**, Th. coniectanea critica in: Philol. VII. (a. 1852.) p. 749—751.

nr. 10. temptatur Philoct. 1165 ἀλκὰ γνῶθ'.

699. **Hasselbach**, C. F. M. Sophokleisches. zur rechtfertigung und allgemeineres. Frankfurt a/M. 1861. 8°. 316 pp.

iudicantur aliquot libri de Philocteta scripti: raro ad explicandos locos Sophocl. ipsos deflectit disputatio. additamenta quaedam dedit Hasselbach Zeitschr. f. GW. XVII. (a. 1862.) p. 306—314. in examinando iudicio quod G. Thudichum de eius libro fecerat in Rhein. Mus. f. Phil. N. F. XVII. (a. 1862.) p. 393—406.

700. **Heinrich**, Carolus Bertholdus. de Chryse insula et dea in Philoctete Soph. dissert. philologica. Bonnae 1839. 8°. 32 pp.

pertinet ad v. 94.

701. **Hekmeijer**, F. A. Philoctetae Soph. enarratio cum nonnullorum locorum explicatione. Traiecti ad Rhenum 1852. 8°.

702. **Hermann**, Godofredus. retractationes adnotationnm ad Soph. Philoct. Lipsiae 1841. 4°.

703. **Janke**, J. de stasimo Philoctetae fabulae Sophocleae

primo [v. 676 — 729] commentatio. P. L Progr. gymn. Pyritz
1865. 4°. 18 pp.

p. 3—5. de re universa observationes aliquot. p. 5—8. explicantur
676. 677—680. p. 8—11. 650 sq. 683. 684. 685. 696. 697 sq. 659. 691.
p. 11—13. v. 692. p. 13. 693 sq. p. 14. 695 sqq. (praecipue ἐνθήρον et
φορβάδος ἔx τε γὰρ ἐλεῖν.) p. 16. 700 sqq. p. 17. 703 sqq. (praecipue ἔθεν
εὐμάρει' ὑπάρχοι) 706 sqq. p. 18 v. 710 sq.

704. Kolster, Gu. IL ueber den Phil. des Soph. Progr.
gymn. Meldorf 1844. 4°. 16 pp.

agitur de fabula universa. — disputatur p. 11. de v. 147. 797. 671
—673.

705. Kratz, H. zu Philoct. 488. in: Neue Jbb. f. Philol.
LXXXV. (a. 1862.) p. 811—812.

706. Kurze, C. F. E. de fabula Philoctetae pars L Dissert. inaug. Halis Sax. 1864. (Berolini, Calvary.) 8°. 38 pp.

La Roche v. infra nr. 719.

707. Laws, A. quaestionum Sophoclearum particula L
Progr. gymn. Roessel 1853. 4°. 14 pp.

magnam partem Wunderi, Hermanni, Schneidewini explicationibus
aut emendationibus adversatus auctor disputat. p. 2. de v. 1. p. 3. de
3 et 4. 9 et 10. 11. p. 4. de v. 19. 22 sq. p. 5. v. 29. p. 7. v. 32 et 33.
p. 8. v. 43. p. 9. v. 45—47. p. 11. v. 54. 55. 56.

708. Lénormant, C. du Philoctète de Soph. Paris 1855. 8°.

709. de Leutsch, Ernestus. zu Soph. Phil. 1437—1444.)
in: Philologus XI. (a. 1856.) p. 777.

710. idem. zu Soph. Phil. 350. in: Philologus XXVIIII.
(a. 1870.) p. 166.

refutat Heimsoethi conatum οὐ γὰρ ζῶντ' ἔτι pro οὐ γὰρ εἰδόμην.

711. Meineke, Augustus. zu Soph. Phil. 491. in: Philologus XX. (a. 1863.) p. 169.

perlustratis reiectisque eis coniecturis aliorum aut sui ipsius, quas
antea in analectis Soph. p. 315. proposuerat, h. l. commendat σπιλάδα.

712. idem. zu Philoctet 667—673. in: Philologus XX.
(a. 1863.) p. 721.

versus ipsos a suspitione liberat: Wexi explicationem amplectitur.

713. Mejsnar, Ignać. Význam a rozsah choru, převod,
rozprava metrická a výklad sloky v Sofokleově Philoctetu.
391 — 401. (de notione et vi chori interpretatio: metrica disputatio: explicatio versuum 391 — 401 in Soph. Phil. Progr. gymn.
cathol. Neusohl. 1861.

714. **Panse**, Carolus. ueber die entwickelungen im Sophocleischen Phil. Progr. gymn. Weimar 1839. 8°. 31 pp.

715. **Patakis**, J. G. zu Soph. Phil. 287 und 715. in Philologus VIII. (a. 1853.) p. 438 sq.

716. **Reichel**, Carolus. ueber den chor des Sophocleischen
Philoctet. Progr. gymn. Laibach 1855. 4°. p. 3 — 10.

> p. 6. disputatur singillatim de v. 163 et 1119.

717. **Rentsch**, G. ueber die verschiedenen auffassungen
des Sophocleischen Philoctet. Progr. gymn. Detmold 1859. 4°.
17 pp.

718. **Rieder**, J. Edmundus. abhandlung ueber den Sophocleischen Philoctet. Progr. gymn. Graz 1852. 4°. 19 pp.

719. **La Roche**, Jacobus. ueber die grundidee des Phil.
von Soph. Progr. gymn. Graz 1856. 4°.

720. **Ruediger**, C. Alfredus zu Philoct. 672 v. s. nr.

721. **Schaefer**. sur le Philoctète de Sophocle. Progr.
gymn. Meseritz 1867. 4°. 12 pp.

722. **Schenkl**, Carolus. kritische bemerkungen zu Soph.
Philoctetes. in: Z. f. OG. XXI. (a. 1870.) p. 697 — 701.

> emendantur 29. 742 sqq. 1412. 1431. 1456; in suspitionem vocantur
> 1436. 1437 sq. (ἰγὰ — πέμψω): transponitur 1454 post 1464.

723. **Schneidewin**, Frid. Guil. Sophocleische studien. in:
Philologus IIII. (a. 1849.) p. 645 — 672.

> de Philocteta fabula universa postquam disseruit nonnulla, explican-
> tur aut emendantur vv. 215 sqq. 385 sqq. 416 sqq. 446. 466. 491. 493.
> 695. 714 sqq. 726. 758. 895. 1322. 1370. 1393 sqq. 1418 sqq. 1440 sqq.

724. **Schults**, Ferdinandus. Philoctetearum emendationum
decas. Progr. gymn. Monasterii 1860. 4°. 8 pp.

> emendantur Phil. 175. 190. 228. 425. 647 — 648. 684. 691. 716. 779.

725. **Schwenck**, Conradus. bemerkungen in: Z. f. AW.
VI. (a. 1838.) nr. 127.

> ad Phil. 186 sqq. 416. 448. 753. 716.

726. idem. ueber des Soph. Philoctetes. Progr. gymn.
Francofurti a. M. 1844. 4°.

727. idem. zu Sophocles. in: Rh. M. f. Philol. N. F.
V. (a. 1847.) p. 304 — 308.

> de Phil. 431 sq. 658.

728. **Seyffert**, Mauricius. kritische bemerkungen zu Soph.

Phil. in: Z. f. GW. XVI. (a. 1862.) p. 812—818. continuatae
ibid. p. 899—905.

a) 22 sq. 150 sq. 187. 563. 572. 643. 676 sqq. 680. 686 sqq. b) 699.
700. 705. 852—854. 1090 sqq. 1146 sqq. 1163 sqq. 1218.

729. Spengel, Leo. zu Soph. Phil. 671—673. in: Philologus XX. (a. 1863.) p. 292.

730. Todt, B. zu Sophocles Phil. in: Z. f. GW. N. F.
L (a. 1867.) p. 226—231.

disputatur de 29. 81 sq. 110 sq. 510 sqq. 539—541. 827 sqq. 836—
839. 856—859. 860. 864. 878. 1252 (transponitur post 1290) 1402.
1419 sqq.

731. Vogel, Theodorus. de aliquot Philoctetae locis quaestiones. Dissert. inaug. Lipsiae 1855. 8°. 28 pp.

732. Wendt, G. ueber den Philoctet des Soph. Progr.
gymn. Hamm 1866. 4°. 20 pp.

733. Zimmermann, Fr. ueber den Philoctet des Soph.
in aesthet. betrachtung. Progr. gymn. Darmstadt 1847. (Jong-
haus) 8°. 82 pp.

XX. DE TRACHINIIS.

Ab a. 1800 ad a. 1836 in ea fabula explicanda emendandave versati
sunt hice VV. DD: Apitz, Ioannes enarrationis in Soph. Trach. particula. Diss. inaug. Halis Sax. 1831. 8°. 34 pp. — Axt, C. A. M. comment. critica qua Trachiniarum Sophocleae prologum subditicium esse
demonstratur. Progr. gymn. Cliviae 1830. 4° m. 4 pp. — Billerbeck,
Henr. L. J. in Soph. Trach. commentarius. Hildeshemiae 1801. (Ger-
stenberg.) 8°. — Hamacher, Guil. de Trachiniis Soph. Dissert. Berolini 1831. 4°. 55 pp. — Passow, Franc. animadverss. in Soph. Trach.
v. 971—1004. Ind. lectt. acad. Vratislaviae 1820. 4°. 6 pp. (iterum impressae in eius Opuscul. academ. Lips. 1835. p. 136—150.) — Seiden-
stücker, Guil. F. Th. comment. de locis nonnullis Aeschyli et Sophoclis (Trach. 912. 943. 1007. 1025. 1153.) Progr. gymn. Susati 1829. 4°.
17 pp. — Welcker, F. G. ueber Trach. v. 1259. in: Rhein. Mus. f.
Philol. II. (a. 1834.) p. 209 sq.

734. Braun, Guil. zu Soph. Trach. 689. in: Neue Jbb.
f. Philol. LXXXI. (a. 1860.) p. 701 sq.

735. Bronikowski, Anton. animadversionum in Trachin.
Soph. particulae duae. Dissert. inaug. Vratislaviae 1842. 8°.
38 pp.

736. Campe, J. F. G. bemerkungen zu Soph. Trach.
in: Philologus XXII (a. 1865.) p. 30—42.

86   I. INDEX COMMENTATIONUM.

v. 13. 31 sqq. 57. 79. 94. 100. 112 sqq. 145. 250. 280. 394. 460. 504.
526. 536 sqq. 548. 584. 596. 597. 661. 738. 766 sq. 775. 805. 904. 929.
960. 964. 975. 992. 999. 1003. 1016. 1046. 1060. 1074. 1105. 1118. 1202.

737. Doederlein, Ludovicus. zwei schwierige stellen aus
den Trach. des Soph. in: Philologus X. a. 1855.) p. 333
— 334.
de v. 113. 1019.

738. Duentzer, Henricus. in Soph. Trach. in: Jahn's Archiv. V. 'a. 1839.) p. 205 — 208.

739. Haupt, Mauricius. analecta. in: Hermes III. (a.
1868.) p. 140.
explicat verba 358 ὃν νῦν παρώσας οὗτος κτλ.

740. Kolster, Gu. H. ueber zwei stellen aus Soph. Tr.
in: Z. f. AW. III. (a. 1845.) nr. 133. p. 1057 — 1062.
de 978—1004. (inprimis de 1000) et de 910 sq.

741. Linsén, J. Gabriel. loci Sophoclei a Cicerone conversi commentarius I. II. Dissert. academ. Helsingfors 1838.
4°. 16 pp.
tractatur Herculis illa μακρὰ ῥῆσις 'vel μονῳδία Trach. 1046 — 1102.
quam Cic. Tusc. II. 8. Latine vertit.

742. Nobbe, C. F. A. Sophoclis Trachiniarum carmina
lyrica Latine reddita. Lips. 1866. 8°. 18 pp.

743. Oxé, Ludovicus. de Soph. Trachiniis. Progr. gymn.
Kreuznach 1851. 4°. 20 pp.
p. 5—10. enarratio fabulae: p. 10—20. de argumento tragoediae.

744. Polster, Albertus. de loco in Soph. Trachiniis v. 824
sqq. in: Miscell. philologicorum libellus. Vratislaviae 1863.
p. 53 — 54.

745. Reymann, Val. quae de duplici fabularum quarun-
dam Graecarum recensione memoriae prodita sunt breviter exponuntur ut ad iudicium de Trachiniis et de Hermanni sententia ad eam fabulam pertinente adhibeantur. Progr. gymn.
Marienwerder 1841. 4°. 26 pp.

746. Roscher, Guil. zu Sophocles. in: Rh. M. f. Phil.
N. F. XXIV. (a. 1869.) p. 494.
emendat Tr. 55—57. (τοῦ κακῶς πράσσειν.)

747. Rothe, Franciscus. de Soph. Trachiniarum argumento commentatio. Progr. gymn. Eisleben 1862. 4°. 20 pp.
disputatur passim de scriptura versuum 77. 660. 1046. 1261. 1263.

748. **Schenkl**, Carolus. kritische und erklaerende anmerkungen zu den Trach. des Soph. Progr. gymn. Prag Klein-
seite.) 1853. 4°. 6 pp.
     disseritur de L 60. 80 sq. 116 sqq. 316. 331. 352. 496. 623. 654.
690.

749. **Schneidewin**, Frid. Guil. ueber die Trachinierinnen
des Soph. in: abhlg. d. kgl. gesellschaft der wissenschaften
zu Goettingen. histor.-phil. classe VI. 'a. 1854.) p. 266.
     I. de duplici eius fabulae recensione. de interpolationibus. de cor-
ruptelis. (p. 229—246.) — II. p. 247: de v. 884. p. 248: 85 sqq. 523 sqq.
p. 250: 801 sqq. 817 sqq. p. 251: 1145 sq. p. 252: 17. 48 sqq. 252 sqq.
p. 254: v. 264 sq. 356 sq. 362 sq. p. 255: v. 585. 1165. p. 256: v. 443.
488 sq. p. 257: v. 77. 78. p. 258: v. 396. p. 259: v. 408. 460. p. 260:
v. 748. 826. p. 261: v. 1103. 1255. p. 262—266. quo tempore scripta sit
fabula quaeritur.

750. **Seidenstuecker**, Gu. F. Th. philologische miscel-
laneen. in: Progr. gymn. Soest 1837. 4°. 19 pp.
     continentur obervationes de aliquot locis Aesch. Agam. et Pers.,
de compluribus vitiis Plutarchi, de Sophocl. Trachin., de Demosth. Philipp. III. 10.

751. **Spengel**, Leo. zu Soph. Trach. 779 — 782. in: Philologus XXI. (a. 1864.) p. 345 — 347.
     defenduntur vv. a Meinekio in symbb. critt. ad Antig. p. 42. in
suspitionem vocati: explicatur scriptura codd.

752. **Thielemann**, C. H. ueber die Trachinierinnen des
Soph. Progr. gymn. Merseburg 1843. 4°. 29 pp.

753. **Thudichum**, Guil. zu Sophocles in: Rh. M. f. Philol.
N. F. XII. (a. 1857.) p. 299 sq.
     v. 662. defenditur codd. lectio ἐπὶ προφάσει θηρὸς contra Dind. —
p. 300 explicatur 700 vocis ὀπώρα vis.

754. **Volckmar**, C. H. de Sophoclis Trachiniis. P. I.
Progr. gymn. Ilfeld 1839. 4°. 38 pp.
     cum de fabula universa disputatur tum de vv. 44. 88 sqq. 379 sqq.
630 — 660.

755. **idem**. de locis quibusdam Soph. Trach. (812 —
849 ed. Wund.) in: Philologus VI. p. 741 — 744.
     tractantur potissimum 821—860 Brck. (821. 831. 834. 836 sqq. 840 sq.)
addita quaestione de aetate eius fabulae.

756. **Wagner**, G. zu Soph. Trach. in: Z. f. GW. IX.
(a. 1855.) p. 947.
     v. 29 sq. Schneidewini et Wolffi explicationes refutantur.

757. **Wagner, G.** kritische miscellen in: Z. f. GW. XV. (a. 1861.) p. 147—148.

inter alios locos tractatur Trach. v. 419.

758. **Warschauer,** Hermann. zu Soph. in: Philologus XXVIII. (a. 1869.) p. 341—343.

de Tr. 1019.

759. **Wehle,** Guil. zu Soph. und Plutarch. in: Rh. M. f. Phil. N. F. XX. (a. 1865.) p. 307—311.

de Trach. 145. 680. 1069. 1160.

760. **Wunder,** Eduardus. emendationes in Soph. Trach. Grimae 1841. 8° m. VIII et 212 pp.

emendantur loci plurimi Trach. aliarumque tragoediarum.

761. **Lippmann,** Albertus. schedae criticae in Soph. Trachinias. scripsit et ex programmate regii gymn. Dusseldorpiensis (a. 1868.) repetivit. 16 pp.

de parado eius fabulae. — v. 101. p. 3., v. 111. p. 4., v. 112. p. 5., 116—118. p. 5 sq. de totius loci structura et explicatione. — v. 132 et sequentia scriptura in suspitionem vocatur. p. 7. item v. 137—139; v. 400—407; p. 9. defenditur traditus ordo versuum personarumque distributio a transpositione 400. 403. 404. 401. 402. 405. a Nauckio commendata. — v. 547—551. p. 11—13., v. 716 sq. p. 14. — 717. p. 16.

XXI.   DE FABULARUM DEPERDITARUM RELLIQUIIS.

Ab a. 1800 ad a. 1836 in deperditarum fabularum particulis quae servatae sunt emendandis explicandisve versati sunt: Bergk, Theod. commentatio de fragmentis Sophoclis. Lipsiae 1833. 8°. VI et 34 pp. — Hermann, Godofr. de fragmento Clytaemnestrae Soph. in duobus codd. reperto in: Ch. de Beck, comment. soc. philol. Vol. III. P. I. p. 94. (iterum impr. in Hermanni Opusculis Vol. I. (a. 1827.) p. 60—62.)

762. **Bamberger,** Ferdinandus. coniectaneorum in poetas Graecos capita duo. Progr. gymn. Braunschweig 1841. 4°.

temptantur fr. inc. 693 (ἐλῃ). Rhizot. 481 a. (κτρόν: sed iam ante Kuster. sic.). Naupl. 377, 2. inc. 875 (παλῶν). 757, 1. (αὐτός). 704, 1 ἐλπίς (pro οὗτις). Polyid. 463. οὗτοι καθέξει. Ter. 514, 1. δνούστερα πόλυ (praeceperat Gaisford.).

763. **Bergk,** Theodorus. de duodecim fragmentis Soph. Ind. lectt. acad. Marburgi (Chattorum) 1843—44. 4°. 4 pp.

764. idem. nachtraege zu den fragmenten des Soph. in: Z. f. AW. 1855. p. 107—116.

765. **Dindorf**, Guilelmus. vermischte aufsaetze. in: Philologus XII. (a. 1857.) p. 178 — 192. ein angebliches fragment des Soph.

p. 191. tractatur particula quaedam quae Sophoclis esse ferebatur, indicata illa quidem a Th. Bergkio Zeitschr. f. AW. 1855. p. 110. ποτα-τὸς ἦν τὴν φύσιν κτλ. quam ex scholio ad OR. 740 fluxisse demonstratur.

766. **Duentzer**, Henricus. zu den fragmenten des Soph. in: Philologus III. (a. 1848.) p. 136 — 138.

tractantur fragm. 338. 704. 692. 534. 481: 109. 747.

767. **Ebers**, Antonius. ueber die fabel der Aloiden. in: Z. f. AW. IV. (a. 1846.) nr. 99. p. 785 — 792.

768. **Enger**, Robertus. adnotationes ad tragicorum Graecorum fragmenta. Progr. gymn. Ostrowo 1863. 4°. 26 pp. P. II. Progr. gymn. (Mariac) Posen 1868. 4°. 16 pp.

P. II. p. 1 — 14. de aliorum tragicorum fragmentis. p. 15. de fr. Soph. Ach. Am. 162, 6. 7. 8. 9. p. 16. de fr. Tynd. 572, 3.

769. idem. zu Sophocles. in: Rh. M. f. Philol. N. F. XXIII. (a. 1868.) p. 537 — 539.

de fr. Sophocl. Alead. 109. quod extat ap. Stob. Florileg. 91, 27: temptantur v. 7 et 11.

770. **Fritzsche**, F. V. emendationes in Aristophanis fragmenta. De Sophoclis Niobe. Ind. lectt. acad. Rostochi 1836. 4°.

771. **Keil**, Henricus. Sophocles Nauplius fr. 379. in: Philologus I. (a. 1846.) p. 157.

indicantur lectiones codicis Vaticani 191. illorum undecim versuum quos servavit Achilles Tat. Isag. ad Arati Phaenom. cap. I. p. 122. ed. Petav.

772. **Madvig**, Jo. Nic. emendationes per saturam. in: Philologus I. (a. 1846.) p. 670 — 677.

emendationum quas protulit ad fr. 150. 337. 483. primam Bergkianae emendationi esse inferiorem fassus est Madv. in Adversariis (a. 1871.) p. 230: alteram receperunt Nauck. et Bergk.: tertia minus probatur.

773. **Meineke**, Augustus. marginalien. in: Z. f. AW. III. a. 1845. p. 1066.

fr. inc. quod olim ferebatur 917. (ὁσπβοτμεός.) fluxisse e corruptela verborum στίβον ὀγμεύει demonstrat.

774. idem. vermischte bemerkungen. in: Z. f. AW. VIII. (1850. p. 500.

fr. Ter. 515, 1 (ap. Stob. Floril. 22, 22.

775. **Meineke, Augustus.** zu den fragmenten des Soph. in:
Philologus XIX. (a. 1863.) p. 144 sq.

de fr. Alead. 57. N. Ter. 517. N. Inach. 249. 257. N.

776. **Nauck,** Augustus. observationes criticac de tragicorum Graecorum fragmentis. Progr. gymn. (Joachimth.) Berolini 1855. 4°. 56 pp. (vendidit Berolini E. Steinthal 1855. 4°.
5S pp.)

cap. L p. 1—11. de fragmentis Aeschyli. cap. II. p. 11—35. de
fragmentis Sophoclis. cap. III. p. 35—56. de fragmentis Euripidis.

777. **idem.** fragment 649, 4 Dind. (ληίζεται pro λογίζεται)
in: Philologus II. (a. 1847.) p. 640.

778. **idem.** zu den fragmenten der griechischen tragiker.
in: Philologus IV. (a. 1849.) p. 538—543.

de fragm. 52. 57. 115. 339. 463. 501. 515. 553. 789. 792. 862. 905.
948.

779. **idem.** ibidem VI. (a. 1851.) p. 384—401.

de fr. 162. 589.

780. **idem.** ibidem XII. (a. 1857.) p. 193—196.

de fr. 364. 704. 716. 736. 844. 3.

781. **idem.** fr. Inach. 260. (= 277 D.). in: Eurip. stud.
II. 92. et Jbb. f. Philol. 1867. p. 750 sq. (cf. Bergk. in indice
lectt. acad. Halis 1759 p. 2. not.)

782. **Paucker,** C. v. doppelpalladienraub nach den Laco-
nerinnen des Soph auf einer vase von Armento. Mitau 1851. 8°.

783. **Pflugk,** J. schedae criticae. Gedani 1835. in Sophoclis Iphigeniam.

784. **Schmidt, Mauricius.** variae lectiones. in: Philolo-
VII. (a. 1852.) p. 749.

de fr. Andromed. 132. — IV. quae ap. Hesych. v. γρύπς extant, ad
Ποιμένες Soph. pertinere studet demonstrare.

785. **idem.** zu den griechischen dramatikern. in: Philologus XII. (a. 1857.) p. 748—750.

de fr. apud Hesych. extante v. βίθην et βυθοί aut ad Acrisium [fr.
79 Dind., fr. 57 p. 113 Nck.] aut ad Crisin [fr. 332 Dind.] aut ad Cre-
tenses referendo ut voluit M. Schm.

786. **Schneidewin,** Otto. probabilia critica. in: Z. f. AW.
VII. (a. 1840.) p. 1275 sq.

de fr. Syndeipn. s. Ach. Syll. 155, servato illo quidem ap. schol.
ad Aiac. 190.

787. **Schneidewin**, Frid. Guil. in Sophoclem. in: coniectaneis criticis. Gottingae 1839. p. 190 pp. et in: lance satura. Rh. M. fuer Philol. N. F. II. (a. 1843.) p. 294—300.

de fr. Thamyr. 228, 2. (228 b, 2 D)) quod ap. scholiastam Hephaest. (in Crameri AP. IV. p. 183. not.) extat.; inprimis de formis γέρεσι et πόλεσι disputatur.

788. idem. ueber Soph. Tereus fr. 510 [nunc 517, Dind.] in: Philologus II. (a. 1847.) p. 755.

de eius fragmenti ap. Stob. 68, 12 extantis versu 10. (d†θη ἰδώματα) disputatur.

789. idem. ueber Soph. Alet. fr. 241. in: Philologus III. (a. 1848.) p. 89.

ap. Dind. est fr. Tynd. 572, quod extat ap. Stob. 105, 2. — v. 3. temptatur τελευτήσας φανῇ. — Meinekius in N. Jbb. f. Phil. N. F. 87, p. 379 voluit scribi βίου ἑ. κ. τελευτηθῇ χρόνος.

790. idem. Soph. Tyro. in: Philolog. III. (a. 1848.) p. 168.

disseritur de particula quadam quam servavit Stobaeus 105, 2l. et quam antea ad Tereum rettulerant editores, nunc tribuunt Tyroni [fr. 583 b Dind.]

791. **Seyffert**, Mauricius. zu den fragmenten der griechischen tragiker (Soph. u. Eurip.) von A. Nauck. in: Rh. M. f. Philol. N. F. XV. (a. 1860.) p. 614 sqq.

disputatur de fr. Thyest. 227 [= 234 a. Dind.], Creusae 326 [= 324 D.], Naupl. 398 [= 377 D.] Ter. 521, 9 [= 517, 9 D.] incert. 662 [= 964 D.], 853 [= 675 D.], 865 [= 688 D.].

792. **Vater**, Fr. die Aleaden des Soph. einleitung zur litteraturgeschichte dieses dichters. Berlin 1835. 8°. 32 pp.

de argumento fabulae: relliquiae eius collectae proponuntur et percensentur.

793. idem. miscellaneorum criticorum fasciculus III. in: XV. vol. supplementorum ad Jahnii Jbb. f. Philol. 1851. p. 165—209.

p. 165. de fr. Pelei 434. ap. Clem. Al. Strom. ii. p. 748; p. 171 de fr. Hermionae 210. p. 211. de fr. incertae sedis ap. scholiastam ad Hephaest. (Gaisf. Vol. I. p. 170.) quod est ap. Dind. 894, p. 180 sq. de fr. Phthiot. 622 et 624.

794. **Wagner**, Fr. Gu. zu Sophocles. in: Rh. M. f. Phil. N. F. VII. (a. 1850.) p. 149 sq.

de Hercul. Taenar. fr. 216: ap. Orionem pro Ἡρακλείσκου scribendum esse Ἡρακλεῖ σατυρικῷ docetur.

795. **Wagner, Fr. Gu.** kritische aehrenlese in: Z. f. AW.
X. (a. 1852.) nr. 1. p. 15. et 16.

disseritur de fr. Hybr. ap. Stob. 26, 3. (= fr. 595, 1. Dind.) fr.
Phaedr. ap. Stob. 74, 16. (= 609, 2. D.), Phrix. ap. E Gud. p. 330,
43. (= 646 D.), fr. Ulix ap. Phot. p. 240, 10. (= Niptr. 409. D.), fr.
inc. ap. Stob. 63, 6. (139. 43. 209. 728.)

796. **idem.** kritische aehrenlese in: Z. f. AW. X. (a.
1852.) p. 412—414.

de fr. ap. Hesych. v. σαλητόν (= Androm. 139.], fr. v. ἀμφίλινα
(= Captiv. 43.], fr. in Gaisfordi appendice ad Stob. IV. p. 13 (= Eri-
phyl. 209.), fr. ap. Athen. IV. p. 175. (= Thamyr. 227.), fr. ap. Plutarch. de aud. poet. 4. p. 21. (= fr. inc. 719, 4.]

797. **idem.** Niobe von Sophocles. in: Z. f. AW. IV.
(a. 1837.) nr. 12.

798. **Welcker, F. G.** Palamedes von Soph., von Euripides und in einem vasengemaelde.' in: Z. f. AW. V. (a. 1838.)
p. 208—221.

p. 208—212. de Palamede Sophoclea agitur. cf. Ottonis Jahni dis-
sertat. de Palamede. Hamburgi 1836.

799. ———— Atreus oder Mykenaeer von Soph., Krete-
rinnen oder Thyestes von Euripides und Atreus und Thyestes
auf einem vasengemaelde in: Z. f. AW. V. (a. 1838.) p. 221
—234.

p. 221—227. de Atreo s. Mycenaeis Sophoclea disputatur.

800. **Wolff, Gustavus.** zu Sophocles. in: Philologus
XXVIII. (a. 1870.) p. 543 sq.

disputatur de Orithyia de eoque fragmento quod ad Tympanistas re-
ferri vult (552 Nauck. = 565. Dind.). cf. quae idem adnotavit ad Antig.
v. 981.

801. **idem.** kritische bemerkungen in: Philol. XVI. (1861)
p. 527.

de fr. Thamyrae 221 N. (= 226 D.) Alead. 85 N. (= 108 D.]

II. INDEX LOCORUM TRACTATORUM.

AIACIS

vers.	nr.
1 — 3.	258.
1 — 171.	369.
1.	362.
2.	278. 341. 353. 357. 369.
3.	369.
5.	221 a. 369.
6.	235.
7.	341.
14.	228. 369. 370. 385.
15.	228. 341. 345. 370. 385.
21.	358.
31.	369.
33.	341.
36.	369.
40 — 50.	239.
40.	266. 369.
44.	341. 392.
47.	369.
50.	341.
53.	274.
59.	125. 231. 385.
60.	231. 385.
61.	341.
64.	221 a.
68.	341.
71 — 69.	239.
75.	369.
76.	369. 684.
77.	341.
80.	341. 369. 385.

AIACIS

vers.	nr.
98.	341.
103 sq.	385.
105.	306.
112.	341.
121.	341.
127.	369.
130.	341.
131.	231. 268.
133.	374.
134 sq.	385.
136.	341.
137.	272.
143.	341.
152 — 154.	231.
155.	341.
157.	341.
167.	234. 272. 385.
168.	385.
169.	341.
172.	385.
173.	282.
176 sq.	238. 341.
179.	341.
190.	374.
191.	341. 282.
194.	231. 282. 385.
195.	231.
197.	329. 341.
202.	374.
203.	231.

AIACIS		AIACIS	
vers.	nr.	vers.	nr.
208.	292. 294. 341.	356 — 360.	294.
209.	294.	356.	341 a.
212.	325. 341.	357.	395.
220.	292.	360.	260. 341 a. 358. 386 b.
221.	341.	366.	341 a.
227.	292. 358. 385.	371.	341 a. 395.
231.	341.	372 — 376.	231. 385.
235.	231. 306.	375.	341 a.
237.	274.	377 sq.	385.
243.	341.	379.	341 a. 374.
245.	254. 341.	382.	132.
251.	333.	384.	341 a.
257.	231. 329. 348.	386.	341 a.
259.	341.	398.	341 a. 354.
263.	341. 385.	399.	334.
264.	385.	402.	329.
268.	290.	403.	395.
269.	275. 279. 358.	404.	243. 272. 395.
273.	341.	405.	231. 255. 260. 341 a. 354.
277.	341.		358. 395.
279.	341.	406.	275.
286.	132.	417.	329.
289.	132. 221 a. 341. 374.	418.	370.
290.	221 a.	419.	341 a.
295.	341.	430.	341 a.
296.	231. 383.	433.	221 a. 292. 329.
297.	385.	435.	292.
300.	385.	438 — 443.	341 a.
301.	341.	439 — 480.	343.
305.	292.	441.	237.
310.	341.	442.	237.
312.	132. 385.	443.	319.
314.	341.	445.	341 a.
321.	231.	448.	341 a.
327.	221 a. 290. 329.	451.	341 a.
330.	341.	455.	341 a.
341.	325.	458.	341 a.
344.	341.	460.	341 a.
346.	385.	461.	282.
346 — 595.	347.	467.	282.
350.	341. 375.	475.	260.
351.	341 a. 375.	476.	341 a.
355.	238. 341 a.	477.	274.

AIACIS

AIACIS

vers.	nr.	vers.	nr.
479.	341 a.	623.	341 a.
483.	231.	624.	385.
485.	341 a.	625.	341 a.
488.	341 a.	627.	358.
491.	341 a.	628.	329.
494.	228.	634.	341 a.
495.	387.	636.	341 a.
496.	256. 290. 341 a. 387.	646—692.	340. 355. 363 sq. 370. 377.
497.	367.	646.	334.
501.	341 a.	647.	341 a.
510.	323. 341 a. 374.	649.	341 a.
511.	323. 374.	650.	385.
512.	341 a.	651.	358.
515 sq.	385.	652.	341 a.
519.	341 a.	653.	370.
521.	221.	657 — 891.	347.
524.	329.	666.	341 a.
531 — 540.	239.	672 sq.	219.
534.	341 a.	677.	274.
536.	341 a.	678.	329.
543.	341 a.	685.	282.
546.	282. 329	689.	341 a.
549.	341 a.	693.	381.
554.	270. 272. 329. 341 a.	701.	354.
555.	272.	714.	385.
556.	341 a. 367.	719.	385.
559.	341 a. 282.	729.	225.
564.	385.	745 sq.	385.
569.	341 a.	755.	329.
570.	272.	758.	290. 374.
571.	276. 329.	770.	243. 329.
573.	288. 341 a.	772.	374.
578 sq.	349.	777.	325.
596.	292.	783.	274.
597.	292. 341 a.	788.	382.
600.	255. 341.	792 sq.	374.
601.	255. 274. 341 a. 386. 389.	795.	319.
603.	341 a.	796 sq.	385.
606.	341 a.	798.	260. 378. 355. 684.
611.	341 a.	799.	243. 275. 378.
614.	341 a.	800.	275.
614.	341 a.	802.	329.
622 — 635.	250.	806.	329.

ANTIGONAE		ANTIGONAE	
vers.	nr.	vers.	nr.
105.	422.	229.	447.
106.	311. 412. 422. 458. 491.	231.	243. 439.
110.	426. 458.	233.	414.
112.	329. 422.	234.	414.
115.	252.	235.	439. 471.
119.	226.	241.	329. 332. 438. 491.
121.	491.	243.	226.
122.	286. 329.	257 sq.	414.
126.	412.	262.	222.
128.	332.	263.	311. 414. 426. 445.
129.	289.	264.	414. 438.
130.	226. 230. 274. 317. 329. 428. 491.	265.	414.
131.	299.	270 sq.	491.
133.	226.	290.	330.
134.	217. 422.	286.	491.
138.	329. 412. 422. 460.	287.	230. 311. 329.
139.	230.	289.	438.
148.	226.	290.	230. 439.
149.	311.	292.	226.
150.	438.	295.	425.
151.	329. 422. 436.	296.	425.
153.	226.	299.	329.
155.	226. 292.	300.	329.
156.	329.	302.	491.
158.	333.	305.	491.
167.	329.	313.	329. 491.
170.	449.	314.	329.
184.	226.	315.	471.
187 sq.	425.	316.	311.
189.	217.	320.	226. 243. 438.
190.	279.	321.	438.
206.	274.	324.	226. 419.
207.	330.	326.	329.
211.	246.	332 — 382.	446.
212.	329.	332.	425.
213.	438. 458. 466.	333.	425.
214.	458.	334.	445. 493.
215.	225. 297. 329. 404. 425. 491.	335.	243.
219.	320. 460.	340.	491.
223.	414. 425.	342 — 351.	451.
225.	425.	343 sq.	438.
225.	491.	345.	254. 437.
		349.	263. 437. 458.

ANTIGONAE

vers.	nr.
350.	218. 263.
351.	218. 311. 425. 447. 451.
353.	226. 419. 438. 446.
354.	491.
355.	304. 445. 472.
356.	274. 438. 446. 472.
357.	274. 472.
361.	438.
362.	297. 329.
363.	226.
364.	398. 472.
365.	218. 398. 439. 445.
366.	438.
367.	218. 257.
369.	447.
379.	274.
381.	458.
382.	329.
384.	226.
386.	329. 438.
393.	286. 311.
394.	286.
395.	265.
404.	243.
407 sq.	438.
411.	454.
412.	454.
413.	260.
414.	329.
417.	493.
418.	426.
421.	274.
423.	132. 438.
424.	438.
427.	493.
429.	438.
430.	472.
435.	230.
436.	329.
437.	438.
438.	439.
443.	226.
446.	233.

ANTIGONAE

vers.	nr.
449.	425.
450.	226. 425.
464.	228.
465.	425. 438.
466.	284. 290. 311. 425. 438.
467.	329.
483.	221 a.
489 sq.	330.
491.	226.
495 sq.	339. 462.
504.	226. 419. 438.
505.	438.
506.	270. 491.
509.	491.
514.	438.
515 sq.	491.
519.	438.
520.	491.
521.	438. 491.
524.	493.
528.	311. 454.
536.	435. 438.
537.	438.
540 sq.	425.
544.	438.
551.	132.
554 sq.	438.
556.	425.
557.	230. 425.
560.	332.
569.	438.
571—576.	226.
571.	438.
575.	311. 329.
577.	438.
578.	329. 480.
580.	493.
582—597.	467. 472.
582—v. 625.	330.
582—630.	405. 406. 434. 449. 461.
584.	406. 425.
586—588.	311.
586.	329. 406. 439.

ANTIGONAE

vers.	nr.
1084.	230.
1090.	262.
1096.	230. 425. 480.
1097.	425.
1108.	311. 439.
1109.	439.
1110.	395.
1118.	230. 311.
1122 sq.	329.
1128.	311. 408.
1131.	230.
1135.	329.
1139.	445.
1149.	491.
1156.	230. 311. 408. 439.
1158.	250. 329.
1160.	230. 439.
1161.	226.
1165.	260. 491.
1172 sq.	439.
1175.	230. 448.
1176 sq.	491.
1178.	439.
1179.	329.
1182.	246.
1185.	311.
1186.	491.
1192 sq.	306.
1194 sq.	425.
1197.	445.
1203.	311. 329.
1206 sq.	439.
1213 — 1216.	493.
1214.	230. 425.
1216.	425.
1222.	243.
1225.	329.
1226.	230. 491.
1229.	491.
1230.	493.
1231.	425. 439.
1232.	329. 425.
1236.	329. 425.

ANTIGONAE

vers.	nr.
1242 sq.	491.
1247.	132.
1250.	329.
1265.	445.
1266.	325. 439.
1272.	334.
1276.	438.
1278 sq.	425.
1281.	458. 460. 483.
1284.	230.
1286.	438.
1299.	493.
1301.	329. 395. 491.
1312 —1327.	491.
1319 — 1322.	143.
1319 sq.	410.
1330.	243.
1336.	308.
1339 — 1342.	143.
1339.	410.
1341.	395.
1342.	230. 398. 455.
1343.	395.
1344.	395. 439.
1345.	439.
1347 — 1352.	298.
1348.	329.

ELECTRAE

	nr.
1 — 803.	536.
1 — 657.	519.
1 — 10.	302. 510.
11.	527.
17.	323.
20.	286.
21.	275. 329. 501. 512.
22.	329. 511. 512.
26.	512.
27.	512.
28.	286. 512.

ANTIGONAE

vers.	nr.
834—839.	429.
836.	428.
838.	329.
842.	439.
850.	269. 445.
851.	304. 329. 491.
852.	227.
853.	439. 463. 472.
854.	439. 472.
856.	311. 329.
857 — 861.	415.
857.	274.
862 sq.	425.
866—879.	413.
870.	304.
872.	414.
873 sq.	413.
882.	447.
883.	425.
892 sq.	425.
897 sq.	439.
900 — 929.	480.
904.	425.
904—924.	436.
904—913.	470. 491.
905—915.	419.
905—913.	270. 329. 439. 453. 483. 495.
905.	426.
909.	425. 480.
910.	415.
913 sq.	451.
925.	260.
925—929.	400. 419.
926.	445.
927.	311.
931.	329.
932 sq.	451.
939.	445.
940.	395.
941.	311. 395.
942.	395.
949.	330.

ANTIGONAE

vers.	nr.
9 5	330.
952.	334.
958.	460.
959.	243.
960.	311.
961.	460.
962.	274.
963.	274.
966 sq.	472.
972.	311.
974.	491.
980.	230. 243. 395.
981.	334.
985.	425.
993.	425.
996.	425.
1000.	439.
1002.	329.
1010 sq.	439.
1013.	311. 329. 439.
1016.	439.
1021.	132. 311.
1029.	256. 329.
1031.	439.
1032.	257.
1033.	439.
1034.	329. 439.
1035.	311. 395. 425.
1036.	311. 395.
1037.	284. 439.
1060 sq.	439.
1064.	439.
1065.	439. 491.
1066.	321.
1067.	321.
1068.	445.
1077.	439.
1078.	274. 439.
1079.	274.
1080—1083.	329. 453. 491.
1080.	217. 290. 425. 426. 439.
1081.	290. 425. 426. 439.
1082 sq.	426.

ANTIGONAE

vers.	nr.
1084.	230.
1090.	262.
1096.	230. 425. 480.
1097.	425.
1108.	311. 439.
1109.	439.
1110.	395.
1118.	230. 311.
1122 sq.	329.
1128.	311. 408.
1131.	230.
1136.	329.
1139.	445.
1149.	491.
1156.	230. 311. 408. 439.
1158.	250. 329.
1160.	230. 439.
1161.	226.
1165.	260. 491.
1172 sq.	439.
1175.	230. 448.
1176 sq.	491.
1178.	439.
1179.	329.
1182.	246.
1185.	311.
1186.	491.
1192 sq.	305.
1194 sq.	425.
1197.	445.
1203.	311. 329.
1206 sq.	439.
1213 — 1216.	493.
1214.	230. 425.
1216.	425.
1222.	243.
1225.	329.
1226.	230. 491.
1229.	491.
1230.	493.
1231.	425. 439.
1232.	329. 425.
1236.	329. 425.

ANTIGONAE

vers.	nr.
1242 sq.	491.
1247.	132.
1250.	329.
1265.	445.
1266.	325. 438.
1272.	334.
1276.	438.
1276 sq.	425.
1281.	458. 480. 483.
1284.	230.
1286.	438.
1299.	493.
1301.	329. 395. 491.
1312 — 1327.	491.
1319 — 1322.	143.
1319 sq.	410.
1330.	243.
1336.	305.
1339 — 1342.	143.
1339.	410.
1341.	398.
1342.	230. 395. 458.
1343.	398.
1344.	395. 439.
1345.	439.
1347 — 1352.	298.
1348.	329.

———

ELECTRAE

vers.	nr.
1 — 803.	536.
1 — 657.	519.
1 — 10.	302. 510.
11.	527.
17.	323.
20.	256.
21.	275. 329. 501. 512.
22.	329. 531. 512.
26.	512.
27.	512.
28.	286. 512.

ELECTRAE

vers.	nr.
32.	262. 496·
33.	282.
35.	219.
37.	282.
42.	219. 262. 316.
43.	125. 222. 282. 510.
47.	302. 512.
48.	296.
51.	219.
54.	286.
57.	302.
61 — 66.	262. 329.
72.	282. 496.
76.	246.
78.	527.
82.	260.
86.	282.
87.	282. 324. 522.
89.	275.
91 — 93.	329.
94.	253.
100.	522.
105.	302.
111.	246.
112.	275.
113.	275.
115.	510.
122.	219. 512.
123.	260. 512.
135.	275.
139.	325.
147.	510.
150.	275.
151.	325.
153.	315. 502.
154.	315. 502.
156.	275.
159.	510.
162.	502.
163.	501.
165.	290.
173.	537.
174.	537.

ELECTRAE

vers.	nr.
182.	510.
185.	529.
186.	529.
192.	246. 255. 325. 501. 512.
193.	501. 512.
194.	512.
197.	125.
207.	510.
211.	275.
214.	267. 512. 532. 535.
215.	510. 512. 532.
219.	532.
221.	219. 262. 329.
222.	282.
226.	527.
227.	246. 527.
232.	246.
234.	275.
239.	510.
241.	262.
245.	219.
249.	302.
251 — 256.	282. 496.
252.	282.
254.	514.
255.	256.
277.	532.
278.	329. 532.
305.	282. 510.
316.	274.
328.	245. 532.
330.	510.
335.	321.
336.	321.
337.	217. 246. 329. 512.
345.	512.
346.	512.
356.	258. 279.
359.	329. 529.
360.	529.
363.	125. 217. 219. 238. 246.
	329. 512. 517. 532.
364.	517.

ELECTRAE

vers	nr.
365 — 367.	237.
369.	217. 282.
370.	282.
382.	329.
390.	325.
433.	286. 329.
434.	286.
435.	125. 279. 532.
436.	532.
440.	282.
444.	219. 282.
455.	512.
456.	512.
466.	246. 286. 532.
467.	286. 532.
479.	512.
480.	512.
489.	510.
495.	219. 229. 512. 529. 532.
495 — 499.	255.
496.	219. 229. 275. 529. 532.
497.	502.
501.	274.
508.	282. 496.
509.	282.
516.	245.
525.	219.
526.	219.
528.	512.
532.	282. 496. 510. 528.
533.	282. 528.
534.	219. 498.
536.	282. 512.
538.	219.
551.	498.
554.	219.
556 sq.	275.
560.	329.
566.	274.
567.	282. 496.
571.	329.
573.	512.
589.	290.

ELECTRAE

vers.	nr.
590.	290.
591.	512.
600.	275.
604.	224.
605 sq.	512.
606.	510.
610.	317.
624.	510.
636.	234.
647.	510. 527.
649.	329.
650.	219. 532.
651.	532.
657.	510.
659.	329.
676.	299.
680 — 763.	506.
681.	512. 522.
682.	512.
686.	227. 290. 521.
687.	521.
690 — 695.	270.
690.	512. 532.
691.	329. 495. 512. 525. 532.
696.	321.
698 sq.	524.
709.	329. 334.
710.	279.
716.	329.
718.	275.
724 sq.	512.
726.	217.
731.	527.
736.	275.
737.	521.
743.	217. 219. 498. 512.
749.	275.
757.	329.
758.	274. 329.
759.	510.
763.	246.
770.	321. 528.
771.	321.

ELECTRAE

vers.	nr.
780.	276. 329.
787.	258.
791.	510.
796.	275.
797.	335. 528. 532.
798.	335.
800 sq.	219. 512.
817.	510.
818.	306.
828 sq.	510. 512.
836 sq.	512.
641.	282.
845.	510.
850.	219. 512. 532.
851.	219. 287. 512.
853.	274.
854.	510.
859.	258.
860 sq.	532.
878.	329.
879.	306. 335.
880.	335.
887.	512.
688.	290. 329. 512.
889.	329.
891.	512.
916 sq.	512.
922.	329.
929.	510.
934 sq.	503.
940.	329.
941.	274.
944.	329.
945.	219. 282.
952.	305. 510.
957.	329.
966.	275.
969.	329.
980.	329.
993—996.	520.
999.	512.
1003—1008.	495.
1005.	292 534.

ELECTRAE

vers.	nr.
1006.	534.
1007 sq.	272.
1017.	520.
1022.	219.
1023.	219. 292.
1028.	512.
1030.	329.
1033.	275.
1039.	498.
1040.	510.
1046.	496.
1052.	329.
1056.	329.
1057—1062.	513.
1058—1075.	510.
1060.	275.
1063.	513.
1065.	513.
1068.	513.
1070.	512. 513.
1074.	229.
1075.	218. 229. 275. 304. 513.
1078.	510.
1081.	219. 513.
1082.	217. 512.
1083.	512. 513.
1084.	276. 281. 530.
1085.	510. 530.
1086.	125. 274. 290. 334. 512.
1087.	287. 512. 513.
1090—1097.	281.
1090.	512. 513.
1091.	329. 513.
1095—1097.	255.
1095.	512.
1096.	512.
1097.	275. 329. 513.
1104.	510.
1112.	527.
1114.	329.
1126.	522.
1127 sq.	512.
1145.	219.

ELECTRAE

vers.	nr.
1146.	282.
1148.	282. 510.
1156.	329.
1160.	325.
1170.	339.
1171 sq.	270.
1173.	329.
1179.	275.
1180.	512.
1205.	523.
1207.	329. 512.
1220 sq.	286.
1222.	282.
1226.	512.
1231 — 1257.	508.
1231 — 1241.	255.
1233.	255.
1235.	256.
1242.	534.
1250.	512.
1251.	329. 534.
1252.	271.
1260.	219. 495.
1270.	495.
1276.	291. 510.
1281.	217. 219. 314. 510. 512.
1282.	314.
1283.	125.
1288 — 1294.	495.
1288.	217.
1304 — 1361.	321.
1314.	279.
1322.	321.
1323.	321.
1328.	219. 282. 496.
1329.	246. 329.
1331 — 1335.	495.
1336.	329.
1339 — 1345.	495.
1341.	329.
1357 sq.	512.
1360.	329.
1364.	510.

ELECTRAE

vers.	nr.
1384 — 1441.	510.
1385.	132.
1394.	275. 287. 329.
1395.	275. 512.
1396.	219.
1409.	329.
1413.	219. 329.
1415.	329.
1423.	275.
1424.	329.
1431.	495.
1439.	496.
1448 sq.	510.
1449.	219.
1451.	335.
1458.	329.
1466.	510.
1468.	329.
1471.	279.
1483.	329.
1485.	329. 495.
1506.	233.
1508 — 1510.	298.

OEDIP. REGIS

1.	550.
2.	302. 549.
6.	573. 595.
7.	329. 573.
8.	264. 550. 585. 611.
9 — 12.	302.
9.	566. 573.
10.	244. 549. 566. 573.
11.	329.
12.	553 sq. 573.
13.	302. 550. 573.
14.	321.
15 — 19.	598.
15.	321. 573. 611.
16.	310. 573. 611.

OEDIP. REGIS

vers.	nr.
17.	302.
16.	286. 329. 554. 571.
20.	584.
21.	550. 584.
27.	302. 553. 595.
28.	553.
31.	566.
32.	286. 550. 566.
35.	571.
37.	329.
41.	260.
43.	595.
46.	571. 584.
49.	233. 573.
50.	573.
52.	270. 595.
53.	270. 595.
54—57.	239.
55.	302. 550.
62.	550. 571.
65.	584.
66.	132.
71.	593. 598.
75.	550.
79.	302. 571.
60.	302. 564. 598.
61.	598.
66.	573.
67.	244. 256. 553. 573.
68.	553.
91.	553.
96.	573.
97.	573. 611.
98.	611.
89.	549. 611.
100.	275. 584.
101.	302. 564.
102.	584.
105.	244. 554. 573.
106.	573.
107.	258. 584.
108—111.	600.
110.	595.

OEDIP. REGIS

vers.	nr.
112.	599.
114.	599.
116.	302. 573. 611.
117.	286. 573. 594. 599. 611.
119.	573. 599.
120.	329.
121.	302.
124 — 706.	546.
130.	595.
133.	566.
134.	286. 566. 571.
136 sq.	584.
139.	220.
140.	566. 595.
142.	550.
147.	550.
153 sq.	598.
159.	329.
161.	573.
167.	595.
168 sq.	573.
171 sq.	573.
173.	393.
174 sq.	574.
180.	329.
182.	266.
187.	286.
189 — 202.	562.
190.	132.
191.	554.
193 sq.	314.
195.	595.
196.	244.
198.	263. 275. 549. 573. 591 b. 584. 595. 598.
199.	573. 598.
200.	304. 581 b. 595.
202 — 215.	562.
203 — 206.	571.
204.	595.
205.	286. 549. 595.
209.	571.
211.	595.

OEDIP. REGIS

vers.	nr.
211—216.	273.
213.	292.
214.	304.
216—275.	551. 557. 563. 573.
	581 b. 611.
216.	334. 544. 553. 554. 607.
217.	298. 329. 551. 595.
218.	551.
220.	595. 599. 599. 611.
221.	302. 598. 611.
224.	573. 584. 598. 604.
225.	554. 573. 554. 598. 604.
226.	595.
227.	244. 297. 566. 611.
228.	297. 611.
230.	230. 329. 566. 595. 611.
233.	132.
236.	595.
244 sq.	595.
246.	593. 599.
246—251.	586.
249.	595.
249—251.	553.
252.	595.
255.	593.
258 sq.	573.
261.	595.
263.	239. 549. 593.
267.	239.
269.	296.
269—272.	595.
271.	595.
272.	586. 592.
273.	586.
276.	584.
277.	329.
279.	584.
292.	573. 593.
293.	581 b. 611.
294.	595. 611.
295.	549.
297.	329.
305.	573.

OEDIP. REGIS

vers.	nr.
306.	573.
312.	573.
317.	595.
320.	260.
323.	573.
324.	258. 573.
325.	684.
326.	616.
328.	229. 244. 246. 573. 584.
	598.
329.	229. 246. 329. 566. 573.
	581 b. 593. 611.
334.	260. 573.
335.	573. 595.
337.	549.
338.	549. 551.
341.	595.
345.	573. 599.
346.	599.
348.	599.
349.	595. 599.
354.	564. 573.
354—379.	239.
359.	573.
360.	274. 329. 573.
371.	611.
374 sq.	573.
376.	256. 264.
378 sq.	573.
383.	573.
390.	320.
391 sq.	573.
397.	550. 593.
404—407.	552.
411.	239. 595.
417.	611.
419.	337.
420.	329. 337.
421.	329.
424.	246.
425.	290. 549. 584. 595.
425—439.	611.
429.	291.

OEDIP. REGIS

vers.	nr.
430.	274.
435 — 443.	239.
435 sq.	573.
436.	266. 573.
445 sq.	573.
463 — 512.	570.
478.	275. 290. 329. 584. 593.
483.	321. 573.
484.	321.
485.	570.
487 sq.	598.
489 sq.	573.
491.	595.
492.	554.
493.	581b.
494 sq.	598.
497 — 512.	570.
499.	570.
504.	554.
505.	334. 573.
506.	573.
508.	329. 581b.
515 sq.	321.
517.	329.
519 sq.	573.
522.	329.
523.	554. 595.
525.	573.
530.	554.
532.	285.
536.	573. 607.
537.	573.
539.	320.
537 — 582.	239.
551 sq.	549.
562 sq.	573.
564.	584.
565.	584. 595.
566.	595. 598.
567.	329. 598.
572.	553. 573.
573.	553.
574.	554.

OEDIP. REGIS

vers.	nr.
579.	244. 290. 329. 611.
581.	258. 573.
582.	244. 573.
583.	246. 611.
584.	573. 599.
565.	573. 598.
586.	290.
557 sq.	573.
590 sq.	573.
596 sq.	573.
598.	329.
599.	573.
600.	246.
603.	573.
604.	573. 606.
609 sq.	258.
611 — 615.	239.
612.	321.
613.	596.
614.	549. 598.
615.	549.
620.	595.
622 — 630.	239.
622 — 625.	607.
622.	561. 573.
623.	561. 573. 593.
624.	246. 274. 549. 593. 595.
625.	238. 246. 274. 595.
626.	238.
628.	321.
637.	595.
639.	584.
640.	320. 584.
655.	573.
656.	573. 595.
657.	595.
660 sq.	595.
668.	221.
670.	329.
674.	274.
676 — 724.	329.
681.	284.
682.	246.

OEDIP. REGIS

vers.	nr.
690 — 697.	220.
691.	221.
694.	262.
694 — 697.	304.
695.	262.
698.	289.
702.	246. 595.
705.	549.
707 sqq.	553.
709.	549.
713.	595.
715 — 719.	285.
719.	285.
722.	571.
724.	595. 598.
725.	246. 595. 598.
741.	329. 594.
742.	329.
759.	594.
763.	550. 571. 584. 595.
771 — 783.	264.
772.	571.
779.	264.
781.	550.
788.	550.
789.	264.
790.	244.
794.	598.
795.	566. 598.
800.	337. 595. 611.
801.	595.
807 — 809.	264.
808.	550. 555.
813.	602.
814.	555.
815.	264. 329. 550. 602.
816.	550. 593.
817.	256. 555. 571. 599.
818.	571. 598.
819.	571.
822.	275.
823.	684.
827.	264.

OEDIP. REGIS

vers.	nr.
825 sq.	555.
832.	251. 286. 329.
836.	334.
845.	239. 611.
846.	584.
852.	611.
861.	246.
862.	339.
863.	553. 598.
863 — 910.	574.
864.	598.
867.	598.
870.	574.
871.	290. 594 b.
876.	574. 598.
877.	599.
880.	290.
881.	554.
883.	246.
889.	574.
894.	329. 554.
895 sq.	598.
905.	329.
906.	334. 551. 574.
911.	611.
919.	589.
920.	584.
930.	329.
936.	219.
937.	244.
943.	320. 329.
956.	611.
959.	584.
967.	239.
968.	233.
976.	329. 593.
980 — 983.	239.
987.	329.
987 — 990.	239.
1000.	611.
1000 — 1036.	239.
1001 sq.	611.
1009.	611.

OEDIP. REGIS

vers.	nr.
1022.	258.
1024.	289.
1028.	329.
1031.	246. 329. 594. 599.
1054.	320. 584.
1055.	593.
1056.	260.
1084.	260. 286.
1085.	329.
1086 — 1110.	556.
1089.	556.
1090.	584.
1091.	329.
1098.	222.
1098 — 1109.	304.
1105.	594.
1110.	556.
1114.	285.
1118.	584.
1128.	684.
1133.	260. 554.
1135.	329.
1144.	132.
1145.	329.
1151.	274.
1158 — 1163.	239.
1167.	244.
1180.	256.
1181.	246.
1190.	329.
1195.	549.
1201.	598.
1204.	559. 594.
1208.	611.
1209.	611. 684.
1210.	684.
1213 — 1215.	560.
1214.	594.
1216.	329.
1225.	321. 598.
1226.	246. 321.
1232.	329.
1241.	334.

OEDIP. REGIS

vers.	nr.
1244 — 1250.	607.
1249.	244.
1263.	240. 283.
1264.	298. 329.
1267.	329.
1271.	541. 542.
1271 — 1274.	250. 596.
1273.	239. 541.
1274.	541.
1276.	254.
1280.	220. 239. 260. 290. 329. 549. 598. 607. 614. 616.
1281.	220. 599. 607. 614.
1289.	284.
1295 sq.	321.
1303.	329.
1303 — 1306.	605.
1304.	611.
1307 — 1311.	304.
1330.	125. 329.
1333.	607.
1337 sq.	545.
1319.	591 b. 607.
1341.	329.
1347.	349.
1348.	329. 554.
1349 — 1351.	292.
1350 sq.	329.
1353.	607.
1357.	329.
1359.	607.
1378 — 1380.	607.
1380 — 1382.	239.
1382.	221.
1383.	329.
1388.	325.
1389 sq.	239.
1396.	285.
1397.	239. 329.
1399.	239.
1400.	285.
1403.	334.
1409 — 1434.	240. 283. 286. 603. 611.

OEDIP. REGIS		OEDIP. COLONEI	
vers.	nr.	vers.	nr.
1410 sq.	267.	1 — 20.	634.
1414.	239.	9	679.
1416.	329. 553. 554.	9 — 11	302. 665.
1416 — 1424.	253.	11	218. 618.
1417.	553.	17	302. 667.
1423.	329.	18	225.
1424 — 1431.	606. 611.	21	225.
1429.	286.	22	246. 679.
1430.	292.	26	330.
1437.	256. 271.	28	651.
1444.	329.	30	618.
1446 — 1449.	554.	33	225.
1447 sq.	286.	34	274. 674.
1451 — 1456.	239.	35	330.
1454.	584.	42	302.
1458.	607.	43	685.
1460.	554.	44	661.
1463.	329.	45	238. 258. 302. 329.
1476.	329.		673. 679.
1483.	549.	47	225. 275. 308. 661.
1484 sq.	607.		669. 685.
1490 — 1496.	337.	48	308. 661.
1492.	274.	52 sq.	225.
1493.	260.	54	661.
1494.	557. 593.	56	302.
1495.	557. 592.	57	232.
1498.	611.	59	330.
1496.	329. 554.	61	218. 615.
1511 — 1514.	607.	62	246. 330. 674.
1511.	219. 260. 268. 334. 559.	63	330. 669.
1512.	246. 329. 592.	64	655.
1513.	125. 592.	65	302.
1515 — 1523.	239.	69	302.
1518.	286.	70	661.
1523.	266.	71	302. 661.
1524.	274.	75	225. 286. 302. 661.
1524 — 1530.	296.	76	286. 661.
1525.	233. 260.	77	302.
1526.	221. 227. 329. 593.	78	655.
1527.	233.	79	302. 329.
1528.	239. 334. 598.	92	225. 302. 685.
1529.	598.	95	329.
		101 sq.	294.

OEDIP. COLONEI

vers.	nr.
104.	294. 329.
107.	571.
109.	669.
110.	225.
113.	233. 260. 275. 290. 329.
	622. 648. 674. 682.
117 — 206.	621.
118.	329.
121.	329.
133.	329. 661.
134.	329. 661
138.	225. 668. 669. 690.
143.	655.
144.	623. 669.
144 — 150.	225.
147.	278.
148.	656.
149.	679.
150.	320. 668.
151.	684.
152 — 163.	669.
155.	663.
156.	663.
156 — 162.	681.
161.	674.
162.	656.
163.	684.
172.	317.
174.	571.
175.	256. 329.
186.	286.
188.	302.
192.	330. 669.
194.	571.
203.	225.
214.	658.
219.	658.
220.	680.
221.	232.
228.	335.
229.	232. 335. 623. 648.
	674. 685.
230.	221. 623.

OEDIP. COLONEI

vers.	nr.
237 — 257.	234. 329.
241.	330.
242 — 247.	661.
242 — 244.	255.
243.	329. 622.
252.	329.
256 sq.	661.
256.	225. 302.
260.	329.
261.	302.
263.	623.
269.	656.
270.	260.
276.	330. 661.
277.	661. 679. 685.
278.	275. 329. 330.
280.	669.
281.	329.
282.	232. 330.
282 — 284.	685.
284.	658.
297.	329.
300.	685.
301.	290.
301 — 304.	329. 645.
302.	290. 685.
303 — 307.	661.
306.	679.
307.	232. 290. 329. 656.
308.	645. 686.
309.	274.
313.	283.
315.	329.
316 sq.	623.
320.	653.
321.	290. 329. 653.
327.	329.
327 — 330.	669.
328 — 389.	225.
328.	329. 642. 668. 674.
	680.
329.	642. 680.
330.	659.

OEDIP. COLONEI

vers.	nr.
331.	685.
332.	246.
335.	679. 685.
336.	679.
337.	232.
337 — 343.	665.
342.	685.
354.	258.
357.	659.
360.	302. 685.
363.	329.
365.	232.
367.	232. 274. 329. 657.
	661. 679. 685.
368.	232. 274. 661. 679.
377 — 381.	661.
377 — 383.	250. 624.
380.	232. 274. 329. 330.
	669.
381.	330. 624.
382.	495. 653.
384.	274.
389.	677.
390.	246.
391.	329. 665.
392.	665.
399 — 409.	633.
402.	329. 330. 661. 669.
403.	685.
404.	232. 330.
405.	330.
411.	692. 695.
415.	232. 329.
420.	286. 317. 658. 685.
424 sq.	685.
444.	232. 286.
447.	232. 274.
450.	225.
452.	267. 669.
453.	267. 329.
454.	232. 267. 669.
457.	674.
457 — 460.	661. 669.

OEDIP. COLONEI

vers.	nr.
458.	329. 685.
460.	329.
475.	329. 627.
479.	232. 674.
480.	329. 674.
481.	481.
499.	653.
500 — 502.	246. 661.
501.	302.
502.	302. 329.
504.	251. 695.
510 — 548.	635.
512.	635.
517.	132.
521.	232. 306. 330. 661.
522.	306. 329. 330.
523.	642.
524.	329.
525.	275. 657.
528.	297.
534.	654.
535.	329. 635.
536.	669.
538.	232.
539 — 541.	669.
540.	635. 659.
541.	232. 274.
547.	232. 275. 334. 678. 684.
550.	623.
551 — 555.	661.
553.	232. 637.
554.	290. 329. 637.
561.	258.
562.	260.
565.	232.
569.	260. 661.
570.	329.
575.	661.
578.	661.
580.	653.
583.	674.
587.	674.
588.	246. 251. 329.

OEDIPODIS COLONEI

vers.	nr.
589.	˜125. 260. 274.
590.	232.,251. 274. 302.
594.	232.
599.	256.
603.	661.
610.	257.
612.	232.
614 sq.	329.
616.	302. 658.
617.	302. 655.
624.	232.
625.	246.
628.	623.
635.	658.
636.	679.
637.	679. 680.
640.	653.
646.	225.
650.	232.
653.	302.
655.	329.
658.	132. 293. 301. 329. 661. 666. 668. 679. 654.
659.	293. 661.
661.	232.
662.	674.
663.	330.
664—667.	232.
664 sq.	330.
666—719.	664.
667.	625.
669.	648ᵇ.
670 sq.	625.
673.	625.
674.	623. 625. 648ᵇ.
675.	625.
676.	658.
677 sq.	625.
680.	625.
683.	306. 625. 648ᵇ.
686.	648ᵇ.
687.	652.
688.	221.

OEDIPODIS COLONEI

vers.	nr.
688—691.	232.
689.	625.
690.	648ᵇ.
691.	625. 632.
692 sqq.	625.
695.	306. 681.
696.	648ᵇ. 684.
697.	682.
698.	218. 289. 618. 625. 628. 664. 652.
698—701.	232.
700.	627.
701—703.	255.
701.	625. 627. 669.
702.	329. 668.
703.	329.
708.	648ᵇ.
709.	625. 648ᵇ.·
710.	625. 648ᵇ.
711.	218. 618. 648ᵇ. 664.
716.	648ᵇ.
718 sq.	625.
721.	286. 329.
728.	225. 232.
729.	232.
735 sq.	294.
749.	329.
751.	219. 232.
752.	618.
753.	232. 260.
753—757.	661.
755.	275.
755—760.	321.
758.	232.
759.	232. 658.
765 sq.	232.
769.	329.
771.	329.
775.	668.
776 sq.	679.
783.	329. 652.
785.	329.
787.	232.

OEDIP. COLONEI

vers.	nr.
790.	653.
797.	682.
800.	225.
806.	679.
811.	232.
812.	246.
813.	218. 246. 294. 329.
	661, 669. 679.
813—912.	618.
814.	294.
832.	251.
839—842.	252.
842 sq.	669.
853.	252.
854.	273. 666.
857.	663.
856.	232. 663.
861.	294. 329. 661. 680.
862.	294. 329.
866.	232.
866—945.	682.
869.	658.
870.	132. 286.
882.	680.
885.	294.
901.	232.
902.	216.
911—1022.	290.
911.	661.
912.	329.
917.	232. 653.
918.	653.
939.	653. 668. 680.
946.	236.
949.	232.
954.	623.
956.	232.
976,	246.
989.	274.
999.	285.
1003.	329.
1004.	258.
1006.	658.

OEDIP. COLONEI

vers.	nr.
1010.	286.
1011.	286. 329.
1013.	329.
1016.	306. 684.
1019.	329. 661.
1020.	674.
1021.	260. 329. 661. 674.
1023 sqq.	668.
1025.	335.
1036.	260. 274. 329.
1037.	274.
1043.	329.
1044—1095.	630. 669.
1044—1058.	639.
1047.	221. 639.
1050.	653.
1050—1053.	639.
1054—1069.	291.
1054.	630. 658.
1055.	329. 639. 680.
1059.	630.
1064.	630.
1065.	658.
1067.	639.
1069.	247.
1070.	658.
1074—1084.	635.
1074.	630.
1075—1079.	661.
1076.	251. 329. 337. 636.
1077.	337. 636.
1078.	636.
1081.	330.
1081—1084.	658. 661.
1083.	218. 618.
1084.	329.
1096.	225.
1097.	661.
1098.	286. 329. 661.
1108.	246.
1112.	274.
1112—1114.	661.
1113.	679.

OENIP. COLONEI

vers.	nr.
1115.	661.
1116.	260.
1117.	661.
1118.	246. 661.
1132.	246.
1132 — 1136.	661.
1133.	246.
1134.	679.
1135.	329.
1139.	659.
1142.	270.
1148.	679.
1153.	623.
1172.	260. 302.
1189 — 1194.	661.
1190.	329.
1192.	251. 286.
1193.	286.
1204.	132. 679.
1209.	329. 679.
1210.	679.
1211.	302. 334.
1219.	658.
1221.	276.
1225 sq.	321.
1229 — 1232.	661.
1230.	680.
1231.	287.
1235 sq.	623.
1249.	679.
1250.	329. 623.
1251.	623.
1265.	642. 661. 679. 680.
1266.	260. 329. 642. 661.
1268.	325.
1270.	260.
1280 sq.	623.
1292 sq.	286.
1305 — 1307.	307.
1308 — 1312.	270.
1309.	222.
1323.	302.
1326 sq.	471. 672.

OEDIP. COLONEI

vers.	nr.
1333.	332. 334. 661. 679.
1334.	332. 661.
1336.	275.
1348.	225.
1354.	647.
1358.	275. 661.
1359.	661.
1370.	679.
1371.	246. 329.
1380.	274. 679.
1391.	236. 274. 679.
1389.	661.
1390.	275. 661.
1405 sq.	679.
1410.	679.
1411.	330.
1411 sqq.	661.
1418.	260. 293. 661.
1419.	275. 293.
1421.	275.
1429.	246.
1431.	125.
1435.	260. 263. 275. 279.
	661. 679.
1436.	274. 275. 329. 679.
1442.	292.
1443.	661. 679.
1443 — 1456.	631.
1447 — v. 1456.	255.
1450.	125.
1451 — 1453.	661.
1453.	329.
1454.	255. 272. 275. 652.
1455.	272. 652.
1462 — 1471.	255.
1466.	255.
1466 sqq.	661.
1467.	255.
1468.	324. 329.
1469.	329.
1477.	225.
1480.	233. 286.
1488.	679.

OEDIP. COLONEI

vers.	nr.
1489.	325.
1490.	329.
1491 — 1499.	669.
1493.	217.
1499.	255.
1511.	334. 661.
1524.	238.
1526.	661.
1531 sq.	266.
1533.	679.
1534.	274. 329. 657. 668.
	669.
1534 — 1538.	661.
1535.	334. 668.
1536 — 1538.	329.
1536.	668.
1551.	275. 661.
1556 — 1578.	255. 620.
1556.	669.
1560.	255. 275. 324. 329.
1561.	255. 304. 329.
1562.	304.
1563.	125.
1565.	275. 329.
1566.	275. 669.
1567.	669.
1568.	275.
1570.	275. 669.
1571.	255.
1572 sq.	275.
1574.	275. 329.
1575.	274.
1579.	329.
1583.	661.
1584.	329. 661.
1585.	661.
1590 sq.	671.
1619.	275.
1626.	329.
1632.	285. 329.
1635.	274.
1636.	279.
1638 — 1640.	286.

OEDIP. COLONEI

vers.	nr.
1640.	246. 275. 329. 334.
1640 — 1642.	661.
1645 sq.	266.
1652.	679.
1662.	274. 666.
1670 — 1676.	632.
1670 — 1750.	629. 636.
1673.	221. 268.
1675 sq.	669.
1680 — 1682.	632.
1685 — 1687.	661.
1689 — 1691.	661.
1691.	329.
1693.	329. 636.
1693 — 1696.	632.
1695.	316. 636. 661. 669.
1696.	669.
1697 — 1699.	661.
1699.	217. 329.
1700 — 1702.	661.
1703.	669.
1712.	632.
1713.	250. 329.
1716.	329. 636.
1722.	329.
1727.	656.
1730.	659.
1731.	632.
1732.	292.
1733.	632.
1734.	292.
1739.	636.
1742.	636.
1748.	668.
1748 — 1750.	661.
1751 — 1753.	661.
1752.	275. 329. 669.
1775.	329.
1778 — v. 1780.	298.

PHILOCTETAE

vers.	nr.	vers.	nr.
1.	707.	171.	329.
3 sq.	707.	174.	275.
9 sq.	707.	175.	275. 724.
15.	707.	180.	291.
19.	707.	181.	329.
20.	225.	182.	243.
22.	225. 707. 726.	186.	723.
23.	329. 726.	187.	247. 725. 728.
25.	329.	189.	324.
26.	256.	190.	329. 689. 724.
29.	225. 238. 252. 707. 722. 728. 730.	215 sq.	723.
		220.	284. 290. 329.
30.	290.	221.	290.
31.	222.	222.	224.
32.	694. 707.	224.	264.
33.	707.	228.	290. 329. 694. 724.
37.	694.	256.	285.
43.	329 707.	271.	225.
45 — v. 47.	707.	275.	223.
54 — v. 56.	707.	286.	329.
59.	132.	257.	715.
62.	330.	292 — v. 294.	286.
72.	231.	293 — v. 295.	308.
81 sq.	730.	298.	231.
100 — v. 116.	694.	300.	275.
106.	225.	304.	329.
108.	329.	311.	132.
108 — 111.	308.	313.	329.
110 sq.	730.	316.	329.
125.	231.	320.	233.
125 — 130.	696.	333.	290.
126.	225.	343.	265.
135.	275.	344.	256.
138.	225.	350.	710.
144.	231.	351.	256.
145.	329.	352.	329.
146.	225.	385 sq.	723.
147.	689. 704.	391 — v. 401.	713.
150.	275. 726.	393.	225.
151.	726.	399.	296.
153.	231.	402.	225.
157.	225.	410.	306.
163.	225. 716.	411.	258. 306.

PHILOCTETAE		PHILOCTETAE	
vers.	nr.	vers.	nr.
416.	723. 725.	667 — 673.	270. 712.
417.	258. 723.	668.	258.
421.	231. 329.	670.	791.
425.	256. 272. 292. 319.	671.	689.
429.	231.	671 — 673.	704. 729.
431.	727.	672.	276. 301. 720.
433.	324.	676.	291. 728.
435.	256.	676 — 729.	703.
436.	329.	677.	703. 728.
445.	288.	678.	290.
446.	319. 723.	679.	291.
448.	725.	680.	689. 703. 728.
450.	308.	693.	703.
460.	308. 329.	684.	231. 703. 724.
466.	723.	685.	703. 723.
488.	258. 705.	686 sq.	703. 728.
489 — 490.	305.	689.	703.
491.	291. 711. 723.	691.	132. 290. 703. 724.
493.	723.	693.	703.
499.	329.	695 sq.	703.
502.	329.	697.	217.
507.	329.	699.	231. 729.
510 sq.	730.	700.	703.
512.	288.	701.	231. 329. 703.
520.	320.	703 sq.	703.
533.	329. 334.	705.	729.
538.	225.	706 sq.	690. 703.
539 — v. 541.	730.	710.	689. 703.
540.	329.	711.	329.
559.	329.	714.	723.
563.	729.	715.	715. 723.
568.	231.	716.	227. 724. 725.
572.	329. 729.	719 — 729.	697.
590.	329.	726.	723.
606.	231.	727.	227.
629.	328.	728.	317. 329.
641.	217.	734.	225.
642.	225. 329.	742 sq.	722.
643.	729.	748.	304.
646.	256.	751.	225.
647.	724.	753.	725.
648.	225. 724.	757.	291. 308.
650.	329.	757 — 759.	308.

PHILOCTETAE

vers.	nr.
758.	328. 723.
760.	125.
767.	324.
777.	256.
779.	724.
782.	291. 324. 328.
793.	245.
797.	704.
807.	690.
815.	245.
818 — v. 872.	308.
823.	225.
826.	329.
827.	690. 693. 730.
829.	730.
830.	227. 325.
833.	274.
833 — 835.	690.
834.	274. 329.
836 — v. 839.	730.
837.	231.
842.	329.
852 — v. 854.	728.
853.	231.
856 — v. 859.	730.
858.	727.
859.	689.
860.	730.
864.	689. 730.
877 — 879.	256.
878.	339. 730.
880.	231.
890.	256.
895.	723.
899.	316.
908 sq.	328.
929.	329.
939.	329.
950.	328.
956.	329.
971 — 973.	306.
991.	225.
1003.	329.

PHILOCTETAE

vers.	nr.
1032.	329.
1040 — v. 1044.	308.
1048.	225. 329.
1055.	291.
1068 sq.	308.
1081 — 1169.	695.
1090.	728.
1090 — 1093.	204.
1091.	728.
1092.	227. 248. 252. 263.
1093.	125. 248. 252. 263.
1099.	218.
1119.	225. 716.
1125.	320.
1135.	329.
1139.	217.
1140.	274. 329.
1140 — 1143.	220.
1140 — 1146.	275.
1141.	275.
1146.	728.
1147.	243. 728.
1149.	324.
1153.	329.
1162.	274.
1163.	292. 728.
1164.	689. 728.
1165.	275.
1175.	329.
1207.	329.
1212.	329. 689.
1218.	728.
1220.	329.
1224.	225.
1231.	285. 329.
1241.	296.
1244.	225.
1246.	329.
1250 — 1253.	220.
1251.	132. 694.
1251 — 1256.	225.
1252.	329. 689. 730.
1254.	329.

PHILOCTETAE

vers.	nr.
1265.	225.
1266.	329.
1270.	325.
1290.	730.
1308.	329.
1322.	723.
1330.	225. 685.
1337.	329.
1355.	243.
1361.	225.
1362 — v. 1367.	270.
1363.	234.
1364.	234.
1370.	723.
1383.	329.
1385.	329.
1394 — 1396.	226.
1393.	221. 225. 723.
1394.	723.
1402.	329. 730.
1412.	722.
1418.	723.
1419.	723. 730.
1420.	329. 730.
1428 sq.	328.
1431.	722.
1436.	722.
1437.	722.
1437 — 1444.	709.
1440.	723.
1440 — 1444.	270.
1441.	723.
1442.	228.
1442 — 1444.	329.
1448.	225.
1452.	329.
1454.	722.
1456.	722.
1464.	722.
1477 — v. 1479.	296.

TRACHINIARUM

vers.	nr.
7.	748.
11.	290. 311.
12.	266.
13.	736.
14.	233.
17.	325. 329. 749.
24.	323.
25.	311. 323.
27.	334.
29.	302. 323. 756.
30.	302. 323. 756.
31.	736.
43.	754.
46.	749.
46 — 48.	236.
47.	329. 749.
53.	258.
54.	323. 334.
55.	290. 323. 329.
55 — 57.	746.
57.	274. 329. 736.
58.	260.
60.	748.
68.	311.
77 — v. 79.	236. 329. 448.
	747. 749.
77 — 79.	749.
79.	286. 311. 334. 736.
79 — 85.	270.
80.	228. 274. 287. 311.
	329. 748.
81.	287. 748.
84.	329.
88 sq.	749. 754.
91.	224. 311. 329. 736.
100.	736.
101.	761.
109 sq.	325.
112.	736.
113.	737.
114.	761.
116.	748.
116 — 118.	761.

TRACHINIARUM

vers.	nr.
1,7.	311. 748. 761.
122.	275.
126.	311. 334.
132 sq.	761.
137 — v. 139	761.
140.	292. 329.
145.	329. 736. 759.
161.	334.
168.	275. 329.
193.	308.
196.	308. 311. 329.
197.	308.
200.	266.
214.	329.
242.	328.
250.	736.
252 sq.	749.
264.	749.
280.	339. 736.
286.	286.
293.	334.
309.	238.
312.	220.
313.	329.
316.	748.
320.	286.
321.	274. 286.
322.	329.
323.	274.
327.	260. 334.
331.	306. 320. 748.
339.	132. 274.
352.	748.
356.	749.
358.	739.
362.	749.
363.	329. 749.
365.	260.
377.	334.
379.	238. 329. 754.
380.	329. 754.
361.	260.
383.	329.

TRACHINIARUM

vers.	nr.
391.	736.
396.	749.
400 — v. 407.	761.
408.	749.
417.	228.
418.	260.
419.	220. 260. 329. 757.
433.	329.)
435.	334.
440.	265.
443.	749.
460.	736. 749.
488 sq.	749.
496.	748.
504.	736.
507 sq.	132.
523 sq.	749.
526.	228. 275. 329. 736.
529.	218.
531.	334.
547 — v. 551.	761.
548.	274. 736.
549.	329.
554.	274. 275. 329.
561.	233.
572.	328.
573 sq.	274.
575.	329.
581.	311.
583.	329. 749.
586.	736.
587.	274. 736.
601.	329.
608.	290.
614.	260.
620.	220.
621.	132.
623.	329. 748.
627.	132.
628.	329.
630 — v. 660.	754.
635.	328.
642.	287.

TRACHINIARUM		TRACHINIARUM	
vers.	nr.	vers.	nr.
647 — 654.	255.	856 sq.	275.
651.	255.	866.	306.
653.	255. 329.	875 — 895.	255.
654.	125. 748.	879.	329.
660.	747.	884.	749.
661 sq.	255. 736.	885.	311.
662.	753.	893.	311.
678.	329.	896.	328.
680.	759.	903.	238.
684.	329.	904.	736.
689.	125. 220. 260. 311. 734.	907.	260.
690.	748.	910.	315. 740.
696.	329.	911.	315. 329. 740.
697.	222.	916.	274.
700.	753.	929.	736.
716 sq.	329. 761.	933.	224.
718.	275.	941.	325.
723.	334.	946.	238. 287.
738.	736.	955 sq.	315.
745.	329.	960.	736.
746.	287.	964.	736.
748.	749.	969.	253.
766.	736.	972.	329.
775.	736.	975 — v. 1004.	740.
777.	334.	981 sq.	274.
779 — v. 782.	751.	987.	245.
781.	260. 311. 334.	988.	233. 329.
782.	329.	992.	736.
801 sq.	749.	999.	736.
805.	736.	1003.	736.
809.	220.	1005.	255. 329.
817 sq.	749.	1010.	287.
821 — v. 860.	755.	1016.	736.
824 sq.	744.	1018.	275. 334.
826.	749.	1019.	274. 329. 737. 758.
830.	329.	1020.	329.
831.	311. 755.	1026.	245.
835.	755.	1032.	245. 320.
837.	329. 755.	1035.	274. 329.
839.	755.	1046.	260. 334. 736. 747.
840.	755.	1046 — 1102.	741.
854.	329.	1047.	329.
		1060.	287. 736.

TRACHINIARUM

vers.	nr.
1062.	287.
1069.	329. 759.
1074.	286. 736.
1082.	245.
1101.	233.
1103.	749.
1105.	736.
1109.	244
1116.	736.
1131.	256.
1136.	284.
1138.	285. 287.
1139.	329.
1144.	308.
1145 sq.	749.
1155 sq.	286.
1159 — v. 1161.	308.
1160.	759.
1165.	329. 749.
1166 — 1173.	220.
1178 sq.	329.
1186.	274.
1202.	736.
1208.	316.
1220 sq.	329.
1226.	329.
1241.	220. 260.
1247.	274.
1249.	256.
1252 — 1276.	240. 283.
1255.	749.
1256.	256. 306.
1257 sq.	329.
1261.	747.
1263.	311. 747.
1268.	220.
1276 — v. 1279.	298.

DEPERDITARUM FABULARUM

fragm.	nr.
Αἴας Λοκρός 11, 2.	312.
Αἰγεύς 21.	233. 310. 329.

DEPERDITARUM FABULARUM

fragm.		nr.
Αἰχμαλωτίδες	41.	795. 797.
	52.	778.
	57.	778.
Ἀκρίσιος	55.	265. 329.
	79.	765.
Ἀλήτης	91.	769.
Ἀλεάδαι	106, 3.	234. 253.
	108, 1.	234.
	2.	236.
	109, 3.	329. 766.
	7.	769.
	10.	329.
	11.	769.
Ἀμφιάρεως	115.	778.
Ἀνδρομέδα	132.	784.
	139.	795. 797.
Ἀτρεύς	144 sq.	799.
Ἀχαίων σύλλογος	146, 1—3.	312.
	145.	237.
	150.	772.
	155.	786.
Ἀχιλλέως ἐρασταί		
	162, 1—4.	312. 779.
	6.	275.
	6—8.	768.
	8.	312. 779.
	167.	329.
Ἑλένης ἀπαίτησις 167, 2.		291.
Ἐριφύλη	207.	287.
	209.	312. 329. 795.
Ἑρμιόνη	210.	792.
Ἡρακλῆς ἐπὶ Ταινάρῳ		
	216.	794.
	223.	329.
Θαμύρας	227.	329. 795.
	228, 1.	312.
	228b, 2.	767.
Θυέστης	234ᵃ.	791.
	235, 1.	329.
	238.	329.
Ἴναχος	257.	775.
	277.	761.
Ἱππόνους	284, 2.	329.

DEPERDITARUM FABULARUM

fragm.		nr.
Κρέουσα	324.	791.
Κρίσις	332.	765.
Λάκαιναι	337.	772.
	338.	766.
	339.	778. 782.
Λήμνιαι	352.	329.
Μυσοί	364.	780.
Ναύπλιος	377, 2.	288. 762. 791.
	379.	771.
	381.	235.
Νιόβη	393—400.	797.
Νίπτρα	408.	287.
	409.	795.
Παλαμήδης	426—428.	798.
Πηλεύς	434.	792.
Ποιμένες	461 b.	329.
Πολύιδος	463.	234. 236.
		762. 778.
Πολυξένη	470, 2.	329.
Ῥιζοτόμοι	481 a.	762. 766.
Σαλμωνεύς		483. 772.
Σκύριοι	501.	778.
Τηρεύς	514. L	762.
	515, L	310. 774.
	517.	775.
	517 v. 2.	791.
Τριπτόλεμος	534.	766.
Τρωίλος	553.	778.
Τυμπανισταί	565.	800.
Τυνδάρεως	572. 2.	768. 789.
Τυρώ	583 a.	329.
	583 b.	790.
	589.	779.
Ὕβρις	595.	795.
Φαίδρα	609, 2.	795.
	610.	274.
	614.	274.
Φθιώτιδες	622.	792.
	624.	233. 792.

DEPERDITARUM FABULARUM

fragm.		nr.
Φρίξος	646.	795.
Φρύγες	649, 4.	777.
incertae sedis	669, 2.	236.
	673, 2 et 3.	236.
		253. 291.
	675.	329. 762. 791.
	678, 12.	329.
	682, 2.	236.
	686, 2.	236.
	688.	791.
	9, v. 2.	287. 791.
	691.	321.
	692.	766.
	693.	762.
	704, L	762. 766.
		780.
	713, 2.	329.
	716.	780.
	719, 4.	797 b.
	728.	795.
	736.	780.
	747.	766.
	757, L	762.
	759.	781.
	760.	285.
	761.	329.
	789.	778.
	792.	778.
	819.	285.
	829.	289.
	830.	328.
	844, 3.	780.
	862.	778.
	894.	283. 289.
		312. 792.
	905.	778.
olim	*917.	773.
	948.	778.
	964.	791.

II. INDEX AVCTORVM.

Abeken B. R. 687.
Abeken, Henricus 688.
Ahlborg, G. 541.
Ahrens, Ludovicus. 495.
Aken, A. F. 542.
Aldenhoven, C. 199. 340.
Althaus, Carolus. 14. 15.
Anonymus I. 200.
    = II. 375.
    = III. 395.
    " IV. 396.
    " V. 455.
    " VI. 501.
    " VII. 585.
    " VIII. 590.
    " IX. 667.
    " X. 689.
Apitz, Joa. 311.
Arndt, C. F. G. 216. 217. 543. 617.
Arnold, Bernhardus 218. 219. 397.
    496. 544. 618.
Ascherson, Ferdinandus I. 1ᵇ. 619.
Axt, M. (an idem qui C. A. M.? 220.

B. v. s. Anonymus X.
Bachoven von Echt 166. 174.
Badham, Ch. 221.
Baeumlein, W. 398.
Bamberger, Ferdinandus. 399. 762.
Barthold, Th. 545.
Bartl, Antalius. 497.
Behaghel, J. P. 70.

Bellermann, Ludovicus. 139. 221 a.
Benloew, Ludovicus. 114. 342.
Berch. 201. 401. 546.
Bergemann, II. 400.
Bergenroth, 547.
Berger, Gualtherius. 140. '
Bergh, H. van den. 620.
Bergk, Theodorus. 222. 223. 224.
    763. 764.
Bissinger. 691.
Boeckh, Augustus. 402. 403. 621.
Bonitz, Hermannus. 225. 226. 343.
    404.
Born, B. 405.
Borschke, Andreas. 1ᶜ.
Brambach, Guilelm. 141.
Brandscheid, F. 548.
Braun, Guil. 734.
Bronikowski, Ant. 735
Buchholz, E. 227—229.
Buchwald, Otto. 16. 622.
Bumb. 549. 623.
Buttmann, A. 406. 691.

Cadenbach, C. A. 550.
Campe, J. F. G. 230—232. 736.
Capellmann, Aloysius. 202.
Cholava. 498.
Classen, J. 551.
Cobet, C. G. 233—236. 624.
Conington, Joannes 237.
Cron. 238.

128   III. INDEX AVCTORVM.

Curtius, Georgius. 407.

Dege, Guil. 625.
Delden, van. 626.
Deventer, Ludovicus Guilelmus van
                                   239.
Dindorf, Guilelmus 37. 38. 61. 71.
                  240. 627. 765.
Dindorf, Ludovicus. 628.
Ditges„ Phil. 175.
Doederlein, Ludovicus. 241—244.
                         344. 737.
Doerr, F. 142.
Doorenbos, Guilelmus. 203.
Dressel, Richardus. 17.
Dreykorn, J. 408.
Dronke, G. 176.
Duden, Conradus 409.
Duentzer, Henricus. 245. 629. 738.
                                  766.
Dvořák. Leopoldus. 345.

Eberz, Antonius. 767.
Eggert, C. G. 246.
Ehlinger, Car. Jos. 177.
Elsperger. 499. 630.
Emperius, A. 247.
Enger, Robertus. 143. 248. 346—
          351. 410. 411. 552.
          631—633. 768. 769.

Fährmann. 178.
Fechner, J. 176ᵇ.
Feldmann, F. F. 500.
Feller. 634.
Fibiger, Otto. 553.
Fichna, Antonius 179.
Firnhaber, C. G. 249—251. 554—
                  556. 635. 636.
Fischer, Antonius. 252.
Fittbogen, Chr. Mauricius. 180.
Foerster, Richardus. 116. 352.
Forchhammer, P. Guil. 353. 557.
Foss, H. E. 637.
Francken, C. M. 144. 354.
Franke, C. 558.
Friederichs, Carolus. 2. 559.

Fries, Guil. 115.
Fritzsche, F. V. 770.
Furtwaengler, Guil. 412.

G. v. s. anonymus VI.
Geel. J. 355.
Geffers, Aug. 204. 692.
Gent, J. M. van. 253.
Gerhard, Eduardus. 693.
Gerth, Bernardus 18.
Glaser. 638.
Gleditsch, Hugo. 145.
Goebel, E. 205. 356.
Goecker, C. 72.
Goetschke, Carolus. 639.
Goettling, Carolus. 413. 414. 694.
Goldmann, Fridericus. 146.
Goram. 254.
Gotthard, Franciscus. 695.
Gotthold. 39.
Grabow, Augustus. 147.
Graebner, R. 255.
Graef, H. v. s. Ahlborg.
Greverus, J. P. E. 696.
Gylden, Nic. Abrah. 357.

Haage, C. Fr. H. A. 415. 560. 697.
Haase, Fridericus. 561. 562.
Hagemann-, Augustus. 181. 182.
Halle, C. 62.
Hamacher. Guilelmus. 73. 358. 698.
Hanáčik, Josephus. 359.
Hartz, Henricus. 117.
Hasselbach, K. F. M. 563. 699.
Haupt, Mauricius. 416. 502. 503. 739.
Haverstadt. 564.
Heigl, Georg. Antonius. 153.
Heiland. 40. 148. 417.
Heimbrod, Joseph. 360. 504.
Heimsoeth. 154. 256.
Heinemann, de, Frid. 418. 565.
Heinrich, Carol. Bertholdus. 700.
Heintze, A. 206.
Heckmeijer, F. A. 701.
Helbig. 19.
Held, J. C. 257. 419. 505.
Held, Ludovicus. 207. 208. 420.

Helmke, Ferdinandus. 421. 422.
Hemmerling, J. 118.
Henke, Guil. 640.
Henneberger, Augustus 259.
Henning, Arnoldus. 566.
Hennings, P. D. Ch. 361.
Hense, C. C. 119.
Hermann, Car. Fridericus. 74. 259.
    567. 568. 641—643. 702.
Hermann, Godofredus. 702.
Herquet. 644.
Hertel, Fr. Th. 260. 569.
Herwerden, Henric. van. 261. 262.
Heubach, M. 183.
Heuser, Georg. Iul. 184.
Hirzel, H. 645.
Hoefer, G. 362.
Hoehne, A. 20.
Hoelzer, Volcmarus. 570.
Hoffmann, E. 506.
Hoffmann, Guil. 185.
Holtze, Guilelmus. 21.
Hoppe, Adalbertus. 22. 156.
Hormann, 423.
Hornung. 3.
Huebner, Franciscus. 694.
Huelsenbeck, Josephus. 363.
Hutter. 424.

Jacob, G. 11.
Jacobi, A. L. G. 507.
Jahn, Otto 364.
de Jan, Ludovicus. 425.
Janke, J. 703.
Jasper, C. F. E. 120.
Jeep, J. W. L. 263.
Jungewirth, Th. Th. 95.
Junghans, Guilelmus. 264. 571. 646.
    647.
Kaas, Georgius. 365.
Kaemmerer, 366.
Kaestner. 265.
Kallsen, O. 75.
de Karajan, Max. 648.
Kayser, C. L. v. pag. 27.
Keck, C. H. 266. 426.

Kegel. 648ᵇ.
Keil, Henricus. 771.
Kiehl, J. F. 42.
Kienert. 367.
Kirchhoff, F. C. 427. 508.
Kirchner, Albertus. 187.
Klander, Chr. Alb. 96.
Klotz, Reinholdus. 13. 429—430.
Koch, H. A. 267.
Kock, Theodorus. 4. 97. 572. 649.
Kocks, Gu. 431.
Koechly, Hermannus. 432.
Kohlrausch, Fr. Guil. 149.
Kolster, Guil. H. 76. 77. 121. 483.
    433. 434. 509—511. 650. 704. 740.
Korn, Otto. 155.
Kotsmich, A. 122.
Krannhals. 368.
Kratz, H. 369. 370. 435. 436. 705.
Krause, J. 23. 24.
Krueger, S. 78.
Kuhlenbeck, R. 98.
Kummerer, Rupertus. 123.
Kunhardt, H. 651.
Kurze, C. F. E. 706.
Kvíčala, Johannes. 99. 268. 371.
    437—439. 512. 573.

Lange, Ludovicus. 167. 269. 440.
    441. 513. 574.
La Roche, Jacobus. 719.
de Lasaulx, Ernestus. 575.
Laws, A. 707.
Lazarewicz, Bonifacius. 270.
Lechner, Max. 124.
Lehrs, Carolus. 442.
Leitschuh. 443. 576.
Lénormant, C. 708.
Leonhard. 79.
Lessmann, J. 444.
de Leutsch, Ernestus. 63. 271. 372.
    514. 577. 709. 710.
Lichtenstein, S. 80.
Lindemann, Fr. 445. 515.
Lindner, Albertus. 125.
Linsén, J. Gabriel. 741.

Lion. 578.
Lipsius, J. H. 158. 157.
Loehbach, Rudolfus. 272. 632.
Lorentz, C. Gu. 446.
Lorenz. 579.
Ludewig, Th. 126.
Luebker, Fridericus. 100. 188. 273.
　　　373. 516. 517. 580. 581.

Madvig, J. 274. 772.
Maehly, J. 653. 654.
Martin, J. Fridericus. 275.
Matthiae, Immanuel Constantinus.
　　　447.
Mayer, Philippus. 209.
Mayrhofer, Guntherus. 518.
Meineke, Augustus. 277. 448. 449.
　　　655. 711. 712. 773 — 775.
Mejsnar, Ignatius. 713.
Mertl, R. 519.
Michelet, C. L. 101.
Mohr, Guilelmus. 279.
Mohr, M. 278.
Mommsen, Tycho. 280. 281. 520.
Morstadt, R. A. 282. 374. 450.
Muehlich, Andreas. 582.
Mueller, Carol. Fridericus. 44.
Mueller, E. 127.
Mueller, C. Gu. 521.
Mueller, Hieronymus. 451.
Mutke, Sylvester. 189.

Naber, S. A. 64.
Nauck, Augustus. 283 — 289. 522.
　　　776 — 781.
Nicolai, Rudolfus. 656.
Nieberding, Robertus. 45. 150.
Nitzsch, Georg. Gu. 452—454. 657.
Nobbe, C. F. A. 742.

Oelschlaeger, Franciscus. 658.
Otto, Clemens. 290.
Oxé, Ludovicus. 743.

P. v. s. anonymus V.
Paldamus, Hermannus. 659.

Palmblad, Guil. Fr. 102. 583. 660.
Panse, Carolus. 714.
Pantsch, Chr. 456.
Passow, Franciscus. 457.
Patakis, J. G. 715.
Patin, 61. 62.
de Paucker, C. 782.
Pauli, Otto. 163.
Pellicioni, Caietanus. 584.
Peter, Ludovicus. 661.
Peters, Franciscus. 190. 191.
Petersen, E. 523.
Pfaff, 5.
Pflugk, Julius. 291. 292. 458. 783.
Piderit, C. Guil. 192. 293. 294. 376.
　　　459.
Pierson, Guilelmus. 46.
Platner. 193.
Pleitner, C. 460.
Polich. 194.
Polster, Albertus. 461. 744.
Prammer, Ignatius. 83. 295.
Proske. 25.

R. v. s. anonymus. VII. 585.
Radtke, Gustavus. 26. 27. 462.
Ranke, Fridericus. 84.
Raspe, G. C. Hermannus. 296. 377.
　　　524. 662.
Rauchenstein, Rudolfus. 297. 376.
　　　463.
Regel, G. 663.
Reichel, Carolus. 716.
Rempel, C. G. Fr. 464. 465.
Rentsch, G. 717.
Reuter, F. J. 65.
Reymann, Val. 745.
Ribbeck, Otto. 47. 66. 586.
Richter, A. 466.
Richter, Julius. G. 169.
Rieder, J. Edmundus. 718.
Ritschl, Fridericus. 664.
Ritter, Fridericus. 65. 298.
Ritter, H. 299.
Roche v. s. La Roche.
Romahn. 665.

Romeis, Fr. 379.
Roscher, Guilelmus. 746.
Rossbach, A. 44.
Rothe, Franciscus. 380. 747.
Ruediger, A. F. 300.
Ruediger, C. Alfredus. 301. 467.
587. 666. 720.
Rumpel, J. 28. 49. 49b. 50. 51.
588. 589.
Russwurm, Henricus. 29.

S. v. s. anonymus VIIII.
Sander, Augustus. 302.
Sauppe, H. 303.
Schacht, Theodorus. 465.
Schaedel, C. 668.
Schaefer, H. 30. 721.
Schambach, Carolus. 128.
Scheler, Augustus. 591.
Schenkl, Carolus. 592. 669. 722.
748.
Scherm. 469. 470.
Schirlitz, Carolus. 103.
Schmalfeld, Fridericus. 97. 104. 210.
304. 525. 526. 670.
Schmidt, A. 52.
Schmidt, ? 31.
Schmidt, ? 105.
Schmidt, Carolus. 527.
Schmidt, Fridericus Guilelmus. 129.
305—309.
Schmidt, H. 596.
Schmidt, G. R. 32.
Schmidt, J. Henricus. 53. 54.
Schmidt, Leopoldus. 7. 106.
Schmidt, Mauricius. 151. 309—311.
381. 593—595. 784. 785.
Schneider, Otto. 382.
Schneidewin, Fridericus Guilelmus.
66. 170. 211. 212. 312. 383—
385. 471—474. 528. 529. 597.
671—674. 723. 749. 786—790.
Schnitzer, G. Guil. 386.
Schoell, Adolfus 61. 107. 675.
Schoemann, G. F. 313.
Schoenborn, C. 475.

Schoene, F. Th. 314.
Scholz. 130.
Schrader. 158.
Schreiter. 108.
Schubert, Fridericus. 131.
Schuett, J. K. G. 213. 676.
Schuetze. 55.
Schultz, Ferdinandus. 68. 724.
Schultze, Reginhardus. 5.
Schulze, Ludovicus. 214.
Schumacher, Ludovicus. 159.
Schwarz, Carolus. 132.
Schwenck, Conradus. 88. 315—317.
476. 530. 677. 678. 725—727.
Schwerdt, Fr. Ign. 56.
Sehrwald, Chr. Fr. 318. 679.
Seidel, R. 477.
Seidenstuecker, Gu. F. Th. 750.
Seligmann, L. 478.
Senecovic, Davorinus. 89. 531.
Seyffert, Alexander (M. F.) 161. 532.
Seyffert, Mauricius. 479. 598. 728.
791.
Siefert. 533.
Siess, Aloisius. 109. ·
Sintenis, Carolus. 319. 397. 599. 600.
Slameczka, Friedericus. 133.
Sommerbrodt, J. 162.
Sorof. 57.
Spat, C. J. 601.
Spengel, Andreas (L. F.) 320.
Spengel, Leo. 480. 534. 602. 680.
729. 731.
Spiess, A. 215.
Stammer, Joh. 195.
Struve, L. 134.
Stuerenburg, C. 321.
Sucro, Guilelmus. 110.
Sverdsjoe, A. Th. 322.
Szelinski, E. 58.

Teuffel, Guilelmus. 603—606. 681.
Thielemann, C. H. 323. 752.
Thiersch, Bernhardus 324. 325. 481.
482.
Thirlwall, C. 111.

9 *

132   III. INDEX AVCTORVM.

Thudichum, Guil. 483. 753.
Todt, B. 607. 730.
Trawinski. 33.
Truetzchel, Max. 196.

Ullrich, Franciscus Guilelmus. 484.
Unger, Robertus. 326.

Vater, Fridericus. 9. 608. 792. 793.
Vischer, Guilelmus. 485.
Vogel, Theodorus. 731.
Volckmar, C. H. 327. 662. 754. 755.
Volckmar, Gust. H. S. 486.
Vollbehr, K. G. Chr. 388. 609.
Voss, C. G. 10.

Wagner, Fr. Gu. 794—497.
Wagner, G. (?) 756. 757.
Wagner, Guilelmus. 90. 171.
Wagner, Philippus. 11.
Warschauer, Hermannus. 535. 768.
Wassmuth, C. Fr. 197.
Weber, Hugo. 328.
Wecklein, N. 34. 112. 329. 389.
Wedewski. 610.
Wehle, Guilelmus. 759.
Weicker, Gustavus. 113. 135.
Weil, Henricus. 12.
Weismann, Carolus. 390. 611.
Welcker, Frid. Gottlieb. 13. 391.
                    487. 79S—800.
Wendt, G. 732.
Wessel, Paulus. 330.
Westermayer, Adolfus. 536.
Westphal, Rudolfus. 48.

Wex, Frideric. Carolus. 331. 392.
                              683. 684.
Wiclewski. 612.
Wiedemann, Carolus Godofredus.
                              136. 339.
Wiedmann, A. 91.
Wiedmann, B. 537.
Wiener, E. Leonhardus. 488.
Wieseler, Fridericus. 332. 333. 489.
                              490.
Wilbrandt. 613.
Wilke, Frid. Jul. 685.
Wille, Aemilius. 334.
Wilms, Aemilius. 152.
Wilms, M. 59.
Winckelmann. A. Guil. 614. 686.
Winckelmann, Carolus. 491.
Winiewsky, Franciscus. 198. 492.
Winter. 35.
Winzenz, Franciscus. 538.
Witten 59b.
Wolff, Gustavus. 137. 163. 164. 172.
                              601.
Wrobel, 36.
Wuellner, Fr. 615.
Wunder, Eduardus. 165. 173. 335.
                              336. 394. 760.

Zenetti 493.
Ziegler. 494.
Ziel, E. 139. 539.
Zimmermann, Fr. 337. 733.
Zippmann, Albert. 60. 339. 616. 761.
Zoehrer, P. Georg. 540.

CONSPECTUS LIBRORUM ADHIBITORUM.

(Acta Academiarum. Annales. Ephemerides.)

Abhandlungen der historisch-philosophischen klasse der koenigl. akademie der wissenschaften zu Berlin. Berolini 1836 sqq. 4º.

——— der koenigl. gesellschaft der wissenschaften zu Goettingen. Goettingae 1836 sqq.

——— der philosophisch-philologischen klasse der koenigl. bayrischen akademie der wissenschaften. Monachii 1836 sqq.

——— der philosophisch-historischen klasse der saechsischen gesellschaft der wissenschaften. Lipsiae 1836 sqq.

Anzeigen, Goettinger gelehrte. mit nachrichten von der universitaet und der gesellschaft der wissenschaften zu Goettingen. Goettingae 1836 sqq. (GGA.)

Archaeologische Zeitung, herausgegeben von Ed. Gerhard. Berolini 1843/1868. (accedunt: denkmaeler, forschungen und berichte. herausg. v. Aem. Huebner ibid. 1867 sqq.) (AZ.).

Archiv f. philologie und paedagogik. v. infra s. Jahrbuecher.

Blaetter fuer das bayerische gymnasialschulwesen, redigiert von W. Bauer und G. Friedlein. Vol. I—VIII. Bambergi. 1865/71. (Bl. fuer bayer. GW.).

Bulletin scientifique publiée par l'academie de St. Pétersbourg. Petropoli. 1836/42. — Bulletin de la classe histor.-philologique de l'académie de St. P. 1842—1858. — Mélanges gréco-romaines tirés du bulletin de l'acad. St. P. 1850/63.

Eos. Sueddeutsche zeitschrift fuer philologie und gymnasialwesen. herausgegeben von B. Urlichs, B. Stark und L. v. Jan. 3 Voll. Wirceburgi 1844/66. 8º m.

Hermes. Zeitschrift fuer classische philologie unter mitwirkung von R. Hercher, A. Kirchhoff, Th Mommsen herausgegeben von Emil Huebner. Berolini 1866—1873. 8º.

Jahrbuecher, neue fuer philologie und paedagogik. herausgegeben von (Gottfr. Seebode, J. C. Jahn, R. Klotz, R. Dietsch) A. Fleckeisen und H. Masius. Lipsiae. VI—XLIII. s. Vol. 10—106.

1—12. Jhrg. 1831—42 = 1—36. Vol. herausg. v. Seebode, Jahn u. Klotz.
13—17. Jhrg. 1843—47 = 37—51. Vol. herausg. v. J. C. Jahn u. R. Klotz.
18—21. Jhrg. 1848—51 = 52—63. Vol. herausg. v. R. Klotz u. R. Dietsch.
1854—73 = 70—106. Vol. herausg. v. F. Fleckeisen u. Masius.
(Archiv fuer philologie und paedagogik, herausgegeben von Seebode,
Jahn, Klotz und Dietsch. Lipsiae 1836/58. supplementum annalium ab
eisdem editorum). — (**Jahrbb. f. Ph.**)

Mélanges v. s. Bulletin.

Mnemosyne. Tijdskrift voor classische litteratuur red. von Cobet, Kiehl,
Mehler, Naber. Lugduni Bat. et Amstelodami. 1852/62. 11 Voll. 8º m.

Museum, rheinisches fuer philologie. herausgegeben von F. G. Welcker
und A. F. Naeke. Bonnae 1833/39. Neue folge. herausgeg. von F. G.
Welcker u. Fr. Ritschl. (postea J. Bernays et J. Klette.) Bonnae et
Francofurti ad M. 1840/73. — (**Rh. M. N. F.**)

Philologus. Zeitschrift fuer das classische alterthum. herausgegeben von
F. Schneidewin und F. v. Leutsch. Stollberg. et Gottingae 1846/73.
33 Voll. 8º. (Philol.)

Rheinisches Museum v. s. Museum.

Sitzungsberichte der philosoph.-historischen klasse der kaiserlichen
akademie der wissenschaften in Wien. Viennae 1848/72. 8º m.

Verhandlungen des vereins deutscher philologen und schulmaenner.
1—29. versammlung. (Norimbergi, Mannhemii). Lipsiae 1838/72. 4º m.

Zeitschrift fuer das gymnasialwesen, im auftrage des Berliner gym-
nasiallehrervereins herausgegeben von J. Muetzell, W. Hollenberg,
R. Jacobs und P. Ruehle. Berolini 1846/67. 1.—22. Jahrg. — Neue
folge. herausgeg. von H. Bonitz, R. Jacobs, P. Ruehle. 1867/73. Vol.
23—27. 8º. (**Z. f. GW.**)

Zeitschrift fuer die oesterreichischen gymnasien, redigiert von J.
G. Seidl, H. Bonitz, J. Mozart und A. Hoefler. Viennae. 1850/73.
23 voll. (**Z. f. OG.**)

Zeitschrift fuer die alterthumswissenschaft. In verbindung mit
einem verein von gelehrten herausgegeben von G. Chr. Zimmermann,
fortgesetzt von K. u. F. Zimmermann. Giessae et Darmstadtii 1834/42.
4º. Neue folge. red. von Th. Bergk und J. Caesar. Marburgi. 1843/57.
15 voll. 4º. (**Z. f. AW.**)

ADDENDA.

p. 5 ante nr. 37 inserendum: 37ᵃ **Brambaoh.** Guil. rhythmische und metrische untersuchungen. Lipsiae (Teubner). 1871. XI et 177 p. 8⁰ m.

p. 19. nr. 141 addendum: XL et 199 pp. — deinde inserendum 141ᵇ idem. die sophokleischen gesaenge fuer den schulgebrauch metrisch erklaert. Lipsiae (Teubner) 1870. XXII et 184 pp. 8⁰ m.

p. 48. post 370 inserendum: 371ᵃ. **Krueger,** G. zu Sophocles Aias. in: N. Jbb. f. Phil. CVII. (a. 1873.) p. 191 sq.

vult scribi v. 5 πάλαι κυνηγετοῦντα καὶ τηρούμενον et explicari 'accurate contemplantem' coll. OR 808. El. 218.

p. 78. post 662 inserendum: 662ᵇ **Rauchenstein,** Rudolfus. zu Soph. Oedipus auf Colonos. in: N. Jbb. f. Phil. CVII. (a. 1873.) S. 177 — 184.

coniecturis magnam partem temptantur vv. 47. 113. 243. 306. 362. 380. 402. 453. 477. 522 sq. 541. 517. 569. 644 sq. 729. 755 sq. 800 sq. 813. 866 sq. 945 sq. 969. 1020 sq. 1051 sq. 1055 sq. 1076 sqq. 1084. 1098. 1117 sq. 1135. 1201 sq. 1333. 1358 sq. 1370 sqq. 1389 sqq. 1393 sqq. 1482. 1458. 1524 sq. 1531. 1565. 1585. 1604. 1640. 1650. 1659 sq. 1661. 1696.

Berch. die authadie des Kreon in der Antigone. in: Z. f. GW. XXVII. (1873.) S. 257 — 271.

idem. nochmals die authadie des Oedipus Tyrannos. in: Z. f.GW. XXVII. (1873.) S. 417 — 430.

versatur in defendendis stabiliendisque eis rationibus quas auctor libello supra nr. 546 indicato protulerat, Th. Hertel vero (v. nr. 569) impugnaverat.

CORRIGENDA.

p.   1.   nr. 4. lin. 6. deletis verbis quae sunt 'respondit Asch. in' scribendum 'praeterea vide'.

p.   4.   lin. 21. pro 28 scrib. 27.

p.   9.   nr. 71. verba 'errata — p. 120' litteris minoribus imprimenda erant.

p. 16.   lin. 13. pro 424 scrib. 124.

p. 28.   lin. 17. pro 118 scrib. 117.

p. 29.   lin. 37. numeri 226 typis maioribus excudendi erant.

p. 37.   nr. 276. pro Meineki scrib. Meineke.

p. 75.   lin. 6. pro 529 scrib. 629.

p. 84.   nr. 720. post 'v. s. nr.' addendum erat '301.'

p.127.   numerus indicis est III., non II.

Typis Breitkopfii & Haertelii Lipsiensium.

www.ingramcontent.com/pod-product-compliance
Lightning Source LLC
Chambersburg PA
CBHW031824270326
41932CB00008B/531